任鐵樵 增注

袁樹珊 撰輯

翠山金東奎 譯

完譯

滴天髓闡微

明文堂

이 책이 명리학의 정종이다

滴적天천髓수闡천微미

任鐵樵 增注

袁樹珊 撰輯

翠山 金東奎 譯

明文堂

滴天髓闡微의 의미는?

滴(물방울 적) 無數 無量의 작은 물방울.
天(하늘 천) 만물, 즉 天·人·地.
髓(골수 수) 즉 골수와 같이 귀중한 것.
闡(밝힐 천)
微(미미할 미) 따라서 **闡微**는 세미하게 밝히는 것.

　따라서 **滴天髓闡微** 란 문장 한 구절 구절마다 天·地·人에 갖추어져 있는 골수와 같은 귀중한 것들을, 숨겨져 있던 것까지 모두 찾아서 세미하게 밝혀 놓았음을 말한 것이다.

序

권두언(卷頭言) / 翠山 金東奎
命理學을 고찰함 / 翠山 金東奎
원서(袁序) / 鎭江 袁樹珊
손서(孫序) / 蘅園 主人

卷 頭 言

하나

나는 30여 년 전 임철초 선생의 《적천수천미》를 탐독하고 그 속에서 설상방조(洩傷幇助)법과 별격(別格) 용신 잡는 법, 청탁(淸濁) 가리는 법 등 명리학(命理學)의 핵심적인 것을 공부하여 명리는 이것으로 충분하다고 생각하고 《사주비전 적천수》를 썼다.

물론 당시 30세 전후의 비재(非才) 천식(淺識)임을 망각하였고, 의욕만 앞세워 번역도 미진한 점이 있었거니와, 대부분 그 요지만 게재한 것이 이제 돌이켜 생각해 보니 독자들에게 좀더 완벽한 내용을 전달하지 못한 점이 항상 마음속에 앙금으로 남았으나 쉽사리 손을 대지 못하고 차일피일 미루어 오다가 원광대학교 동양학 대학원에 출강하면서 교재로 사용하여야 할 명리서를 《滴天髓闡微》로 선택하면서 다시 번역하여 독자들에게 사죄하게 되었음을 늦었지만 다행으로 생각한다.

둘

동양철학을 종교철학, 운명철학, 인생철학으로 분류할 수 있다고 얼마 전에 번역한 《복서정종(卜筮正宗) 해설》의 서문에 이미 밝혀 놓았다.

그 중 운명철학은 다시 理學文과 占學文으로 분류하여 설명할
수 있는데, 理學은 이치를 추적하여야 답을 낼 수 있으니 陰學文
이라 할 수 있고 占學은 수(數)를 사용하여 선택하는 것이므로
陽學文이라 할 수 있다.

운명철학 중에서 대표적인 것이 命理學이며 이 학계의 체(體)
라 할 수 있으니 반드시 먼저 이해되어야 철학 공부에 입문할
수 있다.

命理學을 공부하여야 하는 목적은「현재를 합리적으로 살아가
기 위한 지혜를 얻는 데」있다.

출생 年·月·日·時의 干支를 놓고 귀·천(貴賤)과 길·흉·
화·복을 논하는 것인데, 먼저 日主의 강약을 가리고 다음으로
기후의 한난(寒暖)·조습(燥濕)을 참고해야 하며, 또 다음으로
干支 글자의 배치가 동류끼리 모여 서로 협조하고 다정하게 짜
여졌는가와 개성을 천간에 투출시켜 귀격(貴格)이 되었는지 혹
은 흩어져서 상극되고 혼탁하여 천격(賤格)이 되었는지를 보는
것이다.

이렇게 조사하여 이 사주에서 가장 필요한 用神과 喜神을 찾
아내면 일생의 길흉 회복을 짐작할 수 있는 것이다. 또 용신이
일단 잡히고 나면 일생의 길흉 화복은 大運에 의하여 결정되는
것이니, 나이 별로 진행하는 運路가 용신이거나 용신을 돕는다면
일생 동안 원하는 일을 이루면서 쉽고 편하게 살 수 있으나, 만
약 용신을 극하거나 설기시키면 바라는 꿈을 이룰 수 없을 뿐만
아니라 힘들게 살면서 하는 일에 장애가 많고 심하면 크게 잘못
될 수도 있는 것이다. 그러므로「사주 좋은 것이 운로 좋은 것

만 못하다」하였을 정도로 운로가 중요하다.

이렇게 사주는 일생에 한 번 감정하여 놓고, 기술이나 예술 사주이니 어려서부터 그 방면으로 꿈을 키운다거나, 벼슬 사주이니 일생의 승부를 공명 쪽으로 걸어본다거나, 사업이나 상업으로 돈을 크게 벌 것이라든가 등으로 자기가 할 일의 방향을 어려서부터 찾을 수 있는 것이다. 그래서 命理는 현재를 지혜롭게 살기 위하여 반드시 하여야 하는 것이다.

셋

占學은 대표적인 것이 주역(周易)이며 그 외에 기문, 육효, 육임, 자미두수, 하락이수 등 수(數)를 사용하는 학문은 모두 점학이다.

점학을 공부하는 목적은「선택을 올바로 하기 위함」이다.

점학의 대표적인 것이 주역인데, 주역을 점학이라니 성인의 글에 누가 될까봐 조심스러운 바 있으나, 인간 문명 속에서 가장 위대한 글을 꼽는다면 선택을 올바로 할 수 있도록 지식을 주는 것이라 할 수 있기 때문이다.

사람을 포함하여 동물들은 평생을 통하여 선택밖에 하는 일이 없다. 큰 선택, 작은 선택, 어려운 선택, 쉬운 선택을 끊임없이 하게 되며, 선택 잘하여 성공하기도 하고 선택을 잘못하여 망하기도 한다.

「행복은 선택 순이며 선택은 점이다」

「주역이 있어서 행복하다」

神의 선택으로 내가 있다면 나의 선택으로 나의 幸, 不幸을 결정짓는 것인데 행복을 보장받을 선택이 그리 쉽겠는가? 그렇기 때문에 「占은 或中 或不中 (占은 혹 적중시킬 수 있지만 맞지 않을 수도 있다)」이라 하였다.

나의 선택은 행복과 직결되기 때문에 모두 올바른 것이어야 하고 모두 적중시켜야 함이 요구되는데, 맞을 수도 있고 안 맞을 수도 있다면 이 또한 불행인 것이다.

그러므로 가장 바람직한 것은 占을 안 치고도 알 수 있는 것이다. 이것이 바로 지식(知識)이다. 아는 것이 많으면 올바른 선택이 보장되는 것이다. 따라서 우리는 교육을 통해서 많은 공부를 하지 않으면 안 된다. 그러나 아무리 공부를 많이 해도 인간의 지식은 한계가 있으므로 하늘(또는 神)에 묻지 않으면 안 된다. 이 때 필요한 것이 占이다.

앞에서도 대략 말했듯이, 점학문은 주역 말고도 종류가 가장 많다. 그러나 꼭 어느 책을 봐야 되는 것은 아니다.

주역을 공부한 사람이 점을 잘 치고 육효(六爻) 공부를 한 사람은 점을 잘못 치는 것은 아니다. 점의 적중률은 문서(책)에 있는 것이 아니고 「지성지도(至誠之道)」에 있기 때문이다. 꼭 알아야겠다는 간절한 소망을 기지고 지성으로 묻는 사람에게는 성답을 내주기 때문이다. 정성을 쏟기 위하여 지켜야 할 것이 있다면 그것이 道(法)이다. 法까지 지켜서 물었을 때 맞지 않는 법은 없다.

넷

이상으로 理法의 命理學과 占法의 선택에 대하여 핵심적인 것만이라도 설명이 되었으리라 믿는다.

명리학은 운명철학의 체(體)이니 만큼 일생을 한 눈으로 읽을 수 있으며, 자기의 방향이 정하여졌다면 일생의 설계를 미리 미리 준비할 수 있는 것이 특징이다.

가령 몇 살부터 몇 살까지는 좋은 운이니 승부를 걸어도 좋겠고, 몇 살부터 몇 살까지는 나쁜 운이니 조심해야 되겠다고 움츠리고 축소시키는 정도를 아는 것에 불과하다. 그러나 다사다난하게 벌어지는 그때 그때 吉凶에 대해서는 알아내기가 어려운 바가 있어서 점법에 의지하게 되는 것이다.

점법은 긴 세월의 길흉을 알아내기보다는 1년 이내의 신수라든가 짧은 일의 길흉을 알아내는 데 적합하니 짧은 기간의 일일수록 적중률이 높고 단답을 알고자 할 때 더욱 명쾌하여지니 그 특수성을 직시하여 효과적으로 활용하기 바란다.

이 책을 쓴 분들에게 누가 될까봐 되도록 나의 사견을 달지 않으려고 하였으나, 확실하여 독자들에게 알려야겠다고 생각되는 부분은 〈☞ 취산주(翠山註)〉로 보충 설명하였다.

끝으로 이 책이 빛을 볼 수 있도록 흔쾌히 출판을 허락해 주신 명문당 김동구 사장님과 편집과 교정에 힘써 주신 관계자 여러분에게 심심한 감사의 마음을 전하면서.

翠山 金東奎 識

命理學을 바르게 공부하려면

통신(通神)과 육친(六親)

명리학은 본시 두 가지의 큰 기능이 있는데 통신론(通神論)과 육친론(六親論)이 그것이다. 반드시 이 두 기능을 바르게 익혀서 함께 사용할 때 적중률이 매우 높고 공부 또한 빠르고 정확하다.

첫 번째 통신(通神) 기능이란 **격국(格局)과 용신(用神)**으로 처리하는 기능을 말하는데, 먼저 생년월일로 사주팔자(四柱八字)의 기둥을 세워 놓아야 한다.

격국(格局)은 사주팔자를 이루고 있는 글자들의 힘이 어디로 실려 있는가로 격국을 잡고 그 격국의 청탁(淸濁)으로 귀천(貴賤)을 알아낸다. 사주가 혼잡(混雜)되어 확실한 격국 처리를 할 수 없을 때는 무격(無格)인 채로 용신만을 잡고 처리한다. 사실 격국을 크게 정편(正偏) 팔격(八格)으로 분류하여 설명하고 있으나 격(格)을 잡을 수가 없어서 무격(無格)인 경우가 더 많기 때문에 그리 쉽게 잡을 수도 없거니와 굳이 격국을 잡아 처리한다 하더라도 명리학에서 반드시 필요한 절대적인 것은 아니기 때문이다.

용신(用神)을 잡아 처리하는 기능을 알아보면, 억부용신(抑扶用神)·조후용신(調候用神)·통관용신(通關用神)이 대표적이다. 용신이란 사주팔자를 가장 합리적으로 운영하는 데 없어서는 안 될 오행(五行)이나 간지중(干支中)의 글자를 말한다.

억부용신(抑扶用神)은 일주(日柱)의 통근(通根)과 육신(六神)의 배치를 보고 일주의 힘이 **강(强)**하여 힘이 있을 때는 관성(官星)으로 억제하는 것이 유리한지, 또는 식신(食神)으로 설기(洩氣)시키는 것이 유리한지를 결정하면 된다. 또 일주(日柱)의 힘이 약하면 인수(印綬)로 보약 먹이듯이 자기의 힘이 살아나도록 도울 것인지, 비견(比肩) 겁재(劫財)로 일거리를 덜어주어 도울 것인지를 결정하여야 하는데, 이것이 억부용신이다.

조후용신(調候用神)은 주로 월령(月令)의 한난(寒暖) 조습(燥濕)으로 추운 달에 태어났는지 더운 달에 태어났는지를 살펴보는 것이니, 일주가 추운 사주라면 추위를 녹여주는 더운 글자를 찾아 용신을 삼는 것이고, 춘하(春夏)에 출생하여 더운 사주로 구성되었다면 춥고 시원한 글자가 있어서 더위를 식혀 중화(中和)시키는 것이 필요하니 그러한 글자를 찾아 용신을 삼는 법이다.

통관 용신법(通關用神法)은 상충(相沖) 상극(相剋)이 많아 유통(流通)이 되지 않는 경우인데, 이는 두 가지의 방법으로 처리하면 간편하다. 하나는 단순(單純) 상극(相剋)이니 두 글자의 싸움을 말려서 통하게 하므로 유통(流通)이 잘 되도록 해주는 글자가 용신이 되는 것이며, 또 하나는 지지(地支)의 상충(相沖)인데, 충파(衝破)하는 글자를 합하여 길신(吉神)으로 변하게 해준다거나, 멀리 있는 길신을 가까이로 끌어주는 경우가 그것이다.

이 밖에도 별격(別格) 용신 잡는 법과 전왕격(專旺格) 합화격(合化格) 용신 잡는 법이 다시 있으나, 대부분은 통신(通神) 기능에서 이상 논(論)한 정편 팔격(正偏八格)과 용신법으로 통한다.

두 번째로 **육친(六親)**으로 논(論)하는 법이 있는데, 필자도 그러하였지만 대부분의 명리학자들이 간과하여 지금까지도 놓치고 있는 것을 고증(古證)을 들어가며 일깨워 주고자 하는 것이다.

오행(五行)의 육친론은 정편(正偏) 십신(十神)으로 되어 있는데 그 중에 길신이 세 개로 정인(正印)·정관(正官)·식신(食神)이 그것이며 이를 삼대길신(三大吉神)이라 한다. 또 흉신이 세 개 있는데 효신(梟神)·칠살(七煞)·상관(傷官)이 그것이며 이를 삼대흉신(三大凶神)이라 한다. 또 한신(閑神)이 4개가 있는데 비견(比肩)·겁재(劫財)·정재(正財)·편재(偏財)가 그것이다.

3대 길신(吉神)은 기존의 명리학자들이 잘 알고 있는 법과 일치하므로 극(剋)을 받아 손상(損傷)만 되지 않으면 따로 설명할 필요가 없다. 그러나 만약 손상을 받으면 길신을 손상시키는 그 흉신을 다시 극제(剋制)하여 줌이 중요하다.

3대 흉신(凶神)은 처리하는 법을 정확히 알아야 한다. 즉 효신(梟神)·칠살(七煞)·상관(傷官 ; 달리 男子는 상관이요, 女子는 剋夫星이라 한다)이란 말은 제화(制化)가 안 되어 흉신으로 남아 있는 것들이므로 편인(偏印)·편관(偏官)·상관(傷官)일 때와 비슷한 것으로 착각하기 쉬우나 그 결과는 전혀 다르게 나타난다.

한신(閑神)은 길신도 흉신도 아닌 것이니 한신의 동태를 파악하는 것이 매우 중요하다. 길신을 돕는 한신인지, 흉신을 돕는 한신인지를 확실하게 살펴야 한다는 것이다. 한신이 길신을 돕는 명조(命造)는 평생 살아가기가 부드러우나 흉신을 돕는 한신이 많으면 평생 곤고(困苦)하다.

명리학자들은 이렇게 통신론과 육친론으로 구분하여 추적하면 그 명조가 살아가야 하는 방향은 물론 가정환경과 현재의 상태를 비교적 정확하게 판단할 수 있으며, 특히 중요한 것은 몇 살, 어느 대운(大運)에서 승부를 내야 하는지를 알려줄 수 있고, 어릴 때부터 가장 중요한 관심사인 적성(適性 : 즉 사이클)에 맞는 전공과목을 알아내어 어려서부터 그 방향으로 꿈을 키울 수 있도록 도움을 준다. 다시 이해를 돕는다면, 인간의 행복은 3요

소가 있는데, 첫째는 건강이니 나의 모든 것이기 때문이요, 둘째는 자식(子息 : 건전한 가정을 포함한다)이니 삶의 목적이 담겨 있기 때문이요, 셋째는 내가 하고자 하는 일(전공과 직업)을 하는 것이니 원하는 일 속에는 즐거움이 있기 때문이다. 이렇게 큰 도움을 줄 수 있으나 두 기능 가운데 하나라도 놓쳐서는 적중시키기가 매우 어렵다.

명리학은 동양철학을 이학(理學)과 점학(占學)으로 분류하였을 때 음(陰) 학문인 이학에 속하므로 이치를 추상적으로 추적(追跡)하고 분석하여야 정답을 찾아낼 수 있기 때문에 점학에서처럼 명쾌한 답이 없으며, 통쾌하다거나 시원하지도 아니한 것이 사실이다. 그러나 통신론과 육친론으로 구분하여 특수성을 함께 사용하면 자신도 놀라울 만큼 적중률이 높다.

翠山 金東奎

袁 序

　壬申年 十月 구장(句章) 형원(蘅園) 主人이 자기의 아들 보재(籟齋)와 그의 老友인 陳 君 莘莊(신장), 林 君 茹香(여향)과 함께 일이 있어서 鎭江(진강)에 왔다가 내가 命理에 밝다고 잘못 난 소문을 듣고 나를 李 氏의 읍강루(挹江樓) 上으로 초대하여 음식을 먹고 마시며 즐기게 되었다.

　한 눈으로 보기에 그들은 마음이 끌렸고 호걸스러운 선비들이라는 것을 알 수가 있었다.

　내가 그들에게 이러한 詩 한 구절을 지어 건네 주었더니

「우연히 만난 자리이나 오래 사귀었던 구면 같아
　陰陽과 天道 얘기를 주고받으며 함께 즐겼네」

보재가 詩 짓기와 文章에 능하여 화답하기를

「부끄럽소. 10년 동안 역학 공부를 해왔던 나로서는
　강절 선생을 모신 듯이 기쁘기만 하구려」

하니 허심탄회하기가 깊은 골짜기와 같은 그의 태도에 내 마음은 꺾이고 말았던 것이다.

　다음날 孫君은 우연하게 任鐵樵(임철초) 선생이 增註(증주)한 《滴天髓 闡微(적천수천미)》의 精鈔本(정사본)을 나에게 보여 주었다. 나는 두 번씩이나 재독하며 열람한 후 이 책이 바로 옛

날의 滴天髓 正文을 綱(강)으로 삼고 古註(고주)를 目으로 하고 古註 외에 다시 중요한 요지를 밝혀 새로이 주석을 더한 것임을 알았다.

그에는 각 조항마다 命造(명조)를 배열하여 이해를 돕는 데 증거 자료로 삼았다. 그 학문의 宗旨(종지)는 陳·沈 선생[1]의 이론을 기준으로 하는데 論筆(논필)이 법도에 맞도록 다스려졌으면서도 조금도 군소리가 없이 정미함을 구하였으니 命學(명학)으로서는 진실로 흔히 볼 수 없는 희귀본이라 할 수 있다.

이어서 관복거사의 原跋(원발)을 보고 이 책이 바로 해녕(海甯) 陳氏의 소장본임을 알게 되었고, 그에는 또한 어떻게 하면 뜻있는 사람을 만나 이 책을 인쇄하여 세상에 널리 전하고 싶다는 내용도 함께 포함되어 있었다.

내가 일어나서 주인에게 말하기를

「『이름을 썩히지 않고 영원히 남기려면 古書를 간행하여 배포하는 것보다 더 좋은 길은 없다.』고 張文襄(장문양) 公이 하신 말씀을 들은 적이 있습니다. 그 책이 없어지지 않는 한 그 책을 인쇄한 사람도 따라서 민멸(泯滅)되지 않을 것이며, 또한 刻書者(각서자)는 先哲들의 정온(精蘊)을 후학자들에게 전달하여 깨우쳐 주는 길이므로 이것이 바로 利世濟民(이세제민)을 위해서 먼저 해야 할 일이며 또한 積善(적선)도 되는 길이니 그대는 그 쪽에다 유의해 보는 것이 어떻겠소?」하였더니 그 말이 끝나기도 전에 주인이 흔쾌히 말하기를 「이 책에서 論命(논명)함이 체계적으로 조리가 있고 정연하며, 글씨도 내용도 모두 좋아 내

---

1) 陳 相國 素菴과 沈進士 孝瞻

이것을 영인본으로 출판하여 여러 동호인들과 함께 나눌 생각이
있습니다」하였고 簾齋(보재) 역시「우리 부친께서 이 책을 영
인할 생각은 일찍부터 하고 계셨습니다」하였다.

그리고 陳 君과 林 君이 다시 나에게 말하기를「이 책의 교정
과 수정을 우리들이 맡을 터이니 선생님께서는 서문을 써주시는
것이 좋겠습니다」라고 하여 나도 그를 승락하였다.

금년 초여름 보재가 과연 4권으로 만들어 진강원으로 우송하
여 왔다. 아울러 먼저 약속했던 서문을 써줄 것을 거듭 요구하는
말도 함께 있었다. 나는 이 책을 공손한 마음으로 또 보다가 이
책 제2권 45頁에 鐵樵(철초) 선생의 사주가 癸巳(乾隆 38년,
1773년)년 戊午, 丙午, 壬辰으로 되어 있는 것을 보고 선생이
바로 건륭 38년 4월 18일 辰時生이라는 것을 비로소 알게 되었
고[2] 本命의 서술을 보니「위로 아버지의 뜻을 계승하여 이루어
놓은 것이 없고 아래로도 田園(전원)을 지키면서 근본에 힘쓰지
도 못하였다」라는 것을 보고 비로소 선생의 선대는 틀림없이
이름있는 벼슬 집안이었고, 선생의 家産(가산)은 중산층쯤 되는
것을 알 수 있었다.

또 이르기를「卯 운에 이르지 工水가 절지이고 陽刃이 생지를
만났으므로 골육 사이에 이변이 생겼으며 가산이 탕진되었다」
고 하고 또「엄친이 돌아가신 후 호구지책이나 하려고 命學을
연구하였다」고 한 것을 보니 선생의 나이 30이 넘어서야 그 공
부를 시작하였다는 것을 알 수 있다. 그리고 또 이르기를「나는

---

2) 原文에는 乾隆 28년으로 되어 있으나 건륭 28년은 癸未요 38년이 癸
巳이다. 따라서 원문의 28년은 38년의 착오로 보인다.

타고난 성품이 古拙(고졸)하여 거만한 중에 아첨할 줄을 몰라 왕래하는 친구들도 마음 맞는 사람이 별로 없었다. 다만 忠厚(충후)해야 한다는 할아버지의 교훈을 실추시키지 않기 위하여 그저 조심하는 것뿐이었다」한 것을 보고 선생의 人格이 고상하고 절조가 있으면서 安貧樂道(안빈낙도)했음을 알 수 있다. 다시 제3권 12頁에「癸巳生인 某君의 명조는 나의 命과는 年, 月, 日이 모두 같으나 壬辰時 하나만 바뀌었는데 나는 弱한 殺이 制裁(제재)를 못하니 역시 여섯 아우 가운데 힘있는 자는 일찍 죽고 그 나머지는 모두 不肖(불초)하여 가정 파탄을 하게 만들었다」고 한 것을 보고 선생이 형제간의 우애를 위하여 困苦(곤고)함도 마다하지 않았다는 것을 알 수 있다.

다시 제2권 74頁에는「壬子生인 某씨의 운명을 감정하면서 丁巳 운에 연달아 회록(回祿＝火災)을 만날 것」이라고 한 것으로 보아 따져 보면 선생의 나이 56세 때가 丁 운이며 또 마침 道光[3] 27년(1847년)이 바로 丁未年으로 선생의 나이 75세 때 발을 쳐 놓고 앉아서 지성스럽게 열심히 점을 팔고 남을 위해 推命(추명)하고 있었던 것을 알 수 있다.

觀復居士(관복거사)의 原跋(원발)에는 陳君에게 任선생이 어느 때 사람인지 내가 늦게 출생하여 알 수 없다고 하였으나 이는 아마 그가 全書를 다 보지도 못했거나 또 命學을 공부하지 않았기 때문에 任선생이 살던 곳이라든지에 대하여 원서에다 기재하지 않았던 것인지 감히 억측으로 판단할 수는 없다. 그러나 그 書中의 譜註를 보면 대체로「命理約言」과 「子平眞銓」에서

---

3) 淸 宣宗의 년호

주로 채택하였는데 約言(약언)은 海寗(해녕) 陳 相國 素菴(소암)이 저술한 것이고 眞銓(진전)은 山陰 沈 進士 孝瞻(효첨)이 저술한 것으로 그들은 모두 浙江(절강) 사람들이다. 그러므로 그 책은 개인 집에서 초본으로만 전하고 있을 뿐 刊行本으로는 세상에 나와 있지 않을 것이다. 역시 浙江人들이 많이 가지고 있을 것이다.

또 陳 相國은 康熙(강희) 5年(1666년)에 세상을 떴고 沈 進士는 乾隆(건륭) 4年(1739년)에 進士가 된 사람이므로 선생이 태어난 건륭 38년과 따져 보면 서로의 차이가 멀게는 겨우 100년 정도에 불과하고 가까이는 몇 십 년 차이인데, 그리 보면 선생도 아마 浙江 사람인지도 모를 일이다.

約言과 眞銓의 학설에 관하여는 나도 평소에 가슴에 담고 있었던 것으로 지난번 「命理深原(명리심원)」을 쓸 때도 거기에서 채록한 것들이 적지 않았다. 그러나 은미한 이치를 밝혀 낸 鐵樵 선생의 闡微(천미)와 비교하여 보면 역시 泰山과 작은 언덕의 차이가 되는 것이다.

선생은 아침 저녁 할 것 없이 정밀한 연구와 깊은 생각을 하여왔으므로 그 本과 末을 꿰뚫고 그것을 文章으로 나타내면서는 五行의 生剋(생극), 衰旺(쇠왕), 顚倒(전도)의 이치를 아주 玄妙(현묘)하게 論하였을 뿐만 아니라 旺者宜剋(왕자의극)하고 旺極宜洩(왕극의설)하고 弱者宜生(약자의생)하고 弱極宜剋(약극의극)이라 한 두 문제에 관하여는 가장 정밀하고 심오하였으며, 심지어는 사람에 따라 厚薄(후박)의 다름이 있고 山川도 같지 아니하며, 命에도 貴賤(귀천)이 있는 것이며, 世德(세덕)에도 전혀 다른 결과가 있는 것이라고 하였으니, 天命을 地利에 合하여 人事에 결부시켜 말하였다. 그러므로 人命을 論함에서도 일상 말하기를 아무의 四柱는 純粹(순수)하고 中和(중화)되었으므로 태평성대의 재상이라 하고, 아무의 사주는 벼슬길이 淸高(청고)하고 才華(재화)가 탁월하며, 아무의 命造는 경영함에 큰 이익을 얻게 되는데 勤儉(근검)으로 성공한다 하였고, 또 어떤 사주는 고향을 등지고 타향으로 떠나야 부자가 될 것이라 하고, 어떤 사주는 욕심이 많고 염치가 없으며 성격이 뒤틀렸다고 하였고, 또 아무의 사주는 돈을 흙처럼 뿌리고 다니다가 패가망신할 것이라고 하였고, 또 아무의 사주는 生産에 관심이 없어서 뒤에 가서 반드시 재앙이 될 것이라고 하였고, 아무의 사주는 출신은 빈한하지만 사람이 賢淑(현숙)하다고 하였고, 아무의 사주는 청춘 守節(수절)로 자식을 가르쳐 이름을 낼 것이라고 하고, 아무의 사주는 부자를 사랑하고 가난을 혐오하여 남편과 자식을 버릴 것이라 하였고, 아무의 사주는 만약 그 자리를 시급하게 물러나지 않으면 뜻밖의 풍파가 없지 않을 것이라 하고, 아무의 사주는 蒲柳(포류)처럼 가을이 되면 시들 것이고 松柏(송백)같이 서리를 맞고도 무성하리라 하며 추켜올리기도 하고 깎아내리기도 하였으니 이는 선생께서 苦心한 흔적들이 아닐 수 없으며 그의 말 한마디 한마디가 모두 世道와 관련된 것들이었다.

옛날의 君子는 이른바 죽어 없어졌더라도 전할 말은 세워 놓는다고 하더니 이 사람을 두고 한 말이 아니겠는가?

이 책을 읽는 이들이 만약 命學으로만 보아 넘기고 만다면 그것은 하나만 얻고 둘은 잃는 것이며, 한 치만 보고 한 자는 못

보는 것이다. 그러므로 이 책을 영인 출판하여 세상에 널리 전파한 蘅園(형원) 주인의 좋은 뜻을 저버리는 일이 되기도 할 것이다.

중화민국 22년 癸酉年 5月 21日 庚戌에 鎭江 袁樹珊 쓰다.

孫　序

　命理學이 전해온 유래는 오래 되었다. 옛날의 명리학을 보면 간단하면서도 할 말은 다 갖추고 있었다. 가령 포희(庖犧)는4) 正命이라 했고 중니(仲尼)는5) 天命이라 하였고 노담(老聃)은6) 복명(復命)이라 한 것들은 모두 하늘로부터 받아서 인간에게 부여한 것이라고 하여 타고난 성품을 바르게 하고 그 理를 따름으로써 자기가 타고난 운명을 편안히 살아가자는 것뿐이었는데, 후세 사람들은 天理 자연의 섭리를 불안하게 느끼고 옆길로 빠지기도 하고 엉뚱한 해석을 해가면서 세상 사람들의 비위만 맞추려고 하였다.

　그것은 이른바 理를 도외시하고 術을 유행시켰으며, 억지로 말을 끌어다 붙여서 짜 맞추는 것이 되었으니 학자들은 갈수록 다른 길이 되었던 것이다.

　비록 그러하나 理를 좇아 명리를 규정하는 것은 간단하면서도 번거로운 것을 제어하며 하늘의 정도를 따르는 것이며, 術을 합리화하여 번거로운 것을 간단하게 풀어내어 운명의 원리를 탐구할 수 있다면 그것 역시 만족한 길이 될 수도 있을 것이다. 그러나 그 길에 정통한 자가 그리 흔치 않은 것이 현실이다.

---

4) 복희(伏羲)씨를 가리킴
5) 孔子
6) 노자(老子)

이 滴天髓는「경도(京圖)」가 짓고「유성의(劉誠意)」가 주석을 붙인 것이라고 전해지고 있는데, 내용에 通神論(통신론)과 六親論(육친론)을 큰 줄거리로 삼았고, 天道에서 貞元(정원)까지 62개 章으로 분류하여 이치를 분석하고 뿌리를 캐면서 은미(隱微)하고 오묘한 것까지 다 들추어 놓았다. 그러나 그 표현들이 너무 고오(古奧)하여 학자들은 그것을 결함으로 여겨왔다. 나도 일찍부터 星命學을 좋아하여 여가만 있으면 펼쳐보곤 하였지만 얻어지는 것이 적어서 걱정이었다. 그런데 지난해에 누가 이 책을 가져왔는데 任鐵樵 선생이 增註(증주)한 것으로 읽어보았더니 篇을 나눠가며 자세한 설명을 가하였고, 格을 끌어대어 증거를 들어가면서 天地와 陰陽의 分化와 三元 五行의 추선(推旋)에 관하여 반복하여 풀어 놓았으니 분명하고도 조리가 정연하여 옛날에 막혔던 것들이 이리저리 맞추면 모두 이치에 맞게 풀려나 갔다. 그야말로 작자에 대하여는 공신(功臣)이요 후학자들에게는 하나의 교량 역할을 한 것이었다.

그리고 관복거사가 쓴 발문을 보고 나서 이 책이 원래 海甯(해녕) 陳氏의 소장품이었던 것인데 관복거사가 진씨에게서 빌려 가지고 손으로 써서 기록을 남긴 것임을 비로소 알 수가 있었다.

元典이 이미 불에 타 없어졌다면 이 책이 바로 이 나라의 유일한 것으로 더욱 보배롭고 귀한 것이 아니겠는가? 만약에 진씨가 비장(秘藏)을 해두고 남에게 보이지 않았다거나, 비록 보았더라도 관복거사의 수록(手錄)이 없었다면 이 책이 어떻게 이 세상에 다시 나왔겠는가?

　지금 다행히 볼 수 있는데 우리가 만약 선량한 후책이 없이 원본을 불태워 버린 진씨와 같이 된다거나, 아니면 관복거사가 발문에 말한 것처럼 이를 인쇄에 붙여서 널리 퍼뜨리지 아니한 다면 이것은 古書의 깊은 뜻을 계발하기 위해 增註를 가한 분이 라든가, 또 후학들에게 도움을 주려고 수록을 남긴 분의 마음을 크게 저버린 꼴이 되지 않겠는가?

　그러므로 影印(영인)하여 모든 동호인들과 함께 갖기로 하고 이름을 闡微(천미)라 한 것은 다른 뭇 서적과 달리하기 위함이 었다.

　애석한 것은 관복거사가 어느 代 사람인지 알 수 없고 기록을 통하여 겨우 성씨만 알 정도이며, 그가 남긴 말이나 그의 행동으로 보아 편안히 살면서 이치에 통달하고 술수를 좋아하는 이른바 숨은 군자(隱君子) 다음가는 정도의 인물이 아니었겠나 싶다.

　현재 사람들의 욕심이 판을 치는 이 세상에 이 책을 읽는 이들이 이로 하여금 영허소장(盈虛消長)의 이치를 깨달아 묵묵히 운행하는 天心을 읽어 세상을 올바르게 살아가는 길잡이가 되게 함으로써 어리석은 사람과 완악(頑惡)한 사람은 경계하게 하고, 모자란 사람은 분발하게 한다면 어찌 세상과 백성들을 깨우치는 데 일조하지 않겠는가?

　천하의 일은 모두 인연법이 아닌 게 없다 하니 이 책도 여러 해 동안을 진씨 집에 비장(秘藏)되어 있던 것을 鐵樵에 의해 증주가 되고 관복의 수록을 거쳐 이제 다시 내게 와서 간행을 보았다.

　이상 몇 사람들이 다 같은 시대에 태어나지 아니하였는데도 뜻이 같고 깊이가 같았던 것이다. 이 일이 이렇게 되기까지 그것이 비록 사람이 한 일이라 해도 그게 어디 우연한 일이겠는가?

중화민국 22년 癸酉 5월 衡園 主人 쓰다.

滴天髓闡微
적천수천미

目 錄

26

滴天髓闡微

【별첨 부록】 이 책을 읽기 전에

제1장 명리기초(命理基礎) / 738

제2장 신살론(神煞論) / 758

제3장 조명법(造命法) / 764

제4장 십신론(十神論)의 활용 / 780

제5장 건강과 성격론 / 816

序

권두언(卷頭言) / 4

명리학을 고찰함 / 9

원서(袁序) / 13

손서(孫序) / 20

第一部 통신론(通神論)

제1장 通神論 통신론

천도(天道) / 34

지도(地道) / 36

인도(人道) / 38

지명(知命) / 42

이기(理氣) / 50

배합(配合) / 53

제2장 干支論 간지론

천간(天干) / 58

지지(地支) / 88

간지총론(간지총론) / 109

滴天髓闡微

제3장 **形象格局** 형상격국

형상(形象) / 152

방국(方局)(上) / 175

방국(方局)(下) / 182

팔격(八格) / 192

체용(體用) / 208

정신(精神) / 217

월령(月令) / 224

생시(生時) / 229

쇠왕(衰旺) / 234

중화(中和) / 251

원류(源流) / 256

통관(通關) / 265

관살(官殺) / 271

상관(傷官) / 296

제4장 **清濁** 청탁

청기(淸氣) / 316

탁기(濁氣) / 322

진신(眞神) / 327

가신(假神) / 332

강유(剛柔) / 339

순역(順逆) / 346

滴天髓闡微

제5장 **調候** 조후

한난(寒煖) / 352

조습(燥溼) / 358

은현(隱顯) / 363

중과(衆寡) / 367

진태(震兌) / 371

감리(坎離) / 378

第二部 **육친론(六親論)**

제1장 **六親論**

부처(夫妻) / 386

자녀(子女) / 393

부모(父母) / 403

형제(兄弟) / 409

제2장 **何知章** 하지장

하지장(何知章) / 416

제3장 **女命・小兒** 여명・소아

여명장(女命章) / 454

소아(小兒) / 481

滴天髓闡微

제4장 **恩怨論** 은원론

재덕(財德) / 490

분울(奮鬱) / 495

은원(恩怨) / 501

한신(閑神) / 506

제5장 **從化論** 종화론

종상(從象) / 518

화상(化象) / 527

가종(假從) / 532

가화(假化) / 539

제6장 **順逆 · 沖合** 순역 · 충합

순국(順局) / 548

반국(反局) / 556

전국(戰局) / 574

합국(合局) / 580

제7장 **君臣 · 母子**

군상(君象) / 588

신상(臣象) / 591

모상(母象) / 596

자상(子象) / 599

성정(性情) / 603

滴天髓闡微

제8장 **疾病論** 질병론

질병(疾病) / 642

제9장 **出身論** 출신론

출신(出身) / 676

지위(地位) / 699

제10장 **歲運** 세운

세운(歲運) / 716

정원(貞元) / 731

附錄 명리기초(**命理基礎**) / 737

적천수천미

第一部

통신론(通神論)

제1장 **通神論**

천도(天道) / 34

지도(地道) / 36

인도(人道) / 38

지명(知命) / 42

이기(理氣) / 50

배합(配合) / 53

天道 천도

欲識三元萬法宗。先觀帝載與神功。
욕 식 삼 원 만 법 종 。 선 관 제 재 여 신 공 。[7]

삼원은 만법의 宗이니 이를 알고자 하면
먼저 천간과 그 속에 실려 있는 것과 神(地支)의 공력을 보아라.

【原注】
天有陰陽。 故春木,夏火,秋金,冬水,季土。 隨時顯其神功。 命中天地人三元之理。 悉本于此。

　하늘에는 음양이 있으므로 春木, 夏火, 秋金, 冬水, 季土가 때를 따라서 각기 그 神의 功力을 나타낸다.
　命(四柱八字) 중에도 天·地·人 三元의 이치를 모두 근본으로 삼고 있다.

【任注】
干爲天元,支爲地元,支中所藏爲人元,人之禀命,萬有不齊,總不越此三元之理,所謂萬法宗也,陰陽本乎太極,是謂帝載,五行播于四時,是謂神功,乃三才之統系,萬物之本原,滴天髓首明天道如此,

　【해설】　천간을 天元이라 하고 지지를 地元이라 하며 지지 중에 소장된 것을 人元이라 한다. 사람에게 부여한 명조도 만 가지

---

7) 제(帝) : 임금, 하늘, 황제이니 즉 天干
　　재(載) : 실을 재, 비롯할 재이니 地支 속에 소장되어 있는 天干
　　신(神) : 12 地支

로 고르지 아니하나 모두 이 三元의 이치를 벗어나지 않는 것이
니 이른바 만법의 宗이라 하였다.

음양은 본시 태극(太極)에서 비롯되었으므로 제재(帝載)란 말
을 사용하였고, 오행은 四時에 따로 자리잡고 있으므로 神功이란
말을 사용하였다. 이것이 三才의 계통이며 만물의 本原이니 적천
수(滴天髓)에서는 첫머리의 天道를 이와 같이 밝혀 놓았다.

地道지도

坤元合德機緘通。 五氣偏全定吉凶。

곤 원 합 덕 기 함 8)통 。 오 기 편 전 정 길 흉 。

坤元은 德에 합하여 기틀 안에 봉함하여 둔 것을 유통시키고
五氣는 편고함과 온전함으로 길흉을 정하게 한다.

【原注】

地有剛柔。故五行生于東南西北中。與天合德。而感其機緘之妙。賦于人
者。有偏全之不一。故吉凶定于此。

　地에는 剛(강)함과 柔(유)함이 있으므로 오행을 東南西北中에서 발
생시켜 天과 함께 德을 합하고 기틀에 함축시켜서 감응(感應)케 하는
아름다움이 있고, 사람에게 부여한 것은 편고함과 온전함으로 하나 같
지 아니하다. 그러므로 이에서 길흉을 정할 수 있는 것이다.

【任注】

大哉乾元,萬物資始,至哉坤元,萬物資生,乾主健,坤主順,順承天,德與
天合,煦嫗覆育,機緘流通,特五行之氣有偏全,故萬物之命有吉凶,

　【해설】　크도다, 乾元(건원)이여 ! 만물을 비롯되게 할 바탕이
되었고, 지극하도다, 坤元(곤원)이여 ! 만물을 발생시킬 바탕이
되었도다.

　乾은 건장함을 위주로 하고 坤은 유순함을 위주로 하며, 順은
天으로 이어지게 하여 덕을 天道와 합하여 그의 품안에 넣어 놓

---

8) 기(機) : 베틀, 기계, 짜인 틀, 짜임새
　함(緘) : 봉할 함, 묶을 함

고 소중하게 복육(覆育)시켜서 기틀 안에다 봉함하여 싸놓고 유
통시킨다. 특별하게도 오행의 氣에만 偏全(편전)이 있게 되었다.
그러므로 만물의 命에는 길흉이 있게 된다.

人道_{인도}

戴天履地人爲貴。順則吉兮凶則悖。
대 천 이 지 인 위 귀 。 순 칙 길 혜 흉 칙 패 。

위로 하늘을 이고 아래로 땅을 밟고 그 가운데 사람만이 존귀
한 것이니
順한 것은 吉하지만 凶한 것은 어지럽기 때문이다.

【原注】

萬物莫不得五行而戴天履地。惟人得五行之全故爲貴。其有吉凶之不一者。
以其得于五行之順與悖也。

만물은 오행을 득하지 아니한 것이 없으므로 위로 하늘을 이고 아
래로 땅을 밟고 있는 것이다. 오직 사람만이 오행의 全氣를 득하였다.
그러므로 존귀하다. 그의 길흉이 한결같지 아니한 것은 그 오행의 득
함에 順과 패(悖)가 있기 때문이다.

【任注】

人居覆載之中, 戴天履地, 八字貴乎天干地支順而不悖也, 順者接續相
生, 悖者反剋爲害, 故吉凶判然, 如天干氣弱, 地支生之, 地支神衰, 天干
輔之, 皆爲有情而順則吉如天干衰弱, 地支抑之, 地支氣弱, 天干剋之,
皆爲無情而悖則凶也, 假如干是木, 畏金之剋, 地支有亥子生之, 支無亥
子, 天干有壬癸以化之, 干無壬癸, 地支有寅卯以通根, 支無寅卯天干有
丙丁以制之, 木有生機, 吉可知矣, 若天干無壬癸, 而反透之以戊己, 支
無亥子寅卯, 而反加之以辰戌丑未申酉, 黨助庚辛之金, 木無生理, 凶可
知矣, 餘可類推, 凡物莫不得五行戴天履地, 即羽毛鱗介, 亦各得五行專

氣而生,如羽蟲屬火,毛屬木,鱗屬金,介屬水,惟人屬土,土居中央,乃木火金水中氣所成,獨是五行之全爲貴,是以人之八字,最宜四柱流通,五行生化,大忌四柱缺陷,五行偏枯,謬書妄言四戊午者,是聖帝之造,四癸亥者,是張桓侯之造,究其理皆後人訛傳,試思自漢至今二千餘載,週甲循環,此造不少,謬可知矣,余行道以來,推過四戊午,四丁未,四癸亥,四乙酉,四辛卯,四庚辰,四甲戌者甚多,皆作偏枯論,無不應驗,同邑史姓有四壬寅者,寅中火土長生,食神祿旺,尙有生化之情,而妻財子祿,不能全美,只因寅中火土之氣無從引出,以致幼遭苦,中受飢寒,至三旬外,運轉南方,引出寅中火氣,得際遇,經營發財,後竟無子,家業分奪一空,可知仍作偏枯論也,由此觀之命貴中和偏枯終于有損理求平正奇異不足爲憑,

【해설】 사람은 복재(覆載)[9] 한 가운데 살고 있으므로 하늘을 이고 땅을 밟고 있는 것이다. 팔자도 귀한 것은 천간과 지지가 順하고 패(悖)[10] 하지 아니하다.

順하다 함은 접속 상생함을 말하고 悖라 함은 반대되고 극하여 害가 됨을 말한다. 그러므로 길흉이 판연하게 가려진다.

가령 천간의 氣가 약하면 지지에서 生하여 주고 지지의 神이 쇠약하면 천간에서 보조하여야 하니 이를 유정(有情)하다 하고 順이라 하니 곧 길하다.

가령 천간이 쇠약한데 지지에서도 억제하고 지지의 氣가 약한데 천간에서도 극한다면 이 모두 무정하다 하고 悖라 하니 곧 흉할 수밖에 없다.

가령 천간의 木이 金의 극을 꺼린다면 지지에 亥子 水가 있어

---

9) 복재(覆載) : 하늘과 땅
10) 패(悖) : 역극되어 혼잡되고 산란함

서 생하여 주거나 亥子 水가 없으면 천간에 壬癸 水가 있어서 化하여야 하며 천간에 壬癸가 없으면 지지에 寅卯가 있어서 통근하고 지지에 寅卯도 없으면 천간에 丙丁 火가 있어서 제극(制剋)하여 주면 木은 生機가 있어서 길하다는 것을 알 수 있을 것이다. 만약 천간에 壬癸가 없는데 반대로 戊己 土가 투출하고 지지에 亥子 寅卯가 없는데 반대로 辰戌丑未申酉가 가중되어 庚辛金을 작당하여 돕는다면 木은 生의 이치가 없으니 흉하다는 것을 가히 알 수 있을 것이다. 나머지도 이와 같이 유추함이 가하리라.

무릇 만물은 오행의 대천이지(戴天履地)함을 득하지 아니함이 없으니, 즉 날짐승, 길짐승, 비늘 단 짐승, 갑옷 입은 짐승 할 것 없이 모두가 각각 오행의 전기(專氣)를 얻어야만 탄생할 수 있는 것이다.

가령 우(羽)[11]와 충(蟲)류는 火에 속하고, 모(毛)는 木에 속하고, 린(鱗)[12]은 金에 속하고, 개(介)[13]는 水에 속한다. 그러나 오직 사람만은 土에 속한다. 土가 중앙에 속하는 것은 金水木火의 중기(中氣＝正氣)가 이루어 낸 것이니 유독 이상 오행의 전 기운을 가졌으므로 귀하다 하는 것이다.

이로써 사람의 팔자가 가장 마땅한 것은 사주가 유통되고 오행이 生化됨이요, 가장 꺼리는 것은 사주가 결함(缺陷)되고 오행이 편고(偏枯)한 것이다.

유서(謬書)[14]의 망언을 보면 四 戊午 사주를 聖帝(성제)의 명

---

11) 날짐승
12) 비늘 달린 짐승
13) 갑옷 입은 짐승
14) 잘못된 책

조(命造)라 하고 四 癸亥를 장환후(張桓侯)의 사주라 하는데, 이를 조사해 보니 모두 뒤에 사람들이 와전한 것이었다. 생각하면 漢나라로부터 지금까지 2천여 년을 六甲이 바뀌는 동안 이와 같은 사주가 적지 않았을 것이니 잘못되었음을 알 수 있으리라.

나도 이 업을 해오면서 四 戊午, 四 丁未, 四 癸亥, 四 乙酉, 四 辛卯, 四 庚辰, 四 甲戌의 명조를 많이 보아 왔으나 모두 편고함으로 논명하였더니 맞지 않는 법이 없었다.

마침 같은 읍에 史씨가 四 壬寅 명조를 가졌다.

寅 中 火土가 長生하니 식신이 녹왕(祿旺)하여 生化의 情이 있을 것 같으나 妻財(처재) 子祿(자록)이 온전히 아름답지는 아니하였다. 단지 寅 中의 火土를 인출하여 주는 것이 없으므로 어린 시절을 고생으로 지났고, 중년에도 춥고 배고픔을 면치 못하다가 30이 넘어서야 운로가 남방 火 운으로 행하니 寅 中의 火氣를 인출하여서 기회를 잡게 되었고 경영사에 발재하였으나 뒤에까지 자식이 없었으므로 가업을 나눠 빼앗기고 빈손이 되었으니 편고함으로 논함이 옳다는 것을 알 수 있다.

이로 보건대 命이 귀한 것은 중화에 있고 편고한 것은 마침내는 손해됨이 있는 것이다. 따라서 理는 平正에서 구하여야 하고 기이함에서는 不定하여 믿을 수가 없다.

42

知命 지명

要與人間開聾瞶。順逆之機須理會。
요 여 인 간 개 농 외 。 순 역 지 기 수 리 회 。

인간의 농외(聾瞶)15)를 열어주는 것은 중요한 일이니
순역의 기틀 안에서 모름지기 理를 조회하는 데 있다.

【原注】
不知命者如聾瞶。知命于順逆之機而能理會之。庶可以開天下之聾瞶。

　命을 알지 못하는 사람은 聾瞶(농외)이다. 명을 아는데 순역의 기틀
(짜임새)까지 알면 능히 이치를 추리할 수 있으니, 나아가 천하의 무
지함을 열어 줄 것이다.

【任注】
此言有至理,惟恐後人學命,不究順悖之機,妄談人命,貽悞不淺,
泥看奇格異局,一切神殺,荒唐取用,桃花咸池,專論女命邪淫,受
責鬼神,金鎖鐵蛇,謬指小兒關煞,憂人父母,不論日主之衰旺,總
以財官爲喜,傷殺爲憎,定人終身,不管日主之強弱,盡以食印爲
福,梟刼爲殃,不知財官等名,乃六親取用而列,竟認作財可養命,
官可榮身,何其愚也,如財可養命,則財多身弱者,不爲富屋貧人,
而成巨富,官可榮身,則身衰官重者,不至夭賤,而成顯貴,余詳考
古書,子平之法,全在四柱五行,察其衰旺究其順悖,審其進退,論
其喜忌,是謂理會,至於奇格異局,神煞納音諸名目,乃好事妄造,
非關命理休咎,若據此論命,必致以正爲謬,以是爲非,訛以傳訛

---

15) 무지하여 말하지 못하고 듣지도 못함.

遂使吉凶之理,昏昧難明矣,書云,用之爲財不可刦,用之爲官不
可傷,用之印綬不可壞,用之食神不可奪,此四句原有至理,其要
在一用字,無如學命者,不究用字根源,專以財官爲重,不知不用
財星儘可刦,不用官星儘可傷,不用印綬儘可壞,不用食神儘可
奪,順悖之機不理會,與聾瞶何異,豈能論吉凶,辨賢否,而有功於
世哉,反誤世惑人者多矣,

【해설】 이 말은 이치는 있기는 하나 오직 명학을 공부하는 후
학자들이 순패지기(順悖之機)를 연구하지도 아니하고 人命을 망
담(妄談)하여 끼치는 해가 적지 않음을 걱정한 말이다. 기격(奇
格) 이국(異局)과 일체 신살(神煞)을 혼돈시켜 황당하게 취용하
며, 도화살(桃花殺)이나 함지살(咸池殺)만 있으면 女命에서는 사
음(邪淫)[16]으로 전론하고 귀신의 꾸짖음을 받은 것이라 하기도 하
고 금쇄철사(金鎖鐵蛇), 소아관살(小兒關煞)을 잘못 말하고 사람
들과 부모를 근심시키며, 일주의 쇠왕은 따지지도 아니하고 재관
은 모두 희신으로 치부하고 상살(傷殺)[17]을 증오하여 사람들의
종신(終身)을 결정해 버리며, 또 일주의 강약을 보지도 아니하고
식신과 인수는 모두 복이 된다 하고 효신과 겁재는 재앙으로 취
급하고 있으니 재관 등의 이름은 본시 육친의 반열에 놓고 취용
하는 것임을 알지 못하기 때문이다.

　이들은 끝내 財를 양명(養命)으로 생각하고 官은 몸을 영화롭
게 한다고 생각하고 있으니 어찌 그리도 어리석단 말인가?

　가령 財가 양명성(養命星)이라 한다면 재가 많고 신약한 사주
를 부옥빈인(富屋貧人)이라 아니하고 거부(巨富)를 이룰 것이라

---

16) 사악하고 음란함
17) 상관(傷官)과 칠살

할 것이며, 관성이 榮身(영신)이라면 身은 쇠약한데 관성만 거듭 있는 사주를 보고도 단명하거나 천한 것으로 말하지 아니하고 貴를 크게 이룰 것이라고 할 것이다.

내가 古書를 살펴보건대 子平의 法이 오로지 사주 오행에만 있으니 그 쇠왕을 살피고 그 순패(順悖)를 연구하고 그 진퇴(進退)를 심사하여 희기(喜忌)를 논한다면 이른바 이것이 이회(理會)[18]인 것이다.

기격(奇格) 이국(異局)과 신살(神煞) 납음(納音)[19]등 여러 가지 명목들은 좋은 일에 재 뿌리는 것과 같으며 命理의 좋고 나쁨과는 관계가 없는 것들이다.

만약 이에 의거하여 논명한다면 반드시 바른 것을 그릇되게 할 것이고 아닌 것을 그것이라고 하며, 잘못됨이 계속 그릇되게 전하여져서 길흉의 이치는 더욱 혼미하고 밝히기 어려울 것이다.

書에 이르기를

「재가 用神이 되었으면 겁재가 불가하고,

관을 용신으로 쓸 때는 상관이 불가하고,

인수를 용신으로 할 때는 어그러뜨리는 것(財星)이 불가하고,

식신, 상관이 용신이 될 때는 탈식(奪食=印星)함이 불가하다」

하였으니 이 네 구절은 원래 이치가 있지만 그 중요함이 한 개의 用 字에 있는 것인데, 명리학을 공부하지 않은 사람이라면 用 字의 근원을 궁구할 수가 없으므로 오로지 재성과 관성만을 중요시하면서

---

18) 이치(理致)를 모아 추적함
19) 납음오행(納音五行)

　　재성을 用하지 않을 때에는 모든 겁재도 가하고,

　　관성을 用하지 않을 때에는 상관이 있어도 가하고,

　　인수를 用하지 않을 때에는 괴(壞)[20] 하여도 괜찮고,

　　식신을 用하지 않을 때에는 탈(奪)[21] 하여도 괜찮다

는 것을 알지 못하고 순패지기(順悖之機)는 理會가 아니라 한다면 농외(聾聵)와 무엇이 다르리오?

　이 어찌 길흉을 논할 수 있을 것이며 현명함과 어리석음을 분별하여 세상 사람들에게 공을 베풀 수 있겠는가? 반대로 그릇되게 혹세무민하는 자가 많을 것이다.

高宗純皇帝御造(고종순황제어조)

丙	庚	丁	辛
子	午	酉	卯

己庚辛壬癸甲乙丙
丑寅卯辰巳午未申

천간에 庚辛丙丁이 바르게 배치되어 火로써 秋金을 단련할 수 있으며 지지에는 子午卯酉가 또 감리진태(坎離震兌)이니 支가 모두 사정(四正) 위에 배치되었으므로 八方의 氣가 모두 관족하다. 그러나 오행에 土가 없으니 비록 8월에 탄생하였더라도 旺하다고 논할 수는 없다.

　또 가장 즐거운 것은 子午가 沖함이니 午火로 하여금 酉金을 깨뜨리지 못하게 하여 일주를 보호함이며, 다시 아름다운 것은 卯酉가 沖을 만나 金이 木을 극한 즉, 卯木이 午火를 돕지 못

---

20) 무너뜨림

21) 빼앗음

하게 제복시켜 마땅한 바를 얻었다. 卯酉는 震兌(진태)이니 仁義(인의)의 眞機(진기)이며 坎離(감리)는 天地의 中氣를 주재하는 곳이며, 또한 坎離는 日月의 정체이므로 무소무멸(無消無滅)[22]이다.

　윤택이 하나면 따뜻함도 하나가 있으며 坐下(좌하)의 단문(端門)에는 수화기제(水火旣濟)를 이루었으니 이른바 팔방의 귀빈이 복종하고 四海가 동참하며, 금마주연(金馬朱鳶)[23]이 아울러 판도 내로 예속하고 백랑원토(白狼元兔)가 모두 중앙의 휘장 아래로 귀의하니 천하가 밝고 편안하리라.

戊	戊	庚	庚
午	辰	辰	申

戊丁丙乙甲癸壬辛
子亥戌酉申未午巳

동중당(董中堂)의 사주다. 戊土가 季春(3월)의 午時로 태어나니 旺相한 것 같으나 제춘(第春)의 허토(虛土)이므로 6월, 9월의 實한 土만은 못하다. 또 두 辰은 속에 水를 함축하고 있는 습토이니 족히 火를 설하고 金을 生할 수 있다. 양 庚金이 투출하였고 支에는 申辰 회국하니 일주를 지나치게 설기시키므로 용신은 반드시 午火라야 된다.

　기쁜 것은 水木이 보이지 않으니 午火 인수가 손상되지 않은

---

22) 소멸(消滅)됨이 없음
23) 金馬朱鳶 : 하의 궁문, 또는 수놓은 붉은 색의 예복을 입은 벼슬아치들이 드나드는 환서문(宦署門). 또 《東方朔傳》에 「避世金馬門(피세금마문)」이라 하였다. 이곳에서는 궐 내의 권속들을 포함하여 나라 안의 모든 벼슬아치들을 다 포함하는 말임

것이다. 그러므로 精神(정신)이 旺足(왕족)하고 중화되어 순수하니 일생 벼슬길이 바다와 같으나 파도는 없었으며 30여 년을 태평한 재상으로 업무를 보았고, 子 운에 이르러서는 水局을 지으니 그만두었고 수명은 팔순을 넘겼다.

庚	甲	壬	壬
午	寅	寅	辰

戊	丁	丙	乙	甲	癸
申	未	午	巳	辰	卯

동읍의 王씨 사주이다. 俗論(속론)으로 신강하고 殺淺(살천)하다고 하여 庚金을 용신으로 삼는다. 이른바 春木이 金을 만나면 기둥이 될 만한 그릇이라고 하여 독서를 열심히 하였으나 30이 넘도록 독서로써 보상을 받지 못하고 가업까지 점점 쇠퇴하였다.

내가 추상하여 보니 支에 兩 寅을 깔고 앉았으며 승권(乘權) 당령(當令)한 중에 천간에 두 壬水가 생조하며 연지(年支) 진토(辰土)도 습토이고 木의 여기이니 능히 養木(양목)할지언정 生金은 못한다. 한 점 庚金이 휴수가 지극함에 있고 또 午火 위에 있으니 대적하고자 하나 壬水도 설기하니 쓸모가 없는 金이 되었다. 반대로 生水하여 病(병)을 돕는다.

무릇 旺이 극에 달하면 洩(설)함이 마땅하고 剋함은 마땅치 못하다 하였으니 마땅히 순기기세(順氣其勢)하여 그 성정을 어지럽히지 않아야 한다. 午火로 用한데 火 운이 이르면 비록 貴로는 이름을 내지 못할지라도 마땅히 富로써 이로움을 얻으니 명예를 버리고 利를 취함이 可하리라. 다시 書室(서실)이나 지키고 있었다면 종신토록 잘못되었을 것이다. 저 사람은 선비됨을 포기하고 경영을 하더니 丙午 운에 庚金 病을 제거하니 10년도 못되어 10여만 석의 發財를 하였으니 庚이 病이라는 것을 알 수 있으리라.

辛	癸	甲	癸
酉	亥	子	酉

戊	己	庚	辛	壬	癸
午	未	申	酉	戌	亥

이는 복건성 사람인데 姓씨는 모르겠고 庚午年 겨울에 추명하였던 것이다.

金水를 취하고 火土를 취할 수 없다고 하였더니 저 사람이 말하기를 「金水가 旺함이 극에 달하였는데 어찌 또 金水를 취하겠습니까? 명리를 믿을 수 없는 것 아닙니까? 書에 이르기를 『旺하면 의설(宜洩), 의상(宜傷)』이라 하였는데 만국이 金水인데 반대로 金水를 취한다 하니 그 命書(명서)를 어찌 믿겠습니까?」하였다. 내가 대답하기를「命書를 어찌 못 믿겠는가? 이 모두 命 中 오행의 오묘함을 능하게 알지 못하였음에 기인한 것이다」라고 하였다.

이 사주는 水가 旺한데 金을 만나 그 세(勢)가 충분(沖奔)하여 한 점의 甲木이 고부(枯浮)하므로 水氣를 설하지 못한다. 만약 水의 흐름을 그치게 하려면 반대로 水의 환(患)을 입을 것이기 때문에 그 흐름에 順氣(순기)하여 아름다운 것만 못하다.

초운 癸亥는 그 왕신을 도우므로 조상의 음비(陰庇)가 유여하였고, 壬戌로 바뀌어서는 水가 통근하지 못하고 그 기세(氣勢)를 역(逆)하니 형모(刑耗)를 함께 만났고, 辛酉, 庚申에는 사람과 재물이 함께 왕성하였고, 己未, 戊午에는 그 성정을 거역하여 반평생 이루어 놓은 사업을 모두 東으로 흘려 보냈고, 형모(刑耗)

극자(剋子)하였으며 의지할 곳 없이 외롭고 고통 속에 지냈다.
이는 이른바 곤륜지수(崑崙之水)는 순종(順從)할지언정 逆(역)
하는 것은 불가함을 말한 것이니 순역지기(順逆之機)를 알지 않
을 수 없는 것이다.

理氣이기

理承氣行豈有常。進兮退兮宜抑揚。
이 승 기 행 개 유 상 。 진 혜 퇴 혜 의 억 양 。

理를 이어 氣가 운행함에 어찌 항상 같을 수만 있겠는가?
進하고 退함에 억제하고 선양(宣揚)시킴이 마땅하다.

【原注】
閤闢往來皆是氣。而理行乎其間。行之始而進。進之極則爲退之機。如三月之
甲木是也. 行之盛而退, 退之極則爲進之機, 如九月之甲木是也. 學者宜抑揚
其淺深。斯可以言命也。

　합벽 왕래가 모두 氣에 있으나 理는 그 사이에 행하는데 운행의 시작
은 進하지만 進이 極에 달한 즉, 退의 계기가 되는 것이니, 가령 3월의
甲木이 이와 같다. 行이 旺盛을 지나면 退하게 되고 退가 極에 달하면 進
의 계기가 되는 것이니, 가령 9월의 甲木이 이것이다. 학자들은 마땅히
억양(抑揚)과 천심(淺深)으로 命을 말하는 것이 가하리라.

【任注】
進退之機, 不可不知也, 非長生爲旺, 死絶爲衰, 必當審明理氣之
進退, 庶得衰旺之眞機矣, 凡五行旺相休囚, 按四季而定之, 將來
者進, 是謂相, 進而當令, 是謂旺, 功成者退, 是謂休, 退而無炁, 是
謂囚, 須辨其旺相休囚, 以知其進退之機, 爲日主, 爲喜神, 宜旺相,
不宜休囚, 爲凶煞, 爲忌神, 宜休囚, 不宜旺相, 然相妙于旺, 旺則極
盛之物, 其退反速, 相則方長之氣, 其進無涯也, 休甚乎囚, 囚則旣
極之勢, 必將漸生, 休則方退之氣, 未能遽復也, 此理氣進退之正論
也, 爰擧兩造爲例,

진퇴(進退)의 기틀은 알지 않으면 안 된다. 長生이 아니라도 旺할 수 있으나 사절(死絶)은 쇠약하다. 반드시 理氣의 진퇴를 밝게 살펴야 쇠왕의 참 기밀을 터득하게 될 것이다. 무릇 오행의 왕상휴수는 4계절에 안배하여 결정되는 것이니 장차 오는 것은 진기(進氣)이니 相이라 하고, 進이 자기 月令을 만나면 旺이라 하고, 공을 이루고 나면 퇴(退)이니 이른바 休라 하고, 退하여 기운이 없어지면 이른바 囚라 한다. 모름지기 그 旺相休囚를 분변하여 그 진퇴의 기틀을 알아야 한다.

일주와 희신이 되는 것은 왕상하여야 하고 휴수됨은 마땅치 못하며 흉살(凶煞)과 기신(忌神)은 휴수되는 것이 마땅하고 왕상한 것은 마땅치 못하다. 그러나 相氣가 旺氣보다 아름다운 것이니 旺함은 왕성함이 극에 도달하였으므로 퇴기(退氣)로 빨리 지나가고 相은 長生의 氣가 길게 나가 막힘이 없기 때문이다.

休가 심하면 囚가 되는데 囚란 약세가 이미 극에 도달하여 있으므로 장차는 반드시 점생(漸生)하게 되고 休란 퇴기가 이제 막 시작되었으니 회복되기가 쉽지 않다. 이것이 진퇴지기(進退之氣)의 정론이다. 이에 두 사주를 예로 들어본다.

壬	甲	庚	丁
申	辰	戌	亥

甲	乙	丙	丁	戊	己
辰	巳	午	未	申	酉

甲木이 휴수가 극에 달하였다. 庚金이 祿旺한 중에 극하는데 한 점 丁火가 상대하기 어렵다. 더구나 兩 財가 殺을 生하니 殺重身輕한 것처럼 보인다. 그러나 九月의 甲木은 진기를 만났고, 壬水가 일주 곁에서 生하니 丁火도 상하지 않는다. 丁火는 비록

약하나 庫地(고지)에 통근하며 戌 또한 조토이므로 火의 本根이 된다. 辰은 습토이며 木의 여기가 되니 일주를 돕는다.

천간에서 一生 一剋하지만 지지에 또 長生이 있으니 사주가 생화 유정하므로 오행은 투쟁이 없다. 丁 운에 科甲에 급제하였으니 丁火가 殺을 대적하였음이 분명하다. 비록 오랫동안 서울에 만 있었으나 관운(官運)은 자못 풍후하였다. 이 모두 남방으로 한 길이 열렸기 때문이다.

壬	甲	庚	乙
申	戌	辰	亥

甲	乙	丙	丁	戊	己
戌	亥	子	丑	寅	卯

이 역시 앞 사주와 거의 같다. 속론으로는 甲은 乙을 妹(매)로 하고 庚을 妻(처)로 하여 탐합망충하므로 凶이 吉兆(길조)로 되었으므로 앞 사주와 비교하여 더 좋다고 하는데 어찌하여 앞 사주는 한원(翰苑)[24]에 들었고 이 사주는 배고픈 선비에 불과하였는가?

乙庚合은 金으로 化하여 반대로 난폭을 돕고 저쪽 사주는 甲辰의 辰은 습토이므로 능히 生木하지만 이쪽은 甲戌이므로 戌 조토(燥土)가 生木을 못하며 앞 사주는 申辰이 生木하지만 이는 申戌이 殺만 生하며 앞 사주는 甲木이 진기이고 庚金은 퇴기인데 이 사주는 庚金이 진기이고 甲木이 퇴기가 된다는 것을 모르기 때문이다. 이 두 사주는 천연(天淵)의 격차가 있다. 그러니 진퇴지기(進退之機)를 알지 않으면 안 된다.

---

24) 한림원(翰林苑)

配合 배합

配合干支仔細詳。定人禍福與災祥。
배 합 간 지 자 세 상 。 정 인 화 복 여 재 상 。

간지의 배합을 자세히 살펴야 하니
인간의 화복과 재상(災祥)을 결정하기 때문이다.

【原注】
天干地支。相爲配合。仔細推詳其進退之機。則可以斷人之禍福災祥矣。

　천간과 지지는 서로 배합되어야 하니 진기인지 퇴기인지 그 짜임을
자세하게 추상하면
　사람의 화복과 재상(災祥)을 가히 단정할 수 있으리라.

【任注】
此章乃關謬之要也,配合干支,必須正理,搜尋詳推,與衰旺喜忌
之理,不可將四柱干支置之弗論,專從奇格異局神殺等類妄譚,
以致禍福無憑,吉凶不驗,命中至理,只存用神,不拘財官印綬比
刦食傷梟殺,皆可爲用,勿以名之美者爲佳,惡者爲憎,果能審日
主之衰旺,用神之喜忌,當抑則抑,當扶則扶,所謂去留舒配,取裁
碻當,則運途否泰,顯然明白,禍福災祥,無不驗矣,

【해설】 이 章에서는 잘못된 것을 파헤치는 요령을 말하였다.
　干支가 배합된다 함은 절대적인 正理이니 찾고 수색하여 쇠왕
(衰旺), 희기(喜氣)의 이치를 자상하게 살펴야 한다.
　사주의 간지에 배치됨을 논하지 아니하고 오직 기격(奇格) 이
국(異局)과 신살(神殺)등 유(類)로 망담하는 것은 불가하니 화

54

복을 믿을 수도 없고 길흉도 맞지 않기 때문이다.

명리의 이치는 단지 用神만이 존재하는 것이다.

재관, 인수, 비겁, 식상, 효살(梟殺) 등에 구애되지 않고 모두 용신이 될 수 있으며, 神의 名이 좋다고 운도 좋다거나 나쁘다고 운도 나쁜 것은 아니다. 결과적으로는 일주의 쇠왕과 용신의 희기로 심사하여 마땅히 억제할 것은 억제하여야 하고 生扶할 것은 생부하여야 하니 소위 버릴 것과 둘 것을 자세히 서배(舒配)하고 취재(取裁)를 확실히 맞도록 한다면 운행(運行)길의 좋고 나쁜 것이 현연(顯然) 명백할 것이고, 화복(禍福) 재상(災祥)이 맞지 않는 법이 없을 것이다.

| 壬 | 庚 | 戊 | 甲 |
| 午 | 申 | 辰 | 子 |

| 甲 | 癸 | 壬 | 辛 | 庚 | 己 |
| 戌 | 酉 | 申 | 未 | 午 | 巳 |

이 사주를 속론으로는 三奇(삼기)[25]가 모두 투출하였으니 美造라 한다. 支에도 拱貴(공귀)[26]의 영광이 있다.

또 三合이 있어서 午火를 沖하지 않으니 관성을 용신으로 쓰면 名利 쌍수(雙收)한다고 한다. 그러나 庚申이 季春에 생하였으므로 水는 본래부터 휴수되었으니 원칙은 관성이 용신이 된다. 혐오되는 것은 支에서 水局을 이루니 坎 水勢가 증폭하면 離火(이

---

25) 삼기(三奇) : 협기변방(協紀辨方)에 「上界의 진재(眞宰)이므로 능히 지상의 악살을 제압하여 吉함이 지극히 크다」하였다. 또 연해자 평서의 註에 甲은 日, 戊는 月, 庚은 星이므로 支에서 天門인 戌亥가 있을 때만이 奇가 된다 하였다.

26) 공귀(拱貴) : 午와 申 사이에 未가 있으며, 未는 갑戊庚의 천을귀인(天乙貴人)이니 공귀라 한다.

화)는 그 위세를 잃게 되어 관성은 반드시 상할 것이니 용신으로 쓰기에 부족하다. 강하고 많은 것으로 적은 적(敵)을 대적하고자 壬水로 용신을 삼고자 하나 다시 혐오스러운 것은 三奇인 戊가 투출하여 뿌리가 깊어 탈식(奪食)하니 역시 용신을 만들기 어렵다. 甲木 財를 용신으로 차용(借用)하여야 소토(疎土)하고 水를 호위하고 식상을 설하여 관을 생하게 되므로 유정할 것 같으나 역시 甲木은 퇴기를 만났으므로 당권(當權)한 戊土를 소통시킬 수 없으니 甲木을 용신으로 세워도 가신(假神)에 불과하니 용록(庸碌)한 사람일 수밖에 없다.

항차 운도 西南으로 진행하니 甲木은 휴수지가 된다. 비록 조업은 있었으나 한번 실패로 소진하였고 형처 극자까지 면치 못하였으며 외로운 고통을 견딜 수가 없었다. 이는 三奇와 공귀(拱貴) 등의 格으로 논명(論命)함이나 용신이 잡히지 않는 것들은 모두 허류이기 때문이다.

壬	乙	己	丙
午	丑	亥	子

乙	甲	癸	壬	辛	庚
巳	辰	卯	寅	丑	子

이 사주는 첫눈에 취할 만한 것이 하나도 없어 보인다. 천간에 壬丙이 상극되고 지지에는 子午 沖을 만났으니 한목(寒木)이 陽을 원하나 水勢가 제 철을 만나 범람하니 火氣는 극절(剋絶)되었다. 따라서 名利는 전혀 없을 것 같다.

내가 추리하여 보니 3水 2土 2火로 水勢가 비록 旺하나 금이 없는 것이 즐거우며, 火는 휴수지이나 다행히 土가 있어서 호위하니 이른바 아(兒)는 능히 母를 구원함이다. 하물며 천간 壬水

는 乙木을 生하고 丙火는 己土를 生하며, 각각 문호를 세우니 상생 유정하므로 쟁극(爭剋)의 의사가 없는 것이다.

지지가 비록 북방이나 己土 원신(原神)이 투출하여 녹왕지(祿旺地)에 통근하여 서로를 비호하니 그 勢가 족히 止水하고 火를 호위함이다. 그러므로 유병득약(有病得藥)이 되었다. 또 一陽 후에 만물이 회태(懷胎)하고 木火도 진기(進氣)이므로 상관이 수기(秀氣)가 있어 용신이 된다.

中年에 운이 동남으로 행하니 용신이 生旺되어 중인과(中人科)에 갑제(甲第)하였고, 寅으로 바뀌어서는 旺木이 火를 생하므로 연달아 갑방(甲榜)하여 한원(翰苑)에 들었다. 이로써 청운의 꿈을 직상(直上)시켰다. 이 두 사주를 보건대 干支 배합의 이치를 소홀히 할 수 있겠는가?

제2장 干支論 간지론

천간(天干) / 58
지지(地支) / 88
간지총론(干支總論) / 109

天干 천간

五陽皆陽丙爲最。 五陰皆陰癸爲至。
오 양 개 양 병 위 최 。 오 음 개 음 계 위 지 。

五陽이 모두 陽이나 丙이 가장 으뜸이고
五陰이 모두 陰이나 癸가 가장 지극하다.

【原注】

甲丙戊庚壬爲陽。 獨丙火秉陽之精。 而爲陽中之陽。 乙丁己辛癸爲陰。 獨癸水秉陰之精。 而爲陰中之陰。

　甲丙戊庚壬이 모두 양이나 丙만이 홀로 양의 정(精)을 잡고 있으므로 양 中의 양이라 하고, 乙丁己辛癸가 모두 음이나 癸만이 홀로 음의 精을 잡고 있으므로 음 中의 음이라 한다.

【任注】

丙乃純陽之火,萬物莫不由此而發,得此而斂,癸乃純陰之水,萬物莫不由此而生,得此而茂,陽極則陰生故丙辛化水陰極則陽生故戊癸化火陰陽相濟,萬物有生生之妙,夫十干之氣,以先天言之,故一原同出,以後天言之,亦一氣相包,甲乙一木也,丙丁一火也,戊己一土也,庚辛一金也,壬癸一水也,即分別所用,不過陽剛陰柔,陽健陰順而已,竊怪命家作爲歌賦,比擬失倫,竟以甲木爲梁棟,乙木爲花果,丙作太陽,丁作燈燭戊作城牆己作田園,庚爲頑鐵,辛作珠玉,壬爲江河,癸爲雨露,相沿已久,牢不可破,用之論命,誠大謬也,如謂甲爲無根死木,乙爲有根活木,同是木而分生死,豈陽木獨稟死氣,陰木獨稟生氣乎,又謂活木畏水泛,死木不畏水泛,豈活木遇水且漂,而枯槎遇水反定乎,論斷諸干,如此

之類,不一而足,相盡闢之,以絶將來之謬,

【해설】 丙은 순양(純陽)의 火이니 만물이 이를 경유하지 않고는 발생할 수 없고 이를 얻고서야 수렴(收斂)[27]할 수 있기 때문이다.

癸는 순음(純陰)의 水이므로 만물이 이를 말미암지 않고서는 살 수가 없고 이를 얻고 나서야 무성(茂盛)할 수 있기 때문이다.

양이 극(極)하면 음을 생하는 고로 丙辛이 합하여 水가 되며, 음이 극하면 양이 생하는 고로 戊癸 合化 火하여 양음을 상제(相濟)시켜서 만물에 生生의 묘함이 연결되는 것이다.

十干의 氣를 先天으로 말한 것이므로 같은 하나의 근원에서 나왔고 後天으로 말하더라도 역시 一氣가 상포(相包)한다. 그러므로 甲乙이 같은 하나의 木일 뿐이고, 丙丁 一火이며 戊己 一土요 庚辛 一金이요 壬癸도 一水이다. 이를 소용대로 분별하면 양강(陽剛) 음유(陰柔)한 것과 양건(陽健) 음순(陰順)한 것에 지나지 않는다.

그런데 명리가들이 괴이한 말을 절취하여 가부(歌賦)를 만들어 비유하는 것이 윤리를 잃고 정도를 벗어난다.

가령 甲木을 양동(梁棟)이라 하고, 乙木은 화과(花果)라 하고, 丙을 태양이라 하고, 丁火를 등촉(燈燭)이라 하고, 戊를 성장(城牆)이라 하고, 己를 전원(田園)이라 하고, 庚을 완철(頑鐵)이라 하고, 辛을 주옥(珠玉)이라 하고, 壬을 강하(江河)라 하고, 癸를 우로(雨露)라고 한 것이 그것인데, 당연한 것처럼 논명에 사용하고 있는 지가 이미 오래되어 굳어졌으니 이를 깨뜨리기가 쉽지

---

27) 수렴(收斂) : 씨앗이 되기 위하여 필요한 인자들을 거두어들이는 것.

않다.

실로 크게 잘못된 바이다.

가령 甲木을 뿌리가 없으면 사목(死木)이라 하고, 乙木은 유근(有根)이면 활목(活木)이라 하는데 같은 木을 놓고 생사를 갈라 놓으니 어찌하여 陽木만 사기(死氣)를 받을 것이며, 陰木만 홀로 생기(生氣)를 받을 것인가? 또 이르기를 활목은 水가 넘치는 것을 두려워하고 사목은 꺼리지 않는다고 하니 어찌하여 활목이 水를 만나면 표류할 것이며 고차(枯槎)28)가 水를 만나서 고정할 수 있는가?

여러 天干을 이와 같은 類로 논단한 것이 하나 같지 아니하고 많이 있으니 마땅히 활짝 다 열어서 끊어 버리고 앞으로는 그릇됨이 없어야 할 것이다.

五陽從氣不從勢。五陰從勢無情義。

오 양 종 기 부 종 세 。 오 음 종 세 무 정 의 。

五陽은 氣에는 從하지만 勢에는 從하지 아니하고,
五陰은 勢를 從하니 정의(情義)29)가 없다.

【原注】

五陽得陽之氣。卽能成乎陽剛之事。不畏財殺之勢。五陰得陰之氣。卽能成乎陰順之義。故木盛則從木。火盛則從火。土盛則從土。金盛則從金。水盛則從水。於情義之所在者。見其勢衰。則忌之矣。蓋婦人之情也。如此若得氣順理正者。亦未必從勢而忘義。雖從亦必正矣。

五陽이 양기(陽氣)를 득하면 양강지사(陽剛之事)를 능히 이루어서

---

28) 말라 죽은 나무
29) 인정과 의리

財殺의 세(勢)라도 두려워하지 아니하고, 五陰이 陰氣를 득하면 능히 음순지의(陰順之義)를 이루는 고로 木이 성하면 木으로 좇고, 火가 성하면 火로 좇으며, 土가 성하면 土로 좇고, 金이 성하면 金으로 좇고, 水가 성하면 水로 從하므로 정의(情義)가 있는 곳의 勢가 쇠약함을 꺼린다. 대개 부인의 情과 같기 때문이다.

가령 이는 만약 순기(氣順)하고 理正함을 만났을 때는 반드시 勢를 좇지 아니하고도 망의(忘義)하고 비록 從하더라도 반드시 바른 길이 된다.

【任注】

五陽氣闢, 光亨之象易觀, 五陰氣翕, 包含之蘊難測, 五陽之性剛健, 故不畏財煞而有惻隱之心, 其處世不苟且, 五陰之性柔順, 故見勢忘義, 而有鄙吝之心, 其處世多驕諂, 是以柔能制剋剛, 剛不能制剋柔也, 大都趨利忘義之徒, 皆陰氣之爲戾也, 豪俠慷慨之人, 皆陽氣之獨鍾, 然尙有陽中之陰, 陰中之陽, 又有陽外陰內, 陰外陽內, 亦當辨之, 陽中之陰, 外仁義而內奸詐, 陰中之陽, 外凶險而內仁慈, 陽外陰內者, 包藏禍心, 陰外陽內者, 秉持直道, 此人品之端邪, 固不可以不辨, 要在氣勢順正, 四柱五行停勻, 庶不偏倚, 自無損人利己之心, 凡持身涉世之道, 趨避必先知人, 故云擇其善者而從之, 卽此意也,

【해설】

五陽의 氣는 열려 있으니 광형지상(光亨之象)을 쉽게 볼 수 있으나 五陰의 氣는 닫혀 있으므로 포함하고 있는 온오함을 헤아리기 어렵다.

五陽의 성격은 강건(剛健)하므로 재살(財煞)을 두려워하지 아니하고 측은한 마음도 갖고 있으므로 그 처세함이 구차하지 아니하다.

五陰의 성격은 유순하므로 勢를 만나면 의리를 잊어버리고 비인(鄙吝)[30]한 마음이 있어서 그 처세에 아첨하고 교만함이 있다. 이리하여 부드러움으로는 능히 강(剛)함을 제극할 수 있으나 강으로는 부드러움을 제극하지 못한다.

대저 이익을 좇아서 의리를 잊는 무리들은 모두 陰氣의 여지(戾止)[31]함 때문이고 호협하고 불의를 용서 못하는 사람은 모두 陽氣만을 유독히 모았기 때문이다.

그러나 도리어 陽 中에 陰이 있고 陰 中에도 陽이 있는 것이며, 또 陽外陰內와 陰外陽內인 것도 있으니 역시 분변해야 한다.

陽 중에 陰이 있는 것은 밖으로는 인의(仁義)를 내세우지만 안으로는 간사함이 있고, 陰 中에 陽이 있는 것은 밖으로는 흉험(凶險)하지만 안으로는 인자함이 있다. 또 陽外陰內인 자는 화심(禍心)을 안으로 감추고 있으며 陰外陽內인 자는 곧고 바른 도리를 갖고 있다.

이와 같이 인품의 좋은 것과 나쁜 것을 진실로 분변하지 않으면 안 된다. 이의 중요함은 기세(氣勢)가 순정(順正)하고 사주 오행이 정균(停勻)한 데 있으며 편고하여 치우침이 없어야 자기 이익만을 위하여 다른 사람에게 손해를 끼치지 않을 것이다.

무릇 자기의 몸가짐과 처세의 도리가 바른 것을 좇고, 옳지 않은 것을 반드시 먼저 피해야 한다는 것을 사람들은 알아야 한다. 그러므로 그 좋은 사람을 가려서 사귀어야 함이 이의 뜻인 것이다.

---

30) 더럽고 인색함
31) 와서 임함

甲木參天。脫胎要火。春不容金。秋不容土。

갑 목 삼 천 。 탈 태 요 화 。 춘 불 용 금 。 추 불 용 토 。

火熾乘龍。水宕騎虎。地潤天和。植立千古。

화 치 승 룡 。 수 탕 기 호 。 지 윤 천 화 。 식 립 천 고 。

甲木은 하늘로 치솟는 木이니 무성한 木이든 어린 木이든 火가 필요하다. 봄에는 金을 용납하지 아니하고 가을에는 土를 받아들이지 아니하고,

火가 치열하면 辰을 타고 앉아야 하고 水가 넘쳐도 寅을 걸터앉으면 지윤천화(地潤天和)하여 곧게 천 년을 서 있을 것이다.

【原注】

純陽之木。參天雄壯。火者木之子也。旺木得火而愈敷榮。生於春則欺金。而不能容金也。生於秋則助金。而不能容土也。寅午戌。丙丁多見而坐辰。則能歸。申子辰。壬癸多見而坐寅。則能納。使土氣不乾。水氣不消。則能長生矣。

순 陽木이 삼천웅장(參天雄壯)하다면 火는 木의 子이니 旺木이 火를 만났을 때 더더욱 부영(敷榮)할 수 있고, 봄에 출생하면 金을 얕보기 때문에 金을 용납하지 아니하고, 가을에 생하면 金을 도우므로 土를 용납하지 못한다.

寅午戌이 있는데 丙丁까지 많이 만나면 辰을 만나야 능히 돌아갈 수 있고, 申子辰에 壬癸를 많이 만나면 寅에 앉아야 능히 납수(納水)한다. 土氣는 건조하지 아니하여야 하고 水氣는 소멸되지 아니하면 능히 장생할 수 있다.

【任注】

甲爲純陽之木, 體本堅固, 參天之勢, 又極雄壯, 生于春初, 木嫩氣

寒,得火而發榮,生于仲春,旺極之勢,宜洩其菁英,所謂强木得火,
方化其頑,剋之者金,然金屬休囚,以衰金而剋旺木,木堅金缺,勢
所必然,故春不容金也,生于秋,失時就衰,但枝葉雖凋落漸稀,根
氣却收斂下達,受剋者土,秋土生金洩氣,最爲虛薄,以虛氣之土,
遇下攻之木,不能培木之根,必反遭其傾陷,故秋不容土也,柱中寅
午戌全,又透丙丁,不惟洩氣太過,而木且被焚,宜坐辰,辰爲水庫,
其土溼,溼土能生木洩火,所謂火熾乘龍也,申子辰全又透壬癸,水
泛木浮,宜坐寅,寅乃火土生地,木之祿旺,能納水氣,不致浮泛,所
謂水宕騎虎也,如果金不銳,土不燥,火不烈,水不狂,非植立千古
而得長生者哉,

【해설】 甲은 純陽의 木이기 때문에 체(體)가 견고한데 삼천
(參天)[32]의 勢를 가지면 웅장함이 극에 달한다. 甲木이 초봄에
태어나면 날씨가 춥고 木은 연약하기 때문에 火를 得하여야 영
화를 발할 수 있고, 仲春에 태어나면 왕극(旺極)한 세력을 갖게
되어 마땅히 설기시켜야 청영(菁英)할 수 있으니 이른바 강한
木은 得火하여야 한다.

바야흐로 木이 완고하면 金으로 剋하여야 마땅할 것 같으나
봄에는 金이 휴수되어 衰金으로 旺木을 극하려고 하다가는 오
히려 金이 이지러질 것이므로 봄의 甲木에는 金을 쓰지 않는
다.

또 甲木이 가을에 생하면 때를 잃어 쇠약하므로 지엽(枝葉)
은 단풍으로 떨어뜨리고 木氣는 근하(根下)로 수렴하게 되는
데, 이 때에는 土의 극을 심하게 받으며 秋土가 生金으로 洩氣
당하게 되면 가장 허박(虛薄)한 土로 되기 때문에 양쪽으로 손

---

32) 삼천(參天) : 무성함이 극에 달하여 하늘 높이 솟아 빽빽함.

상된 土가 木의 뿌리를 배양할 능력이 없어서 반대로 木이 경함(傾陷)33)을 만나게 된다.

그러므로 가을의 甲木은 土를 용납하지 못하는 것이다.

지지 가운데 寅午戌이 모두 있고 또 丙丁이 투출하였으면 설기가 태과하여 木이 연소되어 타버릴 것이므로 이 때는 辰土를 득하여야 마땅하다. 辰은 水의 고장지로서 그 습토가 능히 火氣를 설기시키고 生木할 것이므로 이른바 「화치승룡(火熾乘龍)」이라 함이 그것이다. 만약 지지에 申子辰이 모두 있고 또 다시 壬癸 水가 투출하였다면 水는 범람하여 木이 뜨게 될 것이니 이 때는 반드시 寅을 지지 중에서 득하여야 한다. 寅은 火土의 生地이며 甲木의 녹왕지(祿旺地)이므로 水氣를 능히 납수(納水)하여 떠내려가지 않게 할 것이니 이른바 「수탕기호(水宕騎虎)」가 그 것이다.

이상은 金은 날카롭지 아니하고, 土는 마르지 아니하고, 火는 치열하지 아니하고, 水는 광분하지 아니한 것을 말하였으니, 이른바 千古에 식립(植立)하여 長生을 得하지 아니하겠는가?

乙木雖柔。刲羊解牛。懷丁抱丙。跨鳳乘猴。
을 목 수 유 。 규 양 해 우 。 회 정 포 병 。 과 봉 승 후 。

虛溼之地。騎馬亦憂。藤蘿繫甲。可春可秋。
허 습 지 지 。 기 마 역 우 。 등 라 계 갑 。 가 춘 가 추 。

乙木은 비록 유약하나 未를 극하고 丑을 해부할 수 있고 丁을 품고 丙을 안으면 酉를 걸터앉고 申을 타고 앉을 수 있으며 허

---

33) 빠지고 함몰되어 쓰러짐.

습지지에 있으면 午를 타고 앉아도 역시 근심되고 甲木이 함께
얽혀주면 봄도 좋고 가을도 가하다.

【原注】

乙木者。生於春如桃李。夏如禾稼。秋如桐桂。冬如奇葩。坐丑未能制柔
土。如刲宰羊。解割牛然。只要有一丙丁。則雖生申酉之月。亦不畏之。
生於子月。而又壬癸發透者。則雖坐午。亦難發生。故益知坐丑未月之爲
美。甲與寅字多見。弟從兄義。譬之藤蘿附喬木。不畏斫伐也。

乙木이 봄에 생하면 도리(桃李)와 같고, 여름에 생하면 화가(禾稼)
와 같고, 가을에 생하면 동계(桐桂)와 같고, 겨울에 생하면 기파(奇
葩)와 같다. 丑未에 앉으면 유토(柔土)이니 능히 힘으로 제압하므로
「규재양(刲宰羊)」하고「해할우(解割牛)」라 하였다. 그러나 단지 중
요한 것은 하나의 丙丁 火만 있으면 申酉月에 출생하더라도 역시 두려
울 것이 없다. 子月에 출생하였는데 壬癸가 투출하였으면 비록 午를
깔고 앉았다고 하더라도 역시 발생하기 어렵다. 그러므로 丑未月이 더
욱 아름답다는 것을 알 수 있다. 甲과 寅 字를 많이 만나면 동생이 형
을 따르는 뜻과 같으니 비유컨대 등라(藤蘿)가 교목(喬木)에 의지하여
작벌도 두렵지 않다는 것이다.

【任注】

乙木者,甲之質,而承甲之生氣也,春如桃李,金剋則凋,夏如禾稼,
水慈得生,秋如桐桂,金旺火制,冬如奇葩,火溼土培,生于春宜火
者,喜其發榮也,生于夏宜水者,潤地之燥也,生于秋宜火者,使其
剋金也,生于冬宜火者,解天之凍也,刲羊解牛者,生于丑未月,或
乙未乙丑日,未乃木庫,得以蟠根,丑乃溼土,可以受氣也,懷丁抱
丙,跨鳳乘猴者,生于申酉月,或乙酉日,得丙丁透出天干,有水不
相爭剋,制化得宜,不畏金强,虛溼之地,騎馬亦憂者,生于亥子月,

四柱無丙丁,又無戌未燥土,即使年支有午,亦難發生也,天干甲
透,地支寅藏,此謂蔦蘿繫松柏,春固得助,秋亦合扶,故日可春可
秋,吉四季皆可也,

【해설】 乙木은 甲木과 동질로서 甲의 生氣에 이어진다.

봄에 생하면 도리(桃李)와 같아서 金이 剋하면 조(凋)[34]하고
여름의 乙木은 화가(禾稼)와 같아 水의 자윤이 있어야만 살 수
있으며, 가을의 乙木은 동계(桐桂)와 같아 金이 旺하기 때문에
火를 만나 제압시켜 줘야 살 수 있으며, 겨울에 생한 乙木은 기
파(奇葩)와 같아 火로써 녹여 주고 습토로써 뿌리를 배양해 주
어야 한다.

다시 보충하면 봄에 생한 乙木은 火가 마땅하다는 것은 그 발
영(發榮)함을 기뻐하기 때문이고, 여름에 생한 乙木은 水가 마땅
하다 함은 건조하기 쉬운 땅을 윤택하게 함이며, 가을에 생한 乙
木은 火가 좋다 함은 火로 하여금 金을 물리쳐 주기 때문이며,
겨울에 생한 乙木이 火가 있어야 한다 함은 얼어붙은 천지를 녹
여 주기 위함이다.

원문의 「규양해우(刲羊解牛)」란 말은 乙木이 丑未月에 생하였
거나 乙未日, 乙丑日에 생한 것을 말하는데 未는 木의 고장지이
므로 반근(蟠根)[35] 할 수 있음이요, 丑은 습토이므로 가히 생기를
받을 수 있기 때문이며, 또 「회정포병(懷丁抱丙)」과 「과봉승후
(跨鳳乘猴)」란 말은 乙木이 7, 8월에 생하였다거나 乙酉日에 생
하였다면 丙丁이 天干에 투출하여 水가 있어도 쟁극하지 아니하
고 제화(制化) 득의(得宜)하여 金이 강하더라도 꺼리지 아니한다

---

34) 조(凋) : 야위고 말라 시들다
35) 뿌리를 깊이 박고 서리고 앉을 수 있음

는 것이다.

　허습지지(虛濕之地)에는「기마역우(騎馬亦憂)」란 말은 亥子
月에 생하였는데 사주에 丙丁이 없고 또 戌未 조토도 없다면
年支(연지)에 午가 있더라도 역시 발생할 수 없음을 말한 것이
다.

　천간에 甲木이 투출하고 지지에 寅이 갖추어졌다면 이른바 松
(송)·柏(백)을 담쟁이와 등넝쿨로 묶어 맨 것과 같아 봄에도
진실로 협조되고 가을에도 합부(合扶)되므로「가춘가추(可春可
秋)」라 한 것이니 말하자면 4계절이 모두 가하다.

丙火猛烈。欺霜侮雪。能煅庚金。逢辛反怯。土衆成慈。
병 화 맹 렬。 기 상 모 설。 능 단 경 금。 봉 신 반 겁。 토 중 성 자。

水猖顯節。虎馬犬鄕。甲木若來。必當焚滅。
수 창 현 절。 호 마 견 향。 갑 목 약 래。 필 당 분 멸。

　丙火는 맹렬하여 눈 서리도 기만하고 업신여기며 庚金을 능히
제련할 수 있으나 辛金을 만나면 반대로 겁약하고, 土가 많으면
자비를 베풀고, 水가 창궐하여도 충절을 나타내고, 寅午戌이 작
국하였는데 甲木이 만약 오면 반드시 분멸을 당하게 된다.36)

【原注】
火陽精也。丙火灼陽之至。故猛烈。不畏秋而欺霜。不畏冬而侮雪。庚金
雖頑。力能煅之。辛金本柔。合而反弱。土其子也。見戊己多而成慈愛之
德。水其君也。遇壬癸旺而顯忠節之風。至於未燧炎上之性。而遇寅午戌

---

36) 어느 책에는 寅午戌을 작하였는데 甲이 오면 성멸(成滅)한다고 되어
　　있다.

三位者。露甲木則燥而焚滅也。

火는 陽의 정(精)이다. 丙火는 陽이 활짝 열려 있는 지극한 火이므로 맹렬하여 가을의 서리를 기만하고 두려워하지 아니하며, 겨울의 눈도 업신여기니 두려워하지 아니하며, 庚金이 비록 완고하나 힘으로 능히 단련하고, 辛金은 본시 유약하나 합하여 반대로 약해지고, 土는 그의 子이므로 戊己를 많이 만나면 자애의 덕을 이루어 준다. 水는 그의 君이니 壬癸가 왕성하여도 충절을 나타내고, 未月에서는 염상(炎上)의 성격을 나타내며 寅午戌 三位를 모두 만났는데 甲木이 노출하였으면 조열하여 분멸하고 만다.

【任注】

丙乃純陽之火, 其勢猛烈, 欺霜侮雪, 有除寒解凍之功, 能煅庚金, 遇强暴而施剋伐也, 逢辛反怯, 合柔順而寓和平也, 土衆成慈, 不凌下也, 水猖顯節, 不援上也, 虎馬犬鄕者, 支坐寅午戌, 火勢已過于猛烈, 若再見甲木來生, 轉致焚滅也, 由此論之, 洩其威, 須用己土, 遏其焰, 必要壬水, 順其性, 還須辛金己土卑溼之體, 能收元陽之氣, 戊土高燥, 見丙火而焦坼矣, 壬水剛中之德, 能制暴烈之火, 癸水陰柔, 逢丙火而熯乾矣, 辛金柔軟之物, 明作合而相親, 暗化水用相濟, 庚金剛健, 剛又逢剛, 勢不兩立, 此雖擧五行而論, 然世事人情何莫不然,

【해설】
丙은 순양(純陽)의 火이므로 그 세력이 맹렬하여 가을의 서리라도 기만하고, 동설(冬雪)도 업신여겨 추위도 제압하고 얼어붙은 것도 해동하는 공력이 있으며, 능히 庚金을 단련한다 함은 丙火는 강폭한 것을 만나야만 극벌(剋伐)을 펼칠 수 있기 때문이다.

辛金을 만나면 반겁(反怯)한다 함은 유순함과 합한다는 것은

평화를 부르기 때문이며,「토중성자(土衆成慈)」는 아랫것들에게
는 능멸하지 아니한다는 것이며,「수창현절(水猖顯節)」이란 말
은 윗전에게도 구차한 구원을 바라지 아니한다는 것이며,「호마
견향(虎馬犬鄕)」이란 지지에 寅午戌이 있음을 말하니 火勢가
이미 맹렬한데 만약 다시 甲木을 만나 生하면 도리어 분멸(焚滅)
로 치닫게 된다는 것이다.

　이와 같은 논리로 볼 때 그 위력을 설기시키고자 한다면 모름
지기 己土를 이용하여야 하며, 그 타오르는 불꽃을 막고자 한다
면 반드시 壬水라야 하며, 그 성정이 유순해지려면 모름지기 辛
金으로만이 가능한 것이다.

　己土는 비습(卑濕)한 土이니 능히 元陽의 기운을 수렴할 수
있고,

　戊土는 고조(高燥)한 土이니 丙火를 만나면 볶여 터지기 때문
이며,

　壬水는 강중(剛中)의 덕을 갖춘 水이므로 능히 폭열(暴烈)한
火氣를 제화시킬 수 있기 때문이고,

　癸水는 陰水이기 때문에 유약하여 丙火를 만나면 증발하여 말
라 버리기 때문이며,

　辛金은 유연한 陰金이니 건전하게 作合하여 서로 친할 수 있
으며 합한 후 水로 化하니 상제(相濟)됨이며,

　庚金은 강건(剛健)하므로 剛이 다시 剛을 만나면 두 세력이
같이 설 수 없으므로 정벌하여 버린다.

　이상은 비록 오행만을 들고 말한 것인데, 그러나 세상사와 人
情이라고 어찌 그렇지 않을 수 있겠는가?

丁火柔中。內性昭融。抱乙而孝。合壬而忠。
정 화 유 중 。 내 성 소 융 。 포 을 이 효 。 합 임 이 충 。

旺而不烈。衰而不窮。如有嫡母。可秋可冬。
왕 이 불 열 。 쇠 이 불 궁 。 여 유 적 모 。 가 추 가 동 。

丁火는 유중(柔中)[37]하여 내성이 밝고 지혜로우며, 乙을 만나면 효도하고, 壬과 合하여는 충성하고, 旺하여도 치열하지는 아니하고, 쇠약하여도 곤궁에 이르지 아니하며, 가령 적모(嫡母)인 甲만 있으면 가을도 좋고 겨울도 좋다.

【原注】

丁干屬陰。火性雖陽。柔而得其中矣。外柔順而內文明。內性豈不昭融乎。乙非丁之嫡母也。乙畏辛而丁抱之。不若丙抱甲而反能焚甲木也。不若己抱丁而反能晦丁火也。其孝異乎人矣。壬爲丁之正君也。壬畏戊而丁合之。外則撫恤戊土。能使戊土不欺壬也。內則暗化木神。而使戊土不敢抗乎壬也。其忠異乎人矣。生於夏令。雖逢丙火。特讓之而不助其焰。不至於烈矣。生於秋冬。得一甲木。則倚之不滅。而焰至於無窮也。故曰可秋可冬。皆柔之道也。

丁干은 陰에 속한다. 火의 성질은 비록 陽이라 할 수 있으나 부드러우면서 그 中을 得하였으므로 밖으로는 유순하고 안으로는 지혜로운 文明이니 내성이 어찌 소융(昭融)하지 않으리오.

乙은 丁의 적모는 아니지만 乙이 辛을 무서워할 때 丁이 품고 보호한다. 이는 丙이 甲木을 안으면 반대로 능히 甲을 불살라 버리는 것과는 다르고, 己가 丁을 품으면 반대로 丁火의 빛을 가리는 것과는 다르니 그 효(孝)가 사람들과는 다르다.

壬은 丁의 正君이므로 壬이 戊를 두려워할 때 丁이 合하면 밖으로

---

37) 부드럽고 중용을 지킴

는 戊土가 무서워 근심되지 아니하고, 戊土로 하여금 壬을 기만하지 못하게 하는 것이고, 안으로는 木神으로 암화하였으니 戊土로 하여금 壬에게 감히 항거하지 못하게 하니 그 충성이 사람들과는 다른 것이다.

하령(夏令)에 생하였으면 비록 丙火를 만났더라도 특별히 겸양하여 그 불꽃을 돕지 아니하여 맹렬에 이르지 못하게 한다. 가을 겨울에 출생하였어도 甲木 하나만 만났으면 의지가 되어 소멸하지 아니하고 불꽃을 무궁함에 이르게 한다. 그러므로 「가추가동(可秋可冬)」이라 하였으니 이 모두 유(柔)[38]의 道인 것이다.

【任注】

丁非燈燭之謂, 較丙火則柔中耳, 內性昭融者, 文明之象也, 抱乙而孝, 明使辛金不傷乙木也, 合壬而忠, 暗使戊土不傷壬水也, 惟其柔中, 故無太過不及之弊, 雖時當乘旺, 而不至赫炎, 即時值就衰, 而不至于熄滅干透甲乙, 秋生不畏金, 支藏寅卯, 多産不忌水,

【해설】 丁火를 등촉(燈燭)이라 말하는 것은 잘못된 것이다. 丙火와 비교하여 유순하고 중용을 지킬 줄 안다는 것뿐이다.

내성이 소융(昭融)하다 함은 文明의 象을 말하는 것이고, 乙을 포(抱)하여 효(孝)한다 함은 辛金으로 하여금 乙木이 상하지 아니하도록 밝음으로 보호한다는 것이다.

壬과 합하여 충성한다 함은 戊土로 하여금 壬水가 상하지 아니하도록 암약한다는 것이다.

丁火는 오직 그 유순함으로 중용을 지키기 때문에 태과하거나 부족할 폐단이 없다는 것이며, 비록 때를 만나면 旺氣를 타지만

---

38) 부드러움

혁염(赫炎)이 지나치지는 아니하고 때를 잃어 쇠하여도 식멸(熄滅)하여 없어지지는 아니하며, 甲乙木만 투출하였으면 가을에 생하여도 金이 두렵지 아니하고, 지지에 寅卯만 소장하였다면 겨울에 생하여도 무서울 게 없다는 것이다.

戊土固重。旣中且正。靜翕東闢。萬物司命。
무 토 고 중 。 기 중 차 정 。 정 흡 동 벽 。 만 물 사 명 。

水潤物生。火燥物病。若在艮坤。怕沖宜靜。
수 윤 물 생 。 화 조 물 병 。 약 재 간 곤 。 파 충 의 정 。

戊土는 견고하고 후중하여 이미 中을 지키고, 또 正하며 정(靜)하면 닫아 안으로 감추고, 동(動)하면 활짝 열어 만물의 命을 맡는다. 水가 윤택하면 만물을 발생시키고 火로써 조열하면 만물이 병들게 되며, 만약 艮坤(寅申)이 있으면 沖을 두려워하고 안정되기를 원한다.

【原注】

戊土非城牆隄岸之謂也。較己特高厚剛燥。乃己土發源之地。得乎中氣而且正大矣。春夏則氣闢而生萬物。秋冬則氣翕而成萬物。故爲萬物之司命也。其氣屬陽。喜潤不喜燥。坐寅怕申。坐申怕寅。蓋沖則根動。非地道之正也。故宜靜。

戊土를 성장토(城牆土)라든가 제안토(隄岸土)라고 부르지는 아니한다. 己土에 비교하면 특히 높고 두터우며 강조(剛燥)[39]한 土이므로 己土의 발원지이기도 하다. 中氣를 잡고 있지만 또 正大하기도 하다.
봄여름의 戊土는 氣를 활짝 열어 만물을 발생시키고 가을 겨울에

---

39) 강강하고 조열함.

는 氣를 꽉 닫아 만물을 완성시킨다. 그러므로「만물지사명(萬物之司命)」이라 하였다. 그 氣는 陽에 속하므로 윤택함을 기뻐하고 조열(燥烈)함을 꺼린다. 坐가 寅이면 申을 꺼리고 坐가 申이면 寅을 두려워한다.

대개 沖하면 뿌리가 뽑히기 때문인데 이것이 지도(地道)의 正은 아니기 때문이다. 그러므로 정(靜)이 마땅한 것이다.

【任注】

戊爲陽土,其氣固重,居中得正,春夏氣動而闢,則發生,秋冬氣靜而翕,則收藏,故爲萬物之司命也,其氣高厚,生於春夏,火旺宜水潤之,則萬物發生,燥則物枯,生於秋冬水多宜火暖之,則萬物化成,溼則物病,艮坤者,寅申之月也,春則受剋,氣虛宜靜,秋則多洩,體薄怕沖,或坐寅申日,亦喜靜忌沖,又生四季月者,最喜庚申辛酉之金,秀氣流行,定爲貴格,己土亦然,如柱見木火,或行運遇之則破矣,

【해설】

戊土는 양토이므로 그 氣가 고중(固重)하고 중앙에 거하며 正을 득한 土이다.

춘하(春夏)의 戊土는 기운이 動하므로 열어서 發生시키고 추동(秋冬)의 戊土는 氣를 안으로 고정시키기 위하여 닫아 수장(收藏)시키는 일을 하므로 만물의 사명자(司命者)라 하는 것이다.

戊土의 氣는 크고 후중하므로 춘하(春夏)에 生하면 火가 旺하니 마땅히 水로써 윤택하게 하여야 만물을 발생시킬 수 있는데, 만약 水가 없어 건조하다면 만물을 말려 발생시킬 수 없기 때문이며, 추동(秋冬)에 生하면 水가 많은 계절이니 마땅히 火로써 온난하게 하여야 만물을 화성(化成)시킬 수 있는데, 만약 火가 없고 습(濕)만 있다면 만물을 얼고 병들게 하기 때문이다.

원문의 「간곤(艮坤)」이란 正月 寅과 七月 申을 말하며 「파충의정(怕沖宜靜)」이란 봄의 戊土는 수극(受剋)되므로 氣가 허할 것이니 마땅히 靜하여야 하고, 가을의 戊土는 설기가 많아서 체(體)가 박약하므로 충동(沖動)을 두려워한다는 것이다. 혹 日支에 寅申이 있으면 「희정기충(喜靜忌沖)」하고 또 四季月에 生한 戊土는 가장 기쁜 것이 庚申·辛酉金이니 계기(季氣)를 유행(流行)시켜야 하기 때문이다.

이러하면 결정코 귀격이 될 것이다. 己土 또한 그러하며 가령 柱中에서 木火를 만났는데 혹 행운에서 다시 만나면 파격이 되고 말 것이다.

己土卑溼。中正蓄藏。不愁木盛。不畏水狂。
기 토 비 습 。 중 정 축 장 。 불 수 목 성 。 불 외 수 광 。

火少火晦。金多金光。若要物旺。宜助宜幫。
화 소 화 회 。 금 다 금 광 。 약 요 물 왕 。 의 조 의 방 。

己土는 비습하고 中正을 지키며 안으로 축장하기 때문에 木이 왕성한 것을 근심하지 아니하고 水가 광분함도 두려워하지 아니하고, 火가 적으면 火를 가려 버리고 金이 많으면 金을 빛내고, 만약 만물이 왕성하면 생조(生助)할 것은 생조하고 방조(幫助)할 것은 방조하는 것이 중요하다.

【原注】
己土卑薄軟溼。乃戊土枝葉之地。亦主中正而能蓄藏萬物。柔土能生木。非木所能剋。故不愁木盛。土深而能納水。非水所能蕩。故不畏

水狂。無根之火。不能生溼土。故火少而火反晦。濕土能潤金禾。故
金多而金光彩。反清瑩可觀。此其無爲而有爲之妙用。若要萬物充盛
長旺。惟土勢固重。又得火氣暖和方可。

己土는 비박연습(卑薄軟溼)하니 戊土의 지엽이 되는 곳이다.

역시 中正을 주장하면서 능히 만물을 축장한다. 유토(柔土)는 능히
生木하고 木地에서도 능히 극을 받지 아니하므로 木이 성한 것을 근
심하지 않는다.

土가 깊으면 능히 납수(納水)하고 水地에서도 능히 방탕하지 않게
하므로 水가 광분함을 두려워하지 않는다. 무근한 火는 습토를 생할
능력이 없으므로 火가 적으면 반대로 火의 빛을 잃게 한다. 습토는 능
히 金氣를 윤택하게 하므로 金이 많으면 金을 빛나게 하며 반대로 청
영가관(淸瑩可觀)이 나타난다. 이것은 無爲[40]에서 有爲[41]로 연결되
는 묘한 작용인 것이다.

만약에 만물이 충만하고 길게 왕성하려면 오직 土勢가 고중(固重)
함이 중요하고 또한 火氣가 있어서 난화(暖和)하여야만이 바야흐로 가
하다.

【任注】

己土爲陰溼之土,中正蓄藏,貫八方而旺四季,有滋生不息之妙
用焉,不愁木盛者,其性柔和,木藉以培養,木不剋也,不畏水狂
者,其體端凝,水得以納藏,水不沖也,火少火晦者,丁火也,陰土
能斂火晦火也,金多金光者,辛金也,濕土能生金潤金也,柱中土
氣深固,又得丙火去其陰溼之氣,更足以滋生萬物,所謂宜助宜
幫者也,

---

40) 인간이 손을 대지 않아도 저절로 돌아가는 현상
41) 사람이 손을 대어서 더 좋게 만드는 것인데 이에는 파괴가 따르게
　　된다.

【해설】 己土는 음습(陰濕)한 土이다. 中正에 축장(蓄藏)시키고 팔방에도 관속(貫屬)되었지만 四季에 더욱 旺하고 끊임없이 자생(滋生)시켜 줌이 그 묘용(妙用)이다.

　木이 성(盛)하여도 근심되지 않는다 함은 그 성정이 유순하여 화목하기를 좋아하므로 木을 도와 배양하기 때문에 木으로부터 극을 받지 않음을 말한다.

　또 水가 광분(狂奔)하여도 두려워하지 않는다 함은 그 몸체에 바르게 엉기게 하는 일이 水의 도움을 받아야 납장(納藏)할 수 있기 때문에 水를 不冲함이며, 또「화소화회(火少火晦)」란 말은 丁火를 말하는 것이니 己土는 음습하므로 능히 火 기운을 거두어 어둡게 만든다는 것이다.

　또「金多金光」한다 함은 辛金을 말하는 바, 己 습토는 능히 金을 생하여 윤택하게 할 수 있다는 것이다. 사주 가운데 土氣의 뿌리가 깊어 견고하고 丙火를 만나면 火氣가 그 음습한 기운을 제거하여 주니 만물을 자생(滋生)시킬 수 있는 능력을 충분히 갖추었으므로 이른바 부조인수(扶助印綬)이든 방조비겁(幫助比劫)이든 모두 마땅하다는 것이다.

庚金帶煞。剛健爲最。得水而清。得火而銳。
경 금 대 살 。 강 건 위 최 。 득 수 이 청 。 득 화 이 예 。

土潤則生。土乾則脆。能嬴甲兄。輸于乙妹。
토 윤 즉 생 。 토 건 즉 취 。 능 영 갑 형 。 수 우 을 매 。

　庚金은 殺을 대동하였으므로 강건함이 가장 앞선다. 水를 득하면 청할 수 있고, 火를 득하면 예리하고, 土가 윤택하면 생하고,

土가 건조하면 취약하게 된다. 甲兄을 능히 풀어 헤뜨릴 수 있고, 乙 누이에게는 정성을 다한다.

【原注】

庚金乃天上之太白。帶殺而剛健。健而得水。則氣流而淸。剛而得火。則氣純而銳。有水之土。能全其生。有火之土。能使其脆。甲木雖强。力足伐之。乙木雖柔。合而反弱。

庚金은 天上의 太白이니 殺을 대동하였다 함은 강강(剛强)하고 건장하기 때문이다. 건장(健壯)함에서는 水를 득한 즉, 수기(秀氣)가 유행하게 되므로 청할 수 있는 것이고, 剛强함에서는 火를 득한 즉, 氣가 순전(純全)하므로 예리하게 된다.

水가 있을 때 土는 능히 생하여 온전하게 하고, 火가 있을 때의 土는 조토이니 능히 金을 취약하게 만든다. 甲木은 비록 강하나 힘으로 능히 작벌할 수 있고, 乙木은 비록 유약하지만 합하므로 반대로 약하게 만든다.

【任注】

庚乃秋天肅殺之氣,剛健爲最,得水而淸者,壬水也,壬水發生,引通剛殺之性,便覺淬厲晶瑩,得火而銳者,丁火也,丁火陰柔,不與庚金爲敵,良冶鎔鎔,遂成劍戟,洪爐煅煉,時露鋒鋩,生于春夏,其氣稍弱,遇丑辰之濕土則生,逢未戌之燥土則脆,甲木正敵,力能伐之,與乙相合,合轉覺有情,乙非盡合庚而助暴,庚亦非盡合乙而反弱也,宜詳辨之,

【해설】 庚金은 가을 하늘의 숙살지기(肅殺之氣)를 가졌으니 강건(剛健)함이 가장 크다.

水를 득하면 淸하여진다 하니 壬水를 말하는데, 壬水를 발

생시키면서 강한 살성(煞性)을 인통(引通)시키면 분발하며 일
어나 일에 정진하므로 정영(晶瑩)할 수 있기 때문이며, 火를
得하면 예리하게 된다 함은 丁火를 말하는데, 丁火는 음유(陰
柔)하므로 庚金을 적으로 생각하지 아니하고 녹이고 잘 다스
리고 달구어서 검극(劍戟)을 만들 수도 있고 다시 화로에 단
련하여 그때 그때에 소용되는 봉침(鋒鍼)42)을 제작할 수도 있
기 때문이다.

　庚金이 춘하(春夏)에 生하면 그 기가 초약(稍弱)하여 丑이나
辰 습토를 만나야 生하고, 未·戌 조토를 만나면 취약하여진
다.

　甲木은 정적(正敵)이나 힘으로 능히 베어 버릴 수 있고, 乙木
은 서로 합하는 자리이므로 도리어 情이 있다. 여기서 乙木이 만
약 庚金과 진합(盡合)하지 않는다면43) 난폭함을 도울 것이며,
庚金 역시 乙木과 盡合하지 않는다면 반대로 나약하게 될 것이
니 마땅히 자세하게 분변해야 할 것이다.

辛金軟弱。　溫潤而淸。　畏土之疊。　樂水之盈。
신 금 연 약 。 　온 윤 이 청 。 　외 토 지 첩 。 　낙 수 지 영 。

能扶社稷。　能救生靈。　熱則喜母。　寒則喜丁。
능 부 사 직 。 　능 구 생 령 。 　열 즉 희 모 。 　한 즉 희 정 。

　辛金은 연약하다. 온윤하면 청하고 土의 중첩되는 것을 무서워
하고 水가 많은 것을 좋아한다. 능히 사직(社稷)을 붙잡아 주고

---

42) 칼 따위의 연장을 담그는 일과 그에 쓰이는 쇠모탕
43) 진합(盡合)되지 않는 경우는 乙庚이 合하여 金으로 변화하지 못함을
　　말함. 뒤의 화상(化象)을 참고할 것.

능히 생령(生靈)을 구원한다. 열(熱)이 많으면 어미인 土를 좋아
하고 한(寒)하면 丁火를 기뻐한다.

【原注】

辛乃陰金。非珠玉之謂也。凡溫軟淸潤者。皆辛金也。戊己土多而能埋。
故畏之。壬癸水多而必秀。故樂之。辛爲丙之臣也。合丙化水。使丙火臣
服壬水。而安扶社稷。辛爲甲之君也。合丙化水。使丙火不焚甲木。而救
援生靈。生於九夏而得己土。則能晦火而存之。生於隆冬而得丁火。則能
敵寒而養之。故辛金生於冬月。見丙火則男命不貴。雖貴亦不忠。女命剋
夫。不剋亦不和。見丁男女皆貴且順。

辛은 陰金이나 주옥(珠玉)이라 말하는 것은 아니다. 무릇 온연청윤
(溫軟淸潤)하다 함은 모두 辛金에 붙여진 이름들이다. 戊己土가 많으
면 매몰시키므로 무서워하고, 壬癸水가 많으면 반드시 수기(秀氣)를
발할 수 있으므로 좋아한다.

辛은 丙의 臣이기도 하니 丙과 합하여 水로 化하여 丙火로 하여
금 臣이니 壬水에게 복종케 한다 하여 사직(社稷)을 편안히 붙잡아
지켜 준다 하였고, 辛은 甲의 君이니 丙과 합하여 水가 되므로 丙火
로 하여금 甲木을 불사르지 못하게 하니 생령(生靈)을 구원한다고
하였다.

구하(九夏)에 생하여도 己土를 득하면 능히 회화(晦火)하여 생존할
수 있고 융동(隆冬)에 생하여도 丁火만 득하면 능히 추위를 대적하여
살아 나갈 수 있다.

그러므로 辛金이 겨울에 생하였을 때 丙火를 만나면 男命은 貴를
할 수 없고 비록 貴를 얻었다 하더라도 不忠하며, 女命은 남편을 剋하
고 剋하지 않더라도 화목할 수 없으니 丁火를 만나야 남녀간에 모두
貴할 수 있고 또한 순조롭다.

【任注】

辛金乃人間五金之質,故清潤可觀,畏土之疊者,戊土太重,而洞
水埋金,樂水之盈者,壬水有餘,而潤土養金也,辛爲甲之君也,
丙火能焚甲木,合而化水,使丙火不焚甲木,反有相生之象,辛爲
丙之臣也,丙火能生戊土,合丙化水,使丙火不生戊土,反有相助
之美,豈非扶社稷救生靈乎,生于夏而火多,有己土則晦火而生
金,生于多而水旺,有丁火則淫水而養金,所謂熱則喜母,寒則喜
丁也,

【해설】 辛金은 인간 생활 속의 五金44)과 같은 것으로 청윤(淸
潤)하여 가히 볼 만한 것이다. 土가 중첩됨을 꺼린다 함은 戊土
가 태중(太重)하여 水를 말리고 辛金을 묻어 버리는 것이 두렵
다는 것이고, 水의 넘침을 즐거워한다 함은 壬水가 유연하면 土
를 윤택하게 하고 金을 양생(養生)시켜 즐겁다는 것이다.

辛金은 甲木의 君이라 함은 丙火는 능히 甲木을 태워 없앨 수
있으나 丙火를 合하여 水로 변화시키면 甲木을 불사르지 못하고
반대로 상생하는 象이 됨을 말하며, 辛金은 丙火의 臣이라 함은
丙火는 능히 戊土를 생할 수 있는데 丙火와 합하여 水로 化하면
戊土를 생하지 아니하고 반대로 상조(相助)하는 아름다움을 갖
게 되니 어찌 사직(社稷)을 부(扶)한다 아니할 것이며, 생령(生
靈)을 구원한다 아니하리오?

여름에 생하여 火가 많아도 己土만 있으면 화열(火熱)을 거두
어 生金한다는 것이고, 겨울에 생하여 水가 旺하여도 丁火만 있
으면 水의 습기를 흡수하고 양금(養金)할 수 있으니 이른바「열
즉희모(熱則喜母)」하고「한즉희정(寒則喜丁)」이라 하였다.

---

44) 금(金), 은(銀), 동(銅), 철(鐵), 연(鉛)

壬水通河。能洩金氣。剛中之德。周流不滯。

임 수 통 하 。 능 설 금 기 。 강 중 지 덕 。 주 류 불 체 。

通根透癸。沖天奔地。化則有情。從則相濟。

통 근 투 계 。 충 천 분 지 。 화 즉 유 정 。 종 즉 상 제 。

壬水는 강하에 통한다. 능히 金氣를 설기시키고 강(剛)한 中의 德이 두루 흘러 멈추거나 체하지 아니하고, 癸水를 투출시켜 통근하였으면 하늘을 충격하고 땅을 분주하게 만든다. 化하면 유정하고 從하면 함께 나란히 산다.

【原注】

壬水卽癸水之發源。崑崙之水也。癸水卽壬水之歸宿。扶桑之水也。有分有合。運行不息。所以爲百川者此也。亦爲雨露者此也。是不可岐而二之。申爲天關。乃天河之口。壬水長生於此。能洩西方金氣。周流之性。漸進不滯。剛中之德猶然也。若申子辰全而又透癸。則其勢沖奔。不可岐也。如東海本發端於天河。每成水患。命中遇之。若無財官者。其禍當何如哉。合丁化木。又生丁火。則可謂有情。能制丙火。不使其奪丁之愛。故爲夫義而爲君仁。生於九夏。則巳午未中火土之氣。得壬水薰蒸而成雨露。故雖從火土。未嘗不相濟也。

壬水는 곧 癸水의 발원지이니 곤륜(崑崙)의 水이다. 癸水는 곧 壬水의 귀숙지이니 부상(扶桑)[45]의 水이다. 흩어져 증발하고 합하여 비가 되면서 쉬지 않고 운행한다. 이로써 百川이 모두 이것임을 알 수 있고 우로(雨露)도 역시 이것임을 알 수 있으니 이는 느리기는 하지만 두 길이 없는 것이다.

申은 천관(天關)이니 곧 天河의 출입구이므로 壬水는 이에서 長生

---

45) 해 뜨는 동쪽

하고 능히 서방의 金氣를 설기시키고 두루 흐르는 성질은 점점 나아가며 체하거나 막히지도 아니하니 강중(剛中)의 德이 이러하다.

만약 申子辰이 모두 있고 癸水가 투출하면 그 勢가 충분(沖奔)하여 막을 수가 없다. 가령 東海도 본래의 발단은 天河며 가끔은 水災를 만든다. 이를 命中에서 만나고 財官이 없다면 그 재화를 어찌 감당하겠는가?

丁과 合하여 木으로 변하고 다시 丁火를 生한다면 有性이라 할 수 있음이며 능히 丙火를 제압하여 丁의 사랑을 빼앗지 못하게 하는 고로 夫의 의(義) 이상으로 인자한 군주로 생각한다. 구하(九夏)에 生하면 巳午未 중의 火土의 열기가 壬水를 끓여서 雨露를 만들어 내므로 비록 火土로 從하더라도 상제(相濟)가 아닐 수 없다.

【任注】

壬爲陽水,通河者,即天河也,長生在申,申在天河之口,又在坤方,壬水生此,能洩西方肅殺之氣,所以爲剛中之德也,百川之源,周流不滯,易進而難退也,如申子辰全,又透癸水,其勢泛濫,縱有戊己之土,亦不能止其流,若强制之,反沖激而成水患,必須用木洩之,順其氣勢,不至于沖奔也,合丁化木,又能生火,不息之妙,化則有情也,生於四五六月,柱中火土並旺,別無金水相助,火旺透干,則從火,土旺透干,則從土,調和潤澤,乃有相濟之功也,

【해설】 壬은 陽水이니 河에 통한다 함은 즉 天河를 말한다.

壬水는 申에서 장생하고 申은 天河의 출입구이며 또 곤방(坤方)에 위치하는데 壬水는 이 곳에서 생한다. 그러므로 능히 서방의 숙살(肅殺) 기운을 설기시키니 이른바「강중지덕(剛中之德)」이라 하였다.

壬水는 百川의 근원이며 두루 흘러 체하지 아니하고 나아가는 것은 쉽게 하지만 물러서지는 않는다. 가령 申子辰이 모두 있고 또 天干에 癸水가 투출하면 그 세가 범람하여 당연히 戊己土가 있어야 할 것 같으나 역시 그 水의 흐름을 막을 수는 없다.

만약 강자(强者)를 제압하려면 반대로 水가 충격되어 수환(水患)을 입게 될 것이므로 반드시 木으로써 설기시켜 그 강세를 순화(順化)하는 방법을 써야 水가 충분(沖奔)하지 아니한다.

壬水는 丁火와 합하여 木으로 化한 후 다시 生火하니 쉼 없는 묘(妙)가 되므로 化한 즉 다정하게 된다.

壬水가 四, 五, 六月 여름에 生하면 사주 가운데 火土가 함께 旺한데 달리 金水의 상조(相助)가 없고 또 火旺하고 투간(透干)하였으면 壬水라도 별 수 없이 從火해야 하고 土가 旺하고 투간하였으면 從土하여야 조화(調和), 윤택(潤澤)을 이루게 되며 상제(相濟)의 공(功)이 되는 것이다.

癸水至弱。達于天津。得龍而運。功化斯神。
계 수 지 약 。 달 우 천 진 。 득 룡 이 운 。 공 화 사 신 。

不愁火土。不論庚辛。合戊見火。化象斯眞
불 수 화 토 。 불 론 경 신 。 합 무 견 화 。 화 상 사 진 。

癸水는 지극히 약하나 하늘 끝에 도달하고 辰을 만나고 운전하면 그 神을 변화시키는 공이 있다. 火土를 무서워하지 아니하고 庚辛에 상관없이 戊와 합하면 火를 나타내고 이 때의 화상(化象)은 참된 것이다.

【原注】

癸水乃陰之純而至弱。故扶桑有弱水也。達於天津。隨天而運。得龍
以成雲雨。乃能潤澤萬物。功化斯神。凡柱中有甲乙寅卯。皆能運水
氣。生木制火。潤土養金。定爲貴格。火土雖多。不畏。至於庚金。
則不賴其生。亦不忌其多。惟合戊土化火何也。戊生寅。癸生卯。皆
屬東方。故能生火。此固一說也。不知地不滿東南。戊土之極處。卽
癸水之盡處。乃太陽起方也。故化火。凡戊癸得丙丁透者。不論衰旺
秋冬皆能化火。最爲眞也。

癸水는 순음이며 지극히 약하다. 그러므로 부상(扶桑)의 弱水이지만
천진(天津)에 도달할 수 있으며, 하늘을 따라 운전하므로 辰을 얻게
되면 운우(雲雨)를 이루고 능히 만물을 윤택하게 하며 그 神을 변화시
키는 功이 있다.

무릇 柱中에 甲乙 寅卯가 있으면 모두에게 水氣를 운전하여 생목제
화(生木制火)하고 윤토양금(潤土養金)하여 귀격(貴格)을 결정지어 준
다. 火土가 비록 많아도 두려워하지 아니하고 庚金에게도 그 生함을
부탁하지 아니하고 많은 것도 역시 두려워하지 않는다.

오직 戊土와 합하여 火로 변하는 것은 무슨 연고인가 戊는 寅을
生하고 癸는 卯를 生함이다. 이들은 모두 東方에 속하는 고로 능히 火
를 생할 수 있으나 이는 일설일 뿐이며, 地는 東南이 차지 않았다는
것을 모른다.

戊土의 극처는 癸水의 진처(盡處)이기도 하니 태양이 그 방위에서
뜨는 고로 火로 化하는 것이다. 무릇 戊癸가 되었는데 丙丁 火가 투출
하였다면 쇠왕(衰旺)에 불구하고 추동(秋冬)이라도 모두 火로 변화하
는 것이니 가장 참되다.

【任注】

癸水非雨露之謂,乃純陰之水,發源雖長,其性極弱,其勢最靜,能
潤土養金,發育萬物,得龍而運。變化不測。所謂逢龍卽化,龍

即辰也,非眞龍而能變化也,得辰而化者化辰之原神發露也,凡
十干逢辰位,必干透化神,此一定不易之理也,不愁火土者,至弱
之性,見火土多卽從化矣,不論庚辛者,弱水不能洩金氣,所謂金
多反濁,癸水是也,合戊見火者,陰極則陽生,戊土燥厚,柱中得丙
火透露,引出化神乃爲眞也若秋冬金水旺地,縱使支遇辰龍干透
丙丁亦難從化,宜細詳之,

【해설】 癸水는 우로(雨露)라고만 말할 수 없다. 순음(純陰)의
水이므로 발원은 비록 長하나 그 性이 극약(極弱)하고 그 勢 또
한 가장 정(靜)하다. 그러나 능히 윤토양금(潤土養金)하여 만물
을 발육시킬 수 있으며 龍(辰)을 득한 다음에는 진행하여 그 나
타나는 변화가 불측(不測)하므로 이른바 용(龍)을 만나면 곧 化
한다고 하였다.

용(龍)은 즉 辰, 습토를 말하니 진룡(眞龍)이 아니라도 능히
변화할 수 있다.「辰을 득하면 化한다」함은 化하여 辰의 원신
(原神)이 발로(發露)한다는 것이다. 무릇 십간이 진위(辰位)를
만나면 반드시 化神을 천간에 투출시키는데, 이것은 일정하여 바
뀌지 않는 이치다.

「癸水가 火土를 근심하지 않는다」함은 약함이 지극(至極)에
달한 성질이므로 火土를 많이 만났을 때는 從火해 버린다는 것
을 말한다.「庚辛金을 불론(不論)한다」함은 弱水가 金氣를 설기
시킬 수 없으니 이른바 金이 많으면 반대로 탁수(濁水)가 됨을
말한 것이다.

「戊土와 합하여 火가 된다」함은 陰이 극에 이르면 陽이 生
함이니 戊土는 조후(燥厚)하므로 사주 가운데 丙火를 得하여 化
神인 火를 이끌어 내어 천간에 투출시켜야 바야흐로 진짜가 되

는 것이다.

만약 추동(秋冬)의 金水가 旺한 계절에 태어나 지지에 진룡(辰龍)을 만나면 천간에 丙丁이 투출하였더라도 역시 종화(從化)하기가 어려우니 자세히 살필 것이다.

地支 지지

陽支動且强。速達顯災祥。陰支靜且專。否泰每經年。
양 지 동 차 강 。 속 달 현 재 상 。 음 지 정 차 전 。 부 태 매 경 년 。

陽支는 동적이고 또 강하여 재앙이나 길상을 나타냄이 속빠르고 陰支는 정적이고 또 전일하여 비태가 매양 해를 걸러 나타낸다.

【原注】

子寅辰午申戌陽也。其性動。其勢强。其發至速。其災祥至顯。丑卯巳未酉亥陰也。其性靜。其氣專。發之不速。而否泰之驗。每至經年而後見。

子寅辰午申戌은 陽支이니 그 성격이 동적이고 그 세는 강하며 그 발생은 지극히 빠르고 이에서 나타내는 재앙이나 길한 일이 지극히 빨리 나타난다. 丑卯巳未酉亥는 陰支이니 그 성정과 그 기전(氣專)을 발생시키는 것도 늦고 나타내는 길흉도 매양 해를 지난 후라야 알 수 있다.

【任注】

地支有以子至巳爲陽,午至亥爲陰者,此從冬至陽生,夏至陰生論也,有以寅至未爲陽,申至丑爲陰者,此分木火爲陽,金水爲陰也,命家以子寅辰午申戌爲陽,丑卯巳未酉亥爲陰,若子從癸,午從丁,是體陽而用陰也,巳從丙,亥從壬,是體陰而用陽也,分別取用,亦惟剛柔健順之理,與天干無異,但生剋制化,其理多端,蓋一支所藏或二干,或三干故耳,然以本氣爲主,寅必先甲而後及丙申必先庚而後及壬,餘支皆然陽支性動而强吉凶之驗恆速陰支性靜而弱禍福之應較遲在局在運均以此意消息之

【해설】 지지로는 子에서 巳까지를 陽이라 하고 午에서 亥까지를 陰이라 하니 이는 동지에서 陽이 생하고 하지에서 陰이 생한다는 논리이다. 또 寅에서 未까지를 陽으로 하고 申에서부터 丑까지를 陰으로 하는 것은 木火를 陽으로 하고 金水를 陰으로 나눈 것이다.

명리가들은 子寅辰午申戌을 陽으로 하고 丑卯巳未酉亥를 陰으로 사용하고 있다. 만약 子가 癸를 따르고 午는 丁을 좇는 경우는 체(體)는 陽이나 用은 陰인 경우이고, 巳를 丙으로 쓰고 亥를 壬으로 사용하는 경우는 體는 陰이나 쓰임은 陽인 경우인데 분별 취용에는 역시 강유(剛柔)와 건순(健順)의 이치는 천간과 다른 것이 없다. 다만 생극 제화의 이치만 여러 갈래로 복잡하다.

대개 한 支에 소장된 人元이 혹 두 干이 있거나 세 干이 있는 연고이다. 그러나 본기를 위주로 하여야 하니 寅이라면 반드시 먼저 甲을 취용하고 다음으로 丙을 쓰며 申에서는 먼저 반드시 庚을 취용하고 뒤에 壬水로 미치게 되는 것이니 나머지 支도 모두 그러하다. 陽支의 성격은 동적이면서도 강하기 때문에 길흉의 증험이 항상 빠르고 陰支의 성격은 정적이면서도 약하기 때문에 화복의 응험이 비교적 늦다. 局에 있어서나 運에 있어서나 이와 같은 뜻으로 처리된다.

生方怕動庫宜開。 敗地逢沖子細推。
생 방 파 동 고 의 개 。 패 지 봉 충 자 세 추 。

寅申巳亥는 충동됨이 두렵고 辰戌丑未는 고(庫)이니 열려야 마땅하며, 子午卯酉는 패지(敗地)이니 沖을 만날 때 자세히 추리하여라.

90

【原注】

寅申巳亥生方也。忌沖動。辰戌丑未四庫也。宜沖則開。子午卯酉。四敗
也。有逢合而喜沖者。不若生地之必不可沖也。有逢沖而喜合者。不若庫
地之必不可閉也。須仔細詳之。

　寅申巳亥는 生方이니 충동됨을 꺼리고 辰戌丑未는 사고(四庫)이
니 沖하면 열려 마땅하고 子午卯酉는 四 패지(敗地)이다.
　合을 하였는데도 沖이 기쁜 경우는 生地에서 절대로 沖이 불가한
경우와는 다르고, 沖을 만났음에도 合을 기뻐하는 것은 고지(庫地)
에서 절대로 폐합됨이 불가한 경우와는 다르다. 모름지기 자세히 추
상할 것이다.

【任注】

舊說云,金水能沖木火,木火不能沖金水,此論天干則可,論地之
則不可,蓋地支之氣多不專,有他氣藏在內也,須看他氣乘權得
勢,即木火亦豈不能沖金水乎,生方怕動者,兩敗俱傷也,假如寅
申逢沖,申中庚金,剋寅中甲木,寅中丙火,未嘗不剋申中庚金,申
中壬水,剋寅中丙火,寅中戊土,未嘗不剋申中壬水,戰剋不靜故
也,庫宜開者,然亦有宜不宜,詳在雜氣章中,敗地逢沖仔細推者,
子午卯酉之專氣也,用金水則可沖,用木火則不可沖,然亦須活
看,不可執一,倘用春夏之金水,則金水之氣休囚,木火之勢旺相,
金水豈不反傷乎,宜參究之,

【해설】　구설에 이르기를 金水는 능히 木火를 沖하고 木火는
金水를 沖하지 못한다 함은 천간에서는 가하나 지지에서는 불가
하다. 대개 지지의 氣는 많아도 순수하지를 않으니 타기(他氣)를
안으로 함께 소장하고 있기 때문에 반드시 타기가 권력을 잡고
득세하였나를 보아야 한다. 그러니 木火는 또 어찌 金水를 沖하

지 못한다고 하겠는가?

「생방파동(生方怕動)」이란 양방이 패하여 함께 상한다는 말이니 가령 寅申이 沖하였을 때 申中 庚金은 寅中 甲木을 극하는데 寅中의 丙火는 申中의 庚金을 극하지 않는다고 못하고, 申中 壬水도 寅中 丙火를 극하고 寅中 戊土도 申中 壬水를 극하지 않는다고 못하니 전극(戰剋)이란 고요히 안정을 못하는 연고이다.

「고의개(庫宜開)」란 이 역시 마땅할 때도 있고 마땅치 못할 때도 있는 것이니 잡기장(雜氣章) 중에 자상히 되어 있다.

「패지봉충자세추(敗地逢沖仔細推)」란 子午卯酉의 순전한 氣에서 말하는 것인데 金水를 用할 때는 沖하여도 가하고, 木火를 用할 때는 沖이 불가하다.

그러나 이 역시 활변하여 보아야 하는 것이니 한 가지만 잡고 말하는 것은 불가하다. 가령 춘하(春夏)에 金水를 用하는 경우는 金水의 氣가 휴수될 때이니 木火의 勢가 왕상하므로 金水가 어찌 반대로 상하지 않는다고 하겠는가? 마땅히 참고하여 궁구할 일이다.

癸	癸	壬	甲
亥	巳	申	寅

庚己戊丁丙乙甲癸
辰卯寅丑子亥戌酉

가을 水가 근원에 통하였고 金이 당령하였고 水도 重重하다. 木은 휴수되고 沖까지 만났으므로 用神으로 쓰기에 부족하다. 火는 비록 휴수되었으나 日支에 있고 또한 초가을이라 따뜻함이 식지 않았으니 용신은 巳火가 되어야 한다. 巳亥가 沖

을 하고 겁재가 떼를 지어 분쟁하니 이로 인하여 세 妻를 잇달아 극하고 無子인데 운까지 北方 水地로 가니 파모(破耗)가 평상을 넘었다.

戊寅, 己卯에 이르러서야 행운이 동방으로 전환되어 희신, 용신에 의합되므로 먹고살기가 넉넉하였으나 庚 운에 상관을 제극하고 겁재를 생하며 태세까지 酉年이 되어 희신, 용신이 함께 상하므로 사망하였다.

壬	甲	癸	癸
申	寅	亥	巳

乙丙丁戊己庚辛壬
卯辰巳午未申酉戌

甲寅 일주가 10월에 생하였으니 寒木이 되어 반드시 火를 用하여야 한다. 사주 중에는 旺水가 네 개나 있으니 용신을 상한다.

柱中에 土가 없으므로 水를 막지 못하여 불미한 것처럼 보인다.

그러나 묘한 것은 寅亥가 합하여 巳火는 절처에서 봉생하였음이다. 이는 곧 흥발할 조짐이다.

그러나 초운 서방 金地에는 體用이 모두 상하여 녹녹풍상을 다 겪었다.

未 운으로 만나는 곳은 40 이후이나 남방 火土 운에서는 그 용신을 도우므로 인수를 버리고 財를 취하니 수만의 재물을 이루었고 첩까지 두고 연달아 네 아들을 낳았다. 이로 보건대 인수가 용신일 때 財를 만나면 화가 적지 아니하고 財를 만나지 않을 때는 발복이 가장 크다.

戊　戊　丁　辛
午　子　酉　卯

己庚辛壬癸甲乙丙
丑寅卯辰巳午未申

이는 상관격에 인수가 용신이다. 희신은 관성인데 속인들이 「土金 상관은 관성을 꺼린다」는 것으로 논할 수 있는 것은 아니다. 卯酉가 沖하면 인수를 생조하는 神이 없어지고 子午가 沖하는 것은 상관으로 하여금 방자하게 하여 지지에서 金旺 水生하니 木火는 沖剋되어 소진해 버리고 천간의 火土는 허탈에 이른다. 그러므로 독서가 따르지 못했고 경영사도 어려웠다.

그러나 기쁜 것은 水가 천간에 나오지 않았으므로 위인이 문채(文采) 풍류(風流)하고 서법에 정통하였다. 중운에 다시 천간으로 金水가 오니 마음만 있었지 뜻을 펴지 못했다. 무릇 「상관패인(傷官佩印)」이 喜用이 木火일 때는 金水를 만나는 것이 해롭다.

壬　戊　辛　辛
戌　辰　丑　未

乙丙丁戊己庚
未申酉戌亥子

이 사주는 지지에 四庫가 모두 있으므로 아름다운 것은 아니나 반가운 것은 辛金이 빼어나 수기를 발하였음이다. 丑中의 원신이 투출하여 정영(精英)함을 설기시키니 아름답고, 다시 좋은 것은 木火가 은복되어 보이지 않는 것이니 사주가 순청(純淸)하고 혼잡되지 아니하였다.

酉 운에 이르자 辛金이 득지하여 중향방에 붙었고 뒤에 행운

이 남방으로 나가서는 용신 辛金이 손상되었으므로 벼슬길로 진출하려 하였으나 그 때마다 선발되지 않았다.

己 辛 壬 戊
丑 未 戌 辰
己戊丁丙乙甲癸
巳辰卯寅丑子亥

이는 만국이 인수인 土로 중첩되어 金이 매몰되었다. 壬水 용신이 손상이 상진되었다. 未와 辰에 비록 乙木을 소장하고 있으나 沖이 없었다면 혹 빌려 쓸 수 있을 것이나, 운로에서 인출해 주기를 기다릴 수밖에 없는데 丑戌이 충파하는 피해로 암장되었던 金이 작벌해 버린다.

그러므로 妻를 극하고 자식도 두지 못했다.

이로 보건대 「사고필요충(四庫必要沖)」이란 하나만 잡고 논한 것에 불과하다. 오로지 천간이 마땅한 바를 얻어 조화가 잘 이루어졌느냐에 있고 다시 용신이 유력하고 세운에서 보조한다면 편고의 病은 없을 것이다.

支神只以沖爲重。刑與穿兮動不動。
지 신 지 이 충 위 중 。 형 여 천 혜 동 부 동 。

支神은 단지 沖을 중히 여기고 刑과 천(穿)은 動할 때가 있고 不動할 때가 있다. (動不動=길흉 간에 자주 나타나는 가벼운 현상)

【原註】
沖者必是相剋。及四庫兄弟之沖。所以必動。至於刑穿之間。又有相生相合者存。所以有動不動之異。

沖함은 반드시 상극하게 된다. 四庫는 형제간의 沖이니 이른바 반드시 動하게 되고, 刑과 천(穿)에 있어서는 상생할 때도 있고 相合할 때도 있으니 動과 不動이 따로 있음이 다르다.

【任注】

地支逢沖,猶天干之相剋也,須視其强弱喜忌而論之,至於四庫之沖,亦有宜不宜,如三月之辰,乙木司令,逢戌沖,則戌中辛金,亦能傷乙木,六月之未,丁火司令,逢丑沖,則丑中癸水,亦能傷丁火,按三月之乙,六月之丁,雖屬退氣,若得司令,竟可爲用,沖則受傷,不足用矣,所謂墓庫逢沖則發者,後人之謬也,墓者,墳墓之意,庫者,木火金水收藏埋根之地,譬如得氣之墳,未有開動而發福者也,如木火金水之天干,地支無寅卯巳午申酉亥子之祿旺,全賴辰戌丑未之身庫通根,逢沖則微根拔盡,未有沖動而强旺者也,如不用司令,以土爲喜神,沖之有益無損,蓋土動則發生矣,刑之義無所取,如亥刑亥,辰刑辰,酉刑酉,午刑午,謂之自刑,本支見本支,自謂同氣,何以相刑,子刑卯,卯刑子,是謂相生,何以相刑,戌刑未,未刑丑,皆爲本氣,更不當刑,寅刑巳,亦是相生,寅申相刑,旣沖何必再刑,又曰子卯一刑也,寅巳申二刑也丑戌未三刑也,故稱三刑,又有自刑,此皆俗謬,姑置之,穿卽害也,六害由六合而來,沖我合神,故爲之害,如子合丑而未沖丑合子而午沖之類,子未之害無非相剋,丑午寅亥之害,乃是相生,何以爲害,且刑旣不足爲憑,而害之義,尤爲穿鑿總以論其生剋爲是至于破之義,非害卽刑也,尤屬不經,削之可也,

【해설】

지지에서 沖이 되는 것은 천간 상극과 같은 것이니 모름지기 그 강약과 희기(喜忌)를 본 후 논해야 한다. 사고(四庫)의 충에 있어서도 역시 마땅한 바도 있고 그렇지 못한 것도 있다. 가령 3월의 辰은 乙木이 사령(司令)[46]하여 戌의 충을 만날 경우 戌中의 辛金이 능히 乙木을 상극(傷剋)하고 6월의 未는 丁火가 사령하니 丑이 충한 즉, 丑中의 癸水는 역시 능히 丁火를 상극(傷剋)한다.

살펴보면 3월의 乙木과 6월의 丁火는 비록 퇴기를 맞았으나 만약 乙 丁이 司令하였다면 용신이 가한데 충해 버리면 손상을 받으므로 쓸 수 없는 것이다.

이른바「묘고봉충즉발(墓庫逢沖則發)」[47]이라 함은 후인들의 잘못인 것이다.

묘(墓)란 분묘와 같은 것이요, 고(庫)란 木火金水의 뿌리를 거두어 땅에다가 묻어 저장하는 뜻이니, 비유컨대 氣를 받는 무덤이다. 따라서 개동(開動)[48]하여 발복시켜 줄 의사가 아직은 없는 것이다.

가령 木火金水의 天干이 地支에 寅卯 巳午 申酉 亥子 등의 녹왕(祿旺)이 없고 辰戌丑未 등 신고(身庫)에 통근한 것을 의지하고 있다면 충을 만날 때 미미한 뿌리가 모두 뽑혀 버리니 충동(沖動)하고서 강왕할 수는 없는 것이다.

가령 司令한 神이 용신이 안 된다면 土가 희신이 될 것이니 충하여도 손상될 것이 없어서 유익함만 있을 것이니 대개 土는 動하면 발생, 발달하기 때문이다.

刑의 뜻은 취할 바가 없는 것이니, 가령 亥刑亥, 辰刑辰, 酉刑酉, 午刑午를 자형(自刑)이라 하나 本支가 本支를 보는 것이니 동기(同氣)인데 어찌하여 상형(相刑)이라 하며, 子刑卯, 卯

---

46) 맡아서 주재함.
47) 묘고는 沖을 만나야 발한다.
48) 열어서 활동함

刑子는 이른바 相生인데 어떻게 相刑이 된다고 할 것이며, 戌刑未, 未刑丑은 이 모두 本氣인데 다시 刑이라 하는 것은 부당하다.

寅刑巳 역시 相生이 되고 寅申 相刑은 이미 沖을 먼저 하고 있는데 어찌하여 다시 刑을 논하리오. 또 子卯를 一刑이라 하고 寅巳申을 二刑이라 하고 丑戌未를 三刑이라 하여 총칭하여 三刑이라 하고, 또 自刑까지 모두 속서에서 잘못된 것을 아직도 쓰고 있다.

천(穿)은 해이니 六害는 六合에서 온 것으로 나와 합하는 神을 충한다 하여 害로 하였다. 가령 子合丑에 未가 충하고 丑合子에 午가 충하는 등의 類이다. 子未의 亥는 상극을 아니함이 없으나 丑午, 寅亥의 害는 모두 상생인데 어찌 害로 하리오? 또 刑도 이미 신빙성이 부족하여 害의 뜻과 함께 더욱 뚫고 파서 없애야 할 것들이다. 총론하면 그들 모두도 생극(生剋)으로 논해야 함이다. 파(破)의 뜻에 있어서는 害가 아니면 刑이 겹치는 것들로 더욱 불경함에 속하니 모두 지워 없애는 것이 가하다.

癸	壬	辛	丙
卯	子	卯	子

己戊丁丙乙甲癸壬
亥戌酉申未午巳辰

壬子 일주가 支에 두 양인을 만났고 천간에 癸와 辛이 투출하였다. 오행에 土가 없고 年干의 丙火는 절지에 있으며 辛과 합하여 水가 되었다.

가장 기쁜 것은 旺한 卯가 제강(提綱)[49]하고 정영함을 설기하고 있으므로 겁재나 양인의 완

---

49) 월령의 핵심이 되는 문제를 제시함

고함을 능히 순화시켜 수기를 유행시키고 있음이다. 위인이 공손하면서도 예의가 바르고 온화하면서도 중용의 충절을 지킬 줄 알았다.

　甲 운에는 木의 원신이 발로하여 갑과에 등과하였고, 午 운은 卯木이 水를 설기시켜 生火하고 乙未와 丙 운까지 군수(郡守)를 하였고 벼슬길이 평순하였다.

　이를 속론으로 본다면 子卯는 무례지형(無禮之刑)이며, 또 상관과 양인이 刑을 만났으니 반드시 오만하고 무례할 것이며 흉악이 대단하였을 것이다.

丁	庚	乙	辛
亥	辰	未	未

戊	己	庚	辛	壬	癸	甲
子	丑	寅	卯	辰	巳	午

庚辰 일주가 季夏에 생하여 土가 당권을 잡고 金은 진기(進氣)를 만났다. 기쁜 것은 丁火가 사령하고 元神 丁火가 발로하여 용신이 되었다. 능히 辛金 겁재를 제극한다. 未는 火의 여기요 辰은 木의 여기이니 財官이 모두 통근하여 힘이 있다.

다시 묘한 것은 亥水가 윤토(潤土) 양금(養金)하면서도 木을 자윤시킨다.

　사주에 결함이 없고 운로가 동남으로 주행하니 金水는 허하고 木火는 실하여 일생을 흉한 일 없이 험한 일도 없이 지냈다. 辰 운에는 午年에 財, 官, 印을 모두 함께 생부하여 중향방(中鄕榜)에 오르고 금당(琴堂)을 경유하여 사마(司馬)에 천거되었고 수명은 丑 운에 이르렀다.

丁	庚	乙	辛
丑	辰	未	丑

己	庚	辛	壬	癸	甲
丑	寅	卯	辰	巳	午

이는 앞 사주와 대동소이하다. 財官 역시 통근 유기하나 앞의 사주는 丁火가 사령하였는데 이는 己土가 사령하였고, 다시 혐오되는 것은 丑時이므로 丁火가 식멸되니 年干의 辛金이 방자하여 未 中의 미약한 뿌리를 충거하므로 財官이 비록 있으나 없는 것과 같다.

초운 甲午는 木火가 함께 旺하므로 윗대의 음덕으로 유여하였고 癸巳 운으로 교체되면서 丁을 극하고 丑을 끌어내므로 상관, 겁재가 함께 왕성하여 형상(刑喪) 파모(破耗)하였고, 壬辰 운은 처와 자식을 모두 상하였고, 가업은 탕진되어 있을 곳도 없어서 삭발하고 중이 되었다. 이를 속론으로는 丑未沖은 財·官 두 창고를 열어 주므로 名利가 양전할 것이라고 한다.

暗沖暗會尤爲喜。彼沖我分皆沖起。
암 충 암 회 우 위 희 。 피 충 아 혜 개 충 기 。

암충 암회는 더욱 기쁜 것이고 저쪽에서 나를 沖함을 충기라 한다.

【原注】
如柱中無所缺之局。取多者暗沖暗會。沖起暗神。而來會合暗神。比明沖明會尤佳。子來沖午。寅與戌會午是也。是日爲我。提綱爲彼。提綱爲我。年時爲彼。四柱爲我。運途爲彼。運途爲我。歲月爲彼。如我寅彼申。申能剋寅。是彼沖我。我子彼午。子能剋午。是我沖彼。

皆爲冲起。

　가령 사주 중에 결함이 없는 局이라면 많이 취할 수 있는 것이 암충(暗沖), 암회(暗會)이다. 暗神이 충기(沖起)하고 있는데 暗神이 회합하고 오는 것은 明沖, 明會와 비교할 때 더욱 아름답다. 子가 와서 午를 沖하는데 寅과 戌이 午를 會合하는 것이 그것이다. 이에서 日이 나라면 제강(提綱)은 저쪽이요, 제강을 나로 하면 年時는 저쪽으로 하고, 사주를 나로 하면 운도(運途)는 저쪽으로 하고, 운도가 나라면 세월(歲月)은 저쪽으로 하는 것이다.

　가령 내가 寅이고 저쪽이 申이면 申은 능히 寅을 극하고, 이때는 저쪽에서 나를 沖하는 것이고, 子가 나인데 午는 저쪽이니 子는 능히 午를 극하는 것은 내가 저쪽을 沖하는 것이니 이들 모두 충기(沖起)라 한다.

【任注】

支中逢沖,固非美事,然八字缺陷者多,停勻者少,木火旺,金水必乏矣,金水旺,木火必乏矣,若旺而有餘者,沖去之,衰而不足者,會助之爲美,如四柱無沖會之神,得歲運暗來沖會尤爲喜也,蓋有病得良劑以生也,然沖有彼我之分,會有去來之理,彼我者,不必分年時爲彼,日月爲我,亦不必分四柱爲我,歲運爲彼也,總之喜神是我,忌神爲彼可也,如喜神是午,逢子沖,是彼沖我,喜與寅戌會爲吉,喜神是子逢午沖,是我沖彼,忌寅與戌會爲凶,如喜神是子有申,得辰會而來之爲吉,喜神是亥,有未,得卯會而去之則凶,寧可我去沖彼,不可彼來沖我,我去沖彼,謂之沖起,彼來沖我,謂之不起,水火之沖會如此,餘可例推,

【해설】

지지 중에서 沖을 만나는 것은 진실로 좋은 일일 수 없으나, 그러나 八字 四柱에는 결함이 많은 것이고 균형이 잡혀 중화가 된 것은 적다. 木火가 旺하면 金水는 반드시 결핍할 것이고, 金水가 旺하면 木火가 반드시 결핍하게 된다. 만약 왕하여 유여한 자는 충거(沖去)하여야 하고 쇠약하여 부족한 자는 회조(會助)하여야 아름다운 것이다. 가령 사주에 沖이나 會하는 神이 없다면 세운에서 암래(暗來)하여 충회(沖會)하여 주면 더욱 기쁜 것이다. 이는 病이 있을 때 좋은 약을 만나서 살아나는 것과 같은 것이다.

그러나 沖에는 피아(彼我)의 분별이 있고 會에도 거래(去來)의 이치가 있는 것이다. 피아는 年時를 피(彼)로 하고 日月을 나로 나눌 필요는 없고, 사주를 나로 하고 세운을 저쪽으로 나누는 것도 아니다.

총론컨대 희신을 나로 하고 기신(忌神)을 저쪽으로 하는 것이 옳다.

가령 희신이 午인데 子의 충을 만났다면 이는 저쪽이 나를 충한 것이니 이때 寅戌이 와서 會合하면 길하다. 또 희신이 子인데 午의 충을 만난 것은 내가 저쪽을 충한 것이니 寅과 戌이 기신이니 會가 흉하다.

가령 희신이 子인데 申이 있고 辰을 득하여 회합하여 오는 것은 길하고, 희신이 亥인데 未가 있고 卯를 만나 회합하면 合去이니 이때는 흉하다.

차라리 내가 나가서 저쪽을 충할지언정 저쪽이 와서 나를 충하는 것은 불가하니 내가 가서 저를 충하는 것을 이른바 충기(沖起)라 하고, 저쪽에서 와서 나를 충하는 것은 不起이다.

水火의 충회(沖會)가 이러하니 나머지도 추리할 수 있을 것이다.

庚 甲 乙 庚
午 寅 酉 戌

辛 庚 己 戊 丁 丙
卯 寅 丑 子 亥 戌

이 사주는 천간에 두 庚이 투출하였는데 정당(正當)한 秋令을 만났다. 지지에 火局을 만들었으니 비록 제살(制殺)의 공도 있지만 극과 설(洩)을 함께 한다. 또 庚金의 예리한 기운을 왕성하게도 하니 위력으로 제압하는 것은 德으로써 化하는 것만은 못하다. 덕으로 化하는 것은 일주에게 유익함이 있고 위력으로 제압하는 것은 일주의 氣를 설한다는 것이다.

이와 같이 보건대 火局을 會合한 것은 기쁠 수 없는 것이니 火가 반대로 病이 된 것이다. 그러므로 子 운 辰年에 대괴(大魁) 天下하였다. 子 운이 火局을 충파(沖破)하여 午火 旺神을 제거하고 庚金의 본성을 인통시켰고 日主之氣인 나를 도왔으며 辰年은 습토이므로 능히 火氣를 설하고 子水가 공(拱)50)하는 것은 일주의 근원을 돕기 때문이다.

丙 丁 癸 丁
午 卯 丑 巳

丁 戊 己 庚 辛 壬
未 申 酉 戌 亥 子

丁火가 비록 季冬에 출생하였으나 비겁이 중중하고 癸水는 퇴기를 만나 무력하므로 겁재를 제극할 수 없으니 용신으로 쓰기에 부족하다.

그러므로 丑中의 辛金으로 용신을 삼아야 한다. 辛金은 丑土

─────────────
50) 두 세력 사이에서 통관이나 녹마귀 등으로 작용하는 것

로 포장되어 있고 겁재를 설기하여 生財하니 용신을 보조하는 희신이 된다.

혐의가 되는 것은 卯木이 겁재를 생하며 식신을 겁탈하는 것이 病이 된다. 그러므로 조년(早年)에는 처자(妻子)를 형상(刑傷)하였고, 초년 壬子 辛亥는 巳午火를 암충(暗沖)하여 조상의 음덕과 비음으로 넉넉하였고, 庚戌 운에는 午火와 공합(拱合)이 암해하므로 형상(刑傷) 파모(破耗)하였으며, 己酉 운이 오니 金局을 會合하고 卯木 病을 충거하므로 10여만의 재물을 일으켰다.

이로 미루어 보건대, 기신을 암충하고 희신을 암회하는 것은 발복이 적지 아니하고 희신을 암충하거나 기신을 암회하는 것은 재앙이 가볍지 않으니 암충, 암회의 이치를 어찌 소홀히 하리오.

辛	丙	辛	庚
卯	寅	巳	寅

丁	丙	乙	甲	癸	壬
亥	戌	酉	申	未	午

丙火가 맹하(孟夏)에 생하여 지지에 두 寅과 한 卯를 가졌으니 巳火가 전권을 쥐고 丙火까지 천간에 인출시켰으니 천간의 庚辛金이 모두 뿌리가 없고 들떠 있다.

초운 壬午 癸未는 뿌리 잘린 水가 능히 金氣만 설기하고 午未는 남방으로 왕성한 火만 도우니 財는 剋洩이 이미 소진되었다. 그러므로 조업이 비록 풍성하였으나 형상(刑喪)을 일찍 만났다.

甲 운은 申 위에 있으므로 본시 대환(大患)까지는 이르지 않는 곳이나 流年 세운이 木火여서 또 형처(刑妻) 극자(剋子)하였

고 家計가 썰렁한 집으로 변하였다. 申 운으로 바뀌더니 寅木 病을 暗沖하고 천간에 떠있는 財星의 뿌리가 되어주므로 이른바 마른 묘목이 단비를 만난 것처럼 일어났고 이어서 乙酉까지 15년은 자가 창업으로 실패하였던 조업보다도 몇 배를 이루었다. 특히 申 운은 역마의 財이므로 외지에 나가 大利를 취할 것이니 경영사에서 10여만을 득재하였다. 丙戌 운 중 丙子年은 흉다 길소하였으며 풍병을 만나 일어나지 못했다. 절지(絶地)의 재물을 비견이 쟁재하는데 자수는 火를 극하기는 부족하고 반대로 寅卯木만을 생하는 연고이다.

旺者沖衰衰者拔。 衰神沖旺旺神發。
왕 자 충 쇠 쇠 자 발 。 쇠 신 충 왕 왕 신 발 。

　왕자가 쇠자를 충하면 쇠자는 뽑혀 버리고 쇠신이 왕신을 충하는 것은 왕신만 발달한다.

【原注】
子旺午衰。 沖則午拔不能立。 子衰午旺。 沖則午發而爲福。 餘倣此。

　子는 旺한데 午는 쇠약할 때 沖한 즉, 午는 뽑혀 꺾이어 일어날 수 없고, 子가 쇠약하고 午가 旺할 때 沖하면 午는 발기하기 때문에 복이 된다.

【任注】
十二支相沖,各支中所藏,互相沖剋,在原局爲明沖,在歲運爲暗沖,得令者沖衰則拔,失時者沖旺無傷,沖之者有力,則能去之,去凶神則利,去吉神則不利,沖之者無力,則反激之,激凶神則爲禍,激吉神雖不爲禍,亦不能獲福也,如日主是午,或喜神是午,支中有寅卯

巳未戌之類,遇子沖謂衰神沖旺,無傷,日主是午,或喜神是午,支
中有申酉亥子丑辰之類,遇子沖,謂旺者沖衰,則拔,餘支皆然,然
以子午卯酉寅申巳亥八支爲重,辰戌丑未較輕,如子午沖,子中癸
水沖午中丁火,如午旺提綱,四柱無金而有木,則午能沖子,卯酉沖,
酉中辛金沖卯中乙木,如卯旺提綱,四柱有火而無土,則卯亦能沖
酉,寅申沖,寅中甲木丙火,被申中庚金壬水所剋,然寅旺提綱,四
柱有火,則寅亦能沖申矣,巳亥沖,巳中丙火戊土,被亥中甲木壬水
所剋,然巳旺提綱,四柱有木,則巳亦能沖亥矣,必先察其衰旺,四
柱有無解救,或抑沖,或助沖,觀其大勢,究其喜忌,則吉凶自驗矣,
至于四庫兄弟之沖,其畜藏之物,看其四柱干支,有無引出,如四柱
之干支,無所引出,及司令之神,又不關切,雖沖無害,合而得用亦
爲喜,原局與歲運,皆同此論,

【해설】 十二支는 상충하면 지지 가운데 각각 소장되어 있던
천간이 서로 충극하게 된다. 사주 원국에서는 明沖이라 하고 세
운에서는 暗沖이라 한다. 득령(得令)하여 왕성한 자가 쇠신(衰
神)을 충하면 발(拔)[51]하고 失時하여 쇠약한 자가 왕신을 충하
면 왕신은 상함이 없다. 그러므로 충하는 자가 힘이 있으면 능
히 제거할 수 있으니 흉신을 제거하면 이롭고 길신을 제거하면
불리하다. 또 충하는 자가 무력하여 힘이 없으면 반내로 왕신은
격노(激怒)할 수 있으니 흉신이 격노하면 화(禍)를 당하고 길신
이 격노하면 비록 禍는 당하지 않더라도 역시 획복(獲福)도 할
수 없다.

가령 일주가 午인데 혹 희신도 午이고 支 中에 寅, 卯, 巳,
未, 戌 같은 것이 또 있을 때 子의 충을 만나면 이른바 「쇠신충

---

51) 꺾이거나 뽑힘

왕(衰神沖旺)」이니 상함이 없고, 일주가 午인데 혹 희신도 午이고 다른 지지에는 申, 酉, 亥, 子, 丑, 辰 등 類로 되었으면 子가 충할 경우 이른바 「왕자충쇠즉발(旺者沖衰則拔)」이라 하니 약한 자는 꺾이고 만다. 나머지 지지도 이와 같다.

그러나 子午卯酉와 寅申巳亥의 8支만 중요시하고 辰戌丑未는 비교적 가볍다. 가령 子午沖은 子中의 癸水가 午中의 丁火를 충하는 것이나 午가 제강(提綱)되어 旺하고, 사주에 金은 없고 木만 있다면 午가 능히 子를 충하게 되는 것이다. 卯酉沖은 酉中 辛金이 卯中 乙木을 沖하는 것이나, 가령 卯가 제강되어 旺하고 사주에는 火만 있고 土가 없으면 卯가 능히 酉를 충거할 수 있다.

寅申沖에서 寅 중의 甲木 丙火는 申 중의 庚金과 壬水에게 충극된다. 그러나 寅이 제강되어 왕하고 사주에 火가 있으면 寅도 능히 申을 충극하게 되는 것이다. 巳亥沖에서 巳中 丙火와 戊土는 亥中 甲木과 壬水에게 충극의 피해를 입으나 巳가 제강되어 旺하고 사주에 木이 있으면 巳 역시 능히 亥를 충극할 수 있다. 그러므로 반드시 먼저 쇠왕을 보고 사주에 해구신(解救神)이 있나 없나를 봐야 하고 혹 충을 억제하는지, 혹 충을 돕는지 그 대세를 보아서 그 희기(喜忌)를 연구하여 찾아내면 길흉은 스스로 증험할 수 있으리라.

사고(四庫)인 형제의 충은 그 속에 축장(蓄藏)되어 있는 천간과 사주 干支를 보고 인출된 것이 있나 없나를 보아야 한다. 가령 사주의 간지에 인출된 것이 없고 司令神도 관절(關切)52)되지 아니하였으면 비록 충하더라도 害가 없다. 合으로 得用하는 경우

---

52) 끊어짐

도 역시 기쁜 것이다. 원국과 세운의 관계에서도 이와 같은 논리로 모두 같다.

```
癸 丙 辛 戊
巳 午 酉 辰

丁 丙 乙 甲 癸 壬
卯 寅 丑 子 亥 戌
```

이 사주는 旺한 財가 당령하였는데 年上의 식신도 생조한다. 일주는 時에 녹을 만났으므로 뿌리가 없는 것은 아니다. 소이로 출신은 부잣집이었다. 時에 癸水가 투출하였고 巳火는 실세하였다. 酉金은 멀리서 巳火를 金으로 끌어내려 하고 있다. 그러므로 癸水가 病인 것이 확실한데 子 운으로 바뀌니 癸가 득록하고 子辰이 拱水하여 酉金은 작당하고 子가 午를 沖하는데 사주에는 구제하는 神이 없으니 이른바 「왕자충쇠쇠자발(旺者沖衰衰者拔)」이 되어 파가 망신하였다.

만약 운이 東南 木火로 운행되었다면 어찌 名利 양쪽이 온전하지 않았겠는가?

```
癸 丁 壬 庚
卯 卯 午 寅

戊 丁 丙 乙 甲 癸
子 亥 戌 酉 申 未
```

이 사주는 재관이 노출하였으나 뿌리가 없어 허하다. 효신(梟神)과 비겁이 득세하여 당권하였다. 이 사주를 보건대 가난과 단명한 사주로 보인다.

앞 사주는 身과 財가 함께 왕성한데도 반대로 파패하고 단명하였는데 이는 재관이 휴수되었어도 창업도 하고 수명도 있었으니 저쪽은 木이 없이 水의 충을 만났으니 꺾였고, 이는 水가 있으며 火劫을 만났으나 구제함이 있다.

甲申, 乙酉 운에 庚金이 녹왕하고 壬癸가 生을 만나고 또 寅卯木을 沖去하니 이른바 「쇠신충왕왕신발(衰神沖旺旺神發)」이 되어 별안간 수만의 재물을 이루었으니 사주 좋은 것이 운 좋은 것만 못하다는 말이 이를 두고 한 것 같다.

干支總論 간지총론

陰陽順逆之說。洛書流行之用。
음 양 순 역 지 설 。 낙 서 유 행 지 용 。

其理信有之也。其法不可執一。
기 리 신 유 지 야 。 기 법 불 가 집 일 。

음양 순역설은 낙서에서 유행시켜 쓰고 있는 것이니 그 이치는 믿을 만한 곳이 있으나 그 법을 하나만 잡는 것은 불가하다.

【原注】

陰生陽死。陽順陰逆。此理出於洛書。五行流行之用。固信有之。然甲木死午。午爲洩氣之地。理固然也。而乙木死亥。亥中有壬水。乃其嫡母。何爲死哉。凡此皆詳其干支輕重之機。母子相依之勢。陰陽消息之理。而論吉凶可也。若專執生死敗絶之說。推斷多誤矣。

陰이 생하는 곳에 陽은 死하고 陽은 순행하고 陰은 역행한다는 이치는 洛書에서 나온 것이다. 五行을 유행시켜 사용함에 진실로 믿을 수 있는 바가 있다. 그러나 甲木의 死地가 午인데 午는 설기하는 곳이기 때문에 이치가 진실되어 그렇다고 할 수 있으나, 乙木이 亥에서 死하는 것은 亥 중의 壬水가 적모(嫡母)인데 어찌 死地라 하는가?
무릇 이들은 모두 그 干支의 경중지기53)와 모자(母子)의 상의지세(相依之勢)54)와 陰陽의 소식지리(消息之理)55)로 길흉을 논하는 것이 가하다. 만약 生死 敗絶의 說만 잡고 고집한다면 많이 잘못된 것

---

53) 輕重之機 : 격국이나 용신, 희신이 힘이 있는지 없는지를 보는 것
54) 相依之勢 : 상생유정하여 협조가 되는지를 보는 것
55) 消息之理 : 음양의 왕상휴수를 보는 것

이다.

【任注】

陰陽順逆之說, 其理出洛書, 流行之用, 不過陽主聚, 以進爲退, 陰主散, 以退爲進, 若論命理, 則不專以順逆爲憑, 須觀日主之衰旺, 察生時之淺深, 究四柱之用神, 以論吉凶, 則了然矣, 至于長生沐浴等名, 乃假借形容之辭也, 長生者, 猶人之初生也, 沐浴者, 猶人之初生而沐浴以去垢也, 冠帶者, 形氣漸長, 猶人年長而冠帶也, 臨官者, 由長而旺, 猶人之可以出仕也, 帝旺者, 將盛之極, 猶人之輔帝而大有爲也, 衰者, 盛極而衰, 物之初變也, 病者, 衰之甚也, 死者, 氣之盡而無餘也, 墓者, 造化有收藏, 猶人之埋於土也, 絕者, 前之氣絶而後將續也, 胎者, 後之氣續而結胎也, 養者, 如人之養母腹也, 自是而復長生, 循環無端矣, 人之日主不必生逢祿旺, 即月令休囚, 而年日時中, 得長生祿旺, 便不爲弱, 就使逢庫, 逆爲有根, 時說謂投墓而必沖者, 俗書之謬也, 古法只有四長生, 從無子午卯酉爲陰長生之說, 水生木, 申爲天關, 亥爲天門, 天一生水, 即生生不息, 故木皆生在亥, 木死午爲火旺之地, 木至午發洩已盡, 故木皆死在午, 言木而餘可類推矣, 夫五陽育于生方, 盛于本方, 弊于洩方, 盡于剋方, 于理爲順, 五陰生于洩方, 死于生方, 于理爲背, 即曲爲之說, 而子午之地, 終無產金產木之道, 寅亥之地, 終無滅火滅木之道, 古人取格, 丁遇酉, 以財論, 乙遇午, 己遇酉, 辛遇子, 癸遇卯, 以食神洩氣論, 俱不以生論, 乙遇亥, 癸遇申, 以印論, 俱不以死論, 即己遇寅藏之丙火, 辛遇巳藏之戊土, 亦以印論, 不以死論, 由此觀之, 陰陽同生同死可知也, 若執定陰陽順逆, 而以陽生陰死, 陰生陽死論命, 則太謬矣, 故知命章中, 順逆之機須理會, 正爲此也,

【해설】 음양 순역설은 낙서(洛書)의 이치에서 나와 유행하여

쓰는 것이다.

陽은 취(聚)를 주장하기 때문에 進行함을 退로 삼고, 陰은 산(散)을 주재하는 고로 退로써 進을 삼은 것에 불과하다. 그러나 명리에서는 순역설(順逆說)을 믿고 전론할 수 없는 것이니, 모름지기 일주의 쇠왕을 보고 生時의 심천(深淺)을 궁구하고 사주의 용신을 잡고 길흉을 논하여야 하는 학문임이 요연(了然)하기 때문이다. 장생, 목욕 등의 이름들은 왕상휴수 등을 알아보기 위하여 형용사적인 말을 빌려서 사용하는 것에 불과하다.

장생이란 생물이나 사람이 처음으로 출생하는 것을 말한다.

목욕이란 처음 태어난 아이의 몸을 씻겨 때를 벗겨줌을 말한다.

관대란 形氣가 점점 장성하면서 바르게 키우기 위하여 교육시키고 의관을 갖춘다는 뜻이다.

임관이란 왕성하게 자랐으니 벼슬길에 나가는 것을 의미한다.

제왕이란 장성함이 극에 도달하여 국가를 위하여 크게 하는 일이 있음을 말한다.

쇠란 왕성이 극에 달하면 허약해지는 것이니 物의 초변을 맛보는 시기이다.

병이란 쇠약함이 심해져서 病이 든다는 것이다.

사란 氣의 유행이 단절되어 여기가 없는 상태이다.

묘란 造化를 거두어 수장(收藏)한다는 뜻이니 죽은 사람을 土中에 매장하는 것이다.

절이란 前에 있던 氣는 끊어 없어지고 뒤에 연결하여 연속시키기 위한 기다림의 단계이다.

태란 다음 기운을 연속시키기 위하는 결태(結胎), 즉 잉태되는 곳을 말한다.

양이란 사람이 어머니 뱃속에서 양생되었다가 출생하여 다시 장생으로 이어지니 순환함에 단절시키지를 않는 것이다.

사람의 일주로는 반드시 生이나 녹왕(祿旺)을 만나야 하는 것은 아니니, 곧 월령에 휴수되면 年, 日, 時 중에서 장생이나 녹왕을 득하여도 쉽게 弱으로 되지는 않는 것이며, 庫를 만난 것도 역시 뿌리가 될 수 있기 때문이다. 時는 墓에 빠졌으면 반드시 沖하여 열어줘야 한다는 설은 속서의 잘못된 것이다.

☞ 翠山註 : 이곳 왕상휴수법은 원문이 간단하므로 이해가 부족할 것 같아 뒤의 부록 포태법(십이운성양생법)에 더욱 자세하게 기록하였으니 참고하기 바람.

古法을 보면 단지 四 長生만 있고 子, 午, 卯, 酉는 陰의 長生이니 좇을 필요가 없다 하였고, 木이 水에서 生하는 것은 申을 천관(天關)으로 하고 亥를 천문(天門)으로 한 것이고, 天一에서 水를 生하는 것은 즉 생생불식(生生不息)케 한 것이므로 木은 모두 亥에서 생한다 하였고, 木이 午에서 死하는 것은 火旺地가 되니 木은 午에 이르면 발설이 이미 다 되어버린 상태이므로 木은 모두 午에서 死한다 하였으니 木으로 예를 들고 말한 것이지만 나머지도 이와 같이 유추하였다.

대저 五陽은 生方에서 길러내고 本方에서 왕성하여지고 설방(洩方)이 되면 폐(弊)하고 극방(剋方)에서 진(盡)하는 것이 이치의 순리라 할 수 있으나, 五陰은 洩方에서 生하고 生方에서 死하는 것은 이치를 등지는 것이다. 즉 왜곡된 설이다.

子午의 자리에서는 아무 것도 생산하는 것이 없으니 金을 생산한다거나 木을 생산할 도리가 없으며, 寅亥에서는 멸화(滅火), 멸목(滅木)의 길이 있을 수가 없는데 옛 사람이 格을 취할 때에

丁이 酉를 만나면 財로 논하였고 乙이 午를 만나는 것과 己가 酉, 辛이 子, 癸가 卯를 만나는 것들을 모두 食神이나 설기로 논하였지 生으로 논하지는 아니하였으며, 乙이 亥를 만나고 癸가 申을 만나는 경우도 인수로 논하였지 死로 논하지 아니하였다. 즉 己가 寅을 만나는 것은 장중(藏中)의 丙火로, 辛이 巳를 만나는 것은 藏中의 戊土로 역시 인수로 논하였지 死로 논하지 아니하였으니, 이와 같이 보건대 음양은 同生하고 同死하여야 한다는 것을 알 수 있다.

만약 음양을 순역으로 고정시켜 놓고 陽이 生하는 곳에 陰이 死하고 陰이 生하는 곳에 陽이 死하는 것으로 하여 사주를 본다면 크게 그릇될 것이다. 그러므로 앞의 지명장(知命章) 중에 「순역지기 수리회(順逆之機 須理會)」라 함이 바로 이를 가리킨 말이다.

|丙|乙|己|丙|
|子|亥|亥|子|

|乙|甲|癸|壬|辛|庚|
|巳|辰|卯|寅|丑|子|

乙亥 일주가 亥月에 생하여 기쁜 것은 천간에 兩 丙火가 투출하였으니 따뜻한 봄날의 꿈을 잃지 않고 寒木이 陽을 향하고 淸한 가운데 순수하다. 아까운 것은 火土가 뿌리가 없으며 水木이 太重한 것이다. 따라서 글을 읽었으나 쓰지를 못하였고 겸하여 中年의 한 水木을 만나는 곳에서는 生扶가 태과하고, 局中의 火土가 모두 傷하므로 재물은 건전하게 모았으나 뜻은 펴지 못하였다. 그러나 기쁜 것은 金이 없어서 업(業)에는 반드시 淸高할 것이다. 만약 年時에서 乙木이 病地가 되었거나 月日에서 死地

가 되었다면 어찌 휴수가 이미 극에 도달하였다고 아니하였겠는
가? 마땅히 생부하는 운으로 用하였을 것이니 지금의 亥子 水
운에 생으로 논한 즉, 水木을 다시 만나는 것이 마땅치 못하였
을 것이다.

癸	癸	乙	戊
亥	卯	卯	午

辛	庚	己	戊	丁	丙
酉	申	未	午	巳	辰

이는 春水가 多木하니 설기가
과하다.

오행에 金이 없어 亥時의 비겁
이 방신(幇身)함에 전적으로 의
지하고 있는데, 혐오스러운 것은
亥卯가 공국(拱局)함이고 또 天
干에 戊土가 투출함이니 극설(剋
洩)이 함께 나타나 있어 행운이

戊午로 바뀌자 사망하였다.

만약 속서에 근거한다면 癸水는 兩 長生 위에 앉아 있고, 時에
서는 旺地를 만난 것인데 어찌 (戊午 운에) 죽었겠는가? 또 이
르기를 식신에 수(壽)와 妻와 多子가 있고 식신이 생왕하면 재
관보다 나은 것이니 名利가 양전하고 多子에 壽가 있는 格이라
고 할 것이다.

총론컨대 음양 生死之說로써는 근거가 부족하다.

故天地順遂而精粹者昌。天地乖悖而混亂者亡。
고 천 지 순 수 이 정 수 자 창 。 천 지 괴 패 이 혼 란 자 망 。

不論有根無根。俱要天覆地載。
불 론 유 근 무 근 。 구 요 천 복 지 재 。

그러므로 천지가 순수하고 정수한 자는 창성하고 천지가 괴패 하면서 혼란한 자는 망하니 유근 무근을 불론하고 함께 중요한 것은 하늘은 덮어주고 땅에서는 실어 주어야 한다.

【任注】
取用干支之法,干以載之支爲切,支以覆之干爲切,如喜甲乙,而載 以寅卯亥子,則生旺,載以申酉,則剋敗矣,忌丙丁,載以亥子則制 伏,載以巳午寅卯,則肆逞矣,如喜寅卯,而覆以甲乙壬癸則生旺,覆 以庚辛,則剋敗矣,忌巳午,而覆以壬癸則制伏,覆以丙丁甲乙,則肆 逞矣,不特此也,干通根于支,支逢生扶,則干之根堅,支逢沖剋,則 干之根拔矣,支受蔭于干,干逢生扶,則支之蔭盛,干逢剋制,則支之 蔭衰矣,凡命中四柱干支,有顯然吉神而不爲吉,碐乎凶神而不爲 凶者,皆是故也,此無論天干一氣,地支雙淸,總要天覆地載,

【해설】 干支를 취용하는 법은 천간은 지지에 실어주기를 간절 히 바라고 지지는 천간이 덮어주기를 간절히 원한다. 가령 甲乙 이 희신이라면 지지에 寅卯亥子가 생왕하게 하면 실어주는 것이 고, 지지에 申酉가 있으면 剋神을 실었으니 敗하게 되는 것이다.

기신이 丙丁이라면 亥子를 실어야 제복되고 巳午寅卯를 실 어주면 방자하게 될 것이다. 희신이 寅卯일 때는 천간에 甲乙 壬癸가 덮어 주어야 생왕하고 庚辛에 덮여 있으면 극이니 敗 한다.

기신이 巳午인데 壬癸에 덮여 있으면 제복되고 丙丁甲乙이 덮 어주면 방자하게 된다. 특히 이뿐만 아니고 干은 支에 통근하고 支에서 생부함을 만나면 干과 根이 견고한 것이고 支에서 충극 됨을 만나면 干의 뿌리가 뽑힌 것이다.

支는 干에서 음덕을 입어야 하고 干이 생부함을 만나면 支는

음덕으로 성할 것이나 干에서 극제함을 만나면 지지는 음덕이
쇠약할 것이다.

　무릇 명중에서 사주 干支에 길신이 나타나 있는데도 길하지
아니하고 확실히 흉신이 있는데도 흉하지 않은 경우는 다 이러
한 연고이다. 이는 天干一氣나 지지쌍청(地支雙淸)을 논할 것 없
이 모두 천복(天覆) 지재(地載)함이 중요하다.

```
庚　庚　丁　己
辰　申　卯　亥

辛　壬　癸　甲　乙　丙
酉　戌　亥　子　丑　寅
```

　　　　　　　　庚金이 비록 춘령(春令)에 생
하였으나 지지의 녹왕에 앉아
있고 時에서 인수와 비견을 만
나니 충분히 관을 용신으로 쓸
만하다. 지지에 卯木 재성을 싣
고 있으며, 또 亥水를 만나 생
부함이 유정하므로 丁火의 뿌리
가 더욱 견고하여졌다. 이른바
「천지순수이정수자창(天地順遂而精粹者昌)」함이라 하겠다. 세운
에서 壬癸亥子를 만나도 천간에 己土 인수가 관성을 호위하고
支에는 卯木 財가 있으므로 상관이 와도 生化시키니 평생을 험
한 일 없이 평탄하게 지냈다. 소년에 과거의 甲科에 올라 벼슬
이 봉강(封疆)에 이르렀다.

　경(經)에 이르기를 「일주최의건왕(日主最宜健旺)이요 용신불
가손상(用神不可損傷)」56)이라 하니 이를 보아도 믿을 만한 말
이다.

────────────

56) 일주는 가장 마땅한 바가 왕성하여 건강한 것이요, 용신은 손상되는
　　것이 불가하다.

```
甲 庚 丁 己
申 辰 卯 酉

辛 壬 癸 甲 乙 丙
酉 戌 亥 子 丑 寅
```

이 사주 역시 丁火 관성이 용
신이다. 지지에 역시 卯木 재성
이 실려 있으니 앞 사주와 대동
소이하다.

단지 卯酉가 충을 하여 丁火
의 뿌리가 극패(剋敗)되었다. 支
中에도 水가 적어 재성이 극만
받고 생을 못 받는다. 비록 時에
甲木이 투출하였으나 申支 위에 있으니 이른바 「지지부재(地支
不載)는 수유답무(雖有沓無)」57)라 하니 출신은 양반 집이었으
나 경서(經書) 공부를 잇지 못하고 파모 형상을 당하였다. 戌
운으로 바뀌자 支가 西方 쪽으로 흐르니 더욱 가난을 감당 못하
였다.

```
癸 辛 壬 庚
巳 酉 午 申

戊 丁 丙 乙 甲 癸
子 亥 戌 酉 申 未
```

이 사주는 庚辛壬癸가 金水 쌍
청하고 지지에 申酉巳午를 만나
니 단련(煅煉)58)의 공이 있다.
이른바 午火 진신(眞神)을 용신
으로 하니 이치로는 명리(名利)
쌍휘에 응할 만하다. 애석한 바
는 오행의 木이 없어서 金이 비
록 시기를 잃었으나 무리가 많고
火는 비록 당령하였으나 보조가 없으며, 다시 혐의가 되는 것은
壬癸水가 덮고 있으며 庚辛이 곁에서 생하고 申 中에서 長生이

---

57) 地支에 싣지 못하면 있어도 없는 것과 같다.
58) 달굼

되니 壬水가 너무나 방자한 것이 病이다. 비록 巳火가 午를 돕고
자 하나 巳酉가 반합하여 金을 끌어내니 午火의 세는 더욱 고립
되어 약하다. 그러므로 申酉 兩 운에는 파모(破耗) 이상(異常)하
였고, 丙戌 운 중에는 용신을 도우므로 크게 기회를 잡았으며,
亥 운으로 바뀌어서는 壬水가 녹(祿)이 되고 癸水가 왕지에 임
하니 火氣가 극진하여 가산을 파하고 사망하였다.

甲	辛	壬	庚
午	酉	午	申

戊	丁	丙	乙	甲	癸
子	亥	戌	酉	申	未

이 사주 역시 용신은 午中 丁
火 살(殺)이 되는데 壬水가 역시
위에서 덮고 있으며 庚金이 근접
하여 生한다. 기쁜 일은 午時가
돕고 있으며 다시 천간에서 甲木
이 덮어주니 火의 음덕이 왕성한
편이다.

또 壬水는 甲木을 보고서는 생
을 탐하고 火를 대적하려고 아니하므로 사주가 상생으로 다스려
져 쟁극의 풍조가 없다.

中科인 향방에 오르고 벼슬이 관찰사에 이르렀으며, 앞의 사주
와는 단지 한 時에서 앞뒤만 바뀐 상태인데 천연의 격차가 있으
니 이른바 호리(毫釐)가 천리(千里)의 차이다.

天全一氣。不可使地德莫之載。
천 전 일 기 。 불 가 사 지 덕 막 지 재 。

천간이 모두 일기라도 지지에서 덕으로 실어주지 않으면 불가
하다.

【原注】

四甲四乙。而遇寅申卯酉。爲地不載。

四 甲과 四 乙이 寅申, 卯酉를 만나면 地에 싣지 못한 것이다.

【任注】

天全一氣者,天干四甲,四乙,四丙,四丁,四戊,四己,四庚,四辛, 四壬,四癸,皆是也,地支不載者,地支與天干無生化也,非特四甲 四乙而遇申酉寅卯爲不載,卽全受剋于地支,或反剋地支,或天干 不顧地支,或地支不顧天干,皆爲不載也,如四乙酉者,受剋于地 支也,四辛卯者,反剋地支也,必須地支之氣上升天干之氣下降, 則流通生化,而不至於偏枯,又得歲運安頓,非富亦貴矣,如無升 降之情,反有沖剋之勢,皆爲偏枯而貧賤矣,宜細究之,

【해설】　천간이 모두 一氣로 된 것은 四甲, 四乙, 四丙, 四丁, 四戊, 四己, 四庚, 四辛, 四壬, 四癸 등이 모두 그것이다.

지지에 싣지 못했다 함은 지지와 천간이 生化하지 못하고 있음이니 특별하게 四甲이나 四乙에서 申酉寅卯가 되어 싣지 못하는 것만은 아니다. 즉 오로지 지지에서 극을 받는 것이고, 혹 반대로 지지를 극하기도 하고, 혹 천간이 지지를 돌아보지 아니하기도 히고, 혹 지지가 친긴올 돌보지 아니하기도 한 것들이니 모두 싣지 못한 것들이다. 가령 四 乙酉는 지지에서 극을 받는 것이고 四 辛卯는 반대로 지지를 극하는 것이다. 반드시 지지의 氣가 상승해야 하고 천간의 氣는 하강하여야 유통 생화되어 편고함에 이르지 아니한다. 또한 세운이 원하는 곳으로 편안히 운행하면 富가 아니면 역시 貴를 하게 된다. 그러나 오르고 내리는 정이 없고 반대로 沖剋의 세만 있으면 모두 편고하므로 가난하고 천한 것이다. 마땅히 자세히 연구할 일이다.

甲	甲	甲	甲
戌	寅	戌	申

庚	己	戊	丁	丙	乙
辰	卯	寅	丑	子	亥

年支의 申金이 일주 寅木을 충거하고 더하여 戌土가 거듭 나타나 당권하고 金 殺을 생조한다. 이른바 지지가 천간을 돌보지 아니한다. 대개 四甲에 一寅이니 강왕한 것처럼 보이나 가을의 木이니 휴수되었는데 祿이 되는 寅을 충거하면 그 뿌리가 뽑혀 버리므로 旺으로 논할 수 없다.

그러므로 寅卯亥子 운 중에는 의식이 자못 풍부하였으나 庚辰 운으로 바뀌더니 살의 元神이 투출하였으므로 4자가 모두 함께 손상되어 파가하고 사망하였으니 干多가 지지의 重함만 못하다 함이 진실로 그러한 이치인 것이다.

戊	戊	戊	戊
午	戌	午	子

甲	癸	壬	辛	庚	己
子	亥	戌	酉	申	未

이는 만국이 火土이니 子는 쇠약하고 午는 왕하므로 충하면 午가 發하여 더욱 맹렬하니 방울의 물을 볶아서 없애 버렸다. 그러므로 천간이 덮어주지 아니하였다. 처음 운 己未는 고생으로 만고 풍상을 겪었고 庚申, 申酉 운으로 바뀌어서는 戊土의 성정을 인통시키니 크게 기회를 만나 처를 취하여 자식도 낳았고, 사업을 하여 가정을 이룩하였으며, 壬戌 운으로 바뀌니 水가 통근이

안되어 三合 火局으로 암공하니 화재의 피해를 크게 당하여 한 가족 다섯 식구가 모두 사망하였다. 이 사주가 만약 천간에 庚辛 金이 하나라도 투출하였거나 혹 지지에 申酉 한 자라도 소장하 였더라면 어찌 이와 같은 비참에 이르는 국을 맺었겠는가?

```
戊  戊  戊  戊
午  子  午  申

甲 癸 壬 辛 庚 己
子 亥 戌 酉 申 未
```

이 사주는 앞 사주와 단지 申 자 하나만 바뀌었는데도 천간의 氣가 하강하고 지지의 水는 근원 이 있어서 午火가 비록 맹렬하다 고 하나 궁구하여 보면 申金을 상하지는 못한다. 그러므로 申金 이 용신이 됨이 확실하다. 하물 며 子水가 있는 것은 病을 제거 하는 희신이 된다. 申 운으로 교체되고 戊辰年 四月에 입학하여 九月에 등과하였다. 태세(太歲)의 辰 자는 水局을 회동하는 연고 이다. 아까운 것은 장래 壬戌 운에는 천간이 군비쟁재하고 지지 로는 火局을 결성하니 그에게 길함이 있으리라고 못한다.

```
辛  辛  辛  辛
卯  卯  卯  卯

乙 丙 丁 戊 己 庚
酉 戌 亥 子 丑 寅
```

이 사주는 四木이 당권하고 四 金은 절지에 임하였다 비록 지 지를 반극(反剋)한다고 하나 실 은 무력한 극이다. 그런데 果[59] 에는 능히 극하여 財를 용신으로 함이 가하다고 되었다. 만약 재 를 용신으로 할 수 있다면 어찌

---

59) 四柱풀이, 결과

하여 이루어 놓은 것이 아무 것도 없겠는가? 이 사람은 어머니 뱃속에서 출생한 후 수년 사이에 부모가 모두 죽고 도사 무리와 어울려 도사 행세를 하였다.

己丑, 戊子 운은 인수가 생부하므로 의식은 거르지 않았으나 丁亥 운으로 바뀌면서 生火 剋金하므로 그의 스승이 사망하자 미미하게 이루어 놓은 소유분으로 여색과 도박에 빠져 모두 소진하고 사망하였다.

地全三物。不可使天道莫之容。
지 전 삼 물 。 불 가 사 천 도 막 지 용 。

지지에 삼물이 모두 있을 때는 천도에서 용납하지 아니함은 불가하다.

【原注】
寅卯辰。亥卯未。而遇甲庚乙辛。則天不覆。然不特全一氣與三物者。皆宜天覆地載。不論有根無根。皆要循其氣序。干支不反悖爲妙。

寅卯辰이나 亥卯未가 甲庚乙辛을 만난 즉, 덮어주었다 할 수 없다. 그러나 一氣와 三物을 모두 갖지 않았을 때는 유근, 무근을 불문하고 모두 천간이 덮어주고 지지에 실어주는 것이 마땅하다. 이 모두 중요한 것은 그 氣의 차서를 따라 干支가 괴패하지 않아야 묘하다.

【任注】
地支三物者,支得寅卯辰,巳午未,申酉戌,亥子丑,之方是也,如寅卯辰日主是木,要天干火多,日主是火,要天干金旺,日主是金,要天干土重,大凡支全三物,其勢旺盛,如旺神在提綱,天干必須順其氣勢,洩之可也,如旺神在別支,天干制之有力,制之可也,何以旺神在提綱,

只宜洩而不宜制,夫旺神在提綱者,必制神之絶地也,如强制之,不得
其性,及激而肆逞矣,旺神者,木方提綱得寅卯是也,制神者,庚辛金
也,寅卯乃庚辛之絶地也,如辰在提綱,四柱干支,又有庚辛之助,方
可制矣,所謂循其氣序,調劑得宜,斯爲全美,木方如此,餘可例推,

【해설】 지지 三物이란 支에 寅卯辰이나 巳午未, 申酉戌, 亥
子丑 方이 모두 있는 것을 말한다. 가령 寅卯辰이 모두 있는데
일주가 木이면 천간에 火가 많아야 하고, 일주가 火이면 천간
에 金旺함이 중요하고 일주가 金이면 천간이 土가 거듭 있는
것이 중요하다.

무릇 支에 三物이 모두 있으면 그 세력이 왕성한데 제강(提
綱=月令) 神까지 왕신이면 천간은 반드시 그 세력에 순종하여
설기시키는 것이 옳다. 가령 왕신이 월령이 아닌 다른 支에 있
고 천간에서 제극함이 유력할 때는 제극함이 가하다. 그러나
왕신이 제강에 있을 때 어떻게 처리하여야 하는가? 단지 설기
만 있을 뿐이고 극하는 법은 없다. 대개 왕신이 제강에 있다
함은 제신(制神)은 반드시 절지일 것이니 강제로 제극하려 하
다가 그 성정을 얻지 못하면 왕신이 격노하여 방자하게 되기
때문이다.

왕신이란 木方의 제강은 寅卯가 됨을 말하고 制神은 庚辛金인
데 寅卯는 庚辛金의 절지가 된다. 만약 辰土가 제강신이면 사주
干支에 또 다른 庚辛金이 도울 경우는 제극이 가하다.

그러므로 이른바 그 기서(氣序)60)에 따라 조제하여야 마땅하
며 전미할 수 있는 것이다. 木方의 설명이 이러하니 나머지는 유
추하기 바란다.

---

60) 질서를 잃지 않고 변하는 기후

丙	甲	庚	辛
寅	辰	寅	卯

甲	乙	丙	丁	戊	己
申	酉	戌	亥	子	丑

이 사주는 寅卯辰 東方을 모두 갖추고 寅時까지 되었으니 극왕하다. 年과 月의 두 金은 절지에 임하였는데 왕신은 제강하고 있으니 휴수된 金이 극할 수 없으며, 또 丙火가 時에서 투출하였으니 木火가 同心이다. 이른바 강한 대중이 적은 것과 대적하는 상이니 적은 庚辛金을 제거하여야 하는 추세이다.

일찍이 土 운에서는 버린 金을 다시 生하니 파모(破耗) 이상(異常)하였으나 水 운에는 生木하므로 서울로 올라가 내각에 들어가 판사가 되었으며 丙戌 운에는 분발하여 광동(廣東)의 군공(軍功)을 득하여 지현(知縣)으로 승진하였으니 이는 모두 庚辛金을 극한 데서 오는 아름다움이다. 酉 운에는 庚辛金이 득지하니 불록(不祿)되었다.

丁	甲	庚	庚
卯	寅	辰	寅

丙	乙	甲	癸	壬	辛
戌	酉	申	未	午	巳

이 사주는 寅卯辰 東方이 다 있고 時에 卯까지 있으나 왕신이 제강하지 않고 辰土가 귀원(歸垣)[61]하였으므로 庚金은 실어줌을 만나 역량(力量)으로 족히 극목(剋木)할 수 있다. 丁火가 비록 투출하였으나 庚金의 적은 아니니 七殺을 用神하여야 함이 분

---

61) 울타리 안의 핵심이 되는 자리에 있다는 말

명하다.

　甲申 운에 이르러 庚金이 녹왕하고 寅木을 암충(暗沖)하므로 科甲 연등하였고 벼슬이 군수에 이르렀다. 丙 운으로 바뀌니 殺을 제압하여 직장을 그만두고 농사일로 돌아갔다.

陽乘陽位陽氣昌。最要行程安頓。
양 승 양 위 양 기 창 。 최 요 행 정 안 돈 。

　양이 양위를 타서 양기가 창성하면 가장 중요한 것이 운행하는 길이 안전하고 순조로워야 한다.

【原注】

六陽之位。獨子寅辰爲陽方。爲陽位之純。五陽居之。如若是旺神。最要行運陰順安頓之地。

　六 陽位에서 유독 子寅辰만이 陽方으로 하고 또 陽位의 순전(純全)한 것으로 한다. 五 陽干을 만나고 그것이 만약 왕신일 때는 가장 중요한 것이 행운에서는 음순(陰順)의 안돈(安頓)한 지역으로 나가야 한다.

【任注】

六陽皆陽,非子寅辰爲陽之純也,須分陽寒陽暖而論也,西北爲寒,東南爲暖,如若申戌子全,爲西北之陽寒,最要行運遇卯巳未東南之陰暖是也,如寅辰午全,爲東南之陽暖,最要行運遇酉亥丑西北之陰寒是也,此舉大局而論,若遇日主之用神喜神,或木,或火,或土,是東南之陽暖,歲運亦宜配西北之陰水陰木陰火,方能生助喜神用神,而歡如酬酢,若歲運遇西北之陽水陽木陽火,則爲孤陽不生,縱使生助喜神,亦難切當,不過免崎崎嶇嶇而趨平

坦也,陽暖之局如此,陽寒之局亦如此論,所謂陽盛光昌剛健之
勢,須配以陰盛包寒柔順之地是也,若不深心確究,孰能探其精
微,而得其要訣乎,

【해설】 六 陽이 모두 양인데 子寅辰만을 양의 순전한 것이라
해서는 안되나 양한(陽寒)과 양난(陽暖)으로 나누어서 말할 때
만은 子寅辰을 양이라 할 수 있다. 서북은 한(寒)이고 동남은
난(暖)이다. 가령 申戌子가 모두 있으면 서북의 양한(陽寒)이
니 가장 중요한 것이 행운에서 卯巳未인 동남의 음난(陰暖)지를
만나야 한다.

가령 寅辰午인 동남의 양난(陽暖)으로 모두 되어 있으면 가장
중요한 것이 운행하는 길인데 酉亥丑 서북 음한(陰寒)지로 가는
것이다. 이상은 대국적인 것만을 들고 말한 것이다.

만약 일주의 용신, 희신이 혹 木, 혹 火, 혹 土가 될 때는 이
는 동남의 양난이니 세운 역시 서북의 陰水, 陰木, 陰火로 배속
됨이 마땅하니 희신, 용신을 능히 생조하여 아꼈던 술을 권하는
환희를 맛볼 것이다. 그러나 만약 세운이 서북이라도 陽水, 陽
木, 陽火로 운행된 즉, 고양(孤陽)이 되어 생산(生產)이 없으므
로 희신을 생조하더라도 사리에 맞지 않는 것이므로 기구함이나
면하고 평탄을 지키고 사는 데 불과하다.

양난(陽暖)의 局이 이러하고 양한(陽寒)의 국도 역시 이와 같
은 논리이니, 이른바「陽이 왕성하고 광창(光昌)하여 강건한 세
가 되면 모름지기 음성(陰盛)함에 배속되어 한(寒)을 싸고 유순
한 지역으로 행하여야 함」이다. 만약 깊이 연구하지 않으면 그
정미하고 깊은 이치를 누가 능히 탐구하여 그 요결(要訣)을 득
하리오?

庚	丙	丙	癸
寅	午	辰	巳

庚	辛	壬	癸	甲	乙
戌	亥	子	丑	寅	卯

이 사주는 동남의 양난을 전 支에 가졌으니 천간의 金水는 뿌리가 없는 것 같으나, 기쁜 것은 月支의 辰土가 火를 설기하고 水를 함축하고 生金하니 庚金은 불 위에 걸터앉아 조건은 나쁘나 생을 받으므로 용신으로 쓸 수 있다. 癸水는 庚金의 희신이다.

초운 乙卯 甲寅은 金이 절지가 되고 火를 생하며 水는 설기하므로 외로운 고통을 견딜 수가 없었고, 癸丑으로 바뀌면서 북방 음습지이므로 金水가 통근하고 또 巳丑이 반합하여 金을 이끌어 내는 묘함도 있어서 외지로 나가 크게 기회를 잡고 별안간 10만의 재물을 모았다. 이는 양난(陽暖)이 한(寒)을 만나니 배합의 묘미를 받았기 때문이다.

庚	丙	乙	戊
寅	寅	丑	寅

辛	庚	己	戊	丁	丙
未	午	巳	辰	卯	寅

丙寅 일주가 支에 비록 3寅을 만났지만 가장 기쁜 것은 丑土가 권력을 잡은 것이고 재성이 庫에 통근한 것이다. 만약 운로가 서북 土金으로 진행하면 재업(財業)이 앞 사주보다 나았을 것이다. 그러나 아까운 것은 운로가 동남 木火地로 가므로 조업을 모두 파진해 버리고 이곳 저곳으로 여러 성을 분주히 돌아다녔으나 기회를 잡지 못하였다. 午 운에 이르자 劫局을 暗會하므로 광

동 땅에서 사망하였다. 평생 한 가지도 이루지 못하였으니 운이
아닐 수 없다.

陰乘陰位陰氣盛。 還須道路光亨。
음 승 음 위 음 기 성 。 환 수 도 로 광 형 。

　음이 음위를 타서 음기가 왕성하면 도리어 필요한 것이 도로
가 광형해야 한다.

【原注】

六陰之位。獨酉亥丑爲陰方。乃陰位之純。五陰居之。如若是旺神。最要
行運陽順光亨之地。

　六 陰位 가운데 酉亥丑만 유독 음방으로 하고 음위의 순전함으로
한다. 이에 五 陰干을 만나고 만약 이것이 왕신이면 가장 중요한 것이
행운에서 양순(陽順)함을 만나야 광형지로 가는 것이다.

【任注】

六陰皆陰,非酉亥丑爲陰之盛也,須分陰寒陰暖而論也,承上文西北
爲寒,東南爲暖,假如酉亥丑全,爲西北之陰寒,最要行運遇東南寅
辰午之陽暖是也,如卯巳未全,爲東南之陰暖,最要行運遇申戌子西
北之陽寒是也此擧大局而論,若日主之用神喜神,或金,或水,或土,
是西北之陰寒,歲運亦宜配東南之陽金陽火陽土,方能助用神喜神,
而福力彌增,若歲運遇東南之陰金陰火陰土,則爲純陰不育,難獲厚
福,不過和平而無災咎也,陰寒之局如此論,陰暖之局亦如此論,所
謂陰盛包含柔順之氣,須配以陽盛光昌綱健之地者是也,

【해설】　六 陰이 모두 음인데 酉亥丑만으로 음의 왕성지라 해

서는 안되고 다만 음한(陰寒)과 음난(陰暖)으로 나누어 말할 때만은 酉亥丑을 음한(陰寒)으로 말할 수 있다. 위의 글과 연관시켜 서북은 한(寒)이요 동남은 난(暖)이다.

가령 酉亥丑이 모두 있으면 서북의 음한(陰寒)이니 가장 아름다운 운행은 동남 寅辰午의 양난지(陽暖地)로 나가는 것이 중요하다. 또 卯巳未가 모두 있으면 동남의 음난(陰暖)이니 가장 아름다운 행운은 申戌子의 서북 양한지(陽寒地)로 진행함이 중요하다.

이상은 대국적인 경우를 말한 것이고, 만약 일주의 용신, 희신이 혹 金, 혹 水, 혹 土가 될 때에는 서북의 음한이니 세운 역시 동남의 陽金, 陽火, 陽土가 배속되어도 능히 용신, 희신을 돕고 복력도 더욱 더 증진할 수 있다. 세운이 동남의 陰金, 陰火, 陰土를 만나면 순음으로는 기를 수 없으니 두터운 福을 기대하기 어렵고 화평이나 하고 재앙이나 없는 정도에 불과하다.

음한(陰寒)한 局의 설명이 이러하고 음난(陰暖)의 局의 설명도 이러하니, 이른바 음이 성하고 유순한 氣를 포함하였으면 모름지기 양이 성하고 광창(光昌), 강건지로 배속되어 나가야 함이 이것이다.

壬	乙	己	丙
午	酉	亥	子

乙	甲	癸	壬	辛	庚
巳	辰	卯	寅	丑	子

이 사주는 酉亥子 서북 음한(陰寒)함이 모두 있고 한목(寒木)이 다시 향양(向陽)을 원하고 있으니 丙火가 용신이다. 壬水는 病이 된다. 그러나 기쁜 것은 壬水가 간격이 있고 일주에 붙어 있으니 일주가 본시 쇠약하나 생을 받음이 아름답고 또

己土가 천간에 투출하니 水가 中으로 흐르도록 지정하여 주고, 또 기쁜 것은 천간에 水, 木, 火, 土가 각기 문호를 세우고 있으면서 상생 유정한 것이다. 지지는 午火가 七殺을 바짝 붙어서 제압해 주고 年月의 火土는 녹왕지(祿旺地)에 통근하였고, 다시 기쁜 것은 행운이 동남 양난지(陽暖地)이다. 사주가 유정할 뿐만 아니라 행운까지 광형하니 조년에 연이어 갑제(甲第)까지 올랐고 벼슬이 봉강(封疆)에 이르렀다. 이는 모두 음양 배합의 妙인 것이다.

```
壬 乙 丙 己
午 丑 子 亥

庚 辛 壬 癸 甲 乙
午 未 申 酉 戌 亥
```

이 사주는 앞 사주와 단지 酉字 하나만 바뀌었다. 속론으로는 酉가 丑으로 바뀐 것은 잘된 것이라 하니 酉는 나를 극하는 七殺이고 丑은 편재이니 내가 극하고 또 능히 水도 막을 수 있으니 어찌 아름답지 않은가? 그러나 丑은 습토이므로 火만 설기시킬 뿐 止水를 못한다는 것을 모르기 때문이다. 앞의 酉는 비록 칠살이나 午火가 옆에서 극하므로 火를 설기시키지 못하고 丙火도 年干에 있으므로 壬水와 원격되었고 사이에 己土가 있어 간격을 주었다.

이 사주는 丙火가 月에 있고 壬水가 더 가깝고 己土가 밖에 있으니 위력을 발휘하지 못하고 子水도 相沖에 더 가깝고 또 운로가 서북 음한지로 나가니 丙火를 하나도 생부하지 못한다. 그러니 乙木이 어찌 능히 발생할 수 있겠는가?

십간체상(十干體象)에 말하기를 「허습지지(虛溼之地)면 기마

역우(騎馬亦憂)」62)라 하더니 이 말은 틀린 말이 아니었다. 그러므로 뜻이 접혀진 채 서실에서 글만 읽으며 씻은 듯이 가난하였고 극처(剋妻) 無子하였다.

　壬申 운이 이르자 丙火가 극을 받아 소진되었으므로 사망하였다. 이른바 음이 陰位를 탔기 때문에 음기(陰氣)가 성(盛)함이다.

地生天者。天衰怕沖。
지 생 천 자 。 천 쇠 파 충 。

　지지에서 천간을 생하는 것은 천간이 쇠약하면 충을 두려워한다.

【原注】
如丙寅戊寅丁酉壬申癸卯己酉皆長生日主。甲子乙亥丙寅丁卯己巳。皆自生日主。如主衰逢沖。則相拔而禍更甚。

　가령 丙寅, 戊寅, 丁酉, 壬申, 癸卯, 己酉는 모두 長生 日主요, 甲子, 乙亥, 丙寅, 丁卯, 己巳는 모두 自生 日主이니, 가령 主가 쇠약한데 沖을 만나면 서로 꺾여서 禍가 더 심하다.

【任注】
地生天者,如甲子丙寅丁卯己巳戊午壬申癸酉乙亥庚辰辛丑是也,日主生于不得令之月,柱中又少幫扶,用其身印,沖則根拔,生機絶矣,爲禍最重,若日主得時當令,或年時皆逢祿旺,或天干比刦重疊,或官星衰弱,反忌印綬之洩,則不怕沖破矣,總之看日主之氣勢,旺相者喜沖,休囚者怕沖,雖以日主而論,歲運

---

62) 허습지지에서는 말(午)을 타고 앉아도 역시 근심이 된다.

沖亦然,

【해설】 地가 天을 생하는 것은 甲子, 丙寅, 丁卯, 己巳, 戊午, 壬申, 癸酉, 乙亥, 庚辰, 辛丑이 그것이다.

일주가 득령을 못하는 달에 태어나고 柱中에는 또 방부(幇扶)[63]하는 神도 적어서 身이나 印으로 용신을 삼는다면 충을 하면 뿌리가 뽑혀서 살아갈 기미가 끊어질 것이니 禍가 가장 위중하다.

만약 일주가 得時 당령하고 혹 年이나 時에서 모두 녹왕함을 만났다거나, 혹 천간에 비겁이 중첩되고 혹 관성이 쇠약한데 반대로 인수가 설기시킴을 꺼린다면 이러한 것들은 충파(沖破)를 두려워하지 아니한다.

총론컨대 일주의 기세를 보고 왕상하면 충을 기뻐하고 휴수된 자는 충을 두려워하니 비록 일주로써 논한 것이나 세운의 충 역시 그러하다.

丙	丙	戊	甲
申	寅	辰	寅

甲	癸	壬	辛	庚	己
戌	酉	申	未	午	巳

이는 앉은자리가 인수이고 계춘(季春)에 생하여 인수들이 유여한데 또 年柱가 甲寅이니 태과하다. 土가 비록 당령하였으나 木이 더 견고한데 기쁜 것은 寅申이 충함이니 재성 金이 용신이다.

財가 용신일 때 가장 꺼리는 것은 비견이 개두하는 것인데 충이 되어 무력하므로 조년에는

---

63) 비견(比肩), 겁재(劫財)와 인수(印綬)

운이 남방 火地로 나가므로 일어났다 쓰러졌다를 유달리도 하였고, 壬申 癸酉 운이 오니 20년은 寅木을 충극하고 비견을 제거시키니 창업하여 집안을 일으켰다. 이는 이른바 「승인취재(乘印就財)」격이다.

丙　丙　甲　壬
申　寅　辰　申

庚　己　戊　丁　丙　乙
戌　酉　申　未　午　巳

이 사주도 인수를 깔고 앉았고 역시 季春에 태어났으며 인수가 넉넉하지 않은 게 아니나 年干의 壬殺이 인수를 생하고 유정하므로 두렵지 아니하다.

두려운 것은 두 申이 寅을 충하여 甲木 뿌리가 상하는 것이다.

이 때 壬水는 金을 설기하여 木을 생한다. 운로가 丙午에 이르러서는 申財를 제거하니 보름(補廩)과에 입학하여 등과하였고, 丁未 운은 壬水를 합거(合去)하므로 춘위(春闈)[64]를 세 번이나 보았는데도 붙지 못하였다.

戊申 운에는 壬水를 극거(剋去)하고 三申이 寅木을 충하므로 길에서 사망하였다.

이 사주는 壬水가 甲木의 원신이므로 결단코 木이 상할 수 없으나 壬水가 상하게 되면 甲木이 반드시 고단하게 된다.

무릇 「독살용인자최기제살(獨殺用印者最忌制殺)」[65]인 것이다.

---

64) 봄에 치르는 시험
65) 살은 하나뿐인데 인수가 용신일 때는 가장 두려운 것이 제살하는 것이다.

天合地者。地旺喜靜。
천 합 지 자 。 지 왕 희 정 。

천간이 지지와 합하는 것은 地가 왕하고 안정함을 기뻐한다.

【原注】

如丁亥戊子甲午己亥辛巳壬午癸巳之類。皆支中人元。與天干相合者。此乃座下財官之地。財官若旺。則宜靜不宜沖。

　가령 丁亥, 戊子, 甲午, 己亥, 辛巳, 壬午, 癸巳 등 類를 말하니 이 모두 支中의 人元이 천간과 상합함이다. 이들은 깔고 앉은 자리가 재나 관이니 재관이 만약 왕성하면 靜이 마땅하고 충은 마땅치 못하다.

【任注】

十干之合,乃陰陽相配者也,五陽合五陰爲財,五陰合五陽爲官,所以必合,尙有陰旺不從陽,陽旺不從陰,雖合不化,有爭合妒合分合之別,若露干合支中暗干,則隨局無所不合,無所不分爭妒忌矣,此節本有至理,只因原注少變通耳,天合地三字,須活看輕看,重在下句地旺喜靜四字,扶地旺者,天必衰也,喜靜者,四支無沖剋之物,有生助之神也,天干衰而無助,地支旺而有生,天干必懷忻合之意,若得地支元神透出,緣上天下地,升降有情,此合似從之意也,合財似從財,合官似從官,非十干合化之理也,所以靜則居安,尙堪保守,動則履危,難以支持,然可言合者,只有戊子辛巳丁亥壬午四日耳若甲午日,則午必先丁而後己,己土豈能專權而合甲,己亥日,亥必先壬而後甲,甲豈能出而合己,癸巳日,巳必先丙而後戊,戊豈能越佔而合癸,此三日不論,至於十干,應合而化,則爲化格,另有作用,解在化格章中,

【해설】 十干의 합은 음양이 상배되는 것들이다. 五陽은 五陰의 재와 합하고 五陰은 五陽의 관성과 만나면 반드시 합하게 된다. 그러나 음이 왕하면 양을 따라가지 아니하고, 양도 왕하면 음을 따르지 않는 것이니 이 때는 비록 합이라도 化하지 아니하고 쟁합(爭合), 투합(妒合), 분합(分合) 등을 따로 만들어 낸다.

만약 노출된 천간이 지지의 암장된 천간을 합하는 경우 局內에서는 합하지 못할 바가 없으므로 분합이나 쟁합, 투합도 있을 수 있기 때문에 꺼리는 것이다. 이 절은 본래 이치는 있는 것이나 단지 원주에서 자상하게 변통하는 것을 말하지 아니한 것이다.

天合地 세 字는 모름지기 활용하여 보고 가볍게 볼 수도 있는 것이나 중요한 것이 아래의 「지왕희정(地旺喜靜)」[66]에 있는 것이다. 대개 地가 왕하면 천간은 반드시 쇠약하기 쉽기 때문이다. 정(靜)이 기쁘다는 것은 四支에 충이나 극하는 자가 없고 생조하는 神들만 있는 것이다.

천간이 쇠약한데 생조하는 자가 없고 지지가 왕한데 생부하는 자가 있으면 천간은 반드시 合하고자 하는 마음을 품을 것이니, 만약 지지의 元神이 투출하여 위로 天과 아래의 地가 인연을 맺어 준다면 오르고 내림에 정이 있을 것이니 이 때의 합은 좋을 의사가 있는 종화(從化)의 뜻이다.

가령 合財면 財로 從할 것이고, 合官이면 官을 좇을 것이니 이는 十干의 合化하는 이치와는 다르다. 그러므로 靜한 즉 편안히 거(居)할 수 있으므로 오히려 원래를 지키고 보존할 수 있으나, 동(動)한 즉 위험을 밟고 있는 것이니 지탱하기가 어려울

---

66) 地氣가 旺할 때는 안정하는 것이 좋다.

것이다.

그러나 合이라고 말할 수 있는 것은 단지 戊子日, 辛巳日, 丁亥日, 壬午日 등 4일뿐이다. 만약 甲午日이라면 반드시 午에서는 丁을 먼저 내세우고 다음으로 己土일 것인데, 己土가 어찌 능히 전권을 잡고 甲과 合할 것이며, 己亥日이라면 亥는 반드시 먼저 壬을 내놓고 그 다음으로 甲木인데 甲이 어찌 능히 빠져나와 己土와 合할 것이며, 癸巳日이라면 巳는 반드시 먼저는 丙火요 다음으로 戊인데 戊가 어찌 능히 丙을 뛰어넘어 癸와 合한다고 하리오?

이상의 3일 말고도 十干의 合 이론은 合을 한 후 변화할 때만 화격(化格)으로 분류하는 것이니, 자상한 해설은 화격장(化格章)에 있다.

☞ 翠山註 : 이 곳의 合 이론은 정기(正氣)일 때 4일만을 말한 것이고 그 외에는 任氏의 말에 따를 수가 없으니 절기(節氣)의 심천으로 분배된 태양분도(太陽分度)가 일치하면 午에서 丁을 제쳐놓고 己土가 먼저 나올 수 있고, 亥에서도 壬을 무시하고 甲이 먼저 나올 수 있으며, 巳에서도 丙을 앞세우지 아니하고 戊土가 나올 수 있다. 그러므로 지지 內에서 장간(藏干)을 날짜 별로 분리해 놓은 것이다.

乙	壬	辛	己
巳	午	未	巳

乙 丙 丁 戊 己 庚
丑 寅 卯 辰 巳 午

지지에는 南方류가 승권 당령하였으니 地가 극왕(極旺)하다. 火는 맹렬하고 土는 말라 볶여 있으니 金은 연약하여 水를 生하여 자윤하기 어렵다. 천간이 또한 극쇠(極衰)하다. 그러므로 일간의 정은 辛金에 있는 것이 아니라 午 中의 丁火에 의향을 기울이고 있다. 合하면 從한다.

己巳, 戊辰 운은 生金 洩火하므로 형모(刑耗)가 있었고 丁卯, 丙寅은 木火가 함께 왕성하므로 辛金을 제극시켜서 경영하는 일이 잘 되어 수만의 재물을 이루었다.

|庚|丁|丙|己|
|子|亥|子|丑|

庚辛壬癸甲乙
午未申酉戌亥

이 사주는 지지가 북방류이니 극왕하고 천간의 火는 허탈하니 木이 없어 생부하지 못하기 때문이다. 또 습토는 회화(晦火)하니 천간이 극쇠하다. 사람들은 모두 살중(殺重) 신경(身輕)으로 논하면서 火를 취하여 살(殺)과 대적하고 방신(幇身)해야 한다고 한다.

戊寅 태세(太歲)에 金은 절지요 火는 생지이며, 또 亥水를 합거(合去)하니 반드시 대흉할 것이라 하였더니 과연 季夏(6월)에 사망하였다. 이는 지지의 관성이 왕기(旺氣)를 탔고 또 모두 官方류인데 천간에 인수가 없고 己土는 丙火를 설기하여 족히 방신(幇身)할 수 없다. 이를 「천지합이종관(天地合而從官)」[67]이라 할 수 있다.

甲戌 운은 生火 剋水하니 형상(刑喪) 파모(破耗)하였고 가업은 모두 소진하였다. 癸酉 壬申은 丙火를 모두 극진시키고 재관을 도우니 5만여의 재물을 획득하였고, 未 운 中 丙子年에 화재를 만나 2만의 재물을 파손하였는데 사람들이 말하는 대로라면

---

67) 天地가 합한 후 官으로 從한다.

138

火土가 身을 도우니 午未 운이 좋았을 것이다. 이들은 비겁이 탈재(奪財)면 반대로 대흉에 이르는 것이 달리 있음을 모르기 때문이다.

甲申戊寅。眞爲殺印相生。庚寅癸丑。也坐兩神興旺。
갑 신 무 인 。 진 위 살 인 상 생 。 경 인 계 축 。 야 좌 양 신 흥 왕 。

甲申과 戊寅은 참으로 살인상생이요 庚寅 癸丑은 좌에서 양신이 흥왕하다.

【原注】
兩神者。殺印也。庚金見寅中火土。卻多甲木。而以財論。癸見丑中土金。卻多癸水則幫身。不如甲見申中壬水庚金。戊見寅中甲木丙火之爲眞也。

兩神이란 살과 인수를 말한다. 庚金이 寅 中 火土를 만나는 경우이니 甲木이 많으면 재로 논하고 癸水가 丑 中 土金이니 癸水가 많으면 방신으로 한다. 그러나 甲木이 申 中의 壬水, 庚金을 만나고 戊土가 寅 中 甲木, 丙火를 만나 참된 살인상생이 되는 경우와는 다르다.

【任注】
支坐殺印,非止此四日,如乙丑辛未壬戌支類,亦是兩神也,癸丑多比肩,戊寅豈無比肩乎,庚寅多財星,甲申豈無財星乎,非惟庚寅癸丑不眞,即甲申戊寅,亦難作據,若只以日主一字論格,則年月時中,作何安頓理會耶,不過將此數日爲題,用殺則扶之,不用則抑之,須觀四柱氣勢,日主衰旺之別,如身强殺淺,則以財星滋殺身殺兩停,則以食神制殺,殺强身弱則以印綬化殺論局中殺重身輕者,非貧即夭,制殺太過者,雖學無成,論行運殺旺,復行殺地者,立見凶災,制殺再行制鄕者,必遭窮乏,書云,格格推詳,以殺

爲重, 又云, 有殺只論殺, 無殺方論用, 殺其可忽乎,

【해설】 지지에 깔고 앉은 殺, 印이 이 4日에만 그치는 것은 아니다. 가령 乙丑日, 辛未日, 壬戌日 등도 역시 兩神이 있다. 癸丑日이 비견이 많은데 戊寅日은 어찌 비견이 없으며, 庚寅이 재성이 많다면 甲申은 어찌 재성이 없다고 할 것인가? 오직 庚寅과 癸丑만 眞이 아니라 할 것이 아니고 甲申, 戊寅도 역시 증거를 만들기가 어렵다.

단지 일주 한 자로 格을 논할 수 있다면 年 月 時 중에서는 어찌 안돈이회(安頓理會)[68]를 작하지 않겠는가? 다만 이들 며칠 만을 예로 한 것에 불과하다.

殺이 용신이 될 때는 생부하여 주고 용신이 아닐 때는 억제하여야 하는 것이니 모름지기 사주의 기세를 보고 일주의 쇠왕을 분별하여야 한다. 가령

　신강(身强) 살천(殺淺)하면 재성으로 자살(滋殺)하고,

　신살(身殺) 양정(兩停)이면 식신으로 제살(制殺)하여야 하고,

　살강(殺强) 신약(身弱)이면 인수로써 화살(化殺)하여야 하는 것이다.

局 中에 살은 강력한데 身이 약하면 가난하지 않으면 단명(短命)하고 제살(制殺)이 태과하면 비록 공부는 하여도 이루지를 못한다.

논하건대 행운이 살왕(殺旺)한데 다시 살지(殺地)로 행하면 즉시 흉재를 보고 제살(制殺)이 되고 있는데, 다시 制殺地를 만나면 반드시 궁핍함을 만날 것이니, 書에 이르기를「격격추상이살위중(格格推詳以殺爲重)」[69]이라 하였고, 또 「유살지론살무살

---

68) 잘 정돈됨

방론용(有殺只論殺無殺方論用)」70)이라 하니 그 殺을 어찌 소홀히 하겠는가?

甲	甲	己	壬
子	申	酉	午

乙	甲	癸	壬	辛	庚
卯	寅	丑	子	亥	戌

甲申 일주가 8월에 생하니 殺이 주도권을 잡고 있다. 기쁜 것은 午火가 酉金 옆에 접근하여 制殺하고 子水는 申金 옆에서 化殺하고 있음이다. 이른바 거관유살(去官留殺)하고 살인상생(殺印相生)함이다. 목조(木凋)71) 金旺하니 인성으로 용신을 삼는다. 甲科에 급제하여 낭서(郞署)를 거쳐서 관찰(觀察)로 나갔다가 얼헌(臬憲)에 이어 봉강(封疆)으로 전보되었다.

甲	甲	己	壬
子	申	酉	辰

乙	甲	癸	壬	辛	庚
卯	寅	丑	子	亥	戌

이는 앞 사주와 단지 辰字 하나만 바뀌었다.

속론으로는 앞 사주는 제관유살(制官留殺)하고 이는 합관유살(合官留殺)하니 공명 출세 운이나 크고 작음의 차이가 없다고 한다.

그러나 천연의 차로 다르다는

---

69) 격격을 자상히 추리하고 殺을 중요시하라.
70) 殺이 있으면 단지 殺만을 논하고 殺이 없으면 바야흐로 用神을 논하라.
71) 木이 여윔

것을 모르기 때문이다.

　대개 制란 극하여 제거시키는 것이고, 合이란 去하는 것도 있고 去하지 못하는 것도 있는 것이니, 이 사주 辰土 財가 合해 金으로 從하여 殺을 돕는데 酉金이 정관이었으나 변한 후 살로 작당을 하니 청(淸)하였던 것이 탁(濁)을 대동하게 되고 또 財가 병신(病神)이다.

　그러므로 공명뿐만 아니고 형모(刑耗)와 어려움을 겪게 되었다. 오직 亥 운에 生을 만나니 한 번 획득하였고 壬子 운 중에는 木年을 만나면 지방고시나 가을고시라도 유망할 것이다. 癸丑 운은 子 인수를 合去하면 일단 출세길이 막혀 흉만 있고 길함은 없을 것이다.

　甲寅은 申金을 충파하므로 원래의 수명은 남아 있으나 끝냈다.

上下貴乎情協。

상 하 귀 호 정 협 。

상하가 귀하려면 정이 있어서 협력해야 한다.

【原注】

天干地支。雖非相生。宜有情而不反背。

　천간 지지가 비록 상생은 아닐지라도 情이 있는 것이 마땅하고 반배(反背)되지 말아야 한다.

【任注】

上下情協者, 互相衛護, 干支不反背者也, 如官衰傷旺財星得局, 官旺財多, 比刼得局, 殺重用印, 忌財者, 財臨刼地, 身强殺淺, 喜

財者,財坐食鄉,財輕刼重,有官而官星制刼,無官而食傷化刼,皆
謂有情,如官衰遇傷,財星不現,官旺無印,財星得局,殺重用印,
忌財者,財坐食位,身旺煞輕,喜財者,財坐刼地,財輕刼重,無食
傷而官失令有食傷而印當權,皆爲不協,

【해설】 上下가 유정하고 협력한다는 말은 서로 호위하고 干支
가 반배되지 않음을 말한다. 가령

官이 쇠약하고 상관이 왕성한데 재성이 득국하였다거나,

官이 왕하고 재성이 많은데 비겁이 득국(得局)하였다거나,

殺이 重하여 인수가 용신이면 財가 기신인데 財가 겁지(刼
地)에 임하였다거나,

신강하고 殺이 약하여 財가 희신일 때 財가 食神地에 있다
거나,

財가 輕하고 겁재가 重한데 官이 있어서 겁재를 제극하여
준다거나,

官이 없고 식상이 겁재를 화설(化洩)하여 준다면 이 모두
유정한 것이다.

또 가령

官은 쇠약한데 상관을 만나고 재성이 없다거나,

官이 왕한데 인수가 없고 재성이 得局하였다거나,

殺이 重하여 印이 용신일 때는 재성이 기신인데 재성이 식
신을 깔고 앉아 있다거나,

신왕하고 殺이 輕할 때는 財가 희신인데 財가 刼地에 앉아
있거나,

財가 輕하고 刼은 重한데 식상이 없고 官도 실령하였다거
나, 식상이 있더라도 인수가 당권(當權)하였다면 이들은 모

두 불협(不協)인 것이다.

庚	丙	癸	己
寅	寅	酉	巳

丁戊己庚辛壬
卯辰巳午未申

일주가 두 장생지에 앉아 있고 年支는 또 녹왕함을 만났으니 관성으로 용신하기에 충분하다.

癸水 관성은 곁에 붙어 있는 己土의 피해를 입을 것 같으나 官이 財 위에 있음이 좋고 더욱 아름다운 것은 巳酉가 金을 끌어냄이니 己土의 기운을 설기하여 관성의 뿌리를 견고하게 하기 때문이다.

그러므로 일생을 험한 일 한번 안 당하고 명리(名利)가 함께 온전하였다.

甲	丙	癸	癸
午	辰	亥	亥

丁戊己庚辛壬
巳午未申酉戌

이는 관살이 旺氣를 타고 있으니 원래는 두려울 것 같으나 午時가 됨이 기쁘니 식신을 생하여 제살(制殺)하기 때문이고, 時干의 甲木은 설수(洩水) 生火하니 旺殺의 절반은 인수로 化한다.

허약했던 木이 兩 장생(長生)을 만나며 木根이 견고하니 상하가 정협(情協)하고 속임이 없다.

자수성가(自手成家)하여 수만의 재물을 모았다.

144

丙 乙 庚 甲
子 卯 午 寅

丙 乙 甲 癸 壬 辛
子 亥 戌 酉 申 未

일주에 전록(專祿)이 있고 時의 子水가 생하며 年柱의 甲木도 녹왕하다. 庚金으로 용하면 火旺한데 土는 없고 앉은자리도 火地이다. 丙火를 용신으로 쓰려면 子가 그 旺支를 沖去하므로 火用 역시 편안한 대운으로 나가지 못한다.

이로써 한 번 실패로 재만 남았고 乙亥 운에 水木이 함께 오니 마침내는 걸인이 되고 말았다.

壬 乙 己 乙
午 亥 卯 丑

癸 甲 乙 丙 丁 戊
酉 戌 亥 子 丑 寅

이는 己土 財가 丑에 통근하고 午에서 祿을 받으니 身과 財가 함께 旺한 것처럼 보인다. 그러나 己土 財는 비견이 탈거(奪去)하고, 丑土 財는 卯木이 극파하였고, 午火는 식신 亥水가 극하고, 또 壬水가 개두하여 어느 곳으로 좇아 引化[72]할 곳이 없다는 것을 모르기 때문이다. 이른바「上下無情」이다. 처음에 만나는 戊寅, 丁丑은 財가 생조되어 유업이 자못 풍성하였고, 丙子로 바뀌어서는 午火를 沖去하므로 한 번의 실패로서 바닥이 났고 乙亥 운은 妻와 子를 함께 팔아 버리고 삭발승이 되었다. 또 청정한 규칙을 지키지 못하여 굶은 후 얼어죽었다.

---

72) 이끌어 생함

이상 두 사주를 보건대 上下가 협력하고 협력치 못하고가 부
귀 빈천에 천연의 차이가 있다는 것이 증험되었다.

左右貴乎同志。

좌 우 귀 호 동 지 .

좌우의 귀함은 동지가 된 것이다.

【原注】

上下左右。雖不全一氣之物。須生化不錯。

상하 좌우는 한가지로 순일하지 않더라도 모름지기 상생 순화되어
혼잡되지 아니하여야 한다.

【任注】

左右同志者制化得宜,左右生扶,不雜亂者也,如殺旺身弱,有羊
刃合之,或印綬化之,身旺殺弱,有財星生之,或官星助之,身殺兩
旺,有食神制之,或傷官敵之,此謂同志,若身弱而殺有財滋,則財
爲累矣,身旺而刦將官合,則官已忘矣,總之,日主所喜之神,必要
貼身透露,喜殺而殺與財親,忌殺而煞逢食制,喜印而印居官後,
忌印而印讓財先,喜財而遇食傷,忌財而遭比刦,日主所喜之神,
得閑神相助,不爭不妒,所忌之神,被閑神制伏,不肆不逞,此謂同
志,宜細究之,

【해설】
좌우 동지라 함은 制化에 마땅한 바가 되고 좌우가
생부하고 잡란(雜亂)되지 않아야 함을 말한다. 가령 살왕(殺
旺)한데 신약하면 양인(羊刃)이 있어서 합해 주거나 인수가 순
화시켜 줘야 하며, 신왕 살약하면 재성이 있어서 생하여야 하

146

고 혹 관성이 방조하여야 하며, 身殺이 함께 旺하면 식신이 있어서 제극(制剋)해야 하고 혹 상관이 대적하여 주면 이들을 동지(同志)라 한다.

만약 신약한데 殺을 財가 있어서 도우면 財가 누(累)가 되며 신왕한데 겁재가 合官하면 官은 官의 일을 잊을 것이니, 총론컨대 일주의 희신들은 투출하고 곁에서 돕는 것이 필요하다. 殺이 희신이라면 財와 친하여야 하고, 殺이 기신이라면 식신이 곁에서 제압하여야 하고, 印이 희신이라면 印의 뒤에 官이 거해야 하고, 印이 기신이라면 印의 옆에 먼저 재성이 놓여야 하고. 재성이 희신이면 식상을 만나야 하고. 財가 기신이면 비겁을 만나야 한다.

일주의 희신은 한신의 생조함을 받아 불쟁불투(不爭不妒)하여야 하고 일주의 기신은 한신이 제복시켜서 방자하지 못하게 한다면 이들은 同志를 얻은 것이다. 마땅히 세밀하게 연구하라.

庚	庚	丙	壬
辰	午	午	申

壬 辛 庚 己 戊 丁
子 亥 戌 酉 申 未

이 사주는 丙火의 殺이 비록 旺하나 壬水의 뿌리가 견고하고 일주의 비견의 도움이 있으며 습토가 생하여 주니 이른바 「신살양정(身殺兩停)」이다.

壬을 用하여 制殺하니 천간의 동지와 지지의 동지는 辰土이니 한편으로는 制剋하고 한편으로는 순화시키기 때문이다. 따라서 유정하다 할 수 있다. 운이 金水 地支로 진행하여 벼슬길이 빛을 냈으며 봉강(封疆)에까지 이르렀다.

戊	庚	丙	壬
寅	申	午	午

壬	辛	庚	己	戊	丁
子	亥	戌	酉	申	未

이 사주는 앞 사주와 대동소이하다. 하물며 일주가 坐에 녹왕한데 壬水가 역시 옆에서 制殺한다. 어찌하여 앞 사주는 명리 쌍수하였으나 이는 종신토록 불발이었는가? 대개 앞은 壬水가 申의 生地를 만났으니 制殺에 힘이 있으나 이 사주는 壬水가 午 절지에 앉았으니 殺을 대적하는 데 힘이 없다.

앞 사주는 時干에서 비겁이 일주를 돕고 또 生水가 가능하지만 이는 時上에 효신이 水를 극하고 식신을 생하여 주지 못하니 이른바 「좌우불능동지(左右不能同志)」[73]이기 때문이다.

始其所始。終其所終。富貴福壽。永乎無窮。

시 기 소 시 。 종 기 소 종 。 부 귀 복 수 。 영 호 무 궁 。

그 시작할 곳에서 시작하고 마칠 곳에서 마치면 부귀 수복이 영구히 무궁하다.

【原注】

年月爲始。日時不反背之。日時爲終。年月不妒忌之。凡局中所喜之神。引於時支。有所歸者。爲始終得所。則富貴福壽。永乎無窮矣。

年月에서 시작하면 日時에서 배반하지 아니하고, 日時에서 마치는 것은 年月에서 투기하지 아니하여야 한다. 무릇 局 中에서 희신이 되는 것은 時支에서 이끌어 주어 돌아갈 곳이 있으면 시작한 곳과 마치

---

73) 좌우가 동지가 될 수 없음.

148

는 곳이 있으니 곧 부귀와 수복이 영구히 무궁하리라.

【任注】

始終之理, 要干支流通, 四柱生化不息之謂也, 必須接續連珠, 五行俱足,
即多缺乏, 或有合化之情, 互相護衛, 純粹可觀, 所喜者逢生得地, 所忌
者受剋無根, 閑神不黨忌物, 忌物合化爲功, 四柱干支, 一無棄物, 縱有
傷梟刧刃, 亦來輔格助用, 喜用有情, 日元得氣, 未有不富貴福壽者也.

【해설】 시종의 원리는 干支의 유통을 말하니 사주에서 生化 불
식(不息)함을 이르는 것이다. 모름지기 구슬을 꿰듯 접속돼야 하고
오행을 함께 갖추어야 한다. 곧 사주에 결핍이 많으면 合化의 정이
있어야 하고 호상(互相) 호위(護衛)하면 순수함을 알 수 있다.

희신은 생을 만나 득지하고 기신은 극을 받고 무근하여 한신
이 기신과 작당하지 아니하고, 기신은 合化하는 공이 있어서 사
주 干支에 버릴 물건이 하나도 없어야 한다. 만약 상관, 효신,
겁재, 양인이 있거나 오더라도 格局과 용신을 돕고 희신, 용신에
유정하고 일주가 득기(得氣)하면 부귀와 수복을 겸비하지 않을
수 없다.

己	丁	甲	壬
酉	亥	辰	寅

壬庚己戊丁丙乙
子亥戌酉申未午巳

年干의 壬水에서 시작하여 日
支 亥水에서 마치니 官生印하고
印生身하여 식신을 발용(發用)
하여 수기(秀氣)를 토한다. 財神
은 식신이 덮어주고 관성은 재성
의 생을 받으니 상관이 비록 당
령하였어도 인수가 제지하여 유
정하고 年月이 반배하지 아니하

고, 日과 時는 투기하지 아니하여 시작과 마침이 마땅한 바를 얻었으니 2품 벼슬의 貴를 하였고 백만의 富를 하였으며 자손이 모두 처진 사람 없이 잘 되었고 수(壽)가 팔순이었다.

乙 癸 庚 戊
卯 亥 申 戌

戊丁丙乙甲癸壬辛
辰卯寅丑子亥戌酉

이 사주는 土生金, 金生水, 水生木으로 干과 支가 함께 흐른다. 다만 상생만 되고 쟁투의 기미는 보이지 않는다. 戌 중에 재성은 저장되었으니 관청(官淸) 인정(印正)함이 분명하다.

식신이 수기를 토하고 生을 만나니 지방고시 출신으로 벼슬은 황당(黃堂)에 이르렀다.

一妻 二妾에서 13명의 자식을 두었으며 자식들도 과제(科第)가 연속하여 이어졌으며 부귀가 백만이었고 수명도 9순을 넘겼다.

辛 己 丙 甲
未 巳 寅 子

甲癸壬辛庚己戊丁
戌酉申未午巳辰卯

이 사주는 천간에서 木生火, 火生土, 土生金하고 지지에는 水生木, 木生火, 火生土, 土生金하고 또 支에서 干을 생한다. 지지를 따라 보아도 年支 子水가 寅木을 생하는 것을 시작으로 하여 時干 辛金에 이르러 마치고 천간을 보아도 역시 年支 子水는 甲木을 生하는 것을 시작으로 하여 時干 辛金에서 마쳐 天地가 함께 흐르니 이것이 바로「시기소시 종기소종(始其所始 終其所終)」[74]의 바른 법이다. 이로써 科甲 연등하였고 벼슬은 극품까지 올랐으며 부부가 함께 아름다웠고 자손이 번성하여 과갑이 끝나지 아니하였으며 수명은 9순을 살았다.

---

74) 그 시작할 곳에서 시작하여 그 마칠 곳에서 마쳤다

제3장 形象格局 형상격국

형상(形象) / 152

방국(方局)(上) / 175

방국(方局)(下) / 182

팔격(八格) / 192

체용(體用) / 208

정신(精神) / 217

월령(月令) / 224

생시(生時) / 229

쇠왕(衰旺) / 234

중화(中和) / 251

원류(源流) / 256

통관(通關) / 265

관살(官殺) / 271

상관(傷官) / 296

形象 형상

兩氣合而成象。象不可破也。

양 기 합 이 성 상 。 상 불 가 파 야 。

두 기운이 합동으로 상을 이루면
그 상은 파괴되는 것이 불가하다.

【原注】

天干屬木。地支屬火。天干屬火。地支屬木。其象則一。若見金水則破。
餘倣此。

　천간이 木이면 지지는 火이고, 천간이 火이면 지지가 木인 경우이니
이 때의 象은 하나이다. 이 곳에서 만약 金水를 만나면 파(破)이니 흉
하다. 이하 모두 본받을 것이다.

【任注】

兩氣雙清,非獨木火二形也,如土金,金水,水木,木火,火土,相生各
半,五局即相剋之五局亦是也,如木土,土水,水火,火金,金木之各
半相敵也相生要我生,秀氣流行,相剋要我剋,日主不傷,相生必欲
平分無取稍多稍寡相剋務須均敵切忌偏重偏輕若用金水則火土
不宜夾雜如取水木則火金不可交爭木火成象者最怕金水破局水
火得濟者尤忌土來止水格旣如此取運亦倣此而行一路澄清必位
高而祿重中途混亂恐職奪而家傾故此格最難全美而看法貴在至
精若生而復生乃是流通之妙倘剋而遇化亦爲和合之情或謂理僅
兩神似嫌狹少不知格分十種盡費推詳

【해설】
양기(兩氣)가 함께 淸하여야 한다. 木火 두 形뿐만이

아니고 土金, 金水, 水木, 木火, 火土 등 상생이 각각 半이라야
하니 5局이 된다. 상극 5局도 각 반이면 양기성상(兩氣成象)이
되는데 木土, 土水, 水火, 火金, 金木이 그것이다.

상생에서 중요한 것은 내가 생하여야 수기(秀氣)가 유행하고
상극에서 중요한 것은 내가 극하여야 일주가 상하지 않는 것이
다. 상생일 때는 반드시 평분이어야 하고 한쪽이 조금 많거나 적
은 것은 취하지 않는 것이고, 상극일 때도 반드시 각 半으로 대
적할 수 있어야 하고, 한쪽으로 편중(偏重)되거나 편경(偏輕)한
것은 꺼린다.

만약 金水가 용신일 때는 火土가 협잡이니 마땅치 못하다. 또
水木을 취할 때는 火金이 교쟁(交爭)이니 불가하고 木火로 성상
(成象)한 것은 金水가 파국(破局)이며 水火가 국을 이루었으면
土가 와서 水를 극하는 것을 더욱 꺼린다.

格이 이미 이러하다면 운로(運路)를 취할 때도 마찬가지다. 이
와 같이 行運이 淸하고 순수하면 반드시 높은 자리의 중요한 관
록을 먹게 된다.

그러나 행운에서도 혼란 박잡하면 직책이 박탈되고 일로(一路)
에 가세는 기울게 된다. 그러므로 양기성상격이 전미(全美)하기
가 어렵다

만약 원국에서 생하고 있는데 다시 생함이 되면 이는 유통이
원활한 것이니 아름다운 것이다. 또 극하고 있는데 운로(運路)에
서 化함을 만나면 화합의 정이 깊다.

혹 이르기를 이치(理致)를 겨우 양신(兩神)에 국한하였으므로
협소하여 혐오가 되는 것 같지만 格局이 십종(十種)이나 분류되
고 있음을 모르기 때문이니 추상함에 최선을 다하라.

丁	甲	丁	甲
卯	午	卯	午

癸	壬	辛	庚	己	戊
酉	申	未	午	巳	辰

이 사주는 木火가 각 半이니 양기성상격이 되었다. 丁火 상관이 수기(秀氣)를 받았으므로 용신이 된다. 사주에 金水가 전무하므로 순수하고 청하다. 巳 대운에 丁火가 임관(臨官)이니 크게 발복하여 한림원(翰林苑)에 높이 이름을 떨쳤고 庚 운에 이르러 관살이 혼국되어 지현(知縣)으로 강등되었으니 대개 南方의 金은 부족한 바가 있으나 장래 西方의 水에서는 무사하다고 단언할 수 없다.

乙	丁	乙	丁
巳	卯	巳	卯

己	庚	辛	壬	癸	甲
亥	子	丑	寅	卯	辰

이 사주 역시 木火 상반(相半)으로 양기성상이 되었다. 앞의 상관으로 된 것과는 비교가 될 수 없다. 이는 일주가 火이기 때문에 木이 火의 세(勢)를 따라야 하니 염상격(炎上格)이 되었기 때문이다. 이는 다시 金 운이 불리하다. 초년 동방 木 운에는 火가 생조되어 절강성의 치안 책임자가 되었다.

辛 운 중에 水 年에 木火가 모두 상하므로 불리하여 화(禍)를 면할 길이 없었다. 이른바 이인동심(二人同心)은 「가순이불가역(可順而不可逆)」[75]이라 함이 이것이다.

---

75) 두 기운이 하나로 뭉쳤을 때는 순리(順理)는 가하나 거역하는 것은 불가함.

```
戊 丙 戊 丙
戌 午 戌 午

甲 癸 壬 辛 庚 己
辰 卯 寅 丑 子 亥
```

이 사주는 火土가 각 半이니 양기성상이 되었다. 戊土 식신이 수기(秀氣)를 받았으므로 용신이 된다. 辛丑 운에 습토가 火를 설기하여 수기가 잘 흐르니 향방(鄕榜)에 올랐으나 壬 운 壬年에 회시(會試)에 나아가서 그 도시에서 죽었으니 水가 丙火를 부딪쳐 꺼뜨렸기 때문이다.

만약 兩 戊土가 辰土였다면 조열(燥烈)함에는 이르지 아니하였을 것이니, 비록 水 운을 만났더라도 대흉하지는 않았을 것이다.

```
辛 戊 辛 戊
酉 戌 酉 戌

丁 丙 乙 甲 癸 壬
卯 寅 丑 子 亥 戌
```

이 사주는 土金이 각 半이니 양기성상이 되었다.

辛金 상관이 용신인데 반갑게도 그 운이 일로(一路) 북방 행이니 수기(秀氣)가 잘 흐르고 있다. 소년시절에 과갑(科甲)하여 벼슬이 황당(黃堂)에까지 이르렀다. 그러나 운이 바뀌어 丙火가 용신인 辛金을 깨뜨리니 祿이 끊어졌다. 무릇 양기성상격(兩氣成象格)은 일주를 생함이 불가하고 식상으로 설기하여야 영화(英華) 수발(秀發)하고 부귀하는 것이다. 그러나 이러하지 못하고 운에서 파국(破局)하면 그 화(禍)를 면하기 어렵다. 예를 들어 金水 水木의 인수격은 수기(秀氣)를 취할 것이 없으므로 부귀함

이 없는데 이것은 시험하여 본 바 항상 그러하였다.

癸	戊	癸	戊
亥	戌	亥	戌

己 戊 丁 丙 乙 甲
巳 辰 卯 寅 丑 子

이 사주는 水土가 각 半이니 양기성상이다.

반가운 것은 조토에 통근함이고 재성만이 유일한데 그 기세는 다소 한(寒)하다. 이러한 연유로 丙寅 운에 이르러 한토(寒土)가 陽을 만나자 과갑(科甲)에 올랐는데, 다시 묘한 것은 亥 중의 甲木이 암생(暗生)해 주는 것이니 벼슬이 군수(郡守)에까지 이르고 벼슬길이 평탄하였다.

己	癸	己	癸
未	亥	未	亥

癸 甲 乙 丙 丁 戊
丑 寅 卯 辰 巳 午

이 사주는 土水가 상극하고 있는 양기성상격이다.

殺은 순수하나 제극(制剋)받지 않고 있어 일주가 상하게 되었다. 초년에 운이 火土로 달리니 칠살(七殺)을 돕고 있어 한가로이 자연과 벗하고 지낼 뿐 알아주는 이가 적었다. 그러나 乙卯 운으로 바뀌어 운이 동방(東方)으로 흘러 제살화권(制殺化權)하니 기이한 만남을 얻어 현령(縣令)으로 발탁되었다. 이로써 알 수 있는 것은 生局은 반드시 식상 운이 아름답고, 印局은 수기(秀氣)가 없으니 아름다움이 부족하고 재국(財局)에서는 일주와 재성이 비슷하면 일주 본기(本氣)는 상함을 받지 않으나 운의 흐름이 편안하고 좋아야 온전히 아름답다고 할 수 있다. 그러나 한 번 운에서 파국(破局)을 만난다면 화(禍)가 발생하지 않겠는가?

五氣聚而成形。形不可害也。

오 기 취 이 성 형 。 형 불 가 해 야 。

오기를 모아 형을 이루면 그 형을 해하는 것이 불가하다.

【原注】

木必得水以生之。火以行之。土以培之。金以成之。是以成形於要緊之地。或過或缺。則害。餘皆倣之。

　木은 반드시 水를 득하여야 생하고 火를 만나 行하며 土로써 배(培)하고 金으로 成하는 것이다. 이는 요긴(要緊)한 곳에서는 성형(成形)하는 것이니 혹 과하다거나 혹 결손되면 害가 된다. 나머지도 이를 본받을 것이다.

【任注】

木之成形,食傷洩氣,水以生之,官殺交加,火以行之,印綬重疊,土以培之,財輕刦重,金以成之,成形于得用之地,庶無偏枯之病,何患名利不遂乎,卽擧木論,五行皆可成形,亦倣此而推,若四柱無成,成之于歲運,又無成處,則終身碌碌,凶多吉少,有志難伸矣,

【해설】
木이 成形하였는데 식상이 설기하면 水로써 생하여야 하고, 관살이 섞여 있으면 火地로 행하여야 하고, 인수가 중첩되었으면 土로써 배양(培養)하고, 財는 輕한데 겁재가 많으면 金이 있어야 이룰 수 있다.

　이렇게 쓰일 자리를 만나서 성형한다면 편고(偏枯)에서 오는

病은 없을 것이니 名利가 따르지 않는다고 무엇이 근심되겠는가?

木을 들고 논하였으나 오행이 모두 성형함이 가하니 이를 본받아 미루어 볼 것이다. 만약 사주에서 이루지 못하였으면 세운에서도 이룰 수 있는 것이고, 또 세운에서도 이루어 주지 않으면 종신토록 어렵게 살며 흉한 일만 많고 길한 일은 적을 것이며 뜻만 있지 펼 수는 없을 것이다.

戊	甲	壬	壬
辰	子	子	戌

己戊丁丙乙甲癸
未午巳辰卯寅丑

이 사주는 水勢가 창광한데 戊土가 홀로 배지(培之)하지만 평상의 중심을 잃지 않은 공(功)이 되었으며, 甲木이 범람에 휩쓸리지 않은 것도 戊土의 공인데 戊土가 있어서 뿌리가 견고하기 때문이다.

만약 辰土만 있고 戌土가 없다면 辰은 습토이기에 水를 만나면 질펀한 흙탕물이 될 것이니 戌土는 뿌리를 내릴 수 없어서 허하였을 것이다. 무근한 土가 어찌 능히 百川의 근원을 그치게 할 것인가?

그러므로 이 사주는 중요한 요점이 戌 조토에 있는 것이다. 다만 한목(寒木)에 따뜻한 양기(陽氣)가 없으니 반드시 火의 온난함을 만나야 木은 바야흐로 발영할 것이다. 이로써 운이 남방 火旺地에서 수만의 발재를 하였고 이로(異路)[76]로써 이름을 이루었다.

---

76) 많은 사람이 하지 않는 다른 직업

辛 甲 乙 戊
未 辰 卯 寅

壬 庚 乙 戊 丁 丙
戌 酉 申 未 午 巳 辰

이 사주는 支가 모두 동방류이고 겁재와 양인이 방자한데 한점 미약한 金이 이룩하기는 부족하다. 그러므로 글을 배우지 못하였다. 초운은 火土이니 生化의 정을 잃지 않았으므로 재원이 부유하였고, 庚申, 申酉운은 辛金이 득지하므로 이로

(異路)로써 공명을 이루었고 아울러 벼슬을 사 주목(州牧)에까지 이르렀다.

癸 운은 生木 洩金하므로 그만 사망하였다.

乙 甲 乙 癸
亥 戌 卯 未

戊 己 庚 辛 壬 癸 甲
申 酉 戌 亥 子 丑 寅

이 사주는 未土가 심장(深藏)하고 戌土는 자기 자리에 앉아 있다. 이는 財가 와서 나를 취하는 것으로 아름다운 것 같으나, 다만 사주에 金으로「成之」함이 없고 오행에 火로써「行之」함이 없으며 다시 亥時가 가중하여 癸水가 통근하고 겁재를 생하며 亥卯未

가 모두 있고 겁재와 양인을 도우니 劫印이 창광(猖狂)[77]한다.

세운을 보아도 이루어 줄 곳이 없으므로 조업을 모두 소진시키고 극처 무자하였으니 이로 보건대 명조(命造)의 소중한 바는 운에 있으니 어찌 소홀히 할 것인가?

---

77) 미쳐서 날뜀

언(諺)에 이르기를 「인유능운지(人有凌雲志)나 무운불능자달(無運不能自達)」[78]이라 하였다.

獨象喜行化地。而化神要昌。

독 상 희 행 화 지 。 이 화 신 요 창 。

독상은 화지로 행함을 기뻐하니 그 화신이 창성함을 요한다.

【原注】

一者爲獨。曲直炎上之類也。所生者爲化神。化神宜旺。則其氣流行。然後行財官之地方可。

　하나를 독(獨)이라 하니 곡직(曲直), 염상(炎上) 같은 類를 말한다.
　생하는 바가 된 것을 化神이라 하니 화신은 마땅히 왕하여야 그 氣를 유행시킬 수 있으며 그 후에 재관지(財官地)로 행하여도 가하다.

【任注】

權在一人,曲直炎上之類是也,化者,食傷也,局中化神昌旺,歲運行化神之地,名利皆遂也,八字五行全備,固爲合宜,而獨象乘權,亦主光亨木日或方或局全不雜金爲曲直火日或方或局全不雜水爲炎上土日,四庫皆全不雜木爲稼穡金日,或方或局全不雜火爲從革水日,或方或局全不雜土爲潤下,皆從一方之秀氣不同六格之常情必要得時當令,遇旺逢生但體質過于自强須以引通爲妙,而氣勢必有所關務須審察其情,如木局,見土運,斯雖財神資養,先要四柱有食有傷,庶無分爭之廬,見火運,謂英華發秀,須看原局有財無印,方免反尅爲殃,名利可遂,見金運,謂破局,

---

凶多吉少,見水運,而局中無火,謂生助强神,亦主光亨,故舊有
從强之說,再行生旺爲佳,若四柱先有食傷,必主凶禍臨身,如原
局微伏破神,須運有合冲之妙,若本主失時得局,要運遇生旺之
鄕,亦主功名小就苟行運遇逢剋地獨象立見凶災,若局有食傷
反剋之能方無大害總之干乃領袖之神陽氣爲强陰氣爲弱支乃
會格之物,方力較重,局力較輕獨象雖美,只怕運途破局合象雖
雜,却喜制化成功,

【해설】 권력이 한 사람에게 있다 함은 곡직, 염상 등의 類를
말한다.

化란 식상을 말한다. 국 중에 화신이 창왕하면 세운도 화신지
로 행하여야 명리가 함께 따른다. 팔자에 오행을 모두 갖추면 진
실로 합을 하여야 마땅하나 독상(獨象)이 권을 잡고 있더라도
역시 主는 광형할 수 있다.

木日이 方이나 局을 모두 갖추었고 金이 혼잡되지 아니하였
으면 곡직이 됨이요, 火日이 方이나 局을 모두 갖추었고 水의
혼잡이 없으면 염상격이 된다. 土日이 사고(四庫)를 모두 갖추
었고 木의 혼잡이 없으면 가색격(稼穡格)이 되고, 金日이 方이
나 局을 모두 갖추었고 火의 혼잡이 없으면 종혁격(從革格)이
되며, 水日이 方이나 局을 모두 갖추었고 土의 박잡이 없으면
윤하격(潤下格)이라 한다.

이들은 모두 한 가지만의 수기(秀氣)이니 다른 六格의 상정
(常情)과는 다르니 반드시 득시(得時) 당령하고 왕함을 만나야
하고 생함을 만나는 것이 중요하다.

다만 체질이 지나치게 자강(自强)하므로 모름지기 인통(引
通)함이 묘하고 기세는 반드시 막히는 곳이 있는 것이니 힘써

그 情을 살펴야 한다.

가령 木局일 때 土 운을 만나면 비록 財神으로 나를 자양하는 것이나 먼저 중요한 것이 사주 내에 식신이나 상관이 있을 때만 이 분쟁의 염려가 없는 것이요, 火 운을 만나면 이른바 영화를 발수시키니 모름지기 원국(原局)에 財는 있더라도 인수는 없어야 반극(反剋)에서 오는 재앙을 면할 수 있을 것이며 명리가 따르게 된다.

金 운을 만나면 이른바 파국(破局)이니 흉다길소할 것이고, 水 운을 만나면 局 중에 火가 없어야 이른바 강한 神을 생조할 수 있어서 主는 역시 광형할 것이다. 그러므로 옛날의 종강설(從强說)이니 다시 生旺地로 행하는 것이 아름답다.

만약 사주에 먼저 식신, 상관이 있으면 主는 반드시 흉화가 몸에 임할 것이다.79)

가령 원국에 미약하더라도 파신(破神)이 잠복하고 있으면 모름지기 운에서 합이나 충하면 묘하다. 만약 本主80)가 실시(失時)하였는데 득국(得局)하였으면 운에서 생왕한 곳을 만나는 것이 중요하며, 역시 主는 적게나마 공명을 취할 수 있으나 행운이 비겁지(比劫地)면 독상(獨象)에서는 흉재가 금방 닥친다. 만약 局 중에 식신 상관이 있어서 반극하면 능히 큰 해가 없도록 방어한다.

총론컨대, 천간은 우두머리가 되는 神이며 양기는 강하고 음기는 약하며 支는 격국(格局)을 만드는 것들이고 方의 힘은 비교적 중(重)하고 局의 힘은 비교할 때 다소 약하다. 독상은 비록 아름다운 것이나 단지 운로에서 파국(破局)을 만나기 쉽고 합상

---

79) 이 부분은 앞뒤의 문장이 연결이 잘 안되고 있다.
80) 日主를 말하는 듯함

(合象)은 비록 잡(雜)되나 문득 제화(制化)가 되면 성공할 수 있다.

丙	甲	丁	甲
寅	辰	卯	寅

癸	壬	辛	庚	己	戊
酉	申	未	午	巳	辰

支에 寅卯辰 동방 一氣格이 되었고 丙丁이 化神이다. 청화(菁華)한 기운을 발한다.

소년에 科甲하였고 일찍부터 벼슬길이 빛났다. 財地로 행하여도 식상이 있어서 화겁(化劫)하는 공으로 무방하다.

金 운에는 또 丙丁이 있어서 능히 극제하며 壬 운에는 수기(秀氣)를 상하니 파국(破局)이 되어 직책을 그만두고 농사를 짓다가 사망하였다.

己	戊	丁	己
未	子	丑	未

辛	壬	癸	甲	乙	丙
未	申	酉	戌	亥	子

비중당(費中堂)의 사주다. 천간 戊己가 丁을 만났고, 지지도 丑未가 거듭 있고, 子도 丑과 合化 土하니 진격의 가색격이 된 상이다. 부족한 것은 丑 中 辛金을 인출해 내지 못한 것이고 또 局 중에서 丁火가 세 개나 있으니 辛金은 암상되어 生化의 도움이 없으므로 자식을 두기가 어려운 것이다. 만약 천간에 한 庚辛金만 투출하고 지지에 한 申酉만 있었어도 반드시 많은 자식을 두었을 것이다.

164

乙	丙	甲	丙
未	戌	午	寅

庚 己 戊 丁 丙 乙
子 亥 戌 酉 申 未

이는 支에 모두 火局이고 木도 火勢를 종(從)하니 염상격을 이루었다. 아까운 것은 木이 旺하여 土를 극하니 수기가 손상됨이다. 따라서 공부를 할 수 없었고 무갑(武甲) 출신으로 벼슬이 부장(副將)까지 올랐다.

申酉 운은 戌未가 있어서 化生하니 무고하였고, 亥 운은 다행히 未의 회합을 만나고 寅과도 합하니 직위를 잃는 데 불과하였으나 庚子 운은 천간에 식상이 없고 支에서는 충격하여 군(軍) 中에 있으면서 사망하였다.

庚	庚	乙	庚
辰	戌	酉	申

辛 庚 己 戊 丁 丙
卯 寅 丑 子 亥 戌

이는 천간에 乙庚 化合이 있고 지지에 申酉戌이 모두 있으니 종혁격을 이루었다. 아까운 것은 水가 없으므로 숙살 기운이 대단히 예리하다. 이는 글읽기가 불리하였을 뿐만 아니라 좋게 마칠 수도 없다.

행오(行伍)[81] 출신으로 벼슬은 참장(參將)까지 올랐다.

寅 운으로 바뀌어서 陣 中에서 사망하였다.

이는 국 중에 식상이 없는 연고이다. 또한 寅戌이 암합하여 그 왕신의 성정을 범하는 것도 흉조이다.

---

81) 軍의 제도인데 우리의 하사관 입대와 비슷함.

壬	癸	辛	壬
子	丑	亥	子

丁	丙	乙	甲	癸	壬
巳	辰	卯	寅	丑	子

지지에 亥子丑 북방이 모두 있고 辛壬癸가 투출하니 윤하격이 되었다. 기쁜 것은 행운이 배반하지 않아서 일찍부터 공부를 마쳤고, 甲寅 운에 수기를 유행시키니 甲科에 등과하였고, 乙卯 운도 벼슬길이 평탄하였으니 현령(縣令)을 거쳐 주목(州牧)까지 하였고, 丙 운에는 원국에 식상의 순화(順化)가 없으므로 군겁쟁재(羣劫爭財)되어 녹위가 끝났다.

全象喜行財地。而財神要旺。
전 상 희 행 재 지 。 이 재 신 요 왕 。

전상은 財地로 행함이 기쁘니 財神이 왕성함이 중요하다.

【原注】
三者爲全。有傷官而又有財也。主旺喜財旺。而不行官殺之地方可。

세 가지가 모두 있는 것을 全이라 하니 상관이 있고 재도 있어야 한다. 主기 왕하면 재가 왕한 것이 기쁘고 관살시방('官殺之方)으로 행하지 않으면 가하다.

【任注】
三者爲全,非專論傷官與財也,傷官生財,固爲全矣,而官印相生,財官並見,豈非全乎,傷官生財,日主旺相,固宜財運,倘四柱比刦多見,財星被刦,官運必佳,傷官運更美,須觀局中意向爲是,日主旺,傷官輕,有印綬,喜財而不喜官,日主旺,財神輕,有比刦,喜官而不喜財,

財官並見,日主旺相,喜財而不喜官,官印相生,日主休囚,喜印綬而
不喜比刦,大凡論命,不可執一,須察全局之意向,日主之喜忌爲的,

【해설】 삼자가 모두 있다는 것은 상관, 관성, 재만으로 전론하는
것은 아니다. 상관생재(傷官生財)가 온전하고 진실하다면 관인상생
(官印相生) 등 재관(財官)이 보인다고 하여 어찌 완전하다고 아니하
겠는가? 상관생재는 일주가 왕상하고 財運이 확실한 것이 마땅하다.

사주에 비겁이 많이 보이고 재성이 겁탈당하면 반드시 관운이
라야 길하고 상관 운도 아름답다. 반드시 보아야 할 것은 국 중
의 의향이니 일주가 왕하고 상관은 경한데 인수가 있으면 재가
기쁘고 관성은 해롭다.

일주가 왕하고 재성이 경한데 비겁이 있으면 관이 기쁘고 재
성은 나쁘며 재관이 함께 보이는 것도 나쁘다. 일주가 왕상하면
재성은 기쁘나 관성은 반갑지 않은 것이다. 관인이 상생할 때 일
주가 휴수되었으면 인수는 기쁘다. 대체로 命을 논할 때 한 가지
만 잡고 말하는 것은 불가하니 모름지기 전체 국의 의향과 일주
의 희기를 관찰하면 적중한다.

甲	丁	丙	戊
辰	卯	辰	申

壬	辛	庚	己	戊	丁
戌	酉	申	未	午	巳

丁卯 일주가 季春에 생하여 상
관생재가 되었다. 혐오가 되는
것은 木은 성한데 土가 허하므로
글을 읽지 못하였다.

土가 상관의 화겁(化劫)[82] 함
을 만났으니 丙火로 하여금 재물
을 다투는 의사를 갖지 못하게

---

82) 겁재를 설기하여 재를 생함

하니 이로써 庚申 申酉 운에는 이어받은 선인의 사업이 비록 미약하나 스스로 창업하여 규모가 자못 커져서 10여만의 재물을 이루었다.

```
丁  丙  辛  己
酉  午  未  巳

癸甲乙丙丁戊己庚
亥子丑寅卯辰巳午
```

이 사주는 火가 장하(長夏)에 생하여 支가 남방류를 갖추었으니 왕(旺)이 극(極)에 달하였다. 火土 상관이 生財한다.

格에서 혐의가 되는 바는 丁火 양인이 투출하고 局 중에는 습기가 전무하여 겁재와 양인이 방자함이다.

조업은 없었고 부모가 조망(早亡)하고 어려서부터 고생을 지독히 하더니 중년까지도 형편을 펴지 못하고 춥고 배고픔이 이어졌다.

육순(六旬) 전까지는 운로가 동남 木火地이므로 妻, 財, 子, 祿 중에 한 가지도 이루지 못하더니 丑運 북방 습토를 만나니 회화(晦火) 生金하고 金局을 암회(暗會)하니 기회를 만나 사업을 일으켜 발재(發財)하였다.

칠순에 이르러 또 첩을 사들여 연달아 두 아들을 두었고, 이어 甲子 癸亥 북방 水地에는 수만의 재물을 획득하여 9순까지 이르렀다.

언(諺)에 이르기를 「그 運이 있으면 반드시 그 福을 받으리라」 하더니 사람에게 어찌 한량(限量)이 있으리오?

形全者宜損其有餘。形缺者宜補其不足。

형 전 자 의 손 기 유 여 。 형 결 자 의 보 기 부 족 。

　형을 온전하게 갖춘 것은 마땅히 그 넘치는 기운을 덜어줘야
하고,

　형을 갖추지 못하여 모자라는 자는 마땅히 그 부족함을 보충
해 줘야 한다.

【原注】

如甲木生於寅卯辰月。丙火生於巳午未月。皆爲形全。戊土生於寅卯辰
月。庚金生於巳午未月。皆爲形缺。餘倣此。

　가령 甲木이 寅卯辰 月에 생하고 丙火가 巳午未 月 중에 생하면 모
두 형전(形全)이며, 戊土가 寅卯辰 月 중에 생하고 庚金이 巳午未 月
에 생하면 이 모두 形이 결손된 것이니 이하 모두 같다.

【任注】

形全宜損,形缺宜補之說,卽子平旺則宜洩宜傷,衰則喜幫喜助之
謂也,命書萬卷,總不外此二句,讀之直捷痛快,顯然明白,故人人
得而知之,究之深奧異常,其中作用實有至理,庸俗祗知旺用洩傷,
衰用幫助,以致吉凶顚倒,宜忌淆亂也,以余論之,須將四字分用爲
是,通變在一宜字,

宜洩則洩之爲妙,宜傷則傷之有功,洩者食傷也,傷者官殺也,均是
旺也,或洩之有害,而傷之有利,或洩之有利,而傷之有害,所以洩
傷兩字,宜分而用之也,

宜幫則幫之爲切,宜助則助之爲佳,幫者比刼也,助者印綬也,均是
衰也,或幫之則凶,而助之則吉,或幫之則吉,而助之則凶,所以幫
助兩字,亦宜分而用之也,

如日主旺相,柱中財官無氣,洩之則官星有損,傷則去比劫之有餘,
補官星之不足,所謂傷之有利,而洩之有害也,

日主旺相,柱中財官不見,滿局比劫,傷之則激而有害,不若洩之以
順其氣勢,所謂傷之有害,而洩之有利也,

日主衰弱,柱中財星重疊,印綬助之反壞,幇則去財星之有餘,補日
主之不足,所以幇之則吉,而助之則凶也,

日主衰弱,柱中官殺交加,滿盤殺勢,幇之恐反剋無情,不若助之以
化其强暴,所以幇之則凶,而助之則吉也,此補前人所未發之言也,
至於木生寅卯辰月,火生巳午未月爲形全,亦偏論也,如木生寅卯
辰月,干露庚辛,支藏申酉,莫非仍作全形而損之乎,火生巳午未月,
干透壬癸,支藏亥子,莫非仍作形全而損之乎,土生于寅卯辰月爲
形缺,干丙丁而支巳午,莫非仍作缺形而補之乎,金生於巳午未月,
干戊己而支申酉,莫非亦作缺形而補之乎,凡此須究其旺中變弱,
弱中變旺之理,不可執一而論,是以實似所當損者,而損之反有害,
缺似所當補者,而補之反無功,須詳察焉,

【해설】 「형전의손(形全宜損)이요, 형결의보(形缺宜補)라」는
설은 「子平이 왕하면 마땅히 설기하고 마땅히 상(傷=剋制)해야
하며, 쇠약하면 방조(幇助=比劫)함을 기뻐하고 생부함을 기뻐한
다」고 이른 말이다.

명리책이 만 권이라도 모두 이 두 구절의 말을 벗어나지 않는
것이니 읽을수록 곧고 빨라서 통쾌하고 현연(顯然) 명백(明白)
한 바로다. 그러므로 사람 사람마다 터득하고 알아야 할 것이며
그 심오하고 평상을 뛰어넘는 말을 연구하여야 할 것이니 그 중
의 작용이 실로 지극한 이치이기 때문이다.

용속(庸俗)들은 다만 왕하면 설상(洩傷)하고 쇠약하면 방조

(幇助)로 用하여 단순하게 처리하므로 길흉이 뒤바뀌고 옳고
그름을 잡란(雜亂)하게 하고 있다. 내가 논하고자 하는 것은
모름지기 四字(洩·傷·幇·助)는 따로 분리하여 사용하여야
한다는 것이니 통변(通辯)의 비밀은 宜 字 하나에 있기 때문
이다.

　마땅히 洩해야 할 것은 설해야 묘함이 되고 마땅히 傷해야 할
것은 상해야만이 공(功)이 있는 것이다. 설이란 식신이나 상관을
말하고, 상이란 관성이나 칠살을 말하는 것이다. 이 모두 왕한
자에 대해서 이르는 말이다.

　혹 설하면 해로울 것이 상하면 유리하고, 혹 설하면 유리할 것
이 상하면 해가 될 수 있는 것이니, 이른바「설상(洩傷)」두 字
는 따로 분리하여 사용함이 마땅하다. 마땅히 방(幇)해야 할 것
은 방조해야 간절함이 있고, 마땅히 조(助)해야 할 것은 생조
하여야 아름다운 것이다. 방이란 비겁을 말하고 조란 인수를
말함이니 이 모두 쇠약한 것에 이르는 말이다.

　혹 방조하면 흉할 것이 생조하면 길할 수 있고, 혹 방조하
면 길할 텐데 생조하면 흉한 경우가 있는 것이니, 이로써「방
조(幇助)」두 字도 역시 따로 분리하여 사용하여야 마땅하다.

　가령 일주가 왕상하고 柱中에 재관이 무기한데 설기하면 관성
에 손상이 있으니 상극(傷剋)한 즉, 유여(有餘)한 비겁을 제거하
고 부족한 관성은 도울 것이니, 이른바 상극함이 유리하고 설기
하면 해가 되는 것이다.

　일주가 왕상하고 柱中에 재관이 나타나지 아니하고 만국이 비
겁인데 상극(傷剋)하면 격동(激動)하여 해가 되므로 설기하여
그 세력에 순종하는 것만 못하다. 이것이 이른바 상극함은 해가
되고 설기하면 유리하다.

일주가 쇠약하고 柱中에 재성이 중첩(重疊)되었을 때 인수로 생조하려면 반대로 붕괴될 것이니, 방조한 즉 유여한 재성은 제거되고 일주의 부족함은 보완될 것이니, 이른바 방조하면 길하고 생조하면 흉하다.

일주가 쇠약하고 柱中에 관살이 교가(交加)되어 만반이 殺의 세력이 되었는데 방조하면 반극(反剋) 무정(無情)함이 두려우니 생조하여 그 강폭함을 순화시키는 것만 못하다. 이른바 방조는 흉하고 생조함이 길한 예이다. 이는 전 사람들이 밝혀 놓지 못한 말들이다.

木이 寅卯辰 月에 생하고 火가 巳午未 月에 생하면 이른바 形全이나 역시 한쪽만의 논리이다. 가령 木이 寅卯辰 月에 생하였어도 천간에 庚辛이 투출하고 지지에 申酉가 소장(所藏)되었다면 全形을 作하지 아니함이 없을 것인데, 이 때도 손(損)해야 한다고 할 것인가? 火가 巳午未 月에 생하였어도 天干에 壬癸 水가 투출하고 지지에 亥子를 소장하였다면 이도 形全함을 作하지 아니함이 없을 텐데 손(損)해야 한다고 할 것인가?

土가 寅卯辰 月에 생하면 형결(形缺)이라 하는데 천간에 丙丁이 있고 지지에 巳午가 있으면 결형(缺形)을 作하지 아니함이 없으니 이 때도 보(補)해야 한다고 할 것인가?

金이 巳午未 月에 생하고 천간에 戊己가 있고 지지에 申酉가 있는데도 形을 缺하였다고 하면서 補해야 한다고 할 것인가?

무릇 이에서 반드시 왕 중에서 약으로 변하고 약한 것 같아도 왕으로 변할 수 있는 이치를 궁구하여야 하며, 하나만 잡고 말하는 것은 불가하다.

이로써 損함이 마땅한 것 같아 보이지만 실제로는 損하면 반대로 해가 있고 補해야 마땅할 것같이 보이지만 실제로는 補하면 반대로 무공(無功)일 수 있으니 모름지기 자상하게 살펴야 한다.

☞ 翠山註 : 정격(正格) 취용법

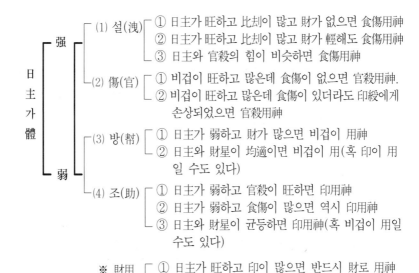

日主가 體

强

(1) 설(洩)
① 日主가 旺하고 比刦이 많고 財가 없으면 食傷用神
② 日主가 旺하고 比刦이 많고 財가 輕해도 食傷用神
③ 日主와 官殺의 힘이 비슷하면 食傷用神

(2) 傷(官)
① 비겁이 旺하고 많은데 食傷이 없으면 官殺用神.
② 비겁이 旺하고 많은데 食傷이 있더라도 印綬에게 손상되었으면 官殺用神

弱

(3) 방(幇)
① 日主가 弱하고 財가 많으면 비겁이 用神
② 日主와 財星이 均適이면 비겁이 用(혹 印이 用일 수도 있다)

(4) 조(助)
① 日主가 弱하고 官殺이 旺하면 印用神
② 日主가 弱하고 食傷이 많으면 역시 印用神
③ 日主와 財星이 균등하면 印用神(혹 비겁이 用일 수도 있다)

※ 財用
① 日主가 旺하고 印이 많으면 반드시 財로 用神
② 日主가 旺하고 官殺이 輕해도 반드시 財로 用神
③ 日主가 旺할 때는 食傷을 用하건 官殺을 用하건 財가 喜神이 된다.

甲 庚 庚 丁
申 子 戌 丑

甲 乙 丙 丁 戊 己
辰 巳 午 未 申 酉

관성은 허탈하니 제압이 불가능한데 재성까지 절지에 임하여 멀리서 한가하므로 관성을 생하지 못한다. 초운 土金은 火를 어둡게 하고 金만 생하니 형상(刑傷) 파모(破耗)가 구석구석에 나타나지 않는 곳이 없었고, 丁未, 丙午 운은 관성을 도우므로 가업이 새롭게 일어났다. 乙巳 운에는 만경우유(晩景優遊)[83]하였으니 이른바 상극(傷剋)함에 공(功)이 있기 때문이다.

乙 庚 壬 戊
酉 申 戌 申

戊 丁 丙 乙 甲 癸
辰 卯 寅 丑 子 亥

이 사주는 乙이 庚으로 종화(從化)하였으며 관성은 보이지 않는다. 지지에는 서방류로 모였으며 또 坐가 녹왕하니 권력이 한 사람에 모였으므로 그 강세를 좇아야 한다. 비록 壬水가 있으나 戊土가 바짝 붙어서 극하므로 설기하여 인통(引通)시킬 능력이 없다. 초운 癸亥, 甲子는 그 세에 순(順)하므로 財가 마음먹은 대로 따랐고, 丙寅 운에는 그 왕신을 내지르니 한번 실패로서 잿더미만 남았고, 의식마저 해결 못하다가 자살로 사망하였으니 설해야 유리하고 상극(傷剋)함은 해가 된다는 것을 알 수 있다.

乙 丙 辛 庚
未 辰 巳 申

丁 丙 乙 甲 癸 壬
亥 戌 酉 申 未 午

이 명조는 속론으로 丙火가 巳月에 생하니 건록(建祿)이 되므로 반드시 財를 用하여야 한다고 하나, 庚辛 金이 중첩하고 뿌리도 깊으니 인수가 홀로 손상되고 있어 약하다는 것을 알 수 있다.
甲申, 乙酉 운에는 金이 득지하고 木은 무근이니 파모(破耗)

___
83) 늦은 경치가 놀이에 더 좋음

이상(異常)하였고, 丙戌, 丁 운은 집에 기쁜 소리를 거듭 내었다. 이는 재다신약이니 이른바 방조해야 功이 있음을 알 수 있다.

壬	丙	癸	壬
辰	午	丑	子

己	戊	丁	丙	乙	甲
未	午	巳	辰	卯	寅

이 사주는 만국이 관성이니 일주가 고약(孤弱)하다. 비록 식상이 거듭 보이나 丑辰은 습토이므로 水를 함축하고 있어서 水를 막아내지 못한다.

초운 甲寅, 乙卯는 화살생신(化殺生身)하니 일찍부터 반수(泮水)[84]에 들었고 재물과 하는 일도 잘되었다. 뒤에 丙辰은 방신(幇身)도 하지만 반대로 관살(官殺)과 함께 상극(傷剋)하니 형처(刑妻) 극자(剋子)하였고 가업은 흩어 없어졌으며 申年에 三合 살국(殺局)하니 사망하였다.

이른바 생조하여 길하고 방조는 해(害)인 것이다.

---

84) 206쪽을 참고할 것

方局 방국 (上)

方是方兮局是局。方要得方莫混局。

방 시 방 혜 국 시 국 。 방 요 득 방 막 혼 국 。

方은 方이어야 하고 局은 局이어야 하니 方에서는 方을 득하는 것이 중요하고 局이 섞이지 말 것이다.

【原注】
寅卯辰。東方也。搭一亥或卯或未。則太過。豈不爲混局哉。

寅卯辰이 동방이니 亥 字나 卯 자나 未 자가 한 개라도 섞이면 태과할 것이니 어찌 혼국이라고 아니하리오?

【任注】
十二支,寅卯辰東方,巳午未南方,申酉戌西方,亥子丑北方,凡三字全爲成方,如寅卯辰全,其力量較勝于亥卯未木局,戊日遇寅月,見三字,俱以殺論,遇卯月,見三字,俱以官論,己日反是,遇辰月,視寅卯之勢,較量輕重,以分官殺,其餘倣此,若只二字,則竟不取,所言方局莫混之理,愚意以爲不然,且如木方而見亥字,爲生旺之神,見未字,爲我剋之財,又是木盤根之地,亦何不可,即用三合木局,豈有所損累耶,至于作用,則局之用多,而方之用狹,弗以論方而別生穿鑿也,

【해설】
12支 중에 寅卯辰이 동방이요, 巳午未는 남방이요, 申酉戌이 서방이요, 亥子丑이 북방이다. 무릇 이들 세 字가 모두 있으면 방을 이룬 것이다.

가령 寅卯辰이 모두 있으면 그 역량은 亥卯未 木局이 된 것보다 강하다.

戊日이 寅月에 생하고 세 字를 모두 만나면 모두 殺로 논해야 하고 卯月에 생하고 세 字를 모두 갖추었으면 官으로 논하는 것이다. 己日은 이와 반대이니 辰月에 생하여도 寅卯가 보이면 그 세와 경중을 비교하고 헤아려 보고 官이나 殺로 나누기도 한다. 그 외 나머지도 이와 같이 모방하면 된다.

만약 단지 두 字만 있으면 취하지 않는 것이니, 말하고자 하는 바는 方에 局이 혼잡되지 말라는 이치를 말한 것이다.

어리석은 생각으로는 그렇지 않다고 생각된다. 가령 木方에 亥 字가 있으면 생왕한 神이 돕는 것이고, 未 字를 만나면 내가 극하는 財이고 또 木이 뿌리를 서리고 앉을 자리인데 어찌하여 불가하다고 하는가?

三合 木局을 쓸 때 어찌 손(損)하여 누(累)가 되게 하리오? 작용에 이르러 보더라도 局의 쓰임이 많고 方의 쓰임은 이보다 적은데 方으로 논하더라도 다른 천착(穿鑿)할 것이 발생하지 않는 것이다.

己	戊	丁	甲
未	辰	卯	寅

癸	壬	辛	庚	己	戊
酉	申	未	午	巳	辰

이는 木方이 모두 있고 未 字 하나가 섞여 있으니 혼잡이라고 할 수 있으나, 未 字가 만약 없다면 일주가 허탈할 것이고 또 천간에 甲木이 투출하여 殺을 작하고 官을 작하지 아니하였으므로 未 字가 일주의 氣를 관통시키는 데 꼭 필요하다. 이러므로 身과 殺이 균정하게 되어 名과 利를 함께 날렸다.

정갑(鼎甲)85) 출신으로 벼슬이 극품에까지 올랐으니 方에 局이 섞였어도 해(害)가 없다는 것을 알 수 있다.

丁 乙 庚 丙
亥 卯 寅 辰

丁丙乙甲癸壬辛
酉申未午巳辰卯

이 사주는 支가 동방류인데 火가 밝으니 木이 빼어난다. 丙火가 가장 기쁘다. 庚金의 탁기(濁氣)를 곁에서 극하나 초봄이라 木이 약하니 반드시 亥時에서 생조함을 받아야 한다. 이는 사람됨이 풍류를 좋아하며 산뜻하고 깨끗하였으며 학문도 연못처럼 깊었다.

丁亥 운은 生木 助火하니 채근(采芹)86)에 들어가 인기를 휘어잡았고, 巳 운은 남궁에서 보첩(報捷)으로 한원(翰苑)87)에서 이름을 높이 날렸고, 午 운은 寅과 戌을 끌어내서 卯까지 합하니 등림(鄧林)에서 양동(梁棟)을 캤으니 이는 오직 현명하고 재예가 뛰어났기 때문이고, 요포(瑤圃)에서 임랑(琳琅)을 수색할 수 있었던 것은88) 그 세계에서 으뜸이었기 때문이다.

酉 운에 이르러서는 乙木은 무근한데 金은 득지하여 동방의 수기를 충파하니 일이 잘못됨을 범하여 낙직하였다. 만약 亥水의

85) 과거시험에 우수하게 합격한 세 사람 중의 하나
86) 반수(泮水)의 미나리를 캤다는 것인데 泮水는 제후의 학교인 반궁(泮宮)을 감도는 물이다.
87) 한림(翰林)
88) 원문(原文)은 「수림낭어요포(搜琳琅於瑤圃)」이다. 임랑(琳琅)은 珠玉의 한 종류이나 여기서는 詩文이 뛰어남을 말한 것이고, 요포는 신선이 거처하는 곳이나 여기서는 재질이 비범함을 비유한 것

化之함이 없었다면 어찌 능히 대흉을 면할 수 있었겠는가?

局混方兮有純疵。 行運喜南或喜北。
국 혼 방 혜 유 순 자 。 행 운 희 남 혹 희 북 。

　局에 方이 혼잡하면 옥의 티처럼 순전함에 病이 될 수 있으나
행운은 南도 기쁘고 혹 北이라도 기쁘다.

【原注】
亥卯未木局。混一寅辰。則太强。行運南北。則有純疵。不能俱利。

　亥卯未 木局에 寅이나 辰 한 字가 섞이면 태강하고 행운이 남이든
북이든 옥의 티처럼 순수함에 병이 되어 양쪽이 함께 이롭기는 불가능
하다.

【任注】
地支有三位相合而成局者,亥卯未木局,寅午戌火局,巳酉丑金局,
申子辰水局,皆取生旺墓,一氣始終也,柱中遇三支合勢,吉凶之力
較大,亦有取二支者,然以旺支爲主,或亥卯,或卯未,皆可取,亥未
次之,凡會忌沖,如亥卯未木局,雜一酉丑字于其中,而又與所沖之
神緊貼,是爲破局,雖沖字雜于其中,而不緊貼,或沖字處于其外而
緊貼,則會局與損局兼論,其二支會局者,以相貼爲妙,逢沖卽破,
他字間之,亦遙隔無力,須天干領出可用,至於局混方兮有純疵之
說,與方要得方莫混局之理相似,究其理亦無所害,見寅字是謂同
氣,見辰字是謂餘氣,又是東方溼土,能生助木神,又何損累耶,行
運南北之分,須看局中意向爲是,如木局,日主是甲乙,四柱純木,
不雜別字,運行南方,謂秀氣流行,則純,運行北方,謂之生助强神,
無疵,或干支有火吐秀,運行南方,名利裕如,運行北方,凶災立見,

木論如此,餘者可知,

【해설】 지지에 三合이 모두 있어서 成局하는 경우는 亥卯未 木局, 寅午戌 火局, 申子辰 水局, 巳酉丑 金局을 말하니 모두 生·旺·墓가 만나서 一氣로 시작과 끝이 이루어진 것이다.

柱中에서 이 세 字가 합세하면 길흉의 역량도 비교적 큰 것이다. 역시 두 字만으로 쓸 수 있으나 旺 字를 위주로 하는 것이다.

가령 亥卯나 卯未는 왕지인 卯가 있으니 쓸 수 있고, 亥未는 旺地인 卯가 빠졌으니 다음으로 역량이 약하다.

무릇 회합에는 沖을 꺼리니 가령 亥卯未 木局에 酉나 丑이 한 字라도 섞여 있으면 沖하는데, 옆에 붙어 있으면 파국이 될 것이다. 비록 沖하는 자가 局 중에 섞여 있으면 옆에 있는 것이 아니라도 회국(會局)이나 손국(損局)으로 겸하여 논해야 한다.

三合이 아니고 二支만으로 회국하는 경우는 서로 바짝 붙어 있어야 좋고 沖을 만나는 것은 파국이다. 그러나 다른 자가 사이에 끼어 있으면 역시 요격(遙隔)이니 무력하다. 이들은 모름지기 천간에 투출시켜야 쓸 수 있다. 원문의 「국혼방혜유순자(局混方兮有純疵)」라는 설은 앞의 「방요득방막혼국(方要得方莫混局)」[89]이라는 설과 비슷한 것인데 그 이치를 궁구하여 보면 해될 바는 없다.

木局에 寅 字는 동기(同氣)요 辰 字가 섞이면 여기(餘氣)가 되며, 또한 동방 습토이니 능히 木神을 생조할 수 있는데 어찌 손누(損累)가 되겠는가?

---

89) 方이 필요하여 방을 득하였을 때는 局이 혼잡되지 않아야 한다.

행운을 남북으로 말한 것은 모름지기 국 중의 의향을 위주로
보아야 한다.

가령 木局에 일주가 甲乙木이고 사주도 순목(純木)이고 다른
字가 혼잡되지 않았을 때는 남방으로 운행하여 수기(秀氣)를 유
행시켜야 순(純)이 되는 것이고 북방으로 운행하면 이른바 강한
자를 생조하는 것이니 병(病)될 것은 없다.

그러나 혹 干支 중에 火가 있어서 수기를 토할 때는 남방으로
운행하여야 명리가 유여하며, 북방으로 운행한다면 흉한 재앙이
금방 들어온다.

木으로 논함이 이러하니 다른 것도 알 수 있을 것이다.

癸	乙	乙	甲
未	卯	亥	寅

癸壬辛庚己戊丁丙
未午巳辰卯寅丑子

이 사주는 木局에 寅 字 하나
가 섞여 있다. 그러나 사주에 金
이 없으니 그 세가 종강격이 된
다. 이른바 수기(秀氣)를 깊이
득하였다.

소년에 등과하였으며 오직 庚
辰 辛巳運은 비록 癸水의 生化가
있기는 하나 형상(刑喪)과 기도
(起倒)90)가 있었고 벼슬길에도 어정어정하였다.

육순이 넘어 운이 壬午 癸未가 되니 현령을 거쳐 사마(司馬)
에 옮겨갔고, 황당(黃堂)을 거쳐서 관찰사에 올라 곧게 대해(大
海)로 항해하였으니 누가 그 앞길을 막겠는가?

이로 보건대 종강격이 되는 木局은 東南北 운이 모두 길하나

---

90) 일어나고 쓰러짐

오직 西方 金 운은 극파(剋破)하니 흉하다.

丁	乙	丁	甲
亥	未	卯	寅

甲	癸	壬	辛	庚	己	戊
戌	酉	申	未	午	巳	辰

이 사주 역시 木局을 모두 갖추고 寅 字 하나가 섞여 있다. 丁火 식신을 취하여 수기(秀氣)를 유행시켜야 한다. 앞 사주처럼 종강격으로 논하면 안 된다.

巳 운에 丁火가 임관이 되니 등과하여 發甲하였고, 庚午 辛未는 南方으로 金의 敗地이니 體와 用에 상함이 없어서 벼슬길도 평탄하였고, 壬申 운은 木火가 함께 상하므로 파국시켜서 군중에서 사망하였다.

앞 사주는 종강격이니 南이든 北이든 다 길하였으나 이는 木火格이니 西北은 해가 된다. 이 두 사주를 보건대 局에 方이 섞여도 해가 없었다는 것을 알 수 있다.

方局방국 (下)

若然方局一齊來。須是干頭無反覆。
약 연 방 국 일 제 래 。 수 시 간 두 무 반 복 。

　만약 방과 국이 한꺼번에 오면 모름지기 이 간두에서는 반대로 덮지 말아야 한다.

【原注】
木局木方全者。須要天干全順得序。行運不背乃好。

　木局과 木方이 모두 있는 경우는 모름지기 천간은 순기세하여 질서를 지켜주는 것이 중요하고 행운도 배반하지 않아야 좋다.

【任注】
方局齋來者,承上文方混局局混方之謂也,如寅卯辰兼亥未,亥卯未兼寅辰,巳午未兼寅戌,寅午戌兼巳未,申酉戌兼巳丑,巳酉丑兼申戌,亥子丑兼申辰,申子辰兼丑亥之類是也,干頭無反覆者,方局齋來,其氣旺盛,要天干順其氣勢爲妙,若地支寅卯辰,日主是木,或再見亥之生,未之庫,如地支亥卯未,日主是木,或再逢寅之祿,辰之餘,旺之極矣,非金所能剋也,須要天干有火,洩其精英,不見金水,則干頭無反覆,然後行土運,乃爲全順得序而不悖矣,如天干無火而有水,謂之從强,行水運,順其旺神,最美,行金運,金生水,水仍生木,逢凶有解,苟有火而見水,或無火而見金,此謂干頭反覆,如得運程安頓,遇土則可止其逆水,遇火則可去其徵金,亦不失爲吉耳,如日干是土,別干得火,相生之誼,亦不反覆,見金,以寡敵衆,見水,生助强神,則反覆矣,所以制之以盛,不若化之以德,則其流

行全順矣, 餘倣此.

【해설】 方과 局이 일제히 온다는 말은 앞 문장의 「방혼국(方混局)과 국혼방(局混方)」[91]과 같은 類이다. 가령 寅卯辰에 亥未가 겸하였거나, 亥卯未에 寅辰을 겸하였거나, 巳午未에 寅戌을 겸하였거나, 寅午戌에 巳未를 겸하였거나, 申酉戌에 巳丑을 겸하였거나, 巳酉丑에 申戌을 겸하였거나, 亥子丑에 申辰을 겸하였거나, 申子辰에 丑亥를 겸한 類를 말한다.

「간두(干頭)에 무반복(無反覆)」이란 말은 方과 局이 한꺼번에 온 것이니 그 기세가 왕성하여 천간에서도 그 기세에 순응하는 것이 아름답다는 것이다.

만약 지지가 寅卯辰인데 일주가 木이면 혹 亥의 生을 다시 만난다거나 未 庫를 만나는 것이며, 또한 지지가 亥卯未인데 일주가 木이면 혹 寅 녹(祿)을 다시 만난다거나 辰의 여기를 만난다면 왕이 극에 달할 것이다.

이 때는 金으로도 능히 극할 수 없는 것이니 모름지기 천간에 火가 있어서 그 정영(精英)을 설하여야 하니 金水를 만나지 않으면 干頭에서 반복시키지 않는 것이다. 그러고 난 후에 土운으로 행하면 모두가 순서를 득하였으니 거슬림이 없다.

가령 천산에 火가 없고 水가 있으면 이른바 송강격이 될 것이니 水 운으로 행하여야 그 왕신(旺神)에 순종하는 것이니 가장 아름답다. 金 운으로 행하여도 金이 生水하고 水가 生木할 것이니 흉을 만난 중에 해신(解神)으로 바뀐 것이다. 구태여 火가 있는데 水를 만난다거나 火가 없는데 金이 있으면 이는 이른바 간두에서 반복한 것이다.

---

91) 方에 局이 혼잡된 것과 局에 方이 혼잡된 것

가령 운행하는 길이 편안해야 한다는 것은 土를 만나면 水의 거역을 막을 수 있고 火를 만나면 金을 극하여 제거시킬 수 있으니 잃지 않고 길할 수 있다는 것이다.

가령 일간이 土일 때 다른 干에서 火를 만나야 상생되어 마땅하니 역시 반복하지 않는 것이다. 다른 干에 金이 있으면 적은 것으로 많은 것을 대적해야 함이요, 水가 있으면 강신을 생조하는 것이니 이들은 모두 반복(反覆)하고 있는 것이니 흉하다. 이로써 왕성(旺盛)한 것은 제극(制剋)하기보다는 덕(德)으로써 化之하는 것이 낫고 행운의 흐름도 순기세하여야 한다는 것이다.

나머지도 이와 같이 본받으면 된다.

癸	乙	丁	甲
未	亥	卯	寅

癸	壬	辛	庚	己	戊
酉	申	未	午	巳	辰

이 사주는 方과 局이 함께 왔고 월간에 丁火가 홀로 투출하여 청영(菁英)[92]을 발설하지만 어찌 아름답다 하리오?

애석한 것은 時干에 癸水가 투출하였기 때문이다. 亥 支에 깊이 통근하여 丁火의 수기(秀氣)를 상하니 이른바 간두(干頭)가 반대로 덮였다 할 수 있다.

이리하여 한 가지도 잘하는 것이 없어서 가난한 중에 자식도 못 두었다. 만약 癸水 한 字가 火나 土로 바뀌었더라면 명리가 모두 따랐을 것이다.

---

92) 무성함, 정기를 洩함.

乙	甲	甲	丁
亥	寅	辰	卯

戊 己 庚 辛 壬 癸
戌 亥 子 丑 寅 卯

이 사주는 方과 局이 함께 모였고 干頭에는 水가 없고 丁火가 투출하여 수기를 유행시킨다. 행운도 심하게 반대하고 어그러뜨리지 않는다. 지방의 中科에 급제하여 벼슬이 주목(州牧)에 이르렀고 자식도 많고 재물도 왕성하였으며 성격도 천부적으로 인자하였으며 품행이 단정하고 수명도 팔순을 넘겼고 부부가 함께 아름다웠다.

이른바 木은 仁을 主하고 인자(仁者)는 수(壽)한다 하여 格의 이름이 「곡직인수(曲直仁壽)」라 함이 믿을 만하다.

이 두 사주를 보건대, 하나는 「간두반복(干頭反覆)」이었고 하나는 「전순득서(全順得序)」인데 천연의 격차이다.

成方干透一元神。生地庫地皆非福。
성 방 간 투 일 원 신 。 생 지 고 지 개 비 복 。

방을 이루었는데 천간에 한 원신이 투출하였으면 생지나 고지나 모두 복이 될 수 없다.

【原注】

寅卯辰全者。日主甲乙木。則透元神。而又遇亥之生。未之庫。決不發福,。惟純一火運略好。

寅卯辰이 모두 있고 일주가 甲乙木이고 원신이 투출하였는데 또 亥의 생을 만났다면 未의 庫를 만나더라도 결코 발복할 수 없다. 오직 순일한 火運 하나만이 길하다.

【任注】

成方干透元神者,日主即方之氣也,如木方,日主是木,火方,日主
是火,即爲元神透出也,生地庫地皆非福者,身旺不宜再助也,然
亦要看其氣勢,不可一例而推,成方透元神,旺可知矣,固不宜再
行生地庫地,以幫方也,倘年月時干,不雜財官,又有刧印,謂之從
强,則生地庫地,亦能發福,如逢純一火運,眞謂秀氣流行,名利皆
遂,如年月時干,財官無氣,再行生地庫地之運,不但不能發福,而
且刑耗多端,此屢驗,故誌之,

　方을 이루었을 때 元神이 천간에 투출하였다 함은 일주가 方
의 氣일 때이다. 가령 木方에 일주가 木이고, 火方을 이루었을
때는 일주가 火일 때는 원신이 투출하였다고 하는 것이다.

　生地건 고지(庫地)건 모두 福이 될 수 없다는 말은 신왕한데
다시 도울 필요가 없다는 것이다. 그러나 역시 기세를 중요하게
보아야 하니 한 예(例)만으로 추리하여서는 안 된다.

　方을 이루었을 때 원신이 투출하였다 함은 일주가 왕함을 알
수 있는 것이니 진실로 마땅치 못한 바는 생지요 고지이니 다시
돕는 운이다.

　아마도 年, 月, 時干에 재관(財官)이 혼합되지 아니하고 劫이나
印이 있으면 이른바 종강격이 될 것이니, 곧 생지고 고지고 역시
능히 발복할 수 있다.

　또 순일한 火運을 만나는 것도 참된 秀氣가 유행하여 名利가
모두 따르는 것이다. 그러나 年, 月, 日, 時干에 재관이 있으면
無氣할 것이니 다시 생지나 고지 운으로 행하면 발복이 없을 뿐
만 아니라 형모(刑耗)까지도 여러 방면으로 나타난다. 이는 오랫
동안 시험한 것이므로 기록하는 바이다.

丁	甲	甲	戊
卯	辰	寅	寅

庚 己 戊 丁 丙 乙
申 未 午 巳 辰 卯

이 사주도 方을 이루었고 元神이 투출하였는데 金水의 혼잡이 없으므로 時干 丁火가 수기(秀氣)를 토하니 순수함을 알 수 있다.

초운 중에 火土로 운행하니 中科 향방(鄕榜)에 급제하였고 이름난 동네에서 재상 감이 나왔다고 하였다. 그러나 애석한 것은 목다화식(木多火熾)[93]이 되어 丁火 하나로는 설기 능력이 부족하다.

그러므로 庚申 운에 화(禍)를 면할 수 없었다. 이 사주는 時에 丙寅만 되었어도 반드시 甲科에 급제하였을 것이고 벼슬길도 혁혁하였을 것이며, 庚申 운도 丙火가 충분히 대적하였을 것이므로 대흉에는 이르지 않았을 것이다.

丙	甲	丙	癸
寅	辰	辰	卯

庚 辛 壬 癸 甲 乙
戌 亥 子 丑 寅 卯

이 사주는 왕상한 財가 제강(提綱)하고 丙 식신이 생조하니 마땅히 재성이 용신이 되고 丙火가 희신이다. 癸는 기신이니 신왕용재격(身旺用財格)이 된 것이다.

유업이 10여만이었고 초년 水木 운에는 한 번 실패로 잿더미만 남았고, 辛亥 운에는 火는 절지(絶地)이고 木은 생지(生地)이고 水가 旺에 임하니 얼어죽었다.

---

93) 木이 많아 火가 질식함

이를 보건대 方을 이루었건 局을 이루었건 불문하고 반드시 먼저 재관의 세를 살펴야 한다. 만약 재왕(財旺) 제강(提綱)이면 財로써 용신을 삼고, 혹 官이 있고 財의 생조가 있으면 官으로 용신을 삼을 것이다.

財가 月支에 통하지 못하였거나 官이 旺財의 生이 없으면 반드시 그 적은 것을 버리고 그 많은 것을 좇아야 한다. 나머지도 이와 같다.

成局干透一官星。左邊右邊空碌碌。

성 국 간 투 일 관 성 。 좌 변 우 변 공 녹 녹 。

성국한 국에 한 관성이 투출하였으면 좌변 우변이 무엇이든 녹녹94) 한 사람이다.

【原注】

甲乙日遇亥卯未全者。庚辛乃木之官也。又見左辰右寅。則名利無成。詳例自見。甲乙日單遇庚辛。則亦無成。

甲乙日이 亥卯未가 모두 있고 庚辛은 木의 官인데 또 左에 辰, 右에 寅이면 名利를 이룰 수 없는 것이니 자상한 예를 스스로 볼 수 있으리라.

甲乙日에 庚辛이 하나만 있는 것도 역시 無成이다.

【任注】

如地支會木局,日主元神透出,別干見辛之官,庚之殺,虛脫無氣,即餘干有土,土亦休囚,難以生金,須地支有一申酉丑字爲美,若無申酉丑,反加之寅辰字,則木勢愈盛,金勢愈衰矣,故碌碌終身,名

94) 용렬하여 답답함

利無成也,若得歲運去其官星,亦可發達,必要柱中先見食傷,然後
歲運去淨官煞之根,名利遂矣,木局如此,餘局倣此論之可也.

【해설】 가령 지지에 木局을 이루고 일주가 元神이 투출하였는
데 다른 干에 辛金 관성이나 庚金 殺이 있으면 허탈 무기한 것이
니 다른 干에 土가 있더라도 土 역시 휴수여서 金을 생하기 어려
우니 반드시 지지에 한 申酉丑 字가 있어야 아름답고 반대로 寅
辰 字만 가중되었다면 木勢가 왕성하고 金勢는 더욱 쇠약할 것이
므로 종신토록 녹녹(碌碌) 답답하여 名利를 이룰 수 없다.

　만약 세운에서 그 관성을 제거하여 주면 역시 발달할 수 있으나
반드시 먼저 중요한 것은 柱中에 식상이 나타나 있어야 하고, 연후
에 세운에서 관살의 뿌리를 제거하여 정결하게 하면 명리도 따르
게 된다. 木局이 이러하니 나머지 局도 이와 같이 논하면 가하다.

| 丁 | 乙 | 辛 | 辛 |
| 亥 | 未 | 卯 | 未 |

| 乙 | 丙 | 丁 | 戊 | 己 | 庚 |
| 酉 | 戌 | 亥 | 子 | 丑 | 寅 |

　이는 乙木이 귀원(歸垣)[95]하
였고 亥卯未가 모두 있으므로
木勢가 왕성하니 金氣는 허탈하
다. 가장 기쁜 것은 時干에 丁
火가 투출하여 金 殺을 제극하
니 용신이 된다.

　그러므로 초운 土金 운에는 바
빠 움직였으나 기회를 잡지 못하
였고, 丁亥 운에 이르러서는 生木 制殺하니 군전(軍前)에서 효력
을 발휘하여 현좌(縣佐) 벼슬을 하였고, 戌 운 중에는 丁을 돕
고 辛을 극하므로 현령으로 승진하였다. 이는 소위 강중(强衆)으

95) 양쪽에 끼고 있음

로 적은 것과 대적하는 것이니 초점은 그 적은 것을 제거하는
데 있다. 그렇지 않으면 旺神은 제압하는 것이 마땅하다. 酉 운
에 殺이 녹왕함을 만나 木局을 충파(沖破)하니 녹(祿)이 끝났다.

戊	乙	辛	辛
寅	未	卯	未

乙	丙	丁	戊	己	庚
酉	戌	亥	子	丑	寅

이는 乙木이 귀원(歸垣)하고
비록 木局을 모두 모으지는 않았
으나 寅時가 亥와 비교할 때 그
역량이 몇 배나 더 앞선다. 전체
대상을 보건대 局 중에 土가 세
개, 金이 두 개이니 財가 생하는
殺이 왕한 듯하나, 卯가 제강하
였고 支에 모두 木의 뿌리로 왕
성함을 모르기 때문이다.

초운 土金地는 독서가들과 어울리며 넉넉히 지냈고 가업도 풍
유하였으나 丁亥 운으로 바뀌어서는 制殺하고 三合 會局하니 형
처(荊妻) 극자(剋子)하였고 파모(破耗) 이상(異常)하였으며 법
을 범하여 이름도 바꾸고 우울 속에 살다 죽었다.

癸	乙	己	庚
未	亥	卯	寅

乙	甲	癸	壬	辛	庚
酉	申	未	午	巳	辰

이 사주는 본문에서 말하는 成
局하고 관성이 투출하였고 左右
가 개공(皆空)이니 사주에 情이
라고는 하나도 없다.
財를 用하면 財가 會合하여 劫
局으로 변하였고 官을 用하려 하
나 절지에 있으니 어느 것 하나
용신이 될 만한 것이 눈에 들어오

지 않는다.

위인이 조그마한 사람인데 항상 한 가지 뜻만 갖고 생각이 짧으니 변덕이 많았다.

가업을 파하였고 글공부는 못했고 의학 공부를 하였으나 이루지는 못하였다. 또 풍수지리 공부를 하여 스스로 중경(仲景)이 다시 세상에 왔다고 하였으며, 양구빈(楊救貧)과 뇌포의(賴布依)가 다시 태어났다고 하였지만96) 사람들은 끝내 믿어 주지를 않았고, 또 무학(巫學)97)도 하고 역학과 명리학까지 배운 것이 심히 많았지만 업술에는 다 능하지 못하였다. 한 가지도 이루지 못했을 뿐 아니라 또 재물도 흩어졌고 사람도 떠났으니 삭발하고 중이 되었다.

---

96) 仲景, 楊均松, 賴布依는 모두 風水地理家로서 7대 賢人들인데, 특히 양균송은 地理를 완성시킨 일인자이다.
97) 무당, 무속

八格_{팔격}

正財,偏財,正官,偏官,正印,偏印,食神,傷官,是也。

정재, 편재, 정관, 편관, 정인, 편인, 식신, 상관, 시야.

財官印綬分偏正。兼論食傷八格定。

재관인수분편정。겸론식상팔격정。

8격은 정재격, 편재격, 정관격, 편관격, 정인격, 편인격, 식신격, 상관격을 말한다. 재성, 관성, 인수는 偏과 正으로 분류하고 식신과 상관을 겸하여 8격으로 정한다.

【原注】

自形象氣局之外。而格爲最。格之眞者。月支之神。透於天干也。以散亂之天干。而尋其得所附於提綱。非格也。自八格之外。若曲直五格皆爲格。而方局氣象定之者。不可言格也。五格之外。飛天合祿雖爲格。而可以破害刑沖論之者。亦不可言格也。

형상과 기국 외에 格을 가장 먼저 나누어야 한다.

격의 참된 것은 월지의 神이 천간에 투출해야 한다. 산란한 천간으로는 그 자리에 득소한 바가 어떤 것은 제강에 부합된다고 하여 格이 되는 것은 아니다. 팔격 외에 만약 곡직(曲直) 등 5격도 모두 격이라 할 수 있으나, 方局 기상(氣象)으로 정해진 것들은 격이라 말하지 않는다. 또 5격 외에 비천합록(飛天合祿)은 비록 격이기는 하나 파, 해, 형, 충으로 논할 수 있는 것은 역시 격으로 말하지 않음이 가하다.

【任注】

八格者,命中之正理也,先觀月令所得何支,次看天干透出何神,

再究司令以定眞假,然後取用,以分淸濁,此實依經順理,若月逢祿
刃,無格可取,須審日主之喜忌,另尋別支透出天干者,借以爲用,
然格局有正有變,必兼五行之常禮也,曰官印,曰財官,曰煞印,曰
財煞,曰食神制殺,曰食神生財,曰傷官佩印,曰傷官生財,變者,必
從五行之氣勢也曰從財,曰從官殺,曰從食傷,曰從强,曰從弱,曰
從勢,曰一行得氣,曰兩氣成形,其餘外格多端,余備考羣書,俱不
從五行正理,盡屬謬談,至於蘭臺妙選,所定一切奇格異局,納音諸
法,尤屬不經,不待辯而知其荒唐也,自唐宋以來,作者甚多,皆虛
妄之論,更有吉凶神煞,不知起自何人,作此險語,往往全無應驗,
誠意伯千金賦云,吉凶神煞之多端,何如生剋制化之一理,一言以
蔽之矣,卽如壬辰日爲壬騎龍背,壬寅日爲壬騎虎背,何不再取壬
午壬申壬戌壬子謂騎猴馬犬鼠之背乎,又如六辛日逢子時,謂六
陰朝陽,夫五陰皆陰,何獨辛金可朝陽,餘干不可朝陽乎,且子乃體
陽用陰,子中癸水,六陰之至,何謂陽也,又如六乙日逢子時,謂鼠
貴格,夫鼠者,耗也,何以爲貴,且十干之貴,時支皆有之者,豈餘干
不可取貴乎,不待辨而知其謬也,其餘謬格甚多,支離無當,學者宜
細詳正理五行之格,弗以謬書爲惑也,

【해설】 八格이 명리학에서 正理이다. 먼저 월령이니 어느 支인
가를 보고 두 번째로 천간에 어느 神이 부출하였나를 보고 다시
궁구할 것은 사령(司令) 神의 진가(眞假)를 결정한 연후에 용신
을 취한 다음 청탁(淸濁)을 나눈다. 이는 진실로 경서(經書)에
의한 순리이다. 만약 月에서 녹인(祿刃)을 만났으면 格으로 취하
지 않는 것이니, 모름지기 일주의 희기(喜忌)를 조사하여 별지
(別支)라도 천간에 투출하였는가를 보고 빌려서 용신으로 쓸 수
있다.

　그러나 격국에는 正格이 있고 변격(變格)이 있는데 정격은 반
드시 오행의 상례(常禮)인 생극 제화를 겸하여야 하니 관인격
(官印格), 재관격(財官格), 살인격(殺印格), 재살격(財殺格), 식
신제살격(食神制殺格), 식신생재격(食神生財格), 상관패인격(傷
官佩印格), 상관생재격(傷官生財格)이 그것이고 변격(變格)은 반
드시 오행의 기세(氣勢)를 좇는 종격(從格)을 말하니 종재격(從
財格), 종살격(從殺格), 종식상격(從食傷格), 종강격(從强格),
종약격(從弱格), 종세격(從勢格), 일행득기격(一行得氣格), 양기
성형격(兩氣成形格) 등이다.

　별도로 외격(外格)도 많이 있으나 내가 여러 서적을 비교 고
찰하건대, 대개는 오행의 正理를 좇지 아니하고 속서의 잘못된
유담(謬談)들이었다. 「난대묘선(蘭臺妙選)」에서 정해 놓은 일체
의 기격이국(奇格異局)과 납음(納音)의 여러 법들도 더욱 속된
것으로 경(經)할 가치가 없으므로 대변하지 않더라도 그 황당함
을 알 수 있으리라.

　唐・宋 이래로 책 쓴 이가 심히 많으나 대개가 허망한 논리
들이었고, 다시 길흉 신살도 어느 사람이 만들어 놓았는지 알
수 없거니와 왕왕히 지은이의 말대로 따라 보아도 응험이 전무
하였다.

　성의백(誠意伯)의 《천금부(千金賦)》에 이르기를 「길흉 신살
이 여러가지로 많으나 하여간 생극제화(生剋制化)의 한 이치일
뿐이라」 하니 이 한 마디로 다 폐(蔽)할 수 있는 것이다. 가령
壬辰日을 임기용배(壬騎龍背)라 하고, 壬寅日을 임기호배(壬騎
虎背)라 하니 어찌 壬午, 壬申, 壬戌, 壬子는 다시 기후(騎猴),
기마(騎馬), 기견(騎犬), 기서(騎鼠)라 취하지 않는가? 또 六
辛日이 子時를 만나면 육음조양(六陰朝陽)이라 하니 五陰이 모

두 陰인데 어찌 辛金만 조양(朝陽)이 되고 다른 干은 朝陽이 되지 않는가? 또 子는, 체(體)는 양이나 쓰임은 음이고 子 중의 癸水는 六陰 중에서도 지극함인데 어찌 陽이라 하고, 또 六乙日이 子時를 만나면 서귀격(鼠貴格)이라 하니 대저 쥐는 소모시키는 꺼리는 짐승인데 어찌 귀(貴)라 하는가? 또 十干의 貴는 모두 時支에만 있으니 어찌 나머지 干에는 貴를 취(取)하지 않는가? 이들은 대변하지 않아도 잘못되었다는 것을 알 수 있음이다.

이밖에도 잘못된 격이 심히 많으나 이치를 떠났으므로 마땅한 바가 없다. 학자들은 마땅히 올바른 正理와 오행의 격을 분별할 줄 알아서 잘못된 속서의 유혹에 빠져서는 안되겠다.

癸	乙	癸	庚
未	未	未	辰

己	戊	丁	丙	乙	甲
丑	子	亥	戌	酉	申

이 사주는 支 중의 세 개의 未에 통근하니 오히려 氣가 유여하다.

투출한 두 癸水는 정삼복(正三伏)[98]이라 한(寒)을 생할 때이고 庚이 곁에 붙어서 生하고 있는데 신고(身庫)에 통근하니 관성이 혼자서 청기(淸氣)를 발한다. 癸水는 또 土를 윤택하게 하여 金을 배양하니 生化되어 패(悖)[99]하지 않다.

財旺 生官하고 中和 순수(純粹)하니 科甲 출신으로 벼슬이 번얼(藩臬)에 이르렀고 관록을 먹는 중에서도 편안 무사하였다.

丙　丁　壬　己
午　未　申　丑

丙　丁　戊　己　庚　辛
寅　卯　辰　巳　午　未

이 사주의 대세(大勢)를 보건대 앞 사주보다 官星이 淸한데 어찌하여 앞의 사주는 부귀하였는데 이 사주는 곤궁하였겠는가? 이 사주는 인수가 없는데 관성이 바짝 붙어 극하기 때문이라는 것을 모르기 때문이다. 午未가 비록 여기(餘氣)와 녹왕(祿旺)이 되나 丑중에 함축된 水가 午未 중의 火를 암상(暗傷)하고 壬水는 生을 만나 강한데 또 丙火를 극하고, 다시 혐오스런 것은 己土가 하나 투출하였으나 水를 제극(制剋)하기는 부족하고 반대로 火만 어둡게 하며, 겸하여 중년의 운에 土를 만나 火氣를 또 설하니 이른바 剋과 洩을 번갈아 한다. 그러므로 功名은 미수에 그쳤고 재산은 모산되고 刑妻, 剋子까지 면할 수 없었다. 이를 자세히 보니 己丑 두 字로 인한 患이다. 다행히 격국이 순정(順正)하고 기상이 편고(偏枯)하지 아니하므로 木火 운이 오면 비록 늦은 것이 억울하기는 하지만 마침내는 반드시 분발하여 뒤에는 크게 형통하리라.

辛　丙　乙　癸
卯　午　卯　未

己　庚　辛　壬　癸　甲
酉　戌　亥　子　丑　寅

이 사주는 官은 淸하고 인수는 바른 格이다.

기쁜 것은 卯와 未가 木을 끌어내니 순순한 상이다. 그러므로 위인의 인품이 뛰어났고 재주가 탁월하였으며 문장력은 高山이나 北斗에 비길 만큼 우러러봤고 품행은 양옥정금(良玉精金)과 같이 단정하였다.

아까운 것은 인성(印星)이 태중(太重)하여 관성을 설기시키니 神은 유여하나 精이 부족하다.

그래서 공명(功名)은 어정쩡하였고 청운의 뜻은 있었으나 이루지 못하고 청전(靑錢)으로 선출되었다.

그러나 기쁜 것은 格이 바르고 局이 淸하며 재성이 합하니 비록 큰 재주, 큰 그릇이 작게 쓰였으나 명리가 양전하였다.

벼슬길도 청고(淸高)하였으며, 인재를 교육시키는 바른 길을 걸었으며, 이익을 탐내지 않은 질박(質樸)한 人才로 이름을 떨쳤다.

壬	癸	丙	辛
戌	卯	申	卯

庚	辛	壬	癸	甲	乙
寅	卯	辰	巳	午	未

이는 인수격(印綬格)이니 申金으로 용신을 삼는다. 丙火는 병(病)이 되고 壬水는 약(藥)이 된다. 中和 순수(純粹)하여 추수(秋水)에 근원(根源)이 통하고 있다.

운이 癸巳에 이르러 金水가 생지를 만나 도우니 科甲하였고 壬辰 운에는 약(藥)과 병(病)이 상제(相濟)하니 소속된 부서를 경유하여 군수(郡守)로 나갔다.

대개 辛卯 庚寅은 金이 개두(蓋頭)하였으므로 生火를 못하고 인수(印綬)도 파괴하지 못하니 계속 명리가 양전(兩全)하였다.

```
甲 癸 丙 辛
寅 卯 申 卯

庚 辛 壬 癸 甲 乙
寅 卯 辰 巳 午 未
```

이 사주도 역시 辛金이 용신이니 丙火가 병(病)이 된다. 앞의 사주와 寅字 하나만 바뀐 것이다. 따라서 病만 있고 약(藥)이 없을 뿐만 아니라 병신(病神)을 생조(生助)하기만 하고 제극하는 것이 없다.

그러므로 앞 사주는 청전만선(靑錢萬選)[100]으로 名利 양전(兩全)하였으나 이 사주는 기서공포(機杼空抛)[101]하고 수주대토(守株待兔)[102]하였음이 다르다.

다시 혐의가 되는 것은 寅申이 요충(遙沖)하고 卯木이 도우니 木旺 금결(金缺)하여 金 인수가 반대로 상한다.

또 월건(月建)은 육친(六親)의 자리이므로 재물과 자본을 쓸 듯이 없애고 가족이 일손을 놓치고 흩어짐을 면할 수 없었다. 오직 壬 운에는 病을 극하고 身을 도우니 재원(財源)을 넉넉하게 마련하였으며, 辛卯·庚寅 운은 동방의 뿌리 없는 金이므로 功名 길로 나가는 것에 실패하였고, 가업(家業)은 소강(小康)에 불과

---

100) 唐의 《장천전(張薦傳)》에 나오는 말로 청동(靑銅) 만 전(萬錢)만 있으면 과거에 만 번 급제할 수 있다는 뜻으로 금력이 대단하다는 말

101) 기저(機杼)는 베를 짜듯이 문장과 詩文을 엮어내고 새로운 안을 토해 낸다는 뜻이고, 공포(空抛)는 그렇게 좋은 지식도 헛것이 되었다는 뜻

102) 옛 것이나 구습에만 젖어 시대의 변천을 모른다는 뜻. 《한비자(韓非子)》 오두편(五蠹篇)에 보면 「송나라 사람이 밭을 가는데 밭 가운데 있는 나무 그루터기에 토끼가 달리다가 부딪쳐 목이 부러져 죽었다. 이로부터 일손을 놓고 나무 그루터기를 지키며 토끼 오기를 기다렸으나 다시는 토끼를 얻을 수가 없었다.…」는 이야기가 있다.

하였다.

그러나 格이 바르고 局이 참되며 인성이 월령을 잡고 있으므로 품은 생각은 깊고 넓었으며, 지식은 팔두재과(八斗才誇)[103]요 의기는 원룡(元龍)과 같았으며 다섯 종류의 붓으로 글을 토해냈고 사마(司馬)의 문장[104]과 우열을 가릴 만하였다.

한 가지 혐의가 되는 것은 월간에 투출한 병화는 가을볕이기는 하나 창해 깊은 바다 속에 잠긴 구슬임을 면키 어렵다. 그 바른 것을 순리로 받아들여야 함이니 命이 아닐 수 없다.

이상 몇 개의 명조를 보건대 格局 한 가지만 잡고 말할 수 없는 것이니 재관 인수 등 격국과 일주에 干이 없더라도 구애받지 말고 왕하면 억제하고 쇠약하면 마땅히 부(扶)[105]하여야 한다.

인수가 왕하면 관을 설할 것이니 마땅히 재성이 있어야 하고 인수가 쇠약한데 財가 있다면 비겁이 마땅한 것이니 이것이 바꿀 수 없는 法이다.

---

103) 詩文을 짓는 재주가 뛰어남을 말함. 南史의 사령운(謝靈運)이 말하기를 「天下才共一石 曹子建獨得八斗 我得一斗 自古及今共用一斗」 ― 전하의 재수가 모두 1섬이라면 조자건이 혼자 8말을 득하였고, 내가 1말을 득하였고, 옛부터 지금까지 모든 이가 1말을 함께 쓰고 있다 ―고 하였다. 조자건(曹子建)의 본명은 조식(曹植)이고 조조(曹操)의 셋째아들이며, 위(魏) 文帝(曹操의 첫째아들)가 죽이기 위하여 칠보성장(七步成章)을 짓게 하였다 (七步成章은 뒤의 兄弟章 참고)

104) 한대(漢代)의 사학자(史學者) 사마천(司馬遷)을 비유하는 듯한데, 문장이 뛰어남을 말함. 사마천에 대한 古史는 뒤의 형제장(兄弟章)에 자세히 기록되어 있으므로 이 곳에서는 생략함.

105) 생부(生扶)와 방조(幇助)를 포함함

影響遙繫旣爲虛。雜氣財官不可拘。

영 향 요 계 기 위 허 。 잡 기 재 관 불 가 구 。

　간격이 있어서 영향력으로 붙잡아 매지 못하는 것은 이미 헛
것이 되었으며, 잡기 재관에 구애됨은 불가하다.

【原注】

飛天合祿之類。固爲影響遙繫而非格矣。如四季月生人。只當取土爲格。
不可言雜氣財官。戊己日生於四季月者。當看人元透出天干者取格。不可
槪以雜氣財官論之。至於建祿月刦羊刃。亦當看月令中人元透於天干者取
格。若不合氣象形局。則又無格矣。只取用神。用神又無所取。只得看其
大勢。以皮面上斷其窮通。不可執格論也。

　비천합록(飛天合祿) 등 類는 진실로 영향력이 멀어서 붙잡을 수 없
으니 格이 아니다.

　가령 四季月에 출생한 사람은 단지 土를 취하여 格으로 하여야 하
고 잡기재관격으로 말하는 것은 불가하다.

　戊己日이 사계월에 생하였다면 마땅히 소장된 人元이 천간에 투출
한 것으로 격을 취함이 마땅하고 대강 잡기재관격으로 하는 것은 불
가하다. 건록(建祿)이나 月의 겁재 양인 등은 역시 월령 중에 소장
된 人元을 보고 천간에 투출한 것으로 格을 취할 것이다. 만약 기상
(氣象) 형국(形局)에도 맞지 않는다면 격이 없는 것이니 단지 용신
만을 취할 것이고, 용신도 잡을 수 없겠으면 단지 대세를 보고 표면
상에 나타난 것으로 궁통하여 단정하여야 하며 억지로 격을 잡으려
고 하지 말 것이다.

【任注】

影響遙繫者,卽暗沖暗合之格也,俗書所謂飛天祿馬是也,如丙午
日支全三午,癸酉日支全三酉,逢三則沖,午去暗沖子水爲官,酉去

暗合辰土爲官,尙有沖財合財,如壬子日支全三子,暗沖午火爲財,
乙卯日支全三卯,暗合戌土爲財,又云,先要四柱不見財官爲眞,方
可沖合,夫沖者,散也,合者,化也,何能爲我用乎,四柱原有財官,
不宜沖合,尙有喜與不喜,何況四柱無財官乎,至于雜氣財官,亦是
畵蛇添足,辰戌丑未,無非支藏三干,各爲雜氣,寅申巳亥,亦有三
干,何故不論,夫庫中餘氣,可以言格,生地之神,莫非反棄,又云雜
氣財官喜沖,尤爲穿鑿,若甲木生丑月,爲雜氣財官,喜未沖之,未
中丁火,緊傷丑中辛金之官,格仍破矣,餘支皆然,不若透出天干,
取格爲是,諸書所載,祿分四種,年爲背祿,月爲建祿,日爲專祿,時
爲歸祿,又云,建祿喜官,歸祿忌官,則又遺背祿專祿矣又云日祿歸
時没官星,號爲靑雲得路,誠如所論,則丙辛兩日生人,逢癸巳丁酉
時者,世無讀書出仕者乎,無非日干旺,地之比肩也,不可認作食祿
爲王家之祿,如一字之祿,可以格言,則四柱之神,竟同閑廢,旣柱
中之祿爲美,何得運逢祿支反爲祿堂而家破人亡乎,命者,五行之
理也,格者,五行之正也,論命取格,須究五行正理,澈底根源,則窮
通壽夭,自不爽矣,大凡格局眞實而純粹者,百無一二,破壞而雜氣
者,十有八九,無格可取者甚多,無用可尋者不少,格正用眞,行運
不悖,名利自如,格破用損,謂之有病,憂多樂少,倘行運得所,去其
破損之物,扶其喜用之神,譬如人染沈疴,得良劑以生也,不貴亦富,
無格可取者,尋其用神而用神有力,行運安頓,亦可以刱業興家,無
格可取,無用可尋,只可看其大勢,與日主之所向,運途能補其所喜
去其所忌,雖碌碌營生,可免飢寒之患,若行運又無可取,則不貧亦
賤,若格正用眞,五行反悖,一生有志難伸矣,

【해설】 영향(影響) 요계(遙繫)란 말은 암충과 암합의 격을 말
한다.

속서에서 이르는 비천녹마격이 이것이다. 가령 丙午日이 支에 三午를 모두 가진 것과 癸酉日이 酉를 세 개 갖는 것인데 三을 가졌을 때 충하면 午가 子를 암충하여 官으로 삼는다는 것이고, 酉가 나가 辰土와 암합하여 官으로 삼는다는 것이다. 이에서 沖財, 合財한다 함은 가령 壬子日에 支에 子가 세 개 모두 있으면 午火를 암충하여 財로 삼고 乙卯日에 支에 三卯가 있으면 戌土를 암합하여 財로 삼는다는 것이다.

또 말하기를 「먼저 중요하게 볼 것은 사주에 財官이 없어야 진짜이니 沖이든 합이든 해줘야 비로소 가하다」 하였는데 대개 沖하면 散(흩어짐)이요, 합하면 化(변화)인데 어찌하여 나의 이용물이 되겠는가? 사주에 원래부터 재관이 있으면 沖이나 합은 마땅치 못한 것이고 희신일 수도 있고 아닐 수도 있는데 어찌하여 사주에 재관이 없어야 한다고 하는가?

따라서 잡기재관은 역시 화사첨족(畵蛇添足)이라. 辰戌丑未는 支에 三干을 장(藏)하지 아니함이 없으니 이를 모두 잡기라 한다면 寅申巳亥도 三干을 소장하고 있는데 어찌 말하지 않는가? 대개 고(庫) 중의 여기(餘氣)를 격으로 말할 수 있다면 生地의 神은 반대로 버리지 않으면 안된다.

또 말하기를 「잡기재관은 沖을 기뻐한다」 하니 더욱 파 없애야 함이다. 만약 甲木이 丑月에 생하여 잡기재관이 되었다면 未의 沖을 기뻐한다는 것인데 未 중의 丁火가 丑 중 辛金 官을 상하면 파격이 되어버릴 것이다. 나머지 支도 다 그러하니 천간에 투출한 것으로 격을 취하는 것만 못하다.

여러 서적을 보면 祿을 사종(四種)으로 나눠 年에 있는 것을 배록(背祿)이라 하고, 月에 있는 것을 건록(建祿)이라 하고, 日에 있는 것을 전록(專祿)이라 하고, 時에 있는 것을 귀록(歸祿)

이라 하며, 또 건록은 官을 좋아하고 귀록은 官을 꺼린다 하고 배록과 전록은 빠뜨렸으며, 또 말하기를 일록귀시(日祿歸時) 격에 官이 없으면 청운(靑雲) 득로(得路)라 하니 이 말들이 진실하다면 丙辛 兩 日生이 癸巳時나 丁酉時만 된다면 세상에서 공부하지 않고도 벼슬을 할 수 있다는 말이 아닌가?

일간이 왕하려면 지지에 비견이 없어서는 안 되는 것이고 식록(食祿)을 王家에서만 祿이 되는 것으로 알아서는 안 된다. 가령 한 字의 祿만으로 格을 말할 수 있다면 사주의 다른 神들은 폐지시키고 없어도 된다는 말과 같은 것이니, 이미 柱中의 祿이 아름다운 것이라면 어찌 운에서 祿支를 만나면 녹당(祿堂)이라 하여 반대로 파가(破家) 인망(人亡)한다고 하는가?

命은 五行의 理요 格은 오행의 正인 것이다. 命을 논하고 格을 취할 때는 모름지기 오행의 正理를 추구하여 근원까지 철저히 궁통한다면 수명의 장단까지도 틀리지 않는다.

대체로 격국이 진실되고 순수한 자는 백 명 중에 한두 사람뿐이고 파괴되어 잡기로 된 것이 10 중 8, 9이며 格을 취할 수 없는 경우가 심히 많고 용신을 찾아 잡을 수도 없는 경우가 적지 아니하다. 格이 바르고 용신이 참되고 行運이 어긋나지 않으면 名利가 저절로 생기나, 格이 파괴되고 용신이 손상되면 이른바 病이 있는 것이니 근심만 많고 즐거움은 적을 것이다. 이 때 아마도 행운에서 마땅한 바를 만나 그 파손시키는 흠(欠)을 제거하고 희신이나 용신을 도와준다면 사람으로 비유한다면 깊이 병에 감염되었다가 좋은 약을 만나 살아나는 것과 같은 것이니 貴를 못한다면 역시 富라도 하게 되는 것이다.

格을 취할 것이 없을 때는 용신을 찾아보아 용신도 유력하고 행운이 순탄하면 역시 창업 흥가(興家)할 수 있다.

格을 취할 수도 없고 용신을 찾아봐도 쓸 것이 없으면 단지 그 대세(大勢)를 보고 일주의 바라는 곳으로 운로가 진행하여 그 기쁜 바를 보조하고 꺼리는 바를 제거한다면 비록 녹녹(碌碌)하게 경영하고 살아왔더라도 춥고 배고픈 재앙은 면할 수 있다. 만약 행운이 또 취할 것이 없는 곳으로 나가면 가난하지 않으면 천할 것이다.

만약 格이 바르고 용신이 참되었더라도 五行이 어그러졌다면 일생 동안 뜻만 갖고 있지 펴지를 못한다.

甲	丙	庚	己
午	午	午	巳

甲	乙	丙	丁	戊	己
子	丑	寅	卯	辰	巳

이 사주는 속론으로 丙午 일주가 三午를 모두 갖추었으며 사주 내에 水氣가 전무한데 중년까지도 水 운이 없으니 반드시 비천녹마(飛天祿馬) 격이 되어 명리(名利) 양전(兩全)할 것이다.

이는 午 중 己土와 巳 중 庚金 元神이 年月 兩干에 투출하였으므로 火土가 참된 상관생재(傷官生財) 격이 되었음을 모르는 것이다.

초운 己巳 戊辰 운은 火를 설기시켜 金 財를 생하니 유업이 자못 풍부하였고, 丁卯 丙寅 운은 土金이 희신과 용신인데 모두 상하므로 연거푸 세 차례나 화재를 만났고 양처(兩妻)와 4명의 자식까지 손상하고 가업이 모두 파산되었다.

乙丑 운으로 바뀌자 북방 습토가 회화(晦火) 生金하고 巳와 반합되어 유정하니 경영하는 일에서 크게 이익을 남겨 다시 처(妻)도 들이고 자식도 낳았으며 가문의 명예를 거듭 떨쳤다. 甲

子 癸亥 북방 水地에는 윤토(潤土) 양금(養金)하므로 수만의 재물을 일으켰다. 이 사주를 만약 비천합록(飛天合祿) 격으로 논하였다면 水 운에 크게 나빴을 것이다.

| 己 | 乙 | 癸 | 丁 |
| 卯 | 卯 | 卯 | 丑 |

| 丁 | 戊 | 己 | 庚 | 辛 | 壬 |
| 酉 | 戌 | 亥 | 子 | 丑 | 寅 |

乙卯 일주가 卯月 卯時에 생하니 극왕하다.

기쁜 것은 丁火가 독출하여 설기 정영하는 것인데 아깝게도 癸水가 극하니 秀氣가 손상되었고 己土가 절지에 있으므로 癸水를 극거하지 못한다. 그러므로 글공부를 이어주지 못하였다.

초중 운은 水木地이므로 형상 파모하였고 가업이 점점 소진되었으나 戊戌 丁 운에 경영하는 일이 크게 따라 주어서 수만의 재물을 일으켰다. 이를 비천녹마격으로 논한다면 戊戌 운에 크게 파(破)하였을 것이다.

| 甲 | 甲 | 癸 | 丁 |
| 戊 | 辰 | 丑 | 未 |

| 丁 | 戊 | 己 | 庚 | 辛 | 壬 |
| 未 | 申 | 酉 | 戌 | 亥 | 子 |

이 사주는 지지가 四庫인데 충(沖)을 만나고 있다. 속론으로는 잡기재관격이라 한다. 그러나 이는 丑未가 충을 하면 관성이 傷하고 또 고근(庫根)까지도 충파된다는 것을 모르고 하는 소리이다.

일주 坐下의 여기도 역시 근반(根盤)이 되나 혐의가 있는 것은 戊이 충하므로 미미한 뿌리가 이미 뽑혔다. 재다신약한데 또 旺土가 충동하면 더욱 강해져서 癸水는 반드시 상하게 된다.

초운 壬子 辛亥 수왕지(水旺地)에는 윗대의 음덕이 유여했고, 庚戌 財殺 운으로 바뀌면서 부모가 함께 서거하였고, 형처 극자까지 하였으니 己酉 戊申은 土가 천간에 개두하여 金이 生水를 하지 못하므로 가업을 모두 파진시키고 無子에 사망하였다.

辛	甲	癸	丁
未	子	丑	亥

丁戊己庚辛壬
未申酉戌亥子

甲子 일주가 丑月에 생하고 支가 북방류를 깔고 천간에 癸辛이 투출하였다. 官과 인수의 元神이 노출하여 丁火를 제거하고 丑과 未가 요충하지만 水의 세력이 권을 잡고 있으니 丑을 沖하지 못한다. 바르게 중화의 상을 이루었으므로 土金水 운에는 生化의 정이 있어서 일찍부터 반수(泮水)[106]에서 유림(儒林)들과 어울렸고 가을 고시에 합격하였다.

격국이 청한(淸寒)하기 때문에 벼슬길이 내놓을 만한 자리가 아니었고 반궁(泮宮)에서 날마다 공자의 경전을 울리는 목탁이나 치고 따뜻한 봄날이 오면 행단(杏壇)[107]에 앉아 풍류나 읊조

---

106) 제후들이 모이는 반궁(泮宮)을 돌아 흐르는 물로서 근반(芹泮)이라고도 함

※ 반궁(泮宮) : 《시경(詩經)》 노송(魯頌) 반수(泮水) 편(篇)에 「사락반수박채기근(思樂泮水薄采其芹)」에 나온 말로 제후들이 활쏘기를 배우는 곳. 또는 유림(儒林)들이 시유(詩遊)를 하는 곳.

107) 공자가 많은 제자들을 길러낸 곳인데 곡부의 공자 묘 안에 있음

리고 지냈다.

앞 사주는 沖을 만나 官印이 모두 상하였으니 명리를 이룰 수 없었고 이 사주는 官印이 부동하고 있으니 이름을 내고 이로움도 따랐다.

이 두 사주로 「묘고봉충필발(墓庫逢沖必發)」이라 한 것이 틀렸음을 알 수 있다.

體用 체용

道有體用。不可以一端論也。要在扶之抑之得其宜。
도 유 체 용 。 불 가 이 일 단 론 야 。 요 재 부 지 억 지 득 기 의 。

　道에는 체용이 있으니 한 끄트머리만 잡고 논하는 것은 불가하다.

　중요한 것은 扶할 것인가 억제할 것인가 그 마땅한 바를 득하는 것이다.

【原注】

有以日主爲體。提綱爲用。日主旺。則提綱之食神財官皆爲我用。日主弱。則提綱有物幇身以制其强神者亦皆爲我用提綱爲體。喜神爲用者。日主不能用乎提綱矣。提綱食傷財官太旺。則取年月時上印比爲喜神。提綱印比太旺。則取年月時上食傷財官爲喜神而用之。此二者。乃體用之正法也。有以四柱爲體。暗神爲用者。必四柱俱無可用。方取暗沖,暗合之神。有以四柱爲體。化神爲用。四柱有合神。卽以四柱爲體。而以化合之神可用者爲用。有以化神爲體。四柱爲用。化之眞者。卽以化神爲體。以四柱中與化神相生相剋者。取以爲用。有以四柱爲體。歲運爲用。有以喜神爲體。輔喜神之神爲用。所喜之神。不能自用。以爲體用輔喜之神。有以格象爲體。日主爲用者。須八格氣象。及暗神化神忌神客神。皆成一個體段。若是一面格象。與日主無干者。或傷剋日主太過。或幇扶日主太過。中間要尋體用分辨處。又無形迹。只得用日主自去引生喜神。別求一箇活路爲用矣。有以日主爲用。有用過於體者。如用食財。而財官食神盡行隱伏。及太發露浮泛者。雖美亦過度矣。有用立而體行者。有體立而用行者。正體用之理也。如用神不行於流行之地。且又行助體之運則不妙。有體用各立者。體用皆旺。不分勝負。行運又無輕重上下。則各

立。有體用俱滯者。如木火俱旺。不遇金土則俱滯。不可一端定也。然
體用之用。與用神之用有分別。若以體用之用爲用神固不可。舍此以別
求用神又不可。只要斟酌體用眞了。於此取緊要爲用神。而二三四五處
用神者。的非妙造。須抑揚其重輕。毌使有餘不足。

　일주를 體로 하고 제강(提綱＝월령)을 用으로 할 때는 일주가 왕하
면 제강신이 식신이나 재관이라도 모두 나의 用이 될 수 있고 일주가
약하면 제강신이 身을 돕고 그 强神을 제압해 주는 것이면 모두 나의
用이 될 수 있다.

　제강을 체로 하고 희신을 用으로 하는 경우 일주는 제강의 용신이
될 수 없는 것이다. 제강이 식신 재관으로 태왕하면 연, 월, 시 상의
인수나 비겁이 희신이 될 수 있으며, 제강이 인수나 비겁으로 태왕하
면 연, 월, 시 상의 식상이나 재관을 취하여 희신이나 용신으로 할 수
있다. 이 두 가지가 體用의 정법이다.

　사주를 體로 하고 暗神을 용신으로 하는 경우가 있는데, 반드시 사
주에 용신이 될 만한 것이 없을 때는 暗沖 暗合하는 神을 취하는 것이
다.

　사주를 體로 하고 化神을 용신으로 삼는 것은 사주에 合神이 있을
때는 사주가 體이면서 化合神 중에 쓸 수 있는 것으로 용신을 삼는 것
이다.

　化神을 體로 하고 사주를 용신으로 하는 경우 化가 참될 때는 化神
이 體가 되는데 사주 중에서 化神과 상생이나 상극되는 것을 취하여
용신으로 삼는 것이다.

　사주를 體로 하고 세운을 用으로 삼는 것도 있고, 희신을 體로 하고
희신을 보조하는 神으로 用하는 경우도 있으니 희신이 스스로는 용신
이 될 수 없을 때인데 體用이 희신을 보조하는 神으로 될 수 있었기
때문이다.

　또 格象을 體로 하고 일주를 用으로 하는 경우도 있으니, 모름지기

八格의 氣象이 暗神, 化神, 忌神, 客神에 미쳐서 하나의 체단(體段)을 이룬 것이다. 만약 하나의 格象이 일주의 간섭이 없는 것으로 되었을 때 혹 태과한 일주를 상극하거나 혹 태과한 일주를 방부(幇扶)하여 중간에 體用의 분변처를 찾는 것이 중요하다. 또 형적이 없는데 단지 용신만을 득하기 위하여 일주가 스스로 나가 희신을 이끌어 생하고자 하면 별개의 활로를 달리 구하여 용신을 삼아야 한다.

일주를 用으로 하였는데 용신이 體보다 과한 것은 食財를 用할 경우 財官 食神이 모두 은복된 神으로 행하면 발로(發露)한 神도 크게 부범(浮泛)되었을 것이니 비록 아름답다 해도 역시 과도하다는 것이다.

用神을 세워 놓고 體로 行하는 자도 있고 體를 세워 놓고 用으로 행하는 것이 있는데 體用의 바른 이치이다. 가령 용신이 흘러가고자 하는 곳으로 행하지 아니하고 또 體를 돕는 運으로 행하면 아름다울 수 없다.

體用이 각기 따로 세워야 하는 경우가 있으니 體用이 모두 왕하여 승부를 낼 수 없을 경우인데 행운에서 또 상하의 경중이 없으면 따로 세워야 한다. 體用이 함께 체(滯)한 것이 있는데, 가령 木火가 함께 旺하지만 金土를 만나지 못한 경우 체(滯)한 것이니 한 가지만 가지고 단정하는 것은 불가하다.

그러나 體用에서의 用이 用神에서의 用과는 분명히 다르다. 만약 體用의 用으로 用神으로 하는 것도 불가하다. 그렇다고 이를 버리고 달리 用神을 구하는 것도 역시 불가하다. 단지 體用의 참 뜻을 참작하는 것이 중요하다. 이에서 용신을 취하는 것이 긴요하고 2, 3, 4, 5個 처(處)에서 용신이 있는 것은 결코 좋은 사주가 아니라고 단언할 수 있다. 모름지기 그 중경(重輕)과 억양(抑揚)으로 유여하거나 부족한 것이 없어야겠다.

【任注】

體者形象氣局之謂也, 如無形象氣局, 卽以日主爲體用者用神也,

非體用之外別有用神也,原注體用與用神有分別,又不詳細載明,
仍屬糢糊了局,可知除體用之外,不能別求用神,玩本文末句云,要
在扶之抑之得其宜,顯見體用之用,即用神無疑矣,旺則抑之,弱則
扶之,雖不易之法,然有不易中之變易者,惟在審察得,其,宜,三字
而已矣,旺則抑之,如不可抑,反宜扶之,弱則扶之,如不可扶,反宜
抑之,此命理之眞機,五行顚倒之妙用也蓋旺極者抑之,抑之反激
而有害,則宜從其强而扶之弱極者扶之,扶之徒勞而無功,則宜從
其弱而抑之,是不可以一端論也,

如日主旺,提綱或官或財或食傷,皆可爲用,日主衰,別尋四柱干
支有幫身者爲用,提綱是祿刃,即以提綱爲體,看其大勢,以四柱
干支食神財官,尋其得所者而用之,如四柱干支財殺過旺,日主旺
中變弱,須尋其幫身制化財殺者而用之,日主爲體者,日主旺,印
綬多,必要財星爲用,日主旺,官殺輕,亦以財星爲用,日主旺,比
刦多,而無財星,以食傷爲用,日主旺,比刦多而財星輕,亦以食傷
爲用,日主旺,官星輕,印綬重,以財星爲用,日主弱,官殺旺,則以
印綬爲用,日主弱,食傷多,亦以印綬爲用,日主弱財星旺,則以比
刦爲用,日主與官殺兩停者,則以食傷爲用,日主與財星均敵者,則
以印比爲用,此皆用神之的當者也,

如日主不能爲力,合別干而化,化之眞者,即以化神爲體,化神有餘,
則以洩化神之神爲用,化神不足,則以生助化神之神爲用,

局方曲直五格,日主是元神,即以格象爲體,以生助氣象者爲用,或
以食傷爲用,或以財星爲用,只不宜用官殺,餘總視其格局之氣勢
意向而用之,毋執一也,

如無格無局,四柱又無用神可取,即或取之,或被閑神合住,或被冲
神損傷,或被忌神刦占,或被客神阻隔,不但用神不能顧日主,而日
主亦不能顧用神,若得歲運破其合神,合其冲神,制其刦占,通其阻

隔,此謂歲運安頓,隨歲運取用,亦不失爲吉也,

原注云,二三四五用神者,的非妙造,此說大謬,只有八字,若去四
五字爲用神,則是除日干之外,只有兩字不用,斷無此理,總之有用
無用,定有一個着落,碻乎不易也,命中只有喜用兩字,用神者,日
主所喜,始終依賴之神也,除用神喜神忌神之外皆閑神客神也,學
者宜審察之,大凡天干作用,生則生,尅則尅,合則合,沖則沖,易於
取材,而地支作用,則有種種不同者,故天干易看,地支難推,

【해설】 體란 형상(形象) 기국(氣局)을 이르는 말이다. 가령 形
象 氣局이 없을 때는 일주를 體로 한다. 用이란 용신을 말하는
데, 體用에서 말하는 용신 외에 별도의 용신이 있는 것은 아니
다. 原註에 체용과 용신은 분별이 있다 하였는데 상세하게 밝혀
놓지 아니하였고 모호하게 局을 귀속시켰으니 체용을 제하고는
달리 용신을 구할 수 없음을 알 수 있다.

　본문의 끝 구절을 보면 「요재부지억지득기의(要在扶之抑之得
其宜)」[108]라 하였으니 體用에서의 用은 즉 용신을 나타낸 말이
라는 것을 의심할 여지가 없음을 알 수 있다.

　왕한 즉 억지(抑之)하고, 약한 즉 부지(扶之)하는 것이 비록
바꿀 수 없는 법이기는 하나, 바꿀 수 없는 중에서도 변역(變易)
함이 있는 것이니 오직 「득기의(得其宜)」[109] 3字를 세심하게
관찰하여야 한다.

　왕하면 억제하는 것이 당연하지만 억제가 불가할 땐 반대로
生扶하는 것이 마땅하고 약하면 생부하는 것이 당연하지만 생부

---

108) 중요한 것은 생부할 것인가 억제할 것인가 그 마땅한 바를 얻는
　　데 있다.
109) 그 마땅한 바를 찾아라.

함이 불가할 때는 반대로 억제하는 것이 마땅하니 이것이 命理의 참 기틀을 깨닫는 것이며, 五行이 전도(顚倒)하는 묘용(妙用)을 아는 것이다.

대개 旺이 극(極)에 도달한 것은 억제해야 하나 억제하면 반대로 왕자(旺者)를 격분시켜 害를 받게 되니 마땅히 그 강세를 좇아서 扶之해야 하고, 弱함이 極에 달한 것은 생부하고 싶지만 생부하면 한갓 헛수고만 할 뿐 功이 없을 것이니 도리어 그 약한 것을 억제하여야 하니 이는 한 가지만 잡고 논명(論命)함은 불가함을 이른 것이다.

가령 일주가 왕하면 제강(提綱=월령)에 혹 관성이나 재성이나 식상이 모두 용신으로 가하고, 일주가 쇠약하면 달리 사주의 干支에서 방신자(幫身者)를 찾아 용신으로 삼는 것이다. 제강신이 祿이나 刃일 때는 제강신을 體로 하고 그 대세를 보아 사주 干支에 식신이나 재관 중에서 그 소용자를 찾아 용신으로 사용한다. 가령 사주 干支에 財와 殺이 지나치게 왕성하면 일주는 旺中에서도 弱으로 변하게 되니 방신자(幫身者)나 財殺을 制化하는 것을 용신으로 쓴다.

일주가 體가 되는 경우 일주가 왕하고 인수가 많으면 반드시 재성을 찾아 용신으로 씀이 중요하다.

일주가 왕하고 관살이 輕한 것도 역시 재성으로서 용신을 삼는 것이며,

일주가 왕하고 비겁이 많은데 재성이 없으면 식상으로서 용신을 삼는다.

일주가 왕하고 비겁이 많아 재성이 경한 경우도 역시 식상이 용신이고,

일주가 왕하고 관성이 경하고 인수가 重重하면 역시 재성이

용신이다.

　일주가 약하고 관살이 왕하면 인수로서 용신을 삼고,

　일주가 약하고 식상이 많으면 역시 인수가 용신이고,

　일주가 약하고 재성이 왕하면 비겁이 용신이다.

　일주와 관살이 양정(兩停)이면 식상이 용신이고,

　일주와 재성이 균적(均適)하면 인수나 비겁으로 용신을 삼는 것이니 이들은 모두 용신 잡기가 적당할 때의 경우이다.

　또 일주가 위력이 없고 다른 干과 합함이 있어 化하였다면 참된 合化이니 그 化神을 體로 하고 化神이 유여하면 化神을 설하는 神으로 용신을 삼고, 化神이 부족하면 化神을 생조하는 神으로 용신을 삼는다.

　局, 方, 곡직(曲直) 五格은 일주가 原神이니 格象을 體로 하고 그 氣象을 생조하는 神으로 용신이 되나, 혹 식상으로 용신이 되는 경우도 있으며, 혹 재성으로 용신이 되는 경우도 있으나, 다만 관살로 용신을 삼는 것은 마땅치 못하다. 나머지는 모두 그 격국의 기세(氣勢), 의향(意向)을 보고 용신을 쓰는 것이니 하나만 잡고 고집하지 말 것이다.

　가령 無格 無局인데 사주에서도 또 용신으로 취할 만한 것이 없으면, 혹 취한다 해도 한신(閑神)이 합주(合住)한다거나, 沖破되어 손상을 입는다거나, 기신에게 겁점(刦占)당한다거나, 객신(客神)에게 조격(阻隔)당한다면 용신이 일주를 돕지 못할 뿐만 아니라 일주 역시 용신을 도울 수 없을 것이다. 이 때 만약 세운에서 그 合神을 破한다거나, 그 沖神을 합한다거나, 刦占하는 것을 제압한다거나, 조격(阻隔)되어 막힌 것을 통하게 한다면 이는 이른바 세운이 안돈(安頓)하여 세운을 좇아서 용신을 취한 것이니 역시 길함을 잃지 않는 것이다.

原註에 이르기를「이삼사오용신자. 적비묘조(二三四五用神者. 的非妙造)」110)라 한 것은 크게 잘못된 것 같다. 단지 사주 팔자인데 만약 4, 5개를 용신으로 빼고 日干을 제하고 나면 불과 두세 字만 남으니 이에는 단정코 理가 없다고 할 수 있다.

총론컨대 용신이 있든 없든 오행 중 한 개를 결정하여 用하여야 함이 확실하고 바꿀 수 없는 이론이다. 命中에는 단지 희신과 용신이 한 字씩밖에 없다. 용신이라 함은 일주가 기뻐하는 것으로 처음부터 끝까지 의지하고 힘입어야 하는 神인 것이다. 용신, 희신, 기신 외에는 모두 한신과 객신이니 학자들은 마땅히 깊이 있게 살펴야 한다.

무릇 천간 작용은 生則生이고 剋則剋이요 合則合이며 沖則沖으로 하기 때문에 취하기가 비교적 쉬우나 지지의 작용은 종류종류별로 다른 것이 있으므로 천간은 쉽게 보이고 지지는 추리하기가 조금 어렵다.

癸	丙	甲	丙
巳	午	午	寅

庚	己	戊	丁	丙	乙
子	亥	戌	酉	申	未

이는 丙火가 장하령(長夏令)에 태어나 月支와 坐에 양인을 깔고 앉았으며 年支에서 생함을 만나고 時支에서는 녹(祿)이 되며 年月 兩支는 甲과 丙을 투출시키니 火가 과열하여 木을 불사른다. 이는 旺함이 극(極)에 이르렀으므로 한 점의 癸水가 볶여서 건조되어 버리니 부득이 그 강세에 종(從)하여야 한다.

---

110) 용신이 2, 3, 4, 5 개가 되는 것은 절대로 좋은 사주가 못 된다.

216

대운 木火土에는 재물이 많이 증가되었으나 申酉 운에서 형모(刑耗) 다단(多端)하였고, 亥 운에 맹렬한 火를 충격하여 가업을 모두 破하고 사망하였다. 이른바 旺이 극에 도달한 것을 반격(反激)하면 害가 있음이다.

丙	丙	庚	戊
申	申	申	寅

丙 乙 甲 癸 壬 辛
寅 丑 子 亥 戌 酉

丙火가 초가을에 생하여 秋金이 승령(乘令)하였고 3申이 寅 하나를 沖去하니 丙火의 뿌리가 뽑혀 버렸다. 時에 비견(比肩) 역시 위력을 잃었고, 年月 兩干에는 또 土金이 투출하니 어찌할 수 없어서 그 약한 것은 세를 좇아 從財하여야 한다. 그러면 비견이 병(病)이 되었다. 그러므로 운이 水旺地로 나가니 비견을 제거하여 사업을 크게 일으켰고 丙寅은 일주를 도우므로 형상파모(刑喪破耗)하였다.

이는 이른바 약극자(弱極者)를 생부하면 도로무공(徒勞無功)이니 害가 된다 함이다. 이들의 격국은 편벽됨이 많으므로 속론으로 말하면 앞의 사주는 반드시 金水를 용신으로 하고 이 사주는 木火로 용신을 잡으니 길흉이 바뀔 수밖에 없어 도리어 명리는 근거가 없다는 허물이 돌아오게 될 것이다. 따라서 특히 이 두 개의 명조를 책에 기록하여 후세의 증거로 삼는다.

精神 정신

人有精神。不可以一偏求也。要在損之益之得其中。

인 유 정 신 。 불 가 이 일 편 구 야 。 요 재 손 지 익 지 득 기 중 。

사람에게는 精神이 있는 것이니 한쪽으로 치우쳐 구함은 불가
한 것이고 중요한 것은 損하고 益함에 있는 것이니 그 중화시키
는 바를 찾아라.

【原注】

精氣神氣皆元氣也。五行大率以金水爲精氣。木火爲神。氣而土所以實之
者也。有神足不見其精而精自足者。有精足不見其神而神自足者。有精缺
神索。而日主虛旺者。有精缺神索。而日主孤弱者。有神不足而精有餘
者。有精不足而神有餘者。有精神俱缺而氣旺。有精神俱旺而氣衰。有精
缺得神以助之者。有神缺得精以生之者。有精助精而精反洩無氣者。有神
助神而神反斃無氣者。二者皆由氣以主之也。凡此皆不可以一偏求也。俱
要損益其進退。不可使有過不及也。

精·氣·神의 氣는 모두 원기(元氣)이다. 오행에서는 대체로 金水를
精氣로 하고, 木火를 神氣로 하고, 土를 실체(實體)로 삼는 것이 보통
이다.

神이 足하면 精이 나타나지 아니하였더라도 精은 스스로 족할 수
있고, 精이 족하면 神은 나타나지 아니하였더라도 神 스스로가 족할
수 있다. 精이 결손되고 神도 흩어지는데 일주만 虛旺한 경우가 있고,
精이 결손되고 神도 흩어 없어졌는데 일주만 고약(孤弱)한 경우도 있
다. 또 神은 부족하더라도 精만 유여한 경우도 있고, 精이 부족한데
神만 유여한 경우도 있고, 神과 精이 함께 결손되었는데 氣만 旺한 경
우도 있고, 精神이 함께 왕한데 氣만 쇠약한 경우도 있다.

　精은 결손되었는데 神만 있어서 돕는 경우도 있고, 神은 결손되었는데 精만 있어서 생하는 경우도 있으며, 精이 있는데 精을 생조하기도 하고 精을 반대로 洩氣하여 氣가 없는 경우도 있고, 神이 있는데 神을 생조하기도 하고, 神을 반대로 죽여 없애고 무기한 경우도 있으니 이 두 가지들은 모두 氣로 말미암아 주재하는 것이다.

　무릇 이는 모두 한쪽 편만 잡고 구하는 것은 불가하고, 중요한 것은 손익(損益)과 진퇴(進退)이니 넘치거나 모자라는 것이 있으면 불가한 것이다.

【任注】

精者, 生我之神也, 神者, 剋我之物也, 氣者, 本氣貫足也, 二者以精爲主, 精足則氣旺, 氣旺則神旺, 非專以金水爲精氣, 木火爲神氣也, 本文末句云, 要在損之益之得其中, 顯非金水爲精, 木火爲神。必得流通生化損益敵中, 則精氣神三者備矣, 細究之, 不特日主用神體象有精神, 卽五行皆有也, 有餘則損之, 不足則益之, 雖一定中之理, 然亦有一定中之不定也, 惟在審察得其中三字而已, 損者, 剋制也, 益者, 生扶也, 有餘損之過, 有餘者宜洩之, 不足益之過, 不足者宜去之, 此損益之妙用也, 蓋過于有餘, 損之反觸其怒, 則宜順其有餘而洩之, 過于不足, 益不受補, 則宜從其不足而去之是不可以一偏求也, 總之精太足宜益其氣, 氣太旺宜助其神, 神太洩宜滋其精, 則生化流通, 神淸氣壯矣, 如精太足, 反損其氣, 氣太旺, 反傷其神, 神太洩, 反抑其精, 則偏枯雜亂, 精索神枯矣, 所以水泛木浮, 木無精神, 木多火熾, 火無精神, 火焰土焦, 土無精神, 土重金埋, 金無精神, 金多水弱, 水無精神, 原注以金水爲精氣, 木火爲神氣者, 此由臟而論也, 以肺屬金, 以腎屬水, 金水相生, 臟于裏, 故爲精氣, 以肝屬木, 以心屬火, 木火相生, 發于表, 故爲神氣, 以脾屬土, 貫于周身, 土所以實之也, 若論命中之表理精

神,則不以金水木火爲精神也,譬如旺者宜洩,洩神得氣爲精足,
此從裏發于表,而神自足矣,旺者宜剋,剋神有力爲神足,此由表
達于裏,而精自足矣,如土生于四季月,四柱土多無木,或干透庚
辛,或支藏申酉,此謂裏發于表,精足神定,如土多無金,或干透甲
乙,或支藏寅卯,此謂表達于裏,神足精安,土論如此,五行皆同,
宜細究之,

【해설】 精이란 나를 생하는 神이요, 神이란 나를 극하는 物
이며, 氣는 本氣가 관족함을 말한다. 이 두 가지는 精을 위주로
하는 것이니 精이 만족하면 氣가 왕성하고 氣가 왕하면 神이
왕한 것이다. 오로지 金水를 정기(精氣)로 하고 木火를 神氣로
하는 것만은 아니다. 본문 말구에 이르기를「요재손지익지득기
중(要在損之益之得其中)」이라 한 것은 金水를 精으로 하고 木
火를 神으로 나타낸 말은 아니다. 반드시 유통 생화됨을 득하
고 손익이 적당하여 중화를 지키면 精·氣·神 세 가지가 모두
갖추어지는 것이다.

세밀하게 연구하여 보면 특별하게 日主, 用神, 體象에만 정신
이 있는 것은 아니고 모든 오행에 다 있는 것이다. 유여하면 덜
어내고 부족하면 더해줘야 하는 것이 비록 일정한 중용(中庸)의
이치이다. 그러나 한 가지로 징하여진 法 중에서도 이를 부정하
는 法도 있는 것이니 오직 得氣中(그 중화시키는 바를 찾아서)
3字를 잘 살피는 데 있다.

損이란 극제(剋制)함을 말하고 益이란 생부함을 말한다. 그러
나 유여하다고 과극(過剋)하기보다는 유여함을 마땅히 설기시켜
야 할 경우가 있고, 부족하다고 생부를 과하게 하기보다는 부족
하니 오히려 극거하여야 할 경우가 있는 것이니, 이것이 손익법

의 묘용인 것이다. 대개 유여함이 지나친데 손극(損剋)하려 하면 화를 내고 반대로 내지르게 되므로 마땅히 그 유여함에 순기세(順氣勢)하여야 하니 설기하여야 하고, 부족함이 지나쳐서 생부하여도 받아들이지 못할 때는 그 부족함을 좇아서 극거하여야 하는 것이니 한쪽만 보고 구해서는 안된다. 총론컨대,

정(精)이 태족(太足)하면 마땅히 그 기(氣)를 益(더할 익)하여야 하고, 기(氣)가 태왕(太旺)하면 마땅히 그 신(神)을 생조(生助)하여야 하며, 神을 태설(太洩)하면 마땅히 그 정(精)을 자윤(滋潤)하여야 한다. 그러면 곧 生化流通하고 신청기장(神淸氣壯)하게 된다.

가령 정(精)이 태족(太足)한데 도리어 그 기(氣)를 손(損)한다거나, 기(氣)가 태왕(太旺)한데 도리어 그 신(神)을 상(傷)한다거나, 신(神)을 태설(太洩)하는데 도리어 그 정(精)을 억제(抑制)한다면 곧 편고(偏枯) 잡란(雜亂)하여 정삭(精索) 신고(神枯) 하게 되는 것이다.

그러므로 수범목부(水泛木浮)면 목무정신(木無精神)이요
목다화치(木多火熾)면 화무정신(火無精神)이요
화염토초(火焰土焦)면 토무정신(土無精神)이요
토중금매(土重金埋)면 금무정신(金無精神)이요
금다수약(金多水弱)이면 수무정신(水無精神)이다.

원주에 金水를 精氣로 하고 木火를 神氣로 한 것은 오장(五臟)에다 비유하여 한 말이니 폐(肺)는 金에 속하고 신(腎)은 水에 속하니 金水相生하여 안으로 저장하므로 精氣로 하였고, 간(肝)은 木에 속하고 心은 火에 속하니 木火相生하면 겉으로 발산하는 고로 神氣로 하였으며, 土는 온 몸을 두루 관족(貫足)시키니 土는 實로 간다. 그러므로 命 중에서 표리(表裏), 精神은 곧 金水, 木火로만 精神으로 하지 않는 것이다.

　비유컨대 왕자의설(旺者宜洩)에서 洩神, 得氣를 精이 足하다한 것은 속에서부터 겉으로 發하는 것이니 神이 自足함이요,왕자의극(旺者宜剋)에서 剋神이 有力하면 神이 足하다 함은 겉에서 시작하여 속으로 통하게 하는 것이니 精이 自足하게 된것이다.

　가령 土가 四季月에 生하여 사주에 土가 많고 木이 없는데 천간에 庚辛金이고 지지에 申酉 金이면 이는 이른바 이발우표(裏發于表)111)이니 精은 足하고 神은 안정될 것이다. 또 가령 토다금매에서 혹 천간에 甲乙이 투출하고 지지의 寅卯에 통근하고있으면 이는 이른바 표달우리(表達于裏)이니 神은 관족하고 精은 안정할 것이다.

　土로 논함이 이와 같으니 다른 오행도 모두 같다. 세밀하게 관찰하고 연구함이 마땅할 것이다.

戊	丙	甲	癸
戌	寅	子	酉

戊	己	庚	辛	壬	癸
午	未	申	酉	戌	亥

이 명조에서는 甲木이 精인데 衰木이 水를 得하여 번성할 수 있게 되었고, 지지에 寅의 祿을 만났으니 精이 足하다. 또 戊土가 神인데 앉은자리의 戌에 통근하고 있으며 寅戌이 반합하니 神旺하다. 官은 印을 생하고 印은 身을 생하고 있으며, 일주가 坐下에 장생을 놓고 있으니 氣가 잘 유통하고 있다. 또 五行이 모두 갖춰져 있는데 서로 생화하니 좌우 상하가 모두 협조하여 유

---

111) 속에서 발하여 겉으로 연결함.

정하고 어그러지지 않았다.

官이 와도 능히 막을 수 있고, 비겁이 와도 官이 있고, 식신이 오면 인수가 있으니 동서남북의 어느 운이 와도 모두 가하다. 이런 까닭에 일생 부귀, 복락을 누렸고 장수하였으니 가히 아름답지 않은가?

庚	丙	乙	癸
寅	辰	卯	未

己	庚	辛	壬	癸	甲
酉	戌	亥	子	丑	寅

이 명조는 대세(大勢)로 보면 官印 相生하고 時에 편재를 만났으며 오행이 결함이 없고 사주가 순수하니 엄연한 귀격으로 보인다. 그러나 이는 다음과 같은 것을 모르고 하는 소리이다. 즉 이 사주는 財官 兩字가 휴수되었고 또 멀리 떨어져 막혀 있으니 서로를 돌아볼 능력이 없다. 또 地支는 寅卯辰을 온전히 갖추고 있으니 春土가 剋을 받아 힘이 다하여 金을 생할 힘이 없고, 또 金은 절지에 임해 있어 水를 생할 능력이 없으니 水의 氣는 木에게로 설기되어 水는 힘이 다하였고 木의 勢가 지나치게 旺하니 火가 치열(熾烈)하다. 火가 치열한 즉, 氣가 죽어 스러지고 氣가 폐(斃)한 즉, 神이 마르게 된다.

대운이 북방으로 흐르니 다시 또 丙火의 氣가 傷하고 도리어 精인 木만 생조되고 있으나 곧바로 金 운을 만나게 되니 소위 유여함이 지나친 것을 덜어내려고 하면 도리어 그 노함을 받게 된다는 이치에 부합된다.

이리하여 종신(終身)토록 평범하여 별 쓸모가 없었고 名利도 이루지 못했다.

己　丙　乙　戊
丑　辰　丑　戌

己　庚　辛　壬　癸　甲
未　申　酉　戌　亥　子

이 사주는 온통 土인데 命主 原神은 설기당하여 힘이 다했고 月干 乙木은 시들어 말라 버렸으니 소위 精氣는 말라버린 새끼줄 꼴이다.

壬戌 운을 만나니 本主가 상함을 받게 됐는데 세운 辛未 운에 乙木이 심하게 극을 받아 戌月에 허약증으로 사망하였다.

☞ 翠山註 : 이 사주는 운로가 순행(順行)이어야 하는데 역행(逆行)이 되었으니 고쳐보고 참고하기 바람.

月令_{월령}

月令乃提綱之府。譬之宅也。
월 령 내 제 강 지 부 。 비 지 택 야 。

人元爲用事之神。宅之定向也。不可以不卜。
인 원 위 용 사 지 신 。 택 지 정 향 야 。 불 가 이 불 복 。

월령은 힘의 핵심이 되는 중요한 것을 갖고 있는 곳이니 집으로 비유할 수 있고,

인원은 일을 담당한 신이니 집에서 향을 정하는 것과 같으므로 바르게 선택하지 않는 것은 불가하다.

【原注】

令星乃三命之至要。氣象得令者吉。喜神得令者吉。令其可忽乎。月令如人之家宅。支中之三元。定宅中之向道。不可以不卜。如寅月生人。立春後七日前。皆值戊土用事。八日後十四日前者。丙火用事。十五日後。甲木用事。知此則可以取格。可以取用矣。

영(令＝月令)은 삼명(三命)에서 가장 중요한 곳이니 氣象이 월령을 득한 자는 길하고 희신이 득령자도 길하니 월령을 소홀히 하겠는가?

월령은 사람의 가택과 같고 支 중의 三元은 택(宅) 중의 향도(向道)와 같은 것이니 선택하지 않으면 불가하다.

가령 寅月生 人이 立春 후 7일까지는 모두 戊土가 用事하고 8일부터 14일 전까지는 丙火가 用事하고 15일부터 그 후는 甲木이 用事하는 것이다. 이를 안다면 格을 취함도 옳게 할 수 있으니 이를 가히 선택하여 쓸 것이다.

【任注】

月令者,命中之至要也,氣象格局用神,皆屬提綱司令,天干又有引助之神,譬如廣厦不移之象,人元用事者,卽此月此日之司令神也,如宅中之向道,不可不卜,地理元機云,宇宙有大關會,氣運爲主,山川有眞性情,氣勢爲先,所以天氣動于上,而人元應之,地氣動于下,而天氣從之,由此論之,人元司令,雖助格輔用之道領,然亦要天地相應爲妙,故知地支人元,必得天干引助,天干爲用,必要地支司令,總云人元必須司令,則能引吉制凶,司令必須出現,方能助格輔用,如寅月之戊土,巳月之庚金,司令出見,可置弗論也,譬如寅月生人,戊土司令,甲木雖未及時,戊土雖則司令,天干不透火土而透水木,謂地衰門旺,天干不透水木而透火土,謂門旺地衰,皆吉凶參半,如丙火司令,四柱無水,寒木得火而繁華,相火得木而生助,謂門地兩旺,福力非常也,如戊土司令,木透干支藏水,謂門地同衰,禍生不測矣,餘月依此而論,

【해설】 월령은 사주 가운데서 지극히 중요한 곳이니 氣象, 格局과 用神을 모두 제강에서 담당하고 있기 때문이다.

천간에는 用事者를 인조(引助)하여 이끌어 내는 神이 있어야 한다. 비유컨대 넓고 큰 집은 한번 지어 놓으면 이동할 수 없는 것과 같다고 할 수 있다. 人元 用事란 말은 그 날 그 달의 사령신(司令神)을 말한다. 가령 가택에서 좌향(坐向)을 정하는 설계도와 같으니 가리지 않을 수 없다.

《지리원기(地理元機)》에 이르기를 「우주는 크게 관회(關會)를 하고 있기 때문에 기운(氣運)을 위주로 하고 山川은 참 性情을 갖고 있어서 기세(氣勢)를 우선한다. 天氣가 위에서 활동하기 때문에 人元은 이에 순응하게 되고, 地氣가 아래서 활동하기 때문에 天氣가 이를 좇게 된다」하니 이를 보건대 人元 司令이 비록 조격(助格)하고 보용(輔用)하는 데 가장 우두머리가 되는 것이기는 하나 역시 더 중요한 것은 천지가 상응하는 것이니 이것이 아름다운 것이다. 그러므로 지지의 人元이 가려졌으면 천간에서는 반드시 이를 인조함을 만나야 하고 천간을 用할 때는 반드시 지지에서 사령시켜 주는 것이 중요하다.

총론컨대 人元은 반드시 사령되어야 하니 길신을 이끌어 내고 흉신을 제압할 능력을 갖기 때문이며, 사령신은 반드시 천간에 출현하여야 助格하고 輔用할 능력을 갖게 된다.

가령 寅月의 戊土와 巳月의 庚金은 사령신이 천간에 출현한 것이니 논하지 아니하여도 된다.

寅月生 人에 비유하면 戊土가 사령하였으면 甲木은 아직 때가 이르지 아니한 것이다. 戊土는 비록 사령하였지만 天干에 火土가 투출하지 아니하고 水木이 투출하였다면 門은 쇠약한데 地만 왕한 것이고 천간에 水木은 투출하지 아니하고 火土가 투출하였다면 이른바 門은 왕한데 地가 쇠약한 것이니 이 모두 길흉이 상반(相半)한다. 가령 丙火가 사령하고 사주에 水가 없으면 한목(寒木)이 火를 만났기 때문에 번화하게 된다. 火가 木을 득하였기 때문에 생조(生助)되어 이른바 門과 地가 함께 왕성한 것이니 복력이 평상을 뛰어넘을 것이다.

가령 戊土 사령인데 천간에 木이 투출하였고 他支에 水가 소장되어 있으면 이른바 門과 地가 함께 쇠약한 것이니 예측하지 못하였던 재앙이 발생한다. 나머지 月도 이를 의지하여 논할 것이다.

☞ 翠山註 : 위 밑줄 친 부분은 원서(原書)에는 지쇠문왕(地衰門旺)하고
문왕지쇠(門旺地衰)로 된 것을 필자가 임의로 이같이 고쳤

으니 잘못이 있으면 지도 바랍니다.

丙	戊	丙	甲
辰	寅	寅	戌

壬	辛	庚	己	戊	丁
申	未	午	巳	辰	卯

戊寅 日元이 입춘 15일 후에 생하였으니 甲木 사령이 정당하다. 지지에는 두 개의 寅이 있어 辰戌 土를 심하게 극하고 있으며, 天干에도 甲木이 있어 일간 戊土를 제극하니 언뜻 보면 煞(살)이 왕하고 신약인 듯하다. 그러나 반갑게도 사주 내에 金이 없으니 日元의 氣가 설기되지 않고 있으며, 다시 묘한 것은 水도 없음이니 丙火 인수가 化煞 生身하는 것이다.

이런 연고로 과거에 합격하여 현청(顯靑)에 제수(除綬)되고 부윤(副尹)에 올랐다가 황당(黃堂)까지 지냈으니 명리를 모두 거머쥐었다.

庚	戊	丙	甲
申	辰	寅	戌

壬	辛	庚	己	戊	丁
申	未	午	巳	辰	卯

戊辰 日元이 입춘 후 6일에 생하였으니 戊土 司令이 옳다. 月에는 丙火가 투간하니 생화 유정하다. 일주는 坐下 辰에 통근하여 신왕하고, 또 식신이 殺을 제극하고 있으니 속설로 논한다면 이 사주는 앞의 사주보다 더 좋다고 할 것이다.

그러나 이는 어린 나무와 추운 土는 모두 火를 반긴다는 것을 모르고 하는 소리이다. 하물며 甲木 殺이 이미 丙火를 生하여

化하였는데 다시 또 제극함은 마땅치 않다. 혐오스러운 바는 申時이니 이는 비단 일주를 설기할 뿐만 아니고 丙火의 절지가 되기도 하기 때문이다. 이로 인해 글공부를 마치지 못했고 일생 기도(起倒) 부녕(不寗)하였고 반평생은 형상(刑喪)을 면치 못하고 지냈다.

生時 생시

生時乃歸宿地。譬之墓也。

생 시 내 귀 숙 지 。 비 지 묘 야 。

人元爲用事之神。墓之定方也。不可以不辨。

인 원 위 용 사 지 신 。 묘 지 정 방 야 。 불 가 이 불 변 。

生時는 귀숙지이니 비유하건대 墓와 같은 것이고, 인원은 用事의 神으로 하는 것이니 묘의 方을 정하는 것과 같아서 변(辨)을 하지 않음은 불가하다.

【原注】

子時生人。前三刻。三分壬水用事。後四刻。七分癸水用事。評其與寅月生人。戊土用事何如。丙火用事何如。甲木用事何如。局中所用之神。與壬水用事者何如。癸水用事者何如。窮其淺深如墳墓之定方道。斯可以斷人之禍福。至同年月日而百人各一應者。當究其時之先後。又論山川之異。世德之殊。十有九驗。其有不驗者。不過此則有官。彼則子多。此則多財。彼則妻美。爲小異耳。夫山川之異。不惟東西南北。逈乎不同者。宜辨之。卽一邑一家。而風聲氣習。不能一律也。世德之殊。不惟富貴貧賤。絶乎不侔者宜辨之。卽同門共戶。而善惡邪正。不能盡齋也。學者察此。可以知其興替矣。

子時에 생하고 前 삼각(三刻) 三分은 壬水가 用事하고 後 四刻 七分은 癸水가 용사하게 된다.

실제로 寅月生 人을 평론할 때 戊土가 용사하는 것은 어떻게 할 것이며, 丙火가 용사하는 것은 어떻게 할 것이며, 甲木이 용사하는 것은 어떻게 할 것인가? 국 중에서 소용신(所用神)이 壬水가 용사할 경우

230

는 어찌할 것이며, 癸水를 용사시킬 경우는 어찌할 것인가?

그 천심(淺深)으로 궁구(窮究)하면「분묘(墳墓)의 방도112)를 정하는 것과 같다」하니 이렇게 사람의 길흉화복을 단정 짓는 것이다.

같은 年, 月, 日, 時에 태어난 사람 백 명이 있다면 모두가 한가지로 응답이 있어야 하는데 그렇지 않은 것은 마땅히 그 時의 선후를 보아야 하고 또 山川의 다름과 세덕(世德)의 다름을 궁구하면 열 명 중에 아홉 명은 적중한다. 그 중에 맞지 않는 것이 있는 것은 이쪽은 벼슬이 있으나 저쪽은 자식이 많고, 이쪽은 재물이 많은데 저쪽은 처가 아름답고 하는 정도의 작은 차이에 불과하다.

이에서 산천의 차이라 함은 그저 동서남북뿐만이 아니고 지역과 집안 내력의 다름까지도 마땅히 분변해야 한다. 즉 한 읍의 일가라도 풍(風), 성(聲), 기(氣), 습(習)이 일률적으로 같을 수 없을 것이며, 세덕의 다름은 꼭 부귀 빈천만을 말하는 것이 아니고 모든 것이 절대로 같을 수는 없는 것이니 마땅히 분변해야 한다. 즉 같은 집안의 같은 집에서라도 선악이 다르고 사정(邪正)113)등 모든 것이 같을 수는 없는 것이니 학자들은 이를 비교하고 찾아보면 누가 흥(興)하고 누가 체(替)하는지 알 수 있을 것이다.

☞ 翠山註 : 風, 聲, 氣, 習은 풍속과 이름이 있는 집안인지 아닌지와 그 집의 뿌리와 풍습 등으로 해석할 수 있으나 같은 子時 正에 출생하였다 하더라도
① 깊은 산골짜기에서 태어난 사람과 대도시나 야지에서 태어난 사람이 다르고,
② 이름있는 집안의 자손인지 또는 어렵게 사는 집안의 자손인지가 다르고,
③ 인물이 많이 나는 지역인지 가난한 사람이 많이 나는 지

112) 좌향(坐向)과 분금(分金)
113) 바른 것과 그른 것

역인지가 다르며, 후천적으로도 보고, 듣고, 배우는 지식이
다르니 이를 총칭하여 필자는 싸이클(cycle)이라고 요즘 말
로 바꿔 이해를 돕는 바이다. 이 싸이클을 알아보기 위하여
동양철학에서는 궁합을 보아야 하고 지세(地勢)를 보아야
하며 뿌리를 찾게 되는 것이다. 소리가 잘 나오던 라디오가
방향을 조금 돌려 놓았다고 잡음이 심하게 나는 것은 싸이
클이 맞지 않기 때문이니 우리 인간도 이 싸이클을 맞추고
찾아 이용하기 위해서 온갖 공부를 다 해야 하고 경쟁해야
하지 않겠는가?

【任注】

子時前三刻三分壬水用事者,乃亥中餘氣,卽所謂夜子時也,如大
雪十日前壬水用事之謂也,餘時亦有前後用事,須從司令一例而
推,如生時用事,與月令人元用事相附,是日主之所喜者,加倍興
隆,是日主之所忌者,必增凶禍,生時之美惡,譬墳墓之穴道,人元
之用事,如墳墓之朝向,不可以不辨,故穴吉向凶,必滅其吉,穴凶
向吉,必減其凶,如丙日亥時,亥中壬水,乃丙之煞,得甲木用事,
謂穴凶向吉,辛日未時,未中己土,乃辛金之印,得丁火用事,謂穴
吉向凶,理雖如此,然時之不的當者,十有四五,夫時尙有不的,又
何能辨其生剋乎,如果時的,縱不究其人元,亦可斷其規模矣,譬
如天然之龍,天然之穴,必有天然之向,天然之向,必有天然之水,
只要時支不錯,則吉凶自驗,其人元用事,到底不比提綱司令之爲
重也,至於山川之異,世德之殊,因之發福有厚薄,見禍有重輕而
況人品端邪,亦可轉移禍福,此又非命之所得而拘者矣,宜消息之,

【해설】
子時의 前 3刻 3分은 壬水가 用事하는데, 이것은 亥
中의 여기가 사령하기 때문이며 이것을 이른바 夜子時라 한다.
이것은 대설(大雪) 10일 前은 壬水가 용사하고 있음을 말한 것

이며 나머지 다른 時도 역시 前後의 용사가 다르니 모름지기 사령을 좇아서 예를 삼고 추리하라.

生時의 용사도 월령과 함께 人元用事가 상부(相附)하다. 이것이 일주의 희신이 되면 곱절로 흥륭(興隆)할 것이고 일주의 기신이면 반드시 흉화가 가중될 것이다.

生時의 미악(美惡)도 비유하면 분묘의 혈도(穴道)와 같고 人元의 용사는 분묘의 조향(朝向)과 같은 것이니 분변하지 않는 것은 불가하다. 그러므로 穴은 길하더라도 向이 흉하면 반드시 그 길함을 감복시킬 것이고, 穴은 흉한데 向이 길한 것은 반드시 그 흉함을 감소시킬 것이다.

가령 丙日 亥時는 亥 중 壬水가 丙의 칠살(七煞)이다. 그러나 甲木이 용사이면 이른바 穴은 흉하나 向이 길한 것이다. 또 辛日 未時에서 未 중 己土는 辛金의 인수이나 丁火가 용사한다면 이른바 穴은 길한데 向이 흉한 것이다. 이치는 비록 그러하나 時의 쓰임에서 적당하지 아니함이 있는 것이 10 중 4, 5나되니 대저 時의 쓰임에 합당치 못함을 어찌 그 생극(生剋)으로만 분변할 수 있겠는가? 가령 果에서 時가 적당하면 그 人元을 세밀히 궁구(窮究)하지 않는다 하더라도 그 규모를 판단할 수 있을 것이다.

하늘이 만든 천연(天然)의 용(龍)과 하늘이 만든 천연의 穴에는 반드시 하늘이 정하여 준 向이 있으니 천연의 向이라면 반드시 천연의 水도 있기 마련이다. 단지 중요한 것은 時支가 착잡(錯雜)되지 않을 때 길흉을 스스로 경험하게 될 것이다. 그러나 이 때의 人元用事는 도저히 제강에서 사령한 월령신의 위중함에는 비교가 되지 않는다.

山川의 다름과 世德의 다름에서도 발복의 정도가 후한지 박한

지의 차이가 있고 재앙이 나타나는 것도 경중(輕重)이 있는 것
인데 항차 인품의 단사(端邪)에 따라서이랴! 역시 화복의 이전
됨이 가하리라.

　이는 또 명리에서 만들어지는 바가 아니면서도 구애되는 것이
니 마땅히 사정에 따라야 할 것이다.

衰旺 쇠왕

能知衰旺之眞機。其于三命之奧。思過半矣。
능지 쇠 왕 지 진 기。 기 우 삼 명 지 오。 사 과 반 의。

　쇠왕의 참 기틀을 능히 안다면 그 三命의 깊은 이치를 이미 원하는 공부의 半은 지나쳤다.

【原注】
旺則宜洩宜傷。衰則喜幇喜助。子平之理也。然旺中有衰者存。不可損也。衰中有旺者存。不可益也。旺之極者不可損。以損在其中矣。衰之極者不可益。以益在其中矣。至於實所當損者而損之。反凶。實所當益者而益之。反害。比眞機。皆能知之。又何難於詳察三命之微奧乎。

　旺한 즉 마땅히 설하거나 傷(剋)해야 하고, 衰弱한 것은 마땅히 방조(幇助)하거나 생부해야 함은 子平의 이치이기는 하나 旺 중에도 쇠약한 것이 있으니 이것은 손(損)함이 불가하며, 衰 중에도 旺한 것이 있으니 이는 도와줌이 불가하다.
　旺이 極에 달한 것은 損이 불가하니 損이 그 안에 내재되어 있기 때문이요, 衰가 극하면 익부(益扶)함이 불가하니 그 중에 益이 내재되어 있기 때문이다. 실제로 마땅히 損해야 될 것 같아서 損하면 반대로 흉한 경우가 있고, 실제로 익부해야 될 것 같아서 익부하면 반대로 害가 나타나는 것이니, 이와 같은 진기(眞機)[114]를 모두 알았다면 三命의 미세하고 깊은 곳까지 살피는 데 무엇이 어렵다 하겠는가?

【任注】
得時俱爲旺論,失令便作衰看,雖是至理,亦死法也,夫五行之氣,

---

114) 정확한 짜임새

流行於四時,雖日干各有專令,而其實專令之中,亦有並存者在,如春木司令,甲乙雖旺,而此時休囚之戊己,亦未嘗絶于天地也,冬水司令,壬癸雖旺,而此時休囚之丙丁,亦未嘗絶于天地也,特時當退避,不敢爭先,而其實春土何嘗不生萬物,冬日何嘗不照萬國乎,況八字雖以月令爲重,而旺相休囚,年日時中,亦有損益之權,故生月即不值令,亦能值年值日值時,豈可執一而論,有如春木雖強,金太重而木亦危,干庚辛而支申酉,無火制而不富,逢土生而必夭,是得時不旺也,秋木雖弱,木根深而木亦强,干甲乙而支寅卯,遇官透而能受,逢水生而太過,是失時不弱也,是故日干不論月令休囚,只要四柱有根,便能受財官食神而當傷官七殺,長生祿旺,根之重者也,墓庫餘氣,根之輕者也,天干得一比肩,不如地支得一餘氣墓庫,墓者,如甲乙逢未,丙丁逢戌,庚辛逢丑,壬癸逢辰之類是也,餘氣者,如丙丁逢未,甲乙逢辰,庚辛逢戌,壬癸逢丑之類是也,得二比肩,不如支中得一長生祿旺,如甲乙逢亥寅卯之類是也,蓋比肩如朋友之相扶,通根如家室之可託,干多不如根重,理固然也,今人不知此理,見是春土夏水秋木冬火,不問有根無根,便謂之弱,見是春木夏火秋金冬水,不究剋重剋輕,便謂之旺,更有壬癸逢辰,丙丁逢戌,甲乙逢未,庚辛逢丑之類,不以爲通根身庫,甚至求刑沖以開之,竟不思刑沖傷吾本根之氣,此種謬論,必宜一切掃除也,然此皆論衰旺之正而易者也,更有顛倒之理存焉,其理有十,木太旺者而似金,喜火之煉也,木旺極者而似火,喜水之剋也,火太旺者而似水,喜土之止也,火旺極者而似土,喜木之剋也,土太旺者而似木,喜金之剋也,土旺極者而似金,喜火之煉也,金太旺者而似火,喜水之濟也,金旺極者而似水,喜土之止也,水太旺者而似土,喜木之制也,水旺極者而似木,喜金之剋也,木太衰者而似水也,宜金以生之,木衰極者而似土也,

236

宜火以生之,火太衰者而似木也,宜水以生之,火衰極者而似金
也宜土以生之,土太衰者而似火也,宜木以生之,土衰極者而似
水也,宜金以生之,金太衰者而似土也,宜火以生之,金衰極者
而似木也,宜水以生之,水太衰者而似金也,宜土以生之,水衰
極者而似火也,宜木以生之,此五行顛倒之眞機,學者宜細詳元
元之妙,

【해설】 월령에서 제 때를 함께 만난 것을 왕으로 논하고 월령
을 잃었다면 쉽게 쇠약한 것으로 보는 것이 일반적인 것으로 비
록 이치는 있으나 역시 死法인 것이다.

　대저 오행의 氣는 四時를 유행하는 것이니 일간에도 각각 자
기의 월령이 있다. 기실은 전담된 월령 가운데서도 다른 것도 함
께 존재하고 있는 것이다. 가령 춘절(春節)에 木이 사령하였다면
甲乙 木이 비록 왕하다고 하지만 이 시기에도 휴수는 되었지만
戊己土가 천간 지지에서 끊어져 없어진 것은 아니고, 동절(冬節)
에 水가 사령하였으므로 壬癸水가 비록 왕하지만 이 때에도 丙
丁 火는 휴수되었을 뿐이지 천간 지지 어느 곳에서라도 火氣가
끊어져 없어진 것은 아니다. 마땅히 물러나 피하여야 할 시기이
므로 싸움에 감히 앞서 나설 수 없지만, 春土라고 어찌 만물을
생할 수 없을 것이며 겨울철의 태양이라고 어찌 만국을 비춰주
지 않겠는가?

　항차 사주 팔자에서도 비록 월령의 비중이 크기는 하지만 왕
상휴수 年月時 중에서도 역시 損益의 권(權)이 있는 것이다. 그
러므로 生月이 월령을 받지 못하였다고 하더라도 年이나 日, 時
에서라도 만날 수 있는 것이니 어찌 월령 하나만 잡고 논함이
가하리오?

가령 春木이 비록 강하기는 하나 金이 태중이면 木 역시 위태할 수 있으니 천간에 庚辛이 있는데 지지에도 申酉가 있고 火의 제압이 없다면 富도 할 수 없으며, 이에 土가 生金하여 주면 木이 제극되어 반드시 요사(夭死)할 것이다. 이는 때를 얻었는데도 왕성하지 못하기 때문이다.

또 가을의 木이 비록 약하나 木의 뿌리가 깊으면 木 역시 강이니 천간에 甲乙이 있는데 지지에도 寅卯가 있으면 관성이 투출하였음을 만났더라도 능히 받아낼 수 있으며, 水의 생함을 만난다면 도리어 태과이니 이는 失時하였더라도 약하지 않음을 말한 것이다.

그러므로 일간은 월령에서 휴수됨을 논하지 말고 단지 사주에서 뿌리 있음이 중요하니 능히 재성, 관성, 식신을 받아들일 수 있으며 상관과 七殺이라도 감당할 수 있는 것이다.

장생, 녹왕이면 뿌리가 깊은 곳이요 묘고(墓庫), 여기(餘氣)는 뿌리가 얕은 곳이며, 천간에 한 개의 비겁이 지지에서 한 개의 여기나 묘고에 통근함만 못한 것이다. 묘고란 가령 甲乙 木이 未를 만났거나, 丙丁 火가 戌을 만났거나, 庚辛 金이 丑을 만났거나, 壬癸 水가 辰을 만난 것 등이며, 여기란 가령 丙丁 火가 未를 만난 것, 甲乙 木이 辰을 만난 것, 庚辛 金이 戌을 만난 것, 壬癸 水가 丑을 만난 것 등을 말한다. 그러므로 두 개의 비견이 지지에서 한 개의 장생이나 녹왕을 만난 것만 못하니, 가령 甲乙 木에서 亥, 寅, 卯가 그것이다. 대개 비견은 붕우(朋友)의 상부(相扶)와 같고 통근은 가령 가실(家室)에 의탁함과 같기 때문이니 「干多가 불여근중(不如根重)이라」[115] 한 것이 확고한 이치인

---

115) 천간에 많은 것이 지지에 뿌리 깊음만 못하다.

것이다.

지금 사람들은 이러한 이치를 알지 못하고 春土, 夏水, 秋木, 冬火를 만나면 뿌리가 있고 없음을 불문하고 弱으로 하고, 春木, 夏火, 秋金, 冬水를 만나면 극이 심한지 가벼운지를 불문하고 旺으로 하며, 다시 壬癸 水가 辰을 만나거나, 丙丁 火가 戌을 만나거나, 甲乙 木이 未를 만나거나, 庚辛 金이 丑을 만나거나 하는 것 등을 신고(身庫)에 통근하였다고 하지 아니하고 심지어는 刑은 沖으로 열어줘야 한다고 하며, 刑沖이 나의 근본 뿌리를 상하게 하는 것을 생각지도 않으니 이러한 종류의 잘못된 논리는 반드시 쓸어 없애버려야 마땅하리라.

그러나 이들은 모두 쇠왕의 바른 법을 논하는 것이나 바뀔 수도 있으며 다시 전도(顚倒=뒤집어짐)의 이치도 있는 것임을 알아야 한다.

그 이치가 열 가지 있으니
- 木이 태왕하면 金과 같으니 火로써 련(煉)함을 기뻐한다.
- 木이 극왕하면 火와 같으니 水로써 극함을 기뻐한다.
- 火가 태왕하면 水와 같으니 土로써 止水함을 기뻐한다.
- 火가 극왕하면 土와 같으니 木으로써 극제(剋制)함을 기뻐한다.
- 土가 태왕하면 木과 같으니 金으로써 극제함을 기뻐한다.
- 土가 왕극하면 金과 같으니 火로써 단련함을 기뻐한다.
- 金이 태왕하면 火와 같으니 水로써 극제함을 기뻐한다.
- 金이 왕극하면 水와 같으니 土로써 止水함을 기뻐한다.
- 水가 태왕하면 土와 같으니 木으로써 극제함을 기뻐한다.
- 水가 왕극하면 木과 같으니 金으로써 극제함을 기뻐한다.
- 木이 태쇠하면 水와 같으니 金으로써 생부함이 마땅하다.

· 木이 쇠극하면 土와 같으니 火로써 생부함이 마땅하다.

· 火가 태쇠하면 木과 같으니 水로써 생부함이 마땅하다.

· 火가 쇠극하면 金과 같으니 土로써 생부함이 마땅하다.

· 土가 태쇠하면 火와 같으니 木으로써 생부함이 마땅하다.

· 土가 쇠극하면 水와 같으니 金으로써 생부함이 마땅하다.

· 金이 태쇠하면 土와 같으니 火로써 생부함이 마땅하다.

· 金이 쇠극하면 木과 같으니 水로써 생부함이 마땅하다.

· 水가 태쇠하면 金과 같으니 土로써 생부함이 마땅하다.

· 水가 쇠극하면 火와 같으니 木으로써 생부함이 마땅하다.

이상이 五行 전도(顚倒)의 진기(眞機)이니 학자들은 마땅히 세밀하게 살펴서 근원(根源)의 현묘함을 알아야 할 것이다.

☞ 翠山註 : 별격(別格) 용신(用神) 잡는 법

① 태왕자 의설(太旺者 宜洩)―태왕자 의설이니 식신, 상관이 용신이다.

② 극왕자 의생(極旺者 宜生)―극왕자 의생이니 인수가 용신이다.

③ 태약자 의극(太弱者 宜剋)―태약자 의극이니 관성이나 재성이 용신이
　　다.

④ 극약자 의설(極弱者 宜洩)―극약자 의설이니 식신, 상관이 용신이다.

戊	甲	丁	甲
辰	子	卯	辰

癸	壬	辛	庚	己	戊
酉	申	未	午	巳	辰

甲子 일주가 卯月에 태어났는데 지지에 두 개의 辰이 있으니 이것이 木의 여기이다. 또 辰卯는 동방을 이루고 子辰은 반합 水局을 이루어 木이 태왕하여 金과 같으니 丁火가 용신이다.

巳 운에 이르러 丁火가 旺地에 임하니 이름이 궁장(宮牆)의 반

열에 끼었고, 庚辛 兩 운은 남방의 절각(截脚)된 金이니 비록 형모(刑耗)가 있기는 하였으나 대환(大患)은 없었다. 未 운은 子水를 극거(剋去)하니 의식이 넉넉했고, 午 운은 子水를 충극(沖剋)하니 향시(鄕試)에서 낙방하였고, 壬申 운은 金水가 나란히 들어오니 처자(妻子)를 형극(刑剋)하고 파모(破耗)가 다단(多端)하였으며 癸 운에 사망하였다.

☞ 翠山註 : 午 운에 병(病)인 子水를 충극(沖剋)하였으니 길하여야 할 터인데 향시에 낙방하여 실의에 빠졌다고 하였는데, 子水는 印綬이니 文章이기도 하여 낙방한 것으로 되었으나, 자는 기신이므로 剋沖할수록 좋은데 해설이 잘못된 것으로 의심됨.

乙	甲	乙	癸
亥	寅	卯	卯

己	庚	辛	壬	癸	甲
酉	戌	亥	子	丑	寅

이 명조는 四支가 모두 木인데다가 水의 생함을 받고 있으니 七木 兩水로 되어 있고 별도의 다른 氣가 없이 極旺하니 火와 같다(따라서 水로 剋制하여야 한다).

출신과 물려받은 가업이 본래 넉넉하였고, 다만 丑 운에 형상(刑傷)이 있었다. 壬子 運에는 水勢가 승왕(乘旺)하고, 辛亥 운에는 金은 통근하지 못하였고 지지에 水가 왕함을 만나니 이 20年의 경영으로 수만의 재산을 손에 얻었다.

운이 바뀌어 庚戌 운에는 土와 金이 모두 왕하니 재산을 모두 날리고 사망하였다.

|辛|甲|甲|乙|
|未|申|申|丑|

|戊|己|庚|辛|壬|癸|
|寅|卯|辰|巳|午|未|

이 명조는 지지가 土金으로 되어 있어 木이 확실하게 통근할 곳이 없다. 時干에 辛金 元神이 투출하였으니 木이 太衰하므로 水와 같다.

초운 癸未·壬午 운은 木을 생하고 金을 제극하였으니 형상(刑喪)을 일찍 만나 부모의 덕을 누리지 못하였다. 辛巳·庚辰 운에는 金이 생지를 만나니 맨손으로 수만의 재산을 모았다. 己卯 운은 土는 무근(無根)이고 木이 통근할 지지를 얻으니 祿을 만나게 되어 수많은 재산을 잃었고 寅 운에 사망하였다.

|丙|乙|己|己|
|戊|酉|巳|巳|

|癸|甲|乙|丙|丁|戊|
|亥|子|丑|寅|卯|辰|

이 명조에서 지지는 모두 일주를 극설(剋洩)하고 있고 천간은 火土가 투출하였고 水氣가 전혀 없어 木의 衰함이 극에 달하였으니 土와 같다.

초년 戊, 辰, 丁 운에는 부모의 덕으로 자못 풍후(豊厚)하였으며 아름답고 밝고 좋은 일이 많았다. 卯 운에는 부모를 모두 여의었으며, 丙 운에는 원하는 바를 경영하여 크게 이루어 수만 금을 손에 쥐었고, 寅 운에는 극처(剋妻) 파재(破財)하고 또 祿을 만났다. 乙丑 운은 지지가 완전히 金局을 이루었으니 火土가 모두 설기당하여 가업(家業)이 어지러이 흩어져 버렸다. 甲子 운은 북방의 水地이니 사망하였음이 마땅하지 않겠는가?

甲	丙	壬	乙
午	戌	午	丑

丙	丁	戊	己	庚	辛
子	丑	寅	卯	辰	巳

이 사주는 丙戌 日元이 月, 時에 양인을 얻었고 壬水는 무근한데 또 木을 만나 설기당하고 있으니 火가 태왕하여 水와 같다.

초운 庚辰, 辛巳에는 金이 생지를 만났으니 빈 가슴을 위로해 줄 사람 하나 없었고 친한 무리들조차 그 마음을 알아주는 이가 적었다. 己卯 운에 기회를 만났고 戊寅 운에는 온전히 火局을 이루어서 丁丑 운까지 20년 동안 큰 재산을 모았다. 子 운에 이르러 사망하였다.

甲	丙	丁	戊
午	寅	巳	寅

癸	壬	辛	庚	己	戊
亥	戌	酉	申	未	午

이 사주는 丙火가 孟夏에 생하였고 지지에 두 장생과 함께 녹왕이 되니 極旺한 火가 되었다. 土와 같다 하였으니 초운에는 비록 木을 만나지 못했으나 남방 火地이니 물려받은 재산이 여러 가지로 풍영하였고, 독서도 눈 높이를 지날 만큼 많이 하였다.

그러나 庚 운으로 바뀌면서 《시전》, 《서전》을 버리고 좋아하는 계집과 어울려 놀며 돈 뿌리기를 흙같이 하였으며, 申 운에는 가정을 파하고 죽었다. 이 사주에서 만약 木 운을 만났다면 명리 양전이리라.

|辛|丁|丁|辛|
|丑|酉|酉|巳|

|辛|壬|癸|甲|乙|丙|
|卯|辰|巳|午|未|申|

丁火가 8월에 생하였으니 가을의 金이 월령을 잡았는데 또 金局이 모두 모였으니 火가 太衰하다. 「태쇠자사목(太衰者似木)」이라 하니 초운 乙未 甲午는 火木이 함께 왕하여 골육이 그림 속의 떡과 같았고 육친 역시 뜬구름과 같았다.

癸巳 운으로 바뀌면서 천간에 癸水가 투출하고 지지는 金局을 도우니 밖에 나가 경영 사업에 크게 때를 맞췄고, 壬辰 운에만 10여만의 재물을 모았다.

|己|丙|壬|辛|
|亥|申|辰|亥|

|丙|丁|戊|己|庚|辛|
|戌|亥|子|丑|寅|卯|

이는 財가 殺을 생하고 丙은 申, 辰 水局 위에 있으니 火가 極衰하다. 「쇠극자사금(衰極者似金)」이라 했으니 초운 辛卯 庚寅은 동방 木地이므로 부모를 모두 잃었고 조업도 한푼 없었다.

己丑 운에는 객지에 나가 경영을 하는데 돈이 부나비처럼 모여 돈꾸러미를 수레로 실어 나를 정도였다.

오는 戊子 운까지 20년은 「春風吹柳 紅綾易公子之裳(춘풍취류 홍능역공자지상) 杏露沾衣 膏雨沐王孫之袖(행로첨의 고우목

왕손지수)」116)하니 이른바 運에는 반드시 그러한 福을 받을
수 있다.

己	戊	戊	戊
未	申	午	辰

甲	癸	壬	辛	庚	己
子	亥	戌	酉	申	未

이 사주는 후토(厚土)가 重重하고 5월에 생하였으니 土가 太旺하다. 「토태왕자사목(土太旺者似木)」이라 하니 쓰임은 金에 있다. 庚申 운은 「早采芹香(조채근향)」117)하였고, 辛酉 운은 辛丑年과 만나 녹명(鹿鳴)을 마시며 경림(瓊林)에서 잔치를 하였고, 운정(雲程)이 직상(直上)하였으나 壬戌 운에는 형상(刑喪) 좌절(挫折)하였고, 丙午 운에 사망하였다.

己	己	丙	戊
巳	巳	辰	戌

壬	辛	庚	己	戊	丁
戌	酉	申	未	午	巳

이 사주는 모두가 火土이며 剋이나 洩이 보이지 않으니 土가 極旺하다. 金과 같다 하였으니 초운 남방에는 물려받은 재산이 풍령하였고, 午 운에 반궁(泮宮)에 들었고, 己未 운에는 과거를 보았으나 붙지 못하였다. 庚申 운으로 바뀌니 청부(靑蚨)가 들나비로 바뀌어 가업이 점점 쇠진하였고, 辛酉에는 재물이

---

116) 봄바람 불어 버드나무 하늘거리는데 홍능으로 公子의 치마를 바꿨고 은행 이슬로 옷을 적시는데 고우가 왕손의 소매를 목욕시킨다.
117) 일찍이 반궁(泮宮)에 올랐음

봄눈처럼 없어졌고 사업은 점점 쇠퇴하였으며, 壬 운에는 丙火를 극하여 불록(不祿＝사망).

癸	戊	辛	壬
丑	子	亥	辰

丁	丙	乙	甲	癸	壬
巳	辰	卯	寅	丑	子

이는 支가 모두 북방류이니 수세(水勢)가 왕양한데 天干도 金水가 투출하였다.

土가 太衰하면 火와 같다 하였으니 甲寅 乙卯 운에 干支가 모두 木이므로 이름을 내어 이로움이 따랐고, 丙 운으로 바뀌자 형처 극자하였고 여러 가지로 파모가 따랐다.

丁巳 운 중 火土 세운에는 體와 用을 암상(暗傷)하므로 풍질을 얻어 사망하였다.

壬	戊	甲	癸
子	子	子	酉

戊	己	庚	辛	壬	癸
午	未	申	酉	戌	亥

이 사주는 모두 水이고 또 金의 생함을 만났다.「토쇠극자사수(土衰極者似水)」라 하니 초운 癸亥는 평상으로 지냈으나 壬戌은 水가 무근하고 土만 득지하니 형상 파모하고 가업이 모두 망하였다.

庚申 申酉 20년간은 크게 기회를 만나 맨손으로 10여만을 발재하였고, 己未 운은 수만의 재산을 파하였고 수명 역시 未 운에서 끝냈다.

庚	庚	己	壬
辰	子	酉	申

乙	甲	癸	壬	辛	庚
卯	寅	丑	子	亥	戌

이 사주는 秋金이 월령을 잡았는데 木火가 전무하다. 「金太旺者似火」라 하니 亥 운은 壬水가 좌록이 되어 일찍부터 泮水에서 놀았다. 壬子 운은 용신이 旺에 임하여 연루(煙樓)를 깨뜨리고 높이 월계(月桂)에 올랐으며, 癸丑은 壬水의 왕지를 合去하니 「囊內靑蚨 成蝶舞, 枝上子規 月下啼(낭내청부 성접무 지상자규 월하제)」118)의 형상이었다.

甲寅 乙卯 운은 土를 제압하고 水를 보호하는 공으로 벼슬길이 청고하였으니 「楓葉未應 氈共冷 梅開早覺 筆先香(풍엽미응 전공냉 매개조각 필선향)」119)이었다.

庚	庚	乙	庚
辰	戌	酉	申

辛	庚	己	戊	丁	丙
卯	寅	丑	子	亥	戌

이 사주는 支가 모두 西方류이고 또 두터운 土를 만났다. 「금왕극자사수(金旺極者似水)」하니 초운 火는 조업이 순조롭지 못하였으나 戊子 운에 이르자 큰 이익을 획책하였고 곡물을 바치고 벼슬을 샀다. 己丑 庚 운은 名利가 모두 따랐으나 寅 운으로 바

---

118) 주머니 속의 청부(靑蚨)로 접무를 이루니 가지 위의 자규는 월하에서 운다.

119) 단풍잎 아직 물들지 않으니 털방석도 함께 냉냉하고 매화가 일찍 피는 것은 붓에서 먼저 향기를 깨달음이다.

꿔자 일에 잘못을 범하여 낙직되었고 財利도 크게 파하고 卯 운에 사망하였다.

甲	辛	庚	己
午	卯	午	卯

甲	乙	丙	丁	戊	己
子	丑	寅	卯	辰	巳

辛金 일주가 中夏에 생하고 지지에 모두 財殺이다. 「금태쇠자사토(金太衰者似土)」라 하였으니 초운 己巳 戊辰은 회화(晦火)하여 金을 생하니 名을 구하고자 하나 체(滯)함이 많았고, 하는 일에도 이룬 것이 적었다. 丁卯로 바뀌면서 木火가 함께 왕하니 마른 묘목이 비를 만난 것같이 갑자기 일어나 크게 흥하였으니 마치 기러기 털이 바람을 만난 것같이 표연(飄然)히 일어나 가업을 풍유하게 하였다. 丑으로 교체되어서 金을 생하고 火를 설기시키므로 사망하였다.

丙	庚	丁	己
子	寅	卯	亥

辛	壬	癸	甲	乙	丙
酉	戌	亥	子	丑	寅

庚金 일주인데 木이 왕하여 권세를 잡았고 또 水도 생하니 사면이 모두 財殺뿐이다. 「금쇠극자사목(金衰極者似木)」이라 했으니 水用이다. 乙丑 운 중에 土金이 왕할 때는 가업을 파진하였고, 甲子 운에 이르러서 북방 水旺地이므로 재물과 다른 자원도 풍유하였고 癸亥 운에 벼슬길로 나가 명리가 양전하였다. 壬戌 운은 水가 절각에 임하니 파직하고 귀가하였다.

辛	壬	辛	壬
丑	子	亥	寅

丁	丙	乙	甲	癸	壬
巳	辰	卯	寅	丑	子

壬水가 孟冬에 생하고 支가 북방류이며 천간이 모두 金水이다. 「수태왕자사토(水太旺者似土)」라 했으니 木이 用인데, 기쁜 것은 寅木이 수기를 토하고 있는 것이다. 甲寅 운에 이르러 일찍이 청운의 뜻이 따랐으니, 이른바 재조(才藻)가 펄펄하여 행단(杏檀) 도리(桃李)와 같이 휘날렸고, 문사(文思)가 혁혁하여 약롱삼령(藥籠參苓)[120]처럼 되어 문단을 빛냈다. 乙卯 운은 벼슬길이 순탄하였고 丙 운에 사망하였다.

庚	壬	癸	癸
子	子	亥	亥

丁	戊	己	庚	辛	壬
巳	午	未	申	酉	戌

이 사주는 모두 水이고 剋이나 洩하는 字는 하나도 없다. 그 세는 충분(沖奔)하므로 무엇으로도 막을 수 없다.

초운 壬戌은 支에 旺土가 있으므로 일찍이 형상을 만났고 辛酉 庚申 20년은 干支가 모두 金이므로 이른바 「月印千江　銀作浪, 門臨五福 錦鋪花(월인천강 은작랑, 문림오복 금포화)」[121]이었다.

己未 운으로　바뀌더니 처자를 모두 상하고 가업도 파진하였

---

120) 약 재료 속의 인삼과 복령
121) 월인천강으로 은하수의 물결을 작하고 문앞에는 오복이 임하여 비단 꽃을 펼쳤네.

으며 戊午 운에 가난을 견디지 못해 우울증을 앓다가 죽었다.

癸	壬	乙	丙
卯	午	未	辰

辛 庚 己 戊 丁 丙
丑 子 亥 戌 酉 申

이는 火土가 당권하고 또 木이 돕는다. 「수태쇠자사금(水太衰者似金)」이라 하니 火土로 극해야 한다. 초운 丙申 丁酉는 火가 개두하여 申酉로 하여금 生水를 못하게 하니 財와 기쁨이 왕성하였고, 戊戌 운 중에 가업이 풍유하였으며, 己亥 운은 土가 무근하나 支에서 三合 木局을 이루어 도리어 기쁨이 되어 비록 파모는 있었으나 대환은 없었으며, 庚子 운으로 교체되며 파가하고 망하였다.

丙	壬	戊	癸
午	寅	午	卯

壬 癸 甲 乙 丙 丁
子 丑 寅 卯 辰 巳

이 사주는 丙火가 당권하고 戊癸가 종화(從化)하여 火가 되니 壬水가 한건(暵乾)하다. 「수쇠극자사화(水衰極者似火)」라 하니 木이 용신이다.

초운 火를 만나면 그 火旺함을 따르므로 의식이 풍족하였고 乙卯 甲寅은 명리 쌍전하였으며 癸丑 운은 쟁관(爭官) 탈재(奪財)되어 파모하고 사망하였다.

이상 20개는 오행의 극왕(極旺)과 극쇠(極衰)이니 中和의 기틀을 만들 수 없는 것들이다.

원주에 이르기를 「旺 中에도 衰한 것이 있고 衰 中에도 旺者가 있다」 하였는데, 이 양 구절은 즉 내가 말하는 태왕(太旺)과 태쇠(太衰)이다.

「왕지극자 불가손(旺之極者 不可損)이요 쇠지극자 불가익(衰之極者 不可益)」이라 한 것은 내가 말하는 극왕(極旺)과 극쇠(極衰)이다.

특별히 이런 것을 추려서 뒤에다가 증거로 삼았다.

中和중화

既識中和之正理。而于五行之妙。有全能焉。

기 식 중 화 지 정 리 。 이 우 오 행 지 묘 。 유 전 능 언 。

중화의 정리를 이미 알게 되면 오행의 묘함에 전능하게 되리라.

【原注】

中而且和。子平之要法也。有病方爲貴。無傷不是奇。擧偏而言之也。至
於格中如去病。財祿兩相宜。則又中和矣。到底要中和。乃爲至貴。若當
令之氣數。或身弱而財官旺地。取富貴不必於中也。用神强。取富貴不必
於和也。偏氣古怪。取富貴而不必於中且和也。何也。以天下之財官。止
有此數。而天下之人材惟此時爲最多皆尙於奇巧也。

중(中)과 화(和)는 자평의 법 가운데 중요한 것이다. 병(病)이 있는데
도 귀(貴)를 하는 것과 상손(傷損)됨이 없는데도 기특함으로 말하지 아
니하고 편고하다고 말하기도 한다. 格 중에 이르러서도 병을 제거하고
재록(財祿)이 함께 마땅하면 이 또한 중화라 하기도 하니 결국은 중화
(中和)가 중요한 것이며 귀(貴)에 이르게 하는 것이다. 만약 당령한 기수
(氣數)에 따른 것은 혹 신약하지만 재관이 왕지에 있어서 부귀를 취하
였다면 中이 필요치 않고, 용신이 강해 부귀를 취한 것도 화(和)에 둘 필
요가 없는 것이며, 편기(偏氣)로 고괴(古怪)한데도 부귀를 취하였다면
중과 화가 필요치 않은 경우이다. 어찌 그런가? 천하의 재관(財官)은 이
운수(運數) 속에 달려 있으며 천하의 인재는 오직 그 시대에 맞춰 가장
많이 나오기 때문이다. 이 또한 다 기교(奇巧)에 있다 하겠다.

【任注】

中和者,命中之正理也,既得中和之正氣,又何患名利之不遂耶,

夫一世優游無抑鬱而暢遂者,少險阻而迪吉者,爲人孝友而無轎
諂者,居心耿介而不苟且者,皆得中和之正氣也,至若身弱而旺
地取富貴,身旺而弱地取富貴者,必四柱有所缺陷,或財輕刦重,
或官衰傷旺,或殺强制弱,或制强殺弱,此等雖不得中和之理,其
氣却亦純正,爲人恩怨分明,惟柱中所有缺陷,或運又乖違,因而
妻子財祿,各有不足,如財輕刦重妻不足,制强殺弱子不足,官衰
傷旺名不足,殺强制弱財不足,其人或志高傲物,雖貧無諂,後至
歲運,補其不足,去其有餘,仍得中和之理,定然起發于後,有等見
富貴而生諂容,遇貧窮而作轎態者,必四柱偏氣古怪,五行不得
其正,故心事奸貪,作事僥倖也,若所謂有病有藥,吉凶易驗,無病
無藥,禍福難推,此論仍失之偏,大凡有病者顯而易取,無病者隱
而難推,然總以中和爲主,猶如人之無病,則四肢健旺,營衛調和,
行止自如,諸多安適,設使有病,則憂多樂少,擧動艱難,如遇良藥
則可,若無良藥醫之,豈不爲終身之患乎,

【해설】 中和는 命理 중의 正理인 것이다. 이미 中和의 正氣를
득하였다면 어찌 또 名利가 따르지 않는다고 근심이 되리오?

대저 한 세상을 넉넉하고 편안하게 잘 살면서 억울한 일 한번
당하지 않고 하는 일마다 마음먹은 대로 되는 사람과, 험난한
일과 막히는 일이 조금은 있었지만 운이 길하게 열려 편안히 사
는 사람과, 사람됨이 효우(孝友)[122]하면서도 교만하거나 아첨함
이 없는 사람과, 평소의 거동과 마음이 덕이 많아 어려움을 만
나도 구차하지 아니한 사람 등은 모두 中和의 正氣를 받은 사람
들이다.

만약 신약한 者가 旺地를 만나 부귀를 취하고 신왕한 자가 弱

---

122) 부모에게 효도하고 친우에게는 신뢰를 가짐.

地에서 부귀를 취하는 것 등은 반드시 사주에 결함이 있는 사람들이다.

혹 財는 輕한데 겁재만 거듭 있거나, 혹 관성이 쇠약한데 상관이 왕하거나, 혹 七殺은 강한데 제약이 약하다거나, 혹 제압이 강하고 七殺이 약하다거나 이들은 모두 中和의 正理는 받지 못하였지만 그 氣가 문득 순정(純正)하여 위인이 은원(恩怨)[123]이 분명한 것이다.

오직 사주 중에 결함이 있는데 운 또한 어그러져 빗나간다면 妻·子·財·祿에 각각 부족함이 있을 수밖에 없다.

가령 財는 경한데 劫이 중첩되면 妻 운이 부족하고,

　　　제압은 강하고 殺이 약하면 자식 운이 부족하고,

　　　관성은 쇠약한데 상관이 왕하면 명예가 부족하고,

　　　殺은 강한데 제압함이 약하면 재물이 부족하다.

그 사람은 혹 뜻은 높으나 교만하여 현실에 따르지 못하고 비록 가난하지만 아첨할 줄 모르니 뒤에 세운이 이를 때 그 부족한 것을 보완하거나 그 유여한 것을 제거했을 때는 中和의 이치를 득하게 되므로 정연히 기발(起發)하게 된다.

부귀를 얻는 데도 차등이 있으니 功成 후에 아첨하는 마음이 생기고 빈궁한 사람을 만나면 교태(驕態)하는 자는 반드시 사주가 편기고괴(偏氣古怪)[124]하기 때문이고 오행의 正理를 득하지 못한 것이다. 그러므로 심사가 간사하고 탐욕스러우나 일을 하는 동안에 요행을 만났기 때문이다.

만약 이르기를 病도 있고 藥도 있으면 길흉간에 응험이 쉽게 나타나고, 병도 없고 약도 없으면 화복(禍福)을 추측하기가 어려

---

123) 옳고 그름
124) 편고함

운 것이 사실이나 이것도 논리를 거듭 잃어 한쪽만의 말이다. 대저 病이 있는 자는 나타났을 때 쉽게 취할 수 있고, 病이 없는 자는 숨어 있으므로 헤아리기가 어렵다. 그러나 통괄하여 말하면 中和를 위주로 하는 것이다. 가령 사람이 無病인 즉, 사지가 건강하고 왕성하며 경영하는 일이 조화롭고 행지(行止)가 자유로우며 모든 것이 편안하나 有病 즉 근심은 많고 즐거움은 적으며 거동이 힘들고 어려울 것이니, 가령 양약(良藥)을 만났을 때는 치료가 가능하여야 하는데 만약 양약으로 치료할 수 없다면 어찌 종신의 근심이라고 아니할 수 있겠는가?

癸	癸	甲	辛
亥	卯	午	巳

戊	己	庚	辛	壬	癸
子	丑	寅	卯	辰	巳

癸卯 日元이 亥時에 생하니 일주의 氣는 이미 관족하다. 또 기쁜 것은 土가 없으며 財가 왕하므로 官은 저절로 능히 생산된다. 또 묘한 것은 巳亥가 요충(遙沖)하여 火를 제거하고 辛金을 존속시키니 인성으로 용신을 삼아야 한다. 이는 木火가 제극되고 體用은 손상되지 아니한다. 사주가 中和 순수하므로 위인이 지식이 깊고 많았으며 그릇이 크고 중량감이 있어서 형산(荊山)의 박옥(璞玉)[125] 같았고 재화(才華)는 탁월하여 물위에 떠있는 주기[126]와 같이 빛났다. 庚 운에 辛金을 돕고 甲木을 제거하니 삼태성(三台星)이 높이 둘러 비춰주고 자미성(紫薇星)의 광채를 더해 주며 삼공(三公)의 벼슬로 임금의 좌열(左列)에 서니 조정

---

125) 형산의 옥산
126) 둥글고 네모진 갖가지 종류의 보석

을 빛내는 영광을 받았다.

작은 혐의는 亥卯가 반합하여 木局을 이루니 木旺 金衰하여 대를 이을 자식을 둘 수 없었다. 이는 莫寶齊(막보제) 선생의 명조이다.

戊	癸	丙	己
午	未	子	酉

庚	辛	壬	癸	甲	乙
午	未	申	酉	戌	亥

이는 王 관찰(觀察)의 명조이다. 癸 일주가 子月에 생하니 왕상한 것처럼 보이나 財殺이 太重하므로 弱으로 변했음을 모르기 때문이다.

局 중에 木이 없고 陰은 안에 있고 陽은 밖에 있으므로 혼탁하고 淸하지 못한 상이다. 月干에 투출한 재성은 마음속으로 아끼는 것이며 時의 관살은 합하고자 하는 것이니, 이른바 권모술수가 중인(衆人)과는 다르고 재간이 사람들보다 뛰어났다. 출신은 본시 미천하고 심술이 끝이 없었다. 癸酉에 때를 만나 좌이(佐貳)를 거쳐 관찰(觀察)에 이르렀고 사치와 호화스러움을 만났으나 바르게 나간 적이 없었다. 未 운에 이르리서는 제앙을 면할 길이 없었다. 이른바 욕심을 참지 못하는 불나비가 불로 뛰어들어 분신(焚身)하는 꼴이니 「여성기주 편혈방휴(如猩嗜酒 鞭血方休)」[127]라.

---

127) 원숭이과 동물인 성성이가 술을 좋아하여 실컷 먹고 자다가 두들겨 맞고 붙잡혀 생을 마감하는 것과 같다.

源流 원류

何處起根源。流到何方住。機括此中求。知來亦知去。
하 처 기 근 원 。유 도 하 방 주 。기 괄 차 중 구 。지 래 역 지 거 。

어느 곳에서 일어나는지 근원을 알고 있고, 흘러 도달하고 머무는 곳은 어느 방인지, 중요함을 그 곳에서 헤아려 구하면, 오는 것도 알 수 있지만 역시 가는 것도 알 수 있으리라.

【原注】

不必論當令不當令。只論取最多最旺。而可以爲滿局之祖宗者。爲源頭也。看此源頭。流到何方。流去之處。是所喜之神。卽在此住了。乃爲好歸路。如辛酉癸巳戊申丁巳。以火爲源頭。流至金水之方卽住了。所以富貴爲最。若再流至木地。則氣洩爲亂。如未曾流到吉方。中間卽遇阻節。看其阻住之神何神。以斷其休咎。流住之地何地。以知其地位。如癸丑壬戌癸丑壬子。以土爲源頭。止水方。只生得一個身子。而戌中火土之氣。得從引助。所以爲僧也。

당령하였거나 아니거나를 불론하고 단지 가장 많고 가장 왕한 것을 취하여 만국의 조종으로 삼는 것이다. 이것이 원두(源頭)이다. 이 원두가 흘러 이르는 곳이 어느 方인가를 보고 흘러가는 곳이 희신인지를 살피는 것이다. 즉 이 곳이 머무를 곳이며 귀로(歸路)이니 좋은 곳이어야 한다.

가령 사주가 辛酉・癸巳・戊申・丁巳라면 火를 원두로 하여야 하고 흘러 이를 곳이 金水 方이며 머무를 곳이니 부귀가 가장 큰 곳이다. 만약 다시 흘러 그치는 곳이 木이면 氣가 설기되므로 산란한 곳이다. 가령 흘러 이를 곳 吉 方까지는 아직 못 오고 중간에서 끊어지는 곳을 만나면 그 막아 끊어 놓은 神이 어느 神인가를 보고 좋고 나쁜 것을 알 수 있으며, 흘러 머무르는 곳이 어느 곳인가를 보고 그 지위까지 알 수 있다.

　가령 사주가 癸丑·壬戌·癸丑·壬子라면 土로써 원두로 삼아야 하는데 水에서 그쳐 버렸으니 단지 한 개의 身子[128)가 생할 뿐이고 戌중의 火土之氣가 좋아서 인조(引助)하게 되므로 중이 되고 말았다.

【任注】

源頭者, 卽四柱中之旺神也, 不論財官印綬食傷比刦之類, 皆可爲源頭也, 總要流通生化, 收局得美爲佳, 或起于比刦, 止于財官爲喜, 或起于財官, 止于比刦爲忌, 如山川之發脈來龍, 認氣于大父母, 看尊星, 認氣于眞子息, 看主星, 認氣于方交媾, 看胎伏星, 認氣于成胎育, 看胎息星, 認氣于化煞爲權, 看解星, 認氣于絶處逢生, 看恩星, 認源之氣以勢, 認流之氣以情, 故源頭流住之地, 卽山川結穴之所也, 不可以不究, 源頭阻節之處, 卽來龍破損隔絶之意也, 不可以不察, 看其源頭流止之地何地以知其誰興誰替, 看其阻節之神何神, 以論其何吉何凶如源頭起于年月是食神, 住于日時是財官則上叨祖父之蔭, 下享兒孫之福, 或起于年月是財官, 住于日時是傷刦, 則破敗祖業, 刑妻剋子, 如起於日時是財官, 住於年月是食印, 則上與祖父爭光, 下與兒孫立業, 或起於日時是財官住於年月是傷刦, 則祖業難享, 白刱維新, 流住年是官印者, 知其祖上淸高, 是傷刦者, 知其祖上寒微, 流住月是財官者, 知其父母創業, 是傷刦者, 知其父母破敗, 流住日時是財官食印者, 必白手成家, 或妻賢子貴, 流住日時是傷刦梟刃者, 必妻陋子劣, 或因妻招禍, 破家受辱, 然又要看日主之喜忌斷之, 無不驗也, 如源頭流止未住之地, 有阻節隔絶之神, 是偏正印綬, 必爲長輩

---

128) 原文에는 「身子」이나 「辛 字」인 듯하다.

之禍,柱中有財星相制,必得妻賢之助,如有比刦之化,或得兄弟
相扶,如阻節是比刦,必遭兄弟之累,或不和,柱中有官星相制,必
得賢貴之解,如有食傷之化,或得子姪之助,如阻節是財星,必遭
妻妾之禍,柱中有比刦相制,必得兄弟之助,或兄弟愛敬,如有官
星之化,或得賢貴提攜,如阻節是食傷,必受子孫之累,柱中有印
綬相制,必叨長輩之福,或親長提拔,有財星之化,必得美妻,或中
饋多能,如阻節是官煞,必遭官刑之禍,柱中有食傷相制,必得子
姪之力,有印綬之化,必仗長輩之助,然又要看用神之宜忌論之,
無不應也,如源頭流住是官星,又是日主之用神,就名貴顯者,十
居八九,如是財星,又是日主之用神,就利發財者,十居八九,如是
印星,又是日主之用神,有文望而清高者,十居八九,如是食傷,又
是日主之用神,財子兩美者,十居八九,如日主以官星爲忌神,爲官
遭禍傾家者有之,如日主以財星爲忌神,爲財喪身敗名節者有之,
如日主以印星爲忌神,爲文書傷時犯上而受殃者有之,如日主以
食傷爲忌神,爲子孫受累而絶嗣者有之,此窮極源流之正理,不同
俗書之謬論也,

【해설】 원두(源頭)란 사주 중에서 가장 旺神을 말한다. 이는 財·官·인수·식상·비겁 등 종류를 불문하고 모두 원두가 될 수 있다. 중요한 핵심을 먼저 말하면 유통 생화하여 수국득미(收局得美)[129]하여야 아름다운 것이다.

혹 비겁에서 일어나 재관에서 그치는 것이 아름답고, 혹 재관에서 기(起)하여 비겁에서 그치는 것은 꺼린다. 가령 山川의 발맥래용(發脈來龍)으로 대부모(大父母)의 기운을 알 수 있고, 그 존성(尊星) 기운을 보고 자식의 참됨을 알 수 있고, 主星을 보고

---

129) 국에서 수렴하여 아름다움을 만남

교구방(交媾方)의 기운을 알 수 있고, 태복성(胎伏星)을 보고 태육(胎育)이 이루어지는가 하는 氣를 알 수 있고, 태식성(胎息星)을 보고 살(煞)을 生化하여 권력을 잡을 수 있는 기운을 알 수 있고, 해성(解星)의 기운으로 절처봉생(絶處逢生)을 알 수 있고, 은성(恩星)을 보고 원래의 氣와 勢를 알 수 있으니 氣의 흐름으로 그 情을 아는 것이다.

그러므로 원두의 흘러 그치는 곳, 그 자리가 山川에서 결혈(結穴)한 곳과 같으니 궁구하지 않을 수 없는 것이요, 원두의 막힌 마디가 어느 곳인지를 보면 즉 내용(來龍)이 파손되거나 격절(隔絶)된 의의를 알 수 있으니 관찰하지 않음은 불가하다.

그 원두에서 흘러 그치는 자리가 어느 곳인지를 보면 누가 흥(興)하고 누가 체(替)하는지 알 수 있고, 그 막히고 끊어진 곳이 어느 神인지를 보면 누가 길하고 누가 흥할 것인지를 아는 것이다.

가령 원두가 年月에서 시작되었는데 이곳이 식신(食神)이고 머무르는 곳이 日時인데 재관이면 위로 조부의 음덕으로 아래로 兒孫이 복을 누리게 되고, 혹 일어나 시작하는 곳이 年月인데 재관이고 흘러 머무르는 곳이 日時인데 이것이 상겁(傷刦)이면 즉 조업(祖業)을 파패(破敗)하고 형처(刑妻) 극자(剋子)하게 된다.

가령 日時에서 시작된 것이 재관이고 年月에서 머무르는데 食印이면 위로 조부와 함께 그 빛을 다투게 되고 아래로 아손(兒孫)은 대업을 세운다.

혹은 日時에서 시작된 것이 재관인데 年月에서 머무는 곳이 傷刦이면 조업을 지키기 어렵고 스스로 새로운 사업을 창업한다.

유주(流住)가 年인데 官印이면 그 조상이 청고하였음을 알 수 있고, 상겁(傷刦)이면 그 조상이 미약하고 배곯았음을 알 수 있고, 流住가 月인데 재관이면 그 부모가 창업하였음을 알 수 있고, 상겁이면 그 부모가 파패(破敗)하였음을 알 수 있고, 流住가 日時인데 財·官·食·印이면 반드시 白手로 成家하였음을 알 수 있고, 혹 妻는 현명하고 자식은 귀하게 되기도 한다.

流住가 日時인데 傷·刦·梟(효)·刃이면 반드시 妻는 비루(卑陋)[130]하고 자식은 비열(卑劣)하거나, 혹 처로 인하여 재앙을 불러 파가(破家)하고 욕을 당하게 된다.

그러나 또 중요하게 봐야 할 것은 일주의 희신인지 기신인지로도 단정하는데 맞지 않는 법이 없다. 가령 원두의 흘러 그치는 곳이 있어야 하는데, 머무는 자리가 없고 막히고 원격(遠隔)되어 끊어지는 神이 偏正 인수이면 반드시 윗사람이나 부모의 재앙으로 보는 것인데, 사주 중에 재성이 있어서 相制하면 반드시 어진 처의 助力이 있고 비겁이 化하면 형제의 相扶함을 받을 수 있는 것이다.

조절(阻絶)하는 神이 비겁이면 반드시 형제의 피해로 누(累)를 당하게 되는데, 사주 가운데 관성이 있어서 相制하면 반드시 현귀(賢貴)함으로 풀릴 것이다. 가령 식상이 化하면 혹 자식이나 조카로부터 도움을 받아 풀릴 것이다.

조절(阻絶)하는 神이 재성이면 반드시 처첩의 재앙이 있을 것이나, 柱中에 비겁이 있어서 相制하면 반드시 형제의 조력이 있을 것이나, 혹 형제간에 사랑하고 공경함이 깊기도 하다. 혹 관성이 있어서 化하면 현귀(賢貴)함이니 갑자기 발탁되어 貴를 하기도 한다.

---

130) 천하고 사나움

조절(阻絶)하는 神이 식상이면 반드시 자손으로부터 누를 입게 되는데, 柱中에 인수가 있어서 相制하면 반드시 부모나 부모 같은 사람으로부터 복을 받게 되는데 혹 친장(親長)이 발탁하기도 한다. 혹 재성이 化하면 반드시 아름다운 처를 만나게 되는데 중궤다능(中饋多能)131)하기도 한다.

조절(阻絶)하는 神이 관살(官煞)이면 반드시 관형(官刑)의 화(禍)를 당하게 되는데 柱中에 식상이 있어서 相制하면 반드시 자질(子姪) 등의 조력이 있고 印綬가 있어서 化하면 반드시 장배(長輩)의 조력이 있게 된다.

그러나 더 중요한 것은 용신의 의기(宜忌)를 보고 논하게 되면 맞지 않는 법이 없다. 가령 원두류주(源頭流住)하는 神이

관성인데 일주의 용신이면 크게 이름을 날리고 귀현(貴賢)하는 사람이 10 중 8, 9명이요,

재성인데 일주의 용신이면 이익을 얻고 재물로 발복하는 자가 10 중 8, 9요,

인성인데 일주의 용신이면 글로 성공하여 청고한 자가 10명 중 8, 9명이요,

식상인데 일주의 용신이면 財운과 자손이 함께 아름다운 자가 10 중 8, 9요,

관성인데 일주의 기신이면 官災로 집안이 기울게 된 자로 판단할 수 있고,

재성인데 일주의 기신이면 財를 잃고 몸 망치고 명예까지 단절된 것이고,

인성인데 일주의 기신이면 문서나 글로써 상패(傷敗)하고

---

131) 어질고 착한 부인이 가문을 일으킴.

때로는 위를 범하여 재앙을 받은 자가 있으며,

식상인데 일주의 기신이면 자손으로부터 누(累)를 입고 절손하는 자가 있다.

이상이 궁극적으로 원류(源流)의 正理이니 속서(俗書)의 잘못된 것과는 다른 바이다.

癸	丙	庚	辛
巳	寅	子	酉

甲	乙	丙	丁	戊	己
午	未	申	酉	戌	亥

金이 源頭가 되어 흘러 머무르는 곳이 寅木 인수이니 生身함이 아름답고 巳時에 祿을 만났으며 巳는 또 재성의 생지가 된다. 관성이 투로(透露)하여 精神이 청하므로 中和되어 순수하다. 원두가 일어난 곳이 아름답고 흘러 그치는 곳이 아름다우니 사림(詞林) 출신으로 통정(通政) 벼슬까지 하고 일생을 어려움 없이 지냈으며 명리가 양전(兩全)하였다.

丙	戊	癸	辛
辰	申	巳	丑

丁	戊	己	庚	申	壬
亥	子	丑	寅	卯	辰

이 사주는 火를 원두로 하여 흘러 그치는 곳이 水方이며 다시 기쁜 것은 月과 時에 두 火가 원두가 되었음이다. 모두 유통이 잘 되었고 金水에 이르러 귀국하니 富가 백만이었고, 貴는 2품에까지 이르러 일생을 어려움 한 번 없이 평탄하였으니 소위 경성

(景星)[132] 경운(慶雲)[133]은 뭇 吉을 주는 곳이니 우러러 손 모

아 지향하게 되고 화찬(花攢) 금족(錦簇)은 오복을 다스려 돌보
는 곳이니 거듭 이르게 해야 한다.

甲	丙	辛	辛
午	子	卯	卯

乙	丙	丁	戊	己	庚
酉	戌	亥	子	丑	寅

木이 원두이나 土가 없으므로 金으로 흘러 연결되지 못하니 재관이 격절(隔絶)되었고 또한 沖을 만났으며 설기까지 되니 化生의 情이 전혀 없다. 초운 庚寅에는 윗사람의 복으로 편안했으며, 己丑 운은 子와 合하고 洩火 生金하니 막혔던 原流를 연결하여 재복이 함께 이르렀고, 戊子에는 水旺하고 土는 허(虛)하며 木神을 암조(暗助)하니 형모(刑耗)가 다단(多端)하였고, 丁亥 운에 金을 극하고 木局을 만드니 가정이 파산되고 사람도 사망하였다.

丁	戊	壬	庚
巳	午	午	寅

戊	丁	丙	乙	甲	癸
子	亥	戌	酉	申	未

이는 火가 원두이며 年支 寅木이 조절(阻節)[134]되었고 월간의 壬水가 막혀 있으니 흘러 金에 이르지 못한다.

초운 土金地는 조절하는 寅木을 沖化하므로 하는 일이 봄 가을 가릴 것 없이 성하였으니 요천순일(堯天舜日)[135]의 은혜를

---

132) 景星 : 국가의 경사가 있을 때 나타나는 큰 별
133) 慶雲 : 태평성세에 나타나는 서기어린 구름
134) 끊어지고 막힌 곳

입었으나 丙戌 운으로 바뀌면서 支에서 火局을 만드니 효신(梟神)이 탈식(奪食)하니 파모(破耗) 이상(異常)하였고 1妻 2妾 4子를 극하였으며, 丁亥 운은 干支가 모두 合化木하니 짝 없는 외그림자의 근심이 연속되어 외로운 고통을 감당하지 못하고 삭발하고 중이 되었다.

　무릇 富貴를 하는 자는 源頭가 이루어지지 않는 법이 없었으니 그 귀천을 나누려거든 오로지 국중에서 정하여진 한 자(一字)를 수렴하느냐에 있고, 나의 탁기를 제거하고 싶거든 나의 희신을 짓느냐에 있으니 貴가 아니면 역시 富를 하게 되고, 나의 청기가 제거되는 것은 나의 기신(忌神)을 지었기 때문이니 가난하지 않으면 천(賤)할 것이다.

　학자들은 마땅히 살피고 조사하여야 한다.

---

135) 태평성세

通關 통관

關內有織女。關外有牛郎。此關若通也。相邀入洞房。
관 내 유 직 녀 。 관 외 유 우 랑 。 차 관 약 통 야 。 상 요 입 동 방 。

　관내에 직녀가 있고 관외에 우랑이 있으면 이 막힌 것을 통해
야 하니 서로 맞아 동방에 든다.

【原注】
天氣欲下降。地氣欲上升。欲相合相和相生也。木土而要火。火金而要土。
土水而要金。金木而要水。皆是牛郎織女之有情也。中間上下遠隔。爲物所
間。前後遠絶。或被刑沖。或被刦占。或隔一物。皆謂之關也。必得引用無
合之神。及刑沖所間之物。前後上下。援引得來。能勝刦占之神。能補所缺
之物明見暗會。歲運相逢。乃爲通關也。關通而其願遂矣。不猶牛郎織女之
入洞房也哉。

　天氣는 하강하고자 하고 地氣는 상승하고자 하니 相合 相生 相和를
원하기 때문이다. 木土에는 火를 필요로 하고, 火金에서는 土가 있어
야 하고, 土水에는 金이 있어야 하고, 金木에는 水가 있어야 하니 이
는 모두 우랑과 직녀가 유정함이다. 중간이나 상하가 원격(遠隔)되어
그 가운데 다른 것이 있거나, 전후기 멀고 단절되었는데 혹 刑沖의 피
해가 있거나, 혹 강제로 겁점(劫占)되었다거나, 혹 사이에 다른 것이
있으면 모두 관(關)이니 반드시 合이 안 되는 것으로 인용하여야 하
고, 그 사이의 것을 刑沖하는 것으로 인용하거나 전후나 상하에서 구
원하고 인용하여야 겁점하는 神을 이길 수 있으며 모자라는 것은 보충
하고 암회(暗會)하여 보완할 神을 세운에서라도 상봉한다면 통관(通
關)이 된다. 막힌 것이 뚫려 통하면 그 원하는 바가 따를 것이니 견우
와 직녀가 같이 만나 동방(洞房)함이 아니겠는가?

【任注】

通關者,引通尅制之神也,所謂陰陽二用,妙在氣交,天降而下,
地升而上,天干之氣動而專,地支之氣靜而雜,是故地運有推
移,而天氣從之,天氣無有轉徒,而地運應之,天氣動于上,而人
元應之,人元動于下,而天氣從之,所以陰勝逢陽則止,陽勝逢
陰則住,是謂,天地交泰,干支有情,左右不背,陰陽生育而相通
也,若殺重喜印,殺露印亦露煞藏印亦藏,此顯然通達,不必節
外生枝,倘原局無印,必須歲運逢印向而通之,或暗會明合而
通之,局內有印,被財星損壞,或官星化之,或比刦解之,或被合
住,則沖開之,或被沖壞,則合化之,或隔一物,則尅去之,前後
上下,不能援引,得歲運相逢尤佳,如年印時殺,干殺支印,前後
遠立,上下懸隔,或爲間神忌物所間,此原局無可通之理,必須
歲運暗沖暗會,尅制間神忌物,該沖則沖,該合則合,引通相尅
之勢,此關一通,所謂琴遇子期,馬逢伯樂,求名者靑錢萬選,問
利者億則屢中,如牛郞織女之入洞房,無不遂其所願,殺印之
論如此,食傷財官之論亦如此,

【해설】 통관이란 극제신(尅制神)을 인통(引通)시키는 것이다.
이른바 음양 두 가지의 쓰임밖에 없으며 두 氣의 교환 유통에서
묘함을 찾는 것이다.

天氣는 아래로 하강하고 地氣는 위로 상승하고자 하며 천간의
氣는 동적(動的)이면서도 온전하고 지지의 氣는 정적(靜的)이면
서도 잡(雜)되다. 그러므로 地運의 추이(推移)[136]에 따라 天氣
는 이를 좇게 되고 天氣의 전도(轉徒)[137]가 없느냐 있느냐에 따

---

136) 밀고 당기며 이동함
137) 옮겨서 자리를 바꿈

라 地運도 이에 응하게 되며 天氣가 위에서 활동하니 人元이 응하게 되고 人元이 아래서 활동하니 天氣가 이를 좇게 된다. 이로써 陰이 앞설 때 陽을 만나면 그치게 되고, 陽이 선동할 때 陰을 만나면 머물게 되니 이른바 천지가 교태(交泰)하여 干支가 유정하고 좌우가 배반되지 아니하여 음양이 생육을 위한 상통(相通)이 될 것이다.

만약 殺이 중첩되어 인수가 기쁠 때 殺이 노출되었으면 印 역시 출로되었고, 煞이 지지에 숨어 있으면 印 역시 지지에 있어야 하니 이는 현연(顯然) 통달(通達)이 되었으니 마디 밖에서 따로 가지를 생할 필요가 있겠는가?

아마도 이때 原局에 印이 없으면 반드시 세운에서 인수를 만나야 향한 바를 통할 수 있고, 혹 暗會나 明合으로도 통할 수 있는 것이다.

局 內에 인성이 있더라도 재성으로부터 손상되었으면 혹 관성으로 통관시키거나 혹 비겁으로 제극해야 하며, 혹 인성이 합주(合住)되었으면 합한 자를 沖하여 열어줘야 하고, 혹 인성이 沖을 만났으면 합하여 化하게 하고, 혹 간격이 있어 사이에 다른 것이 있으면 극거하여야 한다.

전후와 상하에서 구원할 수 없으면 세운에서라도 구원하면 더욱 아름답게 될 것이다.

가령 年에 인수 時에 殺이거나, 干에 殺 支에 인수가 전후에 멀리 떨어져 있고 상하가 현격한데 혹 그 사이를 기신이 이간질하고 있다면 이러한 원국에서는 통관시킬 수 없으니 반드시 세운에서라도 暗沖하거나 暗會하여야 하고, 사이에서 이간질하는 기신을 극제하여야 할 것이니 沖할 것은 충하고 합할 것은 합하여 상극하는 무리에서 인통시켜야 한다.

이것이 막힌 것을 일단 통하는 것이니 소위 거문고가 자기(子期)[138]를 만난 것과 같고, 말이 백낙(伯樂)[139]을 만난 것과 같아 명예를 구하는 자는 청전만선(靑錢萬選)할 것이고, 이익을 구하는 자는 하는 일마다 몇 배로 적중할 것이다.

이를 견우와 직녀가 만나 동방(洞房)으로 들어간다고 비유한 것이니 그 소원대로 이루지 못하는 것이 없다. 「殺印」의 관계가 이러하니 식상 재관의 관계도 이와 같다.

丙	丁	甲	癸
午	卯	子	酉

戊	己	庚	辛	壬	癸
午	未	申	酉	戌	亥

이 사주는 천간과 지지에서 모두 殺生印하고 印生身하며 時에는 祿旺으로 귀숙한다. 더욱 아름다운 것은 四 沖이 도리어 四 助가 되었음이다. 金이 水를 만나니 木을 극하지 못하여 生水하고 水는 木을 만났으니 火를 충하지 못하여 生木함이다.

이로써 자연히 원격되지도 아니하고 강점되지도 아니하여 막아 끊기는 곳이 없으니 일주는 약한 중에 강으로 변하였다. 운에서 水를 만나지만 능히 生木하고 金을 만나더라도 능히 水를 생하니 인수가 상하지 않아서 일찍이 가을 중과에 급제하였고 벼슬이 관찰사에 이르렀다.

---

138) 춘추시대의 거문고의 명인 종자기(鐘子期)를 말함

139) (天) 말을 주관하는 별이름

　　(人) 周나라 때의 사람으로 말의 감정을 잘해 名馬는 그의 손에서 나왔다고 한다. 「백낙일고(伯樂一顧 : 명마가 백낙을 만나 세상에 알려진다는 뜻으로, 자기의 재능을 남이 알아주어 잘 대우함을 이르는 말))」라는 고사가 있다.

辛	丁	癸	戊
亥	未	亥	寅

己	戊	丁	丙	乙	甲
巳	辰	卯	寅	丑	子

이는 癸水 칠살이 身에 바짝 붙어 극한다. 그러나 戊土가 合去한 후 도리어 방신(幫身)하고 月支의 亥水는 殺을 도우나 年支의 寅이 合하여 生身하고 寅木은 원격되었지만 도리어 가까이서 친해졌고 時支의 亥는 또 未土가 會合하니 어려운 가운데 은인을 만난 것 같다. 한 번 오고 한 번 가는 것이 정으로 협력하고, 한 번 가고 하나로 모이므로 막힌 것을 통하고 거칠 것이 없으니 소이로 科甲 연등(聯登)하여 벼슬이 황당(黃堂)에 이르렀다.

丁	辛	乙	戊
酉	丑	卯	辰

辛	庚	己	戊	丁	丙
酉	申	未	午	巳	辰

이 사주는 春節의 金氣가 약하다. 時의 殺은 곁에서 극하는데 年의 인수는 원격되어 불통이다. 또 旺木으로부터 극을 받으니 인수는 무너졌다. 戊土가 생하지 못할 뿐만 아니라 日支의 丑土도 역시 막힌 것을 통할 능력이 없다.

중운까지 남방 殺地에서는 녹녹 풍상을 다 겪으며 분주히 노력하였으나 때를 만나지 못하였고, 庚申 운으로 교체되면서 木神을 극거하니 좋은 만남으로 분발하여 협서성에서 군공(軍功)을 수차 세웠고, 辛酉 운부터는 20년간 벼슬이 부윤(副尹)에 이르렀다. 대저 金은 능히 剋木 방신(幫身)하고 인수는 殺을 화해시켜 통하기 때문이다.

乙	辛	丁	己
未	卯	卯	巳

辛	壬	癸	甲	乙	丙
酉	戌	亥	子	丑	寅

이는 春金이 허약한데 木火가 당권을 잡고 있다. 年의 印은 月의 殺로 상통하지 못하고 時支의 未土도 卯와 會合하여 木으로 化하니 生殺의 정만 있을 뿐이고 일주를 보조할 의사는 전무하고 겸하여 운로도 金이 없이 水木으로만 나가니 殺을 돕는 근원이 되었다. 이로써 조업을 파패하고 한 가지 일도 이루어 낸 것이 없다.

亥 운에 木局을 만드니 殺을 생하므로 사망하였다.

官殺 관살

官殺混雜來問我。有可有不可。
관 살 혼 잡 래 문 아 。 유 가 유 불 가 。

관살 혼잡이 되는 것을 나에게 묻는다면 가한 것도 있고 불가
한 것도 있다.

【原注】

殺卽官也。同流共派者可混也。官非殺也。各立門牆者。不可混也。殺重
矣。官從之。非混也。官輕矣。殺助之。非混也。敗財與比肩雙至者。殺
可使官混也。比肩與刦財兩遇者。官可使殺混也。一官而不能生印者。殺
助之。非混也。一殺而遇食傷者。官助之。非混也。勢在於官。官有根。殺
之情依乎官。依官之殺。歲助之而混官。不可也。勢在於殺。殺有權。官之
勢依乎殺。依殺之官。歲扶之而混殺。不可也。藏官露殺。干神助殺。合官
留殺。皆成殺氣。勿使官混也。藏殺露官。干神助官。合殺留官。皆從官
象。不可使殺混也。

殺이 즉 官이기도 하니 동류(同流) 공파(共派)로 흐름이 같을 때는
혼잡이라도 가하고, 官은 殺이 아니므로 각각 문장(門牆)140)을 따로
내세웠을 때는 혼잡이 불가하다.

殺이 중하면 官은 이에 좇으니 혼잡이라 아니하고 官이 경하면 살
을 도우니 혼잡이 아니다.

패재(敗財)와 함께 비견이 쌍으로 이르는 것은 살에 관이 혼잡되어
도 가하고, 비견과 겁재 두 가지를 함께 만날 때는 관에 살이 혼잡되
어도 가하다. 한 官星이므로 인수를 생하지 못할 때는 殺이 도와야 하
니 혼잡이 아니며, 한 殺인데 식상을 만났을 때는 관이 도와야 하니

---

140) 대문과 담장이니, 관과 살의 근본이 따로 있는 것이다.

혼잡이라 아니한다.

　勢가 官에 있고 관이 유근이면 殺의 情도 官에 의지하게 될 것이고 관에 의지한 살이 세운에서 다시 와 도울 때는 혼잡이니 불가하다.

　세력이 殺에 있고 살이 힘이 있다면 관의 세도 살에 의지할 것인데 살에 의지하고 있는 관이 세운에서 나타나 돕는다면 살과 혼잡이니 불가하다.

　장관(藏官)141)일 때 살이 천간에 노출되었으면 干神인 殺을 도와야 하므로 합관유살(合官留殺)하여서 모두 殺氣를 이루어야 하니 地支의 관은 살과 혼잡이 아니며 地支에 殺이 있고 관은 투출하였으면 干神이 관을 도와야 하니 합살유관(合殺留官)하여서 모두 관을 따르는 상이니 이 때는 살이 혼잡되었다 아니한다.

【任注】

殺即官也,身旺者以殺爲官,官即殺也,身弱者以官爲殺,日主甚强,雖無制不爲殺困,正官相雜,但無根亦隨殺行,去官不過兩端,用食用傷皆可,合殺總爲美事,合來合去宜淸,獨殺乘權,無制伏,職居淸要,衆殺有制,主通根,身掌權衡,殺生印而印生身,龍墀高步,身任財而財滋殺,雁塔題名,若殺重而身輕,非貧即夭,苟殺微而制過,雖學無成,在四柱總宜降伏,休云年逢勿制,以一位取爲權貴,何必時上尊稱,制殺爲吉,全憑調劑之功,借殺爲權,妙有中和之理,但見殺凌衰主,究必傾家,弗謂局得殺神,遂許顯豁,書云,格格推詳,以殺爲重,是以究之宜切,用之宜精,殺有可混不可混之理,如天干甲丙戊庚壬爲殺,地支卯午丑未酉子,乃殺之旺地,非混也,天干乙丁己辛癸爲官,地支寅巳辰戌申亥,乃官之旺地,非混也,如干甲乙支寅,干丙丁支巳,干戊己支辰戌,干庚辛支申,干壬癸支亥,以官混殺,宜乎去官,如干甲乙支卯,干丙丁支午,干戊

141) 地支의 官

己支丑未,干庚辛支酉,干壬癸支子,以殺混官,宜乎去殺,年月兩
干透一殺,年月支中有財,時遇官星無根,此官從殺勢,非混也,年
月兩干透一官,年月支中有財,時遇殺星無根,此殺從官勢,非混
也,勢在于官,官得祿,依官之殺,年干助殺,爲混也,勢在于殺,殺
得祿,依殺之官,年干助官,爲混也,敗財合殺,比肩敵殺,官可混
也,比肩合官,刦財攩官,殺可混也,一官而印綬重逢,官星洩氣,殺
助之,非混也,一殺而食傷並見,制殺太過,官助之,非混也,若官殺
並透無根,四柱刦印重逢,不但喜混,尙宜財星助殺官也,總之日主
旺相可混也,日主休囚不可混也,今將殺分六等,此余所試驗者,分
列詳細于後,以備參考,

【해설】 殺은 즉 벼슬이다. 신왕한 자는 살로써 벼슬을 삼는다.
官이 즉 殺이기도 하니 신약한 자는 관이라도 살이 된다. 일주
가 심히 강하면 비록 제압하지 않더라도 살이라고 곤란하지 아
니하다. 정관과 혼잡되었으면 다만 뿌리가 없어야 殺을 수행하게
된다.

거관(去官)142)에는 둘 중 하나를 선택하는 것에 불과하니 식
신을 用하거나 상관을 사용하는 것 모두 가한 방법이다.

合殺은 모두 아름다운 것인데 合來하거나 合去하거나 모두 청
하여야 한다.

독살(獨殺)이 권세를 타고 있는데 제복(制伏)시키는 것이 없
으면 직책이 청하고 중요한 자리에 앉는다. 중살(衆殺)이라도 제
극함이 있고 일주가 통근되었으면 몸소 권형(權衡)을 잡는다.

殺은 印을 생하고 印은 身을 생하면 자기 힘으로 높은 자리에
까지 이른다. 身이 財에 임하였는데 財가 殺을 도우면 안탑(雁

---

142) 官을 버림

塔)에 이름이 오른다.

만약 殺은 중한데 身이 뿌리가 없고 경하면 가난하지 않으면 요절한다. 殺이 미약하여 구차한데 제극함이 태과하면 비록 배워도 이루지는 못한다.

관살은 사주 내에서 항복시켜야 마땅하며 이 때 쉬고 있는 관살을 年運[143]에서 다시 제극하지 말아야 한다. 官이든 殺이든 하나만 취하였을 때는 권세는 물론 貴가 되는데 하필 時上에 있는 것을 칭하여 존귀하다 하겠는가?

制殺함이 있으면 길하다 하는 것은 오로지 조제(調劑)[144]의 공이 있을 때만을 말한 것이며, 殺을 지칭하여 권(權)으로 삼은 경우도 묘함이 中和의 理에 있음이다. 다만 살이 쇠약한 일주를 능멸하면 궁구컨대 반드시 집안이 기울 것이니 殺神으로 득국하였을지라도 고속도로처럼 뚫려 모든 것에 잘 나가지는 못한다.

書에 이르기를 「格格推詳以殺爲重(격격추상이살위중)」[145]이라 하나 이를 곰곰이 생각하여 보건대 마땅히 거절하고 그 용신을 정밀하게 잡아 쓰는 것이 마땅하다.

殺에는 혼잡이 가하기도 하고 불가하기도 하다는 이치는 가령 天干의 甲丙戊庚壬이 殺이라면 地支의 卯午丑未酉子가 殺의 왕지이니 혼잡이 아니고, 天干의 乙丁己辛癸가 官이라면 지지의 寅巳辰戌申亥가 官의 왕지이니 혼잡이 아니다. 가령 천간에 甲乙인데, 支에 寅과 천간이 丙丁인데, 지가 巳와 천간이 戊己인데, 지에 辰戌과 천간이 庚辛인데, 지에 申과 천간이 壬癸인데, 지에

---

143) 대운(大運) 포함
144) 여러가지를 하나로 정리하여 선택함
145) 格格을 추상하여 殺로써 중요함을 삼는다.

亥가 되는 것들은 官이 殺에 혼잡된 것이니 去官함이 마땅하고 천간이 甲乙인데, 지에 卯와 천간이 丙丁인데, 지에 午와 천간이 戊己인데, 지에 丑未와 천간이 庚辛인데, 지에 酉와 천간이 壬癸인데, 지에 子가 되는 것 등은 殺이 官에 혼잡된 것이니 마땅히 去殺해야 한다.

연월 兩 干에 一殺이 투출하고 연월 兩 支 중에 재성이 있을 때 時에서 官星을 만났더라도 무근이면 이 官은 殺勢에 따르니 혼잡이 아니다.

연월 兩 干에 관성 하나만 투출하고 연월 兩 支 중에 재성이 있을 때 時에서 殺星을 만났더라도 무근이면 이 殺은 官勢를 좇을 것이니 혼잡이 아니다.

勢가 官에 있고 그 관이 祿을 얻었다면 관에 의지하는 살인데 年干에서 이 살을 돕는다면 혼잡이 된다.

勢가 殺에 있고 그 살이 祿을 얻었다면 살을 의지하는 관인데 年干에서 관을 돕는다면 혼잡이 된다.

敗財가 合殺하고 비견이 살을 대적하면 관이 혼잡이라도 가하다.

비견이 合官하고 겁재가 관을 막아주면 살이 혼잡이라도 가하다.

官은 하나인데 인수가 중중하여 관성을 설기시키면 殺이 도와도 혼잡이 아니다.

殺은 하나인데 식상이 연거푸 나타났으면 制殺 태과이니 官이 돕더라도 非混이다.

만약 官殺이 함께 투출하고 무근인데 사주에 劫印이 중첩되었으면 혼잡이 기쁠 뿐 아니라 오히려 재성이 마땅하니 殺이 官을 도와야 한다.

총론컨대 일주가 왕상하면 혼잡이라도 가하고 일주가 휴수되었으면 혼잡이 불가하다. 이제 殺을 6등분하여 내가 시험한 바를 뒤에다가 상세하게 분별하여 놓았으니 참고하라.

一曰 財滋弱殺格(재자약살격)

庚	庚	丙	己
辰	申	寅	酉

庚 辛 壬 癸 甲 乙
申 酉 戌 亥 子 丑

이 사주는 속론으로 春金이 실령하였으며 旺財가 生殺하고 살은 장생지에 앉아 있으므로 身을 돕고 殺을 억제해야 한다고 한다. 그러나 春金이 비록 당령은 못하였어도 지지에 두 개의 녹왕지를 만났고 또 辰時를 얻어 인수와 비견이 방신(幇身)하여 弱중에서 旺함으로 변하였으니 이른바 木은 연약하고 金은 견고함을 모르기 때문이다.

만약 丙火가 없었다면 寅木이 존재할 수 없었을 것이고, 만약 이에 寅木이 없었다면 丙火도 무근이므로 반드시 財를 용신으로 하여 殺을 자윤시키는 것이 중요하여 木火 두 字 중에 하나만 결하여도 안 된다.

甲 운에 반궁(泮宮)에 들었고 子 운에 水가 회합하여 木을 생하니 보름(補廩)[146]이 되었고, 癸 운은 己土가 당두하였으므로 해롭지 않았고, 亥 운은 寅과 합하니 丙火는 절처봉생되었으므로 극위주첩(棘闈奏捷)[147]하였고, 壬戌 운에는 지에 서방 類가 모

---

146) 벼슬의 이름인 듯
147) 무관 중소과 급제

였으므로 가는 길에 일단 막혀서 형벌과 손실을 함께 만났고 辛酉 운은 劫刃이 방자하여 祿을 거두었다.

이 사주는 애석하게도 운이 서북 금수지로 행하였으나, 만약 동남 목화로 운행하였다면 자연히 科甲 연등하여 벼슬길이 밝게 빛났을 것이다.

辛	庚	庚	丙
巳	申	寅	申

丙	乙	甲	癸	壬	辛
申	未	午	巳	辰	卯

이 사주는 천간에 庚辛이 3개나 투출하였고 지지는 祿을 두 개나 얻어 왕하니 丙火가 비록 뿔 끝에 걸려 있으면서 祿을 받았으나 庚辛의 元神이 투출한 힘에는 미치지 못하고 巳火는 火의 祿支가 아니라 金의 장생지라 하는 것이 나으니 용재자살(用財滋殺)격이 분명하다.

辰 운은 木의 여기이니 채근(采芹) 생색(生色)하였고, 巳 운은 火의 녹왕지이니 과갑 연등하였다.

甲午 乙未는 木火가 함께 왕하여 벼슬이 번얼(藩臬)에 이르렀다.

만약 八字만으로 본다면 이 사주가 앞 사주만 못하나 앞 사주는 단지 행운이 서북으로 가고 이 사주는 동남으로 가니 부귀가 비록 格局에서 정하여졌다고 하나 궁통하여 보면 오로지 행운에 한정되어 있으니,

「四柱 좋은 것이 運 좋은 것만 못하다」

는 말이 믿음이 간다.

二曰 殺重用印格(살중용인격)

```
甲 戊 甲 戊
寅 午 寅 子

庚 己 戊 丁 丙 乙
申 未 午 巳 辰 卯
```

戊土가 寅月 寅時에 生하니 土는 쇠약하고 木은 왕성하다. 가장 기쁜 것은 앉은자리가 午火이니 生化 유정하여 이른바 중살(衆殺)이 날뛰어도 하나의 도움으로 생화된다는 것이다.

子水 財는 寅木을 생하니 午火를 충하지 못하고 정으로 협조하며 막힌 것을 통하였다.

더욱 넉넉하게 된 것은 운이 남방 화토로 행하는 것이다. 이로써 일찍이 黃甲에 올라 벼슬길이 이름을 날렸다.

```
甲 戊 丙 己
寅 子 寅 亥

庚 辛 壬 癸 甲 乙
申 酉 戌 亥 子 丑
```

이 사주의 격국을 보면 앞 사주보다 나은 것 같다. 이는 인수가 장생에 앉아 있고 앞 사주는 인수가 財의 충을 만나고 있기 때문이라 한다. 그러나 앞 사주는 坐下의 인수가 七殺이 모두 와서 생공(生拱)하므로 일주가 견고하지만 이는 일주 아래에 財가 있어서 반대로 나가 殺을 생하고 조주위학(助紂爲虐)[148]하며

---

148) 폭군을 도와 백성을 학대함. 「助紂爲虐 助桀爲虐(조주위학 조걸위학)」은 같이 쓰이는 말로서 하(夏)의 걸(桀) 임금과 상(商) 나라의 주(紂) 임금을 말하는데 모두 폭군임. 사해(辭海)에 「桀無道爲商湯所

겸하여 운까지 서북으로 행하고 있음을 모르기 때문이다.

戊午년에 지방의 中科에 급제하였고 己丑 운에 진사(進士)가 되었으니 이 兩 年은 비겁이 身을 돕고 재성을 沖去한 묘함에서 온 것이다.

壬 운은 丙火를 겁탈하고 인수를 무너뜨리고 丁은 밖으로도 어려움이 있더니 화재를 만났고, 戌 운은 인수(印雛)를 끼고 오니 비록 작은 생색만은 있었으나 역시 봄날의 가을꽃에 불과하였다.

장래 辛酉 운 중에는 목다금결(木多金缺)하고 약한 土를 설기하고 丙火를 合去하니 그 재앙을 어찌 면하였겠는가?

甲	甲	庚	戊
子	子	申	辰

丙	乙	甲	癸	壬	辛
寅	丑	子	亥	戌	酉

이 사주는 木은 야위고 金은 예리하며 두터운 土는 生金하니 원래는 두려운 것이다. 그러나 기쁜 것은 지지가 모두 水局을 이루어 그 숙살의 기운을 化生시키니 生化 有情하다.

癸亥 운에 과갑 연등하였고 일찍이 벼슬길에 빛났고, 丙寅 丁卯는 七殺을 制化시키니 마땅하여 벼슬이 봉강(封疆)에 이르렀고 관리로서 평탄하였으며 평생을 험한 일 당하지 아니하고 여

滅, 紂無道周武王所滅, 世言無道之君者 多稱桀紂(걸무도위상탕소멸, 주무도주무왕소멸, 세언무도지군자 다칭걸주)」라 하니 이는 「걸에게는 도덕이 없어 상과 탕을 소멸시키고 주에게 도덕이 없어 주의 무왕을 소멸시켰으니 세상 사람들은 도덕심이 없는 군주를 가리켜 걸주와 같다 하였다」는 뜻이다. 이 곳에서는 해신(害神)과 일당이 되어 더욱 나쁘게 되었음을 말함.

의하였다.

丙	庚	丙	戊
戌	寅	辰	午

壬 辛 庚 己 戊 丁
戌 酉 申 未 午 巳

이 사주는 천간에 두 殺이 투출하고 지지에도 殺局을 모두 갖추었다. 기쁜 바는 戊土 元神이 투출하였고 殺을 화해시켰다.

寅木은 본시 인수를 파괴하는 기신이나 더욱 아름다운 것은 三合 火局을 모았으므로 도리어 배토(培土)의 근원이니 교묘하게도 저를 빌려 재배함이다.

己未 운 중에 과갑 연등하였고 庚申 辛酉에 身을 도와 유정하니 벼슬 속에서 이름을 날렸고 후광이 앞에서보다 넉넉하였다.

癸	丁	癸	癸
卯	卯	亥	亥

丙 丁 戊 己 庚 辛 壬
辰 巳 午 未 申 酉 戌

이 사주는 천간에 3癸가 투출하고 지지도 두 亥를 만났으니 殺이 승권(乘權) 병령(秉令)하고 있다. 기쁜 것은 金이 없고 두 인수가 공국(拱局)하여 生化 불패(不悖)함이다. 사주가 청하고 순수하다.

辛酉 庚申 운 중에는 공명이 어정쩡하였고 형모까지 아울러 당하였으며, 己未 운으로 교체되고는 殺을 제거하고 支에는 인수 국을 모아주니 공명이 중첩으로 곧게 승진 승진하였고, 戊午 丁巳 兩 운은 벼슬이 관찰사에 이르렀고 명예와 이로움을 함께 날렸다.

三曰 食神制殺格(식신제살격)

甲	壬	戊	戊
辰	辰	午	辰

甲	癸	壬	辛	庚	己
子	亥	戌	酉	申	未

이는 사주에 모두 殺인데 기쁜 것은 지지에 세 개의 신고(身庫)에 통근하였고, 또 金이 없는 것이 아름다워 時에 투출한 식신이 制殺함이다. 辰은 또 木의 여기이니 하나의 장수가 군흉을 당당히 막아 자복케 한다.

癸亥 운에 이르러 식신이 생을 만났고 일주가 祿을 만나니 과갑 연등하였고, 甲 운에는 벼슬이 현령에 이르렀고, 子 운에는 쇠신(衰神)이 旺神을 충하니 祿을 거두었다.

丙	甲	庚	庚
寅	戌	辰	申

丙	乙	甲	癸	壬	辛
戌	酉	申	未	午	巳

이는 甲木 辰月에 출생하여 여기이기는 하나, 다만 庚金이 함께 투출하여 통근하고 작벌한다. 가장 기쁜 것은 寅時에 녹왕함이고, 다시 아름다운 것은 丙火가 홀로 투출하여 制殺하고 身을 돕는다.

午 운은 火局을 暗會하니 중과 향방에 올랐고 甲申 乙酉는 殺이 녹왕함을 만나니 형모가 여러 가지로 나타났고, 곧게 丙戌 운에 이르더니 지현(知縣)에 선출되었다.

戊	丙	壬	壬
戌	戌	子	子

戊	丁	丙	乙	甲	癸
午	巳	辰	卯	寅	丑

이 사주는 年月 두 곳이 壬子이니 殺의 勢가 미쳐 날뛴다. 다행한 것은 日과 時의 戌이니 身庫에 통근함이다. 다시 아름다운 것은 戊土가 투출하여 왕양한 水를 족히 다스리고, 더욱 기쁜 것은 운로가 동남으로 행하여 身을 돕고 殺을 억제함이다.

乙卯 운 중에 水는 절지가 되고 火는 생지가 되니 녹명연(鹿鳴宴)149)을 벌이더니 이내 경림연(瓊林宴)150)까지 마치게 되었으니 계화(桂花)151)의 향기가 행화(杏花)의 향기를 앞지르더라. 벼슬은 군수(郡守)에 이르렀다.

丙	庚	丙	壬
戌	午	午	申

壬	辛	庚	己	戊	丁
子	亥	戌	酉	申	未

이 사주는 兩 殺이 왕지에 앉아 당권하였으니 원래는 꺼리는 것으로 말해야겠으나 다행한 것은 年干의 壬水가 申을 깔고 앉아 있으니 족히 制殺할 수 있다. 다시 묘한 것은 木이 없어서 水의 설기가 없고 火를 돕지 못하는 것이다.

申운에서 金水가 득지하니 궁장(宮牆)으로 시작하였고, 酉 운

---

149) 주(州)나 현(縣)에서 천거하여 京師로 뽑혀 올라가는 사람에게 베풀어 주는 잔치. 녹명시(鹿鳴詩)를 읊었다 하여 녹명연이라 함
150) 과거에 급제한 사람을 위하여 조정에서 베풀어 주는 잔치
151) 과거에 급제한 사람의 관(冠)에 꽂은 꽃

에는 지지에 서방 類가 다 모이니 早充觀國之光(조충관국지광)하고 高豫南宮之選(고예남궁지선)하고 후운 金水에는 體用에 모두 마땅하여 서랑(署郞)을 경유하여 군수(郡守)로 나갔다.

四曰 合官留殺格(합관유살격)

이 사주는 火가 장하천(長夏天)에서 생하니 旺이 極에 달하였다. 戊癸가 합하여 火가 됨은 꺼리지만 도리어 기쁜 것은 壬水가 身庫에 통근함이고, 다시 묘한 것은 年支의 丑이니 족히 火를 설하고 金을 생하며 水를 함축하니 癸水가 이에 통근함이다.

壬	丙	戊	癸
辰	午	午	丑

壬	癸	甲	乙	丙	丁
子	丑	寅	卯	辰	巳

그러므로 戊癸 合은 火로 化하는 것을 거부한다. 합하여 化하지 아니한 것은 반대로 戊土가 壬水에 항거하지 아니하는 기쁨이 되는 것이다.

이로써 乙卯 甲寅 운은 土를 극하고 水를 호위하니 청운으로 가는 길이 곧게 뻗어 올랐고, 癸丑 운에 이르자 금당(琴堂)을 경유하여 주목(州牧)에 천거되었고, 壬子 운에 이르러서는 치중(治中)을 경유하여 황당(黃堂)을 이력으로 두었으며 명리가 유여하였다.

☞ 翠山註 : 甲寅 乙卯 운은 불리하다. 다만 두 습토가 회화(晦火)하여 견딜 만하였을 것이다.

壬　丙　戊　癸
辰　午　午　巳

庚辛壬癸甲乙丙丁
戌亥子丑寅卯辰巳

이는 乾隆 38년 4월 18일생인 임철초 자신의 사주이다. 역시 장하천(長夏天)에 태어나니 앞 사주와 단지 丑 字 하나만 바뀌었지만 천연(天淵)의 격차이다.

대저 丑은 북방의 습토이니 능히 火의 열기를 가리우고 능히 午火의 불꽃도 거두어 주고 또 水를 함축하고 金을 저장할 수 있으나 巳火는 남방의 旺火이니 절지에 앉은 癸水는 한 잔인데 불타는 섶은 한 수레이다. 그에서 기쁜 것은 혼잡이요 기쁘지 못한 것은 淸한 것이다. 앞 사주는 戊癸가 合이나 不化하였고 이는 반드시 火化하니 殺을 돕지 못할 뿐만 아니라 억지로 火로 변화하여 겁재가 되니 미쳐 날뛰는 양인만 돕고 巳 中 庚金을 이끌어내는 데 도움이 안 된다.

壬水가 비록 자기 身庫에 통근하였으나 金의 생조함이 없으므로 청고(淸枯)한 상(象)인 데다가 운마저 40여 년을 木火로 주행하여 겁재와 양인만 생조한다. 이리하여 위로 아버지의 뜻을 이어받아 이름을 이룩하지 못하였고 아래로는 전답과 재산을 지키지 못하였고 창업도 못하였으며, 육친 골육관계도 곧게도 그림의 떡과 같았고 반평생의 사업도 역시 뜬구름과 같았다.

卯 운에 이르니 壬水는 절지이고 양인은 생을 만나 골육의 변괴를 당하였고 이로써 가운은 기울고 재산은 탕진하였고 오히려 기억으로는 명리학을 배우지 아니하였을 때에 사람을 초청하여 추산(推算)[152]하여 보았으나 한 패거리들이라 허황하게 포장하

---

152) 四柱를 풀어봄

여 명리가 스스로 여의하다고 하였으나 뒤에 보니 털끝만큼도 맞지 않았으니 어찌 통탄하지 않겠는가? 또 나는 천부적인 성격이 편고하고 옹졸하여 성실한 것만 좋아하고 허황되고 부앙한 것은 싫어하며 아첨할 줄 모르고 오만함이 많았으니 교류 왕래에 매양 딱 잘라 바른말을 하니 어울리지를 못하였다.

내가 늠름(凜凜)하였던 것은 나의 할아버지에 이은 아버지의 충후(忠厚)한 가르침을 감히 실추시킬 수 없었기 때문이다. 아버지께서 먼저 돌아가신 뒤에 가업은 형편없이 망하여 갔으므로 마음속에 두었던 명리학을 호구지책으로 하게 되었다.

대저 여섯 자 한 몸으로서 멀리 큰 뜻과 그림이 없는 것은 아니나 한갓 작은 기예로서는 웃음거리밖에 될 수 없었으니 이는 나 스스로 생각해 볼 때 命運이 따르지 않았기 때문이며 매사에 이익이 될 수 없었다. 이로부터 수레바퀴 속의 고인 물에 사는 붕어는 겨우 몇 되 몇 말의 물로써 한계를 맞아야 하고 땅에도 한계가 있고 時에서도 곤궁함이 있는 것이니 슬프도다. 命이 아니면 안되니 그 바르게 이르는 바를 순수하게 받아야겠더라.

壬	丙	癸	戊
辰	午	亥	申

己	戊	丁	丙	乙	甲
巳	辰	卯	寅	丑	子

이 사주는 일주가 비록 양인을 깔고 앉았으나 亥月에 생하였으므로 휴수를 면치 못하는데 오행에 木도 없다. 壬水와 癸水가 함께 투출하여 支에 生旺을 갖고 각각 문호(門戶)[153]를 따로 세웠으나 다행한 것은 그 癸水를 合去하니 혼잡을 면했다. 다시

___
153) 대문과 집이니 자기의 영역을 따로 세움을 말함

묘한 것은 운로가 木火로 나가니 지방고시 출신으로 전통적으로 왕궁에서 사랑을 받으면서 왕의 비서로서 황당(黃堂)에서 왕을 보좌하였다.

壬	丙	癸	戊
辰	戌	亥	午

己	戊	丁	丙	乙	甲
巳	辰	卯	寅	丑	子

丙戌 일주가 辰時에 생하니 고장(庫藏) 속의 뿌리를 沖去하였다. 壬癸가 함께 투출하였으나 戊土가 합관유살(合官留殺)하였고 다시 기쁜 것은 年支에 양인이 도우니 火는 허하나 불씨는 있고 다시 묘한 것은 金이 없다는 것이다.

앞 사주의 申이 午로 午가 戌로 바뀐 것인데 앞 사주보다는 다소 좋아서 과갑 출신으로 잠은 삼태성(三台星)이 비치는 곳에서 잤고, 王家의 경영을 돕는 일을 거듭 맡았고, 특히 융성할 때는 출입 왕래하는 사람을 점검하는 권한까지 가졌다.

癸	丁	丁	壬
卯	未	未	申

癸	壬	辛	庚	己	戊
丑	子	亥	戌	酉	申

이 사주는 日月이 모두 丁未이고 時의 殺은 뿌리가 없으므로 壬水 관성을 돕는다. 마땅치 못한 것은 壬 殺의 합함인데 다행히 申金 위에 앉았으므로 합해도 不化[154]이다. 申金이 용신이며 다시 묘한 것은 운로가 서북 금수 행이니 官殺을 도와 일으켜 줌이

---

154) 변하지 않음

다. 지방고시 출신으로 벼슬길에서 거듭 승진하였고 현령을 경유하여 사마(司馬)에 [155] 천거되었고 황당(黃堂) 서열의 위(位)이다.

乙	戊	己	甲
卯	辰	巳	辰

乙	甲	癸	壬	辛	庚
亥	戌	酉	申	未	午

戊土가 巳月에 생하여 자못 왕하다. 그러나 兩 辰은 木의 여기이므로 역시 족한 곳이라 할 수 있다. 기쁜 것은 殺을 合去하고 官만 두는 것이고 관성은 坐에 祿을 가졌으며 다시 묘한 것은 운로가 생화되어 어그러지지 않는 것이다. 그러므로 일찍이 청운 길에 올랐고 전적(典籍)[156]을 관리하고 있으면서 제고(制誥)[157]를 알게 되었고 시종(侍從)을 모시고 있으면서 전선(傳宣)에 응하게 되었다.

丁	庚	辛	丙
丑	申	卯	辰

丁	丙	乙	甲	癸	壬
酉	申	未	午	巳	辰

이는 春金이라 비록 당령하지는 못했지만 기쁜 것은 坐에 祿과 인수를 만났으니 약한 중에서도 왕으로 변하였다 丙辛이 합하니 丁火가 홀로 청하다. 丙辛 合은 去殺뿐만 아니라 겁재까지 제거하니 財에 겁탈이 없어 官을 생부함이 되었고 더욱 묘한 것은

---

155) 무관직인데 황당(黃堂) 벼슬의 서열
156) 소중한 古書
157) 임금의 명령문, 제조(制詔)

운로가 동남 木火地로 주행하니 이로써 일찍이 금전으로 선발됨을 이루어냈고 많은 사람들이 거울의 부용(芙蓉)158)처럼 우러렀고 춘관(春官)의 도리(桃李)를 작하였다.

庚	乙	辛	丙
辰	亥	卯	辰

丁	丙	乙	甲	癸	壬
酉	申	未	午	巳	辰

乙亥 일주가 坐에 생지를 만나고 또 월령에 건록(建祿)이 귀원(歸垣)하니 財를 用하기에 족하다. 기쁜 것은 丙辛 金이 약한데 乙庚도 제거되니 木이 旺하여 종하지 아니한다.

지방에서 급제하였고 丙申 丁酉는 火가 개두하였으므로 뚜렷한 일을 나타내지 못하였고 서방 金地가 지나면서 금당(琴堂)159)의 노여운 한을 풀었고 화원(花院)에서 노래 불렀다.

己	壬	戊	癸
酉	午	午	亥

壬	癸	甲	乙	丙	丁
子	丑	寅	卯	辰	巳

이 사주는 旺殺에 財까지 협력한다. 기쁜 것은 戊癸 合하여 癸水가 왕지에 임한 것이다. 합이라도 不化이니 戊土가 도리어 유정하여 壬水에 항거하지 아니한다. 합이 되어 化한다 해도 火에게는 무정하고 生土한다.

이와 같이 추리하면 운로가 동

---

158) 연꽃
159) 공자의 門人 현재(懸宰)의 방을 말하는데 덕이 있었으므로 거문고를 타고 당 아래로 내려가지 않고서도 훌륭한 정치를 할 수 있었다 함 (《呂氏春秋》 察賢篇)

방 木地에는 일찍이 청운의 뜻이 따랐고 운이 북방 水地로 진행하여서는 財를 제거하고 인수를 보호하니 날개를 펴고 천구(天衢)160)를 활보하며 몸은 일사(日舍)에 놓였다.

五曰 官殺混雜格(관살혼잡격)

癸 丙 壬 壬
巳 寅 子 辰

戊 丁 丙 乙 甲 癸
午 巳 辰 卯 寅 丑

이 사주는 壬癸가 당권하니 官과 殺이 중첩되었다. 가장 기쁜 것은 日支에 장생이니 寅이 능히 납수(納水)하여 화살생신(化殺生身)하고 時에 녹왕(祿旺)을 만나니 족히 官을 대적할 수 있고, 다시 묘한 것은 金이 없으니 인수가 용신이다.

殺勢가 비록 강하나 두려워하기는 부족하다. 丙 운에 이르러 身을 돕고 또 己巳년이 되니 혼잡하고 있던 官을 제거하여 남궁에 승전보를 울렸고 나아가 명구(名區)의 재상이 되었다.

丁 己 乙 甲
卯 巳 亥 子

辛 庚 己 戊 丁 丙
巳 辰 卯 寅 丑 子

이 사주는 官은 장생이고 殺은 祿旺하다. 支에서 巳亥가 비록 相沖하나 卯木이 生火하므로 해가 없다.

寅 운은 亥와 合하여 木으로 化하니 연달아 갑방(甲榜)에 올랐고, 庚辰 辛巳는 제관(制官)하고 殺을 제복시키니 주번조개(朱

160) 서울거리

旛皁蓋)[161]를 타고 나라에 큰 일을 하러 나가 명리가 양전하였다.

戊	庚	丁	丙
寅	午	酉	辰

癸	壬	辛	庚	己	戊
卯	寅	丑	子	亥	戌

이 사주는 殺은 生을 만나고 官은 祿을 만났으나 기쁜 것은 8월의 金이 당령하였고, 다시 묘한 것은 辰土가 火를 설하여 金을 생하니 中和의 상을 잃지 않았다. 더욱 기쁜 것은 운로가 북방 水로 나가니 庚子 운에 官의 뿌리를 충거하였으므로 녹명(鹿鳴)[162]을 불살라 마시고 안탑(鴈塔)에 이름을 올렸으며[163] 辛丑 壬人 운은 가야금을 밀쳐 놓고 노래에 한을 풀었으며 칼날 위에 놀면서도 부(賦)에 생선을 구웠다.

辛	壬	己	戊
亥	申	未	午

乙	甲	癸	壬	辛	庚
丑	子	亥	戌	酉	申

이 사주는 官과 殺이 함께 왕성한데 다행히 日支에서 장생을 만났고 時에서는 녹왕함을 만났으니 족히 官과 殺을 감당할 수 있다.

坐下에는 申金 인수가 殺氣를 인통(引通)하고 운이 서북 金水地로 운행하니 소년에 과

---

161) 붉은 색의 차에다 검은 색의 뚜껑
162) 《시전(詩傳)》 소아편(小雅篇)의 이름
163) 鴈塔題名(안탑제명) : 진사에 급제하면 낙양의 자은사(慈恩寺) 탑에 이름을 쓰는 관례가 있었다.

갑(科甲)하였고 관고(筐庫)164)에 쌓인 지식처럼 경륜이 넉넉하였다.

사람들은 보불(黼黻)165)의 공을 추대하였고 최과(催科)에서 무우(撫宇)의 대상을 잡았으니 후세에 보양하는 문장의 빛이 되었다.

【任注】
官殺混雜者,富貴甚多,總之殺官當令者,必要坐下印綬,則其殺官之氣流通,生化有情,或氣貫生時,亦足以扶身敵殺,若不氣貫生時,又不坐下印綬,不貧亦賤,如殺官不當令者,不作此論也,

【해설】 관살이 혼잡된 것도 부귀가 심히 많은 것이다.

총론컨대 殺과 官이 당령한 것은 반드시 좌하에 인수가 있어야 하니 그 殺官의 氣를 유통시켜 生化 유정하게 된다.

혹 氣를 生時에서 관통시켜도 역시 身을 돕고 殺과 대적할 수 있다.

만약 生時에서 氣를 관통시키지 못하거나 좌하에 인수가 없으면 가난하지 않으면 천할 것이다.

가령 殺과 官이 함께 당령하지 아니하였을 때는 이 논리에 해당되지 않는다.

---

164) 서고(書庫)
165) 옛날 임금의 대례복 치마에 꾸며 놓은 수. 보(黼)는 흑백색으로 도끼의 모양으로 수놓고, 불(黻)은 검정과 파랑으로 아형(亞形)을 수놓았다. 여기서는 수놓듯이 쏟아져 나오는 문장력을 비유함 (출처《예기(禮記)》月令)

六日 制殺太過格(제살태과격)

己	丙	戊	辛
亥	辰	戌	卯

壬	癸	甲	乙	丙	丁
辰	巳	午	未	申	酉

時에 독살(獨殺)인데 4개의 식신이 제압하고 年支 卯木은 개두한 辛金의 피해를 입었으며, 가을 木이 소토시키기는 본래 부족하므로 亥 중 甲木에 힘입어 殺로부터 호위한다.

乙未 운에 木局을 會合하니 쉽게 남궁에 올라 한원(翰苑)에서 이름을 높였고, 甲午 운은 木의 사지(死地)이며 甲己 合化 土이니 父와 兄을 잃었으며, 己巳년에는 亥水를 충거하니 불록(不祿)166)이다.

壬	丙	戊	辛
辰	辰	戌	卯

壬	癸	甲	乙	丙	丁
辰	巳	午	未	申	酉

이 사주 역시 殺은 하나인데 제극(制剋)하는 것은 4개나 된다. 앞 사주에 미치지 못하는 것은 亥卯의 會局이 없기 때문이다.

비록 일찍이 채근향(采芹香)이었으나 가을의 시험이라 어정거리다가 재물을 바친 후 벼슬길에 오르기는 했으나 벼슬길이 시원하지를 못했다.

時에 殺이 투출한 것은 기쁜 것이며 甲午 행운에는 己土가 없

---
166) 선비들의 죽음

으니 合化되는 걱정은 없으나 오히려 형모(刑耗)는 다단하였으며 자기 일신만 무사하였다.

```
壬 丙 丙 壬
辰 午 午 辰

壬 辛 庚 己 戊 丁
子 亥 戌 酉 申 未
```

이 사주도 殺이 네 개의 제극을 받고 柱中에 인수가 비록 보이지 않으나 기쁜 것은 殺은 투출하고 식신은 支에 소장하였고 身庫에 통근하였음이다.

총론하면 여름 火가 당권하였고 水는 金의 자윤을 못 받는다.

酉 운에 辰土와 合하여 土를 제거하니 재성이 殺을 자윤하여 發甲하여 중서(中書)에 들었고, 庚 운에는 벼슬길에서 연달아 승진하였고, 軍 운영에도 참가하였다. 戊 운에는 조토가 壬水의 뿌리인 辰土를 충동하는데 年 운이 戊辰까지 겹치니 戊土가 투출하여 급격히 壬水를 제극하므로 사망하였다.

```
壬 壬 戊 甲
寅 辰 辰 寅

甲 癸 壬 辛 庚 己
戌 酉 申 未 午 巳
```

이 사주는 5개의 殺이 5개의 제극함을 받고 있다. 土가 비록 당권이나 木 역시 웅장하다. 다행스런 것은 일주가 兩 고장(庫藏)에 통근하고 비견이 바르게 돕고 있음이다.

壬申 운에 일주가 생을 만나고 寅木을 충거하여 이름을 계적(桂籍)에 올렸고 안탑(鴈塔)에 높이 이름을 새겼으며, 연접하는 癸

酉 20년은 현령(縣令)을 지나 황당(黃堂)을 지냈으니 명리가 유
여하였다.

庚	戊	戊	庚
申	寅	寅	申

甲	癸	壬	辛	庚	己
申	未	午	巳	辰	卯

이 사주는 두 殺을 네 개가 제
압하니 制殺太過이다. 다행한 것
은 春木이 월령을 탔으므로 4극
이라도 진절(盡絶)167)하지는 않
는다.

午 운에 이르러도 土를 돕는
것은 부족하나 金을 제거하는 힘
은 유여하여 등과(登科)하여 현
령에 발탁되었다.

甲申 운에는 또 식신을 만났으므로 軍에 공을 세우고 사망하
였다.

【任注】

與其制殺太過,不若官殺混雜之美也,何也,蓋制殺太過,殺旣傷
殘,再行制煞之運,九死一生,官殺混雜,只要日主坐旺,印綬不傷,
運程安頓,未有不富貴者也,如日主休囚,財星壞印,卽使獨殺純
淸,一官不混,往往憂多樂少,屈志難伸,學者宜審焉,

【해설】 제살태과(制殺太過)가 관살혼잡(官殺混雜)의 아름다움
만 못하다는데 어찌하여 그러한가?

대개 제살태과는 殺이 이미 상잔(傷殘)되어 다시 제살(制煞)
하는 운이 온다 해도 九死一生이 되나 관살혼잡은 단지 일주가

---

167) 모두를 캐서 단절시킴

좌왕(坐旺)함이 중요하니 인수가 손상되지 않고 운정(運程)이 편안하면 富가 아니면 貴를 아니하는 법이 없기 때문이다.

가령 일주가 휴수되고 재성이 인수를 파괴하면 즉 독살(獨殺)이 순청하더라도 한 개의 관성이 혼잡되지 아니하였어도 왕왕 근심만 많고 즐거움은 적으니 뜻을 펴지 못한다. 학자들은 마땅히 연구하기 바란다.

傷官 상관

傷官見官果難辨。可見不可見。
상 관 견 관 과 난 변 。 가 견 불 가 견 。

　상관이 관성을 만나면 果(四柱로 결단함)로는 분변하기가 어려우니 官見이 가함도 있고 불가할 때도 있기 때문이다.

【原注】

身弱而傷官旺者。見印而可見官。身旺而傷官旺者。見財而可見官。傷官旺。財神輕。有比刦而可見官。日主旺。傷官輕。無印綬而可見官。傷官旺而無財。一遇官而有禍。傷官旺而身弱。一見官而有禍。傷官弱而財輕。一見官而有禍。傷官弱而見印。一見官而有禍。大率傷官有財。皆可見官。傷官無財。皆不可見官。又要看身强身弱。合財官印綬比肩不同方可。不必分金木水火土也。又曰傷官用印。無財不宜見財。傷官用財。無印不宜見印。須詳辨之。

　신약한데 상관이 왕성한 것은 인수를 만나고 관성이 있어도 가하고,
　신왕한데 상관도 왕한 경우는 見財이면 見官이라도 가하고,
　상관이 왕하고 財神은 輕한 때는 비겁이 있을 때는 見官이 가하다.
　일주가 왕한데 상관이 경하고 인수가 없을 때는 견관이라도 가하고
　상관이 왕하고 財가 없을 때는 官 한 개로도 재앙이 된다.
　상관이 왕한데 신약이면 一見으로도 禍가 된다.
　상관이 약한데 財가 輕하면 一官으로도 禍가 된다.
　상관이 약한데 인수가 있으면 一見 官으로도 禍가 된다.
　대체로 상관이 財가 있으면 모두 見官이라도 가하고
　　　　상관이 財가 없으면 모두 見官이 불가하다.
　또 중요한 것은 身强과 身弱인데, 財官 인수 비견이 合하는 것과는

같지 않으므로 이를 분별하는 것이 가하며 金木水火土로 나눌 필요
는 없다. 또 이르기를 상관용인(傷官用印)이면 財가 없어야 하고 財
가 있으면 마땅치 못하니 모름지기 자상하게 분별할 것이다.

【任注】

傷官者,竊命主之元神,旣非善良,傷日干之貴氣,更肆縱橫,然善
惡無常,但須駕馭,而英華發外,多主聰明,若見官之可否,須就原
局權衡,其間作用,種種不同,不可執一而論也,有傷官用印,傷官
用財,傷官用刦,傷官用傷,傷官用官,若傷官用財者,日主旺,傷
官亦旺,宜用財,有比刦而可見官,無比刦有印綬,不可見官,日主
弱,傷官旺,宜用印,可見官而不可見財,日主弱,傷官旺,無印綬,
宜用比刦,喜見刦印,忌見財官,日主旺,無財官,宜用傷官,喜見
財傷,忌見官印,日主旺,比刦多,財星衰,傷官輕,宜用官,喜見財
官,忌見傷印,所謂傷官見官,爲禍百端者,皆日主衰弱,用比刦幫
身,見官則比刦受剋,所以有禍,若局中有印,見官不但無禍而且
有福也傷官用印,局內無財,運行印旺身旺之鄕,未有不顯貴者
也,運行財旺傷旺之鄕,未有不貧賤者也,傷官用財,財星得氣,運
逢財旺傷旺之鄕,未有不富厚者也,運逢印旺刦旺之地,未有不
貧乏者也,傷官用刦,運逢印旺必貴,傷官用官,運逢財旺必富,傷
官用傷,運遇財鄕,富而且貴,與用印用財者,不過官有高卑,財分
厚薄耳,宜細推之,

【해설】 상관이란 命主의 元神을 도둑질하는 것이니 상관이란
말 속에서 이미 선량치 못함을 알 수 있다. 日干의 貴氣를 상하
게 하고 다시 종횡으로 방자한 것이다. 그러나 선악이 언제나 일
정한 것은 아니니 모름지기 바르게 다스려졌을 때만이 영화를
밖으로 발할 수 있고 主는 총명함이 많은 것이다.

만약 官이 나타나 있느냐의 가부에 따라 반드시 원국의 권형(權衡=균형)을 취하면 그 사이의 작용들이 종류 종류마다 다르게 나타날 것이니 한 가지만 잡고 말하는 것은 불가하다.

이에는 상관용인(傷官用印), 상관용재(傷官用財), 상관용겁(傷官用劫), 상관용상(傷官用傷), 상관용관(傷官用官) 등이 있다.

만약 상관용재인 경우에,

일주가 왕하고 상관 역시 왕하면 用財가 마땅한데 비겁이 있으면 官이 있어도 가하고, 비겁이 없고 인수가 있으면 官이 불가하다.

일주가 약하고 상관이 왕하면 마땅히 인수가 용신인데 官이 보이는 것은 가하나 財는 불가하다.

일주가 약하고 상관이 왕한데 인수가 없으면 마땅히 비겁으로 用하는데 劫과 印은 기쁘나 財官은 꺼린다.

일주가 왕하고 財官이 없으면 마땅히 상관이 용신이니 財와 傷은 기쁘나 官印은 꺼린다.

일주가 왕하고 비겁이 많고 재성이 쇠약하고 상관이 경하면 마땅히 관성이 용신인데 財官을 만나는 것은 기쁘나 상관이나 인수를 만나는 것은 꺼린다.

이른바 상관격에서 官을 만나는 것은 禍가 백단으로 나타나는 것인데 이는 일주가 쇠약하여 비겁을 용신으로 하여 身을 도와야 하는데 官이 있으면 비겁이 극을 받을 것이니 재앙이 된다는 것이다.

만약 사주 중에 인수가 있으면 官을 만나야 재앙이 없을 뿐만 아니라 또 달리 福이 되는 것이다.

상관용인일 때 사주 내에 財가 없고, 행운이 印旺 身旺地로 간다면 貴가 나타나지 않는 법이 없고, 행운이 財旺 傷旺地로 나가면 빈천한 자가 아닌 법이 없다.

상관용재일 때 재성이 득기하여야 하니 행운에서 財旺 傷旺함으로 간다면 부후(富厚)한 자가 아닌 것을 못 봤으며 행운이 印旺 劫旺地로 간다면 빈곤하지 아니한 법이 없다.

상관용겁일 때 행운이 印旺地로 간다면 반드시 貴하게 되고,

상관용관일 때 행운에서 財旺함을 만나면 반드시 大富하고,

상관용상일 때 행운이 財地로 나간다면 富뿐만 아니라 貴도 하고,

상관용인과 상관용재의 경우는 官의 높고 낮음에 불과하고 財는 두터운지 얇은지의 분류뿐인 것이다. 마땅히 세밀하게 추리할 것이다.

一曰 傷官用印格(상관용인격)

己	丙	辛	己
丑	寅	未	丑

乙	丙	丁	戊	己	庚
丑	寅	卯	辰	巳	午

火土 상관이 중첩되었으나 다행한 것은 季夏(6월)이므로 火氣가 유여하다. 또 日支가 장생이며 寅 중 甲木이 용신이다.

丁卯 운에 이르니 辛金을 剋去하고 丑土를 극파하니 이른바 유병(有病) 득약(得藥)하였으므로 도약하여 월전(月殿)에 올랐고 경림(瓊林) 잔치에 소집되는 경사가 있었다. 이어지는 丙寅 운은 體와 用에 모두 마땅하여 황당(黃堂)에까지 이르렀다.

辛 戊 丁 辛
酉 午 酉 酉

辛 壬 癸 甲 乙 丙
卯 辰 巳 午 未 申

戊土에 金 상관이 중첩하였으나 즐거운 것은 사주 내에 財가 없으므로 순청(純淸)한 기상이다.

초운 木火는 體와 用에 모두 마땅하여 세수(歲首)에 뽑는 장사 시험에서 용호방(龍虎榜)에 올라 소년의 몸으로 봉황지(鳳凰池)에서 살았다.

아까운 것은 中 운의 癸巳 壬辰인데 金이 火剋함을 생하니 평생의 뜻이 꺾였으나 어디에다 하소연할 것인가? 반 세상을 근로(勤勞)하고 가련하게 지냈다.

己 庚 壬 壬
卯 辰 子 戌

戊 丁 丙 乙 甲 癸
午 巳 辰 卯 寅 丑

이는 金水 상관이 당령하였다. 기쁜 것은 支에 따뜻한 조토를 얻은 것이니 족히 중류로 평탄할 수 있다.

時에 財가 病인데 초운이 水木을 만나니 글공부를 이어가지 못했다.

30이 넘어서 火土 운을 만나니 이로(異路)로 출신하여 벼슬이 주목(州牧)에 이르렀고, 午 운은 衰神이 旺神을 충하였으므로 「대성(臺省) 안에서 어느 時에 귀양 보낼 자 없으며 今日도 교외에서 배(倍)로 근심을 없앴네」 하였다.

丙	乙	癸	丙
子	丑	巳	辰

戊	丁	丙	乙	甲
戌	酉	申	未	午

이는 木火 상관인데 인수가 祿支에 통근하니 格局이 아닌게 아니라 아름답다. 비록 재성이 인수를 파괴하는 것은 혐의가 되나 丑辰이 모두 습토로 능히 水를 지키고 火를 설기한다.

아까운 것은 운로에 水가 없으므로 일개의 배고픈 선비로 지냈고 申 운에 이르러 火는 絶하고 水는 生하니 이름이 반궁(泮宮) 대열에 올랐고, 그 후에 추위(秋闈)에 아홉 번이나 응했으나 붙지 못했다.

二曰 傷官用財格(상관용재격)

乙	丁	戊	丙
巳	卯	戌	申

甲	癸	壬	辛	庚	己
辰	卯	寅	丑	子	亥

이는 火土 상관이 겁재와 인수가 중첩되었으니 왕하다는 것을 가히 알 수 있다. 申金 재성이 용신이다.

유업이 본시 풍부하였다.

辛丑 壬 운까지 경영사에 획리(獲利)하여 10여만의 財를 발하였고, 寅 운에 金이 절지가 되고 겁재는 장생이 되고 또 寅申 충하니 이른바 「旺者沖衰 衰者拔(왕자충쇠 쇠자발)」[168]하니 사망하였다.

---

168) 왕자(旺者)가 쇠자(衰者)를 沖하면 쇠자가 꺾인다.

乙	壬	乙	癸
巳	申	卯	亥

己	庚	辛	壬	癸	甲
酉	戌	亥	子	丑	寅

이는 水木 상관인데 日支에 長生이고 年支에 祿旺하니 일주는 약하지 아니하여 족히 巳 財를 용신으로 한다. 혐의가 되는 것은 中 운이 金水이니 반평생을 녹녹풍상(碌碌風霜)을 겪었고 일어났다 쓰러지기를 반복하며 만상(萬狀)으로 어려움이 있었다.

戌 운에 이르더니 亥水 겁재를 제거해 주고 卯木과 合하여 財로 化하니 별안간 수만 석의 發財를 하였다.

酉 운에는 상관을 충파하고 겁재와 인수를 생조하니 사망하였다.

丁	戊	辛	戊
巳	午	酉	子

丁	丙	乙	甲	癸	壬
卯	寅	丑	子	亥	戌

이는 土金 상관인데 일주가 祿旺하고 겁재와 인수가 거듭 보인다. 한 점 재성이 秋水에 근원을 두었고 子는 酉의 生을 받으니 酉는 엎드려 子水를 호위한다.

유업이 있어서 보통의 넉넉함이었으나 甲子 乙丑 20년이 제화함이 마땅하니 스스로 창업하여 수만을 벌었다.

丙寅 운에는 火土를 생조(生助)하고 金水를 극설하므로 사망하였다.

庚	辛	辛	壬
寅	酉	亥	申

丁	丙	乙	甲	癸	壬
巳	辰	卯	寅	丑	子

이는 金水 상관인데 사주에 비겁이 중중하다. 비록 寅木 財를 용신으로 삼으나 기쁜 일은 亥水가 金氣를 설하여 木을 생하기 때문에 비겁으로 하여금 木을 차지하기 위한 쟁탈을 하지 못하게 하였으며 또 申과의 충을 해소시킨 것이다.

일생을 기복 없이 편안하였고 마침내는 화병(畵餠)[169]을 이루었으니 亥水는 生財의 福神이다. 甲寅 乙卯 운에 맨주먹으로 성가하여 치부하였고, 뒤에 오는 火 운은 싸움과 상극으로 안정하지 못하고 재성을 설기하나 생색만 있을 뿐 심하지는 아니하고 巳 운에는 사맹(四孟)이 충하고 겁재 또한 생을 만났으므로 사망하였다.

三曰 傷官用劫格(상관용겁격)

己	戊	辛	癸
未	申	酉	亥

乙	丙	丁	戊	己	庚
卯	辰	巳	午	未	申

이는 土金 상관인데 재성이 태중하다. 그러므로 예창(藝窓)[170]에 뜻을 폈으며 다행히 未時가 통근되어 용신이 된 것은 기쁘고 운로 또한 아름답다.

재물을 바치고 벼슬길로 들어섰으며 丁巳 丙辰 운은 旺印이 用事하므로 벼슬이 주목(州牧)에

---

169) 그림의 떡
170) 예능(藝能)

이르렀고 벼슬의 바탕이 풍후하였다. 乙卯 운은 충극으로 안정하지 못하니 파직되어 귀농하였다.

庚	戊	癸	己
申	戌	酉	未

丁	戊	己	庚	辛	壬
卯	辰	巳	午	未	申

이는 土金 상관인데 支에 西方을 모두 갖추고 金氣가 태왕하다. 겁재를 용신으로 쓰는데 기쁜 것은 당두한 癸水를 극하는 것이며 그러므로 글공부의 뜻을 이어낸 것이다. 다시 묘한 것은 운로가 남방 火地로 가니 재물을 바치고 출신하여 현령(縣令)을 경유하고 주목(州牧)으로 천거되었고 거듭 황당(黃堂)에까지 이르렀다.

生을 만났으니 凶을 化하여 길이 되었고 벼슬길에 파란도 없었다.

甲	癸	甲	癸
寅	亥	寅	亥

戊	己	庚	辛	壬	癸
申	酉	戌	亥	子	丑

이는 水木 상관인데 기쁜 것은 財가 없는 것이다. 그러므로 글공부를 뜻대로 이루었으나 혐의가 되는 것은 지지에서 寅亥가 合木함이니 상관이 태중하여 청운의 꿈은 이룰 수 없었다.

辛 운에 반궁(泮宮)에 들었고 亥 운에는 넉넉한 생활을 하였고 戌 운에는 재물로 벼슬길에 나갔으며, 己酉와 戊申 운은 20년간 土金이 生化하므로 산란하지 아니하여 벼슬이 별가(別駕)에 이

르렀고 벼슬길이 풍후하고 어려움이 없었다.

己	丙	己	戊
丑	戌	未	申

乙	甲	癸	壬	辛	庚
丑	子	亥	戌	酉	申

이 사주는 모두 상관이므로 만약 丑이나 戌月에 생하였다면 종아격(從兒格)이 되어 利와 名을 날렸을 것이다. 그러나 未月에 생하니 火의 여기이므로 반드시 未 중의 丁火를 用하여야 한다.

아까운 것은 운로가 서북 금수지로 행하므로 조업을 파패하였고, 癸亥 운에는 가난에 못 견뎌서 삭발하고 중이 되었다.

癸	己	庚	戊
酉	酉	申	辰

丙	乙	甲	癸	壬	辛
寅	丑	子	亥	戌	酉

이 사주도 상관에 겁재를 용신으로 써야 하는데 혐의가 되는 것은 辰이 습토이므로 生金하고 申과 水局을 이루니 일주를 돕기는 부족하다. 다시 혐의가 되는 것은 운로가 서북 金水地이다. 그러므로 한 번 실패로 재만 남았고 가실(家室)을 이루지 못했다.

이상 5개의 사주는 모두 겁재를 用하여야 하니 어찌하여 앞의 세 사주는 명리 양전하였으나 뒤의 두 사주는 한 가지도 이루지 못하였겠는가?

대운이 돕지 아니하기 때문이다.

이로 보건대 사람이 일을 하고자 함이 없는 것이 아니라 실제로는 운로에서 못하게 하는 것이다.

四日 傷官用傷官格(상관용상관격)

庚	壬	己	庚
子	辰	卯	辰

乙	甲	癸	壬	辛	庚
酉	申	未	午	巳	辰

壬水가 卯月에 생하니 水木 상관이 정확히 되었다. 천간 己土는 절지에 임하였고, 지지의 두 辰은 木의 여기이니 한편으로는 生金하고 한편으로는 水局을 만든다.

또 투출한 두 庚金은 生水하고 辰土는 水를 止水시킬 능력이 없을 뿐만 아니라 도리어 生金하고 水를 도우니 반드시 卯木으로 用神을 삼아야 한다. 이른바 「一神得用(일신득용)이니 此象匪輕(차상비경)」[171]이라.

초운 庚辰 辛巳는 金의 旺地이니 공명이 따르지 아니하였고 壬午 운에는 財를 생하고 金을 제극하니 안탑(雁塔)에 이름을 올렸고, 癸未 운은 卯와 合局하며 木神을 돕고 甲申 운은 지지에 모두 북방 水局을 만들어 木을 생조하므로 벼슬길에서 연등하였다. 영윤(令尹)을 경유하여 사마(司馬)가 되었고 이어 황당(黃堂)에 이르렀다. 또 관찰사(觀察使)로 발탁되고 얼번(臬藩)을 지냈고 팔좌(八座) 봉강(封疆)에 이르렀다. 酉 운으로 바뀌어서는 卯木을 충파하니, 일이 잘못이 있어서 낙직(落職)하였으니 이른

---

171) 한 신을 찾아 용신으로 삼으니 이 상(象)이 가볍지 아니하다.

바 용신은 손상됨이 불가하다는 말이 믿을 만하다.

癸	癸	戊	乙
丑	酉	寅	酉

壬	癸	甲	乙	丙	丁
申	酉	戌	亥	子	丑

癸水가 寅月에 생하여 水木 상관격이 되었다. 지지에는 인수가 함께 왕하고 酉丑이 반합 金局을 만들었으니 반드시 寅木으로 용신을 삼아야 한다.

재주가 능하여 남아 넘쳤다. 乙亥 운은 木이 생왕하므로 中科 향방(鄕榜)에 합격하였고 甲戌

癸 운은 벼슬길에 올라 현령이 되었고, 酉 운은 支에 酉가 세 개나 모이니 약한 木이 많은 金의 공격을 받으니 낙직(落職)하였다. 앞 사주와 이 사주는 모두 火가 적어서 유병(有病) 무약(無藥)의 사주이다. 그러므로 만약 火만 있었다면 비록 金地로 행하였더라도 대환(大患)은 없었을 것이다.

丁	甲	庚	己
卯	寅	午	卯

甲	乙	丙	丁	戊	己
子	丑	寅	卯	辰	巳

甲木이 午月에 생하여 木火 상관격이다. 年月 兩 干에 財官이 뿌리가 없으므로 土金은 쓸 수 없는 것이다. 지지는 두 卯와 寅 하나가 있으므로 일주가 强旺하다. 丁火를 반드시 용신으로 써야 하므로 이 사람은 권모술수가 다른 사람들을 앞섰고, 丁卯 운은 泮宮에 들고 등과하였으며 벼슬은 현령(縣令)을 하였다. 丙寅 운은 庚金을 모두 극하니 벼슬길의 바탕이 대풍(大豊)이었고, 乙

丑 운은 庚과 합하여 회화(晦火) 生金하니 낙직하였다.

乙	丙	乙	丙
未	辰	未	子

辛	庚	己	戊	丁	丙
丑	子	亥	戌	酉	申

丙 일주가 未月에 생하여 火土 상관이 되었다. 사주에 金이 없으니 子水가 말랐으므로 未土를 용신으로 한다. 가장 혐오스런 것은 乙木이 두 개나 투출하여 뿌리가 깊으니 공명은 이루기 어렵다. 초운 丙申 丁酉는 乙木을 제화하므로 財에 기뻐서 마음먹은 대로 되었고 戊戌 10년은 희희(熙熙) 양양(穰穰)하여 날마다 치열한 즐거움과 날마다 번창을 누렸다. 己 운은 土가 무근인데 木이 合局하여 극하니 형모(刑耗)가 함께 나타났고, 亥 운으로 바뀌더니 本이 生함을 만나 극하니 약한 病을 얻어 사망하였다.

五曰 傷官用官格(상관용관격)

乙	戊	己	壬
卯	戌	酉	戌

乙	甲	癸	壬	辛	庚
卯	寅	丑	子	亥	戌

戊日이 酉月에 생하니 土金 상관격인데 支에 양 戌土는 조열하고 두텁다. 묘한 것은 年干의 壬水가 윤토(潤土)하고 洩金하여 生木함이다. 그러므로 족히 木官을 용신으로 쓸 수 있음이다.

亥 운에는 재관이 모두 생부함을 얻으니 공명이 순조롭게 따랐으며 壬子 운에 벼슬의 뜻을 이루었고, 癸丑 운에는 지지에 金局을 만드니 복무(服務) 중에도 제약이 중중(重重)하였고, 甲寅 乙

卯 20년은 벼슬이 시랑(侍郎)에 이르렀다.

己	壬	己	庚
酉	申	卯	午

乙	甲	癸	壬	辛	庚
酉	申	未	午	巳	辰

壬水가 卯月에 생하니 水木 상관격이다. 기쁜 것은 官과 印이 통근한 것이고 年支의 財가 상관과의 사이에서 한쪽은 제극하고 한쪽은 생한다. 일주가 생왕하므로 족히 官을 용신으로 쓸 수 있다. 己 운에는 관성(官星)이 왕성하므로 반수(泮水)의 미나리를 캤고, 섬궁(蟾宮)[172]의 계수나무를 꺾었으며,[173] 壬午 癸未 운은 남방 火地이니 명구(名區)의 벼슬길로 나갔다가 주목(州牧)으로 영전하였고, 甲申 乙酉는 金이 득지(得地)하고 木이 절지가 되니 비록 퇴직하여 귀향하였으나 안락하게 금서(琴書)[174]를 읽으며 즐겁고 여일하게 소일하였다.

己	壬	辛	辛
酉	辰	卯	未

乙	丙	丁	戊	己	庚
酉	戌	亥	子	丑	寅

壬水가 卯月에 생하여 水木 상관이다. 천간에 양 辛과 지에 辰酉을 만나니 水의 근원이 많아졌고 관성은 뿌리가 견고하고 상관이 음기(蔭氣)를 설하기 때문에 반드시 己土 관성을 용신으로 해야 한다.

己丑 운에 泮宮의 미나리를 캤

---

172) 달(月)을 가리킴
173) 과거에 급제하였음을 비유한 말
174) 가야금과 장서

고 식복(食福)도 넉넉하였으며, 戊子 운은 비록 추위(秋闈)에서 어정거리기는 하였으나 가업은 날마다 더하였고, 丁 운 역시 대환은 없었다.

亥 운에는 木局을 모두 모으니 상관이 방자하여 형모(刑耗)를 함께 만났고 사망하였다.

丙午 일주가 支에 남방 火류를 갖추어 未土가 월령을 잡고 己土를 투출시키니 火土 상관이 되었다.

癸	丙	己	癸
巳	午	未	酉

癸	甲	乙	丙	丁	戊
丑	寅	卯	辰	巳	午

내장되어 있는 재성이 겁탈을 받아 관성이 없으면 더욱 존재할 수 없고 재성이 없으면 官 역시 무근이니 하물며 화염토조(火焰土操)[175]한 상태에서 관성이 두 개가 투출하니 官을 용신으로 써야 한다.

火土 운에 이르니 파모(破耗) 형상(刑喪)하였으며 乙卯 甲寅 운은 비록 火를 생하나 상관을 제극하고 官을 보호하여 주니 財利를 크게 이루어 벼슬까지 사 나갔다.

癸丑 壬子 운은 좌이(佐貳)를 거쳐 현령(縣令)에 올라 명리가 양전하였다.

---

175) 火의 불꽃은 매섭고 土는 말라 볶임

六曰 假傷官格(가상관격)

```
乙 丁 戊 戊
巳 巳 午 申

甲 癸 壬 辛 庚 己
子 亥 戌 酉 申 未
```

이는 火土 상관격인데 일주가 極旺하다. 기쁜 것은 상관이 洩氣를 발하여 순수하고 깨끗한데 더욱 묘한 것은 재성이 용신이 된 것이다.

庚申 辛酉 운에는 소년으로 창업하여 10여만의 재산을 발하였고 壬戌은 다행히 水가 통근되지 않아 비록 형모(刑耗)는 있었으나 큰 재앙은 없었으며 癸亥 운에 이르러 火의 맹렬함을 충격하고 財氣를 설하므로 사망하였다.

```
癸 壬 辛 壬
卯 子 亥 子

丁 丙 乙 甲 癸 壬
巳 辰 卯 寅 丑 子
```

六水가 승권하니 그 勢가 범람하므로 오로지 卯木으로 그 정영(精英)을 설기시키는 것으로 힘써야 한다.

초운 水 운에는 木神을 생조하니 평탄 무구하였고 甲寅 乙卯 운에는 용신을 바로 득하였으니 泮水의 미나리를 캤고 의식도 넉넉하였으며 사람과 재물이 함께 왕성하였다. 丙辰 운으로 바뀌어서는 군비쟁재(群比爭財)[176]하므로 세 아들 중에 둘을 극하였고

---

176) 비겁(比劫)의 무리가 재물을 다툼

부부가 모두 사망하였다.

癸	壬	壬	壬
卯	子	子	辰

戊 丁 丙 乙 甲 癸
午 巳 辰 卯 寅 丑

이는 천간이 모두 水이고 지에 두 양인을 만났으나 기쁜 것은 지에 卯辰을 모두 갖추고 있으니 정영(精英)을 토수(吐秀)한 것이다. 그러므로 글공부를 일찍 마쳤으나 다만 木의 元神이 투출하지 않았으므로 추위(秋闈)에서 어정거림을 면치 못하였다.

다시 혐오스러운 것은 운로가 火地이므로 수명이 길지 못할까 걱정된 것이다. 丙 운으로 바뀌어 庚午년에 水火가 교전(交戰)하여 사망하였다.

辛	戊	丙	戊
酉	辰	辰	午

癸 壬 辛 庚 己 戊 丁
亥 戌 酉 申 未 午 巳

이는 火土가 중중한데 가장 기쁜 것은 酉時가 되어 상관이 투출하여 설기 정영함이다.

30 이전은 火土 운이므로 예창(藝窓)에서 어정거렸고 庚申 운은 청운의 길이 직상(直上)하였고, 辛酉 운은 壬戌 癸亥까지 40년이 體用에 합당하므로 서랑(署郞)을 경유하여 치사(豸使)로 나갔고 번얼(藩臬)로 가더니 봉강(封疆)으로 전임되는 등 벼슬길이 바다와 같이 화려하였고 파도도 없었다.

丙	戊	辛	乙
辰	午	巳	酉

乙	丙	丁	戊	己	庚
亥	子	丑	寅	卯	辰

이는 火土가 당권하였고 乙木은 무근이니 辛金을 用하여야 한다.

辛丑년에 泮宮에 들었으나 뒤에 운행길이 不合하여 추위(秋闈)에서 여러 가지로 고통을 겪었고, 丑 운에 金局을 지어주니 科甲하여 연등하였다.

丙子 乙亥는 支가 水이니 본시 火를 제거할 수 있겠으나 천간에 木火가 不合하여 벼슬길이 어정거리게 됐고 이후에는 벼슬이 없었다.

丙	戊	乙	丁
辰	午	巳	酉

己	庚	辛	壬	癸	甲
亥	子	丑	寅	卯	辰

이 사주는 앞 사주와 辛 字 하나만 바뀐 것이다.

팔자를 증거로 말한다면 앞 사주에 미치지 못하나 운로가 앞 사주보다 낫다.

역시 辛金 용신이니 官印은 논하지 아니한다.

丁丑년에 습토가 生金하고 회화(晦火)하며 金局을 모두 만드니 甲科에 올라 사림(詞林)[177]에 들었다. 대개 운이 辛丑에 있을 때는 세운이 모두 마땅할 수 있다.

---

177) 한림원

314

辛	己	丙	丁
未	酉	午	丑

庚	辛	壬	癸	甲	乙
子	丑	寅	卯	辰	巳

이 사주는 土가 하령(夏令)의 영화(榮華)를 만났고 金은 절지이나 火는 생왕한데 사주에 水木이 전혀 없다. 가장 기쁜 것은 金이 투출하여 통근함이고 아까운 것은 행운이 동방으로 주행하니 火를 생하고 金을 극하니 功名에만 어정쩡한 것이 아니고 재원(財源)까지 모자랐다.

辛丑 운 중 戊辰년에 회화(晦火)하고 生金하니 식신은 劫地를 좋아하므로 추위(秋闈)에서 뜻을 폈고 명리가 유여하였다.

제4장 **清濁** 조후

청기(淸氣) / 316

탁기(濁氣) / 322

진신(眞神) / 327

가신(假神) / 332

강유(剛柔) / 339

순역(順逆) / 346

淸氣 청기

一淸到底有精神。管取生平富貴眞。
일 청 도 저 유 정 신 。 관 취 생 평 부 귀 진 。

澄濁求淸淸得去。時來寒谷也回春。
징 탁 구 청 청 득 거 。 시 래 한 곡 야 회 춘 。

한 맑은 기운이 밑바탕에 깔리면 精神이 있는 것이니
틀림없이 한평생을 부귀하며 참되게 살 것이고
탁기를 걸러 청기를 구함에 청기를 득하는 길로 나가면
때맞춰서 찬 골짜기에 봄이 온다.

【原注】

淸者不徒一氣成局之謂也。如正官格。身旺有財。身弱有印。並無
傷官七殺雜之縱有比肩食神財煞印綬雜之。皆循序得所。有安頓。
或作閑神。不來破局。乃爲淸奇。又要有精神。不爲枯弱者佳。濁
非五行並出之謂。如正官格。身弱混之以煞。混之以財。以食神雜
之。不能傷我之官。反與官星不和。以印綬雜之。不能扶我之身。
反與財星戕。俱爲濁。或得一神有力。或行運得所。以掃其濁氣。
沖其滯氣。皆爲澄濁以求淸。皆富貴命矣。

　淸이란 한 무리의 氣가 成局함을 말하는 것이 아니다.
　가령 정관격에 신왕하면 財가 있고 신약하면 인수가 있으며 아울러
서 상관이나 칠살이 혼잡됨이 없으면 비견이나 식신 財殺 인수 등은
혼잡되더라도 순서에 따라 자리를 잡을 것이니 편안함이 되는 것이다.
혹 한신이 작하였더라도 어느 것이 와서 파국하지 아니하면 이에도 청
기(淸奇)가 되는 것이다.

또 중요한 것은 정신(精神)이 있어야 하니 고약하지만 아니하면 아름다운 것이다.

濁이란 오행이 병출(並出)한 것을 말하는 것이 아니다.

가령 정관격에 신약한데 살이 혼잡되거나 재성이 있어서 혼잡시킬 때 식신이 또 혼잡하면 나의 관성은 상하지 못하고 도리어 관성과 불화만 한다. 인수가 혼잡하면 我身을 생부하지 못하고 도리어 재성과 싸움이 나서 이 모두 함께 濁하게 된다. 혹 유력한 하나의 神을 득하고 혹 행운에서 마땅한 바가 되어 그 탁기를 소제하여 주거나 그 체기(滯氣)를 冲하여 주면 이 모두「澄濁以求淸(징탁이구청)」이라 하니 부귀명(富貴命)이 될 수 있는 것이다.

【任注】

命之最難辨者,淸濁兩字也,此章所重者,澄濁求淸四字也,淸而有氣,則精神貫足,淸而無氣,則精神枯槁,精神枯即邪氣入,邪氣入則淸氣散,淸氣散則不貧即賤矣,夫淸濁者,八字皆有也,非正官一端而論也,如正官格,身弱有印,忌財,財星不現,淸可知矣,即使有財,不可便作濁論,須要看其情勢,如財與官貼,官與印貼,印與日主貼,則財生官,官生印,印生身,印之源頭更長矣,至行運再助其印綬,自然富貴矣,即使無財,不可便作淸論,亦要看其情勢,或印星無氣,與官星不通,或印星太旺日主枯弱,不受印星之生,或官星貼日,印星遠隔,日主先受官剋,印星不能生化,至行運再逢財官,不貧亦夭矣,如正官格,身旺喜財,所忌者印綬,傷官其次也,亦看情勢,如傷官與財貼財與官貼,貼官與比肩貼,不特官星無礙,抑且傷官化刦生財,財生官旺,官之源頭更長,至行運再遇財官之地,名利兩全矣,如傷官與財星遠隔,反與官星緊貼,財不能爲力,至行運再遇傷官之地,不貧亦賤矣如傷官在天干,財星在地支,必須天干財運以解之,傷官在地支財星在天干,必須

地支財運以通之, 或財官相貼, 而財神被合神絆住, 或被閑神刧占, 亦須歲運沖其合神, 制其閑神, 皆爲澄濁求淸, 雖擧正官而論, 八格皆同此論, 總之喜神宜得地逢生, 與日主緊貼者佳, 忌神宜失勢臨絶, 與日主遠隔者美, 日主喜印, 印星貼身, 或坐下印綬, 此卽日主之精神也, 官星貼印, 或坐下官星, 此卽印綬之精神, 餘可例推,

【해설】 추명(推命)에서 가장 분변하기 어려운 것은 청탁(淸濁) 두 字를 가리는 것이다.

이 글에서 소중한 것은 징탁구청(澄濁求淸) 네 字를 이해하는 것이다. 청하면서 有氣하면 精神이 관족하고 청하더라도 無氣하면 정신이 고갈되고, 정신이 고갈되면 사기(邪氣)가 들어오고, 사기가 들어오면 淸氣가 흩어지고, 청기가 흩어지면 가난하지 않으면 천박하다.

대저 청탁은 어느 사주에나 있는 것이며 正官의 한 분야에만 있는 것은 아니다. 가령 정관격에 신약하고 인수가 있으면 재성이 기신이니 재성이 없으면 청하다는 것을 알 수 있을 것이다. 이에서 중요한 것은 재성이 있다는 것만으로 탁으로 규정하는 것은 불가하고 반드시 그 정세를 살펴서 財와 官이 바짝 붙어 있고, 官과 인수도 바짝 붙어 있고, 인수와 일주도 바짝 붙어 있다면 財生官, 生印, 生身하여 인수의 원두(源頭)가 오히려 장원하여 아름다운 것이다. 이 때 행운도 다시 인수 운으로 행하면 자연히 부귀가 크게 될 것이다.

또 재성이 없는 것만으로 쉽게 청하다고 하는 것도 불가하니 역시 그 정세를 살펴야 한다. 혹 인수가 무기한데 관성이 불통하고, 혹 인수가 태왕한데 일주가 고약(枯弱)하여 인수의 생함을 받아들이지 못한다거나 혹 관성이 일주에 바짝 붙어서 극하는데 인수는 원격되었다면 일주는 관성의 피해를 먼저 받으므로 인성의 生化를 받을 수 없는 것이다. 행운에서 다시 財官 운을 만나면 가난하지 않으면 단명하다. 가령 정관격에 身도 왕하여 재성이 희신이고 인성이 기신이고 상관이 구신(仇神)이라면 이 때도 역시 정세를 살펴야 하는데, 상관과 재성이 붙어 있고 재와 관도 붙어 있고 관성도 비견과 붙어 있다면 특별히 관성이 장애가 되지 않는다. 또 상관은 겁재를 化하여 財를 생하고 재는 왕한 관성을 생한다면 관의 源頭는 심장할 것이니 행운에서 다시 財官地를 만날 때 명리가 양전할 것이다.

또한 상관과 재성이 원격(遠隔)되었는데 반대로 관성과 바짝 붙어 있다면 財는 위력이 없을 것이므로 행운에서 다시 傷官之地를 만난다면 가난하지 않으면 역시 단명할 것이다.

가령 상관은 천간에 있고 재성은 지지에 있으면 반드시 천간으로 財 運이 올 때 해결된다. 또 상관은 지지에 있고 재성은 천간에 있을 때는 반드시 지지로 財 운이 와야 관통된다. 혹 財官이 함께 붙어 있는데 財神이 他神과 合되어 반주(絆住)[178]하거나 혹 한신으로부터 겹접되었으면 반드시 세운에서 그 合神을 충파하거나 그 한신을 극거할 때 이루바 징탁구청(澄濁求淸)이라 하는 것이다.

비록 정관만으로 논하였으나 八格이 모두 이와 같으니 총론컨대 희신은 得地 봉생(逢生)함이 마땅하고 일주에 바짝 붙어줘야 아름다운 것이며 기신은 실세(失勢)하여 절지에 임하는 것이 마땅하고 일주와는 원격되어야 아름다운 것이다.

---

178) 얽어 맴

일주의 희신이 인수인데 인성이 身에 붙어 있거나 혹 인성을 좌하에 깔고 앉아 있으면 이것이 곧 일주의 精神인 것이다. 만약 관성이 인성과 붙어 있고 혹 좌하에 관성을 깔고 앉아 있으면 이 때는 인수의 精神이 되는 것이니 나머지도 이와 같은 예로 추단하라.

乙	丙	甲	癸
未	寅	子	酉

戊	己	庚	辛	壬	癸
午	未	申	酉	戌	亥

丙火가 子月에 생하여 좌하의 장생이 천간에 투출하여 뿌리가 깊으니 약한 가운데 旺이 되었다. 기쁜 것은 관성이 당령하여 투출하였는데 財가 생하여 주니 이른바 「일청도저유정신(一淸到底有精神)」이다. 다시 묘한 것은 원류(源流)가 어그러지지 아니하였으므로 순수하다. 金水 운 중에 장원으로 급제하여 한원(翰苑)에 이름을 날렸으나 아까운 것은 中 운에 火土가 와서 늦도록 사림(詞林)에서 마쳤다.

辛	己	丙	甲
未	亥	寅	子

壬	辛	庚	己	戊	丁
申	未	午	巳	辰	卯

春土가 亥에 앉아 있고 재관이 태왕하다. 가장 기쁜 것은 홀로 있는 인수라도 生을 만났고 財는 支로 내장되어 官을 생하니 인수의 元神이 오히려 왕한 것이다.

生時에서 氣가 관족하니 일주의 氣는 박하지 아니하고 다시 묘한 것은 구슬을 꿴 것처럼 연달아 生化하며 더더욱 부러운 것은 운로가 어지럽지 아니하니 이로 인하여 조금(雕錦)의 은분(恩分)이 있었고 금련(金蓮)까지 하사받고 임금 곁에서 금직(禁職)에서 꼭 필요한 자리에 있었다.

丁	丙	甲	癸
酉	寅	子	未

戊	己	庚	辛	壬	癸
午	未	申	酉	戌	亥

이는 앞 사주와 거의 같다. 앞은 관성이 재성 위에 앉아 있으나 이는 상관 위에 있고 아울러 子未가 함께 붙어 있으니 천간의 관성이 극을 받는 것뿐만 아니라 지지의 官 역시 상하였고, 다시 혐오스러운 것은 겁재가 재성 위에 있으니 이른바 財는 겁탈되고 官은 상하였음이다.

비록 공부는 일찍부터 하였으나 벼슬을 못하고 어정거리게 되었으며, 辛酉, 庚辛 운에는 干支가 모두 財이므로 재물이 죽순처럼 불어나고 넝쿨처럼 뻗쳐서 가업이 풍성하였다. 그러나 己未 운으로 바뀌더니 상처(傷妻) 극자(剋子)하고 화재까지 만나 가업을 대파(大破)하였으니 궁통(窮通)은 運에 있음을 알 수 있다.

濁氣 탁기

滿盤濁氣令人苦。一局淸枯也苦人。
만 반 탁 기 영 인 고 。 일 국 청 고 야 고 인 。

半濁半淸猶是可。多成多敗度晨昏。
반 탁 반 청 유 시 가 。 다 성 다 패 도 신 혼 。

만반이 탁기면 사람으로 하여금 고통스럽게 하고
一局이 맑아도 고갈된 것은 사람을 고생시키는 것이니
반청 반탁이 오히려 가할 수 있으나
다성 다패하니 아침 저녁으로 헤아려야 한다.

【原注】
柱中要尋他淸氣不出。行運又不能去其濁氣。必是貧賤。若淸又要有精神
爲妙。如枯弱無氣。行運又不遇發生之地。亦淸苦之人。濁氣又難去。淸
氣又不眞。行運又不遇淸氣。又不脫濁氣者。雖然成敗不一。亦了此生
平矣。

　사주 중에 他의 청기가 투출하지 아니하였나를 살피는 것이 중요하
고 행운에서 또 그 탁기를 제거하지 못하면 필시 빈천할 것이다.
　만약 청하더라도 또 중요한 것은 精神이 있어야 좋은 것이다.
　가령 고약(枯弱) 무기(無氣)한데 행운에서 또 生扶地를 만나지 못
하면 역시 청고(淸苦)한 사람이다.
　탁기를 제거하기 어렵고, 청기도 참되지 못하고, 행운에서 또 청기
를 만나지 못하고, 또 탁기에서 벗어나지 못하면 비록 성패가 하나 같
지는 아니하나 역시 그러한 상태로 평생을 마치게 될 것이다.

【任注】

濁者四柱混雜之謂也, 或正神失勢, 邪氣乘權, 此氣之濁也, 或提綱
破損, 亦求別用, 此格之濁也, 或官旺喜印, 財星壞印, 此財之濁也,
或官衰喜財, 比刼爭財, 此比刼之濁也, 或財旺喜刼, 官星制刼, 此
官之濁也, 或財輕喜食傷, 印綬當權, 此印之濁也, 或身强殺淺, 食
傷得勢, 此食傷之濁也, 分其所用, 斷其名利之得失, 六親之宜忌,
無不驗也, 然濁與淸枯二字酌之, 甯使淸中濁, 不可淸中枯, 夫濁
者, 雖成敗不一, 多有險阻倘遇行運得所, 掃除濁氣, 亦有起發之
機, 如行運又無安頓之地, 乃困苦矣, 淸枯者, 不特日主無根之謂
也, 卽日主有氣, 而用神無氣者, 亦是也, 枯又非弱比也, 枯者, 無
根而朽也, 卽遇滋助之鄕, 亦不能發生也, 弱者, 有根而嫩也, 所以
扶之卽發, 助之卽旺, 根在苗先之意也, 凡命之日主枯者, 非貧卽
夭, 用神枯者, 非貧卽孤, 所以淸有精神終必發, 偏枯無氣斷孤貧,
滿盤濁氣須看運, 抑濁扶淸也可亨, 試之驗也,

【해설】 濁이란 말은 사주가 혼잡(混雜)된 것을 말한다. 혹 正
神은 실세(失勢)하고 사기(邪氣)가 세력을 잡고 있으면 氣의 탁
이라 한다. 또 혹 제강신(月令)이 파손되어 다른 것으로 용신을
잡으면 格의 탁이라 한다.

혹 관성이 왕하여 인수가 용신인데 재성이 인수를 무너뜨리면
財濁이 되고,

관성이 쇠약하여 재성이 喜用인데 비겁이 爭財하면 비겁의
탁이다.

재가 왕하여 겁재가 喜用인데 관성이 제겁(制刼)이면 官이
탁하게 한다.

재성이 경하여 식상이 용신인데 인수가 당권하면 인수의

탁이다.

　신강 살천(殺淺)한데 식상이 득세하면 식상이 탁하게 하는 것이다.

　이상과 같이 그 소용대로 분류하여 그 名利의 득실로 단정하고 육친(六親)의 의기(宜忌)로 단정하면 맞지 않는 법이 없다.

　그러나 탁도「청고(淸枯)」두 字로 짐작해 보건대 차라리 淸中濁일지언정 청중고(淸中枯)는 불가하다. 왜냐하면 탁한 사주도 성패가 비록 하나 같지 아니하여 막히고 어려운 일이 여러 가지로 나타나기는 하나 혹여 행운에서 마땅한 바를 만나 탁기를 소제(掃除)하여 주면 역시 기발(起發)의 기(機)가 되기 때문이다. 그러나 행운에서 마땅한 바를 얻지 못하였을 때는 곤고(困苦)하지 않을 수 없다.

　청고(淸枯)한 사주란 특별히 일주의 무근함을 말하는 것은 아니다. 즉 일주가 有氣하다 하더라도 용신이 無氣하면 역시 枯이며, 枯란 또 弱한 것만을 비유한 말은 아니다. 枯란 뿌리가 없어서 썩는 것이니 자양(滋養)하고 생부하는 운이 와도 발생이 불능한 것이고, 弱이란 뿌리가 있으나 아직 연약한 것이니 생부하는 운을 만나면 발생할 수 있고, 방조(幫助)하는 운이 오면 旺할 수 있는 것이니 근(根)이 묘(苗)보다 먼저라는 의미다.

　무릇 命造의 일주가 枯한 사주는 가난하지 않으면 단명하고, 용신이 枯한 사주는 가난하지 않으면 고독(孤獨)하니 청하고 精神이 있으면 마침내는 때를 만나 반드시 발복할 수 있으나 편고하고 무기한 것은 결단코 고빈(孤貧)할 수밖에 없는 것이다. 만반이 탁기라도 반드시 운을 보아야 하니 탁을 억제하고 청을 돕게 되면 가히 형통(亨通)할 수 있기 때문이다. 시험하고 경험한 말이다.

丁 戊 庚 乙
巳 戌 辰 亥

甲 乙 丙 丁 戊 己
戌 亥 子 丑 寅 卯

戊戌 일주가 辰月 巳時에 생하였으니 木은 퇴기가 되고 土가 승권하였는데 인수까지 거듭 있어서 官을 用하려니 庚金에게 合을 당하여 무너졌고, 식신으로 用하려니 官이 또 從化를 거부하고 火가 또 剋金하니 어찌할 수 없어서 財를 用하여야 한다. 財는 또 巳時가 있어서 멀리서 沖하고 또 월령도 아니다.

만약 庚金으로 생조될 것이라고 생각되나 탐합망생(貪合妄生)이고, 또 멀리 떨어져 있어 무정하니 이른바 거꾸러졌다 일어났다 하기를 한두 번이 아니었다. 그래도 다행한 것은 재관이 餘氣가 있어 乙亥 운에 재관을 보조(補助)하니 작은 것은 이루어 편안할 수 있었다.

己 丙 己 癸
丑 午 未 亥

癸 甲 乙 丙 丁 戊
丑 寅 卯 辰 巳 午

火가 장하령(長夏令)에 생하니 원래는 旺으로 논해야 하나 때가 未月 季夏이니 火氣는 쇠퇴하여지고 또 상관이 중첩으로 설기하고 丑은 습토이므로 능히 불빛을 가리우므로 旺이 변하여 弱이 되었고 탁기가 당권하고 청기는 실세(失勢)하였다.

먼저 오는 火土 운 30년은 기복이 다단하였고, 乙卯 甲寅 운은 후토(厚土)를 갈아엎으니 탁기가 소제되고 일주를 생부하고 관성을 위호하니 왼손으로는 도모하고 오른손으로는 기록하며 재업(財業)을 무성하게 성취시켰다.

己	庚	丁	丁
卯	午	未	卯

辛	壬	癸	甲	乙	丙
丑	寅	卯	辰	巳	午

이 사주를 대략 보건대 財生官하고 官生印하고 印生身하니 청미(淸美)한 것 같으나 午未는 남방으로 화열(火烈)에 土가 볶였으므로 능히 金을 속이고 있어서 生金을 못하는 것이다. 또 木은 火의 勢를 좇고 인수를 파괴하고 生化의 정이 없으니 청고(淸枯)하다 않겠는가? 다시 혐오스러운 것은 운로가 동남방이라 일생을 이룬 것이 없으니, 이른바 「명월청풍(明月淸風)을 수여공(誰與共)하고 고산유수 소지음(高山流水 少知音)이라」[179]

---

179) 「명월(明月) 청풍(淸風)을 누구와 더불어 함께 할 것이며, 고산(高山)에서 흐르는 물소리를 알아듣는 자 적네」

眞神 진신

令上尋眞聚得眞。假神休要亂眞神。

영 상 심 진 취 득 진 。 가 신 휴 요 난 진 신 。

眞神得用生平貴。用假終爲碌碌人。

진 신 득 용 생 평 귀 。 용 가 종 위 녹 녹 인 。

월령 위에 진신이 있나를 보아 진신을 취득하였으면 가신이 진신을 산란하게 하지 않는 것이 중요하고, 진신으로 득용되면 평생 귀하나 가신이 용신이 되면 끝내 녹녹한 사람이다.

【原注】

如木火透者。生寅月。聚得眞。不要金水亂之。眞神得用。不爲忌神所害。則貴。如參以金水猖狂。而用金水。是金水又不得令。徒與木火不和。乃爲碌碌庸人矣。

가령 木火가 투출하였으면 寅月에 생하여야 眞神을 취득한 것이니 金水의 난동이 필요치 아니하고 眞神이 得用되었으면 忌神이 해롭게 하지 않아야 귀하다. 가령 金水가 무성하여 미쳐 날뛰거나 金水가 용신이 되면 이에는 金水가 득령하지 못한 것이니 한낫 木火와 불화만 하게 되어 녹녹하고 용렬한 사람이다.

【任注】

眞者,得時秉令之神也,假者,失時退氣之神也,言日主所用之神,在提綱司令,又透出天干,謂聚得眞,不爲假神破損,生平富貴矣,縱有假神,安頓得好,不與眞神緊貼,或被閑神合住,或遙隔無力,亦無害也,倘與眞神緊貼,或相剋相沖,或合眞神,暗化忌神,終爲

碌碌庸人矣,如行運得助,抑假扶眞,亦可功名小遂,而身獲康寗,
故喜神宜四生,忌神宜四絶,局內看眞神,行運看解神,是先天而
爲地紀,所以測地,先看提綱以定格局,中天而爲人紀,所以範人,
次看人元司令而爲用神,後天而爲天紀,所以觀天,後看天元發
露,而輔格助用,是天地人之三式,合而用之,則造化之功成矣,造
化功成,則富貴之機定矣,然後再定運程之宜忌,則窮通了然矣,
後學者須究三元之正理,審其眞假,察其喜忌,究沖合之愛憎,論
歲運之宜否,斯爲的當,故法度雖可言傳,妙用由人心悟也,

【해설】 眞이란 때를 만나 월령을 잡은 神을 말하고, 가(假)란
실시(失時)하여 퇴기(退氣)를 만난 神을 말한다. 말하자면 일주
의 소용되는 神이 제강사령(提綱司令)180)되고 또 천간에 투출되
었으면 이른바 진신을 취득한 것이니 가신이 파손시키지 말아야
한평생을 부귀한다. 비록 가신이 있더라도 안돈(安頓)181)하면
좋고 진신에 바짝 붙어 있지 말아야 하고, 혹 한신과 합주(合住)
하고 혹 원격되어 무력하면 역시 해가 없다. 아마도 진신에 바짝
붙어 있거나 혹 상극 상충하거나 혹 진신을 합주하여 기신으로
암화(暗化)한다면 끝끝내 녹녹하고 용렬한 사람이다.

가령 행운에서 도움을 받아 가신은 억제하고 진신을 생부한
다면 역시 작은 공명은 따르게 되고 몸에서도 강녕(康寗)을 획
책할 수 있다. 그러므로 희신은 마땅히 四 生地에 있어야 하고
기신은 四 絶地에 있어야 하며, 局 內에는 진신이 보이고 행운
에서는 해신(解神)이 보여야 함이다. 이를 先天으로는 지기(地
紀)를 삼아야 하니, 이른바 지지를 헤아리려면 먼저 제강을 보

---

180) 월령(月令)을 잡고 있는 별
181) 졸면 안정됨

고 격국을 정하는 것이며 中天으로는 人紀를 삼아야 하니, 이른바 범인(範人)의 쓰임에 다음으로 볼 것이 人元은 어떤 것이 사령하여 용신으로 삼을 것인가이며, 後天으로는 天紀를 삼으니 이로써 천간을 볼 때는 이후로 살펴보는 것이며, 天元이 발로하여 格을 돕고 용신을 돕는지를 찾는 것이다. 이것이 天地人의 三式이다.

合으로 용신을 잡으면 造化의 功을 이룰 수 있으니 조화의 공이 이루어졌다면 부귀의 기반은 정하여지는 것이다. 연후에 다시 운로의 옳고 그름을 결정하게 되면 궁통은 요연하게 나타날 것이다. 학자들은 모름지기 三元의 正理를 연구하여 그 진신을 가리고 그 희신과 기신을 분별할 것이며, 沖合의 좋고 나쁨을 연구하여 세운의 맞고 안 맞는 것을 가릴 것이니 이 방법이 적당한 것이다. 그러므로 법도는 비록 말로 전할 수 있으나 묘용(妙用)은 학자들의 마음속으로 깨달아야 할 것이다.

甲	己	丙	甲
子	丑	寅	子

壬 辛 庚 己 戊 丁
申 未 午 巳 辰 卯

산동 유중당(劉中堂)의 사주이다. 己土가 비박(卑薄)[182]하게 보이는 것은 春初에 생하여 한습한 體가 그 氣를 허약하게 하였기 때문이다. 甲과 丙이 함께 투출하였으니 인수가 바르고 관성이 청하여 진신을 득한 것이다. 사주 중에 金이 나타나지 아니하여 水는 순화됨을 득하였으니 가신도 난잡하지 아니하다.

---

182) 박약함

다시 기쁜 것은 운로가 동남이니 인수가 왕하여 벼슬이 상서 (尙書)에까지 이르렀고, 임금을 존경하고 백성을 비호하는 덕을 갖추었으며, 경서(經書)를 짊어지고 다니며 나라의 도리를 논하였던 재사였다.

乙	丙	壬	壬
未	子	寅	申

戊	丁	丙	乙	甲	癸
申	未	午	巳	辰	卯

철제군(鐵制軍)의 사주이다.

財勢 속에서 殺이 방자하고 木은 약한데 金을 만난 것이다. 가장 기쁜 것은 寅木 진신이 당령한 것이고 時干에 乙木 元神이 투출한 것이다. 그러나 寅申 沖은 病이 된다.

운로가 남방 火地로 행하며 申病을 제거하므로 벼슬이 봉강(封疆)에 이르렀고 이름을 혁혁하게 날렸으며 生民을 윤택하게 하는 德도 있었으니 중책을 맡아 멀리까지 그 재능이 미치게 되었다.

甲	壬	戊	庚
辰	子	寅	申

甲	癸	壬	辛	庚	己
申	未	午	巳	辰	卯

이는 일주가 旺地에 앉아 있고 三合局을 모아 방신(幫身)하니 弱으로 논하는 것은 합당치 아니하다. 기쁜 것은 時干에 甲木이 투출한 것이고, 혐의가 되는 것은 年에서 庚金을 만나 甲과 寅을 모두 충극하며, 또 戊土의 도움을 받고 있는 것이다. 이른바 가신이 진신을 교란시키는 것이다.

비록 그러하나 일찍이 근향(芹香)[183]을 캤으나 추위(秋闈)에
서 여러 가지로 곤란을 겪었고, 壬午 운에는 庚金을 制化시키니
가을의 지방 과거에 급제하고 재물을 더 바쳐 현령(縣令)이 되
었고 申 운에는 寅을 沖하니 가신이 득록하고 진신을 제거하니
사망하였다.

---

183) 반궁(泮宮)에 듬

假神 가신

眞假參差難辯論。 不明不暗受迍邅。
진 가 참 차 난 변 론 。 불 명 불 암 수 둔 전 。

提綱不與眞神照。 暗處尋眞也有眞。
제 강 불 여 진 신 조 。 암 처 심 진 야 유 진 。

　진신과 가신은 약간의 차이로 변론하기가 어려우니 밝지 아니
하고 어둡지도 아니하여 머뭇거리게 만드는 것이다. 제강이 진신
과 함께 비쳐주지 아니하더라도 암처에서 진을 찾으면 진신이
있을 것이다.

【原注】

眞神得令。假神得局而黨多。假神得令。眞神得局而黨多。不見眞假之
迹。或眞假皆得令得助。不能辨其勝負而參差者。其人雖無大禍。一生
迍否而少安樂。寅月生人。不透木火。而透金爲用神。是爲提綱不照也。
得己土暗邀。戊土轉生。地支卯多酉沖。乙庚暗化。運轉西方。亦爲有
眞。亦或發福。以上特擧眞假一端言耳。其會局合神從化用神衰旺情勢
象格。心迹才德邪正緩急生死。進退之例。莫不有眞假。最宜詳辨之。

　진신이 득령하였는데 가신이 得局하여 편벽됨이 많다거나, 가신이
득령하였는데 진신이 득국하여 편벽함이 많으므로 眞假의 자취를 나
타내지 않은 것이다. 혹 진가가 모두 득령 득조(得助)하여 그 승부를
분별하기가 불가능한 것들은 참차(參差)[184]이니 그 사람은 비록 대
화(大禍)는 없을지라도 일생을 머뭇거리고 엇갈리게 하여 작은 안락
뿐이다.

---

184) 약간의 차이

寅月生 人이 木火가 투출하지 아니하고 金이 투출하여 용신이 되면 이른바 제강이 비쳐주지 않은 것이다. 己土를 득하여 암요(暗邀)185) 하고 戊土는 전생(轉生)하고 地支에 卯가 많은데 有가 충하고 乙庚 暗化하고 운이 서방으로 가면 역시 진신이 있으니 역시 발복할 수 있는 것이다.

이상을 특별히 들어 眞假의 한 예를 말한 것이다. 그 외에 회국(會局), 합신(合神), 종화(從化), 용신(用神), 쇠왕(衰旺), 정세(情勢), 상격(象格), 심적(心迹), 재덕(才德), 사정(邪正), 완급(緩急), 생사(生死) 등은 진퇴(進退)의 예로 가리면 眞假가 나타나지 않는 법이 없으니 가장 마땅한 것으로 상변(詳辨)하여라.

【任注】

氣有眞假,眞神失勢,假神得局,法當以眞爲假,以假爲眞,氣有先後,眞氣未到,假氣先到,法當以眞作假,以假作眞,如寅月生人,不透甲木而透戊土,而年月日時支,有辰戌,丑未之類,亦可作用,如不透戊土,透之以金,即使木火司令,而年日時支,或得申字沖寅,或得酉丑拱金,或天干又有戊己生金,此謂眞神失勢,假神得局,亦可取用,若四柱眞神不足,假氣亦虛,而日主愛假憎眞,必須歲運扶眞抑假,亦可發福,若歲運助眞損假,凶禍立至,此謂以實投虛,以虛乘實,是猶醫者知參芪之能生人,而不知參芪之能害人也,知砒虻之能殺人,而不知砒虻之能救人也,有是病而服是藥則生,無是病而服是藥則死,且命之貴賤不一,邪正無常,動靜之間,莫不有眞假之迹,格局尚有眞假,用神豈無眞假乎,大凡安享蔭庇現成之福者,眞神得用居多,刱業興家,勞碌而少安逸者,假神得局者居多,或眞神受傷者有之,薄承厚刱,多駁雜者,眞神不足居多,一生起倒,世事崎嶇者,假神

185) 몰래 불러들임

不足居多,細究之,無不驗也,

【해설】 氣에는 眞, 假가 있는 것이니 진신이 실세하고 가신이 득국하였으면 법으로는 마땅히 眞이라도 假로 하고 假로도 眞을 삼는다. 氣에는 선후가 있으니 眞氣는 아직 이르지 아니하고 假 氣가 먼저 왔으면 법으로는 마땅히 眞으로도 假를 작하고 假로 도 眞을 작하는 것이다.

가령 寅月生 人이 甲木은 투출하지 아니하고 戊土가 투출하였는 데 年, 月, 日, 時支에 辰戌丑未 類가 있으면 역시 작용이 가하다.

가령 戊土가 투출하지 아니하고 金이 투출하였으면 즉 木火가 사령한 곳이니 年, 日, 時支에서 혹 申 字를 득하여 寅을 沖하고 혹 酉丑을 득하여 金局을 만들고 혹 천간에 또 戊己가 生金한다 면 이른바 眞神이 실세하고 假神이 득국한 것이니 역시 取用함 이 가하다.

만약 사주에 眞神이 부족하고 假氣도 역시 허한데 일주는 假 를 좋아하고 眞을 싫어하면 필수적으로 세운에서 扶假하고 眞을 억제186)하여야 역시 발복이 가하다.

만약 세운이 眞을 돕고 假를 손상한다면 흉화가 즉시 이를 것 이니, 이를 이른바 實을 虛에 투자한 것이고 虛로써 實을 탄 것 이라 한다. 이는 비유컨대 의사가 인삼, 황기로 사람을 살리는 것만 알고, 인삼, 황기도 사람을 해칠 수 있다는 것은 알지 못하 는 것이며, 비맹(砒虻)187)은 능히 살인한다는 것만 알고 비맹으 로 능히 사람을 구원한다는 것은 알지 못하는 것이다.

---

186) ☞ **翠山註** : 原文은 위와 같이 되어 있으나 이 곳은 假를 扶하고 眞을 억제하여야 하는 것으로 고쳐야 함

187) 비상과 등애벌레

이 곳에 病이 있다면 이 곳의 藥을 복용하면 생하나 이 곳에 病이 없는데 이 곳의 藥을 복용시키면 사망한다.

또 命의 귀천도 하나 같지 아니하고 사정(邪正)이 무상하여 동정(動靜)지간에서 眞假의 자취가 있는 것이고 格局에도 오히려 眞假가 이렇게 나타나는 것이니 용신에 어찌 진가가 없겠는가?

무릇 음비(蔭庇)[188]로 안향을 누리고 이루어진 福은 眞神이 得用할 경우가 거다(居多)하고 창업으로 흥가하여 노력과 고생을 하고 적으나마 안일함을 얻은 자는 假神이 득국한 경우가 거다(居多)하다. 眞神이 손상을 받은 경우가 있는데 이것은 박한 것을 계승하여 후하게 창업한 것이고 박잡함이 많은 것은 眞神이 부족한 경우가 거다하므로 일생을 일어났다 쓰러졌다를 반복하며 세상살이가 기구한 사람은 假神이 부족한 경우가 거다하니 세밀하게 연구하면 맞지 않는 경우가 없을 것이다.

庚	壬	戊	乙
戌	午	寅	酉

壬	癸	甲	乙	丙	丁
申	酉	戌	亥	子	丑

壬水가 立春 후 22일에 생하여 정당하게 甲木 眞神이 사령하였는데 천간에는 土金이 함께 투출하여 支의 戌과 酉에 통구하였다. 이른바 진신은 실세하였고 가신이 득국하였다. 용신은 庚金으로 化殺하여야 하니 법으로는 假로 眞을 작한 것이 마땅하며 순수함을 보이고 있다.

---

188) 조상의 비호

336

비록 혐의가 되는 것은 支가 모두 火局을 갖추어 金을 극하고 水를 졸여 부치기는 하나 기쁜 것은 火가 천간에 투출하지 아니하고 戊土가 洩火 生金하는 것이다.

운로가 서북으로 주행하니 일찍부터 청운의 길에 올랐고 갑과에 급제하여 칭송을 들었고 벼슬이 봉강(封疆)에 이르러 이민제물(利民濟物)의 뜻이 있으므로 빼어난 성품과 덕을 갖춘 참 선비의 그릇이었다.

이 사주는 火局이 혐오스런 病이므로 벼슬길에 기복이 많았음을 면치 못했다.

```
癸 癸 戊 庚
丑 未 寅 戌

乙甲癸壬辛庚己
酉申未午巳辰卯
```

癸水가 立春 26일 후에 생하였으니 정당하게 甲木 진신이 사령하였는데 천간에는 土金이 함께 투출하여 지지의 丑戌에 통근하였다.

상관이 비록 당령하였으나 종횡으로 官殺의 세력이며 상관이 적살(敵殺)도 하고 일주도 도리어 설기하지만 庚金이 능히 대적한다고 아니하리오? 비록 庚金은 가신이나 어쨌든 일주는 가신을 사랑하고 진신을 미워하니 庚金으로 용신을 해야 하는데 양기(兩歧)189)가 있음이 묘하다.

庚金이 용신이 되어야 하는 첫째 이유는 官殺이 강폭하기 때문에 化生해야 함이고, 둘째 이유는 내가 생하여야 하는 일주와

---

189) 두 갈래의 뿌리

時干이 되었기 때문이고 비견이 방신(幇身)하기 때문이다. 또 능히 윤토(潤土)는 金을 보양하나 나가야 할 운로가 남방이니 殺을 생하고 인수를 깨뜨리므로 분주히 나댔지만 기회를 잡지 못했다.

甲申 운에 이르러서야 서방 운이 되니 용신이 득지하여 軍에 공을 세워 지현(知縣)으로 날아올랐고, 乙酉 운은 더욱 아름다워 주목(州牧)으로 껑충 올랐으며, 丙 운으로 바뀌니 庚金을 파괴하여 사망하였다.

己	辛	己	丙
亥	酉	亥	子

乙	甲	癸	壬	辛	庚
巳	辰	卯	寅	丑	子

이 사주는 속론으로는 寒金이 喜火라 하고 金水 상관은 官을 만나는 것이 기쁘다 하기도 하고 또 일주에 전록(專祿)이니 반드시 丙火를 용신으로 해야 막힘이 없다고들 한다. 이는 水勢가 창광하고 命主의 元神이 기운을 빼버리는 것이 病이 된다는 것을 모르기 때문이다.

用官이 안 되는 것은 이뿐이 아니고 뿌리가 전혀 없는 것이다. 반드시 己土를 用하여 己土로 하여금 止水케 하고 生金하고 火까지도 호위케 해야 하는 것이다.

丙이 亥에서는 절지이니 丙火로 하여금 生土케 하고자 하나 丙火가 먼저 극을 받으니 어찌 능히 生土하겠는가? 이에서는 己土도 水로부터 손상이 되고 있는 것이다. 이렇게 보면 진신은 무정하고 가신도 허탈하다.

초운 庚子 辛丑에는 비겁이 방신하니 조상의 복으로 의식이 자못 풍성하였고, 壬 운에는 젊고 유능한 사람에게 어려움이 따랐고, 寅 운으로 바뀌어서는 동방 木地이므로 虛土가 손상을 심하게 받아 조업을 파상(破傷)하였고 형처 극자까지 한 후 밖으로 나가 종적을 알 수 없었다.

剛柔 강유

柔剛不一也。不可制者。引其性情而已矣。
유 강 불 일 야 。 불 가 제 자 。 인 기 성 정 이 이 의 。

강과 유는 하나 같지 아니하니 제극이 불가한 것은 그 성정에 따라 이끌어야 한다.

【原注】

剛柔相濟。不必言也。太剛者濟之以柔。而不得其情。而反助其剛矣。譬之武士而得士卒。則成殺伐。如庚金生於七月。遇丁火而激其威。遇乙木而助其暴。遇己土而成其志。遇癸水而益其銳。不如柔之剛者。濟之可也。壬水是也。皆壬水有正性。而能引通庚之情故也。若以剛之剛者激之。其禍曷勝言哉。太柔者濟之以剛。而不馭其情。而反益其柔也。譬之烈婦而遇恩威。則成淫賤。如乙木生於八月。遇甲丙壬而喜。則輸情。遇戊庚盛而畏。則失身。不如剛之柔者。濟之可也。丁火是也。蓋丁火有正情。則能引動乙木之情故也。若以柔之柔者合之。其弊將何如哉。餘皆例推。

강유(剛柔) 상제(相濟)는 말할 필요가 없다. 태강자(太强者)를 유(柔)로 제지(濟之)하려다 그 情을 얻지 못할 때는 도리어 그 剛을 돕게 된다. 비유하면 무사가 사졸(士卒)을 득하였을 때는 살벌(殺伐)을 이루는 것과 같다. 가령 庚金이 七月에 생하고 丁火를 만나면 그 위엄이 격(激)[190]하여지고, 乙木을 만나면 그 맹폭함을 더 돕게 되고, 己土를 만나면 그 뜻을 이룰 수 있고, 癸水를 만나면 그 예(銳)[191]를 더하는 것이다.

---

190) 흥분하여 급함
191) 날카로움

柔로써 剛을 제지(濟之)하는 것이 가하다는 것을 알지 못한다. 壬水가 그것이니 대개 壬水는 정성(正性)이 있어서 능히 庚의 情을 인통할수 있는 연고이니 만약 剛에서 剛을 만난다는 것은 격(激)이니 그 화(禍)를 어찌 말로써 다하겠는가?

태유(太柔)한 것을 剛으로 濟之하는 것도 그 情을 부리지 못하면 도리어 그 柔함만 더하는 것이다. 비유하면 열녀 부인이 은위(恩威)함을 만나면 도리어 음천(淫賤)을 이루는 것과 같다. 가령 乙木이 八月에 생하여 甲丙壬을 만나는 것을 기뻐하며 곧 모든 정을 쏟게 되나 왕성한 戊庚을 만나면 두려워하니 곧 실신(失身)[192]하게 되는 것이다.

强한 자는 柔로 제지하는 것이 가하다는 것을 모르는 것이다. 丁火가 이것이니 대개 丁火는 정정(正情)이 있어서 곧 乙木의 情을 引動하는 연고이다. 만약 柔로써 柔와 合한다면 그 폐장(弊將)[193]을 어찌하리오? 나머지도 모두 이와 같이 유추하여라.

【任注】

剛柔之道,陰陽健順而已矣,然剛之中未嘗無柔,所以陽喩乾,乾生三女,是柔取乎剛,柔之中未嘗無剛,所以陰喩坤,坤生三男,是剛取乎柔,夫春木夏火秋金冬水季土,得時當令,原局無剋制之神,其勢雄壯,其性剛健,不洩則不淸,不淸則不秀,不秀則爲頑物矣,若以剛斲其柔,謂寡不敵衆,反激其怒而更剛矣,春金夏水秋木冬火仲土,失時無炁,原局無生助之神,其勢柔軟,其性至弱,不剋則不關,不關則不化,不化則爲朽物矣,略以柔引其剛,謂虛不受補,反益其弱而更柔矣,是以洩者,有生生之妙,剋者有成就之功,引者有和悅之情,從者有變化之妙,剋洩引從四字,宜詳審之不可槪定必須以無入有,向實尋虛,斯爲元妙之旨,若庚金生於

---

192) 자기 몸을 망각함
193) 악한 해독

七月,必要壬水,乙木生於八月,必要丁火,雖得制化之義,亦死法
也,設使庚金生於七月,原局先有木火,而壬水不見,又當何如,莫
非棄明現之木火,反用暗藏之壬水乎,乙木生於八月,四柱先有
刦印,而丁火不現,莫非棄現在之刦印,反求無形之丁火乎,大凡
得時當令,四柱無剋制之神,用食神順其氣勢,洩其菁英,暗處生
財,爲以無入有,失時休囚,原局無刦印幫身,用食神制殺,殺得制
則生印,爲向實尋虛,宜活用,切勿執一而論也,

【해설】 강유의 道는 음양과 건순(健順)일 뿐이다.

그러나 剛 중에도 柔가 없는 게 아니니 陽을 乾에 비유한다면
乾이 三女를 생하니 이 柔는 剛에서 나온 것이요, 柔 중에도 剛
이 없는 것이 아니니 坤을 陰이라 한다면 坤生 男이니 이곳의
剛은 柔에서 취하였기 때문이다.

대개 춘목(春木), 하화(夏火), 추금(秋金), 동수(冬水), 계토
(季土)는 得時 당령한 것이니 원국에 극하거나 制하는 神이 없
으면 그 세력이 웅장하고 그 성정은 강건(剛健)할 것이니 설기
하지 못하면 청하지 못하고, 청하지 못하면 빼어날 수 없고, 빼
어나지 못했다면 완악한 속물이 되고 말 것이다.

만약 剛으로 그 柔를 착상하여 제극하려고 한다면 이는 적은
것으로 많은 것을 대석하는 것이 되어 도리어 그를 격노케 하여
다시 더 강해지는 것이다.

만약 춘금(春金), 하수(夏水), 추목(秋木), 동화(冬火), 중토
(仲土)라면 때를 잃어 무기할 것이니 원국에서 생조하는 神이
없다면 그 세력은 유연하고 그 성정은 지극히 약하여 刦하지 않
으면 벽(闢)[194]하지 않고, 闢하지 않으면 化하지 아니하고, 化하

---

194) 분리함

지 않으면 오물이나 쓰레기일 뿐이다.

대략 柔로써 그 剛을 인용하려 하면 이른바 허하여 보조를 받아들이지 못하고 도리어 약함이 가중되어 다시 柔로 돌아가고 만다. 이에 洩 속에는 生生의 묘함이 있고, 剋에도 성취(成就)의 공이 있고, 引 속에도 화열(和悅)[195]이 있고, 從에도 변화의 묘가 있는 것이다. 이 剋, 洩, 引, 從 네 字를 자상히 살피는 것이 마땅하고 대강 결정해 버리는 것은 불가하다. 반드시 無에서 有에 들어가고 實을 지향하여서도 虛에서 찾을 수 있으면 이에서 元妙의 맛을 알게 되리라.

만약 庚金이 七月에 생하면 반드시 壬水가 필요하고, 乙木이 八月에 생하면 반드시 丁火가 필요하다. 이는 비록 制化의 뜻이기는 하나 역시 死法이니 설사 庚金이 七月에 생하였어도 원국에 먼저 木火만 있고 壬水가 없으면 또 어찌하겠는가? 드러난 木火를 버리고 도리어 암장(暗藏)된 壬水를 用하지 않으면 안 된다는 말이며, 乙木이 八月에 생하였어도 사주에 먼저 겁재와 인수가 있고 丁火가 없다면 나타나 있는 겁재와 인수를 버리고 도리어 형체도 없는 丁火를 구하지 않으면 안 된다는 말이 아닌가?

대체로 득시(得時) 당령한데 사주에서 극제할 수 있는 神이 없으면 식신으로 用하여 그 기세에 순종하여 설하여야 청영(菁英)하게 되고, 암처(暗處)[196]에서 財를 생하면 이를 無로써 有에 대입하는 것이 되며, 失時 휴수되었는데 원국에 겁재나 인수의 방신(幇身)이 없으면 식신으로 用하여 制殺하여야 하니, 殺은 극을 받으면 인수를 생하는 바 이것이 實을 향하다가 虛에서 찾

---

195) 화목하고 기쁜 일
196) 地支에 소장(所藏)된 것과 암장(暗藏)된 것을 모두 포함한 말

는 것이니 마땅히 활용할 것이다. 일체의 한 가지만 잡고 고집하지 말 것이다.

甲	庚	戊	壬
申	辰	申	申

甲	癸	壬	辛	庚	己
寅	丑	子	亥	戌	酉

庚金이 七月에 생하여 支에 三 申이 모두 있으니 旺이 극에 이르렀다. 時干의 甲木은 뿌리가 없으니 年干의 壬水를 用하여 剛殺의 氣를 설하여야 한다. 혐의가 되는 것은 월간에 효신(梟神)이 탈식(奪食)함이다.

초년 운은 土金이니 형상(刑喪)을 일찍 만났고 조업도 지키지 못했으며, 辛亥 운으로 바뀌어서는 북방 운이니 경영하는 일이 마음먹은 대로 되었고, 이어 壬子 癸丑까지 30년은 10여만 석의 財를 발하였다. 비록 어렸을 때 배우지 못했으나 뒤에 이르러 글과 먹을 알았으니 이 역시 水地로 운행하며 발설(發洩)하여 청화(菁華)의 뜻을 편 것이다.

丙	庚	戊	壬
戌	寅	申	戌

乙	甲	癸	壬	辛	庚	己
卯	寅	丑	子	亥	戌	酉

庚金이 7월에 생하여 지지에 土金류가 많으니 旺이 극에 달한다.

壬水의 앉은자리가 戌이고 戊土를 만나니 효신(梟神)이 탈진시켰는데 時에 丙火가 투출하고 寅戌이 會局하니 丙火가 용신이 되어야 한다. 아까운 것은 운로

344

가 40세에 土金水地가 되니 50 전에는 한 가지 일도 이룬 것이 없고 甲寅 운에 이르러서야 효신을 극제하고 丙火를 생하여 일으켰으며, 乙卯까지 20년을 거만(巨萬)197)의 재물을 일으켰으니,

「냇가의 버들은 가을을 만나고는 여위게 되고 송백(松柏)은 겨울을 지내고서도 무성할 수 있음이다」
라는 詩에 들어맞는다.

丁	乙	丁	辛
丑	未	酉	酉

辛 壬 癸 甲 乙 丙
卯 辰 巳 午 未 申

乙木이 八月에 생하였으니 木은 야위고 金은 예리하다. 다행한 것은 日支의 未 庫에 통근하고 천간에 兩 丁이 투출하니 족히 반근(盤根)하고 制殺한다.

조업이 풍영하였고 글공부를 하여 일찍이 성균관 같은 문단에 들었다.

다만 이 사주의 病은 殺旺함에 있는 것이 아니고 실제로는 丑에 있는 것이다. 丑土의 害는 생금 회화(晦火)에만 있는 것이 아니고 未와 충파하는 데 있다. 천간의 木火는 겨우 未 중의 미미한 뿌리에 의지하고 있는데 沖하면 丑 중의 金水에게 암상(暗傷)하게 된다.

이리하여 지방의 고사장 근처에서 어정거렸으나 붙지 않았고 癸巳 운에 이르러 金局을 모두 만들고 癸水는 丁火를 극하니 수액(水厄)을 만나 사망하였다.

___
197) 10만에 가까운 수

甲	乙	己	戊
申	亥	酉	辰

乙	甲	癸	壬	辛	庚
卯	寅	丑	子	亥	戌

乙木이 八月에 생하였는데 財가 官殺을 생하니 極弱이다. 기쁜 것은 坐下의 인수가 관살의 氣를 引通하고 다시 아름다운 것은 甲木이 時에 투출하여 이른바 「등라계갑(藤蘿繫甲)」이 되어 돕는 것이다.

출신은 비록 한미하였으나 亥 운에 泮宮에 들었고 壬子 운에는 연달아 갑과에 급제하였으니 壬癸 운에 이른 나이로 벼슬길에 오르는 영광이 있었고, 丑 운에는 젊은 남자들에게 어려움이 있었다. 甲寅은 土를 극하고 身을 도우니 다음 승진에 오르지 못하였고, 乙卯 운에는 벼슬이 시랑(侍郎)에 이르렀다.

이 사주에서 기쁜 것은 亥水이다. 만약 亥水가 없었다면 용렬한 평인에 불과할 것이다. 그러나 亥水가 꼭 필요한 자리 좌하에 있지 아니하고 다른 支에 있었다면 生化의 情을 득하지 못하여 功名도 작은 것을 취하는 데 불과하였을 것이다.

順逆_{순역}

順逆不齊也。不可逆者。順其氣勢而已矣。
순 역 불 제 야 。 불 가 역 자 。 순 기 기 세 이 이 의 。

순역은 고르지 아니한 것이니 역이 불가할 때는 그 기세에 순
종하는 것만 있을 뿐이다.

【原注】

剛柔之道。可順而不可逆。崑崙之水。可順而不可逆也。其勢已成。可順
而不可逆也。權在一人。可順而不可逆也。二人同心。可順而不可逆也。

강유(剛柔)의 道는 순종함은 가하나 거역함은 불가하다. 곤륜(崑崙)
의 水도 순종함이 가하고 거역함은 불가하다. 그 勢가 이미 이루어졌
으면 순종함은 가하고 거역함은 불가하다. 權(권리)이 한 사람(한 가
지)에게 있는 것도 순종이 가하고 거역함은 불가하다. 二人同心(兩氣
成象)도 순종이 가하고 거역함은 불가하다.

【任注】

順逆之機,進退不悖而已矣,不可逆者,當令得勢之神,宜從其意向
也,故四柱有順逆,其氣自當有辨,五行有顚倒,作用各自有法,是
故氣有乘本勢而不顧他雜者,氣有借他神而可以成局者,無有從
旺神而不可剋制者,無有依弱貧扶者,所以制殺莫如乘旺,化殺正
以扶身,從殺乃依權勢,留殺正爾迎官,其氣有陰有陽,陽含陰生之
兆,陰含陽化之妙,其勢有淸有濁,濁中淸,貴之機,淸中濁,賤之根,
逆來順去富之基,順來逆去貧之意,此卽順逆之微妙,學者當深思
之,書云,去其有餘,補其不足,雖是正理,然亦不究深淺之機,只
是泛論耳,不知四柱之神,不拘財官殺印食傷之類,乘權得勢,局

中之神,又去助其强暴,謂二人同心,或日主得時秉令,四柱皆拱
合之神,謂權在一人,只可順其氣勢以引通之,則其流行而爲福
矣,若勉强得制,激怒其性,必罹凶咎,須詳察之,

【해설】 순역지기(順逆之機)는 진퇴 간에 괴패(乖悖)하지 아니
한 것만을 말한다.

　逆이 불가한 것은 당령(當令)하여 득세(得勢)한 것을 말하니
마땅히 그 의향에 따라야 한다. 그러므로 사주에는 순역(順逆)이
있으며 그 氣에도 스스로 분변이 있다. 오행에는 전도(顚倒)[198]
가 있고 작용에도 스스로 각각 法이 있다. 이와 같으므로 氣는
本勢를 탔기 때문에 다른 雜氣를 돌아볼 필요가 없는 것이 있고,
氣에는 他神을 빌려야 成局이 가한 것이 있으며, 旺神을 쫓아갔
기 때문에 剋制가 안 되는 것이 있을 수 없고, 弱하여 다른 것에
의지하였는데 자부(資扶)해야 하는 것이 있을 수 없으니, 이로
보면 제살(制殺)이 旺氣를 탄 것만 못하고, 化殺로도 바르게 부
신(扶身)되는 것이며 종살(從殺)은 권세에 의지한 것이고, 유살
(留殺)도 바르게 官을 맞을 수 있는 것이다.

　氣에도 陰이 있고 陽이 있어서 陽을 포함하고서 陰을 생하는
징조를 갖기도 하고, 陰을 포함하고 있으면서 陽을 生化하는 妙
한 것도 있으며, 기세에도 청한 것도 있고 탁한 것도 있으니 탁
중에 청한 것은 貴할 징조이고, 청 中에 탁한 것은 천(賤)함의
뿌리이다. 逆으로 왔는데 順으로 나가는 것은 富가 될 기반이며,
順으로 왔는데 逆으로 나가는 것은 가난할 징조이다. 이상은 순
역(順逆)의 미묘한 부분이다. 학자들은 마땅히 깊이 생각해야 할
것이다.

---

198) 뒤집혀짐

書에 이르기를 「거기유여(去其有餘)하고 보기부족(補其不足)이라」[199]하니 비록 이 말이 正理이기는 하나 역시 심천(深淺)의 기틀을 연구한 것이 아니고 단지 이는 누구나 할 수 있는 평범한 말일 뿐이다. 사주의 神을 알지 아니하고, 재관이나 殺印식상 등에 구애되지 아니하고, 局 중의 神들이 승권(乘權) 득세(得勢)하였거나, 또 나아가 그 강폭함을 도우면 이른바 二人同心인 것이다.

혹 日主가 때를 만나 월령을 잡았고 사주에 三合 會局이 모두 있으면 이른바 권력이 한 사람에게 있는 것이니 그 기세에 순종하여 인통하는 것만이 흐름에서 福이 되는 것이다. 만약 억지로 제극하려 하면 그 성정이 격노(激怒)하여 근심과 재앙을 만들어 흉하니 모름지기 자상히 살펴야 한다.

庚	庚	庚	庚
辰	申	辰	辰

丙	乙	甲	癸	壬	辛
戌	酉	申	未	午	巳

천간이 모두 庚이고 坐에도 녹왕(祿旺)하고 인성이 당령하였으니 極强하다. 이른바 권력이 한 사람에 있는 것이니 행오(行伍)[200] 출신이다. 壬午 癸未운은 水가 개두하였으므로 지지의 火는 剋金이 어려운 때문에 무사하였다.

甲申 운으로 바뀌어서는 서방 金이니 乙酉까지 20년간을 벼슬이 총병(總兵)에 이르렀고, 丙 운은 旺神을 거역하므로 軍 중에서 사망하였다.

---

199) 그 유여함을 제거하고 그 부족함은 도와줘라
200) 직업군인

```
甲 庚 甲 癸
申 辰 子 酉

戊 己 庚 辛 壬 癸
午 未 申 酉 戌 亥
```

庚辰日이 支에 祿旺이 있고 水가 당권하고 또 支에 三合 會局도 하였다. 천간의 마른 나무는 무근이니 논할 필요도 없고, 이른바 金과 水가 二人同心이다. 반드시 그 金水의 성정에 순종하여야 한다.

癸亥 壬 운까지는 부모의 비호 속에서 유여하게 지냈고, 戌 운은 水를 제극하므로 나빠야 하나 申酉戌 方局을 모두 이루니 형상(刑喪)은 있었으나 대환(大患)은 없었으며, 辛 운에 泮宮에 들었고, 酉 운에 보름(補廩)으로 영전하여 공부하였고, 庚 운에 등과하고, 申 운에 재원(財源)이 大旺하였다. 己未 운으로 바뀌니 남방지이므로 형처 극자하고 가업을 소진하였으며, 戊午 운에는 水의 성질을 대지르니 가업을 모두 파진하고 사망하였다.

```
丙 乙 辛 壬
子 亥 亥 子

丁 丙 乙 甲 癸 壬
巳 辰 卯 寅 丑 子
```

壬水가 승권(乘權)하고 坐에도 모두 亥子이니 이른바 곤륜(崑崙)의 水이니 충분(沖奔)이 두렵다. 丙火는 극절되었으므로 논할 필요가 없다.

유업이 자못 풍부하였으며 乙卯 甲寅은 그 흐름에 順氣하며 旺氣를 납수(納水)하니 보름(補廩)에 입학하였고 젊은 청년과 재물이 함께 왕성하였으며 가도(家道)는 날마다 융창하였다.

丙 운으로 바뀌어서는 水火가 교전하니 형처 극자하였고 파모
(破耗) 이상(異常)하였다. 辰 운은 水를 함축하였으니 허물없이
지났으나, 丁巳 운은 연달아 화재를 만나 집안도 파산하고 사망
하였다.

제5장 **調候** 조후

한난(寒煖) / 352
조습(燥溼) / 358
은현(隱顯) / 363
중과(衆寡) / 367
진태(震兌) / 371
감리(坎離) / 378

寒暖 _{한난}

天道有寒暖, 發育萬物, 人道得之不可過也。
천 도 유 한 난, 발 육 만 물, 인 도 득 지 불 가 과 야。

天道에는 한난이 있어서 만물을 발육시킨다.
사람이 득할 때 과하여서는 불가하다.

【原注】
陰支爲寒。陽支爲暖。西北爲寒。東南爲暖。金水爲寒。木火爲暖。
得氣之寒。遇暖而發。得氣之暖。逢寒而成。寒之甚。暖之至。內有
一二成象。必無好處。若五陽逢子月。則一陽之候。萬物懷胎。陽乘
陽位。可東可西。五陰逢午月。則一陰之候。萬物收藏。陰乘陰位。
可南可北。

　陰支는 한하고 陽支는 난하며, 서북은 한하고 동남은 난하며, 金水
는 한하고 木火는 난이니 氣의 한함을 득하였을 때는 난함을 만나야
發하고 氣의 난함을 만났을 때는 한을 만나야 成한다.
　한기가 심하다거나 난기가 지극한 것이 안으로 한두 개씩 있어서
象을 만들면 절대로 좋을 곳이 없다. 만약 五陽이 子月을 만나면 一陽
의 기후가 만물을 회임(懷妊)하여 잉태시킬 때이니 陽이 陽을 타고 앉
았다면 東으로 가도 좋고 서쪽으로 운행하여도 좋다. 또 五陰이 午月
을 만났다면 一陰의 기후가 만물을 수장(收藏)하기 시작하니 陰이 陰
位에 앉았다면 南으로 가도 좋고 北으로 운행하여도 좋다.

【任注】
寒暖者,生成萬物之理也,不可專執西北金水爲寒,東南木火爲
暖,考機之所由變,上升必變下降,收閣必變開闢,然質之成,由於

形之機,陽之生,必有陰之位,陽主生物,非陰無以成,形不成,亦
虛生,陰主成物,非陽無以生,質不生,何由成,惟陰陽,中和變化,
乃能發育萬物,若有一陽而無陰以成之,有一陰而無陽以生之,
是謂鰥寡,無生成之意也,如此推詳,不但陰陽配合,而寒暖亦不
過矣,況四時之序,相生而成,豈可執定子月陽生,午月陰生而論
哉,本文末句,不可過也,適中而已矣,寒雖甚,要暖有氣,暖雖至,
要寒有根,則能生成萬物,若寒甚而暖無氣,暖至而寒無根,必無
生成之妙也,是以過於寒者,反以無暖爲美,過於暖者,反以無寒
爲宜也,蓋寒極暖之機,暖極寒之兆也,所謂陰極則陽生,陽極則
陰生,此天地自然之理也,

【해설】　한난은 만물을 생성시키는 이치가 있다. 서북 金水는
한이라 하고 동남 木火는 난이라 하며, 자기 마음대로 잡고 말하
는 것은 불가하다. 이미 짜여져 있는 기틀이 어떤 방향으로 변화
해 나가는지를 보아야 하기 때문이다.

상승하는 것은 하강으로 변할 것을 예정한 것이고, 거두어 담
는다는 것은 반드시 언젠가 열어서 풀어 놓을 것을 예정한 것이
다. 그러나 質[201]을 이루기 위해서는 예정된 기틀에 맞는 形을
만들어 줘야 가능하다.

陽이 生하는 곳은 반드시 陰의 영역권 안에 있으므로 陽은 生
物함을 주장하지만, 陰이 아니면 成할 수도 없고 形을 기를(成)
수도 없을 것이니 역시 虛生일 뿐이며, 陰이 成物[202]하는 것은
陽이 아니면 生할 수도 없고 質을 生할 수도 없는데 무슨 재주
로 이루어 내리오?

---

201) 본질 또는 성품
202) 만물을 길러냄

오직 陽陰을 中和시킨 변화라야 능히 만물을 발육시킬 수 있음이다.

만약 한 陽은 있는데 陰이 없이 成한 것이나, 한 陰은 있는데 陽이 없이 生한 것은 이른바 환과(鰥寡)[203]일 것이니 生成은 의미가 없어진 것이다.

가령 이를 추상하여 보건대, 음양에서뿐만 아니라 배합(配合)과 한난(寒暖)에도 역시 이를 지나지 않는다. 하물며 四時의 질서에서도 상생으로써 이루어 내는 것인데 어찌 子月에서만 陽이 생하고 午月에서만 陰이 생한다고 말하는 것이 옳다고 하겠는가?

본문 말구에 「불가과야(不可過也)」라 함은 그 中을 꼭 갈라주어야 함을 말한 것이다.

寒이 비록 심하나 중요한 것은 暖이 有氣하여야 하고, 暖이 비록 지극하더라도 寒이 有根함이 중요하니 이때 능히 만물을 생하고 成(기름)할 수 있기 때문이다.

만약 寒이 심한데 暖이 無氣하다거나, 暖이 지독한데 寒이 無根이면 절대로 生成의 능력이 없을 것이다. 이로써 寒이 지나친 때에는 반대로 暖이 없어야 아름답고, 暖이 지나친 때에는 도리어 寒이 없어야 마땅한 것이다. 대개 寒이 極하다 함은 暖이 예정되어 있는 기틀이고, 暖이 極한 것은 寒의 징조이기 때문이니 이를 이른바 「음극즉양생(陰極則陽生)하고 양극즉음생(陽極則陰生)한다」[204]하는 것인데 이것이 천지 자연의 이치이기 때문이다.

---

203) 홀아비와 과부
204) 음이 극하면 양이 생하고 양이 극하면 음이 발생한다.

戊	庚	丙	甲
寅	辰	子	申

壬	申	庚	己	戊	丁
午	巳	辰	卯	寅	丑

이는 金은 寒하고 水는 냉(冷)하며 木은 조(凋)하고 土는 寒하다. 만약 寅時가 아니라면 年月의 木火가 무근하므로 작용이 불가능할 것이다. 이른바 寒이 비록 심하나 暖이 有氣하여 중요함이 되었다. 이와 같이 보건대 소중한 것은 寅 字이다. 地氣가 상승하여 木火가 절처에서 生을 만났으니 一陽으로 해동(解凍)되었다. 그러나 부동(不動)이면 丙火 역시 불발(不發)인데 아름다움이 寅申이 요충(遙沖)함에 있으며 動하면 火를 생하기 때문이다. 무릇 사주에서 긴충(緊沖)은 극함이고 요충(遙沖)은 動으로 하기 때문이다. 다시 즐거운 것은 운이 동남으로 주행하는 것이니 科甲 出身하였고 벼슬이 태수에까지 올랐으니 이른바 「득기지한. 우난이발(得氣之寒. 遇暖而發)」205)이라 함이 그것이다.

甲	庚	丙	己
申	辰	子	酉

庚	辛	壬	癸	甲	乙
午	未	申	酉	戌	亥

이것 역시 금한(金寒)하고 수냉(水冷)하고 토동(土凍)하며 목조(木凋)하니 앞 사주와 대동소이하다. 앞에서는 寅木이 있어서 火가 유근이었지만 이에는 寅木이 없으니 木火가 절지에 임하였다. 이른바 寒이 심한데 暖이 무기함이니 도리어 暖이 없어야 아름다운 것이다. 이로써 초운 乙亥는 北方 水이니 즐거움은 많았으

205) 한기(寒氣)를 받았을 때는 난기(暖氣)를 만나야 발한다

나 근심은 없었고 甲戌은 丁火가 암장되어 丙火의 뿌리 역할을 하였으므로 형상(刑喪) 파모(破耗)하였고, 壬申 운은 丙火를 剋去하니 의식이 넉넉하더니 癸酉에도 재업이 번창하였다. 그러나 辛未 南方 火 운에 이르더니 丙火가 통근 득지하여 여러 곳으로 실패를 거듭하더니 庚午 운 寅年에 木火가 한꺼번에 왕성하여 사망하였다.

壬	丙	丙	丁
辰	午	午	丑

庚	辛	壬	癸	甲	乙
子	丑	寅	卯	辰	巳

이는 南方의 맹렬한 火가 劫刃을 거듭 만나니 暖이 지극하다. 한 점의 壬水가 맹렬한 火를 제극할 수 없으나 기쁜 것은 辰에 앉아 통근하는 것이고, 다시 사랑스러운 것은 年支에 丑 濕土가 있어서 능히 生金 회화(晦火)하여 水를 보호하는 것이다. 따라서 暖이 비록 지극하나 寒에도 뿌리가 있음이 되어 科甲 出身하고 벼슬이 봉강(封疆)에 이르렀다. 작으나마 혐의가 되는 것은 운로가 흠결이 많아 기복 또한 많았다.

癸	丙	丁	癸
巳	午	巳	未

辛	壬	癸	甲	乙	丙
亥	子	丑	寅	卯	辰

이는 지지 모두가 남방 火이다. 또 巳時에 생하니 暖이 지극하다. 천간의 兩 癸는 지지에 근기(根氣)가 전무하니, 이른바 「난지지. 한무근. 반이무한위미(暖之至. 寒無根. 反以無寒爲美)」[206]라 하였으니 癸水가 病이다.

초운 丙辰은 윗대의 복으로 편안하였고, 乙卯 甲寅은 洩水 生火하여 가업이 크게 증가하였다. 癸丑 운은 한기(寒氣)가 통근하니 부모를 모두 잃고 탄식하더니 자식까지 꺾어 버리고 슬퍼하였고, 壬子 운에 화재를 만나 가정이 파괴되고 사망하였다.

---

206) 난(暖)이 극(極)에 있는데 한(寒)이 무근이면 도리어 한(寒)함이 없어야 아름답다

燥溼 조습

地道有燥溼。生成品彙。人道得之。不可偏也。
지 도 유 조 습 。 생 성 품 휘 。 인 도 득 지 。 불 가 편 야 。

地道에는 건조하고 습함이 있어서 온갖 물건을 생성하니
人道에서 받게 되면 편고함이 불가하다.

【原注】

過於溼者。滯而無成。過於燥者。烈而有禍。水有金生。遇寒土而愈溼。
火有木生。遇暖土而愈燥。皆偏枯也。如水火而成其燥者吉。木火傷官要
溼也。土水而成其溼者吉。金水傷官要燥也。間有土溼而宜燥者。用土而
後用火。金燥而宜溼者。用金而後用水。

습(溼)이 지나친 것은 체(滯)하여 이룰 수가 없고, 조열함이 지나치
면 뜨거워서 재앙이 된다. 水는 金이 있어야 살아남고 寒土를 만나도
더욱더 습해질 수 있으며, 火는 木이 있어야 살아남을 수 있으나 난토
(暖土)를 만나도 더욱 조열할 수 있다. 그러나 이들은 편고함에서 말
한 것들이다.
가령 水火가 조열함을 이루었을 때 길하려면 木火 상관이 습(溼)을
만나야 하고, 土水가 습국(溼局)을 이루었을 때 길하려면 金水 상관이
조난(燥暖)함을 만나야 한다. 간간이 土가 습(溼)하여 조(燥)가 필요
할 때라도 먼저 土를 쓰고 후에 火를 써야 하고, 金이 燥하여 溼이 필
요한 때는 먼저 金을 쓰고 뒤에 水를 써야 한다.

【任注】

燥溼者,水火相成之謂也,故主有主氣,內不祕乎五行,局有局氣,
外必貫乎四柱,溼爲陰氣,當逢燥而成,燥爲陽氣,當遇溼而生,是

以木生夏令,精華發洩,外有餘而內實虛脫,必籍壬癸以生之,丑
辰溼土以培之,則火不烈,木不枯,土不燥,水不涸,而有生成之義
矣,若見未戌燥土,反助火而不能晦火,縱有水,亦不能爲力也,惟
金百鍊,不易其色,故金生多令,雖然洩氣休囚,竟可用丙丁火以
敵寒,未戌燥土以除溼,則火不晦,水不狂,金不寒,土不凍,而有
生發之氣機矣,若見丑辰溼土,反助水而不能制水,縱有火,亦不
能爲力也,此地道生成之妙理也,

【해설】 조습(燥溼)은 水火가 相成함을 말한다. 그러므로 主에
는 主氣가 있으니 안으로 오행에다 숨기지 아니하여야 하고 局
에는 局氣가 있으니 밖으로 반드시 사주에 연줄을 대어야 한다.

습은 음기이니 마땅히 조(燥)를 만났을 때 성하고, 조는 양기
이니 마땅히 습을 만나야 생한다. 이로써 木이 하령(夏令)에 생
하였으면 생명줄인 精氣가 발설되므로 밖으로는 여유가 있는 것
같지만 안으로는 허탈하니 반드시 壬癸의 도움으로 生할 수 있
고 丑辰 등 습토로 힘을 합쳐 줘야 火는 맹렬하지 아니하고, 木
은 마르지 아니하고, 土는 건조하지 아니하고, 水는 마르지 아니
하여 생성의 능력을 갖게 되는 것이다. 그러나 만약 未戌 조토를
만나면 도리어 火를 도우므로 火氣를 약하게 할 수 없으니 비록
水가 있더라도 역시 위력을 갖지 못할 것이다.

오직 金만은 백 번을 달구어 단련시킨다 해도 그 색이 바뀌
지 않으므로 金이 동령(冬令)에 생하였으면 비록 설기되어 휴
수가 되었을지라도 丙丁 火를 用하여 추위를 막아야 한다. 만
약 未戌 조토로 제습시키면 火는 약하지 아니하고, 木은 미치
지 아니하고, 金은 춥지 아니하고, 土는 얼지 아니하여 생하고
발할 수 있는 계기가 되는 것이다. 그러나 도리어 辰丑 습토가

있으면 반대로 水를 도우므로 水를 제압하기가 불가능하여 비록 火가 있더라도 역시 위력이 없을 것이다. 이것이 地道가 생성하는 妙理인 것이다.

<table>
<tr><td>丙</td><td>庚</td><td>辛</td><td>丙</td></tr>
<tr><td>子</td><td>辰</td><td>丑</td><td>辰</td></tr>
</table>

丁	丙	乙	甲	癸	壬
未	午	巳	辰	卯	寅

이 사주는 속론으로 찬 金이 火를 만나야 기쁘며 天干에 양 丙火가 투출하였으니 한 색깔의 殺이 청하므로 木火 운이 되면 명리가 쌍전할 것으로 추리한다. 그러나 支 中에 습토가 중중하고 年干 丙火는 辛金으로 化水하였으며, 시간 丙火는 뿌리가 없고 단지 한습지기(寒溼之氣)만 있으므로 생하여 발생할 능력이 전혀 없으므로 水를 용신해야지 火는 안 된다.

초운 壬寅 癸卯는 土를 제압하고 水를 도우므로 의식이 자못 풍부하였고, 丙午 丁未 20년에 이르러서는 처와 자식을 모두 상극하고 가업을 파진시킨 다음에 머리를 깎고 중이 되었다.

<table>
<tr><td>丙</td><td>庚</td><td>壬</td><td>丁</td></tr>
<tr><td>戌</td><td>戌</td><td>子</td><td>未</td></tr>
</table>

丙	丁	戊	己	庚	辛
午	未	申	酉	戌	亥

이 사주는 11월의 水勢가 왕하나 기쁜 것은 支中에 조토가 거듭 있으므로 충분히 습기를 제거하고 子未가 상극하니 子는 壬水를 도울 수 없으며, 丁壬 합한 것도 壬水가 丙火를 극하지 못하게 함이니 중운 土金에 판사로 입각하였으나 운로가 좌절하고

어긋남을 만났으니 되는 일이 없었다.

丁未 남방 火旺地는 뜻을 펴고 벼슬길에 나가 丙午까지 20년 간 때를 만나 벼슬이 州의 목사에 이르렀다.

庚	甲	丁	癸
午	午	巳	未

辛	壬	癸	甲	乙	丙
亥	子	丑	寅	卯	辰

甲午日이 支에 모두 巳午未만 있으니 조열이 극에 이르렀다. 천간의 金水는 뿌리가 없고 열기만 반격하니 火氣로 순종함이 가하다.

초운 木火는 그 세에 순종하였으므로 재물이 자주 증가하였고, 癸丑에 이르자 형상(刑喪)이 있었고 좌절하여 파탄이 다단하였으며, 壬子 운에 충격이 심하더니 인명까지 손상시켰고, 불까지 일어나 파가한 후 사망하였다.

庚	甲	丁	癸
午	辰	巳	丑

辛	壬	癸	甲	乙	丙
亥	子	丑	寅	卯	辰

이는 앞 사주와 辰丑 두 字만 다르다. 丑은 北方의 한습(寒濕)한 土이니 火이 힘을 덜어주고 水를 보호한다.

癸水가 丑에 통근하였으며 辰 또한 습토이며 木의 여기이므로 일주는 뿌리를 든든히 내릴 수 있다.

庚金이 비록 용신을 돕지는 못하나 癸水는 좌하 여기에서 작용해 주니 초운 木旺地에는 비겁이 돕고 용신을 보호하므로 화평하여 길함에 이르렀다.

癸丑 운에는 북방 水地이므로 壬子 辛亥까지 30년을 경영사
가 뜻대로 이루어졌다.

隱顯 은현

吉神太露。起爭奪之風。凶物深藏。成養虎之患。
길 신 태 로 。 기 쟁 탈 지 풍 。 흉 물 심 장 。 성 양 호 지 환 。

길신이 크게 노출하면 쟁탈의 바람을 일으키고,
흉물은 심장하면 호랑이를 길러 환을 당한다.

【原注】
局中所喜之神。透於天干。歲運不能不遇忌神。必至爭奪。所以有暗用吉
神爲妙。局中所忌之神。伏藏於地支者。歲運扶之沖之。則其爲患不小。
所以忌神明透。制化得宜者吉。

　국 중의 희신이 천간에 투출하였어도 세운에서도 구제함이 없으면
기신을 만나면 반드시 탈이 일어난다.[207] 이로 보면 吉神과 用神은
숨어 소장시키는 것이 묘하다. 국 중의 꺼리는 기신은 지지에 복장(伏
藏)되어야 하는데 세운에서 생부한다면, 충하여 발동시키면 화환(禍
患)이 적지 아니하니 이로 보면 기신은 명투(明透)하여야 제화할 수
있으니 길하다.

【任注】
吉神太露,起爭奪之風者,天干氣專,易於刦奪故也,如財物無關
鎖,人人得而用,假如天干以甲乙爲財,歲運遇庚辛,則起爭奪之
風,必須天干先有丙丁官星回刦,方無害,如無丙丁之官,或得壬
癸之食傷合化亦可,故吉神宜深藏地支者吉,凶物深藏,成養虎
之患者,地支氣雜,難於制化故也,如家賊之難防,養成禍患,假

---

207) ☞ **翠山註** : 이곳은 원주(原注)의 문장에 궐문(闕文)이 있는 것 같
　　아 필자가 의향대로 번역하였으니 高手의 成文을 기다림

如地支以寅中丙火爲刦財,歲運逢申,沖申中庚金,雖能剋木,終
不能去其丙火,歲運遇亥子,仍生合寅木,反滋火之根苗,故凶物
明透天干,易於制化,所以吉神深藏,終身之福,凶物深藏,始終
爲禍,總之吉神顯露,通根當令者,露亦無害,凶物深藏,失時休
囚者,藏亦無妨,鬼谷子曰,陰陽之道,與日月合其明,與天地合
其德,與四時合其序,三命之理,誠本於此,若不愼思明辨,孰能
得其要領乎,

【해설】 길신이 태로(太露)하면 쟁탈의 바람을 일으킨다는 것
은 천간의 기는 순전(純專)하므로 쉽게 겁탈당한다는 것이다. 가
령 재물도 잠가 놓지 않으면 사람 사람이 취득하여 쓸 것이다.

가령 천간에 甲乙이 財라면 세운에서 庚辛을 만나면 쟁탈의
싸움이 일어나니 반드시 먼저 천간에 丙丁이 관성이니 도리어
庚辛을 극하면 해가 없다는 것이다. 가령 丙丁의 官이 없다면 혹
壬癸 식상이라도 있어서 合化하면 역시 가하다. 그러므로 길신은
지지에 깊이 저장되어야 길하고, 흉물은 심장(深藏)되면 호랑이
새끼를 길렀다가 환(患)을 당하는 것과 같으니 지지에 잡기가
많으면 제극하거나 化208)하기가 어렵다는 것이다.

가령 집안의 도둑은 방어하기가 어려운 것과 같아 화근덩어리
를 키우는 것과 같다.

가령 지지의 寅 중 丙火가 겁재라면 운로에서 申을 만나 沖하
면 申 중 庚金을 비록 능히 극할 수 있으나 끝끝내는 그 丙火를
제거하기가 어렵고, 운로에서 亥子를 만나면 寅과 生合이 되니
도리어 火의 뿌리와 불씨를 자양하는 것이다. 그러므로 흉물은

---

208) 化는 生한다, 剋한다, 變한다, 원하는 대로 이끌어 낸다 등 여러 가
　　지 의미가 내포되어 있으므로 앞뒤로 문장을 보고 해석해야 한다

천간의 밝은 곳으로 노출되어야 쉽게 制化할 수 있으므로 「길신이 깊이 감추어진 것은 종신토록 福이 되지만, 흉물이 깊이 숨어 있으면 시종 화근이 된다」는 것이다.

총론컨대 길신이 노출되었더라도 월령에 통근되었다면 노출되었더라도 역시 해가 없고, 흉물이 심장되었더라도 시기를 잃고 휴수된 것은 역시 해롭지 아니하다. 귀곡자(鬼谷子)가 이르기를 「음양지도(陰陽之道)는 여일월합기명(與日月合其明)하고 여천지합기덕(與天地合其德)하고 여사시합기서(與四時合其序)」[209] 라 하니 사주 팔자의 이치도 진실로 이에 근본이 있는 것이다. 만약 삼가 생각하여 밝게 분변하지 않으면 누가 능히 그 요령을 터득하리오?

辛	丙	辛	己
卯	子	未	卯

乙	丙	丁	戊	己	庚
丑	寅	卯	辰	巳	午

丙火가 未月에 생하여 火氣가 가장 왕성할 때인데 앉은자리의 관성이 未土에게 피해를 입어 상진(傷盡)되었다. 단지 천간에서 辛金을 얻어서 용신이 된 것이다. 혐의가 되는 것은 未가 마른 흙이므로 金을 생할 수 없고, 또 겁재와 양인을 암장하고 있는 것

이며 年干의 己土는 본래는 金을 생할 수 있으나 또 앉은자리가 인수이므로 먼저 손상되어 불능인 것이다. 이를 두고 길신은 밝은 데로 노출되었고 흉물은 깊이 소장시켰다 하는 것이다.

초운 己巳 戊辰은 土旺地이니 재물이 폭주하여 기쁨이 있었으

---

209)「음양의 도는 일월과 더불어 그 밝음에 합하고, 천지와 함께 그 덕에 합하고, 사시와 함께 그 질서에 합하는 것」

366

나 丁卯 운으로 바뀌어서는 土와 金이 함께 손상되니 연속적으로 화재를 세 차례나 만났고, 또 젊은 남아(男兒) 7명을 잃었다. 丙寅 운에는 처와 자식을 모두 극하고 본인도 가출하여 종적을 알 수 없었다.

丙	丁	乙	壬
午	丑	巳	午

辛	庚	己	戊	丁	丙
亥	戌	酉	申	未	午

丁火가 맹하(孟夏)에 출생하여 사주 중에 겁재가 왕한데 효신까지 있다. 年干의 壬水는 무근이므로 용신으로 쓸 수 없으니 논할 필요도 없고, 가장 기쁜 것은 丑 중에 있는 한 점의 재성이다. 자기 고장지(庫藏地)에 깊이 감추어졌고 丑은 습토이므로 능히 火氣를 설할 수 있다. 쟁탈의 싸움을 없앴을 뿐만 아니라 도리어 生生의 일까지도 함께 하는 것이다.

처음 運 丙午 丁未는 가난한 집에서 태어나 富를 못하였고 中운의 서방 土金地 30년에 와서는 겁재를 化하고 재물을 생하여 10여만의 재물을 일으켰으니 이른바 길신이 심장하였으므로 종신토록 福이었다.

衆寡 중과

强衆而敵寡者。勢在去其寡。
강 중 이 적 과 자 。 세 재 거 기 과 。

强寡而敵衆者。勢在成乎衆。
강 과 이 적 중 자 。 세 재 성 호 중 。

강력한 무리인데도 적은 것과 대적하는 것은 세가 그 적은 것을 제거하려는 데 있고,

강한 것이 적은데도 많은 무리를 대적하려는 것은 세가 큰 무리를 이루려는 데 있다.

【原注】

强寡而敵衆者。喜强而助强者吉。强衆而敵寡者。惡敵而敵衆者滯。

강한 것이 적지만 힘써서 많은 무리와 대적하려는 것은 강한 것을 사랑하기 때문이며, 강자를 돕는 자는 길하다. 많고 강한 무리가 적은 것을 상대하는 것은 악한 적이기 때문이며, 큰 무리와 대적하면 체(滯)한다.

【任注】

衆寡之說,强弱之意也,須分日主四柱兩端而論也,如以日主分衆寡,如日主是火,生於寅卯巳午月,官星是水,四柱無財,反有土之食傷,卽使有財,財無根氣,不能生官,此日主之黨衆,敵官星之寡,勢在盡去其官,歲運宜扶衆抑寡則吉,如以四柱分衆寡,則分四柱之强弱,然又要與日主符合,弗反背爲妙,假如水是官星,休囚無氣,土是傷官,當令得時,其勢足以去其官星,歲運亦宜制官

368

爲美,日主是火,亦要通根得氣,則能生土,或有木而剋土,則日主
自能化木,轉轉相生,所謂日主符合者也,强衆而敵寡者,如日主
是火,雖不當令,卻有根坐旺,官星是水,雖不及時,卻有財生助,
或財星當令,或成財局,此官星雖寡,得財星扶則强,歲運宜扶寡
而抑衆者吉,雖擧財官而論,其餘皆同此論.

【해설】 많다 적다 하는 설은 강약의 의미가 있다. 이는 반드시
일주와 사주로 갈라서 말한 것이다. 가령 일주를 중과(衆寡)로
나누면 일주가 火일 때 卯, 寅, 巳, 午月에 생하였다면 관성이
水인데 사주에 財가 없고, 도리어 식신 상관인 土만 있고 재성이
있다고 하더라도 뿌리가 없으면 관성인 水를 생할 수 없으며, 이
때는 일주의 무리지은 집단이 적은(寡) 관성과 대적하는 것이니,
대세는 그 관성을 모두 제거하는 데 있는 것이다. 행운에서도 많
은 대중을 돕는 것이 마땅하고 적은 것을 억제한 즉 길하다.

가령 또 사주로 중과를 나눠보면 사주의 강약을 나누는 것이
나 중요한 것은 일주와 부합하여 배반하지 않아야 아름다운 것
이다. 가령 水가 관성인데 휴수 무기하고 土는 상관인데 때를 만
나 당령하므로 대세는 족히 그 관성을 제거하는 데 있다. 세운이
나 대운에서도 역시 관성을 제거하는 곳이라야 아름답다. 일주
火는 통근 득기하였다면 능히 土를 생한다. 혹 木이 있어서 土를
극하면 일주는 스스로 능히 木으로 化하여 구비구비 상생하니
이른바 이를 일주와 부합한다고 하는 것이다.

「强衆而敵寡者(강중이적과자)」란 가령 일주인 火가 비록 당
령하지 아니하였더라도 각설하고 뿌리가 있고 왕성함에 앉아야
하며, 관성 水는 비록 때는 미치지 못했으나 각설하고 재성이 있
어서 생조하여야 하니, 혹 재성이 당령하였거나 혹 재성이 成局

하였다면 이 관성은 비록 적으나 재성이 생부함을 만났으니 강할 수 있고, 세운 대운에서도 적은 것을 돕고 많은 것을 억제하여 주면 길하다. 비록 재관만을 들고 말하였으나 나머지도 모두 이와 같다.

辛	戊	乙	戊
酉	戌	丑	辰

辛	庚	己	戊	丁	丙
未	午	巳	辰	卯	寅

이 사주는 중중(重重) 첩첩(疊疊)이 두터운 土인데 乙木 관성은 무근하고 상관이 또한 왕하다. 그 대세는 족히 적은 관성을 대적하는 데 있다.

그러므로 초운 丙寅 丁卯는 관성이 득지하니 형모(刑耗)가 다단(多端)하였고, 戊辰 운에는 기회를 만나 재물을 바치고 벼슬길로 나갔으며 이어지는 己巳 운까지 20년은 土의 생을 받은 金이 왕하므로 좌이(佐貳)를 지냈고 금당(琴堂)을 지냈으나 未 운에 이르러 金을 파(破)하니 사망하였다.

癸	丁	壬	戊
卯	卯	戌	午

己	戊	丁	丙	乙	甲	癸
巳	辰	卯	寅	丑	子	亥

이는 상관이 당령하였고 인선이 거듭 보이니 관성과 칠살이 비록 투출하였더라도 무근이므로 대세(大勢)는 官을 제거하는 데 있다. 초년 운은 북방으로 행하니 관성이 득세하여 한 가지도 이룬 것이 없고, 丙寅 丁卯는 火土를 생조하므로 경영하여 10만

가까운 재물을 일으켰고, 戊辰 己巳는 官殺을 완전히 제거하므로 아들 하나를 등과시켜 놓고 늦 팔자가 우뚝 펴졌다.

이 사주는 戌과 午가 合局하여 火를 이끌어 내고 日과 時에서 인수를 만났으니 일주는 왕함이 극에 달하였다. 인수를 용신으로 잡고 추명하지 말 것이며, 또한 거관유살(去官留殺)로 논함도 불가하다.

庚	丙	壬	癸
寅	午	戌	丑

丙	丁	戊	己	庚	辛
辰	巳	午	未	申	酉

丙火가 九月에 생하니 일주는 시기를 잘못 만난 것 같으나 앉은자리의 양인이 火局을 이루니 이른바 적은 것이 强으로 되었다. 年月의 壬癸는 進氣를 만났고 癸水가 丑土 여기에 통근하고 火局을 설기하여 庚金을 생조하니 壬癸가 중(衆)이며 세력을 이중에서 이루고 있다. 그러므로 庚申 辛酉 운에는 水를 생조하여 왕하게 하니 유업이 풍성하였으니 그 즐거움이 컸다.

己未 운에는 火土가 함께 왕하므로 부모가 함께 사망하였고 戊午까지 20년은 가업을 파패(破敗)하고 처자까지 모두 손상시켰으며, 丙辰 운에는 밖으로 유랑하다가 사망하였다.

震兌 진태

震兌主仁義之眞機勢不兩立。而有相成者存。

진 태 주 인 의 지 진 기 세 불 양 립 。 이 유 상 성 자 존 。

진태는 인의의 참된 기반을 주재하는 자이니 세력이 양립하지 않고 상성하고 있는 자는 존한다.

【原注】

震在內。兌在外。月卯日亥或未　年丑或巳時酉是也。主之所喜者在震。以兌爲敵國。必用火攻。主之所喜者在兌。以震爲奸宄。備禦之而已。不必盡去。不必興兵也。兌在內。震在外。月酉日丑或巳。年未或亥時卯者是也。主之所喜者在兌。以震爲游兵。易於滅而不可黨震也。主之所喜者在震。以兌爲內寇。難於滅而不可助兌也。以水爲說客。相間於上下。或年酉月卯日丑時亥。年甲月庚日甲時辛之例。亦論主之所喜所忌者何如。而論攻備之法。然金忌木。木不帶火。木不傷土者。不必去木也。若木忌金。而金强者不可戰。惟秋金而木茂。木終不能爲金之害。反以成金之仁。春木而金盛。金實足以制木之性。反以全木之義。其月是木。年日時皆金者。不必問主之所喜所忌。而亦宜順木之性。凡月是金。年日時皆是木者。不必問主之所喜所忌。而亦宜成金之性。

震이 안에 있고 兌가 밖에 있는 것은 월은 卯, 일은 亥이거나 혹 未인데 年은 丑이나 巳이고, 時가 酉면 그것이다. 일주에 기쁜 것이 震이라면 兌는 적국이니 반드시 火를 用하여 공략해야 하고, 일주의 기쁜 것이 兌라면 震은 도적이니 적을 대비하여 방어해야 하나 모두를 제거할 필요는 없고 병력을 일으킬 필요도 없다.

兌가 안에 있고 震이 밖에 있는 것은 月이 酉, 日이 丑이나 巳인데, 年이 未나 亥이고 時는 卯일 때 그것이다. 일주의 희신이 兌이면 진은 유랑병(流浪兵)이니 쉽게 소멸시키기가 어렵고, 兌를 돕는 것은 더욱 불가하고 水는 기쁜 손님이 되어 위아래 사이에서 상간(相間)하는 자 이다.

혹 年酉, 月卯, 日丑, 時亥와 年甲, 月庚, 日甲, 時辛이 되는 예이니 역시 일주의 희신이냐 기신이냐로 논하여 공략할 것인지 방비할 것인 지를 가리는 법이다. 그러나 金이 木을 꺼리는 것은 木이 火를 대동하 지 않았을 때이고, 木이 土를 손상시키지 않을 때는 木을 제거할 필요 가 없다.

만약 木이 金을 기신으로 하더라도 金이 강할 때는 싸움이 불가하 다. 오직 가을의 金일 때는 木이 무성하다 해도 木은 끝내 金의 해 · (害)로부터 자유로울 수 없고 도리어 金이 仁을 이룩한다. 春木인데도 金이 성한 것은 金도 실제로 족하다면 木의 성정을 제압하여 도리어 木이 의(義)를 갖는다.

月木인데 年, 日, 時가 모두 金일 때는 일주의 희신, 기신을 물을 필요도 없고 木의 성정에 순종하여야 마땅하다. 무릇 月이 金이고 年, 日, 時가 모두 木인 것은 일주의 희신 기신을 물을 필요도 없이 역시 金의 性을 이룩하는 것이 마땅하다.

【任注】

震陽也, 先天之位在八白, 陰固陰而陽亦陰矣, 兌陰也, 先天之位 在四綠, 陽固陽而陰亦陽矣, 震爲長男, 雷從地起, 一陽生於坤之 初, 兌爲少女, 山澤通氣, 故三陰生於乾之終, 長男配少女, 天地生 成之妙用, 若長女配少男, 陽雖生而陰不能成矣, 是故兌爲萬物 之所悅, 至哉言乎, 是以震兌雖不兩立, 亦有相成之義也, 余細究 之, 震兌之理有五, 攻成潤從暖也, 春初之木, 木嫩金堅, 火以攻之, 仲春之木, 木旺金衰, 土以成之, 夏令之木, 木洩金燥, 水以潤之, 秋令之木, 木潤金銳, 土以從之, 冬令之木, 木衰金寒, 火以暖之,

則無兩立之勢,而有相成仁義之勢矣,若內外之說,不過衰旺相
敵之意也當洩則洩,當制則制,須觀其金木之意向,不必拘執而
分內外也,

【해설】 震은 양이며 先天의 위(位)로는 八白이고 음이 견고하
게 음을 지키면 양 역시 음으로 한다.

兌는 음이며 先天의 위치는 사록(四綠)이고 양이 진실로 견고
한 양이면 음 역시 양으로 한다.

震은 장남이고 우레는 地에서 일어나고 一陽이 생하는 곳은
坤의 초이다.

兌는 소녀이고 산택(山澤)은 통기하므로 三陰이 乾이 끝나는
곳에서 생한다. 장남이 소녀에 배속된 것은 천지 생성의 묘용이
나 만약 장녀에 小男을 배속시키면 양은 비록 생하였어도 음이
이룩하지는 못한다.

그러므로 兌에서 만물이 희열(喜悅)함으로 하였으니 지극하도
다, 그 말씀이여!

이로 보면 震兌는 비록 兩立하지 않더라도 역시 상성(相成)의
뜻은 있는 것이다.

☞ **翠山註** : 이상은 필자의 《이정표 經盤圖解》(明文堂 刊)에 자상하게
　　　　　　나와 있다. 32~57쪽까지 선천팔괘, 후천팔괘, 하도와 낙서
　　　　　　가 모두 설명되었고, 400쪽의 절기 운행과 괘(卦)의 변화를
　　　　　　참고할 것

내가 자상하게 연구하건대 震兌에는 다섯 가지의 이치가 있으
니 공(攻), 성(成), 윤(潤), 종(從), 난(暖)이 그것이다.

초봄의 木은 연약하고 金은 견고하니 火로써 공략(攻)하고 중
춘(仲春)의 木은, 木은 왕하고 金은 쇠약하니 土로써 이룩해야

374

(成) 하고, 하령(夏令)의 木은, 木은 설기되고 金은 건조하니 水로써 윤택하게(潤)하여야 하고, 가을의 木은, 木은 야위고 金은 예리하니 土로 좇게 해야(從)하고, 겨울의 木은, 木은 쇠약하고 金은 추우니 火로써 따뜻하게(暖) 해야 두 세력이 맞서지 않고 인의(仁義＝木金)를 함께 이루어낸다.

이에 내외설(內外說)은 쇠왕과 대적하는 의미에 불과하다. 마땅히 설기시킬 것은 설기시키고 극제할 것은 극제하여야 함을 말하니 반드시 그 金木의 의향을 보고 결정해야 한다. 쓸데없는 고집으로 內外를 나누는 것은 불가하다.

乙	甲	庚	丙
丑	申	寅	寅

丙乙甲癸壬辛
申未午巳辰卯

甲木이 立春 후 4일에 생하였으니 初春의 약한 木이다.

천기가 차가와 아직 얼 때인데 일주가 申에 앉았고, 월간에 庚金이 투출하고 丑土가 곁에서 申金을 생하니, 이른바 「木嫩金堅(목눈금견)」에 해당한다.

火를 용신으로 하여 공략해야 한다 했으니 年干의 丙火가 투출하였음은 三陽이 개태(開泰)하고 만상이 회춘하는 상이니 어찌 그다지도 묘한가?

초운 辛卯 壬辰 운은 丙火를 손상함이 있어서 글읽기가 어려웠다.

癸巳 운부터 남방으로 운행하니 丙火가 녹왕함을 만나 재물을 들여서 감영(監營)에 들어가더니 연달아 남궁(南宮)에 이르렀고, 甲午 乙未 운은 벼슬 속에서도 파도 한 번 만나지 않았으며 申 운에 사망하였다.

<table>
<tr><td>丁</td><td>甲</td><td>己</td><td>庚</td></tr>
<tr><td>卯</td><td>寅</td><td>卯</td><td>戌</td></tr>
</table>

乙甲癸壬辛庚
酉申未午巳辰

甲木이 仲春에 생하고 녹(祿)에 앉고 양인을 만나니 木旺 金衰하다.

「용토성지(用土成之)」하라 했는데 능히 化土 生金하므로 베고 깎아서 참을 이룰 수 있다.

초년에 막직(幕職)에서 놀게 된 것은 획리(獲利)하여 재물을 바쳤던 것이고 癸未 운에는 벼슬로 나갔으며, 甲申 乙酉 운은 木은 뿌리가 없고 金만 득지하니 좌이(佐貳)를 거쳐서 지현(知縣)에 나갔다가 주목(州牧)을 하였다.

<table>
<tr><td>丁</td><td>甲</td><td>壬</td><td>庚</td></tr>
<tr><td>卯</td><td>辰</td><td>午</td><td>辰</td></tr>
</table>

戊丁丙乙甲癸
子亥戌酉申未

甲木이 중하(仲夏)인 5월에 생하고 時干에 丁火가 투출하였다.

「용수윤지(用水潤之)」라 하였으나 水 역시 金의 생함에 의지해야 하고 金은 水의 보호를 받아야 한다. 다시 아름다운 것은 지지에 두 辰이 火를 설기하고 金은 생하고 水를 보존하고 이어 一氣로 상생이 되어 오행이 모두 만족하다.

이로써 일찍부터 반수(泮水)에서 놀았고 과갑 연등하였으며 벼슬은 관찰사(觀察使)를 하였다.

일생에 丙戌 운만이 어려우니 金水가 함께 상극되어 불리하기 때문이다. 그 외는 마칠 때까지 순탄하였다.

<table>
<tr><td>乙</td><td>甲</td><td>甲</td><td>庚</td></tr>
<tr><td>丑</td><td>戌</td><td>申</td><td>戌</td></tr>
<tr><td colspan="4"></td></tr>
<tr><td>庚</td><td>己</td><td>戊</td><td>丁</td><td>丙</td><td>乙</td></tr>
<tr><td>寅</td><td>丑</td><td>子</td><td>亥</td><td>戌</td><td>酉</td></tr>
</table>

甲木이 맹추(孟秋)에 생하고 財가 생하니 殺이 왕성하다. 비록 천간에 세 개의 甲乙이 투출하였으나 지지에 실지를 못했다.

木은 야위고 金은 예리할 때는「용토이종지(用土以從之)」라 했으니 종살격(從殺格)이 되는 것이다.

戌 운에 무갑(武甲) 출신이며 丁亥 운은 木을 생하고 金을 극하니 형모 다단하였고, 戊子 己丑 운은 財가 殺을 생하니 旺하여 벼슬이 부장(副將)에 이르렀다.

<table>
<tr><td>丙</td><td>甲</td><td>庚</td><td>辛</td></tr>
<tr><td>寅</td><td>子</td><td>子</td><td>酉</td></tr>
<tr><td colspan="4"></td></tr>
<tr><td>甲</td><td>乙</td><td>丙</td><td>丁</td><td>戊</td><td>己</td></tr>
<tr><td>午</td><td>未</td><td>申</td><td>酉</td><td>戌</td><td>亥</td></tr>
</table>

甲木이 仲冬인 11월에 생하였다. 목쇠(木衰) 금한(金寒)하면「용화이난지(用火以暖之)」라 하였으니 金 역시 제극을 받게 되었다.

時의 丙火가 녹왕지에 앉아 一陽으로 해동(解凍)하였으니, 이른바 한기(寒氣)를 득한 곳에서 난기(暖氣)를 발생시킨 것이다.

한목(寒木)은 반드시 火를 만나야 생하는 것이다.

이리하여 과갑 연등하였고 벼슬이 시랑(侍郎)에 이르렀다.

이상 다섯 개의 사주에서 甲으로 例를 하였으나 乙木이라도 이 論과 같다.

坎離 감리210)

坎離宰天地之中氣。成不獨成。而有相持者在。

감 리 재 천 지 지 중 기 。 성 불 독 성 。 이 유 상 지 자 재 。

　감리는 천지의 중기를 주재하니 이룩하는 것도 혼자는 이루지 못하고 서로 유지할 수 있는 자만이 존재한다.

【原注】

天干透壬癸。地支屬離者。乃爲旣濟。要天氣下降。天干透丙丁。地支屬坎者。乃爲未濟。要地氣上升。天干皆水。地支皆火。爲交媾。交媾身强則富貴。天干皆火。地支皆水。爲交戰。交戰身弱。豈能富貴。坎外離內。謂之未濟。主之所喜在離。要水竭。主之所喜在坎。則不祥。離外坎內。謂之旣濟。主之所喜在坎。要離降。主之所喜在離。要木和。水火相間於天干。以火爲主。而水盛者存。坎離相見於地支。喜坎而坎旺者昌。夫子午卯酉專氣也。其相制相持支勢。宜悉辨之。若四生四庫之神。皆所以黨助子午卯酉者。其理亦可推詳。

　천간에 壬癸가 투출하고 지지는 이(離＝巳午未)에 속하는 것은 기제(旣濟)를 이룬 것이니 천기 하강이 중요하고 天干에 丙丁이 투출하고, 지지에 감(坎＝子丑)인 것은 이른바 미제(未濟)이니 지기가 상승함이 필요하다.

　천간이 모두 水이고 지지는 모두 火인 것은 교구(交媾)211)가 되니 교구는 신강이면 富貴하고, 천간이 모두 火인데 지지는 모두 水이면 교전(交戰)이니 교전은 신약하면 어찌 능히 부귀하리오?

　감외(坎外) 이내(離內)에 있는 것을 이른바 미제(未濟)라 하니 일

---

210)　남북(南北)
211)　암수 짝짓기

주의 희신이 離이면 水를 고갈시키는 것이 필요하고 일주의 희신이 坎일 때는 상서롭지 못한 명조(命造)요, 離外 坎內가 된 것은 이른바 기제(旣濟)이니 일주의 희신이 坎이면 離가 하강하는 것이 중요하고, 일주의 희신이 離이면 木으로 화해시키는 것이 필요하다.

水火가 천간에서 상간(相間)212)하고 있을 때 火를 위주로 해야 하는데 水가 왕성할 때도 있고, 坎離가 지지에서 상견(相見)하고 있을 때 坎이 희신인데 坎이 旺하면 창성한다.

대개 子午卯酉는 전기(專氣)213)이니 상제(相制) 상지(相持)하는 세력들은 모두 분별하여 가르는 것이 마땅하다. 만약 四生이나 四庫의 支神이 무리를 만들어 子午卯酉를 돕고 있을 때는 그에 해당하는 이치로 추상하는 것이 가하다.

【任注】

坎陽也,先天位右七之數,故爲陽也,離陰也,先天位左三之數,故爲陰也,坎爲中男,天道下濟,故一陽生於北,離爲中女,地道上行,故二陰生於南,離爲日體,坎爲月體,一潤一喧,水火相濟,男女媾精,萬物化生矣,夫坎離爲日月之正體,無消無滅,而宰天地之中氣,是以不可獨成,必要相持爲妙也,相持之理有五,升降和解制也,升者,天干離衰,地支坎旺,必得地支有木,則地氣上升,降者,天干坎衰,地支離旺,必得天干有金,則天氣下降,和者天干皆火,地支皆水,必須有木運以和之,解者,天干皆水,地支皆火,必須有金運以解之,制者,水火交戰於干支,必須歲運視其强者而制之,此五者,坎離之作用如此,則無獨成之勢,而有相持禮智之性矣,

【해설】 坎은 陽이며 先天 八卦의 자리는 右七의 數이다. 그러

---

212) 적당한 간격
213) 한 가지만으로 진실한 기운

므로 陽이 된 것이다. 離는 陰이며 선천 팔괘의 위치로는 左三의
數이다. 그러므로 陰이다.

坎은 中男이니 天道가 하제(下濟)하는 자리이므로 一陽은 北
에서 생한다. 離는 中女이니 地道가 상행(上行)하는 자리이므로
二陰은 南에서 생한다.

離는 日(태양)의 體요 坎은 月(달)의 體이니 일윤일훤(一潤一
喧)214)으로 水火가 상제(相濟)하게 되고 男女가 짝짓기하여 만
물을 生化시키는 것이다.

대개 감리(坎離)는 日月의 正體이니 소멸되거나 멸망함도 없
으며 天地의 中氣를 잡고 다스린다. 이로써 보면 혼자로는 이룰
수 없는 것이니 반드시 서로가 의지하여야 묘함이 되는 것이다.

상지(相持)215)의 이치에 다섯이 있으니 승(升), 강(降), 화
(和), 해(解), 제(制)가 그것이다.

승(升)이란 천간의 離가 쇠약하고 地支의 坎은 旺하면 반드시
地支에 木이 있어서 地氣를 상승시키는 것을 말하고, 降이란 천
간의 坎은 쇠약한데 지지의 離는 왕하다면 반드시 천간에 金이
있어야 천기를 하강시킬 수 있는 것이고, 和란 천간이 모두 火이
고 지지가 모두 水이면 반드시 木 운이 있어야 화해시킬 수 있
고, 解란 천간이 모두 水이고 지지가 모두 火라면 반드시 金이나
운이 와야 해결이 되고, 制란 水火가 干支에서 교전하고 있으면
반드시 세운에서 그 강자를 제압해 주는 것이다. 이상 다섯 가지
는 坎離의 작용이 이러하니 홀로 이루는 勢는 없고 예지(禮
智)216)의 性으로 상지(相持)하여야 이룰 수 있는 것이다.

---

214) 새로운 것을 탄생시키기 위하여 두 기운을 주고 받음
215) 서로 의지하고 지탱하여 줌
216) 火氣와 水氣

```
戊 丙 己 丙
子 寅 亥 子

乙 甲 癸 壬 辛 庚
巳 辰 卯 寅 丑 子
```

丙火가 맹동(孟冬)에 생하고 또 두 子를 만나니 천간의 離는 쇠약하고 지지의 坎은 왕하니 寅木을 用하여 승지(升之)하여야 한다.

壬寅 운에 이르러 동방 木地이니 채근절계(采芹折桂)[217]하였고, 卯 운에는 벼슬길로 나가 관찰사까지 되었으니 운로가 동남으로 진행하였기 때문이다.

```
庚 壬 壬 壬
戌 戌 寅 午

戊 丁 丙 乙 甲 癸
申 未 午 巳 辰 卯
```

壬水가 孟春에 생하고 지지가 火局을 모두 만들었으니 비록 연월에 비견이 양투(兩透)하였으나 모두 무근이니 천간의 坎은 쇠약하고 「지지리왕(地支離旺)」이면 庚金으로 用하여 항(降)[218]해야 한다.

아까운 것은 운로가 동남으로 가니 외지에서 분주하게 40년을 보냈으나 한 가지도 이루어낸 게 없다.

50 이후에 戊申이 오니 庚이 생왕함을 만나 기회를 얻어 거만(巨萬)[219]의 재물을 일으켰다. 3명의 처를 얻었고, 나이 이미 육순이었으나 연달아 세 아들을 두었고 戌 운에서 사망하였다.

---

217) 반궁(泮宮)에서 급제함
218) 항복시킴
219) 5만은 넘고 10만은 안 되는 정도

丙	丙	丙	丙
申	子	申	子

甲癸壬辛庚己戊丁
辰卯寅丑子亥戌酉

이 사주는 지지에 두 申, 두 子이니 水가 생왕하고 金도 水를 작한 것으로 논해야 한다. 천간의 四 丙은 支에 뿌리가 없다. 「이쇠감왕(離衰坎旺)」[220]이면 모름지기 木 운이 와서 「和」해야 한다.

아까운 것은 오행이 불순한 서북 金水地로 50년 진행하니 험한 일이 많았고 어렵고 힘들었으며, 형상과 엎어지고 뒤집어지다가 50이 넘어 壬寅 운이 오니 동방 木地이므로 사업이 홍하여 재물을 일으켰고, 甲寅 乙卯에는 수만의 發財를 하였다.

壬	壬	壬	癸
寅	午	戌	巳

丙丁戊己庚辛
辰巳午未申酉

壬午 일주가 戌월에 생하고 支에 火局을 모았으며 年支까지 巳이니 천간은 모두 坎이고 지지는 모두 離이다. 반드시 金 운으로 「해(解)」하여야 한다.

초년 辛酉 庚申은 正得하여 기제(旣濟)를 이루었다. 財殺의 세력을 화해시켰으니 「日之光」[221]의 덕택으로 의식이 풍족하였고, 己未 운으로 바뀌어서는 형모(刑耗) 이상(異常)하였고, 戊 운에는 財殺이 함께 왕하니 밖에 나가 도적을 만나 시해되었다.

---

220) 火는 약하고 水는 왕함
221) 태양火

丙	壬	丙	壬
午	子	午	子

壬	辛	庚	己	戊	丁
子	亥	戌	酉	申	未

이 사주는 干支에서 水火가 교전(交戰)하는데 火가 월령을 잡았다. 水는 휴수되었는데 土가 없어서 일주를 극하지 않는 것이 기쁘다.

처음 丁未 운은 태세(太歲)에서 戊午를 함께 만나니 천극지충(天剋地沖)하여 財와 殺이 함께 旺하니 부모를 모두 잃고 돌아다니며 걸식하였으나, 申 운으로 바뀌어 기회를 잡았다. 己酉 운에는 수만의 財를 일구었고 처도 들여 자식을 낳았고 가정을 이루었다.

第二部
육친론(六親論)

제1장 六親論

부처(夫妻) / 386

자녀(子女) / 393

부모(父母) / 403

형제(兄弟) / 409

夫妻 _{부처}

夫妻因緣宿世來。喜神有意傍天財。
부 처 인 연 숙 세 래 。 희 신 유 의 방 천 재 。

　부부의 인연은 전생에서부터 온 것이니 희신은 天財 곁에다
뜻을 두고 있다.

【原注】
妻與子一也。局中有喜神。一生富貴在于是。妻子在于是。大率依財看
妻。如喜神卽是財神。其妻美而且富貴。喜神與財神不相妒忌亦好。否
則剋妻。亦或不美。或欠和。然看財神。又須活法。如財神薄。須用助
財。財旺身弱。又喜比劫。財神傷印者。要官星。財薄官多者。要傷官。
財氣未行。要沖者沖。泄者泄。財氣流通。要合者合。庫者庫。若財身
泄氣太重。比劫透露。及身旺無財者。必非夫婦全美者也。至於財旺身
强者。必富貴而多妻妾。看者當審辨輕重何如。

　妻와 子는 하나이니 局 中에 희신으로 있으면 일생의 부귀가 이에
있고 처자도 이에 있다. 대체로 財를 妻로 보는 것이니 희신이 財神이
면 그의 처가 아름답기도 하지만 부귀도 하고 희신과 財神이 서로 투
기하지 않으면 역시 좋은 것이나 그렇지 않으면 剋妻하거나 혹 不美하
기도 하고 화목에 흠을 주기도 한다. 그러나 財神으로 보는 것이 活法
이다. 가령 財神이 박하면 모름지기 財를 돕는 것으로 用하고 財旺 신
약하면 또 비겁이 기쁘고 財神이 인수를 상극하면 관성이 필요하고 재
성이 박약하고 관성이 많으면 상관이 필요하다.

　財氣가 나타나지 아니하였을 때는 沖이 요구되면 충하고 설기가 필
요하면 泄할 것이며 財氣가 유통되어 합이 필요하면 합하고 庫가 필요
하면 庫를 만나야 한다. 만약 財神이 설기가 태중하고 비겁이 투출하

였거나 신왕한데 財가 없는 것은 절대로 부부가 아름다울 수 없다.

　財가 旺하고 身도 旺한 자는 부귀도 하지만 처첩도 많으니 보는 자가 마땅히 자세히 살펴서 경중이 어떠한가를 보아야 한다.

【任注】

子平之法以財爲妻,財是我剋,人以財來侍我,此理出於正論,又以財爲父者乃後人之謬也,若據此爲礪論,則翁婦同宗,豈不失倫常乎,雖分偏正之說,究竟勉强,財之偏正,無非陰陽之別,並不換他氣,且世無犯上之理,宜辨而闢之,如果財爲父,官爲子,則人倫滅矣,不特翁婦同宗,而顯然祖去生孫,有是理乎,是以六親之法,今當更定,生我者爲父母,偏正印綬是也,我生者爲子女,食神傷官是也,我剋者爲婦妾,偏正財星是也,剋我者爲官鬼,祖父是也,同我者爲兄弟,比肩刧財是也,此理正名順,乃不易之法,夫財以妻論,財神淸,則中饋賢能,財神濁,則河東獅吼,淸者,喜神即是財星,不爭不妒是也,濁者,生煞壞印,爭妒無情是也,舊書不管日主之衰旺,總以陽刃刧財主剋妻,究其理則實非,須分日主衰旺喜忌之別,四柱配合活看爲是,如財神輕而無官,比刧多,主剋妻,財神重而身弱,無比刧,主剋妻,官殺旺而用印,見財星,主妻陋而剋,官殺輕而身旺,見財星,遇比刧,主妻美而剋,刧刃重,財星輕,有食傷,逢梟印,主妻遭凶死,財星微官殺旺,無食傷有印綬,主妻有弱病,刧刃旺而無財,有食傷,妻賢必剋,妻陋不傷,刧刃旺而財輕,有食傷,妻賢不剋,妻陋必亡,官星弱,遇食傷有財星,妻賢不剋,官星輕,食傷重,有印綬,遇財星,妻陋不剋,身强煞淺,財星滋煞,官輕傷重,財星化傷,印綬重疊,財星得氣者,主妻賢而美,或得妻財致富,殺重身輕,財星黨殺,官多用印,財星壞印,傷官佩印,財星得局者,主妻不賢而陋,或因妻招禍,傷身,日主坐財,財位喜用

者,必得妻財,日主喜財,財合閑神而化財者,必得妻力,日主喜財,
財合閑神而化忌神者,主妻有外情,日主忌財,財合閑神而化財者,
主琴瑟不和,皆以四柱情勢日主喜忌而論,若財星浮泛,宜財庫
以收藏,財星深伏,宜沖動而引助,須細究之,

【해설】 子平의 法에서 財를 妻로 하는 것은 財는 내가 극하
는 것이기 때문에 사람은 財가 와야 자기가 대접을 받는다고
하였다. 이 理는 正法 正論에서 나온 말이고, 또 財를 父로 삼
는 것은 뒷사람들의 잘못됨이다.

만약 이 논리가 확실한 것이 된다면 시아버지와 며느리가 同
宗이니 어찌하여 인륜의 도리를 잃었다고 아니하겠는가? 비록
편정(偏正)으로 나누어 설명하고 있으나 이를 힘써 궁경(究竟)
하여 보면 재성의 偏正은 음양을 따로 나눈 것에 지나지 않는
것이니 他氣로 바뀌는 것은 아니다. 또 세상에는 위를 범하는
이치가 없는 것이니 마땅히 변증하여 깨우칠 것이다.

가령 사주에서 財를 父로 하고 官을 자식으로 한 즉, 인간 세
상의 윤리는 소멸하고 없게 될 것이다. 특별히 옹부(翁婦)[222]를
同宗으로 하지 아니하여도 할아버지가 나아가 손자를 낳은 꼴이
라는 것이 밝게 나타나지 않는가?

이로써 육친법을 지금 당장 고쳐서 결정하노니

「生我者 爲母(생아자 위모)이니 正偏 印綬是也(편정 인수
시야)요,

我生者 爲子女(아생자 위자녀)이니 食神 傷官是也(식신 상
관시야)요,

我剋者 爲婦妾(아극자 위부첩)이니 正偏 財星是也(정편 재

---

222) 시아버지와 며느리

성시야)요,

　剋我者 爲官鬼(극아자 위관귀)이니 祖父(조부)가 是也요,

　同我者 爲兄弟(동아자 위형제)이니 比肩 劫財(비견 겁재)가 是也라」

이상의 이치는 순리를 따른 바른 이치로서 누구도 바꿀 수 없는 법이다. 대개 財를 妻로 논하는 것은 財神이 청하면 중궤현능(中饋賢能)223)함이요 탁하면 하동사후(河東獅吼)224)하기 때문이다. 청하다 함은 희신이 재성이고 부쟁불투(不爭不妬)225)함이요, 탁하다 함은 殺을 생하고 印綬를 파괴하며 쟁투무정(爭妬無情)한 것을 말한다.

구서(舊書)에 일주의 쇠왕을 보지도 아니하고 양인이나 겁재는 모두 극처한다고 되어 있는데, 그 理를 궁구하여 보니 실제로는 그렇지 않더라. 반드시 일주의 쇠왕과 희기를 분별하고 사주의 배합을 활용하여 보아야 함이 그것이다. 가령,

財神이 경하고 관성이 없는데 비겁만 많으면 반드시 극처한다.

　　재신이 중하고 신약한데 비겁도 없으면 일주는 극처한다.

　　관살이 왕하여 인수를 用하는데 재성이 보이면 그의 처는 누(陋)하거나 극한다.

　　관살이 경하고 신왕한데 재성이 있을 때 비겁을 만나면 처가 아름다우나 극한다.

　　비겁과 양인이 중중하고 재성이 경하고 식상이 있는데 효인(梟印)을 만나면 그 처가 흉사한다.

---

223) 가난한 살림이라도 지혜롭게 잘 꾸려가는 것
224) 사납고 포악한 아내
225) 싸움도 없고 질투도 없음

재성이 미약하고 관살이 왕하고 식상이 없고 인수만 있으면 그의 처는 있지만 병약하다.

刧과 양인이 왕한데 財가 없고 식상만 있으면, 그의 처가 현(賢)하면 반드시 극하고 루(陋)하면 괜찮다.

刧과 양인이 왕한데 財가 경하고 식상이 있으면, 그의 처가 賢하면 不剋하고 陋하면 必亡이다.

관성이 약하고 식상이 있더라도 재성이 있으면 그의 처는 어질고 극하지도 않는다.

관성이 경하고 식상이 중중하고 인성이 있는데 재성을 만나면 처루(妻陋)하나 극하지 않는다.

신강하고 살천(殺淺)한데 재성이 자살(滋殺)하거나,

인수가 중첩하였는데 재성이 득기(得氣)한 것들은 모두 처가 어질고 아름답다. 혹 처를 得하여 치부하기도 한다.

殺은 重한데 身輕하고 재성이 무리를 만들어 殺이 되거나

官多하여 인수를 用하는데 재성이 파인(破印)하거나

상관이 인수를 만났는데 재성이 得氣한 것 등은 처가 어질지도 않지만 陋하고, 혹 처로 인하여 재앙을 부르거나 상신(傷身)한다.

일주가 財에 앉고 財가 희신이나 용신이면 반드시 妻財를 得하고,

일주의 희신이 財인데 財가 한신을 合하고 財로 化하면 반드시 妻力을 得한다.

일주의 희신이 財인데 財가 한신을 合하여 기신으로 化하면 妻가 외정(外情)을 갖는다.

일주의 기신이 재성인데 財가 한신과 合하여 財로 化하면 금슬에 불화가 있다.

이상은 모두 사주의 정세와 일주의 희기를 보고서 논하여야 한다. 만약 재성이 뿌리가 없이 들떠 있으면 재고(財庫)에다가 수장(收藏)하여야 하고, 재성이 깊이 감추어져 나타나지 아니하였으면 마땅히 충동(沖動)으로 인조(引助)하여야 하는 것이니 모름지기 세밀하게 연구하라.

丁	庚	乙	癸
丑	申	丑	卯

己	庚	辛	壬	癸	甲
未	申	酉	戌	亥	子

이 사주는 寒金이 앉은자리에 祿을 갖고 인수가 권력을 잡고 있다. 火로 用하여 추위에 대처해야 하는데 年干의 癸水가 丁火를 극하는 것이 病이다. 나행스러운 것은 乙木이 투출하여 통근함이 유력하니 水를 설기시켜 火를 생할 수 있으므로 희신이 된다. 희신 乙木은 재성이며 合이 되니 이른바 財가 와서 나를 취한 것이다. 그의 처는 현숙하고 근면하였으며 세 아들을 낳아 모두 글을 가르쳤다.

癸	丁	乙	丁
卯	酉	巳	未

己	庚	辛	壬	癸	甲
亥	子	丑	寅	卯	辰

丁火가 孟夏에 생하였는데 柱中에 효신과 겁재가 당권하고 있다. 한 점 癸水가 견제 세력은 못되나 기쁜 것은 좌하에 酉金이 卯木을 沖去하고 癸水를 생하니 출신은 빈한하였으나 癸 운에 입학하고 처를 만났는데 재물이 만금인 여자였다. 壬 운에 등과하

였고 辛丑 운에 지현(知縣)에 선출되었으며 벼슬은 군수까지 하였다.

이 사주에 만약 酉金이 없었더라면 명예는 물론 처재(妻財)까지도 없었을 것이다.

壬	丙	庚	乙
辰	申	辰	亥

甲	乙	丙	丁	戊	己
戌	亥	子	丑	寅	卯

丙火日이 季春에 생하였고 인수는 통근하여 生旺하다. 日支에 財를 깔고 앉았으며 時干에 壬水가 투출하니 반드시 乙木이 용신이다. 혐의가 되는 것은 乙庚 合化金이 되니 殺을 생하고 印을 파괴함이다. 그의 처는 어질지 못하며 질투가 많고 사나움이 정상이 아니었고 자식도 못 두어 절손하였다. 이는 재성에서 온 害인 것이니 가히 두렵지 아니한가?

子女 자녀

子女根枝一世傳。喜神看與殺相連。
자 녀 근 지 일 세 전 。 희 신 간 여 살 상 연 。

자녀의 根枝는 한 세대를 전하는 것이니
희신이 殺과 더불어서 相連하고 있는가를 보아라.

【原注】

大率依官看子。如喜神卽是官星。其子賢俊。喜神與官星不相妒亦好。否
則無子。或不肖。或有剋。然看官星。又要活法。如官輕須要助官。殺重
身輕。只要印比。無官星。只論財。若官星阻滯。要生扶沖發。官星洩氣
太重。須合助遙會。若殺重身輕而無制者多女。

　　대체로 관성을 자식으로 보는 것이니 관성이 희신이면 그의 아들은
현명하고 준수하며 희신과 관성이 투기하지 아니하여도 좋다. 그렇지
않으면 無子하고 혹 불초(不肖)하기도 하고 상극되기도 한다. 그러나
관성을 보고 또한 活法을 써야 한다.
　　가령 관성이 경미하면 관성을 반드시 도와야 하고 殺이 중후하고
身이 경미하면 印比로 도움이 중요하고 관성이 없으면 재성으로 대신
하는 것이다. 만약 관성이 저체하였으면 生扶하거나 沖發시킴이 중요
하고 관성을 설기함이 태과하면 모름지기 合助하며 요회(遙會)[226])하
여야 하고, 만약 殺은 중후한데 身이 경미하고 제압됨이 없으면 딸만
많다.

【任注】

以官爲子之說,細究之,終有犯上之嫌,夫官者,管也,朝廷設官,官

治萬民,則不敢妄爲,循守規矩,家庭必以尊長爲管,出入動作,皆遵祖父之訓,是也,不服官府之治者,則爲賊寇,不遵祖父之訓者,則爲逆子,夫命者理也,豈可以官爲子而犯上乎,莫非論命竟可無君無父乎,諺云,父在子不得自專,若以官爲子,父反以子爲管治,顯見父不得自專矣,故俗以剋父剋母爲是,有是理乎,今更定以食傷爲子女,書云,食神有壽妻多子,時逢七煞本無兒,食神有制定多兒,此兩說,可謂碻據矣,然此逆死法,倘局中無食傷無官殺者,又作何論,故命理不可執一,總要變通爲是,先將食傷認定,然後再看日主之衰旺,四柱之喜忌而用之,故喜神看與殺相連者,乃通變之至論也,如日主旺,無印綬,有食傷,子必多,日主旺,印綬重,食傷輕,子必少,日主旺,印綬重,食傷輕,有財星子多而賢,日主旺,印綬多,無食傷,有財星子多而能,日主弱,有印綬,無食傷,子必多,日主弱,印綬輕,食傷重,子必少,日主弱,印綬輕,有財星子必無,日主弱,食傷重,印綬無,亦無子,日主弱,食傷輕,無比劫,有官星,子必無,日主弱,官殺重,印綬輕,微伏財,必多女,日主弱,七殺重,食傷輕,有比劫,女多子少,日主弱,官殺重,無印比,子必無,日主旺,食傷輕,逢印綬,遇財星,子少孫多,日主旺,印綬重,官殺輕,有財星,子雖克而有孫,日主弱,食傷旺,有印綬,遇財星,雖有若無,日主弱,官殺旺,有印綬,遇財星,有子必逆,又有日主旺,無印綬,食傷伏,有官殺,子必多者,又有日主旺,比劫多,無印綬,食傷伏,子必多者,蓋母多滅子之意也,故木多火熄,金剋木則生火,火多土焦,水剋火則生土,土重金埋,木剋土則生金,金多水滲,火剋金則生水,水多木浮,土剋水則生木,以官殺爲子者,此之謂也,明雖以官殺爲子,暗仍以食傷爲子,此逆局反剋相生之法,非竟以官殺爲子也,大率身旺財爲子。身衰印作兒。此皆余之試驗者,故敢更定仔細推之,無不應也,

【해설】 관성으로 子星을 삼는다는 설을 세밀하게 연구하여 보았더니 결국은 위를 범하는 혐의뿐이었다. 대저 官이란 管이니 조정에서도 官을 설치하여 만민을 관리하고 다스림에 있어서 곧 망령된 행동을 못하게 하고 법규를 잘 지키는지를 순찰하며 감시하는 것이다. 가정에서는 존장(尊長)이 다스리고 관리하며 출입 동작을 모두 祖父의 가르침을 준수케 하는 것이 이(국가)와 같은 것이다. 관청의 다스림에 복종하지 아니하면 적구(賊寇)227) 가 되는 것이고 祖父의 지시를 준수하지 아니하는 자는 역자(逆子)가 되는 것이다.

대개 命이란 理일진대 어찌하여 官을 자식이라 하며 위를 범하는 것이 가하리오? 이는 논명함에 君도 없고 父도 없어도 可하다고 하는 것이 아닌가?

언(諺)에 이르기를 「父在子(부재자)면 不得傳(부득전)」228)이라 하였듯이, 만약 官을 자식으로 한다면 아버지가 반대로 자식의 관치(管治)229) 속에 들게 될 것이고, 아버지는 또 종족을 전하지 못할 것이니 현연하게 나타나는 것이다. 그러므로 속설에서 극부 극모함이 옳다고 하여야 하니 이에 이치가 있다고 하겠는가? 지금 다시 식신 상관이 자녀라는 것을 확정하는 바이다.

書에 이르기를 「食神有壽妻多子(식신유수처다자)요230) 時逢七殺本無兒(시봉칠살본무아)나231) 食神有制定多兒(식신유제정다아)라232)」 하였는데 이 두 說은 확실하고 근거가 있음이다.

---

227) 도적 또는 역적
228) 父가 자식이 된다면 종족을 전할 수 없다
229) 관리하고 다스림
230) 食神은 장수하고 妻에서 자식이 많고
231) 時柱에 七殺을 만나면 본래부터 아이가 없으나
232) 食神이 制剋하면 결정코 아이가 많으리라

그러나 이것 역시 死法이니 혹여 局 中에 식상도 없고 관살도 없을 때는 무엇으로 논할 것인가? 그러므로 命理를 하나만 잡고 말하는 것은 불가하고 한 마디로 말한다면 「理를 좇아 변통(變通)함」에 있다. 일단은 식상으로 인정해 놓고 다음으로 일주의 쇠왕과 사주의 희신과 기신으로 사용하여야 하는 것이다. 그러므로 原文에 「喜神看與相殺連(희신간여상살연)」이라 한 것은 바로 통변(通變)에 있음을 이르는 말이다.

　　일주가 왕하고 인수는 없는데 식상이 있으면 子가 반드시 많다.
　　일주가 왕하고 인수가 중후하고 식상이 경미하면 子는 반드시 적고,
　　일주가 왕하고 인수가 중후하고 식상이 경미하여도 有財면 多子에 현명하고,
　　일주가 왕하고 인수가 많고 식상이 없고 재성이 있으면 多子에 능력도 있다.
　　일주가 약하고 인수가 있고 식상이 없으면 반드시 子는 많다.
　　일주가 약하고 인수가 경미하고 식상이 중후하면 子는 반드시 적다.
　　일주가 약하고 인수가 경미하고 재성이 있으면 절대로 자식을 둘 수 없다.
　　일주가 약하고 식상이 중후하고 인수가 없으면 끝끝내 자식을 못 둔다.
　　일주가 약하고 식상이 경미하고 비견 겁재도 없는데 관성만 있으면 자식을 못 둔다.

일주가 약하고 관살이 중후하고 인수가 경미하고 재성이 경미하거나 은복되면 딸만 많다.

일주가 약하고 칠살이 중후하고 식상이 경미한데 비겁이 있으면 女多子少하다.

일주가 약하고 관살이 중중하고 인수나 비겁이 없으면 절대로 자식을 둘 수 없다.

일주가 왕하고 식상이 경미한데 인수가 있으며 재성을 만나면 자식은 희소하나 손자는 많다.

일주가 왕하고 인수가 후중하고 관살이 가벼운데 재성이 있으면 子는 비록 극하나 손자는 있다.

일주가 약하고 식상이 왕하고 인수가 있는데 재성을 만나면 비록 있으나 없는 것과 같다.

일주가 약하고 관살은 왕하고 인수가 있는데 재성을 만나면 자식은 있으나 반드시 逆한다.

일주가 왕하고 인수가 없고 식상이 은복되고 관살이 있으면 자식은 반드시 많고

일주가 왕하고 비겁이 많고 인수는 없고 식상이 은복되었으면 자식이 반드시 많으니

대개 모다멸자(母多滅子)의 뜻은

― 木多火熄(목다화식)에 金剋木則 生火하고

― 火多土焦(화다토초)에 水剋火則 生土하고

― 土重金埋(토중금매)에 木剋土則 生金하고

― 金多水滲(금다수삼)에 火剋金則 生水하고

― 水多木浮(수다목부)에 土剋水則 生木할 것이니

관살로써 子를 삼는 경우가 이것이다.

398

그러나 이것도 밖으로는 비록 관살로 자식을 삼는 것 같으나 속으로는 식신 상관으로써 자식을 삼는 것이니 이것이 逆局에서 反剋相生之法(반극상생지법)이라 할 수 있는 것이지 관살을 子로 삼는다는 것은 아니다.

대체로 신왕할 때는 財를 子로 삼고 쇠약할 때는 인수로 아이를 삼는 것이니, 이는 모두 내가 오랫동안 시험한 것이다. 그러므로 감히 다시 정하노니 자세하게 추리하면 증명되지 않을 수 없다.

```
癸 戊 辛 辛
丑 戌 丑 丑

乙 丙 丁 戊 己 庚
未 申 酉 戌 亥 子
```

이 사주는 일주가 왕하고 비겁이 많으나 年月의 상관이 함께 투출하여 통근되었으니 丑은 습토로서 능히 축수(蓄水)하고 生金한다. 또 戌은 火庫인데 일주에 임하였으니 추위로 얼어붙지는 않는다. 그러므로 가업이 부후하였고 다시 기쁜 것은 운이 서방으로 행하니 어그러지지 아니한다.

내가 비록 子가 많다고는 단정할 수 있으나 그 숫자는 정하기 힘들었다. 물어 보았더니 16세부터 자식을 낳기 시작하여 매년 1子씩 얻으니 연거푸 16子를 두었으나 한 사람도 손상이 없었다.

이는 사주가 아름답기 때문이며 인수가 없으므로 辛金이 木火로부터 쟁투(爭妬)가 없고 명윤부잡(明潤不雜)[233]하기 때문

233) 깨끗하고 잡되지 아니함

이다.

癸　丁　甲　癸
卯　酉　子　亥

戊己庚辛壬癸
午未申酉戌亥

이 사주는 관살이 당령하여 마땅히 종살(從殺)해야 할 것이나 甲木이 투출한 것이 혐의가 되어 부득이 인수로 용신을 삼아야 한다. 꺼리는 것은 卯酉 沖을 함이다.

초년 甲木의 用地에서는 천간이 유정하여 자못 가업이 풍족하였으나 지지는 협조가 아니 되므로 처가 딸만 8명을 낳았고 첩에게서도 딸만 8명을 낳았으나 끝끝내 자식을 두지 못했다.

이른바 身衰에는 인수를 자식으로 삼아야 하는데 이는 재성이 인성을 파괴시키는 연고이다.

丁　戊　辛　乙
巳　戌　巳　未

乙丙丁戊己庚
亥子丑寅卯辰

戊土가 巳月에 생하여 주중에 火土가 왕하다. 辛金은 투출하였으나 뿌리가 없고 겸하여 時도 巳이며 丁火가 힘없는 辛金을 극하며 局 內에는 습기도 전혀 없다.

다시 혐오스러운 것은 年干의 乙木이 火를 도와 더욱 맹렬하니 두 처를 극하고 열 두 아들을 낳았으나 모두 잃어버리고 현재는 두 아들뿐이다.

400

甲 壬 癸 戊
辰 戌 亥 子

己 戊 丁 丙 乙 甲
巳 辰 卯 寅 丑 子

壬水가 孟冬에 생하였으나 기쁜 것은 金이 없는 것이다. 식신이 홀로 투출하였으므로 글공부는 상당히 하였다.

甲寅에 반궁(泮宮)[234]에 들었고 열 아들을 두어 모두 교육시켰다. 이 사주가 형처(刑妻)를 하지 않은 것은 局 中에 財가 없기 때문이다. 추위(秋闈)[235]가 불리한 것은 支에 寅卯가 없기 때문이다.

이 사주는 戌土가 寅으로 바뀌었다면 청운의 길을 얻었을 것이다.

辛 辛 丙 庚
卯 亥 戌 寅

壬 辛 庚 己 戊 丁
辰 卯 寅 丑 子 亥

辛金이 戌月에 생하니 인성이 당령하였다. 또 寅은 戌과 함께 天干 丙火를 생한다. 庚辛 비겁은 아래의 亥水를 생하지 못한다. 卯와 拱木하니 사주에 모두 財官으로 成局시켰다. 그러므로 2처 4첩을 두고 세 아들을 두었으나 모두 극하였고 딸만 12명이나 되었는데 또한 셋은 극하고 9명만 남았다. 기쁜 것은 秋金이 유기하니 가업은 풍융하였다.

---

234) 제후들의 모임
235) 중시 또는 향시

丁	戊	丁	丁
巳	戌	未	酉

辛	壬	癸	甲	乙	丙
丑	寅	卯	辰	巳	午

土가 夏令에 생하고 인수가 중후하다. 사주 內에는 水氣가 전무하고 조토는 金을 生할 수 없다.

그러므로 3처와 5자를 모두 극하였고 丑 운이 오자 습토가 회화(晦火) 生金하여 金局을 이루니 한 아들을 두어 길렀다.

이상 몇 개의 사주를 보건대 식신 상관으로 子를 삼아야 함이 명백하다.

무릇 자식의 유무는 명리학의 일정한 理로써 알 수 있는 것이나 命 中에서는 단지 5명만 볼 수 있으니 水 1명, 火 2명, 木 3명, 金 4명, 土 5명이 그것이다. 이에서 당령한 것은 倍로 하고 휴수되었으면 반감(半減)할 수 있는데 가감 이외에 더 많은 것은 집안의 싸이클이라 할 수 있다.

丁	甲	辛	辛
卯	辰	卯	卯

乙	丙	丁	戊	己	庚
酉	戌	亥	子	丑	寅

이 사주는 春木이 웅장한데 金이 두 개나 투출하였으나 뿌리가 없다. 기쁜 것은 丁火가 투출하여 辛金을 剋制함이다. 이로써 己丑 戊子 운 중에 자식을 두었으나 기르지 못했고 재산도 거의 파산하여 소모되었다. 丁亥 운은 支에서 三合 木局을 만들고 天干의 丁火를 도우니 사람(아들)과 재산이 한꺼번에 불어났고 丙戌

운에는 더욱 아름다웠다. 5子를 두어 가업을 새롭게 증재하였다. 이를 보건대 팔자의 용신이 子星도 될 수 있음이다. 가령 용신이 火이면 그 집 아이는 반드시 木火 운에 얻게 될 것이고, 혹 木火 세운에서도 둘 수 있음이다. 가령 木火 운에 낳지 아니한 경우라면 반드시 그 출생한 아이의 사주에 木火가 많을 것이며, 혹 木火 일주일 것이다. 만약 그렇지 아니하면 기르기가 어려울 것이고, 기른다 해도 혹 불초(不肖)할 것이다. 오랫동안 시험하여 보았다.

그러나 사주 內에 용신으로는 妻, 財, 子, 祿뿐만 아니라 수명까지도 모두 궁통할 수 있으니 용신 한 字를 정하는 것에 소홀할 수 있겠는가?

父母부모

父母或隆與或替。歲月所關果非細。
부 모 혹 룡 여 혹 체 。 세 월 소 관 과 비 세 。

　부모가 혹 융성(隆盛)하거나 혹 체(替)하는 것은 年柱와 月柱에 소관되는 것이나 果로는 세밀하지 아니하다.

【原注】
子平之法。以財爲父。以印爲母。以斷其吉凶。十有九驗。然看歲月爲緊。歲氣有益于月令者。及歲月不傷夫喜神者。父母必昌。歲月財氣斲喪於時干者。先剋父。歲月印氣斲喪於時支者。先剋母。又須活看其局中之大勢。不可專論財印。中間有隱露其興亡之機。而不必在於財印者。與財生印生之神。而損益舒配得所。及陰陽多寡之論。無有不驗。

　자평의 법에 財를 父로 하였고 인수를 母로 하여 그 길흉을 단정하였는데 열 중 아홉은 증험이 되더라. 그러나 세월을 반드시 함께 보아야 하니 歲氣가 월령에 유익함이 되는 것과 세월이 희신에게 상하지 아니하면 부모는 반드시 창성하였을 것이고, 年月柱의 財氣가 時干에서 손상되는 것은 먼저 父를 剋하게 되고, 세월의 印氣가 時支로부터 착상(손상)되면 먼저 母를 剋한다.

　또 모름지기 그 局中의 대세를 활용하여 볼 것이며 財와 印만을 가지고 보는 것은 불가하다. 중간에 은로(隱露)된 것을 보면 그 흥망의 기(機)236)가 되는 것이며 꼭 財星과 印星에 있는 것은 아니다. 財를 生하고 印을 生하는 神과 함께 손익, 서배(舒配), 得所와 아울러 陰陽 다소의 논리로 보면 맞지 않는 것이 없다.

---

236) 잣대, 또는 짜임새

【任注】

父母者,生身之根本,是以歲月所關,知其興替之不一,可謂正理
不易之法也,原注竟以財印分屬父母,又論剋父剋母之說,茫無
把握,仍或於俗書之謬也,夫父母豈可以剋字加之,當竟定喪親
刑妻剋子爲至理,如年月官印相生,日時財傷不犯,則上叨蔭庇,
下受兒榮,年月官印相生,日時刑傷冲犯,則破蕩祖業,敗壞門風,
年官月印,月官年印,祖上清高,日主喜官,時日逢財,日主喜印,
時日逢官,必勝祖强宗,日主喜官,時日逢傷,日主喜印,時日逢
財,必敗祖辱宗,年財月印,日主喜印,時日逢官印者,知其幫父
興家,年傷月印,日主喜印,時日逢官者,知其父母創業,年印月
財,日主喜印,時上遇官者,知其父母破敗,時日逢印者,知其自
創成家,年官月印,日主喜官,時日逢財,出身富貴,守成之造,年
傷月刧,年印月刧,日主喜財,時日逢財或傷者,出身寒窘,創業
之命,年刧月財,日主喜財,遺緒豐盈,日主喜刧,清高貧寒,年官
月傷,日主喜官,時日逢官,必跨竈,時日遇刧,必破敗,總之財官
印綬,在于年月,爲日主之喜,父母不貴亦富,爲日主之忌,不貧
亦賤,宜詳察之,

【해설】 부모는 生身의 근본이 된 곳이다. 그러므로 歲(年柱)
와 月(月柱)에서 관계하고 있는 것이다. 年月로 흥하고 체하는
것이 같지 아니한 것을 알아내는 것은 正理이며 바꿀 수 없는
법이다. 원주에 財印으로 부모를 나눠 놓고 극부 극모의 설은
허망하여 파악할 수 없으므로 혹세하는 속서의 그릇됨인 것이
다. 내 부모를 어찌 剋 字를 붙여서 말할 수 있으리오? 마땅히
다시 고쳐 정하노니 상친(喪親), 형처(刑妻), 극자(剋子)로 함
이 이치가 있음이다.

가령 年月에서 官과 印이 상생하고 日時의 財傷이 범하지 아니하면 위로 음비(陰庇)237)가 있고 아래로 아손(兒孫)은 영화를 받게 될 것이다.

年月에서는 官印이 相生하더라도 日時에서 형상(刑傷) 충범(沖犯)하면 조업을 파손하고 탕진한 것이고 가문의 풍속 명예까지도 파괴할 것이다.

年官 月印이나 月官 年印은 조상이 청고(淸高)한 것이고,

日主가 官을 기뻐하는데 時나 日에 財를 만났다거나 일주가 인수를 좋아하는데 時日에서 官을 갖고 있으면 반드시 조업을 일으키고 가문을 빛낼 것이다.

반대로 일주가 官을 좋아하는데 時日에서 상관을 갖고 있거나 일주가 인수를 좋아하는데 時日에서 財를 갖고 있으면 이는 반드시 조업을 파괴하고 조종(祖宗)을 더럽힐 것이다.

年財 月印인데 일주가 印을 좋아하고 日時에 官印을 갖고 있으면 그 부모를 도와서 가문을 일으켰다는 것을 알 수 있고,

年傷 月印에 일주가 인수를 기뻐하는데 時日에서 官을 갖고 있으면 그 부모가 창업하였다는 것을 알 수 있으며,

年印 月財에 일주는 인수를 기뻐하는데 時上에 官을 갖고 있으면 그 부모가 파패하였음을 알 수 있고,

時日에 인수를 갖고 있으면 자기가 창업하였음을 알 수 있다.

年官 月印인데 日主가 官을 기뻐하고 時日에 財가 있으면 출신이 부귀하고 조업을 지키고 이루어 내는 명조이다.

年傷 月刦과 年印 月刦에 일주는 財를 좋아하는데 時日에 財가 있으나 혹 손상되었으면 출신이 빈한하여 본인이 창업하는

237) 윗대의 여덕

사주이다.

年刦 月財인데 일주가 財를 좋아하면 유업이 풍성하고 일주가 겁재를 좋아하면 청고하나 빈한하다.

年官 月傷에 일주가 官을 좋아하는데 時나 日에 官이 있으면 반드시 자식이 아비보다 잘났으나 時日에 刦이 있으면 반드시 파패하게 된다.

이상을 총론컨대 財官印은 年月에 있고 일주의 희신이 되면 부모가 貴가 아니면 富라도 크게 하였고, 일주의 기신이면 가난하지 않았으면 역시 천하였을 것이다. 마땅히 자세히 살펴볼 것이다.

己	丙	乙	癸
丑	子	丑	卯

己	庚	辛	壬	癸	甲
未	申	酉	戌	亥	子

이 사주는 官과 인수가 투출하고 祿을 만났다. 재성은 고장에 저장하였으니 격국이 아닌 게 아니라 아름답다.

혐의가 되는 것은 丑時 상관이 방정을 떠는데 관성은 退氣를 만났으며 일주가 쇠약한 점이다. 온전히 乙木이 生火하고 官을 지켜준다.

年月에 官印이 상생하므로 출신은 官家였다.

亥 운에 반궁에 들었고 壬戌에는 水가 통근함이 없어 파모가 컸고 재물로 자리는 얻었으나 청규(淸規)를 지키지 못하였고, 酉 운에 재성이 인수를 무너뜨려 결국은 국형(國刑)을 받고 말았다.

```
丙 戊 丁 乙
辰 午 亥 卯

辛 壬 癸 甲 乙 丙
巳 午 未 申 酉 戌
```

戊土가 10월에 태어나니 재성이 旺地에 임하였다. 坐에 祿을 깔고 앉아 官과 印이 쌍청하다. 日元이 旺에 임하여 生을 만나니 사주가 순수하고 아름답다는 것을 알 수 있다. 오행도 化生 有情하니 희신이건 용신이건 모두 精神이 있다. 그러므로 행운에서도 파국시키지 못한다.

출신이 官祿人의 집에서 생하였고 甲科에 등과하였고 다섯 아들을 낳아 모두 버슬길로 들었으며 부귀와 수복을 누리는 사주이다.

```
戊 戊 辛 丁
午 子 亥 巳

乙 丙 丁 戊 己 庚
巳 午 未 申 酉 戌
```

이 사주는 柱中에 3火 2土이니 왕상한 것처럼 보인다. 이는 亥子가 당권하고 있음을 모르기 때문이다.

印綬는 충괴당하니 천간의 火土가 허탈하다. 그 조상은 大富하였으나 그의 아버지 代에 와서 파패하였고 겸하여 초운이 서방 金支이므로 旺水만을 생조하니 반평생을 좋은 운을 만나지 못한다.

그러나 丁未 운에 南方 火를 만나 丙午까지 20년은 경영하는 일이 크게 따라주니 10여만 석의 재물을 일으켰다.

癸	丙	辛	乙
巳	辰	巳	亥

乙	丙	丁	戊	己	庚
亥	子	丑	寅	卯	辰

이 사주도 지지에 兩祿을 갖고 權을 잡았으며 年干의 인수도 통근되었다. 뭇 추명하는 사람들은 모두 旺하다고 하며 재성을 用하여 명리가 모두 좋을 것이라고 한다. 그러나 丙火가 孟夏에 생하였으므로 당장은 火氣가 강하나 年干 인수는 월간 재성에게 파손되고 年月이 巳亥 沖이 되어 巳 祿이 파괴되어 火氣를 제거하니 金水가 생부되고 木火는 실세하였다.

또 좌하 辰土는 命主의 元神을 도둑질하고 時干의 癸水는 巳火를 개두(蓋頭)하여 또한 火가 손상되었으니 반드시 신약 사주가 되었다. 巳火를 용신으로 하면 동방 木土에는 출신이 좋고 유업은 풍후하였으나 丙子 운에는 火가 통근이 안되고 관성이 득지하므로 파모가 많았고, 丑 운은 生金 洩火하니 형극(刑剋)이 평상을 넘었고 가업이 십중팔구가 나가 버렸으며 부부가 함께 사망하였다.

兄弟형제

兄弟誰廢與誰興。提用財神看重輕。
형 제 수 폐 여 수 흥 。 제 용 재 신 간 중 경 。

형제는 누가 뒤떨어지는지 누가 흥하는지는
제강(월령)을 사용하여 財神의 경중으로 보아라.

【原注】
敗財比肩羊刃。皆兄弟也。要在提綱之神。與財神喜神較其重輕。財官
弱。三者顯其攘奪之迹。兄弟必强。財官旺。三者出其助主之功。兄弟
必美。身與財官兩半。而三者伏而不出。兄弟必貴。比肩重而傷官財殺
亦旺者。兄弟必富。身弱而三者不顯。有印。而兄弟必多。身旺而三者
又顯。無官。而兄弟必衰。

敗財,[238) 비견, 양인은 모두 형제이니 중요한 것은 제강신과 財神,
희신의 경중을 비교하여 보는 것이다. 財官이 弱한데 三者가 나타나
양탈(攘奪)하는 자취가 보이면 형제는 반드시 强할 것이고, 財官이 旺
하고 삼자가 나타나 主를 돕는 功이 있으면 형제들이 반드시 아름다울
것이고, 財官이 平均하고 삼자가 은복되어 나타나지 않았으면 형제들
이 반드시 貴할 것이고, 비견이 준후한데 상관과 財殺도 역시 旺하면
형제들이 반드시 富할 것이고, 身弱한데 삼자가 나타나지 않았고 인수
가 있으면 형제가 반드시 많을 것이고, 신왕한데 삼자가 나타나고 官
이 없으면 형제가 반드시 쇠약할 것이다.

【任注】
比肩爲兄,敗財爲弟,祿刃亦同此論,如殺旺無食,殺重無印,得敗

---

238) 敗財=刦財

財合殺,必得弟力,殺旺食輕,印弱逢財,得比肩敵殺,必得兄力,官
輕傷重,比刦生傷,制殺太過,比刦助食,必遭兄弟之累,財輕刦重,
印綬制傷,不免司馬之憂,財官失勢,刦刃肆逞,恐有周公之慮,財
生殺黨,比刦幇身,大被可以同眠,殺重無印,主衰傷伏,鴒原能無
興歎,殺旺印伏,比肩無氣,弟雖敬而兄必衰,官旺印輕,財星得氣,
兄雖愛而弟無成,日主雖衰,印旺月提,兄弟成羣,身旺逢梟,刦重
無官,獨自主持,財輕刦重,食傷化刦,可無斗粟尺布之謠,財輕遇
刦,官星明顯,不作煮豆燃箕之詠,梟比重逢,財輕殺伏,未免折翎
之悲啼,主衰有印,財星逢刦,反許棠棣之競秀,不論提綱之喜忌,
全憑日主之愛憎,審察宜精,斷無不驗,

【해설】 비견을 兄으로 하고 패재(敗財)를 弟로 하고 祿과 양
인도 역시 이와 같이 논한다. 가령

殺旺한데 無食한 것과, 殺重한데 無印일 때 겁재가 合殺하여
주면 반드시 동생의 힘을 얻을 것이고,

殺은 旺한데 식상이 경하거나, 인수는 약한데 재성이 있을 때
비견이 殺을 대적하여 주면 반드시 형의 협력을 얻을 것이다.

官은 경한데 상관은 중후하고 비겁이 상관을 생하여 制殺이
태과한 것과 刦比가 식신을 생조할 때는 반드시 형제로부터 누
(累)를 만나게 된다.

財는 경한데 겁재가 중후하고 인수가 상관을 극하면 사마천의
근심239)을 면할 길이 없고,

---

239) 사마지우(司馬之憂) : 전한(前漢) 무제(武帝) 때 사람인데 흉노에게
   항복한 李陵을 변론하다가 武帝의 노여움으로 부형(腐刑=불알을 묶
   어 썩히는 형벌)을 받게 되었을 때 국가에 벌금을 내면 면할 수 있
   었으나 가난하여 刑을 받게 되었다. 후에 사마천은 돈이 인생에 가장
   중요한 것이라 하여《화식(貨殖)》이라는 經濟書를 내었다. 여기서는

財官이 실세하였는데 刦刃이 방정을 떨면 周公의 염려240)가 있을까 걱정이요,

財가 작당한 殺을 生하는데 비겁이 방신(幇身)하면 형제 우애로 동면(同眠)이 가하고,

殺重한데 無印하고 일주는 쇠약한데 상관이 은복되었으면 영원(鴒原)241)의 형제로 통탄 흥탄(興嘆)할 일이 없다. 〔☞ 翠山註 : 형제가 없어 독자(獨子)라는 뜻임〕

殺은 왕한데 인수가 은복되고 비견이 무기력하면 동생이 비록 잘되어 공경하나 형은 반드시 쇠잔한다.

官은 왕하고 인수는 경한데 재성이 유력하면 형은 비록 잘되어 도와줘도 동생은 성공이 없다.

일주가 비록 쇠약하더라도 인수가 월령에서 제강되면 형제가 무리를 이룬다.

신왕한데 효신(梟神)을 만나고 겁재가 중후한데 관성이 없으면 홀로 主를 지켜 나간다.

가난함을 비유한 말

240) 주공지우(周公之憂) : 文王의 아들이고 武王의 동생이며 成王의 숙부이다. 武王이 죽자 일곱 살밖에 안된 成王을 등에 업고 다니며 섭정하였다. 이때 周公의 배다른 농생 관숙(管叔)과 채숙(蔡叔)이 형 周公이 임금자리를 노리고 있다고 모함하여 사약을 받게 하였다. 이 사실은 周公의 무덤에서 결백시가 나와 세상에 알려졌다. 여기서는 형제의 불화를 지칭하는 말.

241) 영원(鴒原) : 형제를 말함. 「脊鴒飛則鳴 行則搖 有急難之意(척영비즉명 행즉요 유급난지의)」 — 할미새는 날 때는 슬피 울고 땅에 있을 때는 날개를 마구 흔든다 하니 급하고 어려움이 있다는 것을 알리는 뜻이 있다 함 —

출처 :《시전(詩傳)》소아상체(小雅常棣)에 「脊令在原 兄弟急難(척령재원 형제급난)」

財가 輕한데 刦이 중후하고 식상이 겁재를 통관하면 斗粟尺布 (두속척포)의 노래242)를 부르지 않아도 되고, 財가 輕한데 겁재 를 만나고 관성이 나타나 있으면 煮豆燃箕(자두연기)243)를 읊지 않아도 된다.

효신과 비겹(比刦)을 거듭 만나고 財는 輕하고 殺이 은복되면 날개를 부러뜨리고 슬피 우는 것을 면치 못한다. (형제를 잃는 다)

일주가 쇠약하고 인수가 있는데 재성이 겁재를 만나면 형제가 다투어 빼어나기를 허락지 않는다.

이상과 같이 제강의 희기를 따지지 아니하고 오로지 일주의 애증(愛憎)으로만 의지하는 것이니 의정(宜精)을 심찰(審察)하 여 판단하면 맞지 않는 법이 없다.

---

242) 두속척포(斗粟尺布)의 노래 : 漢 文帝 때 淮南王 長은 방자하여 법 도를 지키지 않았다. 文帝는 長을 蜀의 嚴道로 귀양을 보내 굶어 죽 게 했다. 文帝와 長은 高祖의 아들이니 형제가 된다. 후에 백성들이 서로 필요한 사이이면서도 협조가 안되어 不和함을 비유하여 다음과 같이 노래로 지어 부른 것을 일컬음이다.
　즉 「一尺布尚可縫. 一斗粟尚可舂. 兄弟二人不能相容 (한 자의 베 조각을 꿰매서 자루를 만들 수 있고, 한 말의 조도 봄을 기다려 싹 을 틔울 수 있을 텐데, 형제 두 사람은 서로 용서할 수 없는 사이 다)」

243) 三國시대 위나라의 文帝는 그의 동생 曹植이 八斗의 才를 갖고 있음을 염려하여 그를 害하고자 七步成詩 (「내가 일곱 걸음을 걷 는 동안 詩를 완성하라」)를 命하였는데, 그 때 지은 詩가 「煮豆燃 箕」이다. 이들은 모두 조조의 아들로서 형제이다. 이 때 曹植이 지 은 詩의 내용은 「콩을 삶는데 콩깍지를 때니 콩은 솥 속에서 운다. 본래 한 뿌리에서 자라났거늘 어찌 이다지도 속 태우기 급급한 가?」 이다.

丁	丙	壬	丁
酉	子	寅	亥

丙	丁	戊	己	庚	辛
申	酉	戌	亥	子	丑

丙火가 첫 봄에 태어나 이른바 치열하지 않은 火이므로 旺으로 논할 수는 없다. 월간 壬水는 亥子에 통근하여 殺은 旺하고 제압은 안된다. 그나마 기쁜 것은 丁壬과 寅亥가 合化 木하니 어려움 속의 은혜로움이다. 時支 재성은 官을 生하고 印을 극하나 丁火가 개두하여 剋木을 못함이 아름답다. 그러므로 한 탯줄 7형제가 모두 글공부를 하였고, 또한 형은 동생을 사랑하고 아우는 형을 공경하였다.

庚	丙	戊	癸
寅	午	午	巳

壬	癸	甲	乙	丙	丁
子	丑	寅	卯	辰	巳

이 사주는 양인이 당권하고 또한 生旺하다.

다시 혐의가 되는 것은 戊癸가 合하여 火로 化함이고 財는 겁재들로부터 겁탈당함이다. 그러므로 형제 6人이 모두 그릇을 만들지 못하여 견딜 수 없는 누를 끼쳤다.

나의 사주와 年, 月, 日이 모두 같고 壬辰 時 한 字만 바뀌었는데 弱殺이 견제 세력이 되지 못하므로 6형제 중 똑똑한 사람은 일찍 죽어버리고 나머지는 불초하여 서로 물리고 피해를 주다가 파가하였다.

총론컨대 刦刃이 태왕하고 재관이 무기력하면 형제는 반대로 적으며 혹 있다고 하더라도 없는 것만 못하다. 그러나 관살이 태왕하여도 역시 상잔(傷殘)되는 것이니 모름지기 身과 財가 병왕(並旺)하여야 하고 官印이 통근하면 우애의 정이 두텁게 된다.

제2장 何知章 하지장

하지장(何知章) / 416

何知章 하지 장244)

何知其人富。財氣通門戶。
하 지 기 인 부 。　재 기 통 문 호 。

그 사람이 부자인 것을 무엇으로 아는가?
재기가 문호에 통했다.

【原注】

財旺身强。官星衛財。忌印而財能壞印。喜印而財能生官。傷官重而財神
流通。財神重而傷官有限。無財而暗成財局。財露而傷亦露者。此皆財氣
通門戶。所以富也。夫論財與論妻之法。可相通也。然有妻賢而財薄者。
亦有財富而妻傷者。看刑沖會合。但財神淸而身旺者妻美。財神濁而身旺
者家富。

　　財旺 身强하고 관성이 재성을 호위하는 것이다.
　　인수를 꺼리는데 財가 능히 인수를 무너뜨리고 인수가 희신일 때는
재성은 능히 관성을 생하고, 상관이 거듭 있으면 財神이 유통시키고
財神이 많으면 상관이 한 점이 있고, 財神이 없을 때는 암처에서 財局
을 이루고, 財星이 노출하였는데 상관 역시 노출하였으면 이들은 모두
「財氣通門戶(재기통문호)」라 하니 富를 할 수 있다.
　　대개 財와 妻를 논하는 법은 서로 상통하나 처는 어진데 財가 박약
한 자가 있고, 財物로는 富를 하는데 처를 상극하는 자도 있는 것은
刑, 沖, 會, 合을 보아야 한다.
　　다만 재성이 청하고 신왕한 자는 처도 아름답고 財神이 탁하고 신
왕한 자는 富家이다.

---

244) 무엇으로 아는가?

【任注】

財旺身弱無官者,必要有食傷,身旺財旺無食傷者,必須有官有
殺,身旺印旺食傷輕者,財星得局,身旺官衰印綬重者,財星當令,
身旺刧旺,無財印而有食傷者,身弱財重,無官印而有比刧者,皆
財氣通門戶也,財即是妻,可以通論也,若清則妻美,濁則家富,其
理雖正,尙未深論之也,如身旺有印,官星洩氣,四柱不見食傷,得
財星生官,無食傷,則財星亦淺,主妻美而財薄也,身旺無印,官弱
逢傷,得財星化傷生官,則亦通根,官亦得助,不特妻美,而且富厚,
身旺官弱食傷重見,財星不與官通,家雖富而妻必陋也,身旺無官,
食傷有氣,財星不與刧連,無印而妻財並美,有印則財旺妻傷,此四
者宜細究之,

【해설】 財旺하고 신약한데 관성이 없으면 반드시 식상이 있어
야 하고,

신왕 財旺하고 無 식상이면 반드시 官이나 殺이 있어야 하고,

신왕 印旺하고 식상이 輕한 자는 재성이 득국해야 하고,

신왕 官衰한데 인수가 重한 자는 재성이 당령해야 하고,

신왕 劫旺한데 財印이 없더라도 식상이 있는 것과

신약 財重한데 官印이 없으면 비겁이 있는 자는 모두 財氣가
通門戶이다.

財는 즉 妻이기도 하니 함께 통론함이 가하다. 만약 청하면 처
가 아름답고 탁하더라도 家富는 한다는 것이 비록 正理이나 이
는 깊지 못한 논리이다.

가령 신왕하고 有印이면 관성을 설기하니 사주에 식상이 보
이지 않으면 재성을 득하여 生官하여야 한다. 식상이 없으면
재성도 천박할 것이니 主는 妻 운은 아름답더라도 財는 박약

하다.

신왕한데 無印이고 官이 상관을 만나 약하면 재성을 득하여
化生官하면 역시 통근이 된다. 官 역시 생조하였으니 처만 아름
다운 게 아니라 두터운 富까지 한다.

신왕한데 官이 약하고 식상이 거듭 보이고 재성이 官을 통하
여 주지 않으면 집은 비록 부를 하더라도 처는 반드시 나쁘다.

신왕한데 官이 없고 식상이 유기한데 재성이 겁재와 연접되지
않았을 때 인수가 없으면 처와 재가 함께 왕성하고, 인수가 있으
면 재물은 왕하더라도 처는 상극한다.

이상의 네 가지를 자세히 연구하라.

辛	壬	丙	甲
亥	寅	子	申

壬	辛	庚	己	戊	丁
午	巳	辰	卯	寅	丑

壬水가 仲冬(11월)에 생하여
양인이 당권하였는데 年月의 木
火는 무근이고 日支 식신은 충
파되었으니 평상은 되는 듯하다.
그러나 기쁜 것은 日의 寅과 時
의 亥가 木火의 生地이며 合木
이 되니 木火의 기는 더욱 융관
함이다.

子申 회국함은 식신이 도리어 생부함을 얻으니 이른바「재기
통문호」여서 富는 백여만이었다. 무릇 거부가 될 사주는 재성
(財星)이 많은 것이 아니고 단지 재성이 有情함이 중요하다.
이를「재기통문호」라 하며 만약 재성이 旺地에 임하였어도 일
주가 실령하여 관성을 싫어할 때는 반드시 비겁이 방조하여야
아름답게 된다.

|戊|癸|丙|壬|
|午|亥|午|申|

|壬|辛|庚|己|戊|丁|
|子|亥|戌|酉|申|未|

癸水가 仲夏(5월)에 생하고 또 午時가 되니 財官이 태왕하다. 기쁜 것은 일주가 득지한 것이고 다시 年干에 겁재가 장생지에 앉은 것이 묘하다. 재성이 유기하고 오행의 木이 없는 것은 더욱 아름다워 水는 설기되지 아니하고 火는 돕는 것이 없다. 壬水가 용신인데 운로가 서북으로 주행하니 金水가 득지하여 물려받은 것은 풍족하지 않았어도 스스로 창업하여 4, 50만을 하였으며 1처 4첩에서 여덟 명의 아들을 두었다.

何知其人貴。官星有理會。
하 지 기 인 귀 。 관 성 유 리 회 。

어떤 사람이 귀를 아는가? 관성이 理를 모으고 있다.

【原注】
官旺身旺。印綬衛官。忌刧而官能去刧。喜印而官能生印。財神旺而官星通達。官星旺而財神有氣。無官而暗成官局。官星藏而財神亦藏者。此皆官星有理會。所以貴也。夫論官與論子之法。可相通也。然有子多而無官者。身顯而無子者。亦看刑沖會合。但官星淸而身旺者必貴。官星濁而身旺者必多子。至於得象得氣得局得格者。妻子富貴兩全。

　관왕 신왕하고 인수가 관성을 호위하고 겁재가 기신이면 관이 능히 제거하여 주고, 인수가 희신이면 관성이 능히 생하여 주고, 재성이 왕하면 관성이 통달하고, 관성이 왕하면 재신은 유기하고, 無官이면 官局을 暗成하고, 관성이 암장되었는데 재성 역시 암장되었다면 이들은 모두 「官星有理會(관성유리회)」이니 귀하게 된다. 대개 관을 논하는 것과 자식을 논하는 법이 서로 상통한다. 그러나 자식은 많은데 관이 없는 자도 있고, 몸은 잘났으나 자식이 없는 사람도 있으니 역시 형충과 회합을 보아야 하는 것이다. 다만 관성도 청하고 신왕하면 반드시 귀하게 되고, 관성은 탁한데 신왕하면 반드시 자식이 많다.

득기(得氣), 득상(得象), 득국(得局), 득격(得格)한 자는 처자와 함께 부귀가 兩全하다.

【任注】

身旺官弱, 財能生官, 官旺身弱, 官能生印, 印旺, 官衰, 財能壞印, 印衰官旺, 財星不現, 刦重財輕, 官能去刦, 財星壞印, 官能生印, 用官, 官藏財亦藏, 用印, 印露官亦露者, 皆官星有理會, 所以貴顯也, 如身旺官旺印亦旺, 格局最清, 而四柱食傷, 一點不混, 財星又不出現, 官星之情, 依乎印, 印之情, 依乎日主, 只生得一箇本身, 所以有官無子也, 縱使稍雜食傷, 亦被印星所剋, 子亦艱難, 如身旺官旺印弱, 食傷暗藏, 不傷官星, 不受印星所克, 自然貴而有子, 必身旺官衰, 食傷有氣, 有印而財能壞印, 無財而暗成財局, 不貴而子多必富, 如身旺官衰, 食傷旺而無財, 有子必貧, 如身弱官旺, 食傷旺而無印, 貧而無子, 或有印逢財, 亦同此論,

【해설】

신왕한데 관이 약하면 재가 능히 생관하여 주고, 관왕한데 신약하면 인수가 있고, 인수가 왕하고 관이 쇠약하면 재가 능히 인수를 파괴하여야 하고, 인수는 쇠약한데 관이 왕하면 재성이 나타나지 말아야 하고, 겁재는 중중한데 재가 輕하면 관이 능히 겁재를 제극하고, 재성이 인수를 파괴하면 관성이 능히 인수를 생하여야 하고, 용신이 官일 때 관성이 암장되었으면 財 역시 암장되어야 하고, 용신이 인수인데 인수가 노출되었고 관 역시 노출되었다면 모두 「官星有理會(관성유리회)」이니 이른바 귀현한다.

가령 신왕하고 관왕한데 인수 역시 왕하면 격국이 가장 청한 것이다. 이 때 사주에 식상이 한 점 정도 있더라도 혼잡이 안되며 재성이 또 출현하지 않았으면 관성의 情은 인수에게로 가고 인수의 정은 일주에로 의지하게 된다. 단지 인수 한 개만 득하여 본신(本身)을 생하더라도 벼슬은 있으나 자식이 없다. 이는 식상의 혼잡이 미약한 상태인데 인성이 제압하기 때문에 자식 두기가 힘들다.

가령 신왕 관왕한데 인수가 약하고 식상이 암장하여 관성이 손상되지 아니하고 인성이 극을 받지 아니하면 자연히 귀하고 자식도 많이 둔다. 반드시 신왕 官衰하고 식상이 유기하면 인수가 있더라도 재성은 능히 인수를 파괴할 수 있고 재성이 없는데 財局을 暗成하면 貴는 못하더라도 자식은 많고 부자이다.

가령 신왕 관쇠하고 식상이 왕한데 재성이 없으면 자식은 있으나 반드시 빈천하다. 신약 관왕하고 식상이 왕한데 인수가 없으면 가난하면서 자식도 두지 못한다. 혹 인성이 있는데 재성을 만나는 것도 역시 이와 같이 논한다.

辛	丁	癸	癸
亥	卯	亥	卯

丁	戊	己	庚	辛	壬
巳	午	未	申	酉	戌

이 사주는 관살이 당권하였으므로 본시 두려운 것이나 기쁜 것은 지지에서 印局을 만들어 교묘하게 그 힘을 빌려 재배하여 水의 세력을 유통시키니 「관성유리회」가 됐다. 이어서 혐의가 되는 것은 초운 庚申 辛酉로 殺을 생하고 인수를 파괴하니 공명은 넘어지고

깨져 버렸다.

己未 운에는 지지에 모두 인수국을 만들고 천간에 식신이 나오니 청운의 길이 곧게 뻗쳐 상서 벼슬을 하게 되었다. 그러나 그 사주에는 반드시 그 運이어야 하지 그 필요한 運을 얻지 못하면 일개의 한유(寒儒)일 뿐이다.

壬 丙 丁 癸
辰 午 巳 酉

辛 壬 癸 甲 乙 丙
亥 子 丑 寅 卯 辰

丙火가 孟夏에 생하여 지지에 祿과 旺을 가졌으나 기쁜 것은 巳酉가 金을 끌어내어 재가 관을 생하니 관은 겁재를 제압한다. 다시 묘한 것은 時에 나온 壬水가 관성을 도우니 기제(旣濟)를 이룬 것이다.

30을 넘기고서야 운로가 북방 水地로 가니 등과하여 발갑하고 명리가 쌍전하였다. 이는 관살혼잡이 혐의가 되지 않는다. 身旺者는 관살 혼잡이 필요하여 發할 수 있다.

己 辛 丙 甲
丑 酉 寅 午

壬 辛 庚 己 戊 丁
申 未 午 巳 辰 卯

이 사주는 재가 왕지에 임하고 관성은 장생지가 되었다. 일주가 녹지에 앉고 인수에 통근하니 천간 네 자는 모두 지지에 祿旺을 만난 것이다.

오행의 水가 없으므로 청하면서도 순수하다. 春金이 비록 약하나 時의 인수에 통근하여 용신이 되었음은 기쁘다.

　庚 운에 방신하니 癸酉年에 등과하였고, 水 운은 살이 왕하니 병신(病神)이 가리어 형상하였다.

　辛 운 己卯년에 發甲하여 유림에 들었으며 後運은 金水가 방신(幇身)하니 벼슬길이 헤아릴 수 없다.

甲	庚	辛	乙
申	辰	巳	巳

乙	丙	丁	戊	己	庚
亥	子	丑	寅	卯	辰

　庚金이 입하 전 5일에 생하니 土가 당령하였고 火는 당권하지 못하였다.

　일주 庚金은 좌에서 생하니 실하고 또 申時와 생부 병왕하니 신강하고 살은 약하다. 혐의가 되는 것은 재성이 노출되어 무근하면서 겁재를 만났다. 그러므로 출신이 빈한하였다.

　丁 운으로 바뀌어서는 관성 원신이 발로하였고, 戊寅 己卯 양년에 재성이 득지하여 희신과 용신이 함께 오니 과갑하여 연등하였고 또 유림에 들었다.

　書에 이르기를, 실을 화하여 귄이 되면 딘징코 한문(寒門)에서 귀객이 나온다 함이 이것이다.

何知其人貧。財神反不眞。
하 지 기 인 빈 。 재 신 반 부 진 。

어떤 사람이 가난한가?
재신이 도리어 참되지 못함이다.

【原注】

財神不眞者。不但洩氣被刦也。傷輕財重氣淺。財輕官重財氣洩。傷重印
輕身弱。財重刦輕身弱。皆爲財神不眞也。中有一味淸氣。則不賤。

　재신이 참되지 못한 것은 설기되고 피겁(被刦)된 것만은 아니다.

　상관은 경하고 재성은 중한데 운기가 얕고, 재성이 경한데 관성
이 중하여 재기를 설기시키고, 상관은 중한데 인수가 경하여 신약
하고, 재성은 중한데 겁재가 경하고 신약한 사주들은 모두「財神不
眞(재신부진)」이다. 이 가운데 한 맛의 청기가 있다면 얕지 않은
것이다.

【任注】

財神不眞者有九,如財重而食傷多者,一不眞也,財輕喜食傷而
印旺者,二不眞也,財輕刦重,食傷不現,三不眞也,財多喜刦,官
星制刦,四不眞也,喜印而財星壞印,五不眞也,忌印而財星生官,
六不眞也,喜財而財合閑神而化者,七不眞也,忌財而財合閑神
化財者,八不眞也,官殺旺而喜印,財星得局者九不眞也,此九者,
財神不眞之正理也,然貧者多而富者少,故貧有幾等之貧,富有
幾等之富,不可槪定,有貧而貴者,有貧而正者,有貧而賤者,宜分
辨之,如財輕官衰,逢食傷而見印綬者,或喜印,財星壞印,得官星
解者,此貴而貧也,官殺旺而身弱,財星生助官殺,有印則一衿易
得,無印則老於儒冠,此淸貧之格,所爲皆正也,財多而心志必欲
貪之,官旺而心事必欲求之,非合而合,不從而從,合之不化,從之
不眞,此等之命,見富貴而生諂容,遇財利而忘恩義,謂貧而賤也,
即僥倖致富,亦不足貴也,凡敗業破家之命,初看似乎佳美,非財
官雙美,即干支雙淸,非殺印相生,即財臨旺地,不知財官雖可養
命榮身,必先要日主旺相,方能任其財官,若太過不及,皆爲不眞,

能散能耗則有之,終不能致富貴也,此等格局最多,難以枚擧,宜
細究之,

【해설】 재신이 참되지 못하다는 것은 아홉 가지가 있으니 가령,

　　재성이 중한데 식신 상관이 많은 경우가 제1부진이요,

　　재성이 경하여 식상이 희신인데 인수가 왕한 것이 제2부
진이요,

　　재성이 경한데 겁재가 중하고 식신 상관이 나타나지 못한
것이 제3부진이요,

　　재성이 많아서 겁재가 희신인데 관성이 겁재를 극하는 것
이 제4부진이요,

　　인수가 희신인데 재성이 인수를 파괴하는 것이 제5부진이
요,

　　인수가 기신인데 재성이 관성을 생하는 것이 제6부진이
요,

　　재성이 희신인데 재성이 한신과 합하여 변해 나가는 것이
제7부진이요,

　　재성이 기신인데 재성이 한신과 합하여 다시 財가 되는 것
이 제8부진이요,

　　관살이 왕하여 인수가 희신인데 재성이 득국하는 것이 제
9부진이다.

이상 아홉 가지는 재성 부진의 정리이다. 그러나 가난한 사람
이 많고 부자는 적은 것이므로 가난한 경우도 몇 가지 등급이
있고 부자에도 몇 가지의 등급이 있으니 대강 정하는 것은 불가
하다.

즉 가난하지만 귀한 사람도 있고, 가난하지만 바르게 사는 사

람이 있고, 가난하면서 천한 사람도 있으니 마땅히 분류하여야 한다. 가령

재성이 경하고 관성도 쇠약한데 식신 상관을 만났고, 인수가 있을 때 혹 인수가 희신인데 재성이 인수를 파괴하는 경우 관성을 만나 해결하면 귀하지만 가난하다.

관살이 왕성한데 신약하고 재성이 관살을 생조할 때 인수가 있으면 한 자락은 쉽게 얻을 수 있으나 인수가 없으면 글 속에서 늙는 것이니 이는 청빈한 격국이므로 바르게 산다.

재성이 많으면 마음속으로는 반드시 탐욕하고, 관성이 왕하면 心事는 반드시 구하려고 하여 합이 없는데도 합인 것처럼 하고, 좋지 않으면서도 좋을 것처럼 하고, 합이라도 화하지 아니하고, 좋아 준다 해도 참되지 아니하니 이들과 같은 사주는 부귀를 만나면 아첨이 생기고, 이익을 만나면 의리나 은혜를 버리니 가난하면서도 천하다. 요행히 치부를 한다 해도 역시 귀에까지는 이르지 못한다.

무릇 사업을 실패하고 파가하는 명조는 얼핏 보기에는 좋은 사주 같으나 재관이 쌍미하지는 아니하고, 즉 간지가 쌍청하더라도 살인상생이 안되고 재가 왕지에 임하였기 때문이다.

이는 재관이 비록 양명하고 몸을 영화롭게 하지만 반드시 먼저 일주가 왕상하여야 그 재관에 임한다는 것을 모르기 때문이다.

만약 태과와 불급이 모두 참되지 못한 것이면 능히 산(散)할 수 있고, 능히 모(耗)가 언제라도 쉽게 나타날 수 있기 때문에 마침내는 부귀에 이르지 못한다. 이들의 격국이 가장 많아서 낱낱이 들고 말하기는 어려우니 마땅히 세밀하게 연구하기 바란다.

辛　戊　戊　壬
酉　戌　申　子

甲　癸　壬　辛　庚　己
寅　丑　子　亥　戌　酉

戊土가 맹추에 생하여 지지에 서방 기운을 모두 갖추고 있어서 수기를 유행시킨다. 격국이 아름다우므로 큰 부잣집에서 출생하였다.

혐의가 되는 것은 연간의 壬水가 회국에 통근하니 곧 「재성반부진」이며 겸하여 운로도 서북 금수지로 운행함이다. 그러므로 재물을 가볍게 여기고 의리만 중히 여기니 소모가 정상이 아니었다. 戌 운에 반궁에 들었고 득자하였으며 辛亥 壬子는 견딜 수 없는 가난을 겪었다.

己　丁　甲　癸
酉　巳　寅　卯

戊　己　庚　辛　壬　癸
申　酉　戌　亥　子　丑

이 사주는 재성은 소장시키고 살은 노출시켰으니 살인상생(殺印相生)이 되었고 또 구슬을 꿰듯 연속 상생하니 귀격으로 보인다. 그러므로 20여만의 조상 유업이 있었다.

연간의 살이 무근인데 그 청화함을 인수가 모두 도둑질하여 갔으니 癸水가 용신이 아니라는 것이 명백하다. 酉金 재성이 용신인데 개두하고 있는 土가 유정한 것 같으나, 다만 木은 왕하고 土가 허한 데서 상화(相火)[245]의 생을 만났으므로 巳酉 재국을 만들지 아니한다. 그러므로 「財不眞」이 된다. 壬子 운에는 金을

---

245) 상화(相火) : 태음 火, 군화(君火)는 태양 火인데 여기서는 약한 火라는 뜻임

설기하여 木을 생하므로 한 번의 실패로 재만 남았고, 亥 운은
장생이 되니 굶어 죽었다.

庚	丙	壬	庚
寅	寅	午	午

戊 丁 丙 乙 甲 癸
子 亥 戌 酉 申 未

이는 夏火가 金을 만났으니
「재자약살(財滋弱殺)」인데 양
지지가 혼잡되지 아니하고 殺刃
神이 淸하다. 단정코 명리가 쌍
휘할 것 같다. 그러나 지지가 木
火이므로 金水를 싣지 못했으니
수레바퀴 자국의 술잔 水가 되었
으므로 制火는커녕 도리어 재성
의 기운만 설기하고 여름의 庚金이 패절이니 「財星不眞」임을
알 수 있다.

초년 癸未 甲申 乙酉까지 土金 지지에서는 의식이 풍족하였다.
丙戌 운은 지지에 火局을 모두 만드니 형처 극자하였고 파모 이
상하여 수만의 재산을 모두 흘려 보내고, 丁亥 운은 壬寅과 합하
여 木이 되므로 고통을 견디지 못하고 사망하였다.

壬	庚	乙	乙
午	寅	酉	卯

己 庚 辛 壬 癸 甲
卯 辰 巳 午 未 申

秋金이 월령을 탔으나 財官이
함께 왕하다. 식신 壬水가 토수
(吐秀)하니 대체로 보기에는 부
귀명인 듯하다. 다만 재성이 태
중하고 관성이 회국하니 일주가
도리어 약하며 재관을 감당하지
못한다. 오로지 양인과 겁재의
도움이 필요한데 卯가 충하고 午

가 극하니 壬水는 火를 극하지 못하고 도리어 일주의 기운만 설기하니 「財星不眞」이다.

초운 甲申은 녹왕하니 조년에 반궁에 들었고 그 後運은 남방으로 주행하니 가난을 감당치 못하였다.

庚	癸	丙	辛
申	巳	申	丑

庚	辛	壬	癸	甲	乙
寅	卯	辰	巳	午	未

이는 재성이 좌에다 녹을 갖고 있으며 一殺이 독청하니 좋은 사주처럼 보인다. 혐의가 되는 것은 인수가 태중하고 丑土는 生金洩火하고, 丙辛이 合化 水하여 재신을 겁탈하였는데 지지에서 또 巳申合 水하니 財神 모두가 不眞이다. 초운 乙未 甲午는 木火가 함께 왕하므로 조업이 풍족하였고, 癸巳 운에는 申이 합하므로 일패로재가 되었고 걸인이 되었다.

乙	丁	乙	庚
巳	丑	酉	辰

辛	庚	己	戊	丁	丙
卯	寅	丑	子	亥	戌

丁火 일주가 時에 왕지를 만났고 두 인수가 생신하니 화염(火焰) 금첩(金疊)하여 부격으로 보인다. 그러나 월간 乙木은 庚金을 따라갔고 지지에는 金局을 만들었으니 사주가 모두 財가 되어 도리어 「不眞」이다.

조업이 역시 풍족하였다. 丙戌 丁亥 운은 비겁이 방신하니 기쁨이 마음과 같이 되었고, 戊子 己丑 운은 生金 회화(晦火)하므로 재물과 사람이 모두 나갔고 굶고 얼어죽었다.

何知其人賤。官星還不見。
하 지 기 인 천 。 관 성 환 불 견 。

어떤 사람이 천한가?
관성이 도리어 보이지 않음이다.

【原注】
官星不見者。不但失令被傷也。身輕官重。官輕印重財重無官。官重無
印者。皆是官星不見也。中有一味濁財。則不貧。至于用神無力而忌神
太過。敵而不受降。助旺欺弱。主從失宜。歲運不輔者。旣貧且賤。

관성 불견이라 함은 비단 실령한 것뿐만 아니라 상관으로부터 손상
된 것을 말한다.
身은 輕한데 官이 重하거나, 官輕 印重하거나 財重 無官하거나, 官
重 無印한 것은 모두 「官星不見」이다. 중간에 있는 한 맛의 濁財로도
가난치는 않으나 용신이 무력하고 기신이 태로하면 대적하여도 항복시
키지 못한다.
旺을 돕고 약한 것을 기만하면 主는 마땅한 바를 잃은 것이니 세운
에서 돕지 아니하면 가난하고 또 천하다.

【任注】
且段原注太略,然富貴之中,未嘗無賤,貧賤之中,未嘗無貴,所以
賤之一字,不易知也,如身弱官旺,不用印綬化之,反以傷官强制,
如身弱印輕,不以官星生印,反以財星壞印,如財重身輕,不以比
刦幫身,反忌比刦奪財,合此格者,忘却聖賢明訓,不思祖父積德,
以致災生不測,殃及子孫,如身弱印輕,官旺無財,或身旺官弱,財
星不現,合此格者,處貧困不改其節,遇富貴不易其志,非禮不行,

非義不取,故知貪財帛而戀金谷者,竟遭一時之顯戮樂簞瓢而甘
敝縕者,終受千載之令名,是以有三等官星不見之理,如官輕印
重而身旺,或官重印輕而身弱,或官印兩平而日主休囚者,此上
等官星不見也,如官輕刦重無財,或官殺重無印,或財輕刦重官
伏者,此中等官星不見也,如官旺喜印,財星壞印,或官殺重無印,
食傷強制,或官多忌財,財星得局,或喜官星,而官星合他神化傷
者,或忌官星,他神合官星又化官者,此下等官星不見也,細究之,
不但貴賤分明,而賢不肖亦了然矣.

【해설】 이 단원은 원주에서 크게 약설(略說)하였다.

부귀 중이라면 천하다 할 수 없을 것이고 빈천한 가운데서는
귀하다 할 수 없을 것이니 천(賤)이라는 글자를 알기가 쉽지
않다.

身弱 官旺한데도 인수가 생조함을 용신으로 쓰지 못하고 도리
어 상관이 강하여 제극한다거나,

身弱 印輕한데도 관성으로 生印도 아니하고 반대로 재성이 인
수를 파괴한다거나,

財重 身輕한데 비견 겁재로 방신하지도 못하고 도리어 비겁이
탈재함을 꺼리는 것 등은 성현의 밝은 가르침도 망각하고 부모
조상의 적덕도 생각하지 아니하고 불측한 재앙이 생하고 재앙이
자손에게도 미친다. 가령,

身弱 印重한데 官旺 無財하거나 혹 身旺 官弱한데 재성이 안
보이는 등 格에 드는 자는 처지가 빈곤하여도 그 절개를 고치지
아니하고, 부귀하여도 그 뜻을 바꾸지 아니하고, 禮가 아니면 행
하지 아니하고, 義가 아니면 취하지도 아니한다. 고로 이들은 재
백(財帛)을 탐하고 금곡(金谷)을 연모할 줄 아는 자이니 어느

432

때 현륙(顯戮)[246]을 만난다거나, 가난해도(簞瓢)[247] 즐거움으로
알고 만족해 하고 해진 솜옷이라도 달게 받는 자이니 마침내는
천세를 전하는 이름을 남기는 것이다. 그러므로「官星不見之理」
를 셋으로 나누었으니, 가령

官輕 印重하여 身旺하고 혹 官重 印輕하면서 身弱하고, 혹 官
印이 평등한데 일주가 휴수된 것 등은 상등 관성 불견이다.

官輕 劫重한데 無財이고, 혹 관살이 중한데 無印이고, 혹 財輕
劫重한데 관이 복장(伏藏)[248]된 것 등은 중등 관성 불견이다.

官旺 喜印인데 재성이 인성을 파괴하고, 혹 관살이 중하고 무
인인데 식상이 강하여 극하고, 혹 관이 많아 재성을 꺼리는데 재
성이 득국하고, 혹 관성이 희신인데 관성이 타신과 합하여 상관
으로 변한다거나, 혹 관성이 기신인데 타신과 합하여 다시 관으
로 된다면 이들은 하등 관성불견이라 할 수 있다.

甲	丁	壬	丁
辰	亥	子	丑

丙	丁	戊	己	庚	辛
午	未	申	酉	戌	亥

丁火가 仲冬에 생하여 壬水가
투출하고 지지가 모두 亥子丑 북
방 類이니 관성이 왕한 격이다.

辰도 습토이므로 水를 제압할
수는 없고 도리어 회화하니 일
주가 허약하다. 甲木도 여윈 나
무이니 스스로를 돌보기에도 한
가하지 아니하다. 또 습목(溼

---

246) 시가에서 내놓고 목을 벰
247) 簞瓢는 簞食瓢飮(단사표음)으로, 簞은 대나무로 엮어 만든 도시락,
瓢는 바가지, 즉 도시락밥과 한 바가지 물이란 뜻으로 굶지 않을 정
도의 가난한 식생활을 말한다
248) 支地 또는 支中에 감추어짐

木)이라 불꽃 없는 火를 생할 수 없으니 이른바 청고한 상이다. 역시 「官星反不眞」인 것이다. 기쁜 것은 金이 없으니 기세가 순청하다. 이 사람은 학문을 참되고 진순하게 하였으며 처세에도 구차함이 없었고 후학을 가르치며 청빈을 고수하였다. 상등 관성불견에 해당한다.

壬	丙	庚	丙
辰	午	寅	辰

丙	乙	甲	癸	壬	辛
申	未	午	巳	辰	卯

이는 재성이 무근 절지이며 官 또한 무력하다. 겸하여 운로가 동남으로 주행하니 어려서 아버지를 잃고 어머니의 재가에 따라가 성까지 바꾸었으나 수년만에 어머니마저 잃고 목동으로 날을 보내다가 성장하여서는 힘센 공원으로 일하던 중 양 눈을 모두 잃고 공장 일도 못하고 구걸하면서 살았다.

癸	辛	甲	丁
巳	亥	辰	卯

戊	己	庚	辛	壬	癸
戌	亥	子	丑	寅	卯

이는 春金이 火를 만났으니 이치로는 마땅히 인수를 용하여 化殺해야 한다.

재성이 인수를 파괴하고 癸水는 丁火를 극하고 亥水는 巳火를 충하니 제살 유정한 것처럼 보인다. 春水는 휴수되고 木火가 함께 왕하므로 火를 극하지 못할 뿐만 아니라 도리어 生木 洩金한다는 것을 모르기 때문이다.

財官은 재물과 벼슬이니 본시 몸을 영화롭게 하지만 이 곳의

日主는 감당하지 못하여 비록 마음속으로만 곧 될 것 같지 무엇을 이루리오?

소속 출신이 미천하였다. 처음에 이원(梨園)249)에서 익혔으나 후에 말을 못하게 되었으므로 관청 주위를 좇아 살았다.

사람이 지극히 영리하였고 사교성이 좋아 사람 만나기를 좋아하였다. 임직을 맡은 수년에 주인을 배신하고 돈을 크게 벌어 재물을 바치고 종 9품 벼슬을 샀으며 일을 만들고 돈을 만드는 데 안 되는 것이 없고 못하는 것이 없었으나 뒤에 범죄에 연루하여 직업이 바뀌었고 의연히 떠났다.

何知其人吉。喜神爲輔弼。
하 지 기 인 길 。 희 신 위 보 필 。

그 사람이 길한 것을 무엇으로 아는가? 희신이 보필하기 때문이다.

【原注】
柱中所喜之神。左右終始。皆得其力者必吉。然大勢平順。內體堅厚。主從得宜。縱有一二忌神。適來攻擊。亦不爲凶。譬之國內安和。不愁外寇。

사주 중에 희신이 좌우에서 시작부터 끝까지 힘을 갖고 있으면 반드시 길하다. 대세가 평순하고 내체(內體)가 견고 후덕하고 일주에 마땅한 바를 좇으면 비록 한두 개의 기신이 있어서 대적하고 공격하더라도 역시 흉하지 않으니, 비유컨대 국내가 安和하면 밖의 도적이 두렵지 않기 때문이다.

【任注】
喜神者,輔用助主之神也,凡八字先要有喜神,則用神有勢,一生

---

249) 옛날의 연예계

有吉無凶, 故喜神乃吉神也, 若柱中有用神而無喜神, 歲運不逢
忌神無害, 一遇忌神必凶, 如戊土生於寅月, 以寅中甲木爲用神,
忌神必是庚辛申酉之金, 日主元神厚者, 以壬癸亥子爲喜神, 則
金見水而貪生, 不來剋木矣, 日主元神薄者, 以丙丁巳午爲喜神,
則金見火而畏, 亦不來剋木矣, 如身弱以寅中丙火爲用神, 喜天
干透出, 以水爲忌神, 以比刼爲喜神, 所以用官用印有別, 用官者,
身旺可以財爲喜神, 用印身弱有刼, 而後用官爲喜神, 使其刼去
財星, 則印綬不傷, 官星無助之意也, 如原局有用神, 無喜神, 而用
神得時秉令, 氣象雄壯, 大勢堅固, 四柱安和, 用神緊貼, 不爭不妒
者, 即遇忌神, 亦不爲凶, 如原局無喜神, 有忌神, 或暗伏或出現,
或與用神緊貼, 或爭或妒, 或用神不當令, 或歲運引出忌神, 助起忌
神, 譬之國家有奸臣, 私通外寇, 兩來夾攻, 其凶立見, 論土如此, 餘
皆例推.

【해설】 희신이란 용신을 돕고 일주를 보필하는 신이다. 무릇
팔자에 먼저 희신이 있나를 보는 것이 중요하니 용신이 세력이
있으면 일생을 길함만 있고 흉함은 없기 때문이다. 그러므로 희
신이 바로 길신인 것이다. 만약 사주에 용신은 있는데 희신이 없
다면 세운에서 기신을 만나지 않으면 해롭지 않으나 한 번 기신
을 만나는 것으로도 반드시 흉하다.

가령 戊土가 寅月에 생하고 寅 중의 甲木이 용신이라면 기신
은 庚辛 申酉 金이 되는데 일주 원신이 후덕하면 壬癸 亥子가
희신이므로 金이 水를 만나면 生을 탐하여 木을 극하지 아니한
다. 그러나 일주 원신이 박약하면 丙丁 巳午가 희신일 것이니 金
이 火를 만나기 싫어하므로 역시 오지 않아도 剋木하게 된다.

가령 신약하여 寅 중 丙火가 용신이라면 희신이 천간에 투출

하여야 하고, 水는 기신이고 비겁은 희신이므로 관성이 용신이
될 때와 인성이 용신이 될 때가 다르다. 관성이 용신이 될 때는
신왕하여야 재성을 희신으로 삼을 수 있고, 인수가 용신이 될 때
는 신약할 때이니 겁재가 있어야 하고, 그 다음으로 官이 희신이
되는 것이다. 이 때 겁재는 재성을 극제하여 인수를 상하지 않게
하고 관성을 돕지 못하게 하는 뜻도 있는 것이다.

가령 原局에 용신은 있으나 희신이 없는 경우는 용신 때를 만
나 월령을 잡아야 한다. 기상이 웅장하고 대세가 견고하며 사주
가 안화(安和)하고 용신이 바짝 붙어서 부쟁(不爭) 불투(不妒)
라면 기신을 만나더라도 역시 흉하지 아니하다.

가령 원국에 희신이 없고 기신만 있는데 혹 암복(暗伏)하고,
혹 출현하고, 혹 용신에 붙어 있고, 혹 싸우고, 혹 투기하고, 혹
용신이 당령하지 못하고, 혹 세운에서 기신을 인출하며 기신을
일으켜 놓고 돕는다면 비유컨대 국가에 간신이 있어서 바깥 도
둑과 사통하는 것과 같으니 양쪽으로 협공하는 것이 되어 그 흉
함을 바로 만난다. 土로 논함이 이와 같으니 나머지도 같은 예로
추리하라.

己	戊	丙	甲
未	寅	寅	子

甲癸壬辛庚己戊丁
戌酉申未午巳辰卯

초봄의 土이니 허하다. 살이
왕한데 재까지 만났으니 丙火로
용신을 삼아야 한다. 기쁜 것은
재와 인수가 간격이 있어서 접속
상생하고 산란하지 않으며, 다시
묘한 것은 未時가 방신하고 희신
이 된다.

사주가 순수하고 일주를 좋아

서 마땅한 바를 얻었다. 그러므로 조년에 등갑하여 일생을 유길 무흉하였다.

　벼슬은 관찰사이며 퇴임 후에도 유림 속에서 넉넉하였고 여섯 아들을 모두 등과시켰으며 부부가 함께 아름답고 수(壽)도 팔순 을 넘었다.

戊	庚	己	丙
寅	辰	亥	申

丁丙乙甲癸壬辛庚
未午巳辰卯寅丑子

이는 金이 추우니 火도 기쁜데 時支에서 寅木이 生火하니 火에 불꽃도 있다. 그러나 재살로 용신 을 삼으려면 반드시 먼저 신왕해 야 한다. 다시 묘한 것은 亥水가 당권하여 申金이 탐생 망충함이 다. 火가 없다면 土는 얼고 金은 한냉할 것이고 木이 없으면 水旺 속에서 火가 허탈하였을 것이니 火를 용하고 木을 희신으로 삼는 다. 木火 두 자 중에서 한 자만 결하여도 불가하니 한 평생 무흉 무험하였고, 갑과에 등과하여서도 벼슬 속에서 무파하였다. 후손 들도 모두 아름다웠고 수명은 팔순을 지났다.

何知其人凶。忌神輾轉攻。
하 지 기 인 흉 。 기 신 전 전 공 。

　그 사람이 흉한 것을 어찌 아는가? 기신이 이쪽 저쪽으로 침 공함이다.

【原注】
財官無氣。用神無力。不過無所發達而已。亦無刑凶也。至於忌神太多。

或刑或沖。歲運助之。輾轉攻擊局內無備禦之神。又無主從。不免刑傷破
敗。犯罪受難。到老不吉。

재관이 무기하고 용신이 무력한 것은 발달할 수 없는 사주에 불과
하지만 역시 刑이나 흉함도 없다. 기신이 태다한데 혹 刑 혹 沖이 되
고 세운에서 도우면 앞 뒤 옆을 공격한다. 局 내에 방어하는 神이 없
고 또 日主 무리가 없으면 형상 파패를 면할 길 없고 범죄 수난하게
되니 늙도록 불길하다.

【任注】

忌神者,損害體用之神也,故八字先要有喜神,則忌神無勢,以忌
神爲病,以喜神爲藥,有病有藥,則吉,有病無藥,則凶,一生吉少
凶多者,皆忌神得勢之故耳,如寅月生人,不用甲木而用戊土,則
甲木爲當令之忌神,看日主之意向,或喜火以化之,或用金以制
之,安頓得好,又逢歲運扶喜抑忌,亦可轉凶爲吉,歲運又不來扶
喜抑忌,又不與忌神結黨者,不過終身碌碌,無所發達而已,若無
火之化,金之制,又遇水之生,歲運又黨助忌神,傷我喜神,輾轉相
攻,凶禍多端,到老不吉,論木如此,餘可例推,

【해설】 기신이란 體用에 손해를 주는 神이다. 그러므로 팔자는
먼저 희신이 있나를 보는 것이 중요하다. 희신이 있으면 기신은
세력이 없을 것이다. 기신은 病이 되고 희신은 藥이 된다. 병도
있고 약도 있으면 길하고 병은 있는데 약이 없으면 흉하니 일생
을 길소 흉다한 사람이니 기신이 득세하였기 때문이다.

가령 寅月生 人이 甲木이 용신이 못되고 戊土가 용신이 되었
다면 기신이 당령한 것이니 일주의 의향을 보고 火가 희신이 생
화하고 혹 金이 용신이면 제극하여야 편한 길을 얻는다.

또 세운에서 희신을 돕고 기신을 억제하면 역시 가하니 흉

함을 바꾸어 길함이 되고, 세운에서 희신을 돕고 기신을 억제하는 운이 오지 않고 기신과 결당하는 것도 없는 것은 종신토록 녹녹하게 지내는 것에 불과하여 발달하는 바도 별로 없을 것이다.

만약 火가 없어서 생화하지 못하고 金이 제극하고 또 水를 만나 생하는데 세운에서 또 기신이 결당하여 나의 희신을 상해한다면 모두 공격하는 것이니 흉화가 여러 곳으로 나타나고 늙도록 불길할 것이다. 木으로 논함이 이러하니 나머지도 이 예를 좇을 일이다.

甲	丙	戊	乙
午	子	寅	亥

壬	癸	甲	乙	丙	丁
申	酉	戌	亥	子	丑

丙火가 寅月에 생하고 인성이 당령하였으며 時에서 양인을 만나고 甲乙이 함께 왕하면서 투출하였다. 사주에 金이 없고 寅亥가 木으로 화하고 子水는 충파되었으니 관성은 쓸모가 없게 되었다. 반드시 월간의 戊土로 용하여야 하니 기신은 甲木이고 亥子水는 도리어 인수인 왕목을 생하니 이는 「忌神輾轉攻(기신전전공)」이다.

초년 운 丁丑은 용신을 생조하니 10여만의 조업을 받아 즐거움이 여의하였고, 丙子 운에는 火가 통근이 안되었으니 부모가 함께 망하였고 연속하여 화재를 만났다. 乙亥 운은 水木이 함께 왕하니 또 화재를 만났으며 세 처와 네 아들을 극하였고 물이 쓸어가 사망하였다.

己	丙	庚	辛
丑	辰	寅	巳

甲	乙	丙	丁	戊	己
申	酉	戌	亥	子	丑

丙火가 寅月에 생하여 木은 약하고 火는 진기를 만났으나 아직은 旺하지 아니하다.

丑時가 命主의 원신을 도둑질하니 寅木으로 용신을 삼아야 한다. 혐의가 되는 것은 庚金 기신이 당두하여 약한 木이 金을 만나고 허화(虛火)가 설기되는 것이다.

초운 己丑 戊子는 生金 洩火하니 어려서 부모를 다 잃었고 고통을 견딜 수 없었으며, 丁亥 丙戌 운은 火가 서북 戌亥에 있으므로 기신을 모두 제거하지 못하니 갖은 풍상을 다 겪으면서 가업을 조금씩 이루었다. 乙酉 운에는 干支가 모두 忌神으로 변하니 형처 극자하고 수액을 만나 사망하였다.

何知其人壽。性定元神厚。
하 지 기 인 수 。 성 정 원 신 후 。

그 사람의 수명을 무엇으로 아는가? 성품이 안정되고 원신이 두텁다.

【原注】

靜者壽。柱中無沖無合。無缺無貪。則性定矣。元神厚者。不特精氣神氣皆全之謂也。官星不絶。財神不滅。傷官有氣。身弱印旺。提綱輔主。用神有力。時上生根。運無絶地。皆是元神厚處。細究之。大率甲乙寅卯之氣。不遇沖戰洩傷。偏旺浮泛。而安頓得所者必壽。木屬仁。仁者壽。每每有驗。故敢施之於筆。若貧賤之人而亦壽者。以其稟得一個身旺。或身

弱而運行生地。小小與他食祿不缺故耳。

정자(靜者) 수(壽)이니 사주 중에서 무충 무합하고 무결(無缺) 무탐(無貪)이면 성정(性定)이다.

원신이 두텁다는 것은 특별히 정기(精氣), 신기(神氣)를 말하는 것이 아니고 모든 것이 다 온전함을 말하는 것이다. 관성이 부절(不絶)하고, 재신이 불멸하고, 상관이 유기하고, 신약 인왕하고, 提綱(제강) 보주(輔主)하고, 용신이 유력하고, 時에다 생근(生根)하고, 운로도 절지가 아니면 이 모두 원신이 후덕한 것이다.

세밀하게 연구하면 대체로 甲乙 寅卯의 氣가 충(沖), 전(戰), 설(洩), 상(傷)과 편(偏), 왕(旺), 부(浮), 범(泛)을 만나지 아니하고 안둔 득소하면 반드시 장수한다. 木은 仁이고 仁者는 장수하는 것을 늘 경험하고 있다. 그러므로 감히 이로써 더하는 바이다.

만약 빈천한 사람도 장수하는 것은 하나의 신왕함을 품수 받았을 것이고, 혹 신약한 사람이라면 운행에서 생지를 만난 것이고, 그 외 소소한 여타의 것은 식록(食祿)이거나 결함이 없었던 연고일 것이다.

【任注】

仁靜寬德厚,此五者,皆壽徵也,四柱得地,五行停勻,所合者皆閑神,所化者皆用神,沖去者皆忌神,留存者皆喜神,無缺無陷,不偏不枯,則性定矣,性定不生貪戀之私,不作苟且之事,爲人寬厚和平,仁德兼資,未有不富貴福壽者也,元神厚者,官弱逢財,財輕遇食,身旺而食傷發秀,身弱而印綬當權,所喜者皆提綱之神,所忌者皆失令之物,提綱與時支有情,行運與喜用不悖,是皆元神厚處,宜細究之,清而純粹者,必富貴而壽,濁而混雜者,必貧賤而壽,

【해설】 仁(인), 靜(정), 寬(관), 德(덕), 厚(후) 이 다섯 글자는 모두 장수의 징조들이다. 사주가 득지하고 오행이 정균하며 閑神은 합하고 용신으로 化하여야 하고 충하여 버리는 것은 모두 기신이며 머물러 두는 것은 희신이고 무결 무함하고 불편 불고하면 性定이 안정되는 것들이다. 성정이 안정되어 사사로운 탐연이 생기지 아니하면 구차한 일을 짓지 아니하여 사람이 관후 화평하고 인덕을 바탕에 겸비하였으니 부귀가 아니면 복수라도 있지 않겠는가?

원신이 후덕한 것은 관이 약하면 재를 만나고 재가 경하면 식신을 만나고 신왕한 것은 식상이 발수하고 신약한 것은 인수가 당권하는 것이다.

희신이 되는 자는 모두 제강신이고 꺼리는 자는 모두 실령(失令)한 것들이라면 제강과 시지가 유정할 것이고, 행운과 희신 용신이 어긋나지 않을 것이니 이들이 모두 원신이 후덕한 것이다.

마땅히 세밀하게 연구하여라. 청하여 순수한 자는 반드시 부귀는 물론 수까지 하고 탁하여 혼잡된 자는 반드시 빈천하고 요수한다.

丙	甲	癸	辛
寅	子	巳	丑

乙丙丁戊己庚辛壬
酉戌亥子丑寅卯辰

巳火에서 원두를 일으켜 生土하고, 生金하고, 生水하고, 生木하고, 甲木은 生 丙火하는데 甲은 寅에 祿을 두고, 癸는 子에, 丙은 巳에, 官은 財地에 앉았으며 財는 식신의 생을 만났으니 오행의 원신이 모두 두텁다.

사주가 모두 生旺에 통근하였

고 좌우 상하가 정(情)이 있으니 위인이 강유를 상제(相濟)할 줄 알고 인과 덕을 겸하였으니 3품 벼슬에 이르렀고, 富는 백 만이었으며 아들은 13명이었고, 수명은 백 세 동안 질병 없이 마쳤다.

戊	丙	乙	己
子	寅	亥	酉

丁戊己庚辛壬癸甲
卯辰巳午未申酉戌

이는 酉金을 원두로 하여 亥를 생하고 亥는 寅과 합하면서 丙을 생하고 戊土를 생하니 원신이 모두 두텁다.

지방 급제로 출신하여 벼슬은 관찰사였고 위인이 관후 단방하였고, 아들 아홉에 24손이며 富도 백만을 하였고, 수(壽)는 120

세를 질병 없이 마쳤다.

壬	壬	辛	己
寅	寅	未	酉

癸甲乙丙丁戊己庚
亥子丑寅卯辰巳午

이는 未土를 원두로 하여 辛金을 생하고 生 壬水하고 生 寅木하니 생화 유정하다.

원신이 두텁고 순수하며 기쁜 것은 火가 포장되고 노출되지 아니함이다.

조년에 과갑하였고 벼슬은 3품이었다.

위인의 품행이 단방하고 화목과 인후를 겸비하였다. 여덟 아들에 열 아홉의 孫에 수명은 96세였다.

丙	庚	庚	丁
子	辰	戌	未

甲	乙	丙	丁	戊	己
辰	巳	午	未	申	酉

이는 丁火를 원두로 하여 土를 생하고 金을 생하고 두 財庫를 소장하고 있으니 身旺하여 용신을 官으로 한다. 중년의 행운도 배반하지 아니한다.

조년에 향방에 올랐고 명리를 함께 빛냈다.

위인이 강강하고 명쾌하여 결단력의 本(본)이었다.

남을 기만하거나 각박한 마음이 없었으나 애석하게도 木이 없어 火의 원신이 부족하므로 자손에서 가지는 비록 왕성하였으나 자식은 많이 손극하는 근심을 면치 못했다.

庚	乙	戊	乙
辰	卯	寅	未

庚	辛	壬	癸	甲	乙	丙	丁
午	未	申	酉	戌	亥	子	丑

이는 지지가 동방 類이니 정확한 「곡직인수격(曲直印綬格)」이다.

대세를 보건대 재관이 유기하고 명리가 유여할 것 같다. 다만 오행에 火가 출현하지 않으니 재의 원신이 허탈하다.

寅卯辰 동방은 木이 旺方이니 관성의 근기가 박약하다. 그러므로 일생을 자기 노력으로 빡빡하게 살면서 자본은 미처 모아지기도 전에 쓸 일이 먼저 생겼다.

또한 평생을 재물보다 의리를 앞세웠으며 위인이 교만하거나 아첨함도 없었고 옛 도리를 지키면서 청빈하게 살았다. 네 아들이 모두 힘이 있었고 수는 94세였다.

庚	戊	甲	癸
申	戌	寅	丑

戊	己	庚	辛	壬	癸
申	酉	戌	亥	子	丑

戊戌日이 庚申時를 만나니 식신이 유력하다.

殺은 왕한데 인성이 없으니 강으로 족히 제압한다. 8, 9명의 아들을 두고 3, 4명의 아들이 귀현하여 일품의 고봉을 받았으니 土金이 유정하였던 묘리였다. 위인이 탐욕과 악행 양쪽을 다 갖췄던 것은 化殺이 안되었기 때문이고 사치와 음란으로 무례하였던 것은 火가 나오지 못하고 水가 득지하였기 때문이다.

대개 寅申 沖하면 丙火가 반드시 깨지고 丑戌 刑도 역시 丁火가 상하는데 癸水가 투출하였으므로 일주(日主)의 마음은 반드시 合하고자 하므로 구하고 붙잡느라고 옆도 돌아보지 않게 된다.

寅戌 장화(藏火)도 暗中에서 모두 극진된 상태이므로 火는 예인데 이 사람에게 어찌 禮가 남아 있을 것이며 무례하면 악행을 하지 못하는 곳도 없었던 것이다. 설사 연간의 癸水는 丁火로 바뀌었으니 인덕(仁德)이 허례라도 없는 것도 아니다. 그가 부귀복수를 한 것은 모두 申時의 공덕이고 또 조상의 공덕도 받을 수 있었던 것이다.

머리에 낙두저(落頭疽)가 발생하여 사망하였다. 이로 보건대 이미 적악이 다단하면 하늘에서는 베어 버린다.

```
戊 己 庚 戊
辰 卯 申 辰

丙 乙 甲 癸 壬 辛
寅 丑 子 亥 戌 酉
```

이는 土金 상관격인데 辰 中 癸水는 正財 庫로 돌아갔고 申 중 壬水는 정재인데 생을 만났다. 비록 겁재가 왕하여도 탈취하지 못한다.

또 土氣는 金으로 귀속하였고 상관이 化財(☞ 翠山註 : 원문은 劫임)하는데 암처에서 生財하니 겸하여 獨殺이 권력을 잡고 있다. 그러므로 위인이 권모술수가 중인과는 달랐다.

지지는 대개 음습지기이니 일을 꾸미는 데 거짓과 사기성이 다단하였고 일생을 재물만 소중히 여기고 仁義는 적었다.

40이 되도록 첩을 둘이나 두고도 자식이 없었고 수명은 90을 넘겼다. 애석한 것은 재가 命과 같이 했으니 사망 후 40여만의 가업도 모두 분탈되고 말았다.

세밀히 연구하여 보니 재성은 모두 고장지에 장축되었고 유통시키는 재물은 없었기 때문이다. 재물이 유통되지 않은 것은 秋金이 土를 만나 더욱 견고하여짐으로써 생의(生意)를 거절하였기 때문이다.

무릇 재물은 많아도 무자(無子)였던 것은 모두 이 격국 類가 그러하다. 그러므로 무자인 사람은 그 성정도 많이 인색하고 못났으므로 재가 흩어지면 민간에서 취해간다는 것을 모르기 때문이다. 아마도 부자이면서도 무자인 사람에게는 친족 중에서 재물을 가볍게 여기고 적은 사람에게 많이 분배하라고 하였다면 무자의 근심이 어찌 있었겠는가?

곧 이같은 명조는 金氣가 태과하고 水가 노출되지 아니하여

生生之妙를 득하지 못하였기 때문이니, 그 재물을 흩어버리면 金氣가 스스로 유행하여 자식을 반드시 불러왔을 것이다.

그러나 散(산:흩어짐)도 역시 잘잘못이 있는 것이니 승도에게나 재물을 뿌리는 것은 허물이 되고 무공인 것이고, 친족에게 재물을 뿌리는 것은 공도 있고 과실도 안되는 것이다. 덕을 닦아 획복(獲福)하는 것은 인간사에서 원래의 만회가 가한 것이고, 선행을 하고 福을 받는 것은 천심의 감동을 부르기가 어렵지 않다. 수(壽)는 오복 중의 으뜸이니 수는 하지만 자식이 없는 것은 마칠 때까지 끝내 무익하다.

부(富)와 수(壽)를 하면서 자식이 없는 것은 가난하면서 장수하고 자식이 있는 것만 못하다.

何知其人夭。氣濁神枯了。
하 지 기 인 요 。 기 탁 신 고 료 。

그 사람의 요절을 어찌 아는가? 기가 탁하고 신은 고갈되었기 때문이다.

【原注】

氣濁神枯之命。極易看。印綬太旺。日主無着落。財殺太旺。日主无依倚。忌神與喜神雜而戰。四柱與用神反而絶。沖而不和。旺而無制。濕而滯。燥而鬱。精流氣洩。月悖時脫。此皆無壽之人也。

氣가 탁하고 神이 고갈된 사주이니 극히 쉽게 볼 수 있다.

인수가 태왕한데 일주는 뿌리가 없어 의지할 곳이 없고, 재살이 태왕한데 일주는 뿌리가 약하여 의탁할 곳이 없고, 기신은 희신과 혼전하고, 사주는 용신의 절지가 되고, 충하여 불화하고 旺한데 제압이 없고, 습하면서 체하고 건조한데 답답하고, 精은 흐르고 氣는 설하고 月이 어지러운데 時도 이탈하였으면 이들은 모두 수(壽)가 없는 사람이다.

【任注】

氣濁神枯之命,易中之難看者,氣濁神枯四字,可分言之,濁字作一弱字論,氣濁者,日主失令,用神淺薄,忌神深重,提綱與時支不照,年支與日支不和,喜沖而不沖,忌合而反合,行運與喜用無情,反與忌神結黨,雖不壽而有子,神枯者,身弱而印綬太重,身旺而剋洩全無,然重用印,而財星壞印,身弱無印,而重疊食傷,或金寒水冷而土濕,或火焰土燥而木枯者,皆夭而無子也,

【해설】 기탁신고(氣濁神枯)한 명조는 역학 중에서 보기가 어려운 것이다.

기, 탁, 신, 고 네 字를 나누어서 말할 수 있으며 濁 자를 하나의 弱 자로 논할 수 있다.

氣가 탁하다는 것은 일주가 실령하고, 용신도 천박한데 기신은 심중하고, 제강이나 時支에서 돕지 아니하고, 年支와 日支가 불화하고, 沖이 기쁜데 沖하지 아니하고, 기신을 合去하고 싶은데 반대로 합하고, 행운은 희신 용신에 무정하고, 반대로 기신과 결당하는 것 등은 비록 수는 못하나 자식은 있다.

神이 고갈되었다는 것은 신약한데 인수는 태중하고 신왕한데 剋이나 설기가 없는 것이다.

그러나 인수가 용신인데 재성이 파괴하고, 身弱 無印인데 식상이 중첩되고, 혹 金은 차고 水는 얼었는데 습토가 있고, 혹 화염(火焰) 토조(土燥)한데 木이 고갈되었다면 이 모두는 요절도 하고 자식도 두지 못한다.

辛	丙	乙	乙
卯	辰	酉	丑

己	庚	辛	壬	癸	甲
卯	辰	巳	午	未	申

이 사주는 三印이 생부하고 辰酉합이니 沖이 안된다. 사주에 水가 없으니 중격 정도는 돼보이나 地支가 모두 습토여서 洩火生金하며 辰은 木의 여기인데 酉와 합하여 재가 되니 木이 뿌리를 내릴 수 없다.

또 酉와 함께 金으로 化하면 도리어 木에게 손해를 준다. 천간의 두 乙을 지지에 심어주지 못하니 여위고 말랐다는 것을 알 수 있다.

이와 같이 보면 일주가 허약하다. 午 운에 酉를 극하고 卯를 보호하니 아들 하나를 얻었고, 辛巳 운에는 金局을 모두 만들어 인수를 파괴하니 원기가 크게 상하는데 財局을 만들면 財가 극에 달하여 반드시 반격한다. 부부가 함께 사망하였다.

戊	辛	戊	己
戌	亥	辰	丑

壬	癸	甲	乙	丙	丁
戌	亥	子	丑	寅	卯

이 사주는 중중(重重) 후토(厚土)인데 약한 金이 매몰되었다. 오행에 木이 없으니 소토시켜 헤쳐버릴 이로움을 얻지 못하였다. 한 점의 亥水는 극절되었으며 암장되어 있는 甲乙을 끌어내지 못한다. 그러나 春土는 氣가 허하므로 암장된 財를 용할 수 있다. 초 운은 동방 木地이니 부모의 옹호로 유여하였고, 寅 운은 아들 하나를 득하였으며, 乙丑 운은 土가 다시 통근하니 사망하였다.

壬	甲	壬	壬
申	寅	寅	寅

戊	丁	丙	乙	甲	癸
申	未	午	巳	辰	卯

春木이 거듭 祿支인데 申時를 만나니 時殺이 청한 것처럼 보이나 木은 왕하고 金은 결함이니 반드시 火가 있어야 아름답다는 것을 모르는 말이다. 천간의 세 壬水에 寅 중의 丙火는 극을 받으니 神枯(신고)함을 알 수 있다.

丙 운이 오니 세 壬이 회극하여 가업을 모두 패하였고 자식도 없이 사망하였다.

무릇 水木이 함께 왕한데 土가 없을 때는 가장 꺼리는 것이 火 운이니 곧 상신하지 않으면 형모 이상이기 때문이다. 만약 속론대로 申金이 용신이라면 丙火가 剋金하였기 때문이라 한다. 丙火가 剋金하여 해롭다면 그 앞의 乙巳 운에는 긴박하게 申을 극하고 三刑까지 되는데 어찌 도리어 아름다웠겠는가?

癸	癸	辛	辛
丑	酉	丑	丑

乙	丙	丁	戊	己	庚
未	申	酉	戌	亥	子

중중 첩첩이 습토이고 寒金이니 癸水는 탁하고 얼었다. 이른바 陰은 깊고 寒은 지극하다. 털끝만큼도 발생할 기운이 없으니 「기탁신고(氣濁神枯)」이다. 그러므로 이 사람은 심각히 우매하였으므로 한 가지 일도 이룬 것이 없었다.

戊戌 운에는 生金하고 剋水하므로 사망하였다. 속론으로는 兩干이 부잡하고 金水가 쌍청하며 지지는 세 벗이 살인상생하니

아름다워 결단코 귀격이라고 한다. 앞 사주도 春木을 약한 金이 쪼개고 깎으므로 큰 그릇을 이루어 名利 兩全을 작할 수 있는 격이었으나 요절할 사주라는 것을 알지 못했으니 모두 이와 유사한 것들이다. 학자들은 마땅히 깊이 연구할 일이다.

.

제3장 女命 · 小兒 여명 · 소아

여명장(女命章) / 454

소아(小兒) / 481

454

女命章여명장

論夫論子要安祥。氣靜平和婦道章。
논부논자요안상。기정평화부도장。

三奇二德虛好語。咸池驛馬半推詳。
삼기이덕허호어。함지역마반추상。

　남편을 논하고 아들을 논하면 안상(安詳)[250]됨이 중요하고 氣靜하여 평화스러운 것은 婦道의 자랑이며, 三奇와 二德은 말만 좋을 뿐 허황한 것이고, 함지와 역마는 半만 추상하라.

【原注】
局中官星明順。夫貴而吉。理自然矣。
若官星太旺。以傷官爲夫。
官星太微。以財爲夫。
比肩旺而無官。以傷官爲夫。
傷官旺而無財官。以印爲夫。
滿局官星欺日主者。喜印綬而夫不剋身也。
滿局印綬洩官星之氣者。喜財星而身不剋夫也。
大體與男命論子論貴之理相似。局中傷官清顯。子貴而親。不必言也。若傷官太旺。以印爲子。傷官太微。以比肩爲子。印綬旺而無傷官者。以財爲子也。財神旺而洩食傷者。以比肩爲子也。不必專執官星而論夫。專執傷食而論子。但以安祥順靜爲貴。二德三奇不必論。咸池驛馬縱有驗。總之于理不長。其中究論。不可不詳。

　局中의 관성이 맑고 깨끗하면 남편이 貴하게 되니 吉한 이치는 自

250) 안정됨

然에서 온 것이다.

만약 관성이 태왕하면 상관으로 夫를 삼고,

　　　관성이 크게 미약하면 재성으로 夫를 삼고,

　　　비견은 왕한데 관성이 없으면 상관으로 夫를 삼고,

　　　상관이 왕한데 재관이 없으면 인수로 夫를 삼는다.

滿局이 관성으로 일주를 기만하면 인수가 희신이니 夫는 나를 극하지 않는다.

滿局이 인수로 관성의 기운을 설기시키면 재성이 희신이니 身은 夫星을 극하지 않기 때문이다.

대체로 男命과 같이 子를 논하고 귀함을 논하는 것은 같은 이치로 비슷한 것이니 局中에 상관이 나타나 淸하면 자식이 貴하게 되고 효도한다는 것은 말할 필요도 없는 것이다.

만약 상관이 태왕하면 인수를 자식으로 하고 상관이 太弱하면 비견을 자식으로 하며, 인수가 왕하나 상관이 없는 것은 재성으로 子를 삼고, 재성이 왕하고 식상을 지나치게 설기하는 것은 비견을 子星으로 삼는 것이니 관성만 잡고 夫星이라 할 필요가 없고 식상만 잡고 子로 논할 필요는 없는 것이다. 다만 안상(安詳)되고 순정(順靜)함을 貴로 친다.

二德과 三奇는 논할 필요도 없고 함지와 역마는 비록 험(驗)은 있으나 모두 이치에는 미치지 못하니 그(四柱) 중에서 궁구하여 논할 것이다.

【任注】

女命者, 先觀夫星之盛衰, 則知其貴賤也, 次察格局之淸濁, 則知其賢遇也, 淫邪嫉妒, 不離四柱之情, 貞靜端莊, 總在五行之理, 是以審察宜精, 貞婦不遭謬妄, 詳究宜碻, 淫穢難逃正論, 二德三奇, 乃好事之妄造, 咸池驛馬, 是後人之謬言, 不孝翁姑, 只爲財輕刧重, 不敬丈夫, 皆因官弱身强, 官星明顯, 夫主崢嶸, 氣靜和平, 婦

道柔順，

若乃官星太旺，無比刼以印爲夫，

有比刼而無印綬者，以傷食爲夫，

官星太弱，有傷官，以財爲夫，

無財星而比刼旺者，亦以傷食爲夫，

滿盤比刼而無印無官者，又以傷食爲夫，

滿局印綬而無官無傷者，以財爲夫，

傷官旺，日主衰，以印爲夫，

日主旺，食傷多，以財爲夫，

官星輕，印綬重，亦以財爲夫，

財乃夫之恩星，女命身旺無官，財星得令得局者，上格也，若論刑傷，又有生剋之理存焉，官星微，無財星，日主強，傷官重，必剋夫，

官星微，無財星，比刼旺，必欺夫，

官星微，無財星，日主旺，印綬重，必欺夫剋夫，

官星弱，印綬多，無財星，必剋夫，

比刼旺而無官，印旺無財，必剋夫，

官星旺，印綬輕，必剋夫，

比刼旺，無官星，有傷官，印綬重，必剋夫，

食神多，官星微，有印綬，遇財星，必剋夫，

凡女命之夫星，即是用神，女命之子星，即是喜神，不可專論官星爲夫，傷食爲子，日主旺，傷官旺，無印綬，有財星，子多而貴，

日主旺，傷官旺，無財印，子多而強，

日主旺，傷官輕，有印綬，財得局，子多而富，

日主旺，無食傷，官得局，子多而賢，

日主旺，無食傷，有財星，無官殺，子多而能，

日主弱，食傷重，有印綬，無財星，必有子，

日主弱,食傷輕,無財星,必有子,

日主弱,財星輕,官印旺,必有子,

日主弱,官星旺,無財星,有印綬,必有子,

日主弱,無官星,有傷刦,必有子,

日主旺,有印綬,無財星,子必少,

日主旺,比肩多,無官星,有印綬,子必少,

日主旺,印綬重,無財星,必無子,

日主弱,傷官重,印綬輕,必無子,

日主弱,財星重,逢印綬,必無子,

日主弱,官殺旺,必無子,

日主弱,食傷旺,無印綬,必無子,

火炎土燥無子,土金溼滯無子,水泛木浮無子,金寒水冷無子,重疊印綬無子,財官太旺無子,滿局食傷無子,以上無子者,有子則必剋夫,不剋夫亦夭,至於淫邪之說,亦究四柱之神,

日主旺,官星微,無財星,日主足以敵之者,

日主旺,官星微,食傷重,無財星,日主足以欺之者,

日主旺,官星弱,日主之氣,生助他神而去之者,

日主旺,官星弱,官星之氣,合日主而化者,

日主旺,官星弱,官星之氣,依日主之勢者,

日主弱,無財星,有食傷,逢印綬,日主自專其主者,

日主旺,無財星,官星輕,食傷重,官星無依倚者,

日主旺,官無根,日主不顧官星,合財星而去者,

日主弱,傷食重,印綬輕者,

日主弱,食傷重,無印綬,有財星者,

食傷當令,財官失勢者,

官無財滋,比刦生食傷者,

滿局傷官無財者,

滿局官星無印者,

滿局比刦無食傷者,

滿局印綬, 無財者, 皆淫賤之命也, 總之傷官不宜重。重必輕佻美貌而多淫也。傷官身弱有印。身旺有財者。必聰明美貌而貞潔也。凡觀女命, 關系匪小, 不可輕斷淫邪, 以瀆神怒, 然亦不可一例言命, 或由祖宗遺孽, 或由家門氣數, 或由丈夫不肖, 或由母姑不良, 幼失閨訓, 或由氣習不善, 無謹飭閨門, 任其态性越禮, 入寺燒香, 遊玩看戲聽詞, 男女混雜, 初則階下敷陳, 久則內堂演說, 始而或言賢孝節義之故事, 繼而漸及淫邪苟合之穢詞, 保無觸念動心乎, 所以居家第一件事, 在嚴肅閨門, 閫幃之內, 不出戲言, 則刑于之化行矣, 房幃之中, 不聞戲笑之聲, 則相敬之風著矣, 主家者不可不慎之,

【해설】 女命은 먼저 夫星의 성쇠(盛衰)로 귀천을 알 수 있고 격국의 청탁으로 현우(賢愚)[251]를 알 수 있다. 음사(淫邪) 질투(嫉妬)도 사주의 정황을 떠날 수 없고 정정(貞靜) 단장(端莊)도 사주의 정황을 떠날 수 없으니 이 모두 五行之理를 말함이다. 이로써 정밀하게 심사하고 관찰하면 貞婦에게 유망(謬妄)함을 만나지 않게 할 것이고 마땅한 확론으로 상세하게 궁구하면 음예(淫穢)[252]는 正論 앞에서는 도망칠 수 없을 것이다.

二德과 三奇는 좋은 일에 재 뿌리는 것과 같고 함지(咸池)살과 역마(驛馬)살은 후인이 잘못 사용하고 있는 것들이다.

시부모와의 불효 갈등은 단지 財는 輕하고 겁재가 강력하기

---

251) 지혜롭고 어리석음
252) 음란하고 지저분함

때문이요, 남편을 공경하지 않는 것은 모두 관성은 弱하고 身은 强하기 때문이요, 관성이 맑게 나타나 있으면 남편이 우뚝 빼어났음을 알 수 있고, 氣가 안정되고 화평하면 부인의 바른 길을 유순하게 걸을 것이다. 만약,

　관성이 태왕하고 비겁이 없으면 인수로써 夫를 삼는다.

　비겁은 있는데 인수가 없으면 식신, 상관이 夫가 된다.

　관성이 태약한데 상관이 있으면 재성이 夫가 된다.

　財가 없고 비겁이 왕하면 역시 식신, 상관으로 夫를 삼는다.

　만반이 비겁인데 인수도 없고 관성도 없으면 식신, 상관이 夫가 된다.

　만국이 인수인데 관성이 없고 상관도 없으면 재성이 夫가 된다.

　상관이 왕하고 일주가 쇠약하면 인수가 夫이다.

　일주가 왕하고 식상이 많으면 재성이 夫가 된다.

　관성이 경하고 인수가 중중하면 재성이 夫가 된다.

　財는 夫를 생하는 恩星이니 女命이 신왕하고 관성이 없더라도 재성이 득령하거나 득국한 것은 上格이 될 수 있다. 만약 형상(刑傷)을 논하고자 한다면 다시 生剋之理가 있을 뿐이다.

　관성이 미약하고 재성이 없는 것과 일주가 강한데 상관이 중후한 것은 반드시 剋夫한다.

　관성이 미약한데 재성이 없고 비겁이 왕하면 반드시 기부(欺夫)한다.

　관성이 미약한데 재성이 없고 일주가 왕한데 인수가 중후하면 반드시 欺夫, 剋夫한다.

　관성이 약한데 인수가 많고 재성이 없으면 반드시 剋夫한

다.

비겁이 왕성한데 官星이 없거나 인수가 왕한데 재성이 없으면 반드시 剋夫한다.

관성이 왕성한데 인수가 輕하여도 반드시 剋夫한다.

비겁이 왕한데 官星이 없고 상관이 있는데 인수가 重하면 반드시 剋夫한다.

식상이 많은데 관성이 미약할 때 인수가 있어야 하는데 財가 있으면 반드시 剋夫한다.

무릇 女命에서 夫星을 곧 용신으로 하고 子星은 희신으로 삼기도 하는 것이니 꼭 관성으로만 夫星을 삼고 식상으로만 子星을 삼으려고 고집하지 말 것이다.

일주가 왕하고 상관이 왕한데 인수가 없고 재성이 있으면 子는 많고 貴한다.

일주가 왕하고 상관도 왕한데 財와 印이 함께 없으면 子는 많고 강력하다.

일주가 왕하고 상관이 輕한데 인수가 있고 財가 局을 만들면 子多하고 富한다.

일주가 왕하고 식상이 없고 官이 得局하면 반드시 子는 많고 어질다.

일주가 왕하고 식상이 없고 재성은 있는데 官殺이 없으면 子는 많고 능력 있다.

일주가 약하고 식상이 중후하고 인수가 있는데 재성이 없으면 반드시 자식이 있다.

일주가 약하고 식상이 경하고 재성이 없으면 반드시 자식이 있다.

일주가 약하고 재성이 경하고 관성과 인성이 왕하면 반드시 자식이 있다.

일주가 약하고 관성이 왕할 때 인수만 있고 재성이 없으면 반드시 有子이다.

일주가 약하고 관성이 없는데 傷刦이 있으면 반드시 자식이 있다.

일주가 왕하고 인수는 있는데 재성이 없으면 子는 반드시 희소하다.

일주가 왕하고 비견이 많고 관성이 없는데 인수만 있으면 子는 반드시 적다.

일주가 왕하고 인수가 후중한데 재성이 없으면 반드시 子가 없다.

일주가 약하고 상관이 후중한데 인수가 경하면 반드시 無子이다.

일주가 약하고 재성이 후중한데 인수가 있으면 반드시 자식을 못 둔다.

일주가 약하고 官殺이 왕하면 반드시 자식을 못 둔다.

일주가 약하고 식상이 왕한데 인수가 없으면 절대로 자식을 못 둔다.

火多土燥無子〔화다토조무자＝火가 염렬(炎烈)하여 土가 건조하면 무자〕

土金溼滯無子〔토금습체무자＝土金이 습하여 체(滯)하면 무자이다〕

水泛木浮無子〔수범목부무자＝水가 넘쳐서 木이 뜨면 무자이다〕

金寒水冷無子〔금한수냉무자＝金이 차고 水는 한냉하면 무자이다〕

重疊印綬無子〔중첩인수무자＝인수가 중첩되어도 무자이다〕

財官太旺無子〔재관태왕무자＝재성과 관성이 태왕하여도 무자이다〕

滿局食傷無子〔만국식상무자＝만국이 식신, 상관이라도 자식을 둘 수 없다〕

이상의 無子인 者가 만약 자식을 둘 경우 반드시 剋夫하고 극부가 아니면 단명할 것이다. 그러나 음사(淫邪)설에 있어서는 사주에서 각 神을 궁구하여야 한다.

일주가 왕하고 관성이 미미한데 재성이 없으면 일주가 족히 적관(敵官)한다.

일주가 왕하고 관성이 미약한데 식상이 후중하고 재성이 없으면 일주가 능히 기관(欺官)한다.

일주가 왕하고 관성이 약한데 일주의 氣가 他神을 생조하면 去官한다.

일주가 왕하고 관성이 약한데 官星之氣가 일주와 합하고 化한 것,

일주가 왕하고 관성이 약한데 官星之氣가 일주의 세력에 의존하고 있는 것,

일주가 약하고 재성이 없고 식상이 있고 인수를 만났을 때 일주가 스스로 主體者가 된 것,

일주가 왕하고 재성은 없는데 관성은 경하고 식상이 중후할 때 관성이 의탁할 곳이 없는 것,

일주가 왕하고 관성은 뿌리가 없는데 일주는 관성을 돌보지 않고 재성만 合하면 去官한다.

　　일주가 약하고 식상이 후중하고 인수는 경미한 것,

　　일주가 약하고 식상이 후중하고 인수가 없고 재성이 있는 것,

　　식상이 당령하였는데 재관이 실세된 것,

　　官이 財의 자윤(滋潤)함이 없고 비겁이 식상을 생하는 것,

　　만국이 상관인데 財가 없는 것,

　　만국이 관성인데 인수가 없는 것,

　　만국이 비겁인데 식상이 없는 것,

　　만국이 인수인데 재성이 없는 것 등은 모두 음란하고 천박한 사주이다.

　총론컨대 상관이 중첩되는 것은 마땅치 못한데, 중첩되면 반드시 미모를 가지고 경박한 행동을 하며 많이 음란하다.

　상관격이 신약한데 인수가 있거나 신왕한데 財가 있는 것은 반드시 미모로서 총명하며 정결하다.

　무릇 女命을 볼 때는 밝혀서 관계되는 곳이 적지 아니하니 경솔하게 음사(淫邪)함을 말하는 것은 불가하고 함부로 매도하면 神이 노하게 될 것이다. 그러므로 한 가지 예를 보고 命을 말하는 것은 불가하다. 혹 조종(祖宗)을 경유하는 동안 서자(庶子)로 태어났을 수도 있고, 혹 가문의 운세에 연유되었을 수도 있고, 혹 불초한 불량배에 이끌렸을 수도 있고, 혹 어미가 불량하여 어렸을 때 여자의 바른 길을 가르치지 않은 데 연유되었을 수도 있고, 혹 배우고 익힘이 바르지 못하였을 수도 있을 것이다.

　삼가고 근면해야 하는 규훈(閨訓)이 없기 때문에 임의대로 방자한 성격이 예의를 벗어나기도 하고, 절에 들어가 향을 사르기도 하고, 유흥가나 극장가를 기웃거리며 풍월과 가락을 즐기기도

464

하고, 男女 혼잡(혼숙)함을 처음에는 눈치보며 낮은 목소리로 조아리며 말하다가 오래되면 內堂 연설을 하고, 시작할 때는 현효절의(賢孝節義)의 고사로 말을 하다가 점점 음사구합(淫邪苟合)[253]으로 이어지기가 예사(穢詞)이니 무엇으로 생각을 촉진시켜 감동을 줄 수 있겠는가?

이로 보건대 한 가정에서도 가장 큰 일거리는 규문(閨門)을 엄숙하게 세워야 하며 집안에서는 희언(戱言)[254]이 나오지 않게 한다면 부부간의 화목을 실행하는 것이요, 가정 내에서 희희덕거리는 소리가 들리지 않는다면 부부는 손님을 대하듯 서로를 공경하는 풍조를 지을 것이니 가장 된 자는 삼가지 않으면 안될 것이다.

官星을 夫로 하는 例

丁	壬	甲	戊
未	寅	寅	申

丙丁戊己庚辛壬癸
午未申酉戌亥子丑

壬水가 正月에 태어나니 土는 허하고 木은 왕성하여 制殺이 태과하다. 寅申이 沖을 함은 본시 木이 制剋되는 것이나 목왕금결(木旺金缺)하여 도리어 金이 상함을 모르는 말이다. 그러므로 戊土는 의탁할 뿌리가 없어졌으므로 일주 壬水는 맡겨진 성질대로 나가는 것이 可하다.

時에서 보이는 재성이 세력이 있으므로 자연히 從財하여야 한

---

253) 음란한 말과 행위에 분별없이 찬동함
254) 실속없는 말을 이르나 이 곳에서는 음담패설을 말함

다. 그러므로 남편을 극하고 가업도 실패하였으며 자식을 버리고 사람을 따라 도망갔다.

丁 甲 乙 丁
卯 午 巳 未

癸壬辛庚己戊丁丙
丑子亥戌酉申未午

甲午 일주가 4월에 생하고 지지가 남방 火 類이며 천간에 두 丁火가 투출하니 火勢가 맹렬하여 설기됨이 태과하다. 局中에는 水가 없으므로 췌으로 용신이 된다.

初年 운은 남방 火로 행하므로 일찍이 남편을 잃었다. 이 사람은 극히 총명하고 미모가 있었으나 말과 행동에 책임이 없고 가벼워 수절을 할 수는 없는 사주이다.

戊申 운이 와서는 木火가 쟁전(爭戰)하므로 이루 말할 수 없을 만큼 어려웠다

戊 丙 己 戊
戌 辰 未 戌

辛壬癸甲乙丙丁戊
亥子丑寅卯辰巳午

만국이 상관이다. 인성 木이 나타나지 않았으므로 별수 없이 順局(종격)이 되었으므로 이 사람은 미모에 총명하였다.

사주에 金이 없고 土는 지나치게 두터운 가운데 조열하다. 辛金이 夫星인데 戌墓 中에 갇혀 있으므로 음란할 수밖에 없는 命이다.

남편은 흉사하였고 다시 남자를 따라갔으나 2, 3년도 못되어

또 극하였고, 乙卯 운이 오자 旺土를 거역하므로 목을 매어 죽었다.

丙	戊	乙	戊
辰	戌	丑	午

丁戊己庚辛壬癸甲
巳午未申酉戌亥子

戊土가 丑月에 生하여 土旺 用事하여야 하는데 木은 조고(凋枯)하기 때문이다.

또 丑은 金의 고장지이니 辛金이 암장되어 있으므로 乙木의 뿌리를 내릴 수 없다.

다시 辰戌 沖을 하고 있으므로 辰 中의 암장된 관성의 뿌리가 뽑혀버렸고 또 인수는 生身하니 일주는 족히 관성을 기만한다.

이는 夫星이 법도를 벗어났으므로 다스릴 수가 없다. 또 中 운 서방 金은 음천함을 감당할 수 없을 정도였다.

庚	丁	丙	己
戌	亥	寅	亥

甲癸壬辛庚己戊丁
戌酉申未午巳辰墓

丁火가 寅月에 생하였으니 木이 정확하게 당권한다. 火 또한 같이 왕하니 亥水 관성으로 남편을 삼아야 한다.

年支 亥水는 寅과 合化 木하였으나 日支 亥水는 생부함이 간절히 요구되는데 時干 庚金은 격절되고 조토 위에 있으므로 생부할 의사가 없다.

또 戊土가 옆에서 亥水를 극하니 일주의 情이 자연히 庚金에게로 간다. 그러므로 음천하였다.

丁　庚　癸　丁
亥　子　丑　未

辛庚己戊丁丙乙甲
酉申未午巳辰卯寅

寒金이 火를 기뻐하는데 혐오스러운 것은 지지가 모두 亥子丑 北方 水旺地이며 또 月干의 癸水는 丁火를 극하고 丑未 沖은 丁火의 여기를 뽑아버린다.

五行에 木이 없으니 未土는 生化의 情이 있을 것 같으나 時干의 丁火도 허탈하고 뿌리가 없으니 얼핏 보아도 庚金의 관리 아래로 들었으며 일주의 情은 丁火를 돌아볼 형편이 아님을 알 수 있다.

그러므로 水性처럼 자기 개성이 없이 불려 다녔고 수양버들처럼 흔들거렸다.

乙　庚　癸　丁
酉　子　丑　丑

辛庚己戊丁丙乙甲
酉申未午巳辰卯寅

庚金이 12월 季月에 생하였으니 寒金이 火를 기뻐하는데 時에 양인까지 있고 인수가 당권하였으므로 火를 用하여 추위를 풀어준다 해도 충분히 감당할 수 있다.

월간 癸水는 祿支에 통근하여 丁火는 剋絶되었으니 일주는 관성을 기만하기에 충분하다.

時에서 만난 乙木이 희신인데 合하였으니 일주의 情은 반드시 財로 향하고 있다. 그러므로 남편을 배신하고 나가 음예(淫穢)를 감당치 못했다.

```
丙 辛 壬 丁
申 巳 子 丑

庚己戊丁丙乙甲癸
申未午巳辰卯寅丑
```

壬水가 丁火 殺을 合去하니 丙火 정관이 日支에 祿을 가지고 있으므로 아름다운 것처럼 보인다.

출신은 양반이었으며 미모가 아름답고 청미(菁媚)함이 무리를 뛰어넘어 양귀비에 버금간다고 칭하였다. 4, 5세 때부터 미모가 수려하더니 13, 4세에는 맵시가 더욱 뛰어나 그림 속의 미인과도 비교되었다.

18세 때 선비에게 시집갔는데 순박하고 공부하기를 좋아하던 선비가 아내의 미모에 빠져 공부하러 나갈 것을 포기하였다가 끝내는 폐결핵을 앓다가 죽었다.

그 후에도 이는 음란함을 감당치 못하고 사랑을 좇다가 몸도 망치고 이름도 더럽혔으며 뒤에는 의탁할 곳도 없어서 목을 매고 죽었다.

이는 합이 많은 연고이다.

대개 十干의 합 가운데 丙辛 합은 官이 化하여 상관이 되므로 탐합망관(貪合忘官)이라 하고, 또 巳申 합도 역시 상관으로 化하고 丁壬 합은 재성으로 암화(暗化)하니 그 의중에는 장차 丙火를 맞이할 것을 도외시한 것이 확실하니 그의 情은 반드시 丁壬 일변(一邊)으로 향하고 있음이다. 하물며 干支가 모두 합하고 있음은 가는 곳마다 마음에 들지 않는 사람이 없다는 것이다.

戊 癸 戊 戊
午 酉 午 子

庚辛壬癸甲乙丙丁
戌亥子丑寅卯辰巳

癸水가 午月에 생하여 財官이 함께 왕성하다. 좌하에 인수가 되고 年支에 坐祿이 되니 中和라 할 수 있다. 天干에는 세 개의 戊土가 투출하여 癸水를 다투어 合하려고 하니 일주의 情은 어느 곳으로 정하지 못하고 있다. 지지에는 두 午가 酉 인수를 극하고 재성과 관성 중에 어느 勢가 강력한지를 가릴 수 없으니 일주의 情은 자연히 財를 탐하고 財勢로 나간다. 다만 年干의 正官만 財勢가 없으니 그 역량이 月과 時干의 정관과는 적수가 될 수 없으므로 正夫 유치에 끼어들지 않는다. 乙卯 운에 이르면 木生火하니 火는 왕하여 月과 時에 있는 두 土는 생부를 받으나 年干의 土는 生化를 못 받고 극만 받으니 이로써 그의 남편은 질병으로 사망하였다. 그 후에는 음란하기가 상식을 넘을 정도였으며 만나는 사람에게 피해만 주었으니 믿지 않으리오?

丙 乙 辛 乙
戌 亥 巳 未

己戊丁丙乙甲癸壬
丑子亥戌酉申未午

年, 月, 日의 6字만 보면 乙木이 巳月에 生하였으니 상관이 당령하였다. 가장 기쁜 것은 좌하 亥 인수이니 巳를 沖하여 상관을 제압함이다. 일주에 특별히 자부(滋扶)함을 기쁘다 아니하더라도 억제되면(巳火) 또 辛金이 그 호위를 得하는 것이다. 이는 정직한 상관에게 용인격이라 할 수 있다. 殺이 홀로 淸하므로 미모뿐만 아니라 재주 또한 많아서 서화(書畵)를 모두 정통하였다. 혐의가 되는 것은 戌時가 亥에 바짝 붙어서 극함이고 또 4월의 폭양(暴陽)한 중에 辛金이 혼자 투출하여 극을 받으니 이미 남편과 자식이 모두 불리하다는 것을 알 수 있고 평생 성질도 손상되고 어그러졌다.

```
乙 癸 戊 丁
卯 丑 申 巳

丙乙甲癸壬辛庚己
辰卯寅丑子亥戌酉
```

이 사주는 관성과 식신이 함께 앉은자리에 祿이 되었고 인수가 당령하여 生을 받고 있다. 財가 생하는 官이 왕하고 인수가 손상되지 아니하고 당령하니 족히 身을 생부한다. 또 식신이 득지하여 一氣로 상생하며 오행이 정균하고 편안한 가운데 순수하다.

부영(夫榮) 자귀(子貴)하여 兩 代(두 임금)를 거치며 1품 벼슬을 하였다.

```
丙 甲 癸 己
寅 辰 酉 亥

辛庚己戊丁丙乙甲
巳辰卯寅丑子亥戌
```

8월의 관성을 재성이 생조하고 寅時에 생하였으니 年, 時의 두 支에 祿과 生을 만났으며 火水가 天干에 투출하였어도 싸움이나 상극을 하지 않는 모양이며 生化의 情이 있다. 재성이 득지하였고 사주가 통근되어 오행이 산란하지 않다. 기는 안정하고 화평하며 순수하고 생화 유정하니 부영(夫榮) 자귀(子貴)하여 일품의 벼슬에 봉하였다.

甲	丁	壬	辛
辰	巳	辰	酉

庚己戊丁丙乙甲癸
子亥戌酉申未午巳

傷官이 비록 왕하나 酉와 합하여 金으로 化하니 官星의 原神이 오히려 두터워졌다. 巳火도 酉와 공금(拱金)하여 辰土를 이끌어 내면 財의 原神이 견고하다. 時에 인수가 투출하여 일주를 빛나도록 생조하고 辰土 상관을 제압해 준다. 그러므로 木은 여위지 아니하고, 火는 치열하지 않으며, 水는 마르지 않고, 土는 건조하지 아니하고, 金은 연약하지 아니하여 氣는 안정되고 화평하다. 夫榮 子貴이니 1품 벼슬에 봉하였다.

甲	壬	癸	己
辰	辰	酉	巳

辛庚己戊丁丙乙甲
巳辰卯寅丑子亥戌

秋水가 根源에 통하고 인수가 당령하니 官殺이 비록 旺하나 制化하고 인수와 합되니 사납지를 아니하고, 다시 묘한 것은 時에 甲木이 투출하여 制殺하여 秀氣를 吐하므로 한 가닥의 순수한 기운이 되었다. 그러므로 인품이 단정하였고 시전, 서전을 정독하였다. 기쁜 것은 행운에 火가 없는 것이니 官을 돕지 아니하고 인수를 상하지 아니하여 夫星은 귀현(貴顯)하고 자식도 秀美하여 二品의 벼슬에 봉하는 영화를 누렸다.

472

| 癸 乙 壬 庚 |
| 未 亥 午 辰 |
| 甲乙丙丁戊己庚辛 |
| 戌亥子丑寅卯辰巳 |

木이 午月에 생하니 火勢가 맹렬하고 金은 연약한 때이다. 기쁜 것은 壬癸 水가 뿌리가 깊어 制火함이다. 辰土는 火氣를 설하여 生金하니 火土가 모두 치열하지 아니하고 건조하지도 아니하고 水木도 마르거나 넘치지 아니한다. 접속(接續) 상생이 되므로 清한 가운데 순수하다.

여인 중에서도 재주가 뛰어났으며 세 아들을 두었고, 남편이 서울에서 관리를 하는 동안 가도(家道)는 청한(淸寒)하였으나 집에 있으면서 자식 교육에 힘썼다. 두 아들 중에 한 아들이 등과(登科)하였고 남편은 낭중(郎中)까지 올랐고 아들은 어사(御史)이니 二代가 벼슬을 하는 영화를 누렸다.

| 壬 乙 戊 庚 |
| 午 酉 寅 辰 |
| 庚辛壬癸甲乙丙丁 |
| 午未申酉戌亥子丑 |

乙이 초봄에 생하니 木은 약하고 金은 견고하다. 가장 기쁜 것은 午時가 되니 殺을 제압하고 身을 보호하므로 寒木이 陽을 향함이다. 官印이 쌍청하고 財生官하니 인수가 손상되지 않음이다. 격국이 순수하고 安和하여 남편의 벼슬이 二品이었고, 다섯 아들에서 23명의 손자를 두고 일생을 질병 없이 지냈고, 부부가 함께 8旬을 넘으면서도 질병 없이 마쳤으며 그의 후예들도 모두 귀현(貴顯)하였다.

이상이 관위부(官爲夫)의 예이다.

甲 丁 癸 丙
辰 丑 巳 辰

乙丙丁戊己庚辛壬
酉戌亥子丑寅卯辰

丁火가 巳月에 생하여 癸水 夫星이 맑게 투출하였다. 時干의 甲木도 독청(獨淸)하다. 그러므로 품격이 단정하였고 몸가짐이 정결하였다. 아까운 것은 丙火가 태왕하여 상관을 생조함이다. 이로써 남편을 일찍 잃고 말았다. 그러나 기쁜 것은 巳丑이 金을 이끌어 내니 재성이 용신이 된다. 신왕하면 財로써 子를 삼으니 두 아들을 가르쳐 모두 귀하게 되고 이름을 세웠다. 三品 벼슬을 받았다.

戊 癸 辛 丙
午 酉 卯 寅

癸甲乙丙丁戊己庚
未申酉戌亥子丑寅

癸水가 卯月에 생하니 설기가 되고 겸하여 財官이 함께 왕하니 일주가 유약하여 **인수를 夫로** 삼아야 하는데 淸하여 용신으로도 사용된다. 성품이 단정하고 근검하며 길쌈도 부지런히 하였다. 丑 운에 火를 설하여 生金하니 연달아 두 아들을 두었고 戊子 운에는 午火를 沖去하여 酉金을 손상시키지 아니하니 남편이 장원으로 甲科에 붙었고, 丁亥 운에는 직장을 그만두게 되었다. 이 사주의 病은 財가 실제로 旺한 것인데, 天干 辛을 丙火가 合하는 것도 마땅치 못한 것이며, 酉를 午火가 옆에서 극하고 卯가 沖하는 것도 꺼리는 것이며, 다시 겸하여 寅卯가 당권하여 生火하는 것도 혐오스러운데, 丁亥 운에 寅과 合化 木하여 旺神을 돕고 丁火는 辛金을 극하니 녹봉(祿俸)이 떨어지게 되었다.

癸	丙	辛	辛
巳	子	卯	丑

己戊丁丙乙甲癸壬
亥戌酉申未午巳辰

丙火가 卯月에 생하였으니 火는 相氣요 木은 旺氣인데 中和가 되었다. 年月에 재성이 투출하고 지지에는 巳丑이 合金하니 財도 왕하여 능히 生官하고 官은 또 祿까지 得하였으니 인수를 夫로 삼으면 眞神이 取用된다. 성격이 성실하고 근검하며 길쌈을 하여서 독서를 도왔으며 맛있는 음식으로 부모를 대접하여 마음을 기쁘게 하였다.

甲午 운에는 幫身하고 인수를 호위하니 夫는 연등 갑방(甲榜)에 올라 의인(宜人)으로 봉고(封誥)되었고 수명은 酉 운까지이니 金局이 되어 卯를 沖하니 녹봉이 끝났다.

丙	丙	癸	丁
申	辰	卯	酉

辛庚己戊丁丙乙甲
亥戌酉申未午巳辰

丙火가 卯月에 생하여 官은 투출하였으나 財는 저장되었다. 인수가 월령을 잡고 비견이 幫身하니 왕상한 것처럼 보인다. 그러나 혐의가 되는 것은 卯酉가 沖을 만남이고 癸丁도 상극하니 木火가 손상되고 金水는 남아 있음이다. 비록 時干의 丙火에게 힘입어 의지가 될 것 같으나 丙火도 申 위에 임하였으니 남을 돌볼 만큼 한가하지를 않다.

다행스런 것은 辰 中의 여기가 축장(蓄藏)되었으나 한 점의 미미한 묘목(苗木)이므로 春令은 상존한다고 보아서 오히려 보(輔)하는 것으로 용신을 삼아야 한다.

앞 사주와 비교하여 좀더 약하니 인성으로 夫를 삼는다. 이 사람은 단정하고 깔끔하고 아담스런 데다 글을 읽어 이치에 달하였다.

丙午 운은 酉金을 파극하니 夫主를 등과시켰고 두 아들을 낳아 四品의 고봉(誥封)을 받았다. 40세 이후 戊申부터는 洩火 生金하니 祿이 끝났다.

己	戊	庚	癸
未	午	申	丑

戊丁丙乙甲癸壬辛
辰卯寅丑子亥戌酉

戊土가 7月에 생하여 주중에 划과 刃이 중중하다. 식신이 월령을 잡고 있으니 夫星으로 한다. 그 청영(菁英)[255]함을 설기시키고 다시 癸水는 土를 윤택하게 하여 金을 생하게 함이 기쁘다. 그러므로 秀氣가 유행하는 청한 명조가 되었다.

이로써 인품이 단정하고 옳고 그른 것을 판단할 줄 알았으니 비록 농가에 출생하여 가난하나 길쌈을 열심히 하여 남편을 도왔고 시부모에게 효도하였다.

癸亥 운에 이르러서는 남편이 향시에서 갑방(甲榜)에 등과하

---

255) 총기있고 무성함

여 벼슬이 황당(黃堂)에 이르렀다. 비록 夫가 귀하게 되었을지라도 귀부인으로서 교만이나 긍지는 없었고, 집에 있으면서 빨래하고 옷 챙기며 가정사에 힘썼고, 네 아들을 두어 모두 뛰어나게 훌륭하게 키웠으며, 丙 운에 이르러서는 식신을 탈(奪)하므로 불록(不祿)하였다.

<table>
<tr><td>己</td><td>戊</td><td>庚</td><td>癸</td></tr>
<tr><td>未</td><td>戌</td><td>申</td><td>未</td></tr>
</table>

戊丁丙乙甲癸壬辛
辰卯寅丑子亥戌酉

이는 앞 사주와 未戌 두 字만이 바뀌고 모두 같다. 未丑은 모두 土이나 午가 戌로 바뀐 것은 火를 버리고 金을 용신할 때 마땅한 바이니 대세를 보건대 앞 사주보다 현실로는 좋은데 반대로 앞 사주보다 못하니 왜 그러한가?

대저 丑은 北方 습토이므로 능히 生金하고 火의 기운을 약하게 하여 水를 저장할 수 있으나 未土는 남방 마른 土이므로 火를 도와 金을 약하게 하며 水를 능히 말려 버리기 때문이다.

또한 午는 비록 火이나 丑土를 만나면 生土함을 탐내고 戌은 비록 土이나 火를 저장하고 있기 때문에 더욱 조열(燥熱)하게 한다.

다행스런 것은 秋金이 용신이므로 이 역시 귀명(貴命)인 것은 틀림없다. 비록 출신은 빈한하였으나 인품이 단정하고 삼갈 줄 알며 가정에서 근면하고 검소하였다. 남편은 향시(鄕試)의 중과(中科)에 합격하여 현령(縣令) 벼슬을 하였고 두 아들을 두었다.

壬	戊	辛	己
戌	辰	未	酉

己戊丁丙乙甲癸壬
卯寅丑子亥戌酉申

土가 夏令에 출생하여 金이 秀氣를 吐하며 다시 木이 없으니 부귀한 명조라는 것을 한눈에 알 수 있다. 출신이 벼슬하는 집안이었으므로 시서(詩書)[256)에 통달하였고 예기 교육도 마쳤다. 酉 운에 이르러 夫星이 祿旺하니 한 아들을 生하고 夫主는 甲科에 등과하였으나 甲戌 운에 이르러서 刑沖으로 丁火가 나오니 안방에 눈서리가 몰아쳐 집안이 몰락하였다.

청년 시절이었지만 수절(守節)하여 고통 속에 자식 교육의 뜻을 이루어 이름을 내었다. 子 운에는 아들이 등과(登科)하여 벼슬이 군수에 이르러 자색(紫色) 고봉(誥封)을 받았으며 수명은 寅 운의 金絶地까지였다.

甲	癸	壬	丁
寅	丑	子	亥

庚己戊丁丙乙甲癸
申未午巳辰卯寅丑

癸水가 子月에 生하여 地支에 亥子丑 北方 氣가 모두 있으니 水勢가 범람한다. 한 점 丁火는 뿌리가 없으나 기쁜 것은 甲寅 時가 되어 납수(納水)하고 설기 청화(菁華)함이다.

甲木 夫星이 祿에 앉았으니 이 사람은 총명하고 미모를 갖추었고 단정 말숙하였으며 다시 기쁜 것은 운로가 동남 木火地로 行

---

256) 《詩傳》, 《書傳》이나, 四書를 모두 포함하는 말

478

하니 부영(夫榮) 자수(子秀)하고 복택(福澤)이 유여하였다.

丁	乙	丙	乙
亥	卯	戌	卯

甲癸壬辛庚己戊丁
午巳辰卯寅丑子亥

乙木이 계추(季秋)에 생하였으나 주중에 兩祿을 득하였으므로 왕성한데 亥卯가 다시 拱木局을 이루었다. 사주 내에 金이 없으므로 일주가 강하니 丙丁이 투출하여 洩木 生土함이 기쁘다. 재성을 夫로 삼아야 하는데 위인이 단정하고 화순하였다. 남편이 중과(中科)의 향방(鄕榜)에 붙어 벼슬길이 금당(琴堂)에 이르렀고 세 아들을 두었으며 수명은 壬 운까지였다.

辛	丁	甲	戊
丑	未	寅	寅

丙丁戊己庚辛壬癸
午未申酉戌亥子丑

丁火가 正月에 생하였는데 인수가 태중하다. 가장 기쁜 것은 丑時이니 日支가 財庫를 沖하여 未 中의 印比를 제거하니 재성이 생기를 받았다. 반드시 辛金으로 夫星을 삼고 土를 子로 해야 한다. 초 운은 北方 水地이니 洩金 生木하여 출신이 한미한 곳이었고, 庚戌, 己酉, 戊申까지 土金地 30년은 남편이 큰 재물을 일구었고, 세 아들을 두어 모두 貴를 하였는데 공인(恭人)의 고봉(誥封)을 받았다. 이는 인수를 버리고 財를 취한 예인데, 夫가 子의 생조를 받았기 때문에 후사가 發福 영화(榮華)하였다.

癸 辛 己 壬
巳 丑 酉 辰

辛壬癸甲乙丙丁戊
丑寅卯辰巳午未申

辛金이 중추(仲秋)에 태어나 支에 金局을 모두 갖추었는데 주중에 木이 없다. 火가 이미 金을 이루고 있으니 관성을 쓰는 이치는 없어졌다. 기쁜 것은 그 壬癸 水가 함께 투출하여 그 정영(精英)함을 설기하니 위인이 총명하고 단정하며 삼갈 줄도 알았으며 시예(詩禮)257)에도 자못 밝았다. 아까운 것은 19세부터 운로가 丁未로 시작하여 남방 火旺地로 나가니 生土 剋水하며 세운 庚戌年에 支가 모두 剋水하므로 자식도 못 두고 죽었다.

己 乙 丙 甲
卯 卯 寅 午

戊己庚辛壬癸甲乙
午未申酉戌亥子丑

旺木이 火를 만나니 통명(通明)한 象이다. 묘한 것은 金水가 전무하므로 순정하고 부잡하다. 위인이 단정하고 총명하였다. 丙火를 夫로 삼아야 하는데 아까운 것은 운로가 북방 水地이다. 그러므로 수명 역시 짧았다. 세 아들을 두었으나 한 아들만 남았으며 壬 운에 丙火를 극하므로 마감하였다. 설사 위 두 사주가 모두 順行이었더라도 특별히 장수하지는 않았을 것이다.

만약 남자 사주였다면 명리 양전하였을 것이나 女命이라도 夫

---

257) 《시전(詩傳)》과 《예기(禮記)》

480

榮 子貴하는 명조이다.

己	乙	壬	丁
卯	卯	寅	未

庚己戊丁丙乙甲癸
戌酉申未午巳辰卯

春木이 숲을 이루어 왕함이 극에 달하였다.

時干 己土가 무근이니 丁火를 夫로 삼아야 한다. 丁壬 木이 됨은 去水에는 도움이 되나 木으로 化하는 것은 마땅치 못하다. 그러므로 출신이 빈한한 집이었으나, 기쁜 것은 운로가 남방 火地로 가니 방부흥가(幫夫興家)뿐만 아니라 자식 역시 많았다. 수명은 申 운이었으니 壬水가 生을 만나므로 마감하였다.

이 사주는 앞 사주에 비하여 미치지는 못하지만 이는 행운이 배반하지 않았으므로 더 낫다고 할 수 있다. 그러므로「命好(명호)가 不如運好(불여운호)」[258]라 하니 남녀가 모두 같다.

---

258) 사주 좋은 것이 행운(行運) 좋은 것만 못하다

小兒소아

論財論殺論精神。 四柱和平易養成。
논 재 논 살 론 정 신 。　사 주 화 평 역 양 성 。

氣勢攸長無斲喪。 殺關雖有不傷身。
기 세 유 장 무 착 상 。　살 관 수 유 불 상 신 。

　재를 논하고 살을 논하고 정신을 논하여서 사주가 화평하면 성인으로 기르기가 쉽고, 기세가 유장259)하고 있을 때 착상(斲喪)260)함이 없으면 비록 살과 관계되어 있더라도 상신은 안한다.

【原注】
財神不黨七殺。主旺精神貫足。干支安頓和平。又要看氣勢。如氣勢在日主。而日主雄將者。氣勢在財官。而財官不叛日主。氣勢在東南。而五七歲之前。不行西北。氣勢在西北。而五七歲之前。不行東南。行運不逢斲喪。此爲氣勢攸長。雖有關殺。亦不傷身。

　財神이 七殺과 결당하지 아니하고 일주가 왕하면 정신이 관족한 것이다. 간지가 안돈하고 화평하며 또 중요하게 볼 것이 기세이다.
　가령 기세가 일주에 있고 일주가 웅장한 경우와, 기세가 재관에 있고 재관이 일주를 배반하지 아니하는 경우이다.
　기세가 동남에 있으면 5, 7세 전에는 서북으로 행하지 아니하고, 기세가 서북에 있어도 5, 7세 전에 동남으로 나가지 아니하여야 하고, 행운에서만 충극으로 부수는 운을 만나지 아니하면 이를 기세 유장이라 하니 비록 살에 붙잡혀 있다 하더라도 역시 상신(傷身)하지는 아니

259) 기세유장(氣勢攸長) : 먼저 받았던 자리의 기운이 계속 미치고 있음
260) 沖剋으로 부숴짐

482

한다.

【任注】

小兒之命,每見淸奇可愛者難養,混濁可憎者易成,雖關家門之氣
數,亦看根源之淺深,且小兒之命,是猶果苗之初出,宜乎培植得
好,固不待言,然未生之前,父母不禁房事,毒受胎中,旣生之後,過
于愛惜,或飮食無忌,或寒暖不調,因之疾病多端,每至無成,尙有
積惡之家,而無餘慶,雖小兒之命,淸奇純粹者,所以難養也,有等
關于墳墓陰陽之忌,遷改損壞,以致夭亡,故小兒之命,不易看也,
除此數端之外,然後論命,必須四柱和平,不偏不枯,無沖無剋,根
通月支,氣貫生時,殺旺有印,印弱有官,官衰有財,財輕有食傷,生
化有情,流通不悖,或一神得用,始終相託,或兩意情通,互相庇護,
未交運而流年平順,旣交運而運途安祥,此謂氣勢攸長,自然易養
成人,反此則難養矣,其餘關殺多端,盡皆謬妄,欲以何等惑人,則
造何等神殺,必宜一切掃除,以絶將來之謬,

【해설】　소아의 사주는 늘 보아도 청귀하다고 너무나 받들어
키우는 아이는 기르기 어렵고, 혼탁한 환경에서 아무렇게나 크는
아이는 쉽게 성장한다.

비록 그 가문의 운수에 매여 있기는 하나 역시 근원의 깊고
얕음까지도 함께 보아야 한다. 또 소아의 命은 묘판에서 처음 나
오는 새싹과 같으니 마땅한 곳에서 배식되어 좋은 자리를 득하
였는지를 살피는 것은 진실로 말할 것도 없다.

그러나 출생하기 이전에 부모가 방사(房事)261)를 금치 못하고
태중(胎中)에다 독기나 받게 하고 이미 출생 후에는 지나치게

261) 남녀의 성행위

아끼고 사랑스러워서 혹 음식을 금지시키지 못하였다거나 혹 한
난(寒暖)이 고르지 못한 것으로 인하여 질병이 여러 가지로 나
타나 기르지 못한 경우도 매양 나타난다. 아마도 적악지가에는
여경(餘慶)이 없다 하니 비록 소아의 命에서는 청기순수(淸奇純
粹)하더라도 이래서 기르기 어렵다고 한 것이다.

분묘나 음양의 선택이 잘못된 것으로 온 것은 묘를 옮겼다거
나 이사를 잘못했다거나 고치지 말아야 할 곳을 무너뜨려서 오
는 손해 등을 들 수 있는데, 이로 인하여 요절하고 망하기도
한다. 그러므로 소아의 命은 쉽게 볼 수 없는 것이다.

이와 같은 변수를 제쳐놓고 그 외의 단서들을 감안한 연후에
論命해야 하는 것이다. 필수적으로 사주가 화평하여 편고하지
아니하고 충극함도 없고 월지에 통근하였고, 생시에도 氣를 관
통하고 있고 살왕하면 인수가 있다거나, 인수가 약한 데는 관
성이 있다거나, 관성이 쇠약하면 재성이 있다거나, 재성이 쇠약
하면 식상이 있다면 생화 유정하여 유통이 어그러지지 아니할
것이다.

혹 일신을 용신으로 득하였으면 처음부터 끝까지 이에 의탁
하고 혹 둘의 뜻이 정통하여 서로 비호하고 대운이 아직 안 왔
으면 유년 운이 평순하고 이미 운로에 진입하여서는 운행길이
안상하다면 이를 이른바 「기세유장(氣勢攸長)」이라 할 수 있
으니 자연히 성인이 되도록 기르기가 쉬울 것이다. 이와 반대
가 되면 기르기 힘들다.

이 밖에도 소아에 관계되는 殺이 다단하나 모두 틀리거나 허
망한 것들이다. 욕심으로 어느 사람에게 현혹되면 어떤 등급의
신살을 만들어 내니 반드시 일체를 소제하여 버리고 끊어서 장
래에는 그릇됨이 없도록 하자.

484

丁	丙	癸	辛
酉	子	巳	丑

丁 戊 己 庚 辛 壬
亥 子 丑 寅 卯 辰

˙丙火가 巳月에 생하여 비록 건록은 받았으나 오행에 木의 생조가 없다. 천간에 재관이 투출하였으니 지지에서 酉子를 다시 만나는 것은 마땅치 못하다. 또 다시 마땅치 못한 것은 金局을 만든 것인데 巳火 祿이 일간에 매이지 못하게 하였음이다. 비록 丁火가 방신이 가하나 癸水에게 손상되었으니, 이른바 재다신약에 겸하여 관성이 왕하니 일주는 허약이 극에 달했다.

또 첫 운로가 壬 殺을 만났으니 辛亥年에 천간의 火는 壬癸가 극하고 지지의 巳는 亥가 충파하여 뿌리가 한꺼번에 뽑히니 감질(疳疾)262)로 사망하였다.

辛	丙	己	癸
卯	寅	未	丑

癸 甲 乙 丙 丁 戊
丑 寅 卯 辰 巳 午

앞 사주는 재관이 태왕하여 요망하였는데 이 사주는 日坐가 장생이고 夏令에 생하니 재관이 용신이다. 상관이 강력하여 생재하고 재는 또 관을 생하니 생화 유정한 것처럼 보인다. 그러나 앞은 재다신약하여 관이 살로 변했으나 이는 재는 절지이고 관은 휴수되었으니 항복이 어려울까 근심된다. 癸水 관성으로 보면 6월에 생하니 火土가 건조하고 사납고 여기인 丑 中에는 金水를

---

262) 어린이의 위병

축장하였으나 己土가 당두하여 癸水를 손상하고 丑未 沖하여 金水의 근원을 제거하였다. 時의 辛金도 절지에 있으니 비록 있으나 없는 것과 같다. 어찌 능히 원격된 癸水를 생할 것이며 己土역시 격절된 金을 생조할 수 있겠는가? 또 운로도 동남 木火地이니 결단코 유업을 지키지 못할 사람이다.

己	丙	壬	庚
亥	寅	午	戌

戊 丁 丙 乙 甲 癸
子 亥 戌 酉 申 未

丙火가 壬 殺을 용하는데 身은 강하고 殺은 얇다. 殺이 권을 잡아야 하는데 재성이 약살을 도우니 당연히 명리쌍전할 것 같다. 아까운 것은 지지에 火局을 모두 갖추었고 寅亥가 木으로 化하여 生火함이니 年月의 壬庚은 무근인데 생부함도 적다. 丁巳年에 巳亥 沖하여 壬水의 祿을 제거하고 丁壬 합하여 용신을 제거하니 감증(疳症)으로 사망하였다.

戊	壬	戊	壬
申	申	申	申

甲 癸 壬 辛 庚 己
寅 丑 子 亥 戌 酉

壬水가 秋令에 생하고 지지가 모두 장생지이고 천간은 壬水와 戊土가 두 개씩이니 대체로 보건대 支全一氣로 양간부잡(兩干不雜)하고 또 살인상생이니 대귀격 같다. 그러나 금다수탁하고 모다자병(母多子病)이며 사주에 火剋金이 없으니 金은 도리어 生水를 못하고 戊土의 정화(精華)만 도둑질한다. 이른바 편고한 상이니

486

필연코 기르기 힘들 것이다. 명리가 모두 허망하다 했더니 과연
甲戌年에 사망하였다.

戊	壬	甲	壬
申	申	辰	申

庚	己	戊	丁	丙	乙
戌	酉	申	未	午	巳

壬水가 계춘에 생하니 살인상생처럼 보이고 지지에 세 장생지이고 식신이 제살하여 권력을 잡으니 귀격일 것 같다. 그러나 春土라 기허하고 천간에 甲木이 투출하니 辰土가 제극되는 것뿐만 아니고 時干의 戊土 역시 극을 받는데 오행의 火가 없으니 생생의 묘를 득하지 못하였다. 역시 모다자병이고 편고한 상이다.

필연코 기르기 힘들 것이라 했더니 뒤에 두증(頭症)으로 사망하였다.

壬	丁	壬	癸
寅	亥	戌	丑

丙	丁	戊	己	庚	辛
辰	巳	午	未	申	酉

이 사주의 丁火는 음유한데 깊은 가을에 생하였다. 殺과 官이 중첩하니 절대로 기를 수 없을 것 같다. 그러나 관과 살이 비록 왕성해도 묘한 것은 戌月 身庫에 통근하여 족히 制水를 할 수 있고, 다시 좋은 것은 金이 없으므로 時支의 寅木이 상하지 않아 時에서 氣를 관족시키고 족히 납수도 한다. 그러므로 쉽게 성인으로 기를 수 있을 뿐 아니라 글공부도 뜻대로 하리라. 그러나 官殺은 한 종류이며 官이 희신이 아니면 殺도 증오한다. 신약할

때는 관도 살이 되고 신왕하면 살도 관이 된다. 단지 중요한 것은 無財에 有印이라는 것이 아름다운 사주가 된 것이다. 운(云)하는 바와 같이 丁火가 寅에서 死한다면 크게 잘못되었으리라.

寅 中 甲木은 丁火의 적모(嫡母)인데 어찌하여 死하겠는가? 무릇 陰干은 生地가 巳이고 死地가 生地가 되는데 (命理에서는) 정론이 아니다.

과연 어려서도 질병이 없었고 총명과 지혜가 출중하였다. 甲戌년에 반궁에 들고 운이 남방 火土로 행하니 제살 부신하여 길함의 끝을 헤아릴 수 없다.

己	丁	甲	壬
酉	酉	辰	戌

庚	己	戊	丁	丙	乙
戌	酉	申	未	午	巳

이 사주는 대강 말하기를 월간에 木이 투출하였는데 春木이니 족히 生火하고 年干 壬水는 生木하고 日과 時支에 장생이니 왕하다고 말한다. 아까운 것은 지지에 土金이 태중하여 천간의 뿌리가 약해진 것인데 水木이 무기하면 丁火는 보호가 견고하지 못하다. 대개 甲木이 계춘에 생하면 퇴기가 되며 辰酉合은 金인데 甲木의 여기는 이미 끊어지고 戌土는 원격되었기 때문이다.

金이 생수할 수 없다면 戌土가 족히 壬水를 제극하고 壬水가 극을 받으면 생목을 못하고 辰酉合 金도 능히 剋木이니 일주가 근원이 견고하지 못함을 알 수 있다. 이르는 바와 같이 酉가 丁火의 장생지라면 오행이 전도된다. 酉 중에는 순 辛金으로 타기의 혼잡이 없으니 金生水하여 生火의 이치가 없고 火가 酉 위에서는 死絶이 되어야 한다.

　다시 혐의가 되는 것은 時干의 己土이니 일주의 원신을 도둑질하여 가며 生金 洩火하여 水, 木, 火 3자가 모두 허탈하다. 뒤에 과연 癸酉년에 요절하였으니 이와 같이 보면 소아의 命은 보기가 쉽지 아니하다.

제4장 **恩怨論** 은원론

재덕(財德) / 490
분울(奮鬱) / 495
은원(恩怨) / 501
한신(閑神) / 506

才德_{재덕}

德勝才者。局合君子之風。才勝德者。用顯多能之象。
덕 승 재 자 。 국 합 군 자 지 풍 。 재 승 덕 자 。 용 현 다 능 지 상 。

　덕이 재주를 앞서는 자는 국이 군자의 풍에 합하고 재주가 덕
을 앞서는 자는 용신이 여러 가지 다능한 상으로 나타난다.

【原注】

清和平順。主輔得宜。所合者皆正神。所用者皆正氣。不必節外生枝。不
必弄假成眞。財官喜神。皆足以了其生平。不生貪戀之私。度量寬宏。施
爲必正。皆君子之風也。財薄而力量足以貪之。官輕而心志必欲求之。
混濁被害。主弱輔強。爭合邪神。三四用神。皆心事奸貪。作事僥倖。
皆爲多能之象。大率陽在內。陰在外。不激不亢者爲德勝才。如丙寅戊辰
月日。己卯癸卯年時者是。陽在外。陰在內。畏勢趨利者。爲才勝德。如
己卯己巳月日。丙寅戊寅年時者是。

　청화 평순하고 주신을 보필하면 마땅한 바를 득한 것이다.

　合은 正神만 합하고 용신은 모두 正氣에서만 用하면 본 마디 밖에
서 새 가지를 생할 필요가 없고 가짜를 희롱하여 진짜를 만들려고 애
쓸 필요도 없다.

　財官 희신이 다 만족하면 그 생애는 편순하게 마칠 것이고 탐련하
는 사적인 것을 생하지 아니하면 도량이 넓고 커서 하는 일마다 반드
시 바르게 할 것이니 다 군자지풍이라 한다.

　財는 박한데 역량은 넘쳐서 탐하고, 官은 경한데 심지로는 반드시
구하고자 하면 혼탁의 해를 입고, 주신은 약한데 보강하여 사신(邪
神)263)이라도 쟁합(爭合)하고, 3, 4개의 용신이고 심사에는 간탐(奸

---

263) 무력한 神

貪)264)이 생겨서 작사에도 요행을 바라고 하니 이것이 다능지상이다.

대체로 陽이 內에 있고 陰이 外에 있어서 충격함도 없고 항거함도 없는 것은 德이 才를 앞서는 것이니 丙寅, 戊辰 월일과 己卯, 癸卯 年 時며 陽이 밖에 있고 陰이 안에 있으면 세가 두려워 이익을 좇는 자 이니 才가 德을 앞지르는 것이니 가령 己卯, 己巳 월일과 丙寅, 無印 年時면 이것이다.

【任注】

善惡邪正,不外五行之理,君子小人,不離四柱之情,陽氣動闢,光 亨之義可觀,陰氣靜翕,包含之理斯奧,和平純粹,格正局清,不爭 不妒,合去者皆偏氣,化出者皆正神,喜官而財能生官,喜財而官能 制刼,忌印而財能壞印,喜印而官能生印,陽盛陰衰,陽氣當權,所 用者皆陽氣,所喜者皆陽類,無驕諂于上下,皆君子之風也,偏氣雜 亂,舍弱用强,多爭多合,合去者皆正氣,化出者皆邪神,喜官而臨 刼地,喜財而居印位,忌印而官星生印,喜印而財星壞印,陰盛陽 衰,陰氣當權,所用者皆陰氣,所喜者皆陰類,趨勢財于左右,皆多 能之象也,然得氣勢和平,用神分明,施爲亦必正矣,

【해설】 선악사정(善惡邪正)은 오행의 이치를 벗어나지 아니하 니 군자와 소인도 사주의 정황을 떠나지 않는다.

양기는 動하고 벽(闢)하고자 하여 광형(光亨)의 모양을 가히 볼 수 있고, 음기는 靜하고 합(翕=흡)하고자 하니 포함하는 이 치를 속에다 감춘다.

화평 순수하여 格은 바르고 局은 淸하여 싸움도 없고 투기도 없고 合去시키는 것은 다 편기이고 化出하는 것은 다 正神이어 야 하니 관성이 희신이면 재성이 생관하고 재신이 희신이면 관

---

264) 간계로 바르지 못한 탐욕

492

은 능히 겁재를 제압해 주고 인수가 기신이면 재성이 파괴하고 인수가 희신일 때는 관성이 생하여 주면 陽은 성하고 陰은 쇠하여 양기가 당권하니 소용자도 다 양기이고 소희(所喜)자도 다 양 類이므로 상하에 아첨하거나 교만한 자도 없을 것이니 이를 「君子之風」이라 한다.

편기가 잡란하고 약한 것을 버리고 강한 것을 用하고 싸움도 많고 합도 많아서 正氣는 다 合去해 버리고 변화하여 나오는 것은 사신(邪神)이어서 관성이 희신인데 겁지에 임하고 ,재성이 희신인데 인수 위에 거하고, 인수가 기신인데 관성이 생하고, 인수가 희신인데 재성이 파괴하면 음성 양쇠하여 음기가 당권하니 소용(所用)자는 다 음기이고 소희(所喜)자도 다 음 類여서 좌든 우든 세력과 재물만 좇아가니 이를 모두 「다능지상(多能之象)」265)이라 한다.

그러나 기세를 득함이 화평하고 용신이 분명하면 시행하는 일들도 역시 바르게 처리할 것이다.

丁	庚	戊	癸
丑	寅	午	酉

壬	癸	甲	乙	丙	丁
子	丑	寅	卯	辰	巳

庚金이 仲夏에 출생하여 정관이 득록하였다. 年과 時支 丑, 酉에 통근하니 중화지기를 바르게 얻었다.

寅, 午 財官이 공합하니 재성은 인수를 파괴하지 아니하고 관이 인수를 충분히 생한다. 財, 官, 印 3자는 연속 상생하여 어

265) 무엇이든 다 잘하는 것

지럽지 아니하다. 癸는 戊의 합을 받아주니 음탁한 기운은 제거되었다. 그러므로 품행이 단정하고 항상 옛 것을 존경하고 있으며 조년에 반궁에서 놀았고 훈몽(訓蒙)[266]을 스스로 지켰다.

丁酉년에 등과하고 지현(知縣)에 발령되었으나 부임하지 아니하고 진실한 소원인 교육을 성취해 나가며 안빈낙도한 것이다. 사람들은 그를 보고 적은 것을 취하였다고 하지만 「공명이란 반드시 철위과(掇薇科)[267]가 아니라도 고위직에 올라 공명할 수 있다. 공을 이루어 놓으면 이름은 스스로 나는 것이다. 하물며 나는 경제에는 재능이 없고 교직을 취하여 베풀 수는 없어도 의식 걱정은 없으니 나의 행동과 나의 뜻은 군부의 은혜를 지지 않는 것만으로도 족하다」라고 하였다.

甲	己	庚	丙
戌	亥	子	寅

丙	乙	甲	癸	壬	辛
午	巳	辰	卯	寅	丑

己土가 仲冬에 생하니 한습한 체가 되었다. 水는 냉하고 木은 야위었는데 庚金이 또 剋木 生水하니 혼탁한 것처럼 보인다. 그러나 묘한 것은 年干 丙火가 투출하여 一陽으로 해동하니 겨울 生에는 사랑스런 것이다. 또 庚金의 탁기를 제거하고 己土에만 특별히 화난(和暖)케 하여 기쁜 것이 아니고 甲木 역시 발영케 함이 기쁘다. 다시 묘한 것은 戌時의 따뜻한 흙이니 넘치는 탁한 水를 평정하고 약한 木을 배식하며 일주의 근원을 견고하게 함인데 하물며 甲己는 중화된 합이므로 처세가 단정하였다.

---

266) 어려서부터의 가르침
267) 과거시험 제도

항상 옛 것은 갖고 있었고 공손과 화평 후덕을 갖추었으며 고루한 군자지풍도 있었으나 작으나마 혐의가 되는 것은 水勢가 태왕하여 공명이 없어 늠공(廩貢)[268]에만 그쳤다.

甲	己	辛	丙
子	卯	丑	戌

丁	丙	乙	甲	癸	壬
未	午	巳	辰	卯	寅

이 사주는 水는 냉하고 金은 차고 土는 얼고 木은 야위었다. 年干에 丙이 투출하여 一陽으로 해동하니 아름답고 좋은 것처럼 보인다. 그러나 丙辛이 합하여 水로 되니 陽이 변하여 陰이 된 것이며 도리어 한습한 기운을 더욱 증진시킨다. 陽은 正의 象인데 도리어 음사(陰邪) 類로 변했으므로 위인이 탐욕만 많고 염치도 없으며 간계와 모략이 백출하였고, 재물을 좇아서 세력을 만들고 부귀를 만나면 아첨하였고 권세, 이익, 교만하였으니 「다능지상(多能之象)」이기 때문이다.

奮鬱 분울

局中顯奮發之機者。神舒意暢。
국 중 현 분 발 지 기 자 。 신 서 의 창 。

象內多沈埋之氣者。心鬱志灰。
상 내 다 침 매 지 기 자 。 심 울 지 회 。

국 중에 분발의 기틀을 나타낸 자는 정신과 의기가 서창하고, 상 내에 기가 잠기고 매몰된 것이 많은 자는 마음은 답답하고 뜻은 헛된다.

【原注】

陽明用事。用神得力。天地交泰。神顯精通。必多奮發。陰晦用事。情多戀私。主弱臣强。神藏精洩。人多困鬱。若純陽之勢。身旺而財官旺者必奮。純陰之局。身弱而官殺多者多困。

양명이 용사하면 용신이 득력하여 천지가 교태하고 神은 나타나고 精은 유통하여 반드시 많은 분발이 있을 것이다. 음회(陰晦)가 용사하면 정이 많아 사련에 붙잡히고, 主는 약한데 臣만 강하고 神은 감추어 놓고 精은 설기되어 사람이 많이 곤울하다. 만약 순양의 세에 신왕한데 재관이 왕한 자는 반드시 분발이 있고, 순음지국에 신약한데 관살이 많은 자는 곤란이 많다.

【任注】

無抑鬱而舒暢者,局中不太過,不缺陷,所用者皆得氣,所喜者皆得力,所忌者皆失時失勢,閑神不黨忌物,反有益于喜用,忌其合而遇沖,忌其沖而遇合,體陰用陽,故一陽生於北,陰生則陽成,如亥中之甲木是也,歲運又要輔格助用,必多奮發,少舒暢而多抑

鬱者,局中或太過,或缺陷,所用者皆失令,所喜者皆無力,所忌者皆得時得勢,閑神刦占,喜神反黨助忌神,喜其合而遇沖,忌其合而遇合,體陽用陰,故二陰生於南,陽生則陰成,如午中之己土是也,歲運又不能補喜去忌,必多鬱困,然局雖陰晦,而運途配合陽明,亦能舒暢,象雖陽明,而運途配其陰晦,亦主困鬱,故運途更宜審察,如用亥中甲木,天干有壬癸,則運宜戊寅己卯,天干有庚辛,則運宜丙寅丁卯,天干有丙丁,則運宜壬寅癸卯,天干有戊己,則運宜甲寅乙卯,如用午中己土,天干有壬癸,則運宜戊午己未,天干有庚辛,則運宜丙午丁未,天干有甲乙,則運宜庚午辛未,此從藏神而論,明支亦同此論,如用天干之木,地支水旺,則運宜丙寅丁卯,天干有水,則運宜戊寅己卯,地支金多,則運宜甲戌乙亥,天干有金,則運宜壬寅癸卯,地支土多,則運宜甲寅乙卯,天干有土,則運宜甲子乙丑,地支火多,則運宜甲辰乙巳,天干有火,則運宜壬子癸丑,如此配合,庶無爭戰之患,而有制化之情,反此則不美矣,細究之,自有深機也,

【해설】 억울함이 없고 서창한 자는 국 중이 태과하지 아니하고 결함이 없다. 용신이 득기하였으면 희신도 득력하였고, 기신은 실세하고 한신은 기신과 결당하지 아니하고 도리어 희신 용신에 유익하며, 기신이 합을 하였으면 충을 만나고, 기신이 충하고 있으면 합을 만난다면 이들은 모두 체는 음이나 용은 양이다.

그러므로 一陽은 北에서 생하는 것이다. 음생이면 양은 이루니 가령 亥 중의 甲木이 이것이다. 세운에서도 또 격과 용신을 도우면 반드시 많은 분발이 있다.

서창함이 적고 억울이 많은 자는 국 중이 혹 태과하고 혹 결함되고, 용신이 될 만한 것은 모두 실령하였고, 희신으로 쓸 만한 것은 다 무력하고, 기신은 득시 득세하고, 한신은 겁점당하고, 희신은 도리어 결당하여 기신을 돕고, 합이 좋은데 충을 만나고, 합을 꺼리는데 합이 되는 것 등은 모두 체는 양인데 용은 음이다.

그러므로 二陰은 南에서 생한다. 양이 생하면 음은 이루니 가령 午 중의 己土가 그것이다. 세운에서 또 희신을 보조하고 기신을 제거하지 못하면 반드시 울곤(鬱困)이 많을 것이다.

그러나 국이 비록 음회(陰晦)하더라도 운로에서 양명이 배합되면 역시 능히 서창하고 象은 비록 양명하나 운로에서 음회함이 배치되면 역시 주는 울곤하다. 그러므로 운로도 다시 자상히 살피는 것이 마땅하다.

가령 亥 중 甲木이 용신인데 천간에 壬癸가 있으면 운로가 戊寅, 己卯로 가는 것이 마땅하고, 천간에 庚辛이 있으면 운로는 丙寅, 丁卯로 가는 것이 마땅하고, 천간에 丙丁이 있으면 운로는 마땅히 壬寅, 癸卯로 가는 것이 좋고, 천간에 戊己가 있으면 운로가 甲寅, 乙卯로 행하는 것이 마땅하다.

가령 午 중 己土가 용신인데 천간이 壬癸면 운로가 戊午, 己未로 운행함이 마땅하고, 천간에 庚辛이면 운로는 丙午, 丁未로 운행하는 것이 마땅하고, 천간에 甲乙이면 운로는 庚午, 辛未로 행하는 것이 마땅하다.

이들은 장신(藏神)만 가지고 논하였으나 四支에 나타난 支라도 이 논리와 같다.

가령 천간의 木이 용신인데 지지에서 水가 왕하면 운로는 마땅히 丙寅, 丁卯로 나아가야 하고, 천간에 水가 있으면 운로는 戊寅, 己卯가 마땅하고, 지지에 金이 많으면 운로가 甲戌, 乙亥

498

로 가야 마땅하고, 천간에 金이 있으면 운은 마땅히 壬寅, 癸卯
로 가야 하고, 지지에 土가 많으면 운로는 마땅히 甲寅, 乙卯로
가야 하고, 천간에 土가 있으면 운로는 甲子, 乙丑으로 나아가
야 하고, 지지에 火가 많으면 운로는 마땅히 甲辰, 乙巳로 나아
가야 하고, 천간에 火가 있으면 운로는 마땅히 壬子, 癸丑으로
나아가야 하니 이와 같이 배합된다면 전쟁의 화환(禍患)이 없을
것이고 제화(制化)의 정이 있는 것이나, 이와 반대면 아름답지
못하다.

　세밀히 연구하면 스스로 핵심을 잡을 수 있을 것이다.

辛	壬	甲	戊
亥	子	子	辰

庚	己	戊	丁	丙	乙
午	巳	辰	卯	寅	丑

　壬水가 중동에 생하고 삼지에 녹왕을 만났으니 이른바 곤륜의 水이다.

　「가순불가역(可順不可逆)」[269]이니 기쁜 것은 子辰이 水局으로 되면 戊土의 뿌리가 견고하지 못함이다.

　월간의 甲木으로 용신을 삼아 그 범람하는 水를 설기해야 한다. 이는 국 중의 분발지기가 나타나 있는 것이다. 운로가 丙寅, 丁卯로 나아가니 寒木이 火를 만나 발영하는 것이다.

　음한한 金土를 제거하는 조년에 甲科에 등과하고 한림원에서 이름을 날렸다. 戊辰 운은 水의 성질을 거역하니 이 곳에서 수명이 끝났다.

---

269) 그 세에 순종하여야 하고 거역함은 불가하다

壬	丁	庚	甲
寅	亥	午	申

丙	乙	甲	癸	壬	辛
子	亥	戌	酉	申	未

癸水가 중동에 생하고 왕지를 세 개나 만났으니 그 세가 왕양하다. 기쁜 것은 甲, 丙이 함께 투출하여 支 中에서 절처봉생함이다. 木土火가 서로 호위하니 金을 만나면 유행하여 통하고, 水를 득하면 온화하고, 木을 득하면 발영하고, 火를 득하면 생부한다.

용신은 반드시 甲木으로 하니 「분발지기」이다. 戊寅 운에 청운 길이 직상하였고 己卯 운에 벼슬길에 광형이 따랐으며 庚辰 辛巳에 비록 제화(制化)의 정만 있고 생부가 없으니 벼슬길이 주춤거렸고 다음 운로를 바꿔 타지 못했다.

癸	癸	丙	甲
亥	亥	子	申

壬	辛	庚	己	戊	丁
午	巳	辰	卯	寅	丑

이 사주는 천간 4字가 지지에 모두 녹왕을 가졌는데 오직 일주만 당령한 祿이니 족히 財官을 감당한다. 청하면서도 두터우니 精은 족하고 神은 왕하다. 그러므로 동서남북 어느 운이라도 허물이 없다.

출신 유업이 백여만이었고 조년에 갑과에 등과하였으며 벼슬은 방백(方伯)이었고, 육순이 넘어서 林下에 퇴거하였다. 1처 4첩 13자로 만년이 아름다웠고 수명은 90을 넘겼다.

```
癸 癸 乙 癸
丑 丑 丑 丑

己 庚 辛 壬 癸 甲
未 申 酉 戌 亥 子
```

천간은 3癸이고 지지는 丑 一氣인데 청아한 식신이 투출하여 살인상생격(殺印相生格)이 되니 모두가 명리 양전할 것이라 한다.

나는 말하기를 「癸水는 지극한 陰이고 또 季冬에 생하여 지지는 모두 습토이고 土가 습하니 水가 약하여 도랑물이 되었기 때문이다. 또 水土가 함께 얼어 음회습체(陰晦溼滯)270)하여 생발할 기미가 전혀 없다」라 하니 명리가 모두 허하였다. 무릇 부귀할 사주는 한난(寒暖)이 적당하고 精神이 분발하여 음한 습체에서는 나올 수 없다. 편고한 상이라도 능히 부귀할 수 있는 것이다.

壬申년에 부모가 모두 죽고 독서도 못하였으며 또 어느 사업도 지킬 수 없고 사람도 음약하여 어느 것도 짓지 못하고 마침내는 걸인이 되었다.

☞ 翠山註 : 밑줄 친 부분은 丑 中 辛金으로 殺印이 相生된다 하는 것 같은데, 이것이 잘못 본 것이라는 뜻.

---

270) 음기가 어둡고 습하여 체함

恩怨은원

兩意情通中有媒。雖然遙立意尋追。
양 의 정 통 중 유 매 。 수 연 요 립 의 심 추 。

有情劫被人離間。怨起恩中死不灰。
유 정 겁 피 인 이 간 。 원 기 은 중 사 불 회 。

두 뜻이 정을 통하려는데 중간에 매파가 있으면 비록 멀리 서 있어도 마음은 추심할 수 있고 정이 있는데도 이간질하는 사람의 피해가 있으면 은 중에서 원한이 일어나 죽어도 재가 못된다.

【原注】

喜神合神。兩情相通。又有人引用生化。如有媒矣。雖是隔遠分立。其情自相和好。則有恩而無怨。合神喜神雖有情。而忌神離間。求合不得。終身多怨。至于可憎之神。遠之爲妙。可愛之神。近之尤切。又有一般邂逅相逢者。得之不勝其樂。私情偸合者。去之亦足爲奇。

희신과 합하는 神은 두 정이 상통하는 것이고 또 사람이 있어서 용신을 이끌어 생화하는 것은 중매가 있는 것이니 이는 비록 멀리 간격을 두고 따로 서 있으나 그 정은 스스로 화목하여 좋은 은혜만 있고 원한은 없다.

합하는 神이 희신이면 비록 정이 있지만 기신이 이간질하여 합을 구하여도 얻지 못해서 종신토록 원한이 많다. 증오하는 神은 멀어야 좋고 사랑스런 神은 가까울수록 좋다.

또 일반의 해후 상봉이라면 득하면 즐거움을 이기지 못하는 것이나, 사사로운 정을 도둑질하여 합하는 것은 제거하여야 족히 기묘할 수 있다.

502

【任注】

恩怨者.喜忌也,日主所喜之神遠,得合神化而近之也,所謂兩意
情通,如中有媒矣,喜神遠隔,得旁神引通而相和好,則有恩而無
怨矣,只有閑神忌神而無喜神得閑神忌神合化喜神,所謂邂逅相
逢也,喜神遠隔,與日主雖有情,被閑神忌神隔絶,日主與喜神各
不能顧,得閑神忌神合會,化作喜神,謂私情牽合也,更爲有情喜
神與日主緊貼,可謂有情,遇合化爲忌神,喜神與日主雖不緊貼,
却有情于日主,中有忌神隔占,或喜神與閑神合助忌神,如被人
離間,以恩爲怨,死不灰心,如日主喜丙火在時干,月透壬水爲忌,
如年干丁火合壬化木,不特去其忌神,而反生助喜神,如日主喜
庚金在年干,雖有情而遠立,月干乙木合庚金而近之,此閑神化爲
喜神,如中有媒矣,日主喜火,局內無火,反有癸水之忌,得戊土,
合癸水,化其爲喜神謂邂逅相逢也,日主喜金,惟年支坐酉,與日
主遠隔,日主坐巳,忌神緊貼,得丑支會局,以成金之喜神,謂私情
牽合也,餘可例推,

【해설】 은원이라는 것은 희신과 기신을 말한다.

일주에 희신인데 멀리 있으면 합신을 득하여 가까이 끌어줘야
이른바 두 정을 통할 수 있으니 중간에 중매가 되는 것이다.

희신이 원격할 때 방신의 인통함을 득하면 서로 화목하여 좋
은 것이니 곧 은(恩)은 있고 원(怨)은 없다. 단지 한신과 기신만
있고 희신이 없는데 한신과 기신이 합하여 희신으로 화하면 이
른바 해후상봉(邂逅相逢)인 것이다.

희신이 원격되면 일주에게는 비록 정은 있으나 기신과 한신
의 격절하는 피해를 입었으니 일주와 희신은 서로 돌아볼 수
없을 것이다. 이 때 기신과 한신이 합하거나 회합하여 희신으

로 변화시키면 이른바 사정견합(私情牽合)이니 다시 유정하게
된다.

희신과 일주가 근접하면 정이 있는데 합을 만나 기신으로 화
하면 희신과 일주는 근접이라 할 수 없는 것이다.

각설하고 일주에 유정이라도 중간에 기신이 있어서 격점(隔
占)당한 것이다. 혹 희신과 한신이 합조하여 기신이 되면 피
인이간(被人離間)[271]이며 恩이 怨으로 변한 것이니 죽어서도
안정하지 못한다.

가령 일주의 희신이 丙火인데 時干에 있고 月干에서 壬水 기
신이 투출하였을 때 年干에 丁火가 투출하여 壬水를 合化 木하
면 기신을 제거한 것뿐만 아니고 도리어 생조하는 희신이 된 것
이다.

가령 일주의 희신이 庚金인데 年干에 있으면 비록 유정하더
라도 원립(遠立)이니 月干에 乙木이 투출하여 合庚하여 근접시
키면 이는 한신이 희신으로 化하였으니 중간에 중매가 있는 것
이다.

일주에 火가 희신인데 局 내에는 火가 없고 도리어 癸水 기신
만 있으면 戊土를 득하고 癸水를 합하여 희신인 火로 化하면 해
후상봉(邂逅相逢)인 것이다.

일주의 희신이 金인데 年支에만 酉가 있으면 일주와는 원격
되었으며 일주의 坐가 巳이면 기신이 긴접한 것인데 丑지를
득하여 會局하면 희신으로 모아 주니 사정견합(邪正牽合)이
라 한다.

나머지도 같은 예로 추리할 것이다.

---

271) 이간질하는 사람의 피해

戊	戊	甲	丁
午	戌	辰	酉

戊	己	庚	辛	壬	癸
戌	亥	子	丑	寅	卯

이는 土가 거듭 두터운데 甲木은 퇴기에 있으니 소토가 불가능하다. 土의 정은 年支인 酉에 있으며 설기 정영하기 때문이다. 金이 火를 만났으나 丁火의 뜻도 역시 일주를 생하고자 한다. 비록 그러하나 두 뜻이 정을 통하기에는 원격되었는데, 기쁜 것은 辰酉合하여 근접시키니 중간에 중매를 둔 것이다. 초운 癸卯 壬寅은 희신을 이간시키니 공명이 없고 형상과 곤가가 심하였으며, 辛丑 운 중에는 회화하고 金局을 모으니 반궁에 들어 연하여 갑과에 올랐고 庚子, 己亥, 戊戌 등 서북 土金地에는 벼슬이 상서에 올랐다.

丙	丁	乙	丁
午	丑	巳	酉

己	庚	辛	壬	癸	甲
亥	子	丑	寅	卯	辰

丁火가 巳月 午時에 생하고 비겁이 왕하다. 또 木이 생조하니 그 세가 맹렬하다. 年支 酉金은 일주의 희신이나 요격되어 멀리 있고 丁火가 개두하고 巳火가 겁탈하니 무정한 것처럼 보인다. 그러나 기쁜 것은 좌하의 丑土이니 맹렬한 火라도 습토를 만나면 생육하고 자애심이 생긴다. 巳酉丑 金局을 이루어 庫 안으로 귀속시키니 그 정이 화평하고 유정하다. 그러나 財가 와서 나를 취한 것은 특별할 수가 없고 또 火를 설기하여 수기를 토함이 강력하다. 갑과에 등과하여 벼슬이 번얼(藩臬)에 이르렀고 명리가

쌍전하였다.

甲	丙	戊	癸
午	辰	午	酉

壬	癸	甲	乙	丙	丁
子	丑	寅	卯	辰	巳

丙火가 午月 午時에 생하니 왕함을 알 수 있다. 癸水 하나로는 탁하게 할 능력이 없고 戊土와 합하여 맹렬한 火를 돕는다. 年支 酉金은 辰土와 합하니 유정한 것인데 午火가 이간질하는 피해로 합하려 해도 안되고 있다. 이른바「원기은중(怨起恩中)272)이 되고 또 운행이 동남 火木地로 가니 일생을 형상 파모하였으며 재물이 없는 것이 기쁜 것이었다. 세 명의 처와 일곱 자식을 극하고 4차례의 화재를 만났으며 寅 운에서 사망하였다.

---

272) 은혜 가운데서 원한이 일어남

閑神한신

一二閑神用去麼。不用何放莫動他。
일 이 한 신 용 거 마 。 불 용 하 방 막 동 타 。

半局閑神任閑着。要緊之場作自家。
반 국 한 신 임 한 착 。 요 긴 지 장 작 자 가 。

한두 한신을 쓸 것이냐 버릴 것이냐? 쓰지 않는다고 무슨 방해가 될까마는 다른 것을 선동하지는 말아야 하고, 반국 한신이라도 한신의 임무는 갖는 것이니 긴요한 자리에서는 자기 집을 지어야 한다.

【原注】

喜神不必多也。一喜而十備矣。忌神不必多也。一忌而十害矣。自喜忌之外。不足以爲喜。不足以爲忌。皆閑神也。如以天干爲用。成氣成合。而地支之神。虛脫無氣。沖合自適。升降無情。如以地支爲用。成助成合。而天干之神。游散浮泛。不礙日主。主陽輔陽。而陰氣停泊。不沖不動。不合不助。主陰輔陰。而陽氣停泊。不沖不動。不合不助。日月有情。年時不顧。日主無害。日主無氣無情。日時得所。年月不顧。日主無害。日主無沖無合。雖有閑神。只不去動他。但要緊之地。自結營寨。至於運道。只行自家邊界。亦足爲奇。

희신이라도 많을 필요는 없다. 하나의 희신으로도 열 가지를 갖추는 것이다. 기신도 많을 필요는 없으니 하나의 기신으로도 열 가지로 해할 수 있기 때문이다.

희신과 기신을 빼고 보면 희신이라 하기도 부족하고 기신이라 하기도 부족한 것들은 모두 한신이다.

가령 천간을 用하면 成氣하고 成合하였더라도 地支神이 허탈 무기하면 沖合을 스스로 대적하여야 하니 승강(升降)[273]이 무정한 것이다.

가령 地支가 用일 때 成助하고 成合하였으면 天干神이 유산부범(游散浮泛)[274]하더라도 일주에는 장애가 되지 않는다.

일주가 無沖 無合이면 비록 한신이 있더라도 나아가 다른 것을 선동하지 아니하여야 하며, 다만 요긴한 자리에서는 스스로 자기 영채를 결성하여야 하고, 운도(運道)에 이르러서는 자가(自家)의 변계(邊界)로 운행하여야 역시 이롭다.

日月이 유정하면 年時가 돌보지 아니하더라도 일주에는 해가 없다.

일주가 無沖 無合이면 비록 한신이 있어도 動하여 다른 것으로 나가지 아니하여야 하며, 중요하고 긴급한 곳이라면 스스로 자기 영역을 결성하여 지켜야 하고, 운도(運道)에 이르러서는 자가(自家) 변(邊)의 경계로 행하여야 역시 아름답다.

☞ 翠山註 : 끝 부분은 오자가 많은 듯함. 임씨도 지적하였다.

【任注】

有用神必有喜神,喜神者,輔格助用之神也,然有喜神,亦必有忌神,忌神者,破格損用之神也,自用神喜神忌神之外,皆閑神也,惟閑神居多,故有一二半局之稱,閑神不傷體用,不礙喜神,可不必動他也,任其閑着,至歲運遇破格損用之時,而喜神不能輔格護用之際,謂要緊之場,得閑神制化歲運之凶神忌物,匡扶格局,喜用,或得閑神合歲運之神,化爲喜用而輔格助用,爲我一家人也,此章本文,所重者在末句要緊之場,作自家也,原注未免有誤,至云雖有閑神只不去動他,要緊之場,自結營寨,至于運道,只行自家邊界,誠如是論,不但不作自家,反作賊鬼隄防矣,此非一定之

---

273) 오르고 내림
274) 공중에 떠 흩어짐

理也,如用木,木有餘以火爲喜神,以金爲忌神,以水爲仇神,以土
爲閑神,木不足,以水爲喜神,以土爲忌神,以金爲仇神,以火爲閑
神,是以用神必得喜神之佐,閑神之助,則用神有勢,不怕忌神矣,
木論如此,餘者可知,

【해설】 한신이 있다면 반드시 희신도 있다. 희신이란 格을 돕
고 용신을 돕는 것을 말한다. 그러나 희신이 있는 곳에는 반드시
기신도 있다. 기신이란 격을 파괴하고 용신을 손상시키는 神을
말한다. 용신·희신·기신 외에는 모두 한신이 된다. 오직 한신
이 더 많기 때문에 一二半局이라고 칭한 것이다.

한신은 체용을 상하지 아니하고 희신에도 장애가 되지 아니하
여야 하니 타와 함께 동하지 아니하여야 가하다.

그 한신에도 임무가 있으니 세운에서 격을 파하고 용신을 손
상시키는 때를 만나면 희신이 격을 보호하고 용신을 보호하지
못하게 되었을 때가 이른바 「요긴지장(要緊之場)」275)이니 한신
이 있어서 세운의 흉신이나 기물을 제화시키면 격국을 바르게
붙잡아 준다.

희신, 용신은 혹 한신이 있어서 세운에서 오는 神과 합하여 희
신이나 용신으로 변한다면 격국과 용신을 돕는 것이니 우리 집
의 한 가족인 것이다.

이 장의 본문에서 중요한 것은 끝 구절인 요긴지장이면 자기
집을 지어야 한다는 데 있으며 原注는 잘못을 면치 못했다. 이에
서 말하기를 비록 「한신이 있어도 동하여 다른 것으로 나가지
않고 있다가 급하고 중요한 곳을 만나면 스스로 울타리를 만들
었다가 운도에 이르면 단지 자기 집의 변계로 운행하여야 한

---

275) 중요하고 급한 곳

다」하니 진실로 이와 같은 논리라면 꼭 자기 집만 짓는 것이 아니고 반대로 적과의 제방도 될 수 있는 것이니 이는 일정한 이치가 못된다. 가령 木이 용신인데 木이 유여하여 火를 희신으로 하면 金이 기신이고, 水는 구신이고, 土가 한신이다. 또 木 용신에 木이 부족하여 水가 희신으로 하면 土는 기신이고 金은 구신이며 火가 한신이 된다. 이로 보면 용신은 반드시 희신의 보좌와 한신의 조력이 있어야 용신이 세력을 갖게 되어 기신을 두려워하지 않는다. 木論이 이와 같으니 나머지도 알 수 있으리라.

丙	甲	戊	庚
寅	寅	子	寅

乙甲癸壬辛庚己
未午巳辰卯寅丑

甲木이 子월에 생하니 두 陽의 진기이다.

旺한 인수가 生身하고 支坐에 3寅이 받쳐 주니 송백(松柏)[276]의 체가 되어 왕하면서도 견고하다. 한 점의 庚金이 절지에 임하였으므로 剋木이 불가능하고 도리어 기신이 되었다.

한 木이 陽으로 향하고 時干에 丙火가 깨끗하게 투출하니 그 얼어 있는 추위를 대적할 만하다. 木의 청영을 설기하는 용신이 된다.

겨울의 火이니 본래는 허하나 寅木 희신이 돕고 월간의 戊土는 능히 制水하고 生金하므로 한신이 된다. 水는 구신인데 丙火가 청순함이 기쁘다.

卯 운에 水를 설하고 生火하니 조년에 과갑하였고, 壬辰 癸巳

---

276) 큰 나무의 숲을 상징함

는 한신이 극제와 합을 하니 평탄하였고, 甲午 乙未는 火가 왕한 곳이니 벼슬이 상서에 이르렀다.

庚	甲	丁	甲
午	寅	卯	子

癸	壬	辛	庚	己	戊
酉	申	未	午	巳	辰

甲木이 仲春에 생하여 지지에 祿과 양인을 만났으며 비견이 투출하였으니 왕함이 극에 달하였다. 時上의 庚金은 무근이니 기신이 되고, 월간의 丁火가 용신이 되니 광휘한 기운에 통하고 있다. 그러므로 일찍이 청운 길이 열렸고 벼슬이 관찰사에 이르렀다. 애석한 것은 한신인 土가 없음이다.

운로 중 壬申에는 金水가 왕하여 체와 용이 함께 손상되니 화를 면치 못했다.

出門要向天涯遊。何事裙釵恣意留。
출 문 요 향 천 애 유 。 하 사 군 채 자 의 류 。

문을 나서면 하늘가로 향하여 노는 것이 중요하거늘
어찌하여 여인네 치마폭의 방자함에 마음을 붙잡혀 있는가?

【原注】

本欲奮發有爲者也。而日主有合。不顧用神。用神有合。不顧日主。不欲貴而遇貴。不欲祿而遇祿。不欲合而遇合。不欲生而遇生。皆有情而反無情。如裙釵之留不去也。

본시 분발하여 일을 하여야 하나 일주가 합을 만나고 용신을 돌아보지 아니하거나, 용신에 합이 있어 일주를 돌아보지 않는다면 貴를 할 생각이 없었는데도 귀를 만났다거나, 祿을 욕심내지 않았는데도 녹을 만났고, 合하고자 하지 않았는데도 합을 만났고, 生하고자 하지 않았는데도 生한 것과 같아 모두 情이 있는 것 같지만 무정한 것이다. 가령 군채(裙釵)277)에 붙잡혀 나가지 못한다고 표현한 것이다.

【任注】

此乃貪合不化之意也,旣合宜化之,化之喜者,名利自如,化之忌者,災咎必至,合而不化,謂伴住留連,貪彼忌此,而無大志有爲也,日主有合,不願用神之輔我,而忌其大志也,用神有合,不願日主之有爲,不佐其成功也,又有合神眞,本可化者,反助其從合之神而不化也,又有日主休囚,本可從者,反逢合神之助而不從也,此皆有情而反無情,如裙釵之恋意留也,

【해설】 이는 합을 탐하여 化하지 못한다는 뜻이다. 기왕 합하였다면 化하는 것이 원리이다. 化하여 희신이 되면 명리가 양전하고 化하여 기신이 되면 재앙과 허물이 반드시 이른다. 合하고도 化하지 아니하면 이른바 짝에게 붙잡혀 있는 것이니 저쪽을 탐하고 이쪽은 꺼려서 함이 있어도 큰 뜻은 없다.

일주가 合은 있고 용신이 나를 보필하는데 원하는 合이 아니면 그 큰 뜻을 갖는 데 걸림돌이 되고 용신에 합이 있으나 일주가 하고 있는 일에서 원치 않는 것이면 그가 성공하도록 돕지를 못한다.

또 合神이 참되므로 합하는 본의는 化하는 것이 옳으나 도리어 그 합신을 좇아 도우므로 化하지 못하는 것이 있고, 또 일주가 휴수된 경우는 본시 從함이 가하나 도리어 합신의 도움이 있으므로 從하지 아니하는 것이 있으니 이들은 모두 유정한 것 같

---

277) 裙釵 : 부인의 치마와 비녀이니 여기서는 미녀라 할 수 있다

512

아도 무정하여 여인의 방자한 뜻에 붙들렸다 하는 것이다.

戊土가 계춘에 생하여 乙木 관성을 투출시켰으니 乙木은 未에 뿌리를 두고 여기(餘氣)에도 뿌리가 있으니 본시 용신이 되는데, 혐의가 되는 것은 庚과 합하는 것이다. 이른바 합을 탐하여 기신을 극하지 아니하니 일주의 희신으로 내가 원하는 것이 아니므로 합하여도 化하지 못한다. 庚金 역시 작용은 가하다. 또 丙火가 당두하고 있어서 21세까지 작은 시험에도 불리하였고 詩書까지도 버렸고 생산 일은 하지 않았으며 술 먹는 것이 일이었다.

| 丙 | 戊 | 庚 | 乙 |
| 辰 | 辰 | 辰 | 未 |

| 甲 | 乙 | 丙 | 丁 | 戊 | 己 |
| 戊 | 亥 | 子 | 丑 | 寅 | 卯 |

또 말하기를「수레 위의 높은 일산도 나에게는 영화가 되지 못하며, 밭두둑이 천리를 연하였어도 내가 부자가 되는 것은 아니네」하며 언제나 기뻐하는 성격은 나의 체신과 구미에 적당하니 이 몸이 마칠 때까지 족하였다.

丙火가 仲春에 생하고 인수는 바르고 관성은 청하며 일주가 생왕하니 족히 관성으로 용신이 된다. 혐의가 되는 것은 丙辛합으로 용신을 보필하는 것이 나를 돌아보지 아니한다. 辛金은 유연하여 丙火를 만나면 겁을 내는데 유로 강을 제압하여 연연케 하여

| 辛 | 丙 | 癸 | 丁 |
| 卯 | 戌 | 卯 | 丑 |

| 丁 | 戊 | 己 | 庚 | 辛 | 壬 |
| 酉 | 戌 | 亥 | 子 | 丑 | 寅 |

버리지 못하며 노력하여 뜻을 펴는 데는 꺼린다. 다시 혐의가 되
는 것은 卯戌合하여 化神이 겁재가 됨이니 이로써 어렸을 때는
읽고 외우는 글공부를 하였으나 뒤에는 주색에 빠져서 학문도
폐지하고 자본도 망하였고 주색으로 몸을 망치기까지 하였으며
한 가지 일도 이룬 게 없었다.

不管白雪與明月。 任君策馬朝天闕。
불 관 백 설 여 명 월 。 임 군 책 마 조 천 궐 。

백설이든 명월이든 주관하지 말고
말을 몰아 천궐에 조회하러 가는 것은 君의 뜻에 맡긴다.

【原注】
日主乘用神而馳驟。無私意牽制也。用神隨日主而馳驟。無私情羈絆也。
足以成其大志。是無情而有情也。

　일주가 용신을 타고서 별안간 달려나가면 사적으로 견제할 의사가
없는 것이고, 용신이 일주를 따라 별안간 달리면 사사로운 정에 붙잡
히지 않는 것이니 족히 그 큰 뜻을 이룰 수 있다. 이는 무정한 것 같
지만 유정한 것이다.

☞ 翠山註 : 치취(馳驟)는 자리를 차고 일어나 달려나감

【任注】
此乃逢沖得用之意也,沖則動也,動則馳也,局中除用神喜神之
外,而日主與他神有所貪戀者,得用神喜神沖而去之,則日主無
私意牽制,乘喜神之勢而馳驟矣,局中用神喜神與他神有所貪戀
者,日主能沖克他神而去之,則喜神無私情之羈絆,隨日主而馳
驟矣,此無情而反有情,如丈夫之志,不戀私情而大志有爲也,

514

【해설】 이는 沖을 만난 것으로 용신을 득하는 의미이다.

沖은 動이며 動하면 달린다는 것으로 표현한 것이다. 국 중에서 용신과 희신을 제하고 그 외에 일주와 타신이 탐련에 빠져 있으면 용신, 희신을 沖하는 것을 득하여 제거하면 일주는 사의(私意)에 견제되지 아니하고 희신의 세력을 타고서 달려나가는 것이다.

국 중의 용신, 희신이 타신과 함께 탐련되어 있으면 일주는 능히 타신을 충극하고 제거하면 희신은 곧 사정(私情)에 붙잡히지 아니하고 일주를 좇아 달려나간다는 것이다.

이는 무정한 것 같지만 도리어 유정한 것이니 가령 대장부의 의지가 사련(私戀) 사정(私情)에 연연하지 아니하고 큰 뜻을 펼 수 있는 것이다.

```
丙 丙 辛 丁
申 寅 亥 卯

乙 丙 丁 戊 己 庚
巳 午 未 申 酉 戌
```

이 사주는 殺이 비록 월령을 잡고 있으나 인수 역시 왕성하고 겸하여 비겁이 함께 투출하였으니 신왕하여 족히 살을 용신으로 쓸 수 있다.

살을 용신으로 쓴다면 合殺하는 것은 마땅치 못하니 合하면 나오지 못하기 때문이다. 더하여 辛金까지 身에 접근하였으니 일주의 정은 반드시 「탐련기반(貪戀羈絆)」278)이 되었다.

기쁜 것은 丁火 겁재가 辛金을 극거하는 것이니 일주에게 사

278) 연인을 탐하고 붙잡혀 있음

사로이 탐련에 빠지지 못하도록 한 것이며 申金은 寅木을 충동하여 일주에게 견제할 뜻이 없게 한 것이고, 다시 묘한 것은 申金은 殺을 자윤하여 일주는 희신, 용신을 의지하고 차고 일어나게 한 것이다.

戊申 운에 甲科에 등과하고 큰 뜻을 펼 수 있었다.

庚	壬	丙	辛
戌	寅	申	巳

庚	辛	壬	癸	甲	乙
寅	卯	辰	巳	午	未

壬水가 申月에 생하여 비록 秋水에 근원을 통하고 있으나 재살도 함께 왕하니 申金으로 용신을 해야 한다. 다만 천간에 丙辛과 지지에 巳申이 합하였고 합한 후 水로 化하여 방신이 가하다.

합하고도 不化[279]면 기반이 되는 것이니 일주를 돌아보지 않는 것으로 희신과 나의 용신으로 삼는 것이다.

또 金은 당령하고 火는 통근하였으니 단지 사사로운 탐련이 있기는 하나 화합하고자 하는 의사는 없다.

묘한 것은 일주가 스스로 丙火를 극하는 데 있으니 丙火는 한가롭게 辛과 合만 하고 있을 수 없고, 寅은 나아가 申金을 충동하니 申金은 木을 극하게 되고, 이어서 丙火의 뿌리가 도리어 뽑히니 일주 壬은 진실로 사사로움에 견제되지 아니하여 용신은 일주를 쫓아가니 차고 달려나간다.

癸巳 운에 연등 갑제하였고 벼슬은 관찰사에 이르렀으니 큰

---

279) 변화하지 못함

꿈을 이룬 것이다.

제5장 從化論 종화론

종상(從象) / 518

화상(化象) / 527

가종(假從) / 532

가화(假化) / 539

從象 종상

從得眞者只論從。從神又有吉和凶。
종 득 진 자 지 론 종。 종 신 우 유 길 화 흉。

참된 종상을 득한 자는 단지 종으로만 논하고,
종신은 또 길화함도 있고 흉함도 있다.

【原注】

日主孤立無氣。天地人元。絶無一毫生扶之意。財官强甚。乃爲眞從也。旣從矣。當論所從之神。如從財。只以財爲主。財神是木而旺。又看意向。或要火要土要金。而行運得所者吉。否則凶。餘皆仿此。金不可剋木。剋木財衰矣。

일주가 고립 무기하고 천지 인원이 임절되어 털끝만큼도 생부할 의사가 없고 재관이 심히 강하면 이를 眞從이라 한다. 기왕 종을 한다면 마땅히 종신으로 논해야 한다.

가령 從財하면 단지 財만을 위주로 해야 한다. 財神이 木인데 왕하니 또 의향을 보고 혹 火가 필요한지 土가 중요한지 金이 필요한지를 보고 행운에서 그것을 득하면 길하고 그렇지 않으면 흉하다. 나머지도 이와 같다.

이 때 金은 木을 剋할 수 없으며 剋할 수 있다면 쇠약한 것이다.

【任注】

從象不一,非專論財官而已也,日主孤立無氣,四柱無生扶之意,滿局官星,謂之從官,滿局財星,謂之從財,如日主是金,財神是木,生于春令,又有水生,謂之太過,喜火以行之,生于夏令,火旺洩氣,喜水以生之,生于冬令,水多木泛,喜土以培之,火以暖之則吉,反是

必凶,所謂從神又有吉和凶也,尙有從旺從强從氣從勢之理,比從財官,更難推算,尤當審察,此四從,諸書所未載,余之立說,試驗碻實,非虛言也,

從旺者,四柱皆比刼,無官殺之制,有印綬之生,旺之極者,從其旺神也,要行比刼印綬則吉,如局中印輕,行傷食亦佳,官殺運,謂之犯旺,凶禍立至,遇財星,羣刼相爭,九死一生,

從强者,四柱印綬重重,比刼疊疊,日主又當令,絶無一毫財星官殺之氣,謂二人同心,强之極矣,可順而不可逆也,則純行比刼運則吉,印綬運亦佳,食傷運,有印綬沖刺必凶,財官運,爲觸怒强神,大凶,

從氣者,不論財官印綬食傷之類,如氣勢在木火,要行木火運,氣勢在金水,要行金水運,反此必凶,

從勢者,日主無根,四柱財官食傷並旺,不分强弱,又無刼印生扶日主,又不能從一神而去,惟有和解之可也,視其財官食傷之中,何者獨旺,則從旺者之勢,如三者均停,不分强弱,須行財運以和之,引通食傷之氣,助其財官之勢,則吉,行官殺運次之,行食傷運又次之,如行比刼印綬,必凶無疑,試之屢驗,

【해설】 종상(從象)은 하나만이 아니므로 재관만을 전논하는 것이 아니다. 일주가 고립 무기하고 사주에서 생부하는 곳이 없고 만국이 관성이면 종관(從官)이요, 만국이 재성이면 종재(從財)이다.

가령 일주가 金이면 재신은 木인데 춘령(春令)에 생하고 또 水의 생부함이 있다면 이른바 태과이니 火로 운행하여야 기쁘고, 하령(夏令)에 생하여 火旺하여 설기하면 水로써 생하여야 기쁘고, 동령(冬令)에 생하여 水가 많고 木이 잠기면 土로써 배식함이 기쁘고, 火로써 온난하게 하여야 길하며 이와 반대면 반드시 흉할 것이니 이른바 종신(從神)에 길화(吉和)함도 있지만 흉함도 있음인 것이다.

종상에는 종왕(從旺), 종강(從强), 종기(從氣), 종세(從勢)의 이치도 있으니 종재나 종관에 비하여 추산하기가 어려우므로 더욱 자상히 살펴야 한다. 이상 4종격(從格)은 다른 서적에는 싣지 아니한 것으로 내가 說로 세워 놓은 것인데 시험한 결과 확실하며 허언이 아니다.

종왕격(從旺格)은 사주에 모두 비겁이고 관살의 제극이 없고 인수만 있어서 생하면 왕함이 극에 달하니 그 왕신에게 종하는 것이다. 중요한 것은 행운이 비겁과 인수지로 운행하여야 길하다.

가령 국 중에 인수가 경하면 행운이 식신, 상관이라도 역시 아름답고 官殺 운은 이른바 왕신을 범하니 흉화가 금방 오고 재성 운이면 군겁상쟁이 되어 九死一生이니 나쁘다.

종강자(從强者)는 사주에 인수가 중중하고 비겁이 첩첩이고 일주는 당령하였는데 재성은 절무(絶無)하고 관살은 털끝만큼도 없다면 이른바 2人 동심으로 강함이 극에 달한 것이다. 이때는 순(順)함이 가하고 역(逆)함은 불가하니 순전한 비겁으로 운행하면 길하고 인수 운도 역시 아름답다. 식상 운은 인수를 충극하므로 반드시 흉하고 재관 운은 강신을 촉노케 하여 대흉하다.

종기자(從氣者)는 재관이나 인수, 식상 등류를 불론하고 기세가 木火에만 있을 때는 중요한 것은 木火 운으로 운행하여야 하고 기세가 金水에만 있을 때는 행운이 金水로만 운행하여야 길하며 이와 반대면 흉하다.

　　종세자(從勢者)는 일주가 무근하고 사주에 재관, 식상이 함께 왕하여 강약을 분별할 수 없으며, 또 비겁이나 인수가 일주를 생부함이 없고 또 어느 한 신으로 從할 수도 없으면「從旺者의 勢」이다. 三者가 균정하여 강약을 분별할 수 없으면 모름지기 財 운으로 행하여 화해시켜야 한다. 식상의 氣를 인통시켜서 그 재관지세(財官之勢)를 돕게 하면 길하고, 관살 운으로 운행하면 다음이 되고, 식상 운으로 행하는 것도 다음이다. 가령 행운이 비겁이나 인수가 되면 반드시 흉하니 의심하지 말라. 누누이 시험한 것이다.

丙	乙	丙	戊
戌	未	辰	戌

壬	辛	庚	己	戊	丁
戌	酉	申	未	午	巳

　　乙木이 季春에 생하여 뿌리를 未에 내렸고 辰은 여기이므로 재다신약같이 보인다. 다만 사주가 모두 財이고 그 세로 보아 반드시 從하여야 한다. 春土의 氣는 허한데 丙火가 실하며 丙火는 즉 木의 秀氣이고 土는 火의 수기이니 3자가 건전하다.

　　金이 없어서 설기하지 아니하고 水의 얽힘도 없으며 다시 기쁜 것은 운로가 남방 火地로 운행하니 秀氣를 유행시키는 것이다.

　　그러므로 급제하여 단지(丹墀)[280]에서 일하였고 그의 뛰어난 문장으로 쓴 상소문이 3천을 넘었으며, 그의 이름은 금방(金榜)에 올랐고 오두관(鰲頭冠) 5백 인 중에 들었다.

---

280) 임금이 거처하는 전각의 아래 뜰

522

| 戊 庚 壬 壬 |
| 寅 寅 寅 寅 |
| |
| 戊 丁 丙 乙 甲 癸 |
| 申 未 午 巳 辰 卯 |

庚金이 맹춘에 생하여 四支가 모두 寅이니 戊土가 비록 생하지만 죽이는 것과 같다.

기쁜 것은 두 壬이 年月에 투출하여 庚金을 인통시켜 약한 木을 생부하니 종재격(從財格)이 된다.

역시 수기가 유행하고 다시 기쁜 것은 운로가 동남으로 가니 산란하지 아니하다. 木 역시 영화를 베푸니 일찍이 갑과에 등과하여 벼슬이 황당(黃堂)에 올랐다.

| 乙 壬 庚 丙 |
| 巳 午 寅 寅 |
| |
| 丙 乙 甲 癸 壬 辛 |
| 申 未 午 巳 辰 卯 |

壬水가 맹춘에 생하여 木이 당령하였고 火는 생지이니 한 점 庚金이 절지인데 丙火가 힘으로 불살라 버린다. 참 종재격이 되어 水生木, 木生火하니 수기를 유행시켜 갑과에 등과하여 벼슬이 시랑에 올랐다.

무릇 종재격은 반드시 식신 상관이 토수(吐秀)하는 것이 중요하다. 이렇게 되면 공명이 현달할 뿐 아니라 일생 큰 기복이나 흉재가 없다.

대개 종재격에서 가장 꺼리는 것은 비견 겁재 운인데 사주 중에 식상이 있으면 능히 生化하여 財를 생하기 때문에 묘한 것이다.

만약 식상의 토수(吐秀)함이 없으면 글공부를 할 수 없고,

비겁 운을 한 번만 만나도 생화의 정이 없으므로 반드시 기복과 형상이 있다.

丙	庚	壬	丁
戌	午	寅	卯

丙	丁	戊	己	庚	辛
申	酉	戌	亥	子	丑

庚金이 寅月에 생하여 火局을 모두 갖추었고 재는 살을 생하여 살왕하다.

털끝만큼의 생부(生扶)할 의사가 없으니 월간의 壬水는 丁과 合하여 木으로 化하고 화세(火勢)를 따르니 모두 殺로 결당하여 참 종상(從象)이 되었다.

중과의 향방에 올라 지현(知縣)에 발탁되었다.

酉 운은 청년 아이들에게 어려움이 있었고, 丙 운에는 벼슬운이 다시 연등(連登)하였고, 申 운에 잘못을 저질러 낙직하였다.

乙	乙	辛	辛
酉	酉	丑	巳

乙	丙	丁	戊	己	庚
未	申	酉	戌	亥	子

乙木이 季冬에 출생하였는데 지지에 金局을 모두 만들었고 천간에 양 辛이 투출하니 진정한 종살격(從殺格)이다.

戊戌 운에 연등 갑제하여 한림원에 나갔으며, 丁酉 丙申은 火는 절각되고 金이 득지하니 벼슬길이 연등하였고, 乙未 운은 金局을 충파하고 木이 뿌리를 내리니 그만두었다.

乙	甲	乙	癸
亥	寅	卯	卯

己	庚	辛	壬	癸	甲
酉	戌	亥	子	丑	寅

甲木이 仲春에 생하고 지지에 양 卯 왕지와 寅 녹과 亥 생지를 만났고, 천간에 두 乙이 방조하고 癸가 생부하니 왕함이 극에 달하였으므로 그 왕신을 좇아야 한다.

초행 甲 운에 반궁의 미나리를 캤고 癸丑은 북방 습토이니 역시 水地여서 갑과에 등과하였고, 壬子 운은 인성이 조임하였으며, 辛亥 운은 金의 통근이 없고 지에서 생왕하니 벼슬이 황당에 올랐고, 庚戌 운에 들면서 土金이 함께 왕하여 그 왕신을 거역하므로 허물을 면할 수 없었다.

甲	丙	甲	丙
午	午	午	午

庚	己	戊	丁	丙	乙
子	亥	戌	酉	申	未

丙火가 仲夏에 출생하여 四支가 모두 양인이고 천간은 丙甲이 함께 출하였으므로 강왕함이 극에 달하였다. 「可順不可逆」이다.

초운 乙未는 조년부터 반수(泮水)에서 놀았고, 丙 운에 등과하였으나 申 운에 큰 병을 얻어 위험에 빠졌다가 丁 운에 다시 갑과에 올랐고, 酉 운은 청년 아이들에게 어려움이 있었으며, 戊戌 운까지는 벼슬길이 평탄하였다.

亥 운에는 왕신을 범하여 군전에서 사망하였다.

丁	庚	癸	癸
亥	申	亥	酉

丁	戊	己	庚	辛	壬
巳	午	未	申	酉	戌

庚金이 孟冬에 생하여 水세가 당권하였고 金은 녹왕을 만났다. 時의 丁火는 무근이고 국 중에는 金水가 기세를 잡았으니 역시 金水를 좇는 것으로 논해야 한다. 丁火는 도리어 병이 된다. 초교 (初交)하는 癸亥 운은 丁火를 제거하니 즐거움이 여전하였고, 壬戌 운에 반궁에 들었으나 상복 입을 일이 거듭 생겼으니 戌土가 제수하기 때문이다.

辛酉 庚申은 갑과에 등과하여 벼슬길로 나아가 금당에 올랐다.

己未 운은 남방으로 운행하니 火土가 한꺼번에 와서 큰 잘못을 하고 낙직하였으며, 戊午 운에는 다시 파모를 많이 당하다가 사망하였다.

甲	癸	壬	丙
寅	巳	辰	戌

戊	丁	丙	乙	甲	癸
戌	酉	申	未	午	巳

癸水가 季春에 생하였는데 사주 중에는 재, 관, 상관까지 3자가 함께 왕한데 인성은 은복되고 무기하니 일주도 휴수 무근하다. 오직 관성이 당령하였으니 모름지기 관성의 세력을 좇아야 한다. 기쁜 것은 좌하에서 재성이 상관의 기를 인통함이다.

甲午 운에는 火局을 모아 관성을 생하니 청운의 길이 직상하였고 己未 운에는 벼슬길로 나갔다

申酉 운에는 丙丁이 개두하였으므로 벼슬길이 평탄하였으며, 戊戌 운에는 벼슬이 관찰사에 올랐고, 亥 운에는 방신(幇身)하고 巳火를 충거하여 사망하였으니 이른바「弱이 極이면 돕는 것이 불가하다」는 것이었다.

丙	丙	乙	癸
申	申	丑	酉

己	庚	辛	壬	癸	甲
未	申	酉	戌	亥	子

丙火가 丑月에 생하고 申 위에 임하니 衰, 絶, 無氣하다. 酉丑이 金局을 만들고 월간 乙木은 말라 시들고 무근인데 관성과 坐의 財는 상관이 화생하여 金水의 세력을 이루었다.

癸亥 운 중에 반궁에 들고 등과하였으며 辛酉 庚申은 인수를 제거하고 관성을 생하니 현령(縣令)을 경유하여 주목(州牧)으로 옮겼으며 벼슬 운이 풍후하였다. 己未 운은 남방 조토이니 관을 상하고 겁재를 도우므로 사망하였다.

化象 화상

化得眞者只論化。化神還有幾般話。
화 득 진 자 지 론 화 。 화 신 환 유 기 반 화 。

합화를 참되게 득하였으면 단지 화격으로 논하고,
화신은 몇 개로 나누어 말할 수 있다.

【原注】

如甲日主生於四季。單遇一位己土。在月時上合之。不遇壬癸甲乙戊。而
有一辰字。乃爲化得眞。又如丙辛生於冬月。戊癸生於夏月。乙庚生於秋
月。丁壬生於春月。獨自相合。又得龍以運之。此爲眞化矣。旣化矣。又
論化神。如甲己化土。土陰寒。要火氣昌旺。土太旺。又要取水爲財。木
爲官。金爲食傷。隨其所向。論其喜忌。再見甲乙。亦不作爭合妒合論。
蓋眞化矣。如烈女不更二夫。歲運遇之。皆閑神也。

　가령 甲 일주가 사계에 출생하여 단독으로 일위의 己土를 月이나
時上에서 합하고 壬, 癸, 甲, 乙, 戊는 만나지 아니하고 辰 字 하나만
있다면 化格의 眞이 된다.

　또 가령 丙辛이 冬月에 출생하거나 戊癸가 夏月에 출생하고, 乙庚이
秋月에 출생하고, 丁壬이 春月에 출생하였다면 독자적으로 상합하는데
또 龍(辰)을 득하는 운으로 행하면 이는 진화(眞化)이다.

　기왕 合化가 되었다면 化神으로 논해야 한다. 가령 甲己가 합하여
土가 된 것은 土가 음한하니 火氣가 창왕한 것이 요구되고 土도 태왕
할 수 있다.

　이 때 또 水를 재로 하고 金을 식상으로 하는 것이니 그 지향하는
바를 좇아서 희기를 논하는 것이다. 甲乙을 다시 만나더라도 쟁합이
나 투합이 되지 않는 것이니 이미 眞化로 되었기 때문이다. 가령 열

녀는 두 남편을 만나지 않는 것과 같다. 세운에서 만나는 것은 모두 한신이다.

【任注】

合化之原,昔黃帝祀天于圜邱,天降十干,爰命大撓作十二支以配之,故曰干曰天干,其所由合,即天一地二天三地四天五地六天七地八天九地十之義,依數推之,則甲一乙二丙三丁四戊五己六庚七辛八壬九癸十也,如洛書以五居中,一得五爲六,故甲與己合,二得五爲七,故乙與庚合,三得五爲八,故丙與辛合,四得五爲九,故丁與壬合,五得五爲十,故戊與癸合,合則化,化亦必得五土而後成,五土者,辰也,辰土居春,時在三陽,生物之體,氣闢而動,動則變,變則化矣,且十干之合,而至五辰之位,則化氣之元神發露,故甲己起甲子,至五位逢戊辰而化土,乙庚起丙子,至五位逢庚辰而化金,丙辛起戊子,至五位逢壬辰而化水,丁壬起庚子,至五位逢甲辰而化木,戊癸起壬子,至五位逢丙辰而化火,此相合,相化之眞源,近世得傳者少,只知逢龍而化,不知逢五而化,辰龍之說,供引之意,如果辰爲眞龍,則辰年生人爲龍,可行雨,而寅年生人爲虎,必傷人矣,至於化象作用,亦有喜忌配合之理,所以化神還有幾般話也,非化斯神喜見斯神,執一而論也,是化象亦要究其衰旺,審其虛實,察其喜忌,則吉凶有驗,否泰了然矣,如化神旺而有餘,宜洩化神之神爲用,化神衰而不足,宜生助化神之神爲用,如甲己化土,生于未戌月,土燥而旺,干透丙丁,支藏巳午,謂之有餘,再行火土之運,必太過而不吉也,須從其意向,柱中有水,要行金運,柱中有金,要行水運,無金無水,土勢太旺,必要金以洩之,火土過燥,要帶水之金運以潤之,生于丑辰月,土溼爲弱,火雖有而虛,水本無而實,或干支雜其金水,謂之不足,亦須

從其意向,柱中有金,要行火運,柱中有水,要行土運,金水並見,
過於虛溼,要帶火之土運以實之,助起化神爲吉也,至于爭合妒
合之說,乃謬論也,旣合而化,如貞婦配義夫,從一而終,不生二
心,見戊己是彼之同類,遇甲乙是我之本氣,有相讓之誼,合而不
化,勉强之意,必非佳耦,見戊己多而起爭妒之風,遇甲乙衆而更
强弱之性,甲己之合如此,餘可例推,

【해설】 合化의 근원은 옛날 황제가 환구에서 하늘에 제사 지
낼 때 하늘에서 十天干을 내렸고 이에 대요(大撓)에게 명하여
十二地支를 작하여 배속시켰으므로 日干을 天干이라 하였다.

合에 연유된 바는 즉 天一 地二, 天三 地四, 天五 地六, 天七
地八, 天九 地十에 의의가 있다. 이를 수(數)로 추리하여 보면
甲一, 乙二, 丙三, 丁四, 戊五, 己六, 庚七, 辛八, 壬九, 癸十으
로 된다.

가령 낙서(洛書)는 五가 중앙에 거하며, 1이 5를 득하면 6이
되므로 甲과 己는 합이 되고, 2가 5를 득하면 7이 되므로 乙庚
이 합하고, 3이 5를 득하면 8이므로 丙辛이 합하고, 4가 5를
득하면 9이니 丁壬이 합하고, 5가 5를 득하면 10이니 戊癸가
합하는 것이다. 합하면 변하는 것이니 변화 역시 반드시 5土를
득한 연후에 이루어진다.

5土란 辰을 말하는데 辰土가 봄에 거하면 3양의 시절에 있으
니 생물의 체가 되며, 氣는 열리면 動하고 동하면 變하고 변하면
化하게 된다.

또 十干의 합은 다섯 번째 辰位에 이를 때 化氣의 원신이 발
로한다. 그러므로 甲己는 甲子에서 다섯 번째가 戊辰이니 戊를
따라 土가 된 것이고, 乙庚은 丙子에서 다섯 번째가 庚辰이니 金

으로 化하게 되고, 丙辛은 戊子에서 다섯 번째가 壬辰이니 水로 化하게 되며, 丁壬은 庚子에서 다섯 번째가 甲辰이니 木으로 化하게 되고, 戊癸는 壬子에서 다섯 번째가 丙辰이니 火로 化하게 되니 이것이 相合과 相化의 근원이다.

근래 사람은 전해 받은 자가 적고 단지 용(龍)을 만났기 때문에 化하는 줄로만 알고 5를 만나야 化하는 것은 모르니 辰龍의 說을 이끌어 낸 뜻이 이러하다. 가령 말하는 대로 辰이 眞龍이라면 辰年生 人은 龍이니 비도 내릴 수 있을 것이고, 寅年生 人이 호랑이라면 반드시 사람을 상할 것이다.

화상(化象)작용에 있어서도 역시 희기(喜忌) 배합의 이치가 있으므로 원문에「화신환유기반화」라 하였다. 그 神으로 化하지 아니하더라도 이 神이 보이는 것은 기쁨이라 한 것은 하나만 잡고 논한 것이다.

화상(化象)도 역시 중요한 것은 그 쇠왕을 연구하고, 그 허와 실을 심사하고, 그 희기를 살펴야 길흉간에 맞는 것이 있고 좋고 나쁜 것이 요연하게 나타난다. 가령 化神이 왕하고 유여하면 화신을 설기하는 神으로 용신을 하고, 화신이 쇠약하고 부족하면 마땅히 화신을 생조하는 神으로 용신을 삼는다.

가령 甲己 化 土가 未戌月에 생하면 土는 건조하고 왕한데 천간에 丙丁이 투출하고 지지에 巳午가 있으면 이른바 유여이니 다시 火土 운으로 행하면 반드시 태과하여 불길하다. 모름지기 그 의향을 좋아야 한다. 사주 중에 水가 있으면 반드시 金 운으로 행하여야 하고, 사주 내에 金이 있으면 水 운으로 행하는 것이 중요하고, 無金 無水이면 土勢가 태왕하니 반드시 金으로 설기시키는 것이 필요하다. 火土가 지나치게 조열하면 水를 대동한 金 운이라야 윤택하게 된다.

甲己 土가 丑辰月에 생하면 土가 습하고 약하니 火가 비록 있더라도 허하고 水는 없더라도 실하니 혹 간지에 金水가 혼잡되면 이른바 부족이니 역시 그 의향을 좇아야 한다. 사주 중에 金이 있으면 火 운으로 행하는 것이 중요하고, 사주 내에 水가 있으면 土로 운행하는 것이 중요하고, 金水가 함께 보이면 허습이 지나치므로 중요한 것은 火를 대동한 土로 운행하여야 실하게 되고 그 化神을 돕는 것이 되어 길하다.

쟁합과 투합설은 잘못된 것이다. 이미 합하여 化하였으면 가령 정절 부인이 바른 남편을 만난 것과 같으니 한 사람을 좇아서 살다가 마치고 두 마음이 생기지 않는 것이다. 戊己가 보이면 이 것과 저것이 동류이고 甲乙을 만나면 이도 나의 본기이므로 서로 양보하는 뜻이 있다.

합인데도 不化가 되는 것은 강제성이 있는 것이므로 절대로 좋은 짝이라 할 수 없으니 戊己가 많이 나타난 것은 쟁투를 일으킬 징조이고 甲乙을 많이 만났다면 다시 강약으로 성정부터 따져야 한다. 甲己의 합이 이러하니 나머지도 예추하라.

己	甲	甲	乙
巳	辰	申	丑

戊	己	庚	辛	壬	癸
寅	卯	辰	巳	午	未

年月 양간에 甲乙이 당령한 申金 위에 있고 丑 내에는 辛金의 제정함이 있으니 쟁투가 일어날 징조는 없다. 時干의 己土는 왕지에 임하였고 일주와 친절하게 합하니 合神이 진실하여 眞化라 할 수 있다. 다만 秋金이 당령하였고 化神을 설기하므로 힘이 부족하다.

午 운에 이르러 화신을 도우니 중과 향방에 붙었고, 辛巳 운은 金火土가 함께 왕하므로 황갑(黃甲)에 올라 경림(瓊林)[281]에서 잔치를 받았고 한원에 들어갔으며 벼슬은 황당에 올랐고, 庚辰은 乙과 합하여 비겁을 제화하니 벼슬이 번얼(藩臬)이었다.

己	甲	壬	戊
巳	辰	戌	辰

戊	丁	丙	乙	甲	癸
辰	卯	寅	丑	子	亥

甲木이 季秋에 생하여 土가 왕하고 권을 잡았으니 壬水를 극거하고 또 비겁도 없으므로 合神이 참되고 화기도 유여하다. 아까운 것은 운로가 동북 水木地로 운행하므로 공명이나 벼슬길이 앞 사주만 못하다.

　丑 운 丁酉년에 金局을 암회하여 化神을 설기하니 수기를 토로하여 등과하였고, 戊戌년에 갑과에 올랐으며 벼슬은 주목에 이르렀다.

甲	壬	丁	己
辰	午	卯	卯

辛	壬	癸	甲	乙	丙
酉	戌	亥	子	丑	寅

壬水가 仲春에 생하여 化神이 참되다. 가장 기쁜 것은 甲木 원신이 투로하여 화기가 유여하며, 유여하면 마땅히 설기하여야 한다. 이 化神의 수기를 토로는데 기쁜 것은 앉은자리가 午이며 午는 辰土를 생하여 수기를 유행시키는 것이다.

---

281) 경림연(瓊林宴) : 과거에 합격한 사람을 위하여 조정에서 베푸는 잔치

소년에 갑과에 올라 한원에서 이름을 높였다. 애석한 것은 중운에 水旺地이므로 발탁에서 탈락하여 현령에서 마쳤다.

癸	壬	丁	己
卯	午	卯	卯

辛	壬	癸	甲	乙	丙
酉	戌	亥	子	丑	寅

이는 앞 사주와 卯 자 하나만 바뀌었다. 化象이 참되고 化神도 유여하다. 혐오가 되는 것은 癸 겁재가 재물을 다투는 것이고 年干 己土가 투출하였으나 원격 무근하여 癸水를 제거하지 못하니 午火로는 유행시키지를 못함이다.

癸水는 참된 「탈표지객(奪標之客)」이 된 것이다. 비록 중과 향방에 붙었으나 끝내 벼슬로 나가지는 못했다.

壬	癸	戊	丙
戌	巳	戌	戌

甲	癸	壬	辛	庚	己
辰	卯	寅	丑	子	亥

癸水가 季秋에 생하고 丙火가 투로하여 통근하였으니 合化 眞格이다. 혐오가 되는 것은 時에 투출한 壬水가 丙을 극하는 것이다.

단지 향방 중과에 올랐으며 卯운은 壬水가 절지이니 지현(知縣)으로 뽑아 올렸고 세 번을 계속 임명되었으나 승진은 못하였다.

역시 壬水가 탈재하는 연고이다.

假從 가종

眞從之象有幾人。假從亦可發其身。
진 종 지 상 유 기 인 。 가 종 역 가 발 기 신 。

진격 종상이 몇 사람이나 되겠는가?
가종도 역시 그 신을 발함이 가능하다.

【原注】

日主弱矣。財官强矣。不能不從。中有比助暗生。從之不眞。至於歲運財官得地。雖是假從。亦可取富貴。但其人不能免禍。或心術不端耳。

　일주가 약하고 재관이 강하면 從하지 않을 수 없지만 柱 中에 비견 인수가 암생하면 從하여도 참되지 못하다.

　세운에서 재관이 득지하면 비록 가종(假從)이라도 역시 부귀를 취할 수 있다. 다만 그 사람은 화를 면키 어려우며 혹 심술이 단정치 못하기도 하다.

【任注】

假從者,如人之根淺力薄,不能自立,局中雖有剋印,亦自顧不暇,而日主亦難依靠,只得投從於人也,其象不一,非專論財官而已也,與眞從大同小異,四柱財官得時當令,日主虛弱無氣,雖有比劫印綬生扶,而柱中食神生財,財仍破印,或有官星制劫,則日主無從依靠,只得依財官之勢,財之勢旺,則從財,官之勢旺則從官,從財行食傷財旺之地,從官行財官之鄉,亦能興發,看其意向,配其行運爲是,然假從之象,只要行運安頓,假行眞運,亦可取富貴,何謂眞運,如從財有比劫分爭,行官殺運必貴,行食傷運必富,有印綬暗生,要行財運,有官殺洩財之氣,要行食傷運,如從官殺,有

比刦幫身,逢官運而名高,有食傷破官,行財運而祿重,有印綬洩官,要財運以破印,謂假行眞運,不貴亦富,反此者凶,或趨勢忌義,心術不端耳,若能歲運不悖,抑假扶眞,縱使身出寒微,亦能崛起家聲,所爲亦必正矣,此乃源濁流淸之象,宜深究之,

【해설】 가종(假從)이란 사람의 근기가 천하고 힘이 얇아서 자립이 불능인 것과 같다.

국 중에 비록 겁재와 인수가 있으나 도와주기가 한가롭지 못하여 일주 역시 의지하기가 어렵다. 단지 말벗이 될 만한 곳에 의탁한 것이다. 그 모양이 하나 같지 아니하여 재관만을 전론할 수 없고 진종(眞從)과 대동소이하다.

사주에 재관이 득시 당령하고 일주가 허약 무기하면 비록 비겁이나 인수가 있어서 생부하더라도 주중에는 식신이 생재하여 재가 인수를 파괴하거나 혹 관성이 겁재를 제거한다면 일주는 따라가 붙이고 의탁할 곳이 없다. 다만 재관의 세에만 의탁할 수 있으니 재의 세(勢)가 왕하면 종재(從財)하고, 관의 세가 왕하면 종관(從官)하는 것이다. 종재면 식신, 상관, 재성이 왕한 곳으로 운행하여야 하고, 종관일 때는 재관이 왕성한 자리로 운행한다면 역시 능히 흥발할 수 있는 것이니 그 의향을 보고 행운이 배치되어야 함이다.

그러나 가종의 상도 단지 중요한 것이 행운이 안돈하여야 하니 가행이라도 진운이면 역시 부귀를 취할 수 있다.

어떤 것이 진운인가? 가령 종재일 때 비겁이 있어서 분쟁하면 관살 운으로 가야 반드시 귀를 하고, 행운이 식신 상관 운이면 반드시 부를 하고, 인수가 암생하고 있으면 재 운으로 행하는 것이 중요하고, 관살이 있어서 재성을 설기하면 식상 운으로 운행하는 것이 중요하고, 인수가 있어서 관성을 설기하면 재성 운으로 운행하여 인수를 파괴하여야 하니 이른바 가행 진운이라 하여 귀가 아니면 부하게 된다.

이와 반대가 되는 것은 흉하니 혹 세를 좇아 의리를 꺼리고 심술도 단정하지 못하다. 만약 세운(歲運)이 어그러지지 아니하고 가(假)를 억제하고 진(眞)을 도우면 비록 출신은 한미하더라도 역시 능히 우뚝 일어나 집안에 소리를 높일 것이니 하는 것도 반드시 바른 것이다. 이는 근원은 탁하지만 흐름이 청한 상이니 마땅히 깊이 연구하기 바란다.

癸	己	乙	癸
酉	亥	卯	巳

己	庚	辛	壬	癸	甲
酉	戌	亥	子	丑	寅

春土가 허탈한데 殺세가 당권하였고 재성도 왕지를 만났다. 기쁜 것은 巳亥가 沖이 되어 인수를 파괴하는 것이다. 격국이 자기를 버리고 從殺을 만들었다. 다만 卯酉 沖殺하고 巳酉는 반회 金局하니 진종으로 논할 수 없는 것이다. 그러므로 출신이 한미하였다. 묘한 것은 亥水가 중간에서 간격을 두었으므로 이른바 근원은 탁하나 흐름이 청하다.

그러므로 집안을 일으켰고 무리 중에서 출중하였으며 어려서부터 반수에서 놀았다. 壬子 운 중에 연등 과갑하였고 중시와 황당을 지나 관찰사로 뛰었다. 辛亥 운은 金은 허하고 水는 실하므로 상생되어 어렵지 않았고 벼슬길도 평탄하였다. 앞으로 庚戌 운이 오면 土金이 함께 왕하므로 水木이 함께 상하여 의외의 풍파를 면할 수 없다.

壬	丙	壬	丁
辰	申	寅	丑

丙	丁	戊	己	庚	辛
申	酉	戌	亥	子	丑

丙火가 初春에 생하여 木은 연약하고 火는 허하다. 눈목(嫩木)이 옆에서 金을 만나 相冲당하니 뿌리가 모두 뽑혔다. 申金은 또 辰土의 생부함을 만나 살세가 더욱 왕하니 종살격을 이루었다. 용신 재가 다시 묘한 것은 年支의 丑土가 회화 生金하는 것이다. 그러므로 출신이 관가였고 일찍이 갑과에 올랐다. 운로가 서북 金水로 가니 벼슬이 관찰사까지 되었다. 비록 土 운을 만나더라도 金이 있어 생화시키니 혐의가 없다.

☞ 翠山註 : 假從으로 財用보다는 木 인수로 용신을 삼는 것이 옳을 것 같다. 그러나 격국이 청하므로 水 운에서는 木이 생화하고 金 운에서는 水가 生化하니 나쁘지는 않았다고 하지만 木 운으로 운행하였으면 貴가 더욱 컸을 것으로 생각된다.

癸	戊	己	乙
亥	辰	卯	卯

癸	甲	乙	丙	丁	戊
酉	戌	亥	子	丑	寅

戊土가 仲春에 생하여 木이 당권하였다. 坐下의 辰土는 水를 함축하고 木을 기르며 사주에 金氣가 전혀 없고 또 亥時가 되니 水旺 生木하는데 火가 없어 生化시키지 못하니 「從官格」으로 하여 身이 쇠약하다고 논할 필요는 없다.

비록 과갑 출신은 아니지만 운로가 丙子 乙亥로 가니 벼슬 속에서 연등하였고 봉강(封疆)에까지 이르렀다. 癸酉 운에서 낙직하고 사망하였다.

庚	辛	丙	丁
寅	亥	寅	卯

庚辛壬癸甲乙
申酉戌亥子丑

辛金이 孟春에 생하였는데 천간에 丙丁 庚辛이 투출하니 음양이 서로 극한다. 또 金은 절지인데 火는 생지이며 지지에 寅木이 당령하였고 日과 時는 寅亥가 合하여 木이 되니 이 격 역시「종살격」이 된다. 운로가 水地이니 生木 助火하여 흉한 곳이 하나도 없다.

갑방에 올라 연등하였고 현령을 경유하여 군수에 이르렀으며 세 아들을 낳아 모두 수발하였다.

丁	己	乙	癸
卯	未	卯	亥

己庚辛壬癸甲
酉戌亥子丑寅

己土가 仲春에 생하였는데 春木이 당령하고 會局하였다. 時干 丁火는 年上의 癸水가 극거하고 未土는 木局으로 변하니 부득불「종살격」으로 하여야 한다.

과갑 출신으로 벼슬이 관찰사에 이르렀다.

假化 가화

假化之人亦多貴。孤兒異姓能出類。
가 화 지 인 역 다 귀 。 고 아 이 성 능 출 류 。

가화인 사람이라도 역시 귀를 많이 하고,
고아 이성에서도 능히 類에 따라 배출된다.

【原注】

日主孤弱而遇合神眞。不能不化。但暗扶日主。合神又虛弱。及無龍以
運之。則不眞化。至於歲運扶起合神。制伏忌神。雖爲假化。亦可取富
貴。雖是異姓孤兒。亦可出類拔萃。但其人多執滯偏拗。作事遲邅。骨
肉欠遂。

  일주가 고약(孤弱)인데 합신이 참된 것을 만나면 化하지 않을 수
없다.

  다만 일주를 암신이 생부하고 합신이 허약하고 龍(辰)이 없는 운으
로 운행한다면 참(眞)은 化하지 아니한다.

  세운에서 합신을 생부하며 일으키고 기신을 제복시키면 비록 가화
일지라도 역시 부귀를 취할 수 있다. 비록 이것이 이성고아(異姓孤
兒)[282]라도 역시 유(類)를 발췌하여 배출이 가하다. 다만 그 사람이
많이 집체되고 한 쪽을 꺾이기도 하며 作事에도 발전이 없어 머뭇
거리며 골육에도 흠이 따른다.

【任注】

假化之局,其象不一,有合神眞而日主孤弱者,有化神有餘而日帶
根苗者,有合神不眞而日主無根者,有化神不足而日主無氣者,有

---

282) 이성고아(異姓孤兒) : 참된 화격의 조건을 갖추지 못한 상태.

旣合化神而日主得刦印生扶者,有旣合化而閑神來傷化氣者,故
假化比眞化尤難,更宜細究,庶得假化之機,如甲己之合,生于丑戌
月,合神雖眞,而日主孤弱無助,不能不化,但秋冬氣翕而寒,又有
金氣暗洩,歲運必須逢火,去其寒溼之氣,則中氣和暖矣,生于辰
未之月,化神雖有餘,而辰乃木之餘氣,未是通根身庫,木未嘗無
根,但春夏氣闢而暖,又有水木藏根,歲運必須土金之地,去其木
之根苗,則無分爭矣,如乙庚之合,日主是木,生于夏令,合神雖不
眞,而日主洩氣無根,土燥又不能生金,歲運必須帶水之土,則能
洩火養金矣,生于冬令,金逢洩氣而不足,木不納水而無氣,縱有
土而凍,不能生金止水,歲運必須帶火之土,則解凍而氣和,金得
生而不寒矣,如丁壬之合,日主是丁,生于春令,壬水無根,必從丁
合,不知木旺自能生火,則丁火反不從壬化木,或有比刦之助,歲
運必須逢水,則火受制而木得成矣,如丙辛之合,日主是火,生于
冬令,重重金水,旣合且化,嫌其柱中有土,暗來損我化神,溼土雖
不能止水,而水究竟混濁不清,歲運必須逢金土,則氣流行而生水,
化神自眞矣,如是配合,以假成眞,亦能名利雙全,光前裕後也,總
之格象非眞,未免幼遭孤若,早見踸蹬,否則其人執傲遲疑,倘歲
運不能抑假扶眞,一生作事迍邅,名利無成也,

【해설】 가화(假化)의 국은 그 상(象)이 하나가 아니다.
　合神은 참되지만 일주가 외롭고 약한 것이 있고,
　化神이 유여한데 일주가 근묘(根苗)를 대동한 것이 있고,
　合神이 참되지 않은데 일주가 무근한 것이 있고,
　化神이 부족한데 일주도 무기한 것이 있고,
　이미 합한 化神인데 일주가 인수와 비겁을 만나 생부를 받는
것이 있고,

合化하였는데 한신이 와서 화기를 손상시키는 것이 있다.

그러므로 가화는 진화보다 보기가 더욱 어려우니 마땅히 세밀하게 연구하여 가화의 참 기틀을 득하기 바란다.

가령 甲己合에서 丑戌月에 생하였으면 合神이 비록 참되더라도 일주가 고허하고 약한데 돕는 것이 없으면 化하지 않을 수 없다. 다만 秋冬이라면 氣가 닫혀서 추울 것이고 또 金氣가 암암리에 설기하니 세운에서는 반드시 火 운을 만나서 한습한 기운을 제거시켜 주어야 중기가 온화하고 따뜻하게 된다. 辰未月에 생하였으면 化神이 비록 유여하더라도 辰은 木의 여기이고 未는 木이 통근하는 身의 고장지(庫藏地)이니 木은 뿌리가 없는 것이 아니다.

다만 춘하(春夏)의 氣는 열려 있어 따뜻하고 또 水木에 뿌리를 내리고 있으니 세운은 반드시 土金地라야 그 木의 근묘를 제거하여 분쟁이 없다.

가령 乙庚合에서 일주가 木인데 하령(夏令)에 생하였다면 합신이 비록 참되지는 아니하나 일주를 설기하며 무근하고 土는 조열하여 金을 생할 수 없으니 세운은 모름지기 水를 대동한 土로 운행하여야 능히 火를 설하고 金을 양성할 수 있다. 동령(冬令)에 생하였다면 金이 설기를 만나 부족하고, 木은 납수를 못하고 무기하며, 비록 土가 있더라도 얼어서 生金과 止水를 못할 것이다. 이 때의 세운은 반드시 火를 대동한 土라야 해동시키고 氣를 화목하게 하여 金은 生을 받을 수 있고 차지도 않을 것이다.

가령 丁壬合에서 일주가 丁인데 춘령(春令)에 출생하였다면 壬水는 무근하므로 반드시 丁의 合을 따를 것이다. 木이 왕하여 능히 스스로 生火한다는 것을 모르고 丁火는 도리어 壬과 합하여 木이 되는 것을 거부할 것이니 혹 비겁의 방조가 있으면 세운에서 필수적으로 水를 만나야 火가 水의 제극을 받아 木은 성함을 이룬다.

가령 丙辛합에서 일주가 火인데 동령에 생하고 또 金水가 중중하다면 이미 합하고 또 化하여야 한다. 혐오가 되는 것은 柱中에 土가 있어서 암암리에 나와 化神을 손상시킨다면 습토는 비록 水를 막을 수는 없으나 水를 혼탁케 하여 淸하지 못함을 구경하게 될 것이니 세운에서는 필수적으로 金土를 만나야 기를 유행시키고 生水하여 化神은 스스로 참되게 된다.

가령 이 배합은 가(假)로써 진(眞)을 이루는 것이니 역시 능히 명리 쌍전하고 앞에도 빛나고 후세에도 유여하게 된다.

총론컨대 격상(格象)이 참되지 아니하면 유년시절에 힘들고 고생스러움을 면할 수 없으며 일찍부터 터덕거리게 될 것이나 그렇지 아니하면 그 사람이 거만하고 의심이 많아 일을 결정짓지 못하고 지연시킬 것이니 아마도 세운에서 가짜를 억제시키고 진짜를 생부하지 못한다면 일생 동안 하는 일을 미적거려 名利를 세울 수 없을 것이다.

己	甲	甲	己
巳	子	戌	卯

戊	己	庚	辛	壬	癸
辰	巳	午	未	申	酉

천간에 양 甲이 양 근를 만나 각자 상합하였고 지지에 卯戌合이 비록 火로 변하기는 불가능하더라도 生土하니 쟁투의 의사가 전혀 없다.

비록 이는 가화이나 자못 유정하고도 어그러지지 않았다.

未 운에서 子水를 극파하므로

중과 향방에 올랐고, 庚午 己巳에는 化神을 생조하니 벼슬길로
나가 금당(琴堂)에 이르렀다.

己	甲	丙	甲
巳	申	子	子

壬	辛	庚	己	戊	丁
午	巳	辰	卯	寅	丑

甲木이 仲冬에 생하여 인수가
당권하였다. 본시 살인상생이나
좌하가 절지이므로 허함이 극에
달하여 水의 생을 받지 못한다.
　己土를 만나 탐합하는데 합신
이 비록 참되더라도 실령하였으
니 반드시 丙火의 생을 받아야
추위로 응결된 기를 해동할 수
있다. 혐의가 되는 것은 왕수가 월령을 잡고 있으니 火 역시 허
탈하여 化神을 생부할 능력이 없다.

　화신이 가(假)이면서 淸하지도 못하여 인품이 단정치 못하였
고 庚辰 운 甲午년에 剋木 生土하므로 중과 향방에 합격하였으
나 벼슬은 하지 못했다.

己	甲	丁	甲
巳	戌	丑	寅

癸	壬	辛	庚	己	戊
未	午	巳	辰	卯	寅

甲木이 丑月에 생하고 己土가
통근하여 왕에 임하였는데 年柱
의 녹과 비견이 있다. 丁火가 상
생하고 있음이 마땅하니 쟁투의
기세는 없다. 비록 이는 가화(假
化)이나 유정하고 어지럽지 아니
하다. 庚辰 운에 과갑하고 연등
하였으며, 辛巳 壬午는 남방 火
地이니 化神을 생조하여 벼슬이 황당에 이르렀다.

戊	癸	辛	甲
午	亥	未	寅

丁	丙	乙	甲	癸	壬
丑	子	亥	戌	酉	申

癸水가 季夏에 생하였는데 木火가 함께 왕하다. 월간의 辛金이 무기하여 水를 생하지 못한다. 일주가 비록 왕지에 임하였으나 火土가 양쪽에 근접하였고 時干의 戊土와 합신이 참되고 또 왕하다. 일주는 합하여도 좋지 않으려 한다.

초운 壬申 癸酉는 金水가 함께 왕하므로 고생을 감당할 수 없었고, 甲戌 운에는 火局을 모두 모으니 밖에 나가 크게 기회를 잡아 大得하였다. 乙亥는 水가 木의 설기를 만나고 支에서 會局하니 이로(異路)[283]에서 명성을 이루었고 재백(財帛)도 풍부하였다. 丙子 운으로 바뀌어 火가 통근하지 못하니 시행착오로 낙직하였고 壬子년에 사망하였다.

辛	壬	丁	甲
亥	辰	卯	辰

癸	壬	辛	庚	己	戊
酉	申	未	午	巳	辰

壬水가 仲春에 생하여 비록 時에서 녹과 인수를 만났으나 化神이 당령하였고 年干에 화신의 원신이 투출하였다. 時干의 辛金은 무근 절지에 임하였으므로 丁火 合神이 족히 극한다. 辛金이 生水가 불가능하면 亥水는 壬水의 녹왕지라 할 수 없고 甲木의 장생지라 함이 옳다. 일간은 부득불 합하고 化한다.

---

283) 정상의 길이 아닌 다른 길

　　운로가 남방 火地이니 반궁의 채근도 하였고, 의식도 넉넉하였으며, 과거와의 싸움에서 이겼고, 壬申 癸酉 운은 金水가 파국하므로 벼슬길뿐 아니라 형상 파모까지 있었다.

　　이상과 같이 假化格이 가장 많으며 신약하다고 인수를 용신으로 하는 잘못에 빠지지 않기 바란다.

제6장 順逆・沖合 순역・충합

순국(順局) / 548

반국(反局) / 556

전국(戰局) / 574

합국(合局) / 580

順局 순국

一出門來只見兒。 吾兒成氣構門閭。
일 출 문 래 지 견 아 。 오 아 성 기 구 문 려 。

從兒不管身强弱。 只要吾兒又得兒。
종 아 불 관 신 강 약 。 지 요 오 아 우 득 아 。

　한 번 문을 나가고 오는 것이 단지 아이만 보이면 내 아이가 기구를 세워 문려를 이뤄야 하고, 종아는 일주의 강약에 관계없이 단지 중요한 것은 내 아이가 또 그의 아이를 만나야 한다.

☞ **翠山註** : 사주를 펼쳐보아 단지 식상만 보이면 식상으로 월령을 잡고 方局을 이뤄야 하고, 종아가 되었으면 일주의 강약을 상관하지 말고 식상이 또 식상 운을 만나는 것이 중요하다.

【原注】

此與成象從象傷官不同。只取我生者爲兒。如木遇火。成氣象。如戊己日遇申酉戌。成西方氣。或巳酉丑全會金局。不論日主强弱。而又看金能生水氣。轉成生育之意。此爲流通。必然富貴。

　이 곳은 성상(成象), 종상(從象), 상관(傷官)을 말한 것이 아니고 단지 내가 생하는 것이 아이라는 개념만을 취하여 말한 것이니 가령 木이 火를 만나 氣象을 이룬 것을 말한다.

　가령 戊己일이 申酉戌을 만나 서방기를 모두 이루고 혹 巳酉丑 金局을 모두 모았다면 일주의 강약을 논하지 말 것이다. 또 金이 능히 水氣를 생하는지도 보아야 하니, 전환하여 생육의 의의를 이루기 때문이다. 이를 유통이라 하니 반드시 부귀를 당연히 한다.

【任注】

順者,我生之也,只見兒者,食傷多也,構門閭者,月建逢食傷也,
月爲門戶,必要食傷在提綱也,不論身强弱者,四柱雖有比刦,仍
去生助食傷也,吾兒又得兒者,必要局中有財,以成生育之意也,
如己身碌碌庸庸,無作無爲,得子孫昌盛,振起家聲,又要運行財
地,兒又生孫,可享兒孫之榮矣,故爲順局,從兒與從財官不同也,
然食傷生財,轉成生育,秀氣流行,名利皆遂,故以食傷爲子,財卽
是孫,孫不能克祖,可以安享榮華,如見官星,謂孫又生兒,則會祖
必受其傷,故見官殺必爲己害,如見印綬,是我之父,父能生我,我
自有爲,焉能容子,子必遭殃,無生育之意,其禍立至,是以從兒格
最忌印運,次忌官運,官能洩財,又能克日,而食傷又與官星不睦,
忘生育之意,起爭戰之風,不傷人丁,則散財矣,

【해설】 順이란 내가 저쪽을 생하는 것을 말한다.

단지 자식만 보이는 것이니 식상이 많을 것이다.

구문려(構門閭)란 월건이 식상을 만난 것이니 月이 문호라면
반드시 중요한 것은 식상이 제강(月令) 자리에 있어야 한다.

「不論身强身弱(불론신강신약)」이라 한 것은 사주에 비록 비
겁은 있더라도 나아가 식상을 생조하기 때문이고,「吾兒又得兒
(오아우득아)」라 한 것은 반드시 국 중에 재성이 있어야 생육
의 뜻을 갖게 되니, 가령 자기 몸은 녹녹 용용하여 되는 것도 없
고 하는 것도 없더라도 자손은 창성하여 가문을 일으키고 이름
을 낸다는 것이다. 또 운행도 재성으로 나간다면 아이가 손자를
둔 것이니 아손의 영화를 맛보게 될 것이다. 그러므로「順局(순
국)」이라 한 것이다.

종아격(從兒格)은 종재관(從財官)과는 같을 수 없으나 식상이

생재하여 생육으로 전환하면 수기를 유행시켜 명리가 모두 따라온다. 그러므로 식상을 자식으로 하였고 재성은 손자이니 손은 할아버지를 극할 수 없으므로 가히 안녕과 영화를 누릴 수 있다는 것이다.

가령 관성을 만나면 손자가 또 자식을 둔 것이니 증조가 되므로 그의 손상을 반드시 받게 된다. 그러므로 관살을 만나면 반드시 해가 된다고 한 것이다.

가령 인수를 만나면 나의 부모이니 부는 능히 나를 생하였고 나는 스스로 할 일이 있으니 어찌 능히 자식을 용납하겠는가? 이에 자는 반드시 재앙을 만날 것이고 생육의 의사가 없으니 그 화는 금시 오게 된다.

그러므로 종아격은 가장 꺼리는 것이 인수 운이고 다음으로 관성 운이다. 관성은 능히 재성을 설기하고 또 일주를 극하며 식상은 또 관성과 친할 수 없으니 생육의 정을 잊게 되므로 쟁전의 바람을 일으켜서 청년, 아이를 상하지 않으면 재산을 파괴시킨다.

丙	癸	壬	丁
辰	卯	寅	卯

丙 丁 戊 己 庚 辛
申 酉 戌 亥 子 丑

癸水가 孟春에 생하여 지지에 寅卯辰 동방 일기를 모두 갖추었으니 水木 종아격이 되었다. 시의 丙火가 용신이니, 이른바 자식이 또 그의 자식을 둔 것이다.

단지 혐의가 되는 것은 월간의 壬水가 病인데 기쁘게도 丁火가 합하여 木으로 化하니 도리어 丙火를 생조한다. 이를 생육의 정으로 전환하였다고 하는 것이다.

일찍이 과갑하여 한림원에 몸을 담았고 벼슬은 봉강이었으며 申 운에 木火가 절지이므로 사망하였다.

丙	癸	癸	丁
辰	卯	卯	巳

丁	戊	己	庚	辛	壬
酉	戌	亥	子	丑	寅

癸水가 仲春에 생하였는데 木이 왕하여 당권하였다. 사주에 金이 없으니 역시 水木 종아격이 된다.

寅 운에 지지가 동방 일기를 갖추니 甲戌년에 반궁에 들었고 丙子년에 중과 향방에 올랐다.

주보다 못한 것은 월간 癸水가 쟁재(爭財)하고 제극이나 합이 없기 때문이다.

기쁜 것은 재성(財星)이 세가 있는 것이니 벼슬길도 형통할 것이다.

戊	丙	丁	己
戌	戌	丑	未

辛	壬	癸	甲	乙	丙
未	申	酉	戌	亥	子

丙火가 季冬에 생하고 만국이 모두 土이니 종아격이 되었다. 丑 중 辛 재성이 용신이다.

하나의 현기(玄機)가 속으로 감추어져 있다. 혐의가 되는 것은 丁火가 개두하여 未戌에 통근한 것이니 기신이 심중하므로 출세길이 능하지 못하였다. 묘한 것은 중 운이 癸酉 壬申이니 희신과 용신이 함께 와서 벼슬길이

552

순탄하였다.

戊 丙 辛 己
戌 戌 未 未
乙 丙 丁 戊 己 庚
丑 寅 卯 辰 巳 午

丙火가 季夏에 생하고 만국이 모두 土이니 종아격이 되었다. 월간의 辛金이 독발하니 이른바 「從兒又見兒(종아우견아)」이다.

대상을 보건대 앞 사주보다 좋아 보이는데 부귀공명이 도리어 못하였으니 왜 그런가? 앞 사주는 金이 비록 나오지 못하였어도 丑이 삼동의 습토이므로 晦火 生金하는데 이는 辛金이 노출되었어도 九夏이니 金을 녹이고 근기가 견고하지 못하다.

未戌 중의 丁火가 당권하였으니 이른바 흉물이 심장한 것이다. 겸하여 운로도 동남 木火地이니 비록 중과 향방에 올랐으나 종신토록 교수만 하였다.

丙 甲 丁 甲
寅 午 丑 午
癸 壬 辛 庚 己 戊
未 午 巳 辰 卯 寅

甲木이 季冬에 생하니 火가 허할 것 같으나 다행히 염열에 통근하여 종아격이 되었다. 木이 비록 進氣이고 녹과 비견을 만나 방신하지만 「從兒不論　身强身弱(종아불론 신강신약)」이라 하였으니 신약이라 논하지 아니한다.

앞 사주는 조열함이 지나쳤는데 이는 습토가 조열을 만났으니 「지윤천화(地潤天和)」하여 생육이 잘되고 있다. 연등 갑제하였고 벼슬이 시랑에 올랐다.

壬	戊	辛	辛
子	申	丑	丑

乙	丙	丁	戊	己	庚
未	申	酉	戌	亥	子

戊土가 季冬에 생하였는데 辛金이 양투하여 통근하였고 좌하 辛金 壬水는 왕하지만 생을 만나 순수함을 알 수 있다.

일찍부터 반수에서 놀았고 亥운에 북방류를 모두 모으니 높은 과의 가을 고시에 합격하였고, 戊戌 운에는 조토에 통근하여 壬水를 탈거하니 머뭇거렸고, 丙寅년은 辛金을 충거하니 壬水의 뿌리가 끊겨 체용이 모두 상하니 사망하였다.

☞ 翠山註 : 이 사주는 맑고 깨끗하고 순수하나 사주가 너무 추워 조후가 안 된 것이 흠이다. 壬戌 時였다면 조후가 되었으므로 단명하지는 않았을 것이다.

辛	戊	庚	庚
酉	申	辰	子

丙	乙	甲	癸	壬	辛
戌	酉	申	未	午	巳

戊土가 季春에 생하였는데 庚辛이 중첩되었으니 종아격이 되었다.

기쁜 것은 지에 財局을 이루어 생육의 정이 있는 것이다.

앞 사주와 대동소이한데 이 사주는 중년 운이 土金으로 재성을 생조하기 때문에 갑과에 올라 연등하였고 벼슬은 군수를 하였다. 앞 사주의 단명은 운로가 등졌

554

기 때문이다.

壬	辛	辛	壬
辰	亥	亥	寅

丁 丙 乙 甲 癸 壬
巳 辰 卯 寅 丑 子

辛金이 孟冬에 생하였는데 壬水가 당권하였고 재성은 생왕을 만났다. 金이 水에 잠겨 있으니 종아격이 되었다.

독서를 한 눈으로 여러 줄을 익힐 정도로 뛰어났다.

甲寅 운에 갑과에 올랐고, 乙卯 운은 서랑을 하였고 나아가 황당을 지켰으며, 丙辰 운은 관성과 인수가 함께 오니 戊戌년에 인수를 충동하여 상관격을 파괴하니 사망하였다.

辛	辛	辛	壬
卯	卯	亥	子

丁 丙 乙 甲 癸 壬
巳 辰 卯 寅 丑 子

辛金이 孟冬에 생하고 水勢가 당권하였다. 비록 천간에 辛金이 세 개나 투출하였으나 지지가 절지이므로 종아격이 되었다.

독서를 잘하여 눈만 한번 지나가면 외웠다.

조년에 반궁에 들었고, 甲寅년에 재물을 바치고 벼슬길로 나가 현령이 되었다.

乙卯 운에 벼슬길이 순조로웠고, 丙辰 운에 잘못을 저질렀고, 戌년에 왕토가 克水하여 사망하였다.

무릇 종아격은 행운이 등지지 아니하고, 재성을 만나야 부가

아니면 귀를 아니하는 법이 없고, 또 수기가 유행하므로 사람이
반드시 총명하며 학문이 정교하고 두텁다.

反局 반국

君賴臣生理最微。 兒能救母洩天機。
군 뢰 신 생 리 최 미 。 아 능 구 모 설 천 기 。

母慈滅子關頭異。 夫健何爲又怕妻。
모 자 멸 자 관 두 이 。 부 건 하 위 우 파 처 。

　임금이 신하에 힘입어 사는 것은 가장 정미한 이치요, 아이가 능히 어미를 구원하는 것은 하늘의 기밀(天機)을 설하는 것이다.
　어미의 사랑이 자식을 멸하는 것은 관두가 다르기 때문이고 남편이 건장하면 무엇으로 처가 두렵다 하리오.

【原注】

木君也。土臣也。水泛木浮。土止水則生木。木旺火熾。金伐木則生火。火旺土焦。水克火則生土。土重金埋。木克土則生金。金旺水濁。火克金則生水。皆君賴臣生也。其理最妙。

　木이 君이면 土가 臣이므로 水가 범람하면 木이 뜰 것이니 土로 止水시켜야 木이 살 수 있고,
　木이 왕하면 火는 질식할 것이니 金으로 벌목해야 生火하고,
　火가 왕하여 土가 볶이면 水가 剋火하여야 生土하고,
　토중금매(土重金埋)면 木剋土하여야 生金하고 금왕수탁(金旺水濁)하면 火剋金하여야 生水할 것이니 이 모두 君이 臣에 힘입어 사는 것이다. 그 이치가 참으로 묘하다.

【任注】

君賴臣生者,印綬太旺之意也,此就日主而論,如日主是木

爲君,局中之土爲臣,四柱重逢壬癸亥子,水勢泛濫,木氣反虛,不但不能生木,抑且木亦不能納受其水,木必浮泛矣,必須用土止水,則木可託根,而水方能生木,木亦受其水矣,破其印而就其財,犯上之意,故爲反局也,雖就日主而論,四柱亦同此論,如水是官星,木是印綬,水勢太旺,亦能浮木,亦須見土而能受水,以成反生之妙,所以理最微也,火土金水,皆同此論.

【해설】「君賴臣生(군뢰신생)」이란 인수가 태왕한 것을 말하니 일주로서 논한 것이다.

가령 일주가 木이면 君으로 하고 국 중의 土를 臣이라 하여 壬癸 亥子가 거듭 있어 水勢가 범람하면 木氣는 도리어 허할 것이니 生木을 못할 뿐 아니라 억제되어 木 역시 水의 生을 받을 수 없고 木은 반드시 부범할 것이다.

이 때는 반드시 土를 용신으로 하여 물을 막아 줘야 木은 탁근이 가하고 水도 바야흐로 능히 生木할 수 있으며 木 역시 그 水를 받아들인다.

그 인수를 파괴하고 그 재를 취하면 위를 범하는 뜻이니 反局이라 하였다. 비록 일주로서 논한 것이나 사주 역시 이와 같이 논한다.

가령 水가 관성이고 木이 인수일 때 수세가 태왕하면 역시 木이 뜰 것이니, 모름지기 土를 만나야 능히 水를 받아들이고 도리어 생하는 묘함이 된다. 그러므로 이치가 가장 정미하다 하였다.

火土金水論도 모두 이와 같다.

558

戊 甲 壬 壬
辰 寅 子 辰

戊 丁 丙 乙 甲 癸
午 巳 辰 卯 寅 丑

甲木이 仲冬에 생하여 일좌에 녹지를 가졌으므로 부범하지는 않을 것 같으나 水의 세력이 태왕하다.

辰土가 비록 水를 간직하고 있지만 戊土가 투출하였음이 기쁘다.

辰은 木의 여기이나 족히 水를 막고 탁근시킨다. 이른바 「君이 臣에 힘입어 生」한다는 것이다.

이로써 일찍이 과갑하였고 한림원에서 이름을 날렸다.

다시 묘한 것은 운로가 남방 火地로 운행하므로 벼슬 녹봉이 한량할 수 없을 정도였다.

戊 甲 壬 壬
辰 子 子 戌

戊 丁 丙 乙 甲 癸
午 巳 辰 卯 寅 丑

甲木이 仲冬에 생하였다. 앞 사주는 坐가 寅이니 실하였으나 이 곳은 坐가 子이니 허함이 다르다.

기쁜 것은 年支가 火를 대동한 戌土이니 辰土에 비하여 역량이 크게 앞선다. 대개 戊土의 뿌리가 견고하면 족히 일주의 허기를 보완할 수 있다.

행운도 역시 같으니 벼슬 역시 비슷하여 상서(尙書)에까지 올랐다.

己 辛 戊 己
亥 酉 辰 巳

壬 癸 甲 乙 丙 丁
戌 亥 子 丑 寅 卯

진제독(陳提督)의 사주다. 辛이 辰月에 생하여 土가 비록 중첩되었으나 春土이므로 氣는 열렸어도 거칠다.

木은 여기가 되고 亥 중 甲木이 생지에 있는데 辰酉合 金은 편치 못한 것이나 상생되어 도리어 木의 원신을 도우며 巳火 요충은 戊己 土를 생하지 못하게 한다.

이 역시 君이 臣에게 힘입어 사는 것이다.

그가 글공부를 하지 못한 것은 木 원신이 투로하지 못하였기 때문이다.

그러나 기쁜 것은 생생불패하여 청한 것이며 운로도 동북 水木地로 나가니 문관으로 뛰어났었다.

庚 己 丁 戊
午 卯 巳 午

癸 壬 辛 庚 己 戊
亥 戌 酉 申 未 午

己土가 孟夏에 생하고 국 중에 인수가 당령하였다. 火가 왕하여 土는 볶이고 또 木을 불살라 버린다.

庚子년에 춘위(春闈)에 등용된 것은 金을 대동한 水가 족히 火의 열기를 제극하였고 윤토를 만들었기 때문이다.

품위도 올리지 못하고 벼슬길이 어정쩡한 것은 국 중에 水가 없었기 때문이다.

【原注】

木爲母。火爲子。木被金傷。火克金則生木。火遭水克。土克水則生火。
土遇木傷。金克木則生土。金逢火煉。水克火則生金。水因土塞。木克土
則生水。皆兒能生母之意。此意能奪天機。

　　木이 어미라면 火는 자식이다.

　　木이 金에게 손극될 때 火가 剋金하면 木은 산다.

　　火가 水에게 극을 받을 때 土가 剋水하면 生火한다.

　　土가 木의 손상을 받을 때 金剋木하면 土는 살아난다.

　　金이 火에게 극을 받을 때 水剋火하면 金은 산다.

　　水가 土로 인하여 갇혔을 때 木剋土하면 生水한다.

　　이들은 모두 아이가 生母하는 것이다. 이 의의는 능히 천기를 탈취
하는 것이다.

【任注】

兒能生母之理,須分時候而論也,如木生冬令,寒而且凋,逢金水
必凍,不特金能克木,而水亦能克木也,必須火以克金,解水之凍,
木得陽和而發生矣,火遭水克,生於春初冬盡,木嫩火虛,非但火
忌水,而木亦忌水,必須土來止水,培木之精神,則火得生,而木亦
榮矣,土遇木傷,生于春末冬初,木堅土虛,縱有火,不能生濕土,
必須用金伐木,則火有焰而土得生矣,金逢火煉,生于春末夏初,
木旺火盛,必須水來克火,又能濕木潤土,而金得生矣,水因土塞,
生於秋冬,金多水弱,土入坤方,而能塞水,必須木以疏土,則水勢
通達而無阻隔矣,成母子相依之情,若木生夏秋,火生秋冬,金生
冬春,水生春夏,乃休囚之位,自無餘氣,焉能用生我之神,以制克
我之神哉,雖就日主而論四柱之神,皆同此論,

【해설】　자식이 능히 生母한다는 이치를 모름지기 절기를 따라

논해야 한다.

가령 木이 동령(冬令)에 생하였으면 한조(寒凋)[284]하여 金水를 만나면 반드시 얼어붙을 것이니 반드시 金만이 剋木하는 것이 아니고 水도 능히 剋木하므로 반드시 火로써 金을 극하고 水의 얼어붙은 것을 해동시켜야 한다. 木이 양의 온화함을 만나면 발생할 수 있기 때문이다.

火가 水의 극을 만났을 때 입춘절에 났다면 木은 약하고 火는 허할 것이니 비단 火만 水를 꺼리는 것이 아니고 木 역시 水를 꺼리니 반드시 土가 와서 水를 막고 木을 배토(培土)해야 木의 정신이 건전하게 되고 火도 생을 받으며 木 역시 영화롭게 된다.

土가 木에게 손상되었을 때 봄 끝에서 생하였거나 겨울 초에서 생하였으면 木은 견고하고 土는 허약할 것이니 비록 火가 있더라도 습토를 생할 수 없으므로 반드시 金을 사용하여야 火에 불꽃이 생기고 土는 생을 받게 된다.

金이 火에게 손상을 받을 때 봄 끝에서 여름 초에 생하였다면 木은 왕하고 火는 성할 것이니 반드시 水가 와서 剋火하여야 또 능히 습목 윤토가 되어 金이 생을 받게 될 것이다.

水가 土에게 갇혀 있을 때 추동(秋冬)에 태어났다면 金이 많고 水가 약하거나 土가 곤방(坤方)[285]에 들어 있다면 능히 水를 극멸시킬 것이니 반드시 木이 소토시켜야 水勢는 통달하고 막힌 것이 없을 것이다.

이상은「어미가 자식의 상기에 의지하는 정으로 이룬다」는 것이다.

---

284) 추위로 야윈 것
285) 西南方이니 未申方

만약 木이 여름이나 가을에 생하고, 火가 가을이나 겨울에 생하고, 金이 겨울이나 봄에 생하고, 水가 봄이나 여름에 생하면 이 모두 휴수된 것들이니 스스로 여기가 없을 것이다. 어찌 능히 나를 생하는 神으로만 용신을 삼을 것이며 어찌 나를 극하는 神을 제압할 수 있겠는가?

비록 일주를 취하여 四柱의 神을 논하는 것은 모두 이상과 같다.

庚	甲	丙	甲
午	申	寅	申

壬	辛	庚	己	戊	丁
申	未	午	巳	辰	卯

初春의 木은 약한데 寅 녹을 쌍으로 충하고 또 時干에는 庚金이 투출하였으니 金은 견고하고 木은 약하다.

金(甲)이 생을 만나고 왕에 임한 丙火에 힘입고, 더욱 묘한 것은 오행의 水가 없는 것이다.

이른바 아이가 능히 어미를 구하는 것이 되었으니 庚申 金이 甲木을 상하지 못하도록 한다.

巳 운에 이르러 丙火의 녹지가 되니 중과 향방에 급제하였고, 庚午 운은 갑과에 급제하였으며, 辛未 운은 벼슬이 현감(縣監)에 올랐다.

총론하면 庚金이 개두한 것이 혐오가 되어 더 이상 승진하고 영전하는 것은 불가능하다.

壬申 운은 벼슬길이 삐걱거리더니 역시 사망까지도 두려운 것이다.

丙	乙	丙	甲
戌	酉	子	申

壬	辛	庚	己	戊	丁
午	巳	辰	卯	寅	丑

乙木이 仲冬에 생하니 비록 상위(相位)이나 한 겨울이라 여위고 무성치 못한데 지지는 또 서방 金 류에다 재성까지 방자하다. 기쁜 것은 丙火가 두 개나 투출하여 金이 차지 아니하고 水도 얼지 아니하니 寒木이 양지를 향한 것이다. 이른바 아이가 능히 어미를 구한 것이다.

이 사람은 성정이 강개(慷慨)[286]하고 비록 경영을 하고 있으나 규모는 속인을 뛰어넘었다.

창업하여 10여만을 하였으나 글공부만은 불리하였으니 戌土가 殺을 생하고 인수를 파괴하기 때문이다.

甲	壬	乙	丙
辰	辰	未	辰

癸	壬	辛	庚	己	戊	丁	丙
卯	寅	丑	子	亥	戌	酉	申

壬水가 季夏에 출생하여 휴수지가 되었으나 기쁜 것은 세 개의 辰을 만나 身庫에 통근한 것이다. 辰土는 능히 水를 보존하고 木을 기르니 함께 투출한 甲乙이 통근하고 土를 제압하므로 아이가 능히 어미를 생한 것이다.

미미하지만 혐의가 되는 것은 丙火가 木을 설기하여 土를 생하는 것이다. 그러므로 공명이 한 자락에 불과하였으니 묘한 것

---

286) 의분이 복받쳐 슬퍼하고 한탄함

은 중만년 운이 동북 水木이니 재물을 납부하고 벼슬길로 나가 번얼(藩臬)이 되었고 富는 백만을 넘겼다.

辛	己	乙	癸
未	卯	卯	卯

己	庚	辛	壬	癸	甲
酉	戌	亥	子	丑	寅

己土가 仲春에 생하여 四殺이 당령하니 일주가 허탈이 극에 달하였다. 도리어 기쁜 것은 습토라 능히 생목하니 木이 성하여도 근심이 되지 않는다. 만약 戊土였다면 절대로 지탱하지 못하였을 것이다. 다시 묘한 것은 未土에 통근이 유여하므로 족히 辛金을 용신으로 하여 제살할 수 있으니 아이가 능히 생모한 것이 된다.

癸酉년에 이르러 辛金이 득록하여 중과 향방에 급제하였고, 庚戌년에 벼슬길로 나가 현령을 하였다.

혐의가 되는 것은 年干의 癸水인데 金을 설기하여 木을 생하는 것이니 벼슬길이 뛰어나지 못하였으며, 벼슬 중에 재물은 물로 씻은 듯이 나타내지 못하였고 청렴한 관리로서 인품이 단방(端方)하였다.

【原注】

木母也。火子也。太旺謂之慈母。反使火熾而焚滅。是謂滅子。火土金水亦如之。

木이 어미라면 火는 자식이니 태왕이면 이른바 자모(慈母)라 하고, 반대로 火가 너무나 치열하여 분멸하게 하면 이런 경우 멸자(滅子)라 하니 火土 金水도 역시 이와 같다.

【任注】

母慈滅子之理,與君賴臣生之意相似也,細究之,均是印旺,其關頭異者,君賴臣生,局中印綬雖旺,柱中財星有氣,可以用財破印也,母慈滅子,縱有財星無氣,未可以財星破印也,只得順母之性,助其子也,歲運仍行比刦之地,庶母慈而子安,一見財星食傷之類,逆母之性,無生育之意,災咎必不免矣.

【해설】 모자멸자(母慈滅子)의 이론은 군뢰신생(君賴臣生)의 이론과 비슷하다. 세밀히 연구하여 보면 모두 인수가 왕하고 그에 관두만 다른 것이다.「군뢰신생」은 국 중에 인수가 비록 왕하나 주중에서 재성이 유기하여 가히 용재로 파인하는 것이다.

「모자멸자」는 비록 재성이 있어도 무기하여 재성으로 파인하지 못한다. 단지 어미의 성정에 순종하면서 그 자식도 도와야 한다. 세운도 비겁지로 행하면 어미도 자윤시키고 자식도 편안하다. 그러나 재성이나 식상 등 類는 한 번만 만나도 어미의 성정을 거역하니 생육의 의미가 없으므로 재앙과 허물이 반드시 나타나 면할 수 없을 것이다.

甲	丁	甲	癸
辰	卯	寅	卯

戊	己	庚	辛	壬	癸
申	酉	戌	亥	子	丑

이 사주는 속론으로 신강 살천이지만 살인상생격이라 하고 金水 운에 명리를 함께 받을 것이라 한다. 이는 癸水의 氣는 甲木에게 모두 따라갔고 지지에도 寅卯辰 동방이니 목다화식(木多火熄)하고 모자멸자(母慈滅子)라는 것을 모르기 때문이다.

초운 癸丑 壬子는 生木 剋火하므로 형상과 파모를 겪었고, 辛

566

亥, 庚戌, 己酉, 戊申 운은 土가 살아나고 金이 왕하여 木 왕신에게 거역하고 대드니 실패하고 쓰러져 자기 몸마저도 보존키 어려웠다. 이로써 60 이전은 한 가지도 이룰 수 없었으나, 丁未 운에는 일주를 도우니 순모지성이 되어 때를 만나 첩도 얻어 두 아들을 연생하였고, 丙午까지 20년간 수만 석의 재물을 모았으며 수명은 90을 넘었다.

戊	辛	丙	戊
戌	丑	辰	戌

壬	辛	庚	己	戊	丁
戌	酉	申	未	午	巳

辛金이 季春에 생하여 사주에 모두 土이므로 丙火 관성은 원신이 모두 설기하였다. 토중금매(土重金埋)이고 모자멸자(母慈滅子)이다. 초년 운 火土는 형상과 파패로 모두 탕진하여 남은 것이 없었으나 庚申 운으로 바뀌어 일주를 도와 일으켜 모성에 순종하니 크게 득할 기회가 왔었고, 辛酉 운에는 辰과 丑을 공합하니 재물을 바치고 벼슬로 나갔으며, 壬戌 운에는 土가 또 득지하니 잘못이 있어서 낙직하였다.

戊	辛	戊	丙
戌	丑	戌	戌

甲	癸	壬	辛	庚	己
辰	卯	寅	丑	子	亥

앞 사주와는 단지 월건이 戊字로 바뀐 것만 다르다. 초년 운 己亥 庚子 辛丑까지 金水 운은 丑土가 양금하였으므로 부귀인으로 출신하여 辛 운에 재물로 출사하였다. 壬 운으로 바뀌며 水木이 함께 오니 어미의 성정을 거슬러 억지로 출사하였던 것마

저 범법으로 낙직하였다. 일반 사주에서는 土가 중하면 木으로 소토하여 반드시 아름다웠을 것이다.

壬	甲	壬	壬
申	子	寅	子

戊	丁	丙	乙	甲	癸
申	未	午	巳	辰	卯

이는 속론으로 木이 맹춘에 생하고 時에 七殺이 獨淸하니 이름도 높이 내고 녹도 크게 먹을 것이라 하나 초춘에 약한 木이 추위가 풀리지 아니하였으므로 납수가 불능이라는 것을 모르고 하는 말이다. 時支 申金은 壬水의 생지이며 또 子와 공합하여 水가 되니 모자멸자가 되었다.

아까운 것은 운로에서 木의 도움이 없고 火를 만나니 水와 싸움이 되는 것이다.

도리어 명리를 세우지 못할 사주이다. 초행 癸卯 甲辰은 동방 木地이니 모성에 순종하고 자식을 도우니 음덕과 비호가 대단히 컸으나, 乙巳 운부터는 남방 火이니 부모가 함께 망하였고 재물도 흩어지고 사람도 떠났다.

丙午 운에 水火 교전으로 가업을 모두 파하고 서거하였다.

【原注】

木是夫也。土是妻也。木雖旺。土能生金而克木。是謂夫健而怕妻。火土金水如之。其有水逢烈火而生土。火逢寒金而生水。水生金者。潤地之燥。火生木者。解天之凍。火焚木而水竭。土滲水而木枯。皆反局。學者細須詳其元妙。

木이 남편이라면 土는 처이다. 이에서 木이 비록 왕하더라도 土가 능히 生金하여 剋木하니 이런 경우를 「부건이파처(夫健而怕妻)」287)
라 하니 火土 金水도 이와 같다.

그 水는 烈火를 만나 生土하고 火는 찬 金을 만나 生水한다. 水生金
이 되는 것은 건조한 땅을 윤택하게 하고 火生木은 하늘의 언 것을 풀
어준다.

火가 木을 불사르면 水는 고갈되고 위에서 물이 말라 버리면 木은
고갈할 것이니 이들은 모두 反局이다. 학자들은 세밀하게 그 원묘함을
연구하기 바란다.

【任注】

木是夫也,土是妻也,木旺土多,無金不怕,一見庚申辛酉字,土生
金,金克木,是謂夫健而怕妻也,歲運逢金,亦同此論,如甲寅乙卯
日元,是謂夫健,四柱多土,局內又有金,或甲日寅月,乙日卯月,
年時土多,干透庚辛之金,所爲夫健怕妻,如木無氣而土重,卽不
見金,夫衰妻旺,亦是怕妻,五行皆同此論,其有水生土者,制火之
烈,火生水者,敵金之寒,水生金者,潤土之燥,火生木者,解水之
凍,火旺逢燥土而水竭,火能克水矣,土燥遇金重而水滲,土能克
木矣,金重見水泛而木枯,金能克木矣,水狂得木盛而火熄,水能
克土矣,木衆逢火烈而土焦,木能克金矣,此皆五行顚倒之深機,
故謂反局,學者宜細詳元妙之理,命學之微奧,其盡洩於此矣,

【해설】 木이 남편이고 土가 처라 하여 木旺 土多면 金이 없어
야 두렵지 아니하다.

하나라도 庚辛 辛酉가 있어서 土의 生을 받으면 金은 木을 극
하게 되니 이 때「부건이파처(夫健而怕妻)」라 한다. 세운에서
만나는 金도 이 논리와 같다.

---

287) 부(夫)는 건장하더라도 처를 두려워한다

가령 甲寅 乙卯 일주가 이른바 남편의 건장이니 사주 내에 土가 많고 국 내에 또 金이 있다. 혹 甲 일주에 寅月이거나 乙 일주에 卯月인데 年과 時에 土가 많고 天干에 庚辛이 투출하였다면 이른바「夫健而怕妻」이다.

가령 木이 무기력한데 土는 중중하고, 金이 없으면 夫는 쇠약하고, 妻는 왕한 것이니 이 때도 역시 처를 두려워한다. 다른 오행도 모두 이와 같다.

水生土한다는 것은 火의 열기를 제거한다는 것이고,

火生水한다는 것은 찬 金을 대적하여 준다는 것이고,

水生金은 조열한 土를 윤택하게 하여 준다는 것이고,

火生木은 水의 결빙을 풀어 준다는 것이다.

火가 왕한데 조열한 土를 만났다면 水는 고갈될 것이니 火가 능히 水를 극한다.

土가 조열한데 金도 중중함을 만났다면 水는 스며 없어질 것이니 土는 능히 木을 극한다.

金이 중한데 水의 범람을 만났다면 木은 말라버릴 것이니 金은 능히 剋木한다.

水가 광분한데 木이 왕성함을 만났다면 火는 질식하게 될 것이니 水는 능히 剋土하고,

木이 중하고 火가 맹렬함을 만났다면 土는 볶이게 될 것이니 木은 능히 剋金한다.

이상은 모두 오행을 전도시키는 깊은 기밀이다. 그러므로 반국(反局)이라 하였다. 학자들은 마땅히 그 원묘한 이치를 상세하게 연구하면 명리학의 깊고 작은 부분까지도 이에서 모두 누설될 것이다.

570

辛	甲	戊	己
未	寅	辰	亥

壬	癸	甲	乙	丙	丁
戌	亥	子	丑	寅	卯

甲寅 일주가 季春에 생하고 사주에 土가 많은데 時干에 辛金이 투출하여 土가 生金하니 金은 剋木한다. 이른바「부건파처」이다.

초년 木火 운은 土金을 제거하니 조년에 반수에서 놀았고 연등과갑하였다.

甲子 癸亥 운은 인수가 왕하고 생을 받으니 일주는 족히 그 재관을 감당할 수 있으므로 벼슬길이 앞질러 올라갔다.

辛	甲	戊	己
未	子	辰	巳

壬	癸	甲	乙	丙	丁
戌	亥	子	丑	寅	卯

甲木이 계춘에 생하니 木의 여기이고 앉은자리에 인수가 있으니 中和의 象을 이루었다.

재성이 중첩 당령하고 時干에 관성이 出하였으니 왕한 土가 金을 생하므로「부건파처」가 되었다.

초운 木火는 그 土金을 제거하므로 조년에 반궁에 들었고 과갑 연등하였으나 벼슬길에서 품수를 받지 못한 것은 단지 土가 病인 때문이다.

앞 사주는 亥가 있고 좌가 녹이며 지지는 다시 그에서 건장하였으나, 이 사주는 子未가 상천(☞ 翠山註 : 원진살로 상극함)하여 인수를 파괴하며 저 사주는 寅이 능히 土를 제극하고 인수를 보호한다.

庚	丁	辛	乙
戌	巳	巳	亥

乙	丙	丁	戊	己	庚
亥	子	丑	寅	卯	辰

대(戴)상서의 사주이다. 丁巳 일주가 孟夏에 생하고 月時에 庚辛 金이 투출하였는데 지지에서 또 생조한다. 巳亥가 충돌하니 火는 제거되고 금은 생존한다. 「부건파처」이다. 기쁜 것은 운로가 동방 木地로 운행하므로 인수가 부신(扶身)하므로 천하의 으뜸과에 급제하여 벼슬길에 파도도 없었다. 子 운에는 두 巳火가 제극되어 사망하였다.

☞ 翠山註 : 이는 丁火가 巳月에 생하고 乙木이 亥 위에 투출하니 怕妻는 될지언정 夫健이랄 수는 없을 것 같다. 일반적인 감정으로는 身弱이라 하기 어렵다. 그러나 立夏 후 7일 이내라면 지지가 모두 戊와 辛이 司令하니 木으로 用神을 삼고 소토시키지 않으면 안되겠다는 것을 알 수 있다.

癸	戊	甲	癸
丑	戌	子	亥

戊	己	庚	辛	壬	癸
午	未	申	酉	戌	亥

戊戌 일주가 亥년 子月에 생하고 甲木이 투출하여 생지를 만났다. 水生木 木剋土하니 역시 夫는 건장하지만 妻를 무서워한다. 가장 기쁜 것은 좌하가 戌 조토이니 그 중에 丁火 인수가 소장되어 있기 때문에 재성이 비록 왕하더라도 인수는 파괴시키지 못한다. 이른바 현기를 속에다 감추고 생존하는 것이다. 다만 혐

의가 되는 것은 지지가 북방 類이니 재세가 태왕한데 「물극필반
(物極必反)」 288) 하니 비록 벼슬은 방백에 이르렀으나 집행 자금
은 풍부하지 못했다.

甲	戊	癸	癸
寅	午	亥	亥

丁	戊	己	庚	辛	壬
巳	午	未	申	酉	戌

창(倉)제독의 사주이다. 戊土
일주가 亥年 亥月에 생하고 時에
甲寅을 만나니 칠살이 왕하다.
財와 殺이 방자하니 「부건파처」
가 되었다. 아까운 것은 인성이
노출되었으므로 재성이 족히 파
인하는 것이다. 그러므로 글공부
를 못하였다. 다행스러운 것은

寅木과 午가 合局하여 인수가 되는 것이니 극처에서 생을 만나
殺을 인수로 生化한 것이다. 그러므로 무관직으로 무리를 뛰어넘
었다.

【任注】
予觀夫健怕妻之命, 頗多貴顯者, 少究其理, 重在一健字之妙也,
如日主不健, 爲財多身弱, 終身困苦矣, 夫健怕妻, 怕而不怕, 倡隨
之理然也, 運遇生旺扶身之地, 自然出人頭地, 若夫不健而怕妻,
妻必姿性越理, 男牽欲而失其剛, 婦妞悅而忘其順, 豈能富貴乎,

【해설】 내가 보건대 「부건파처」의 사주는 자못 貴로 발한 자
가 많으니 그 이치를 조금 연구하여 보면 비중이 「건(健)」자
하나에서 그 묘함을 찾을 수 있다.

---

288) 물(物)은 극(極)에 달하면 반드시 회복, 반복됨

　가령 일주가 건장(건강)하지 않다면 재다신약 사주가 되어 평생을 곤고하게 살 것이다.「부건파처」는 두렵지만 무섭지는 않은 것이니 부창부수의 이치가 그러하다. 운로에서 生旺 扶身地를 만난다면 자연히 사람이 출생할 때 머리를 먼저 땅에 닿는 것과 같고,　만약「부불건이파처(夫不健而怕妻)」289)면　妻는　반드시 자태와 성정이 도리를 벗어날 것이다. 남편이 이끌고자 하여도 그 강(剛)함을 잃었으므로 부인은 소모와 희열에 빠져 그에 순종함을 잃게 되는데 어찌 능히 부귀를 할 수 있겠는가?

---

289) 남편이 건강하지도 않고 처를 무서워함

戰局 전국

天戰猶自可。地戰急如火。
천 전 유 자 가 。 지 전 급 여 화 。

　천간의 싸움은 오히려 가할 수 있으나, 지지의 싸움은 불같이
급하다.

【原注】

干頭遇甲庚乙辛。謂之天戰。而得地支順靜者無害。地支寅申卯酉。謂之
地戰。則天干不能爲力。其勢速凶。蓋天主動。地主靜故也。庚申甲寅乙
卯辛酉之類是也。皆見謂之天地交戰。必凶無疑。遇歲運合之會之。視其
勝負。亦有可存可發者。其有一沖兩沖者。只得一個合神有力。或無神庫
神貴神。以收其動氣。息其爭氣。亦有佳者。至于喜神伏藏死絶者。又要
沖動引用生發之氣。

　간두에 甲庚 乙辛이 만나면 이른바 천전(天戰)이라 하니 지지에서
순정함을 만나면 해가 없고, 지지에서 寅申 卯酉가 만나면 이른바 지
전(地戰)으로 천간이 위력을 발휘할 수 없으니 그 세는 속흉(速凶)함
이다.

　대개 天은 動함이 주임무이고 地는 靜함이 주임무이기 때문이다.

　庚申과 甲寅, 乙卯와 辛酉 등류가 그것이다. 이들이 모두 만나면 천
지교전이라 하니 반드시 흉할 것이니 의심이 없다. 이 때는 세운에서
합하거나 회국하여 그 승부를 내야 하는데 그에서 남는 것과 발하는
자를 알 수 있으며, 단충인지 양충인지를 알면 단지 한 개의 유력한
합신을 득할 수 있을 것이다. 혹 神에 고신(庫神), 귀신(貴神)이 없고
충동에서 거두어야 하거나 전쟁이 난 곳에서 쉬어야 하는 것에도 역시
아름다운 자가 있다.

희신이 복장되거나 사절된 것은 또 충동하여 생발지기를 이끌어 낸
다음 쓸 수 있다.

【任注】

天干氣專,而得地支安靜,易於制化,故天戰猶自可也,地支氣雜,
天干雖順靜,難于制化,故地戰急如火也,且天干宜動不宜靜,動
則有用,靜則愈專,地支宜靜不宜動,靜則有用,動則根拔,必得合
神有力,會神成局,息其動氣,或庫神收其動神,安其靜神,謂動中
助靜,以凶化吉,如甲寅庚申乙卯辛酉丙寅壬申丁卯癸酉之類,
天地交戰,雖有合神會神,亦不息其動氣,其勢速凶,如謂兩不沖
一,此謬言也,兩寅一申,沖去一寅,存一寅也,如兩申逢一寅,縱
使不沖,金多木少,亦能克盡矣,故天干論克,地支言沖,沖即克
也,顯然之理,又何疑耶,至於用神伏藏,或用神被合,柱中無引
用之神,反宜沖而動之,方能發用,故合有宜不宜,沖亦有宜不宜
也,須深究之,

【해설】 천간의 기는 순전하므로 지지에서 안정을 득하면 쉽게
제화가 되므로 천간의 싸움은 오히려 좋을 수 있다고 하였다.

지지의 기가 잡되면 천간이 비록 안정을 찾고자 하나 제화시
키기가 어렵다. 그러므로 지지의 싸움은 불같이 급하다 하였다.

또 천간은 動이 마땅하고 靜함이 마땅치 못하니 動한 즉 쓰임
이 생기고 靜하면 더 순전하여지기 때문이다. 지지는 안정함이
좋고 動함이 마땅치 못하다 한 것은 靜해야 쓰임이 있고 動하면
뿌리가 뽑히기 때문이다. 그러므로 반드시 합신을 득하면 유력하
고 삼합 회신으로 성국하여 그 발동한 기를 쉽게 하여야 한다.

혹 고장신이 있어서 그 발동신을 거두어 주고, 안정된 신도 편
안하면 이른바 動 중에서 안정을 돕는 것이니 흉이 변하여 길하

게 된다.

가령 甲寅과 庚申, 乙卯와 辛酉, 丙寅과 壬申, 丁卯와 癸酉 등류가 만나는 것은 천지교전이니 비록 합신이나 회신이 있더라도 그 동기에서는 쉴 수가 없으므로 그 세력은 속히 흉함이다.

하나로 둘을 충하지 못한다는 것은 잘못된 말이다.

두 寅에 한 申이면 한 寅을 충거시킬 수 있고 한 寅은 남는 것이며, 두 申에 한 寅이면 비록 충이라고 아니하여도 金이 많고 木은 적으니 모두를 극해 버린다. 그러므로 천간은 魁이라 말하고 지지는 沖이라 말하니 충이 즉 극이다. 이처럼 현연한 이치를 또 어찌 의심하겠는가?

용신이 복장되어 숨고 혹 용신이 합을 만나서 柱 中에는 용신을 이끌어 내고 쓸 것이 없으면 도리어 충이 마땅하고 동하더라도 능히 용신으로 발할 수 있다. 그러므로 합은 마땅한 것도 있고 마땅치 못한 것도 있으며, 충 역시 마땅한 것도 있고 마땅치 못한 것도 있으니 모름지기 깊이 연구하여야 한다.

辛	丁	乙	癸
亥	未	卯	酉

己	庚	辛	壬	癸	甲
酉	戌	亥	子	丑	寅

이도사(李都司)의 사주이다.

丁火가 중춘에 생하고 지지에 木局인데 癸가 酉支에 앉아 있다. 혹 재가 약한 살을 자윤하는 것으로 보거나 살인상생격으로 보기 쉬우나 卯酉沖으로 인수가 깨졌고, 천간은 乙辛 교전으로 인수 원신이 손상되니 재와 살이 방자하다는 것을 모르기 때문이다.

辛 운 중 壬子년에 또 다시 재살을 만나니 법을 범하고 사형

되었다.

己	乙	辛	癸
卯	卯	酉	酉

乙	丙	丁	戊	己	庚
卯	辰	巳	午	未	申

천간이 乙辛 己癸이고 지지는 양 卯와 양 酉이니 金은 예리하고 木은 야윈 것이다. 천지가 교전하고 金이 당령인데 도리어 己土의 생까지 받고 있다. 木은 휴수되고 癸水의 생부가 불능이다.

중운 남방 火地에는 제살하므로 이로(異路)로 출신하여 지현(知縣)에 올랐고, 辰 운에는 金을 생하고 살을 도우니 국법에 걸려들었다.

甲	壬	壬	壬
辰	午	寅	申

戊	丁	丙	乙	甲	癸
申	未	午	巳	辰	卯

壬水가 寅月에 생하고 年月에 비견이 양투하였고 좌에 申金 생지를 만나니 水의 세가 근원에 통하였다. 또 춘초의 木은 약하므로 충을 만나는 것이 불미한 것 같으나 기쁜 것은 앉은자리의 午火가 능히 추위를 해소하므로 木도 발생을 득하고 金 역시 제극을 받는다.

다시 묘한 것은 時干에 甲木 원신이 투출하여 천간의 水 역시 돌아갈 곳이 있으며 大地로 운행하여 生化의 정이 있으므로 쟁전의 걱정이 없어진 것이다. 그러므로 극위주첩(棘闈奏捷)되어 이름있는 구(區)로 벼슬길로 나갔다.

申 운에 이르러 寅木을 양 沖하므로 사망하였다.

辛	壬	壬	壬
丑	申	寅	申

戊 丁 丙 乙 甲 癸
申 未 午 巳 辰 卯

천간의 세 壬이 地支 양 申에 통원하였다.

춘초의 약한 木은 양 申의 협충을 감당하기 어렵게 되었다. 오행의 火가 없으니 제화의 정이 적다. 다시 혐오스런 것은 丑時 습토가 金을 생하니 이른바 기는 탁하고 神은 말라붙은 상이다.

초운 癸卯 甲辰은 부족한 木을 도와주니 부모의 덕이 유여하였고, 乙巳 운은 형과 충을 한꺼번에 만나니 형상과 파패를 당하였고, 丙午에는 천간에 木이 없으므로 군비가 쟁재하여 파가하고 사망하였다.

甲	戊	辛	乙
寅	申	巳	亥

乙 丙 丁 戊 己 庚
亥 子 丑 寅 卯 辰

천간이 乙辛과 甲戊이고 지지는 寅申 巳亥이니 천지가 교전하므로 불미한 것처럼 보인다.

그러나 기쁜 것은 천간 乙辛은 관성의 혼잡된 살을 제거하였고 지지의 寅申은 방자한 살을 제거하고 巳亥 충은 본시 인수를 파괴하므로 기쁠 수 없으나 기쁘게 도 立夏 후 10일이니 戊土가 사령하였으므로 亥水가 제극을 받으니 巳火는 상하지 아니한다.

중년의 운로가 木火이니 인수가 생부하여 연등 갑제하고 벼슬이 군수가 되었다. 子 운은 亥水를 도와 일으키니 인수를 파괴하여 사망하였다.

```
庚 甲 辛 乙
午 子 巳 亥

乙 酉 丁 戊 己 庚
亥 子 丑 寅 卯 辰
```

천간이 甲乙 庚辛이고 지지는 巳亥와 子午이니 천지교전한다. 국 중에서 火는 왕하고 水는 쇠약한데 인수는 관살의 생을 받는 것이 기쁘다고 한다. 그러나 庚辛이 巳午火 위에 있으므로 亥子와 함께 망망하여 끊기고 막혀서 없어졌다는 것을 모르기 때문이다. 이른바 剋과 洩이 교가(交加)하는데 운로도 水를 만나지 못하니 형모 이상하였고 3妻와 4子를 극하였다.

丁丑 운에는 子水와 합하여 火를 가리고 金을 생하니 한 가지 일도 이루지 못하고 사망하였다.

合局 합국

合有宜不宜。合多不爲奇。
합 유 의 불 의 。 합 다 불 위 기 。

합에는 마땅한 것도 있고 마땅치 못한 것도 있으며, 합이 많은 것은 길할 수 없다.

【原注】

喜神有能合而助之者。如以庚爲喜神。得乙合而助金。凶神有能合而去之者。如以甲爲凶神。得己合而去之。動局有能合而靜者。如子午相沖。得丑合而靜。生局有能合而成者。如甲生于亥,得寅合成,皆是也。若助起凶神之合。如己爲凶神。甲合之則助土。羈絆喜神之合。如乙是喜神。庚合之則羈絆。掩蔽動局之合。丑未喜神。子午合之則閉。助其生局之合。不喜甲木。寅亥合之則助木。皆不宜也。大率多合則不流通。不奮發。雖有秀氣。亦不爲奇矣。

희신에 합한 후 돕는 것이 있으니 가령 庚이 희신이라면 乙의 합을 만나 金을 돕는 것이다.

흉신도 합한 후 제거되는 것이 있으니 가령 甲이 흉신이라면 己와 합하여 제거되는 것을 말한다.

動局에 합을 만난 후 靜을 찾는 것이 있으니 가령 子午 상충일 때 丑을 만나 합한 후 안정하게 된 것이고 生局에도 합을 만난 후 이루는 것이 있으니, 가령 甲은 亥에서 생하는데 寅을 합한 후 완성되는 것이니 모두 이러하다.

만약 흉신을 도와 일으켜 주는 합은 가령 己가 흉신일 때 甲과 합하여 土를 돕는 경우이며, 또 희신과 합하여 기반(羈絆)290)되는 것은

---

290) 강제로 붙잡아 맴

乙이 희신일 때 庚과 합하면 기반되는 것이며, 또 動局에서 엄폐시키는 합이 있으니 丑未가 희신일 때 子午가 합하면 閉하고 生局을 돕는 합이 있는데 甲이 기신인데 寅亥가 합하여 甲木을 도우면 마땅치 못한 것이다.

　대저 합이 많은 것은 유통이 안되고 분발이 안되므로 비록 수기가 있을지라도 역시 기발할 수 없다.

【任注】

合固美事,然喜合而合之最美,若忌合而合之,比沖愈凶也,何也,沖得合而靜之則易,合得沖而靜之則難,故喜神有能合而助之者爲美,如庚爲喜神,得乙合而助之者是也,凶神有能合而去之者更美,如甲爲凶神,得己合而去之者是也,閑神凶神,有能合而化喜者,如癸爲凶神,戊爲閑神,戊癸合而化火爲喜神是也,閑神忌神有能合而化喜者,如壬爲閑神,丁爲忌神,丁壬合而化木爲喜神是也,如子午逢沖,喜神在午,得丑合之,寅申逢沖,喜神在寅,得亥合之,皆是宜也,如忌神得合而助之者,己以爲忌神,甲合之,則爲助忌之合,以乙爲喜神,庚合之,則爲戀凶之合,有喜神閑神合化忌神者,以丙爲喜神,辛爲閑神,丙辛合化水爲忌神是也,有閑神忌神合化凶神者,以壬爲閑神,丁爲忌神,丁壬合化木爲凶神是也,如卯酉逢沖,喜神在卯,得辰合之,化金仍克木者,巳亥逢沖,喜神在巳,得申合之,化水仍克火者,皆是不宜也,大率忌神合而化去之,喜神合而化來之,若忌神合而不去,不足爲喜,喜神合而不來,不足爲美,反爲羈絆貪戀而無用矣,來與不來,卽化與不化也,宜審察之,

【해설】　합이란 진실로 아름다운 일이기는 하다. 합이 기쁠 때는 합하는 것이 가장 아름답고, 만약 합이 꺼릴 때는 합하면 충

과 비교하여서도 더 흉하다. 왜 그런가?

충에서 합을 득하여 안정하기는 쉬우나 합에서 충을 만나야 靜한다고 보기는 어렵기 때문이다. 그러므로 희신은 합이 있어서 도우면 아름다우니 庚金이 희신일 때 乙을 만나 합하여 돕는 것이 그것이다.

흉신도 합을 만나서 제거되면 다시 아름다우니 甲木이 흉신일 때 己土와 합하여 제거되는 것이 그것이다.

한신과 흉신도 합을 만난 후 희신으로 변화하는 것이 있으니 癸가 흉신인데 戊土는 한신이라면 합하여 火 희신으로 변하는 것이 이것이다.

한신과 기신이 합한 후 희신으로 변하는 경우는 壬 한신과 丁 기신일 때 丁壬이 합해 木 희신으로 변하는 것이 그것이다.

가령 子午 충일 때 희신이 午라면 丑이 합하고 寅申 충일 때 희신이 寅이라면 亥가 합하는 것이 그것이다.

가령 기신이 합하고 돕는 경우는 己土가 기신인데 甲이 합하면 기신을 돕는 합이 되고, 乙이 희신인데 庚이 합하면 다시 흉으로 변하는 합이 된다.

희신과 한신이 합하여 기신이 되는 경우는 丙이 희신이고 辛이 한신일 때 합하여 水로 되면 기신으로 변하는 경우이다.

한신과 기신이 합하여 흉신으로 화하는 경우는 壬이 한신, 丁이 기신일 때 丁壬 合化 木이 되는 것이 그것이다.

가령 卯酉 봉충에서 희신이 卯인데 辰이 있어 합하면 金으로 化하여 剋木하고, 巳亥 봉충에서 희신이 巳인데 申과 합하여 水가 되면 剋火할 것이니 이들은 모두 마땅치 못한 합들이다. 대체로 기신을 합하여 제거하고 희신은 합하여 희신으로 와야 한다.

만약 기신을 합하여 제거하지 못하면 희신으로서 부족하고 희신이 합하고서 희신으로 오지 않으면 아름답다고 하기는 부족하다. 도리어 기반이 되어 연정을 탐하는 것은 무용지물이다. 와도 오지 않는 것이 즉 化하려 해도 化하지 못하는 것이니 마땅히 깊이 살펴야 한다.

乙	丙	庚	辛
未	子	寅	亥

甲	乙	丙	丁	戊	己
申	酉	戌	亥	子	丑

주중당(朱中堂)의 사주다. 丙子 일주가 춘초에 출생하여 火는 허하고 木은 연약하다. 용신이 木이니 기신은 金인데 가장 기쁜 것은 亥水가 金을 유통시켜 寅과 합하고 木을 생하는 것이다. 時支의 未土는 또 乙木을 득하였으므로 반근하면서 제압하니 탁기는 제거되고 청기만 남아서 중화되고 순수하다. 위인이 관후 화평하였고 일생을 벼슬 속에서 안온하게 지냈다.

辛	壬	庚	戊
丑	寅	申	子

丙	乙	甲	癸	壬	辛
寅	丑	子	亥	戌	酉

壬寅 일주가 맹추에 생하고 秋水에다 근원을 대고 중중 인수이며 戊와 丑土는 능히 生金하고 水를 제압하지는 못하므로 있어도 쓰지 못한다. 단지 水의 순수한 성정을 좇아서 寅木이 용신이다.

癸 운에 金을 설기하여 木을 생하니 반궁에 들었고, 亥 운에 지지가 북방 류이니 습체하는 丑土病을 제거하고 또 寅木과 생합하니 갑과의 과거에 급제하여

한림원에서 이름을 높였다. 혐의가 되는 것은 寅申이 충을 하는 것인데 수기를 상하게 하므로 지현(知縣)으로 낮춰졌다.

甲子는 水木이 함께 오니 벼슬길이 편안하였고, 乙 운은 庚과 합하여 病을 키우니 파직되어 회가하였고, 丑 운에는 金을 생하므로 사망하였다.

丁	丙	壬	丁
酉	午	寅	亥

丙丁戊己庚辛
申酉戌亥子丑

丙午 일주가 寅月에 출생하였는데 천간에 丁火가 양투하였으니 왕성함을 알 수 있다.

壬水는 亥에 통근하였으니 살인상생격이 되었는데 혐의가 되는 것은 丁壬과 寅亥가 합하여 木 기신으로 변하는 것이다. 이로써 겁재와 양인이 방자하고 군겁이 쟁재하니 초운 북방 金水에는 유업이 풍부하였고, 戊戌 운에는 또 다시 火局을 만드니 金水를 모두 극진시켜 가업을 파하고 몸도 망하였다.

丙	戊	甲	己
辰	寅	戌	亥

戊己庚辛壬癸
辰巳午未申酉

사시랑의 사주이다. 戊 일주가 계추에 생하여 土가 사령하였고 겁재와 인수가 함께 투출하였으니 일주가 왕하다고 할 수 있다. 다만 甲木이 진기가 되고 지지에 장생과 녹왕을 만났고 또한 辰은 木의 여기이니 火를 설하여 生木하는데 金이 없어서 제극하지 못하므로 살세가 왕성하다.

기쁜 것은 甲己가 합하는 것이니 일주는 그의 극을 받지 아니하고 다시 묘한 것은 중년 운이 土金으로 운행하니 마땅한 바이를 제화하여 이름도 날리고 녹도 많았다.

丙	戊	甲	己
辰	寅	戌	巳

戊	己	庚	辛	壬	癸
辰	巳	午	未	申	酉

이는 앞 사주와 단지 亥 字 하나만 바뀌었다. 곧 土에 水의 윤택이 없으므로 木을 기르기 힘들고 甲己합도 아름답지 못하며 살에 기세가 없으니 겁재만 방자하다.

壬申 운에는 비록 한 끄트머리에 생화가 있으나 급제하지는 못하였고, 申 운에 또 土金을 만나니 형처 극자하고 가업은 잠소(潛消)하였으며 巳 운에 사망하였다. 털끝의 차이가 천 리였다.

丙	甲	壬	丁
寅	子	寅	未

丙	丁	戊	己	庚	辛
申	酉	戌	亥	子	丑

甲木이 寅月 寅時에 출생하니 木氣는 약하고 허하다. 丙火로 해동하고 추위를 이겨야 하니 용신이 된다.

壬水는 丙火를 극하니 기신인데 가장 기쁜 것은 丁壬이 합하여 木이 되는 것이니 도리어 丙火를 생한다.

癸酉년은 본시 불길할 것이나 己土 운이므로 尅水하였기에 극위(棘闈)291)에 오를 수 있었고, 戊 운 卯년에는 갑과에 올랐다. 아까운 것은 운로가 한계가 짧아 크게 쓰이지 못하였다.

甲	甲	壬	丁
子	戊	寅	亥
丙	丁	戊	己	庚	辛
申	酉	戌	亥	子	丑

甲木이 寅月에 생하니 득시 당령하다.

가령 丁火를 용신으로 쓰려니 壬水가 合去하고 戊土를 용신으로 하려니 寅亥가 生合하여 尅土하므로 일생을 성패가 하나 같지 아니하였고, 형모가 다단하였으나 다행히 기쁜 것은 중 운이 배신하지 아니하니 등 따습고 배부를 수 있었다.

이상을 보면 합이 마땅하면 명리 유여할 수 있으나 합이 마땅치 못하면 형상과 파패가 따른다는 것이다.

---

291) 지방고시의 하나

제7장 君臣 · 母子 군신 · 모자

군상(君象) / 588

신상(臣象) / 591

모상(母象) / 596

자상(子象) / 599

성정(性情) / 603

君象 군상

君不可抗也。貴乎損上以益下。
군 불 가 항 야 。 귀 호 손 상 이 익 하 。

　임금에게는 항거가 불가하니 귀한 것은 위를 덜어서 아래를
돕는 것이다.

【原注】

日主爲君。財神爲臣。如甲乙日主。滿局皆木。內有一二土氣。是君盛臣
衰。其勢要多方以助臣。火生之。土實之。金衛之。庶下全而上安。

　일주를 君으로 하고 財神을 臣으로 한다.
　가령 甲乙 일주에 만국이 모두 木이고 안으로 한두 점의 土氣만 있
다면 이는 君盛 臣衰이니, 그 세가 臣을 돕는 방향으로 운행하는 것이
중요하므로 火로 생하여야 土가 실하게 된다. 金으로 호위하는 것도
되어 아래로 온갖 것이 온전하지만 위로도 편안하다.

【任注】

君不可抗者,無犯上之理也,損上者,洩上也,非克制也,上洩則下
受益矣,如以甲乙日主爲君,滿局皆木,內只有一二土氣,君旺盛
而臣極衰矣,其勢何如哉,惟有順君之性,火以行之,火行則木洩,
土得生扶,爲損上以益下,則上下亢君,下得安臣矣,若以金衛之,
則抗君矣,且木盛能令金自缺,君仍不能抗,反觸其怒,而臣更洩
氣,不但無益,而有害也,豈能上安而下全乎,

【해설】 임금에게는 항거하는 것이 불가하다는 것은 위를 범하
는 이치는 없음을 말한 것이다.

위를 덜어준다는 말은 위를 설기한다는 것이지 극제한다는 말이 아니다. 위를 설기시키면 아래에 수익이 있는 것이니 가령 甲乙 일주가 임금이라면 만국에 木이 모두 있고 단지 한두 개의 土氣만 있다면 임금은 왕성하지만 신하는 극히 쇠약하니 그 세력을 어찌하겠는가? 오직 임금의 성정에 순종하면서 火로 운행하여야 한다. 火地로 운행하면 木을 설기하여 土를 생부하여 주니 이른바 위를 덜어서 아래에 더해 주는 것이니 위로는 임금에게 항거하지 아니하고 아래로는 신하가 편안함을 얻게 된다는 것이다.

만약 金으로 호위하는 것은 임금에게 항거하는 것이다. 또 木이 성하면 金은 스스로 결손되어 임금에게 능히 항거할 수 없는 것인데, 반대로 성질만 건드려 노하게 할 것이다. 또 신하를 설기시키는 것도 무익할 뿐만 아니라 해가 있는 것이니 어찌 능히 위가 편안하면서 아래를 온전하게 하겠는가?

乙	甲	丙	甲
亥	戌	寅	戌

壬	辛	庚	己	戊	丁
申	未	午	巳	辰	卯

甲 일주가 寅月에 생하고 또 亥水가 생하고 비겁이 돕는데 年과 일지에 戌土가 허약하게 있다. 이른바 군성신쇠이다.

기쁜 것은 월간에 丙火가 투출하여 임금의 성정에 순종하니 戌土는 생부의 정이 되어 위도 편안하면서 아래도 온전한 것이다.

己巳 운에는 火土가 함께 왕하므로 과갑 연등하였고, 庚午 辛未는 火가 득지하고 金은 무근하며 丙火가 빛을 발하니 庚辛 金

이 임금에게 항거 불능이고 午未는 신하를 능히 생부하므로 벼
슬이 번얼에까지 이르렀다.

壬申 운은 寅을 충하고 丙을 극하니 임금의 성정을 거역하는
것이 되어 사망하였다.

乙	甲	甲	甲
亥	寅	戌	子

庚	己	戊	丁	丙	乙
辰	卯	寅	丑	子	亥

甲寅 일주가 계추에 출생하니
왕성한 土가 용사한다. 봄의 허
토와는 비교가 안 된다. 이 곳의
戌土 하나가 족히 다른 곳의 두
개를 당한다. 亥 時에 생하니 또
천간이 모두 木이 되어 군은 성
하고 신은 쇠하다.

혐의가 되는 것은 국 중에 火
가 없으므로 군겁이 쟁재하는 것이며 臣을 돕는 것이 없는 것은
위가 불안하여 아래가 어렵다는 것이다.

초운 북방 水旺地는 군의 세만 도우므로 형상 파모하였고 조
업을 보전치 못하였다. 丁丑 운은 火土가 함께 오니 가업을 점점
일으켰고, 戊寅 己卯는 土가 무근이고 木이 왕지에 임하니 세 차
례의 화재로 기복이 이상이었고 형처 극자하였으며 卯 운에 사
망하였다.

臣象 신상

臣不可過也。貴乎損下而益上。
신 불 가 과 야 。 귀 호 손 하 이 익 상 。

신은 과한 것이 불가하니 귀한 것은 아래를 덜어서 위를 더해야 한다.

【原注】

日主爲臣。官星爲君。如甲乙日主。滿盤皆木。內有一二金氣。是臣盛君衰。其勢要多方以助金。用帶土之火。以洩木氣。用帶火之土。以生金神。庶君安臣全。若木火又盛。無可奈何。則當存君之子。少用水氣。一路行火地。方得發福。

일주가 臣이라면 관성이 君이 된다.

가령 甲乙 일주에 만반이 木이고 안으로 한두 개의 金氣만 있다면 이는 신성 군쇠이니 그 세가 많이 金을 돕는 방위로 운행하는 것이 중요하다. 土를 대동한 火를 용하여 木氣를 설기시키고 火를 대동한 土를 용하여 金神을 생하면 나아가 君이 편안하고 臣이 온전할 것이다.

만약 木火가 또 성하면 어찌할 방법이 없을 것이니 마땅히 君과 자식만이 있는 것이 허용되니 적더라도 水氣를 용신으로 한다. 행운하는 길이 한결같이 火地로 가면 바야흐로 발복을 얻을 것이다.

【任注】

臣不可過,須化之以德也,庶臣順而君安矣,如甲乙日主,滿局皆木,內只一二金氣,臣盛而君衰極矣,若金運制臣,是衰勢而行威令,必有抗上之意,必須帶火之土運,木見火而相生,臣心順矣,金

逢土而得益,君心安矣,若水木並旺,不見火土,當存君之子,一路
行水木之運,亦可安君,若木火並旺,則宜順臣之心,一路行火運,
亦可安君,所謂臣盛而性順,君衰而仁慈,亦上安而下全,若純用
土金以激之,非安上全下之意也,

【해설】 신하는 지나친 것이 불가하니 모름지기 덕으로써 순화
시키면 나아가 臣은 순종하고 君은 편안할 것이다.

가령 甲乙 일주에 만국이 모두 木이고, 안으로 단지 한두 점의
金氣만 있으면 臣은 성한데 君이 극쇠한 것이다. 만약 金 운으로
나가 臣을 제극하면 이 때는 쇠약한 세력이지만 행동은 위엄으
로 명령하려 한다.

이 때 꼭 위를 항거하는 뜻이 있으므로 모름지기 火를 대동한
土 운이라야 한다. 이 때 木火는 상생하여 臣의 심성에 순종하는
것이 되고 金도 土를 만났으니 이익을 득하여 君의 심성도 편안
할 것이다.

만약 水木이 함께 왕하고 火土가 없으면 마땅히 君과 子만
존재할 뿐이니 외길로 水木 운로를 만나야 역시 君이 편안하게
된다.

만약 木火가 함께 왕하면 마땅히 臣의 심성에 순종하여야
하니 외길로 행로 火 운이라야 역시 君도 편안함이 되는 것
이다.

이른바 臣이 왕성하면 그 성정에 순종하고 君이 쇠약하지만
인자하여 역시 위가 편안하고 또 아래가 온전할 것이다.

만약 土金만을 순전히 용신으로 쓴다면 격동이니 위로 편안치
못하고 아래도 온전할 수 없다.

庚	甲	甲	戊
午	寅	寅	寅

庚	己	戊	丁	丙	乙
申	未	午	巳	辰	卯

甲寅 일주가 연월이 모두 寅이며 만반이 木인데 時上에 庚金이 무근이니 「신성군쇠(臣盛君衰)」가 심하다.

기쁜 것은 午時이니 木성을 유통시키는 것이며, 戊土는 약하지만 뿌리가 있으므로 신심(臣心)[292]에 순종한 것이다.

또 丙辰 丁巳 戊午 己未 운을 만나니 土를 대동한 火이므로 생화하고 어지럽지 아니하니 「신순군안(臣順君安)」하다. 일찍이 갑과에 등과하여 벼슬이 시랑에 이르렀고, 庚申 운에 용신을 거역하므로 사망하였다.

辛	甲	乙	癸
未	寅	卯	卯

己	庚	辛	壬	癸	甲
酉	戌	亥	子	丑	寅

甲寅 일주가 연월에 卯를 갖고 乙癸가 투출하였다. 未는 또 남방 조토이며 木의 고장으로 근기이니 金을 생하는 土가 아니다. 그러므로 辛金인 君이 무능함을 알 수 있다. 「마땅히 君의 子만이 존재하여야 한다」하였으니 癸水가 용신이다.

운로에서 甲寅 癸丑을 만나니 유업이 여러 가닥으로 풍부하였으며 임자 신해는 명리가 양전하였다.

庚戌 운은 土金이 함께 왕하니 臣에서 용납하지 아니하여 범

---

292) 신하가 요구하는 성정

법하여 낙직하였고 파모 극자하고 사망하였다.

甲	戊	戊	戊
寅	午	午	午

甲	癸	壬	辛	庚	己
子	亥	戌	酉	申	未

이는 戊午가 셋인데 時의 殺이 비록 祿坐에 있으나 局 중에 水가 없으며 火土가 조열하니 「신성군쇠(臣盛君衰)」이다. 또 寅午가 會局하니 木이 火勢를 좇아야 한다. 火는 일주를 돌려 생하니 임금의 은혜가 비록 중하나 일주의 의향은 도리어 甲木을 유념하지 아니한다. 그러므로 서방 金地에서도 공명을 이룰 수 있었으니 이는 사정(私情)은 깊고 컸으나 임금의 은혜를 마음에 두지 않기 때문이다. 운로가 水旺地를 만나서는 「존군지자(存君之子)」[293]가 아니 되므로 착오를 범하고 낙직하였다.

己	己	丙	甲
巳	酉	子	寅

壬	辛	庚	己	戊	丁
午	巳	辰	卯	寅	丑

己酉 일주가 중동에 생하였고 甲寅 관성은 좌에서 祿이면서 생을 받고 子水 재성은 당령하였으니 旺財가 生官한다. 時에서 인수를 만났으니 이른바 「군신양성(君臣兩盛)」하다. 다시 묘한 것은 월간에 丙火가 투출하였으니 寒土가 陽을 지향하는데 전하고 전하여 일주를 생하니 君의 은혜가 크다 할 수 있다.

---

293) 관성(官星)과 그의 子이니 인수(印綬)

조년에 과갑하였고 한림원에서 이름을 날렸다.

坐下 酉金의 인연이 巳時에 이어졌으니 火는 생하고 金은 호위하고 水는 보양하니 일주의 역량이 족히 재성을 극할 수 있다. 그러므로 관이 재를 중히 여기면 君의 은혜는 망각하게 된다는 것이다.

母象 모상

知慈母恤孤之道。始有瓜瓞無疆之慶。
지 자 모 휼 고 지 도 。 시 유 과 질 무 강 지 경 。

어머니의 사랑과 휼고지도(恤孤之道)294)를 알아야 비로소 후
손에게 만수무강의 경사가 있을 것이다.

【原注】
日主爲母。日之所生者爲子。如甲乙日主。滿柱皆木。中有一二火氣。是
母旺子孤。其勢要多方以生子孫。成瓜瓞之緜緜。而後流發于千世之下。

일주가 母라면 일주가 生하는 자가 자식이니 가령 甲乙 일주에 만
기둥에 다 木인데 그 중에 한두 점의 火가 있다면 이를 「모왕자고(母
旺子孤)」라 한다. 그 세가 자손을 많이 生하는 方으로 나가는 것이
중요하니 후손을 면면히 이어가며 천 세까지 전하여 반영해야 하기 때
문이다.

【任注】
母衆子孤,不特子仗母勢,而母之情亦依乎子,故子母二人,皆不
宜損抑,只得助其子勢,則母慈而子益昌矣,如日主甲乙木爲母,
內只有一二火氣,其餘皆木,是母多子病,一不可見水,見水子必
傷,二不可見金,見金則觸母性,母子不和,子勢愈孤,惟行帶火土
之運,則母性必慈,其性向子,子方能順母之意而生孫,以成瓜瓞
衍慶于千世之下,若行帶水之土運,則母情有變,而反不容子矣,

【해설】 母는 중한데 子가 고독하면 子는 母勢에 의지하려고

---

294) 자기를 희생하며 자식을 구원함

아니하더라도 어미의 정은 역시 子에게 의지하는 터라 子母 2인은 모두 손상이나 억제가 마땅치 못하다.

단지 그 子의 세력을 돕는 것이면 母의 사랑으로 子는 익창할 것이다.

가령 일주가 甲乙 木인데 母일 때 안으로 단지 한두 火氣만 있고 나머지는 모두 木이라면 이는 「모다자병(母多子病)」이니 첫째로 만나서는 안될 것이 水이다. 만약 水를 만나면 子는 반드시 상할 것이다.

둘째로 만나서는 안될 것이 金이니 金을 만난 즉 모성을 촉분시켜 母子가 불화하여 子의 세가 더욱 고독하게 된다. 오직 火를 대동하는 土 운으로 행하면 모성이 반드시 인자하게 될 것이고 그 성정은 子에게로 향할 것이니 子는 바야흐로 능히 母의 뜻에 순종하여 손자를 생산하여 후손을 千世 아래까지 이어가며 번연시키는 경사를 이루어 낼 것이다.

만약 水를 대동한 土 운으로 운행하면 모정에 변화를 일으켜 도리어 子를 용납하지 못하게 된다.

己	乙	甲	戊
卯	卯	寅	午

庚	己	戊	丁	丙	乙
申	未	午	巳	辰	卯

乙卯 일주가 寅月 卯時에 출생하니 만반이 모두 木이고 단지 年支에 午火가 있으니 母는 왕하고 子는 고독하다. 기쁜 것은 그 子가 寅午로 반합 회국하였으므로 母의 성정이 인자하므로 子에게 향한 것이다. 子 역시 母의 뜻에 순종하여 戊土 손자를 생한다.

다시 기쁜 것은 운로가 火土이니 소년 일찍부터 호방(虎榜)에 급제하여 몸은 봉지(鳳池)에 들었고 벼슬은 시랑에 이르렀다. 庚 申 운으로 바뀌어서는 母의 성을 촉분시켰으므로 사망하였다.

乙	甲	丙	癸
亥	寅	辰	卯

庚	辛	壬	癸	甲	乙
戌	亥	子	丑	寅	卯

甲寅 일주가 계춘에 출생하여 지지에 동방을 갖추었고 또 亥時에 출생하니 한 점 丙火가 허로하다. 母는 많고 子는 고독하다. 辰은 습토로서 火를 가리고 木을 부양하고 겸하여 癸水까지 투출하였는데 時에 亥水가 왕양하니 母는 자애(慈愛) 흌고지심이 없고 도리어 멸자(滅子)의 뜻만 있다.

초운 乙卯 甲寅은 丙火를 생부하고 자식을 사랑하는 마음이 있었으므로 행복하게 살았으나, 癸丑 운은 水를 대동하는 土이므로 母心은 반드시 변한다 하였으니 子는 편안할 수 없고 파패 이상하였으며 壬子에 이르러 그 子에게 극절되므로 파가하고 사람도 흩어졌으며 자살로 끝냈다.

子象 자상

知孝子奉親之方。 始克諧成大順之風。

지 효 자 봉 친 지 방 。 시 극 해 성 대 순 지 풍 。

효자가 부모를 편안케 받드는 방법을 알면 처음부터 해화 (諧和)[295]로 다스리기 때문에 대순지풍(大順之風)[296]을 이루어 낸다.

【原注】

日主爲子。生日者爲母。如甲乙滿局皆是木。中有一二水氣。爲子衆母衰。其勢要多方以安母。用金以生水。用土以生金。則成母子之情。爲大順矣。設或無金。則水之神依乎木。而行木火金盛地亦可。

일주를 子로 하고 일주를 생하는 자를 母로 한다.

가령 甲乙 일이 만국이 모두 木이고 그 가운데 한두 점의 水가 있으면 子는 많고 母는 쇠약하니 그 세력은 많이 母를 편안케 하는 方으로 가는 것이 중요하다.

金을 써서 生水하고 土를 써서 生金하면 母子의 정을 이룩한다는 것이 대강의 순리이다. 설혹 金이 없더라도 水神은 木에 의지할 것이며 木火金이 성한 곳으로 행하는 것은 역시 가하다.

【任注】

子衆母衰, 母之性依乎子, 須要安母之心, 亦不可逆子之性, 如甲乙日爲主, 滿局皆木, 中有一二水氣, 謂子衆母孤, 母之情依乎子, 必要安母之心, 一不可見土, 見土則子戀婦而不顧母, 母不安矣,

---

295) 식자(識者)의 품위있고 점잖은 조크
296) 천리(天理)를 어기지 않는 자연스러운 기풍

二不可見金, 見金則母勢强而不容子, 子必逆矣, 惟行帶水之金
運, 使金不克木而生水, 則母情必依子, 子情亦順母矣, 以成大順
之風, 若行帶土之金運, 婦性必悍, 母子皆不能安, 人事莫不皆然
也, 此四章雖主木論, 火土金水亦如之,

【해설】 자중모쇠(子衆母衰)면 母의 性은 子에게 의지할 것이
니 모름지기 중요한 것은 모친의 마음을 편안케 할 것이며 또한
子의 성정을 거역하는 것은 불가하다.

가령 甲乙 일주인데 만국이 木이고 그 중에 한두 개의 水氣만
있으면 이른바 子는 중하고 母는 고독하니 母의 정은 子에게 의
지하게 된다. 이 때는 반드시 母心을 편안케 하는 것이 중요하
다. 이 때 가장 만나서는 안되는 것이 土이니 土를 만나면 子는
부인을 연모하여 모친을 돌보지 아니하므로 母가 불안하기 때문
이다.

두 번째로 만나서는 안 되는 것이 金이니 金을 만나면 母의
세가 강해 子를 용납하지 아니하여 子는 반드시 오역하기 때문
이다. 오직 水를 대동한 金 운으로 진행하면 金이 剋木하지 못하
도록 生水하여 母情은 반드시 자식에 의지하고 子情 역시 모정
에 순종한다.

이렇게 하여 큰 순리지풍(順理之風)을 이루는데, 만약 土를 대
동한 金 운으로 운행하면 부인의 성질이 반드시 사나와서 母子
가 모두 편치 못할 것이니 인사 문제가 다 그러하지 아니함이
없다.

이 이상 사상(四象)은 모두 木을 위주로 논하였으나 火土金水
도 역시 이와 같다.

乙 甲 乙 癸
亥 寅 卯 亥

己 庚 辛 壬 癸 甲
酉 戌 亥 子 丑 寅

甲寅 일주가 중춘에 생하여 亥卯 寅亥가 공합하였고 만국이 모두 木인데 연간의 癸水는 무세(無勢)이니 子는 왕하고 母는 고독하다. 그 정이 木에 의지하고 木의 성정도 역시 水에 의지하니 이른바 母子가 정답게 협력한다.

초운 甲寅 癸丑은 부모의 음비가 유여하였고, 조년에 반궁에 들었으며, 壬子 운에 지방고시에 급제하였고, 辛亥 운은 金水 상생이니 현령을 거쳐 성목(省牧)으로 천거되었다. 庚戌은 土金이 함께 왕하니 母子가 불안하여 착오를 범하고 낙직한 후 사망하였다.

甲 甲 己 乙
子 寅 卯 亥

癸 甲 乙 丙 丁 戊
酉 戌 亥 子 丑 寅

甲寅 일주가 중춘에 생하고 만국이 모두 木인데 亥卯도 木局이 되었다. 時支의 子水는 쇠약함이 극에 달하니 그 정이 木에 의지하였다. 일주는 己土와 사적인 연정에 빠져 母를 돌보지 아니한다.

丁丑 운은 火土가 함께 오니 도리어 母를 용납치 아니한다. 언(諺)에 이르기를 「부인이 어질지 못하면 그 가정은 화목할 수가 없다」 하니 형상 파모가 있었고 丙子는 火가 통근되지 못하여 허물없이 편안하였고, 甲戌은 또 土旺함을 만나니 파모 이상하였고, 乙亥 癸酉는 生火 불패하

니 후처에서 生子하였고 가문을 크게 떨쳤다. 壬申 운은 만년에
더욱 아름다웠으니 金水 상생한 연고이다.

性情 성정

五氣不戾。性情中和。濁亂偏枯。性情乖逆。
오 기 불 려 。 성 정 중 화 。 탁 란 편 고 。 성 정 괴 역 。

오기가 어그러지지 않았으면 성정은 중화된다. 탁하고 난잡하고 편고한 것은 그 성정이 괴역이니 비뚤어진 것이다.

【原注】
五氣在天。則爲元亨利貞。賦在人。則仁義禮智信之性。惻隱羞惡辭讓是非誠實之情。五氣不戾者。則其存之而爲性。發之而爲情。莫不中和矣。反此者乖戾。

五氣가 하늘에서는 원형이정(元亨利貞)이며 사람에게 부여하여서는 인의예지신(仁義禮智信)의 性297)이 된다.

측은한 마음, 불의를 미워하는 마음, 사양하는 마음, 시비 성실의 정 등이다. 五氣 不戾는 존재하는 그 자체로 性이 되고 발하여서는 정이 된다. 그러므로 中和하지 않으면 안 되는 것이다. 이와 반대가 되어서는 어그러져 버린다.

【任注】
五氣者,先天洛書之氣也,陽居四正,陰居四隅,土寄居于艮坤,此後天定位之應,東方屬木,于時爲春,于人爲仁,南方屬火,于時爲夏,于人爲禮,西方屬金,于時爲秋,于人爲義,北方屬水,于時爲冬,于人爲智,坤艮爲土,坤居西南者,以火生土,以土生金也,艮居東北者,萬物皆主于土,冬盡春來,非土不能止水,非土不能栽

---

297) 하늘에서 命을 부여받을 때의 본성이니 善性이 된다(喜怒哀樂慾은 惡性)

木,猶仁義禮智之性,非信不能成,故聖人易艮于東北者,卽信以
成之之旨也,賦於人者,須要五行不戾,中和純粹,則有惻隱辭讓
誠實之情,若偏枯混濁,太過不及,則有是非乖逆驕傲之性矣,

【해설】 五氣란 선천 낙서(洛書)[298]의 氣이다.

陽은 四 정방에 앉고 陰은 네 모퉁이에 거하며, 土가 붙여진 곳은 간방(동북간)과 곤방(서남간)이니 이들은 후천에서 정해진 자리다.

동방은 木에 속하고, 계절로는 봄이며, 사람에게 붙여서는 仁이다.

남방은 火에 속하고, 계절로는 여름이며, 사람에게 붙여서는 禮이다.

서방은 金에 속하고, 계절로는 가을이며, 사람에게 붙여서는 義이다.

북방은 水에 속하고, 계절로는 겨울이며, 사람에게 붙여서는 智이다.

坤艮은 土에 속하고 坤이 서남에 거하는 것은 火生土하고 土生金하기 위함이고, 艮이 동북에 거하는 것은 만물은 모두 土에서 주재하고, 겨울이 가고 봄이 오면 土가 아니면 水를 막을 수 없고 土가 아니면 木을 심을 수 없기 때문이다.

이어서 仁義禮智의 性은 信이 아니면 이루어지지 않으니 성인이 易에서 동북에다 艮을 놓은 것은 곧 信으로서 이룩한다는 것을 가르치기 위함이다.

사람에게 부여한 것은 모름지기 五行이 어긋나지 않는 것이

---

298) 낙서(洛書) : 선악이 공존하는 이론인데 金東奎 著, 명문당 출간
《里程標 經盤圖解》의 55쪽에서부터 57쪽에 자세히 설명되어 있음

중요하니 중화되고 순수한 즉, 측은함과 사양함과 성실의 情을 갖게 되고 만약 편고 혼탁하여 태과하거나 불급하면 시비 괴역 교만의 性이 나타난다.

戊	甲	丙	己
辰	子	寅	丑

庚	辛	壬	癸	甲	乙
申	酉	戌	亥	子	丑

甲子 일주가 맹춘에 생하였으니 木이 당령하지만 태과하지는 아니하고, 火는 相位에 거하지만 맹렬하지는 아니하고, 水는 비록 적지만 고갈되지는 아니하고, 金은 본래 없지만 암축되어 있어서 火의 극을 받지 아니하고, 土를 만나 생하니 싸움이 없는 풍토에서 상생의 아름다움만 있다. 그러므로 위인이 구차하지 아니하고 교만이나 아첨이 없고 인심이 각박하지도 아니하며, 품행에 겸양과 공손을 갖추었고 인후한 성품이었다.

乙	己	丁	己
丑	卯	卯	酉

辛	壬	癸	甲	乙	丙
酉	戌	亥	子	丑	寅

己卯 일주가 중춘에 생하니 土가 허하고 부족한데 목다금결(木多金缺)하고 陰火는 濕土를 생하기에 부족하니 禮와 義가 허탈하다.

이 팔자는 순음으로 한결같이 권력 있는 사람의 비위나 맞추고 자기 이익을 위하여 다른 사람을 손해나게 하는 데 그 마음을 두었고, 새싹이 아름다우면 부러뜨리고 약을 뿌려 재앙을 주고자 하는 생각을 가졌다.

甲	丙	乙	丙
午	子	未	戌

辛 庚 己 戊 丁 丙
丑 子 亥 戌 酉 申

丙火가 계하에 출생하여 화염(火焰)으로 土가 조열하다. 천간의 甲乙 木은 火의 열기를 돕는 마른나무가 되었다. 다시 혐의가 되는 것은 子水를 午火가 충격하니 편고 혼란한 상이다.

성정이 괴팍하고 처세가 교만 방자함이 많고 또 급하고 조급하기가 바람을 탄 불과 같았다. 그 성질이 순할 때는 천금이라도 아깝지 않을 것 같다가도 그 성질이 역정을 내면 겨자씨 하나라도 쪼개야 하는 답답함이었으니, 인하여 가업을 파패하였고 몸둘 곳이 없었다.

火烈而性燥者。遇金水之激。
화 열 이 성 조 자 。 우 금 수 지 격 。

火가 조열하여 성품이 조급한 자는 金水를 만나면 激動한다.

【原注】
火烈而能順其性。必明順。惟金水激之。其燥急不可禦矣。

火가 조열하면 그 성질에 순종하여야 반드시 명순(明順)하게 된다. 오직 金水가 충격하는 것은 그 조급함을 막기가 힘들다.

【任注】
火燥而烈,其炎上之性,只可純用溼土潤之,則知禮而成慈愛之德,若遇金水激之,則火勢愈烈而不知禮,災禍必生也,溼土者,丑辰也,晦其光,斂其烈,則明矣,

【해설】火가 조열하고 맹렬하면 염상(炎上)의 성질이 있으므로 단지 純用만이 可하니 용신을 濕土로 윤택하게 하면 禮를 알고 자애의 德을 이룰 수 있으나 만약 金水를 만나 충격하면 火세는 더욱 맹렬하여 예를 잃게 되고 재앙과 화패가 반드시 발생한다. 습토란 丑과 辰을 말하니 그 빛을 가리고 그 맹렬함을 거두어서 밝게 만든다.

己	丙	甲	丙
丑	午	午	戌

庚	己	戊	丁	丙	乙
子	亥	戌	酉	申	未

丙午 일주가 午월에 생하였는데 연월에서 또 甲 丙을 만나니 맹렬이 극에 달하였다.

가장 기쁜 것은 己丑時이니 간지가 모두 습토로서 능히 丙의 맹렬을 거두고 午의 빛을 가려준다. 그 성정이 순수하고 그 情을 기쁨으로 나누고 아랫사람을 능멸하지 아니하였다. 그 사람은 또 위엄은 있으나 사납지 아니하였고 엄하였으나 악하지 아니하여 명리를 함께 날렸다.

甲	丙	甲	辛
午	子	午	巳

戊	己	庚	辛	壬	癸
子	丑	寅	卯	辰	巳

丙火가 午月 午時에 출생하니 木이 火세를 좇으니 지극히 맹렬하다. 土가 없어 그 성정에 순기세하지 못하고 金이 무근하여 水의 근원도 없는 것과 같고 그 맹렬한 성질만 충격한다. 그러므로 어려서 부모를 잃고 형수에게 의탁하여 살았는데 용맹하였으나

안정하지를 못하였다.

16, 7세가 되니 신체가 웅장하여 힘이 세어서 보통 사람을 뛰어넘었고, 권봉 익히기를 좋아하여 무뢰한들과 작당해서 교류하기를 좋아하며 방탕 무기하였으나 형수가 금지시킬 수 없었다. 후에 호랑이를 생포하려다가 물려 죽었다.

水奔而性柔者。全金木之神。
수 분 이 성 유 자 。 전 금 목 지 신 。

水가 광분하는데도 성질이 부드러운 자는 오로지 金木神으로 이루어졌기 때문이다.

【原注】
水盛而奔。其性至剛至急。惟有金以行之。木以納之。則柔矣。

水가 왕성하여 충분하면 그 성질이 지극히 강하고 지극히 급하니 오직 金이 있고 金으로 운행하여야 하고 木으로써 납수하면 부드럽다.

【任注】
水性本柔,其衝奔之勢,剛急爲最,若逢火衝之,土激之,則逆其性而更剛矣,奔者,旺極之勢也,用金以順其勢,用木以疎其淤塞,所謂從其旺勢,納其狂神,其性反柔,剛中之德,易進難退之意也,雖智巧多能,而不失仁義之情矣,

【해설】 水의 성질은 본시 부드러우나 그 충분(衝奔)하는 세(勢)가 되면 가장 강급(剛急)하게 된다. 만약 火를 만나 충격하거나 土를 만나 격파하면 그 성정에 거역하여서 다시 더더욱 강하게 되기 때문이다.

분(奔)이란 왕성함이 극에 달한 세를 말하니 金을 用하여 순기세하거나 木을 용신으로 하여 막힌 곳을 소통시켜 줘야 하니 이른바「종기왕세(從其旺勢)하고 납기광신(納其狂神)」이라 하니 그 성질이 반대로 부드러워져서 강중(剛中)의 德이 전진만 있고 물러날 줄은 모른다는 뜻과 같다. 비록 지혜와 민첩한 슬기가 있어서 다방면으로 능하지만 인의(仁義)의 정도 잃지 않는다.

庚	壬	甲	癸
子	申	子	亥

戊	己	庚	辛	壬	癸
午	未	申	酉	戌	亥

壬申 일주가 子月에 생하였는데 年과 時에 亥子가 있고 천간에 癸庚이 투출하였으니 그 세가 충분하여 막을 수 없는 상태다. 월간의 甲木은 조고(凋枯)[299]한데 또 金으로부터 작벌의 대상이 되었으니 납수(納水)[300]하기에는 역부족이라 도리어 庚金을 용신으로 하여 그 세에 순기세(順氣勢)하여야 한다.

그러므로 위인이 강유(剛柔) 상제(相濟)하였고 인덕을 겸비하였으며, 독실한 행동과 학문을 쌓고도 명예를 구하지 않았다.

초운 癸亥는 그 왕신에 종하니 조상의 유업이 대단히 많았고, 壬戌 운은 水가 통근하지 못하고 戌土가 충격하니 형처 파모하였고, 庚申 辛酉는 반궁에 들어 넉넉함이 더 컸으며 네 아들을 얻었고 가업은 날마다 융성해 갔다.

己未 운으로 바뀌어서는 그 충분 세를 충격하므로 연달아 세 아들을 극하였고 파모 이상하였으며 戌 운에 사망하였다.

---

299) 시들어 말라버림
300) 물을 거두어들임

610

<table>
<tr><td>壬</td><td>壬</td><td>壬</td><td>壬</td></tr>
<tr><td>寅</td><td>辰</td><td>子</td><td>寅</td></tr>
</table>

戊 丁 丙 乙 甲 癸
午 巳 辰 卯 寅 丑

천간에 4壬인데 子月에 생하였으니 충분세가 되었다. 가장 기쁜 것은 寅時이니 辰土 진흙으로 막힌 것을 소토시키고 壬水 왕신을 납수하기 때문이다. 그러므로 교만하거나 방자함이 없었고 글공부를 특히 좋아하여 한 번 읽은 글은 잊어버리지를 않았고 의마만언(倚馬萬言)301)의 재주를 가졌다.

甲寅에 반궁에 들었고 乙卯 운에 등과하였으나 주위의 불운으로 배운 바를 빛낼 수 없었다. 丙辰 운에는 왕수를 충격하고 군비쟁재하니 사망하였다.

<table>
<tr><td>戊</td><td>壬</td><td>癸</td><td>癸</td></tr>
<tr><td>申</td><td>子</td><td>亥</td><td>未</td></tr>
</table>

丁 戊 己 庚 辛 壬
巳 午 未 申 酉 戌

壬子 일주가 亥月 申時에 출생하였고 연월에 癸水가 양투하였다. 단지 그 세에 순종함이 가하고 그 흐름을 거역하는 것은 불가한데, 혐의가 되는 것은 戊와 未土가 水의 성질을 거역함이다. 위인이 시비가 많았고 일을 하여도 끝을 내지 못하였으며 아무데나 거리낌이나 두려움 없이 잘 나섰다.

초운 壬戌은 土가 왕하니 부모를 모두 잃었고, 辛酉 庚申은 土를 설하여 水를 생하니 비록 무뢰(無賴)하고 사벽(邪僻)한 행위

---

301) 말에 기대서서 기다리는 짧은 시간에도 만언의 문장을 지어내는 탁월한 재주

는 있으나 요행히 흉구(凶咎)는 면할 수 있었고, 己未 운으로 바
뀌어서는 土를 돕고 水를 극하니 한 가족 다섯 식구 모두가 화
재로 소사하였다.

木奔南而軟怯。
목 분 남 이 연 겁 。

木이 南으로 운행하면 연약하여 겁낸다.

【原注】
木之性見火爲慈。奔南則仁之性行於禮。其性軟怯。得其中者。爲惻隱辭讓。
偏者爲姑息。爲繁縟矣。

　木의 성격은 火를 만나면 자애하고 南으로 운행하면 인자한 성질이 禮
로 바뀌어 행하고 연겁(軟怯) 성질이 된다. 그 中和를 득한 자는 측은한
마음과 사양하는 마음을 갖는 데 반하여 편고한 자는 구차하게 편안함을
찾으려 하고 지나친 예의와 번거로운 규칙을 만든다.

【任注】
木奔南,洩氣太過,柱中有金,必得水以通之,則火不烈,如無金,
必得辰土以收火氣,得其中矣,爲人恭而有禮,和而中節,如無水
以濟土,土以晦火,發洩太過,則聰明自恃,又多遷變不常,而成婦
人之仁矣,

【해설】　木이 南으로 奔하면 설기가 지나칠 것이니 柱 中에 金
이 있고 반드시 水를 득하여 통관하면 火도 맹렬하지 아니하다.
가령 金이 없으면 반드시 辰土를 득하여 火氣를 거두어야 그 중
화를 얻을 수 있다. 이러한 사주는 공손하면서 禮도 있고 온화한
중용의 절도가 있게 된다. 가령 水가 없이 土를 다스리려 한다거

나 土로써 火光을 가리려 하여 발설이 태과하면 총명은 스스로 믿을 만하나 또한 천변이 많아 평상을 지킬 수 없으며 부인의 인애를 이룬다.

丙	甲	壬	庚
寅	午	午	辰

戊 丁 丙 乙 甲 癸
子 亥 戌 酉 申 未

甲午 일주가 午月에 생하였는데 「목분남방(木奔南方)」이다. 비록 時에 원록을 만났으나 丙火도 생지이며 寅午가 반합 火局하니 일주만을 유념한 것이 아니다.

가장 기쁜 것은 월에 투출한 壬水로서 火를 제정함이다. 그러나 壬水도 庚金의 생이 없으면 丙火를 극하는 用神으로 쓸 수 없었을 것이고, 庚金은 辰土가 없었으면 역시 水를 생할 수 없었을 것이니 이 사주의 묘(妙)[302]한 곳은 辰이다. 辰은 火를 가리고 木을 부양하며 水를 함축하고 生金하기 때문에 火는 치열할 수 없고 木은 마르지 않고 金은 녹아 없어지지 않고 水는 고갈되지 않으니 오로지 辰 한 字에 힘입어 중화의 상을 득할 수 있는 것이다. 申 운은 壬水가 생지를 만났는데 乙酉에 旺金이 生水하니 반궁에 들어 더욱 넉넉하여졌으며 향시에 올랐다. 丙戌 운은 火土가 병왕하니 막힘이 중중하였고, 丁亥 운은 壬水가 득지하니 민중(閩中)에 나가 재상을 하며 덕교(德敎)를 병행하며 배성을 개화시켰다. 이른바 강유(剛柔) 상제(相濟)하고 인덕(仁德)을 겸자(兼資)하였다.

---

302) 아름다움

丙	甲	甲	丙
寅	申	午	戌

庚	己	戊	丁	丙	乙
子	亥	戌	酉	申	未

甲申 일주가 午月에 생하였는데 丙火가 양쪽으로 투출하고 지지에 火局을 모았으니 「목분남방」이다.

마른 조토가 火를 가리어 生金할 수 없으므로 水가 없으면 申金은 극을 받아 소진될 것이니 유연(柔軟)함이 극에 달하기 때문이다. 그 위인이 사사로운 은혜 등을 가까이 하고, 큰 일 옳은 일은 알 바 아니었고, 작사에도 호의(狐疑)[303]가 있어서 결단을 내리지 못하였다. 이른바 심성이 의심이 많고, 작은 이익을 탐하고, 대의는 등돌리니 한 가지도 이루지 못했다.

金見水以流通。

금 견 수 이 유 통 。

金이 水를 만나면 유통된다.

【原注】

金之性最方正。有斷制執毅。見水則義之性行而爲智。智則元神不

---

303) 호의(狐疑) : 여우처럼 의심이 많음.《史記》 회음후전(淮陰候傳)에 「孟賁之狐疑 不如庸夫之必至也」＝맹분(전국시대 제나라의 용사로 맨손으로 쇠뿔을 뽑았다고 함)의 호의는 용부의 반드시 이르게 함만 못하다.

　호행(狐行) : 여우처럼 조심이 많음. 장강 상류 사람들은 겨울에 물이 꽁꽁 얼면 얼음 위로 건너다 빠져 죽는 일이 많은데, 여우가 건넌 발자국을 보고 건너면 안전하다고 한다. 여우는 의심이 많기 때문에 얼음이 두터운 곳이 아니면 건너지 않기 때문이다.

614

滯。故流通。得氣之正者。是非不苟。有斟酌。有變化。得氣之偏
者。必泛濫流蕩。

金의 성질은 가장 방정(方正)하고 단제(斷制)304)하는 성질이 있으나
水를 만나면 의로운 성질이 있고 행함에는 지혜로 한다. 지혜가 된즉
원신이 체함이 없는 때문에 유통이라 하였다.

氣를 바르게 득한 것은 시비를 가림에 구차하지 아니하고 짐작으로
처리함이 있고 변화가 있으나, 편고한 氣가 된 것은 반드시 범람하고
유탕하다.

【任注】
金者, 剛健中正之體也, 能任大事, 能決大謀, 見水則流, 通剛毅之
性, 能用智矣, 得氣之正者, 金旺遇水也, 其人內方外圓, 能知權變,
處世不傷廉惠, 行藏自合中庸, 得氣之偏者, 金衰水旺也, 其人作事
荒唐, 口是心非, 有挾術待人之意也,

【해설】 金은 강건(剛健) 중정(中正)의 체이니 능히 대사를 맡
아 처리하고 능히 큰 모사를 결단한다. 水를 만나면 굳세고 강건
한 성질을 유통하여 능히 지혜를 사용할 줄 안다.

氣의 正을 득한 자는 金旺함에 水를 만나야 하니 그 사람은
안으로는 方하고 밖으로는 圓하여 능히 권력의 변화를 알고 처
세에 청렴 결백함을 손상시키지 않으며 세상에 나갈 자리와 물
러남에는 스스로 중용을 지킬 줄 안다.

氣의 편고함을 득한 자는 金은 쇠약하고 水는 왕성할 때이니
그 사람은 작사가 황당하고 입(口)은 이러한데 마음속에는 아니
며 사람을 대할 때 협술의 의사가 있다.

---

304) 결단하고 제극함이니, 끊고 맺음이 확실하다는 말

乙　庚　癸　甲
酉　子　酉　申

己　戊　丁　丙　乙　甲
卯　寅　丑　子　亥　戌

庚 일주가 酉月에 출생하였는데 또 年과 時에 申酉가 있으니 가을철의 金이 아주 예리하고 날카롭다. 기쁜 것은 좌하에 子水가 癸水 원신을 투출시켜 金성을 유통시키니 그 정화가 설기된다.

위인이 큰 일을 맡았어도 포치(布置)305)하는 데도 방법을 알고 있으며, 처세가 번잡(煩雜)하면서도 주장이 미약하지 아니하였다.

또 강개심이 있어서 베풀기를 좋아하였고 자기를 억제하고 많은 사람들의 이익이 되게 하였다.

丙　庚　壬　壬
子　辰　子　申

戊　丁　丙　乙　甲　癸
午　巳　辰　卯　寅　丑

庚이 중동에 출생하고 두 壬水가 투출하였는데 지지 水局을 모으고 있다. 金은 쇠약하고 水는 왕하니 본래는 편고한 상이다. 다시 혐의가 되는 것은 時에 丙火가 투출하여 局을 혼잡시켰음이다.

金은 의(義)를 주장하는 곳이니 방(方)이고, 水는 지혜를 맡은 곳이니 원(圓)이 된다. 금다수소(金多水少)한 것은 지원(智圓)함의 方으로 행하나 水가 범람하고 金이 쇠약한 것은 方正의 氣가 소절되었으니 원지심(圓智

---
305) 벌리는 순서와 배치

心)만 왕성한 것이 된다.

중년 운 火土를 만나면 壬水의 성질을 충격하니 형상 파모하고 재산(財散) 인리(人離)하였으니 반생을 간계와 사기로 살며 사람을 유인하여 재물을 갈취하였으나 모두 동류(東流)시켰다.

무릇 사람은 궁극적으로 부귀를 성달시키고자 하나 그 수(數)가 이미 정하여져 있으니 군자의 낙은 군자라야만이 득할 수 있는 것이고, 소인의 좁은 마음은 스스로 소인을 만든 것이다.

☞ 翠山註 : 진부동류(盡付東流)란 말이 몇 군데 나오는데 동쪽으로 모두 떠내려 보냈다는 말이니 허사가 되었음을 비유한 말이다. 중국의 물은 서쪽 곤륜산에서 발원하여 四大江으로 모여 동쪽으로 흘러 황해로 들기 때문이다.
李白의 詩에 「고래만사동류수(古來萬事東流水)」라 하였고, 高啓의 詩에 「세정부여동류수(世情付與東流水)」라 하였다.

最拗者西水還南。
최 요 자 서 수 환 남 。

가장 꺾어 버려야 할 것은 서수가 돌려 남으로 가는 것이다.

【原注】
西方之水。發源最長。其勢最旺。無土以制之。木以納之。如浩蕩之勢。不順行。反行南方。則逆其性。非强拗而難制乎。

서방의 水는 발원이 가장 길고 그 세가 가장 왕성하여 土로써 제지할 수 없고 木으로써 납수함이 없으면 그 호탕지세가 순조롭게 행할 수 없다.

　도리어 남방으로 행하면 그 性에 역(逆)이 되니 억지로라도 꺾어내지 않았을 때는 억제하기 어렵다.

【任注】

西方之水,發源崑崙,其勢浩蕩,不可遏也,亦可順其性,用木以納之,則智之性行于仁矣,如用土制之,若不得其情,有反衝奔之患,其性仍逆而强拗,至于還南,其衝激之勢,尤難砥定,强拗異常,全無仁禮之性矣,

【해설】　서방의 水는 곤륜산에서 발원하였으므로 그 세가 호탕하니 막을 수는 없고 그 성질에 순기세하여 木으로 납수한 즉 智인 성정이 仁에게로 행하는 것이다.

　가령 土를 써서 극제하려다가 만약 그 情을 얻지 못하면 반대로 충분의 화환이 있을 것이다. 그 성질에 반역하면서 강제로 꺾으려고 남쪽 火地로 들어간다면 그 충격지세를 더욱 어렵게 지정(砥定)하는 것이다.

　정상적이 아닌 방법으로 억지로 꺾는다면 仁이나 禮의 성질은 전무할 것이다.

甲	壬	庚	癸
辰	申	申	亥

甲	乙	丙	丁	戊	己
寅	卯	辰	巳	午	未

　壬申 일주가 亥년 申월에 출생하니 亥는 천문(天門)이고 申은 천관(天關)이니 곧 천하(天河)의 口이며 또 正西方의 水는 발원이 가장 길다. 기쁜 바는 時干의 甲木이 辰土 위에서 통근 養木하니 족히 납수한다고 보면 智의 性이 나아가 仁으로 되고 禮 역시 함

께 갖추어질 것이다.

위인이 기이하게도 놀랄 만큼 품휘(品彙)[306]의 능력이 있었으나 교묘하게 이익을 챙기는 뛰어난 재주는 없었다. 중년 남방 火 운에는 甲木이 生化를 얻으니 명리가 양전하였다.

丙	壬	庚	癸
午	子	申	亥

甲	乙	丙	丁	戊	己
寅	卯	辰	巳	午	未

壬子 일주가 亥년 申월에 출생하였으니 서방의 水가 호탕지세인데 귀납할 곳이 없다.

時의 丙午는 충격(衝激)하여 그 성정을 거역하니 위인이 억지와 무례한 데다가 겸하여 운로도 남방 火土地로 나가니 가업을 파패(破敗)하고 있을 곳도 없었다.

午 운에는 사람의 처를 강탈하였고 사람을 때려서 죽였다.

속인이 혹 丙火를 용신으로 하여 火土 운을 만나면 아름답다 하니 金水 同心이라 「가순이불가역(可順而不可逆)」이라는 것을 알지 못한 것이다.

모름지기 木 운을 만나야 生化 유정하여 흉재를 면할 수가 있다. 그리고 그 사람에게 역시 예의도 알게 될 것이다.

至剛者東火轉北。
지 강 자 동 화 전 북 。

지극히 강폭한 자는 동화가 북으로 회전한 것이다.

---

306) 물건을 종류별로 나눌 수 있는 능력

【原注】

東方之火。其氣焰欲炎上。局中無土以收之。水以制之。焉能安焚烈之勢。若不順行而反行北方。則逆其性矣。能不剛暴耶。

동방의 火는 그 기가 염(焰)하여 염상(炎上)코자 하니 국 중에서 土로써 거두어 주거나 水로써 제극하는 것이 없으면 어찌 능히 분열하는 세를 안정하겠는가?

만약 순행하지 아니하고 도리어 북방으로 행하면 그 性에 거역하는 것이니 어찌 강폭하지 아니하겠는가?

【任注】

東方之火, 火逞木勢, 其炎上之性, 不可禦也, 只可順其剛烈之性, 用溼土以收之, 則剛烈之性, 化爲慈愛之德矣, 一轉北方, 爲制焚烈之勢, 必剛暴無禮, 若無土以收之, 仍行火木之運, 順其氣勢, 亦不失慈讓惻隱之心矣,

동방의 火는 火로 통하는 木세이니 그 염상의 성질을 그치게 함이 불가능하다.

단지 그 강렬(剛烈)한 성질에 순종하는 것이 가하니 습토를 용신으로 하여 거두어들이면 강렬한 성질이 자애의 덕으로 변화하게 된다.

한 번 북방으로 회전하면 분열(焚烈)의 세를 어찌 제압하겠는가? 반드시 강폭 무례할 것이다.

만약 土로써 거두어 주는 것이 없으면 木火의 운으로 행하여 그 세에 순기세하여야 하니 그러면 역시 자양(慈讓) 측은지심을 잃지 않을 것이다.

己	丙	甲	丙
丑	午	午	寅

庚	己	戊	丁	丙	乙
子	亥	戌	酉	申	未

丙午 일주가 午月 寅年에 생하였고 연월에도 甲丙이 투출하였으니 그 열기를 태워 염상하는 기세를 막을 수 없다. 가장 묘한 것은 丑時가 지지에 있는 것이니 습토로써 그 맹렬한 성질이 교만이나 아첨에 이르지 아니하였다.

거두어 주니 위인이 용모가 있고 교양이 있으며 운로에 土金을 만나니 丑土의 化生함에 힘입어 과갑 연등하였고 벼슬은 군수에 이르렀다.

庚	丙	丙	丁
寅	午	午	卯

庚	辛	壬	癸	甲	乙
子	丑	寅	卯	辰	巳

丙午 일주가 午月에 생하고 年과 時에 寅卯가 있다. 庚金은 뿌리가 없으니 있어도 쓸 수 없다. 격국이 염상격(炎上格)을 이루었다.

국 중에 土의 수기가 없으므로 글공부에 불리하여 행오(行伍)[307] 출신으로 卯 운에 관직을 득하였고, 壬 운에 실직하였으며, 寅 운에 군의 공으로 별안간 도사(都司)[308]로 승진하였고, 辛丑 운에 생화지기(生化之機)이니 무기(无氣)하다.

庚子 운에는 午 양인을 충격하는데 또 甲子년을 만나 양인을 쌍충하니 군중(軍中)에서 사망하였다.

---

307) 가장 졸병(卒兵) 출신
308) 무관직명인데 明나라 때는 지방 省의 최고 지휘관

順生之機。遇擊神而抗。

순 생 지 기 。 우 격 신 이 항 。

순생의 기틀로 된 것은 충격하는 신을 만나면 반항한다.

【原注】

如木生火。火生土。一路順其性情次序。自相和平。中遇擊神。而不得遂
其順生之性。則抗而勇猛。

　가령 木生火하고 火生土하여 한 길로 그 성정 차서(次序)에 순종하
면 스스로 화평할 것이나 중간에서 충격하는 神을 만나 그 순생의 性
情을 얻지 못하면 반항이 용맹할 것이다.

【任注】

順則宜順,逆則宜逆,則和平而性順矣,如木旺得火以通之,順也,
土以行之,生也,不宜見金水之擊也,木衰,得水以生之,反順也,
金以助水,逆中之生也,不宜見火土之擊也,我生者爲順,生我者
爲逆,旺者宜順,衰者宜逆,則性正情和,如遇擊神,旺者勇急,衰
者懦弱如格局得順逆之序,其性情本和平,至歲運遇擊神,亦能
變爲强弱,宜細究之,

【해설】　순기세(順氣勢)할 것은 마땅히 순기세하고 역(逆)할
것은 마땅히 역하는 것이 곧 화평하고 성질에 순종하는 것이
다.

　가령 木이 왕할 때 火를 만나 통(通)[309]하는 것은 순(順)[310]
이며, 土로 운행하는 것은 生이니 金水의 충격을 만나는 것은 마

---

309) 통관 또는 유통
310) 순기세 또는 순종

땅치 못하다.

木이 쇠약할 때 水를 득하여 생하는 것은 반순(反順)이니 金으로써 水를 생조하는 것은 逆 中에서 생하는 것이니 火土를 만나 충격하는 것은 마땅치 못하다. 내가 생하는 것을 順이라 하고 나를 생하는 것은 逆이라 하니 旺한 자는 마땅히 順해야 하고 쇠약한 자는 마땅히 逆해야 한다. 그러면 곧 성정(性正) 정화(情和)하다.

가령 충격하는 神을 만나면 왕한 자는 용급(勇急)[311]하고 쇠약한 자는 나약(懦弱)하게 된다.

가령 격국에서 順逆의 차서를 득하면 그 성정이 본시 화평이나 세운에서도 충격하는 神을 만나면 역시 능히 강이 약으로 변하게 되니 마땅히 세밀하게 연구해야 한다.

壬	甲	丙	己
申	寅	寅	亥

庚	辛	壬	癸	甲	乙
申	酉	戌	亥	子	丑

甲寅 일주가 寅月에 생하여 木이 旺한데 丙火가 투출하여 順生의 기틀이 잡혔으니 통휘(通輝)의 상이 되었다.

독서를 잘하여 눈만 지나가면 다 외웠다. 혐의가 되는 것은 時에서 金水를 만나 충격하고 연간의 己土가 허탈한 것이니 水를 제압하지 못하는데 겸하여 초운이 북방 水地이니 공명뿐만 아니라 다른 것도 어려움이 따랐고 파모 형상하였다.

辛丑 운에는 水를 생조하여 충격하고 丙火를 합거하니 사망하

였다.

壬	甲	戊	庚
申	午	寅	寅

甲	癸	壬	辛	庚	己
申	未	午	巳	辰	卯

甲午 일주가 寅月에 생하고 戊土가 투출하였는데 寅午가 會局하니 順生의 기틀이 되었다.

덕성이 강개(慷慨)[312]하고 금회(襟懷)[313]가 많았다.

혐의가 되는 것은 時의 金水가 치는 것이니 독서를 미수(未售)에 그쳤으며 파모(破耗)가 다단하였고 겸하여 중년 운이 고르지 못하니 뜻만 있었지 펼 수가 없었다.

도리어 기쁜 것은 春金이니 왕하지 못한 것이며, 火土가 통근하였으니 체용(體用)이 상하지 아니한 것이다. 후에 자손은 계속하여 일어났다.

逆生之序。見閑神而狂。
역 생 지 서 。 견 한 신 이 광 。

역생(逆生)의 차례에서 한신(閑神)을 만나면 미쳐버린다.

【原注】
如木生亥。見戌酉申則氣逆。非性之所安。一遇閑神。若巳酉丑逆之。則必發而爲狂猛。

가령 木生亥에서 申酉戌이 보이면 氣는 逆이니 성정의 편안한 바는

---

312) 의분이 복받쳐 한탄함
313) 마음속 깊이 품은 생각

624

아니다. 한 가지 閑神이 만약 巳酉丑으로 역한 즉 반드시 발하지만 광맹(狂猛)할 것이다.

【任注】

逆則宜逆,順則宜順,則性正情和矣,如木旺極,得水以生之,逆也,金以成之,助逆之生也,不宜見己丑之閑神也,如木衰極,得火以行之,反逆也,土以化之,逆中之順也,不宜見辰未之閑神也,此旺極衰極,乃從旺從弱之理,非前輩旺衰得中之意,如旺極見閑神,必爲狂猛,衰極見閑神,必爲姑息,歲運見之亦然,火土金水如之,

【해설】 逆할 곳은 마땅히 역해야 하고, 順할 곳은 마땅히 순하여야 곧 성정(性正) 정화(正和)하게 된다.

가령 木이 旺極할 때 水를 만나 생하면 역이 되고, 이 때 金으로써 성지(成之)하여 역을 도우면 생이 된다. 이 때 己丑 등 한신을 만나는 것은 마땅치 못하다.

木이 極衰할 때 火를 만나거나 火로 운행하면 반역(反逆)이 되는데, 이 때 土를 만나 화지(化之)하면 逆 中의 順이 된다. 이 때 辰未 등 한신을 만나는 것은 마땅치 못하다.

이상 旺極이나 衰極은 바로 종왕격(從旺格)과 종약격(從弱格)의 이치에 불과하지 전배(前輩)들이 말하는 旺衰 得中의 뜻만은 아니다.

가령 旺極에 한신을 만나면 반드시 광맹(狂猛)[314]이고, 衰極이 한신을 만나면 반드시 고식(姑息)[315]이니 세운에서 만나는 것도 역시 그러하니 火土金水가 모두 같다.

---

314) 미쳐 날뜀
315) 임시방편은 됨

甲	甲	辛	壬
子	寅	亥	子

丁	丙	乙	甲	癸	壬
巳	辰	卯	寅	丑	子

甲寅 일주가 亥月에 생하였으니 水는 왕성하고 木은 견고하므로 왕지극(旺之極)이 되었다. 한 점 辛金은 水로 좇는 세이지 그 성정을 거역하지는 아니하므로 편안하면서도 또 화목하다.

역생지서(逆生之序)로 다시 묘한 것은 土가 없으므로 水性을 거역하지 않는 것이다.

초 운은 북방이니 반궁에 들어 등과하였고, 甲寅乙卯 운은 그 왕신을 좇으니 이름있는 지역의 벼슬길로 나갔고, 丙辰 운은 오히려 水局을 모으는 정이 있으니 비록 낙직은 하였지만 흉한 일은 면하였으며, 丁巳 운은 한신의 충격을 만나니 그 性序에 거역되어 사망하였다.

己	甲	辛	壬
巳	寅	亥	寅

丁	丙	乙	甲	癸	壬
巳	辰	卯	寅	丑	子

甲寅 일주가 寅年 亥月에 생하였고 辛金이 順水하니 木性에 거역되지 아니하므로「역생지서(逆生之序)」에 해당된다.

혐의가 되는 것은 巳時 한신이니 火土로 충극하면 그 性에 逆이 되면서 또 制水도 못한다.

초운 壬子는 유업이 풍령하였고 癸丑 운은 지지에서 한신이 결당하므로 형모 다단하였다.

甲寅 乙卯는 재물과 사람이 함께 더하였고, 丙辰 운에서는 火土를 도우며 일어나니 처자를 모두 상하였고, 또 화재까지

만났으며 자신은 전광증(顚狂症)316)으로 물 속에 뛰어들어 사망하였다.

<table>
<tr><td>己</td><td>甲</td><td>丁</td><td>戊</td></tr>
<tr><td>巳</td><td>寅</td><td>巳</td><td>戌</td></tr>
</table>

<table>
<tr><td>癸</td><td>壬</td><td>辛</td><td>庚</td><td>己</td><td>戊</td></tr>
<tr><td>亥</td><td>戌</td><td>酉</td><td>申</td><td>未</td><td>午</td></tr>
</table>

甲寅 일주가 巳月에 생하니 丙火가 사령하였다. 비록 좌에 祿支이나 그 정기는 모두 누설되었으니 화왕목분(火旺木焚)이기 때문이다.

기쁜 것은 土로 운행하는 것이다. 이는 쇠극(衰極)이니 從弱의 이치로 풀어야 하는 것이다.

초운 戊午 己未는 그 火土의 성정에 순기세하였으니 조상의 유업이 자못 풍부하였고 또 자기도 일금(一衿)을 득하였다.

庚申은 火의 性을 거역하고 土를 설기시키는 운이니 불리하였고, 癸亥 운에서 火勢를 충격하므로 사망하였다.

陽明遇金。鬱而多煩。

양 명 우 금 。 울 이 다 번 。

양명에서 金을 만나면 우울하고 번민이 많다.

【原注】

寅午戌爲陽明。有金氣伏於內。則成其鬱鬱而多煩悶。

寅午戌은 양명이니 金氣는 안으로 잠복되었으므로 곧 우울을 이루어 내고 번민을 많이 만든다.

---

316) 놀라서 정신이상이 온 병(病)

【任注】

陽明之氣,本多暢遂,如遇溼土藏金,則火不能克金,金又不能生
水,而成憂鬱,一生得意者少,而失意者多,則心鬱志灰,而多煩悶
矣,必要純行陰濁之運,引通金水之性,方遂其所願也,

【해설】 양명의 기는 본시 많은 창달이 따른다.

가령 습토에 암장된 金은 火로써도 극할 수 없고 金도 또한
生水를 못한다. 그러니 근심과 우울을 이루고 일생을 뜻을 이룬
자가 적고 실의자가 많으니 마음은 답답하고 뜻은 재가 되어 번
민이 많이 발생한다.

반드시 중요한 것은 음탁한 운으로 순행(純行)하여야 하니 金
水의 性情을 인출하여 유통시키면 바야흐로 그 소원을 이룰 수
있다.

庚	丙	丙	乙
寅	午	戌	丑

庚	辛	壬	癸	甲	乙
辰	巳	午	未	申	酉

丙火 일주가 지지에 寅午戌을
모두 갖고 있으며 식신이 생왕하
고 국 중에 나타난 진신(眞神)으
로 용신을 삼으니 격국이 가장
아름답다.

초운 乙酉 甲申은 丑 중에 내
장되었던 金을 인통하여 내니 가
업이 자못 풍부하였고 또 한 가
지도 이루어 냈다.

혐의가 되는 바는 지지에 火局을 모았으니 庚金은 절지에 임
한 것이고, 또 비견끼리 쟁재하여 작용이 불능인 데다 丑 중의
辛金이 안으로 복장되어 답답 우울한 것이다.

그러므로 지방고시에 열 번이나 낙제하였고, 또 소년에 운로가 남방으로 나가니 화재를 세 번이나 만났고, 그 처를 네 명이나 상극하였고, 자식은 다섯 명이나 손상하였으며, 만년에는 일신이 고빈하였다.

己	丙	丙	壬
丑	寅	午	戌

壬 辛 庚 己 戊 丁
子 亥 戌 酉 申 未

丙寅 일주가 午月에 생하여 火局을 모두 갖고 있으니 양명(陽明)의 상이다. 이는 녹겁인(祿劫刃)이 당권하였는데 壬水는 무근이니 있어도 쓸 수 없다.

앞 사주보다 많이 모자란다. 丑 중의 辛金이 「복울(伏鬱)」[317] 되었다.

기쁜 것은 운로가 서북 음탁지로 주행하는 것이어서 이부상서의 집에서 출생하여 10여만의 재물을 발하였고, 이로(異路)로 벼슬길에 나가 주목에 이르렀으니 명리 양전하였고 많이 창달하였다.

陰濁藏火。包而多滯。
음 탁 장 화 。 포 이 다 체 。

음탁한데 火가 암장되면 안아줘도 많이 체한다.

【原注】
酉丑亥爲陰濁。有火氣藏於內。則不發輝而多滯。

---

317) 은복되어 답답함

酉丑亥는 음탁이니 火氣가 안에 은장되어 있으면 발휘하지 못하고 많이 체한다.

【任注】

陰晦之氣, 本難奮發, 如遇溼木藏火, 陰氣太盛, 不能生無焰之火, 而成溼滯之患, 故心欲速而志未逮, 臨事而模稜少決, 所爲心性多疑, 必須純行陽明之運, 引通木火之氣, 則豁然而通達矣.

【해설】 음회(陰晦)318)한 기운은 본시 분발키 어려운 것이다. 가령 습木이 火가 암장되었으면 음기가 태성한데 불꽃을 가진 火가 없으므로 발생할 수 없고 습체(溼滯)의 환(患)을 이루게 된다. 그러므로 마음속으로는 급하지만 뜻이 미치지 못하니 일을 만났을 때 태도를 결정짓지 못하고 작은 결론만 낼 뿐이니 이른바 심성에 의심이 많은 것이다. 이는 필수적으로 순전한 양명의 운으로 진행하여야 木火의 기운을 인통하여 널리 통달할 수 있다.

壬	癸	辛	癸
戌	丑	酉	亥

乙	丙	丁	戊	己	庚
卯	辰	巳	午	未	申

진방안(陳榜眼)의 사주다. 癸水가 중추에 출생하였는데 지지에 酉亥丑이 모두 있으니 음탁한 사주이다. 천간이 三水 一辛인데 戌時가 되니「음탁장화(陰濁藏火)」가 되었다. 亥 중의 습木이 불꽃을 가진 火가 없으므로 생할 수 없다. 기쁜 것은 운로가

---

318) 음습하고 어두움

동남 양명지로 진행하니 포장 속에 감추어졌던 火氣를 인통하여 정갑(鼎甲)[319]의 몸이 되었고, 본래의 뜻을 모두 펼 수 있었다.

癸	癸	辛	丁
亥	亥	亥	丑

乙	丙	丁	戊	己	庚
巳	午	未	申	酉	戌

지지가 三亥 一丑이고 천간에 二癸 一丁이니 음탁이 지극하다. 연간의 丁火가 비록 암장으로 싸 놓지는 못하였으나 허하므로 불꽃은 내지 못한다.

亥 중의 甲木이 丁火를 인도하여 살릴 수 없으나 기쁜 것은 운로가 남방으로 운행하니 양명지가 되고 또 丙午 丁未 유년 운을 만나 과갑 연등하였고 벼슬이 관찰사였다.

癸	辛	己	辛
巳	酉	亥	丑

癸	甲	乙	丙	丁	戊
巳	午	未	申	酉	戌

지지가 모두 丑亥酉인데 월간은 습토이고 辛癸가 투출하였으니 음탁지기의 사주이다. 時支의 巳火는 본시 국을 따뜻하게 할 수 있으나, 대체로 보니 앞 사주와 비교하여 더 좋은 것 같다. 그러나 巳酉丑 金局을 모두 만들고 亥 중 甲木이 손상을 받으며 巳火는 丑土의 財官地이니 효신으로 화하여 겁재를 생하는 것을 모르기 때문이다.

---

319) 과거시험에 가장 우수하게 급제한 3人 중 한 사람

火土 운에도 구원하여 이끌어 내지 못하므로 출가하여 중이
되었다.

羊刃局。戰則逞威。弱則怕事。傷官格。清則謙和。
양 인 국 。 전 즉 령 위 。 약 즉 파 사 。 상 관 격 。 청 즉 겸 화 。

濁則剛猛。用神多者。情性不常。時支枯者。虎頭蛇尾。
탁 즉 강 맹 。 용 신 다 자 。 정 성 불 상 。 시 지 고 자 。 호 두 사 미 。

양인국은 전국이 되면 맹위를 떨치나 약하면 일을 겁낸다.
상관격은 청하면 온화를 겸하나 탁하면 강폭하고 맹렬하다.
용신이 많은 것은 인정과 인간성에 평상을 갖지 못하고,
시지가 편고한 것은 호두사미이다.

【原注】

羊刃局。凡羊刃。如是午火。干頭透丙。支又會戌會寅。或得卯以生之。
皆旺。透丁爲露刃。子沖爲戰。未合爲藏。再逢亥水之克。壬癸水之制。
丑辰土之洩。則弱矣。傷官格。如支會傷局。干化傷象。不重出。無食
混。身旺有財。身弱有印。謂之清。反是則濁。夏木之見水。冬金之得
火。清而且秀。富貴非常。

양인국에서 무릇 양인이 가령 午火라면 천간에 丙火가 투출하고 지
지에 寅이 會局하거나 戌이 회국하는 것이며 卯가 생함을 만나면 모두
왕함이 되고 丁火가 투출하면 양인이 노출한 것인데 子가 충하면 싸움
이고 未가 합하면 감추어 간직하는 것이다.

다시 亥水의 극을 만나고 壬癸水의 제극이 있고 丑辰 습토의 설기
가 있는 것들은 약한 것이다. 상관격은 가령 지지에 상관으로 회국하
고 천간에 상관으로 화하는 상이 되는 것을 말하는데 거듭 출로하지는
아니하여야 한다.

식신의 혼잡이 없으며 신왕이면 재성이 있고 身弱이면 인수가 있어야 이른바 淸이요 이와 반대면 濁이다. 여름철의 木이 水를 만나는 것과 겨울의 金이 火를 득하는 것은 淸하고 또 수(秀)[320]이니 부귀가 평상을 넘어선다.

【任注】

羊刃局,旺則心高志傲,戰則恃勢逞威,弱則多疑怕事,合則矯情立異,如丙日主,以午爲羊刃,干透丁火爲露刃,支會寅戌,或逢卯生,干透甲乙,或逢丙助,皆謂之旺,支逢子爲沖,遇亥申爲制,得丑辰爲洩,干透壬癸爲剋,逢己土爲洩,皆謂之弱,支得未爲合,遇巳爲幫,則中和矣,傷官須分眞假,眞者身弱有印,不見財爲淸,假者身旺有財,不見印爲貴,眞者,月令傷官,或支無傷局,又透出天干者是也,假者,滿局比刦,無官星以制之,雖有官星氣力不能敵,柱中不論食神傷官,皆可作用,縱無亦美,只不宜見印,見印破傷爲凶,凡傷官格,淸而得用,爲人恭而有禮,和而中節,人才卓越,學問淵深,反此者傲而多驕,剛而無禮,以强欺弱,奉勢趨利,用神多者,少恆一之志,多遷變之心,時支枯者,狐疑少決,始勤終怠,夏木之見水,必先有金,則水有源,冬金之遇火,須身旺有木,則木有焰,富貴無疑,若夏水無金,冬火無木,淸枯之象,名利皆虛也,

【해설】
양인국은 旺하면 심고지오(心高志傲)[321]하고 전(戰)[322]하면 시세령위(恃勢逞威)[323]하고 약하면 다의파사(多疑怕事)[324]하

---

320) 빼어남
321) 마음 속의 뜻도 높고 거만함
322) 충극함
323) 세력을 믿고 맹위를 떨침
324) 의심이 많아 일하기를 겁냄

고 합하면 교정입이(矯情立異)325)하게 된다.

가령 丙 일주에 午火가 양인인데 丁火가 투출하면 노인(露刃)326)이라 하고 지지에 寅이나 戌이 회국하였는데 혹 卯가 생하고, 천간에 甲乙이 투출하였거나 혹 丙火가 도우면 모두 왕한 것이다.

지에 子의 충을 만나고 亥申을 만나 제극하고, 丑辰을 만나 설기하고, 壬癸가 투출하여 극하고, 己土의 설기를 만난 것들은 모두 약한 것들이다. 또 지에 未의 합을 만나고, 巳火의 방조를 만난 것 등은 중화라 할 수 있다.

상관은 반드시 진가(眞假)를 가려야 하니 진(眞)이란 신약한데 인수가 있고 재성이 보이지 않으면 淸이라 하고, 가(假)란 신왕한데 재성이 있고 인수가 보이지 않으면 귀한 명조라 할 수 있다.

진(眞)은 월령 상관인데 혹 지지에 상관국이 없고 또 천간에만 투출한 것이다.

가(假)는 만국이 비겁인데 관성의 제극함이 없고 비록 관성이 있으나 기력으로 대적할 수 없는 것이다.

사주 중에 식신 상관을 막론하고 모두 작용할 수 있으면 비록 없더라도 역시 아름답다. 단지 마땅치 못한 것은 인수를 만나는 것이니 인수를 만나면 상관을 파하기 때문에 흉하다.

무릇 상관격은 청하여 용신으로 삼는 것이면 위인이 공손하면서도 예의가 있고, 온화하면서도 절도가 있으면 재주가 탁월하고 학문이 연못처럼 깊다.

이와 반대면 거만하고 아첨이 있으며 강폭하여 무례하고, 자

---

325) 겉으로 나타내지 않고 다른 길을 세움
326) 천간에 노출된 양인

기가 강하면 약한 자를 기만하고 세력을 따라다니며 이익을 챙긴다.

用神이 많다는 것은 한 뜻을 길게 갖지 못하고 천변하는 마음이 많다.

時支가 편고한 것은 여우처럼 의심이 많아 결단을 내지 못하고 시작은 열심히 하였으나 끝에 가서 태만해진다.

여름철의 木인데 水를 만났으면 반드시 먼저 金이 있어야 水의 근원이 되고, 겨울철의 金이 火를 만나는 것은 모름지기 신왕하고 木이 있어야 火에 불꽃을 만들 수 있어서 부귀에 의심이 없다.

만약 여름의 水인데 金이 없다거나 겨울의 火인데 木이 없다면 청고(淸枯)[327] 한 상이니 명리간에 모두 허사이다.

壬	丙	甲	丙
辰	申	午	寅

庚	己	戊	丁	丙	乙
子	亥	戌	酉	申	未

丙火가 午月에 생하니 양인국인데 寅申 沖을 만났다. 寅과 火局을 모으고 방조를 만났으니 왕하다는 것을 알 수 있다.

가장 기쁜 것은 辰時에 壬水가 투출한 것이고, 다시 묘한 것은 申辰이 火를 설기하여 金을 생하고 水局을 만든 것이다.

이는 바르게 기제(旣濟)를 득한 것이니 일찍이 갑과에 올라벼슬길에 연등하였다. 병관과 형권의 중임을 잡고 생살대권을 쥐

---

327) 청하나 고번함

었다.

壬	丙	甲	丙
辰	寅	午	申

庚	己	戊	丁	丙	乙
子	亥	戌	酉	申	未

이는 앞 사주와 거의 같은데 앞은 좌하 申金이 반합하여 壬水를 생하니 유정하였고, 이것은 申이 年支에 있어서 원격되었고 또 비겁으로부터 겁탈을 당하였다.

申 운에 殺을 생하고 또 甲子 유년을 만나니 殺局을 회합하여 양인을 충거하므로 중과 향방에 급제하였으나 이후로는 청운길이 막혀 버렸으니 앞 사주와는 천연지차인데 申金이 壬水에 연접하지 못하였기 때문이다.

戊	丙	戊	戊
戌	辰	午	子

甲	癸	壬	辛	庚	己
子	亥	戌	酉	申	未

丙 일주에 午 양인이 당령하였으니 강한 것처럼 보이나 子水가 충하고 辰 습토가 설기하니 약하다는 것을 쉽게 알 수 있다.

천간 三戊는 일주의 정화(精華)를 도둑질해 가고 겸하여 운로도 서북 金水地로 주행하니 양인이 다시 그에 극을 감당하여야 하므로 공명뿐만 아니고 다른 것도 어정쩡하였고 재물도 모을 수 없었다.

甲寅년에 火局을 모아 두터운 土를 소토시키니 은과(恩科)에 급제할 수 있었다.

壬	庚	乙	庚
午	午	酉	午

辛	庚	己	戊	丁	丙
卯	寅	丑	子	亥	戌

화중당(和中堂)의 사주다. 庚일주가 중추에 생하였는데 지 중에 관성이 세 개나 보이니 酉金 양인이 수극되고 五行의 土가 없으니 약하다는 것을 알 수 있다. 기쁜 것은 時上의 壬水가 보호하고 수기를 토하는 것이다. 그러므로 총명하였고 권세가 중에서 가장 뛰어났다.

다만 월간에 乙木이 투로하여 연재(戀財)[328]로 쟁합하니 일생을 두고 사랑하는 재는 급류용퇴(急流勇退)[329]를 할 줄 몰랐다. 다만 財가 양인지에 임하였으나 일주가 관향에 있으니 관은 능히 양인을 제극하므로 財는 반드시 官을 생한다. 官은 君象이므로 운이 庚寅으로 주행할 때 金이 절지이고, 官은 생공(生拱)[330]을 받으니 그 財는 모두 官으로 귀속되었다. 이로 미루어 보건대 財는 사람을 해롭게 하는 물건이기도 하니 이른바 욕심을 절제하지 못하면 불나비가 불 속으로 날아들어 분신하고 끝내는 것과 같고 성성(猩猩)[331]이가 술을 즐기다가 자기 일생을 망치게 되는 것과 같으니 후회하여도 소용없다.

---

328) 사모하는 여자
329) 사람들이 미련을 갖는 벼슬자리를 단연 버리고 물러가는 것이 급류를 건너는 것만큼이나 용감한 일이라는 뜻.《名臣言行錄》에 「公急流中 勇退人也」 또 戴復古의 詩에 「日暮倒行非我事 急流勇退有何難」 이라는 문구가 있음
330) 반함국으로 생함
331) 원숭이 종류의 짐승인데, 술을 좋아하기 때문에 술을 미끼로 하면 쉽게 잡을 수 있다고 한다

戊 壬 丙 己
申 辰 子 丑

庚 辛 壬 癸 甲 乙
午 未 申 酉 戌 亥

인제대(印提臺)의 사주다. 壬水가 子月에 출생하였는데 관살이 함께 투출하여 통근하였으니 오로지 삼합 水局에 의지하여 양인을 돕는다. 이른바 殺과 印이 양왕하다. 아까운 것은 木이 없으므로 수기를 토해 내지 못하므로 출신은 한미하였고, 기쁜 것은 丙火가 해동하는 것이다. 그러므로 이 사람은 관후 화평한 행오(行伍) 출신이었다.

　癸酉 운은 양인을 돕고 방신하니 관직을 득하였고, 壬申 운은 1년에 아홉 번을 영전하여 벼슬이 극품에까지 이르렀다. 未 운으로 바뀌어서는 양인을 제극하고 丁丑년에 火土가 함께 왕하고 또 子水를 극합(剋合)[332]하니 사망하였다.

庚 甲 乙 辛
午 子 未 卯

己 庚 辛 壬 癸 甲
丑 寅 卯 辰 巳 午

계중당(稽中堂)의 사주다. 甲子 일주가 未月 午時에 생하니 이른바 夏木이 水를 만나 상관이 인수를 차고앉은 것이다. 기쁜 것은 卯木이 未土를 극하는 것인데, 子水가 손상되지 아니하고 족히 午를 沖할 수 있어서 病도 있지만 藥도 있고 濁을 제거하고 淸을 두는 것이다. 천간 甲乙 庚辛은 각각 문호를 따로 세웠으므

---

332) 子丑이 합이나 근본은 土剋水함

638

로 혼잡이라 논할 수 없으니 인수의 자양이 희신이 된 것이다. 다시 묘한 것은 운로가 동북 水木地로 진행하니 체용에 마땅하여 일생 벼슬길이 평순하였다.

```
庚 甲 壬 庚
午 戌 午 午

戊 丁 丙 乙 甲 癸
子 亥 戌 酉 申 未
```

甲木이 午月에 생하여 支 중에 三午 一戌이 되니 화염(火焰) 토조(土燥)하여 상관이 방자하다. 월간의 壬水는 뿌리가 없으니 오로지 庚金의 生水에만 의지하였다. 그러므로 과갑 연등하였으나 벼슬길은 어정쩡하였으니 지지가 모두 火이기 때문이고 천간의 金

水와 木은 탁근할 곳이 없으니 「神」은 유여하나 「精」이 부족한 연고이다.

```
庚 庚 丙 甲
辰 辰 子 子

壬 辛 庚 己 戊 丁
午 巳 辰 卯 寅 丑
```

주시랑(周侍郎)의 사주다. 庚金이 중동에 생하니 金水가 한냉하다. 월간의 丙火는 연간의 甲木이 생하니 한동(寒凍)한 추위를 녹인다. 이른바 동금득화(冬金得火)한 것이다. 다만 子辰이 쌍으로 공(拱)[333]하니 일주가 반드시 허하게 되어 용신이 丙火

가 되지 못하고 辰土가 된다. 비견이 또 돕는다.

[333] 마주 잡음

운로 庚辰 辛巳에 벼슬길에서 연등하였다.

```
丁 辛 壬 丁
酉 巳 子 巳

丙 丁 戊 己 庚 辛
午 未 申 酉 戌 亥
```

웅중승학붕(熊中丞學鵬)의 사주이다. 辛金이 중동에 생하니 金寒 水冷하다. 설기가 지나치니 오로지 酉時가 부신(扶身)함에 의지하고 巳酉가 반합하여 돕는다.

천간 丁火는 추위를 대적하여 해동하는 데 불과하니 丁火로 용신을 삼지 아니하고 반드시 酉金으로 용신을 삼아야 한다. 그러므로 운로가 土金지에서 벼슬길이 현혁(顯赫)하였고, 丁未로 운이 바뀌어서 일에 실패가 있었다.

무릇 「동금희화(冬金喜火)」는 그 局을 온난케 하는 데 있고 용신을 작하라는 것은 아니다.

제8장 疾病論 질병론

질병(疾病) / 642

疾病질병

五行和者。一世無災。
오 행 화 자 。 일 세 무 재 。

오행이 화목한 자는 한 세상을 재앙이 없다.

【原注】

五行和者。不特全而不缺。生而不克。只是全者宜全。缺者宜缺。生者宜
生。剋者宜剋。則和矣。主一世無災。

　　五行이 中和되었다 함은 특별히 온전하고 빠진 것이 없다는 말이
아니고 相生되며 剋하지 않음을 말한다. 다만 全한 것은 全이 마땅하
고, 缺者(결자)는 결손됨이 마땅하며, 生者는 마땅히 生하여야 하고,
剋할 것은 마땅히 剋해야 하니 곧 和가 되어 主는 一世 無災이리라.

【任注】

五行在天爲五氣,靑赤黃白黑也,在地爲五行,木火土金水也,在
人爲五臟,肝心脾肺腎也,人爲萬物之靈,得五行之全,表于頭面,
象天之五氣,裏于臟腑,象地之五行,故爲一小天也,是以臟腑各
配五行之陰陽而屬焉,凡一臟配一腑,腑皆屬陽,故爲甲丙戊庚
壬,臟皆屬陰,故爲乙丁己辛癸,或不和,或太過,不及,則病有風
熱溼燥寒之症矣,必得五味調和,亦有可解者,五味者,酸苦甘辛
鹹也,酸者屬木,多食傷筋,苦者屬火,多食傷骨,甘者屬土,多食傷
肉,辛者屬金,多食傷氣,鹹者屬水,多食傷血,此五味之相克也,故
曰五行和者,一世無災,不特八字五行宜和,卽臟腑五行,亦宜和
也,八字五行之和,以歲運和之,臟腑五行之和,以五味和之,和者,
解之意也,若五行和,五味調,而災病無矣,故五行之和,非生而不

剋,全而不缺爲和也,其要貴在洩其旺神,瀉其有餘,有餘之旺神
瀉,不足之弱神受益矣,此之謂和也,若强制旺神,寡不敵衆,觸怒
其性,旺神不能損,弱神反受傷矣,是以旺神太過者宜洩,不太過
宜剋,弱神有根者宜扶,無根者反宜傷之,凡八字須得一神有力,
制化合宜,主一世無災,非全而不缺爲美生而不剋爲和也,

【해설】 五行이 하늘에서는 五氣이니 靑, 赤, 黃, 白, 黑이며,
땅에서는 五行이니 木, 火, 土, 金, 水이며, 사람에게는 오장(五
臟)이니 간(肝), 심(心), 비(脾), 폐(肺), 신(腎)이 그것이다.

사람이 만물 중에 靈長(영장)이 된 것은 五行을 온전하게 모
두 득하였기 때문이며, 겉으로 두면(頭面)은 하늘의 五氣를 상징
하고 속으로 장부(臟腑)는 땅의 五行을 상징하므로 하나의 작은
하늘(小宇宙)을 갖추었다고 한다.

이로써 사람의 장부(臟腑)에는 五行의 陰陽으로 구분하여 각
각 배속되었다. 장(臟) 하나에 부(腑) 하나씩 배속되며, 부는 모
두 陽이 배속되므로 甲, 丙, 戊, 庚, 壬이 붙여지고, 장(臟)에는
陰이 배속되므로 乙, 丁, 己, 辛, 癸가 붙여진다. 이것이 혹 不
和하거나 혹 太過하거나 혹 부족하게 되면 病이 생기는데 풍
(風), 열(熱), 습(溼), 조(燥), 한(寒)증이 되며 반드시 五味로
조화시켜야만이 해결된다.

五味란 산(酸=신맛), 고(苦=쓴맛), 감(甘=단맛), 신(辛=매
운맛), 함(鹹=짠맛) 등으로 酸은 木이니 많이 먹으면 근육(筋
肉)을 상하고, 苦는 火이니 多食하면 골(骨=뼈)을 상하고, 甘은
土이니 많이 먹으면 육(肉)을 상하고, 辛은 金이니 多食하면 氣
를 상하고, 함(鹹)은 水이니 많이 먹으면 혈(血)을 상한다. 이는
五味의 相剋으로 본 것이다.

그러므로「五行이 和한 자는 一世에 無災」라 하였다. 이는 八字 五行에서만 和함이 마땅한 것이 아니고 장부(臟腑) 五行에서도 역시 和함이 마땅하다.

八字 五行의 和는 세운이 和하여야 하고, 장부(臟腑) 五行의 和는 五味로 和함을 말한다. 和란 뜻은 해(解)의 뜻이니 만약 五行이 和하고 五味가 조(調)334)하면 재병(災病)은 없을 것이다.

그러므로 五行의 和는 生은 아닐지라도 剋하지는 말아야 함이요, 온전하고 결손되지 않아야 和인 것이다.

그에 중요한 것은 貴는 그 旺神을 설하는 데 있으니 그 유여함을 사(瀉)335)하여야 한다. 유여하여서 왕신이 된 것을 사(瀉)하면 부족하여 弱神이 된 것이 도움이 될 것이니 이를 가리켜 和라 한다.

만약 旺神을 강제로 제압하려 한다거나, 적고 부족한 것으로 많은 것을 대적하려고 한다면 그 성질을 건드려 화나게 할 것이니 旺神은 손상시키지 못하고 弱神만 반대로 손상을 받을 것이다.

이로써 旺神이 태과하면 마땅히 설하여야 하고, 태과하지 않은 旺神은 마땅히 극하여야 하며, 弱神이 뿌리가 있으면 마땅히 生扶하여야 하고, 뿌리가 없으면 반대로 傷剋함이 마땅하다.

무릇 八字는 모름지기 한 神만 유력함을 얻었어도 제화(制化)가 마땅한 바에 들었으면 한 세상은 재앙 없이 살 것이니 모든 것을 다 갖추지 아니하더라도 결함되지 않아야 아름다운 것이며 相生하고 傷剋하지 말아야 和인 것이다.

---

334) 고르다
335) 쏟아 새게 함

☞ **翠山註** : 정리하면 아래와 같다.

五氣	靑	赤	黃	白	黑	天
五行	木	火	土	金	水	地
五臟	肝乙	心丁	脾己	肺辛	腎癸	人
五腑	膽甲	小腸丙	胃戊	大腸庚	膀胱壬	
五味	신맛	쓴맛	단맛	매운맛	짠맛	
病	傷筋	傷骨	傷肉	傷氣	傷血	

♣ 산(珊)336)이 말하기를 「이 곳을 읽고 임철초 선생은 이미 知命뿐만 아니라 훌륭한 의(醫)이기도 하다는 것을 알 수 있었다」고 하였다.

```
庚 戊 甲 癸
申 戌 寅 未

丙丁戊己庚辛壬癸
午未申酉戌亥子丑
```

戊土가 寅月에 생하니 木은 旺하고 土는 虛하다.

기쁜 것은 앉은자리의 戌土에 통근하였고 庚金 역시 祿支에 앉아 있으니 힘으로 능히 벌목을 할 만하다.

이른바 「不太過者 宜剋也(불태과자 의극야)」337)인 것이다. 비

---

336) 원수산 先生. 이 책의 서문을 쓰고 《명리탐원》, 《명보》 등 많은 책을 쓴 命理學者

337) 태과하지 않은 것은 마땅히 극하여야 한다

록 年干에 癸水가 殺을 生하나 未土 위에서 제극되므로 生木함이 불능이다. 희신은 뽑아 올리고 미운 자는 제거하니 오행이 화평하다.

또 진행하는 운로도 體用을 배신하지 않으니 수명이 90을 넘겼어도 눈, 귀가 총명하였고 혼자서도 出行하였다.

자식은 왕성하고 손자도 많았으며, 명예와 경제력 등 福과 수(壽)를 모두 갖추어 일생 동안 무재(無災), 무병(無病)하였다.

甲	戊	庚	甲
寅	寅	午	寅

丙	乙	甲	癸	壬	辛
子	亥	戌	酉	申	未

局 中에 七殺이 5개나 보인다. 庚金 하나가 午 위에 뿌리도 없으니 이른바「弱神無根 宜去之(약신무근 의거지)」[338]하였고 「旺神太過 宜洩之(왕신태과 의설지)」[339]라 하였으니 午火를 用神한 즉 和平하리라.

기쁜 것은 午火가 當令하여 水氣가 全無하다. 비록 운에 金水를 만났고 木이 능히 破局할 것 같으나 막히지는 않으며, 運이 木火로 주행하더라도 명리 양전할 것이다.

이는 神氣가 足하므로 精氣가 自生하기 때문이다. 이로써 부귀(富貴) 복수(福壽)하며 일생을 재앙 없이 살았고 자광(子廣) 손다(孫多)하여 후사도 모두 아름다웠다.

---

338) 弱神이 무근이면 마땅히 제거하라
339) 旺神이 태과하면 마땅히 설기하라

乙	癸	丙	甲
卯	亥	子	子

壬	辛	庚	己	戊	丁
午	巳	辰	卯	寅	丑

癸亥 일주가 年月에 子를 깔고 앉았으니 旺함을 알 수 있다. 가장 기쁜 것은 卯時이며 그 청영(菁英)함을 설기시켜서 속에서 發하여 겉으로 유행시킨다. 木氣가 유여하므로 火가 허하더라도 용신으로 쓴다.

이른바 精이 족하니 神이 왕함이다. 기쁜 것은 그에 土金의 혼잡이 없는 것이다. 土가 있다면 火를 설하고 止水는 불능하므로 반대로 木만 不和를 일으킬 것이고, 金이 있으면 木을 손상시키고 왕양(汪洋)한 水만 돕기 때문이다.

이 사주가 일생 無災하였음은 土金의 혼잡이 없었던 연고이다. 늙어서 음식을 깨물지도 못하고 통째로 삼킬 정도인데도 더 건장하였고 눈, 귀가 총명하고 보행에도 건강하여 사람들이 50대인 줄 의심하였다.

명리 양전하였고 자손이 많았다.

血氣亂者。生平多疾。

혈 기 란 자 。 생 평 다 질 。

혈기가 산란한 것은 평생 질병이 많다.

【原注】

血氣亂者。不特火勝水。水克火之類。五氣反逆。上下不通。往來不順。謂之亂。主人多病。

혈기가 산란하다 함은 火가 水를 이기고 水는 火를 剋하는 것만은 아니다.

五氣 반역과 上下 불통과 往來 불순한 것을 이른바 난(亂)이라 하니 그 사람은 病이 많다.

【任注】

血氣亂者,五行背而不順之謂也,五行論水爲血,人身論脈卽血也,心胞主血,故通手足厥陰經,心屬丁火,心胞主血,膀胱屬壬水,丁壬相合,故心能下交於腎,則丁壬化木,而神氣自足,得旣濟相生,血脈流通而無疾病矣,故八字貴乎克處逢生,逆中得順而爲美也,若左右相戰,上下相克,喜逆逢順,喜順逢逆,火旺水涸,火能焚木,水旺土蕩,水能沉金,土旺木折,土能晦火,金旺火虛,金能傷土,木旺金缺,木能滲水,此五行顚倒相剋之理,犯此者,必多災病,

【해설】 혈기가 난(亂)하다 함은 오행이 등지고 순조롭지 못함이다.

오행으로 논하면 水가 혈(血)이며, 人身으로 논하면 맥(脈)이 곧 혈이며, 심포(心胞=심장)에서 혈을 주재한다. 고로 수족으로 통하게 하는 것은 궐음(厥陰)의 경락(經絡)이다. 心은 丁火에 속하고 心胞는 혈을 주재하며, 방광(膀胱)은 壬水이니 丁壬이 합하므로 心은 능히 아래의 신(腎)에 교통하니 丁壬化 木하면 神氣가 自足하게 된다.

이것이 기제(旣濟)를 득하여 상생하는 것이니 혈맥은 유통되는 것으로 질병은 없을 것이다. 그러므로 팔자도 貴命은 극처봉생(剋處逢生)340)에 있고 逆 중에서 順을 만났을 때 아름답게 되

---

340) 극(剋)을 당하고 있는데 생(生)을 만남

는 것이다.

만약 좌우가 상전(相戰)한다거나, 상하가 상극한다거나, 逆이 기쁜데 順을 만났다거나, 順이 기쁜데 逆을 만났다거나, 火가 왕한데 水는 고갈되었으므로 火가 木을 불사르고 있다거나, 水가 왕한데 토탕(土蕩)341)하여 水가 金을 잠기게 한다거나, 土가 왕하여 木이 꺾이고 있는데 土가 능히 회화(晦火)한다거나, 金은 왕하고 火는 허(虛)하여 金이 능히 土를 상하게 한다거나, 木이 왕하고 金이 결(缺)하여 木이 능히 삼수(滲水 : 물이 스며 없어짐)한다면 이들은 오행을 전도(顚倒)시키고 상극하는 이치이니 이를 범한 것들은 반드시 재병(災病)이 많을 것이다.

庚	丁	乙	丙
戌	未	未	申

辛	庚	己	戊	丁	丙
丑	子	亥	戌	酉	申

丁 일주가 季夏에 태어났는데 未戌은 조토이므로 晦火하여 生金함이 불가능하다.

丙火는 족히 木을 불사르고 金을 剋하니 土는 말라 火를 설기시키지 못한다.

申 中의 壬水도 손상되었으니 그 精이 고갈되어 못쓰게 되었다.

그러므로 처음에 질환이 담화(痰火)였으며, 亥 운에는 水가 원국의 왕성한 火를 대적하지 못하고 木만 생하여 火를 간접적으로 도우니 작은 물로 큰 물을 대적하다가 火勢가 더욱 맹렬하게 노하였으므로 피를 토하고 죽었다.

---

341) 흙탕물이 질펀하여 水를 막아내지 못함

650

| 甲 丙 丁 壬 |
| 午 申 未 寅 |
| 癸 壬 辛 庚 己 戊 |
| 丑 子 亥 戌 酉 申 |

丙火가 未月 午時에 生하였는데 年干 壬水가 뿌리가 없고 申金은 원격되었으므로 壬水를 생할 수 없게 되었다. 또 寅이 沖하고 午가 겁탈하니 폐기(肺氣)가 이지러질 것이고, 아울러 丁壬 合化 木하니 火를 도와 心火만 더 왕하고 신수(腎水)는 고갈될 것이다. 그러므로 病이 유설(遺泄)342)에 있었고 또 담수(痰嗽)343)까지 겹쳤었다.

戌 운에는 火局으로 변하니 肺氣는 더욱 끊어지고 腎水는 더욱 말랐으므로 피를 토하고 죽었다.

| 壬 丙 丙 甲 |
| 辰 寅 寅 辰 |
| 壬 辛 庚 己 戊 丁 |
| 申 未 午 巳 辰 卯 |

木이 당령하여 火가 生을 만났다. 辰은 습토이므로 능히 水를 저장하고 있으나 丙寅으로부터 剋을 받아 비위(脾胃)가 손상되니 金氣는 저절로 끊겼다. 목다수삼(木多水滲)이면 신수(腎水) 역시 고갈된다.

庚 운에 이르러도 목왕금결(木旺金缺)하니 金水를 함께 만나면 木火金이 더욱 방자하므로 피를 토하고 죽었다.

이 사주는 木火 同心이므로 「可順이며 不可逆」이나 반대로

---

342) 소변이나 정액 등이 새는 병
343) 기침병 또는 천식

壬水를 꺼리는 고로 초 운 丁卯, 戊辰, 己巳 등 운은 다시 반대로 어렵지 않았다.

忌神入五臟而病凶。

기 신 입 오 장 이 병 흉 。

기신이 오장에 들면 병이 대흉하다.

【原注】

柱中所忌之神。不制不化。不沖不散。隱伏深固。相克五臟則其病凶。忌木而入土則脾病。忌火而入金則肺病。忌土而入水則腎病。忌金而入木則肝病。忌水而入火則心病。又看虛實。如木入土。土旺者。則脾自有餘之病。發於四季月。土衰者。則脾有不足之病。發於春冬月。餘皆仿之。

　柱中에서 꺼리는 神을 제극하지도 아니하고, 化하지도 아니하고, 沖하지도 아니하고, 산(散)하지도 아니하고, 뿌리깊게 은복시키고 오장을 상극한 즉, 그 病은 흉하다. 木이 기신인데 土에 들면 비병(脾病)이요, 火가 기신인데 金에 들면 肺에 病이요, 土가 기신인데 水에 들면 腎에 病이 있고, 金이 기신인데 木에 들어가면 肝에 病이요, 水가 기신인데 火로 들어가면 心에 病이 된다. 또 허와 실을 보아야 하니 가령 木이 土에 들어갔더라도 土가 왕한 경우는 脾가 너무나 유여하여 생기는 病이니 四季月에 발생할 것이다. 또 土가 쇠약한 경우는 脾의 기운이 부족하여 생기는 病이니 봄이나 겨울에 病이 발생할 것이다. 나머지도 이와 같이 추리하라.

【任注】

忌神入五臟者,陰濁之氣,埋藏于地支也,陰濁深伏,難制難化,爲病最凶,如其爲喜,一世無災,如其爲忌,生平多病,土爲脾胃,脾喜緩,胃喜和,忌木而入土,則不和緩而病矣,金爲大腸肺,肺宜收,大

652

腸宜暢,忌火而入金,則肺氣上逆,大腸不暢而病矣,水爲膀胱腎,
膀胱宜潤,腎宜堅,忌土而入水, 則腎枯膀胱燥而病矣,木爲肝膽,
肝宜條達膽宜平,忌金而入木則肝急而生火,膽寒而病矣,火爲
小腸心,心宜寬,小腸宜收,忌水而入火則心不寬,小腸緩而病矣,
又要看有餘不足,如土太旺,木不能入土,則脾胃自有餘之病,脾本
忌溼,胃本忌寒,若土溼而有餘,其病發于春多,反忌火以燥之,土
燥而有餘,其病發于夏秋,反忌水以潤之,如土虛,弱木足以疎土,
若土濕而不足,其病發于夏秋,土燥而不足,其病發于冬春,蓋虛
濕之土,遇夏秋之燥,虛濕之土,逢春冬之濕,使木託根而愈茂,土
受其剋而愈虛,若虛濕之土,再逢虛溼之時,虛溼之土,再逢虛燥
之時,木必虛浮,不能盤根,土反不畏其剋也,餘仿此,

【해설】 기신이 오장에 들었다 함은 음탁(陰濁)한 氣가 지지에
매장(埋藏)된 것을 말한다. 음탁한 기신이 깊이 잠복되면 制剋하
기도 어렵고 制化하기도 어렵기 때문이니 그 病은 가장 흉할 것이
다.

가령 그것이 희신이라면 한 생애를 재앙 없이 살 것이나 기신
일 때는 한 평생을 많은 병을 가지고 살 것이다.

土는 비위(脾胃)이니 비장(脾臟)은 완(緩)한 것을 좋아하고
위장(胃腸)은 화(和)한 것을 좋아한다. 기신이 木인데 入土한 즉
和가 어그러지고 緩이 깨지기 때문에 病이 된다는 것이다.

金은 대장(大腸)과 肺이니 폐는 의수(宜收)요 대장은 의창(宜
暢)이므로 기신이 火인데 入金한 즉, 肺氣는 상역(上逆)하고 대
장은 불창(不暢)하여 病이 된다.

水는 방광(膀胱)과 신(腎)이니 방광은 의윤(宜潤)이요 腎은
의견(宜堅)이니 土가 기신인데 入水한 즉, 신고(腎枯)하고 방광

은 燥하여서는 病이 된다.

木은 간담(肝膽)이니 肝은 의조달(宜條達)이요 膽은 의평(宜平)이니 기신이 金인데 入木한 즉, 肝은 급히 生火하고 膽은 한(寒)을 받으니 病이 된다.

火는 소장(小腸)과 심장(心臟)이니 심장은 의관(宜寬)이요 소장은 의수(宜收)인데 기신이 水인데 入火한 즉, 心은 불관(不寬)하고 소장은 완(緩)하여 病이 된다.

또 중요한 것은 유여한지 부족한지를 보아야 한다.

가령 土가 태왕하여 木이 入土를 못할 때는 비위(脾胃)는 너무나 유여하기 때문에 病이 될 것이다. 脾는 본시 습한 것을 꺼리고 謂는 본시 寒한 것을 꺼리는데, 만약 土가 습하고도 유여하면 그 病은 봄·겨울에 발생할 것이고, 반대로 火로 건조(乾燥)시킴을 꺼린다.

만약 土가 燥하면서 유여하면 그 병은 여름과 가을에 발생하고 반대로 수로써 윤택(潤澤)하게 함을 싫어한다. 가령 土가 허약하면 약한 木으로도 족히 소토(疎土)시킬 것이고, 만약 土가 습하면서도 부족하면 그 病은 여름이나 가을에 발병할 것이다.

만약 土가 건조하면서도 부족하면 그 병은 겨울이나 봄에 발생할 것이다.

대개 허습(虛溼)한 土가 夏秋의 燥를 만났거나 春冬의 습(溼)을 만나면 木은 탁근(託根)하였으면 무성하여 土는 그 제극함을 받기 때문에 더더욱 虛하게 된다.

만약 허습한 土가 다시 허습한 시기를 만난 것과, 다시 허조(虛燥)한 시기를 만났다면 木도 반드시 허부(虛浮)할 것이니 뿌리를 내리지 못하여 土는 반대로 木의 극함을 두려워하지 않는다. 나머지도 이와 같이 추리할 것이다.

乙	丙	己	庚
未	子	丑	寅

乙	甲	癸	壬	辛	庚
未	午	巳	辰	卯	寅

丙火가 季冬에 생하고 子水를 깔고 앉았으니 火는 虛하여 불꽃은 힘이 없다.

木을 用神하는데 여윈 木이 두 곳의 陽氣는 있으나 새싹을 틔우기 위하여 움직이지는 않고 있다.

庚金은 투출하여 丑 中 申金에 통근하였으니 忌神이 오장에 깊이 든 것이며, 또한 己土 역시 庚金의 적모(嫡母)이니 회화(晦火) 生金하므로 족히 寅을 파괴할 수 있다. 子水는 腎인데 丑과 合하면 生木할 수 없으며, 土로 化하면 金만 도우니 丑土가 病이 된다. 生金뿐만 아니라 水에게도 전이되어 누가 된다.

이로써 병환은 肝과 腎이 모두 이지러졌다고 할 수 있다. 卯 운에는 丑土를 능히 破하므로 이름이 궁장(宮牆) 대열에 올랐고 乙 운은 庚과 合하며 巳丑이 拱金하므로 허손(虛損)증을 치료하지 못하고 죽었다.

壬	辛	辛	丁
辰	未	亥	亥

乙	丙	丁	戊	己	庚
巳	午	未	申	酉	戌

辛金이 孟冬에 생하였는데 丁火는 비견을 극거하니 일주는 고립되어 도움이 없다. 상관이 투출하여 당령하니 命主의 元神을 도둑질하여 간다.

용신은 土가 되고 火가 아니다. 未는 木의 고장지이면서 뿌리가 되고 辰은 木의 여기이므로

모두 乙木을 소장하고 있는 기신이다. 年月의 두 亥는 木의 生
地이며 亥未가 木을 끌어내니 기신이 五臟으로 들어가 六腑로
돌아가니 이와 같이 논한다면 脾가 虛하고 腎을 洩하니 그 病
은 머리의 병환이 어질어질할 것이고 유설(遺洩)[344]이 있을 것
이다. 또 다시 뒤에서 치밀어 올리기도 하여 열흘도 편안함이
없을 것이다.

　己酉年은 日主가 祿을 받아 생원 시험에 합격하고 得子도 하
였으며, 戊 운은 壬水를 극거하므로 넉넉하였으나, 申 운에 壬水
가 生을 만나 병세가 더욱 중하였고, 丁 운은 일주가 傷剋되어
죽었다.

　이상 두 사주를 보건대 그 병증은 팔자의 五行 이치와 함께
보아야 함이 확실하게 응험되었다. 과(果)를 능히 깊이 세밀하게
연구하면 그 장수와 단명을 궁통(窮通)하고 예측함이 불가능하
리오?

客神遊六經而災小。
객 신 유 육 경 이 재 소 。

객신은 육경(六經)에 놀면 재앙이 적다.

【原注】

客神比忌神爲輕。不能埋沒。遊行六道。則必有災。如木游於土之地。而
胃災。火游於金之地而大腸災。土行水地膀胱災。金行木地膽災。水行火
地小腸災。

　客神은 기신에 비교하면 가벼우니 묻혀서 감추어지지 아니하였기

---

344) 저절로 배설됨

때문이며,

六道로 유행하면 반드시 재앙이 된다. 가령 木이 土의 地에서 놀면 胃에 災가 있고, 火가 金의 地에서 놀면 대장에 재앙(災殃)이고, 土가 水地로 行하면 방광에 재앙이 있고, 金이 木地에서 놀면 담(膽)에 재앙이 생기고, 水가 火地로 행하면 소장에 재앙이 생긴다.

【任注】

客神游六經者,陽虛之氣,浮于天干也,陽而虛露,易制易化,爲災必小,猶病之在表,外感易于發散,不至大患,故災小也,究其病源,仍從五行陰陽,以分臟腑,而五臟論法,亦勿以天干爲客神論虛,地支爲忌神論實,必須究其虛中有實,實處反虛之理,其災祥了然有驗矣,

【해설】 客神이 六經에 논다는 말은 양허지기(陽虛之氣)가 천간에 떠있는 것을 말한다.

陽이라도 허로(虛露)하면 쉽게 제극할 수 있고 쉽게 化할 수 있기 때문에 재앙은 꼭 적을 것이니 病은 겉으로 드러나기 때문이다.

외감(外感) 발산이 쉬우니 큰 병으로 이어지지 않기 때문에 災小라 한 것이다. 그 병의 원인에 대하여 궁구하여 보면 음양과 오행을 좇아서 장부를 분류하고 오장의 논법으로 논할 것이니 天干은 客神이니 虛로 하고, 지지는 기신이니 實로 한다는 것은 잘못된 것이다.

반드시 그 虛 中에도 實이 있고 實 중에도 虛함이 있다는 이치를 깨달으면 그 재상(災祥)이 요연하여 경험할 수 있을 것이다.

丙	庚	甲	壬
戌	午	辰	辰

辛庚己戊丁丙乙
亥戌酉申未午巳

庚午日 生이 辰月 戌時에 태어나니 春金에 殺이 왕하므로 용신은 土가 된다. 월간 甲木은 본시 客神이나 두 辰 속에 함축하고 있는 水가 감추어진 木에 통근하니 六經에 있는 것뿐이 아니고 오장에까지 들어 있다. 또 年干의 壬水는 甲木을 생하니 丙火를 극하지 못한다.

초 운은 남방이라 生土하니 脾胃에 病이 없었으나 오수연금(熬水煉金)[345]으로 약한 병증이 있었다. 戊申 운에 이르니 土金이 함께 왕하니 局 中의 木에 병이 오고 木은 주로 風症이다. 金이 능히 剋木하므로 연접하여 오는 己酉, 庚戌까지 30년까지 재물을 30여만 하였고, 辛亥 운은 金이 통근되지 못하고 木이 장생을 만나니 홀연히 風病이 생겨 죽었다.

庚	壬	戊	癸
戌	寅	午	丑

壬癸甲乙丙丁
子丑寅卯辰巳

壬寅 일주가 五月 戌時에 생하니 왕한 殺이 財局을 만났으니 殺은 더욱 사정(肆逞)[346]한다. 이로써 客神은 午火가 아니고 寅木이니 그 火勢를 돕고 客神이 化하여 기신이 되었다. 또 천간도 戊癸 化火하면 金水가 함께 손상된다.

---

345) 물은 볶이고 금은 두들겨 맞음
346) 더욱 힘차게 방정을 떪

658

운이 乙卯에 이르니 金水가 함께 절지를 만나므로 肺와 腎에 함께 病이 들어 이지러졌으며, 말문이 막히더니 해수(咳嗽)까지 겹쳐서 甲戌년 正月에 木火가 함께 왕하므로 사망하였다.

庚	丙	庚	乙
寅	子	辰	亥

甲	乙	丙	丁	戊 己
戌	亥	子	丑	寅 卯

丙子日이 季春에 생하였으니 습토가 사령하여 함축된 水로 木을 길러주고 亥 장생을 만났다. 辰과 寅의 도움으로 乙木은 비록 庚金이 합하고자 하나 거부하니 庚金은 天干에 뜬 客神이 되었다. 庚金은 장부 깊이 들어가지 못하고 六經에 놀고 있다. 水는 精인데 亥子 두 水를 만났고, 辰은 또 水를 가지고 끼어 있으며, 木은 氣인데 春令의 여기를 받고 있으며, 寅亥가 生合하고 火는 神氣인데 때가 五陽의 진기(進氣)를 만났다. 年月에 氣가 통근하여 生時에까지 관통하였으니 精·氣·神 三者가 함께 만족하고 사기(邪氣)는 쫓아 들어올 곳이 없다.

행운이 또 배신하지 아니하므로 일생을 질병 없이 살았고 명예와 이로움도 유여하였다. 오직 土가 허습지에 있고 金을 설기시키니 이로써 비위(脾胃)가 허한(虛寒)하였고 설사병(泄瀉病) 정도는 면할 수 없었다.

木不受水者 血病
목불수수자 혈병

목이 수의 생을 받지 못하면 혈병이다.

【原注】

水束流而木逢沖。或虛脫。皆不受水也。必主血病。蓋肝屬木。納血。不納則病。

　水가 束으로 흐르는데 木이 沖을 만나고 혹 허탈하면 모두 水를 받아주지 못하는 것이니 반드시 主에게는 혈병(血病)이 된다. 대개 간(肝)은 木에 속하고 납혈(納血)하여야 하는데 받아들이지 못하면 병이 된다.

【任注】

春木不受水者, 喜火之發榮也, 冬木不受水者, 喜火之解凍也, 夏木之有根而受水者, 去火之烈, 潤地之燥也, 秋木得地而受水者, 洩金之銳, 化殺之頑也, 春冬生旺之木, 要其衰而受水, 夏秋休囚之木, 要其旺而受水, 反此則不受, 不受則血不流行, 故致血病矣,

【해설】　春木이 水를 받아들이지 못하는 것은 火가 희신이 되어 발영(發榮)해야 할 때이고, 冬木이 水를 받아들이지 못하는 것은 火를 기뻐하여 해동해야 하기 때문이다.

　夏木이 뿌리가 있어서 水를 받아들이는 것은 火의 열기를 제거하고 조열한 땅을 윤택하게 하기 위함이고, 秋木이 득지하여 水를 받아들이는 것은 예리한 金氣를 설기시키고 화살하여 완우(頑愚)347)하게 하기 위함이고, 春冬의 생왕한 木은 쇠약한데도 水를 받아들이는 것이 중요하고, 夏秋의 휴수된 木은 그가 왕한데도 水를 받아들여야 하는 것이니, 이와 반대가 되면 水를 받아들이지 못하고, 받지 못하면 혈액이 유행하여 순환을 못하는 터

---

347) 느릿하고 어리석음

라 혈병(血病)에 이르는 것이다.

己	乙	丁	丁
卯	亥	未	亥

辛	壬	癸	甲	乙	丙
丑	寅	卯	辰	巳	午

乙木이 未月에 생하였으니 휴수의 달인데 연월에 丁火가 양투하여 설기가 태과하다.

가장 기쁜 것은 時支에 녹이 되어 통근하니 亥水의 생을 받을 수 있음이고, 조열한 土를 윤택하게 함이며, 다시 묘한 것은 會局하여 방신하니 광휘의 상이 된 것이다.

甲辰 운에 호방거수(虎榜居首)가 되더니 과갑 연등까지 하였다. 이를 식신용인격(食神用印格)이라 하겠다.

丁	乙	乙	丙
亥	巳	未	戌

辛	庚	己	戊	丁	丙
丑	子	亥	戌	酉	申

乙木이 未月에 생하였는데 천간에 丙丁이 투출하여 巳戌에 통근하였으니 발설이 태과하므로 水의 생을 받아들이지 못하니 亥水가 도리어 病이 되었다. 格이 順局으로 종아(從兒)가 되었다.

처음 丙申 丁酉 운에는 丙丁이 개두하였으니 평순하게 지났으나 戊戌 운은 亥水를 극진시키니 명리 양득하였고, 己亥 水 운에는 팽창(膨脹)348)병이 생겼다. 단지 사주에 火가 왕하고 또 조토

---

348) 부풀어서 커짐

(燥土)를 만났으니 水가 돌아갈 곳이 없으므로 이와 같은 病을 득하여 사망하였다.

土不受火者氣傷。
토 불 수 화 자 기 상 。

土가 火의 생을 받아 주지 못하면 기가 상한다.

【原注】
土逢沖而虛脫。則不受火。必主氣病。蓋脾屬土而容火。不容則病矣。

土가 沖을 만나 허탈하면 火를 받아들이지 못하여 반드시 主는 氣에 病이 된다. 대개 비(脾)는 土에 속하므로 火를 용납하게 되는데, 火를 용납하지 못하면 病이 된다.

【任注】
燥實之土不受火者,喜水之潤也,虛濕之土不受火者,忌水之剋也,冬土有根而受火者,解天之凍,去地之濕也,秋土得地而受火者,制金之有餘,補土之洩氣也,過燥則地不潤,過濕則天不和,是以火不受,木不容,過燥必氣虧,過溼必脾虛,不受則病矣,

【해설】
실하여도 조열한 土여서 火를 받아 주지 못하는 것은 水로써 윤택하게 하여야 한다. 또 허습한 土인데 火를 받아들이지 못하는 것은 水의 剋을 꺼리기 때문이다.

冬土가 뿌리가 있으므로 火를 받아들이는 것은 언 것을 해동하여 地의 습함을 제거하기 위함이요, 秋土가 득지하였는데도 火의 生을 받아들이는 것은 金의 유여함을 제극하고 土를 보하여 설기시키기 위함이다.

과조(過燥)[349]하면 地가 윤택할 수 없으며, 과습(過濕)하면

662

天이 불화이니 火를 받아들일 수 없는 것이고 木을 용납하지 않는다. 과조하면 반드시 氣는 이지러지고 과습하면 반드시 비허(脾虛)이니 받지 못하면 病이다.

己	戊	辛	己
未	戌	未	巳

乙	丙	丁	戊	己	庚
丑	寅	卯	辰	巳	午

戊土가 未月에 생하여 중첩된 土이다. 기쁜 것은 천간에 火가 없는데 辛金이 투출하다. 이른바 속 기운을 겉으로 발산시키는 것이다. 이에 모든 정화(精華)가 辛金에 있다. 운로가 己巳 戊辰에는 金을 생하고 유정하니 명리가 유여하였다. 丁卯 운은 辛金이 손상되고 지지의 火土가 함께 왕하니 소토를 시키지 못하고 도리어 火세를 좇으니 土는 더욱 왕성해진다. 辛은 폐에 속하는데 폐가 손상이 되니 혈맥이 유통되지 못하여 병환은 氣와 血 양쪽이 이지러져 사망하였다.

壬	己	己	庚
申	亥	丑	辰

乙	甲	癸	壬	辛	庚
未	午	巳	辰	卯	寅

己亥 일주가 丑月에 생하니 허습지이다.

辰, 丑에는 水를 함축하고 金을 소장하고 있는데 庚壬이 투출하여 통근하였다. 단순히 허습지기로 처리하기보다 도리어 水를 용신으로 從財格이 되어야 한다.

초운 庚寅 辛卯는 천간의 金이

생수하고 지지에서는 土를 극하니 부모의 음덕이 유여하였고, 壬辰 癸巳는 사업과 재물이 나날이 더해 갔고, 이름이 궁장(宮牆)의 명열에 올랐다. 巳 운에는 극처 파재하였으니 이 사주는 사주 내에 火가 없고 申時를 득하여 壬水를 생하니 格局이 가종재(假從財)가 되었다.

그러므로 유업이 풍부하였고 독서 입학도 하였으며 처자 모두 온전하였다. 만약 한 눈으로 火만을 보고 재다신약으로 하였다면 한 가지도 이룰 수 없었을 것이다.

甲午 운에 이르러 木이 무근인데 火를 좇으니 己巳년에 火土가 함께 왕하여 기혈필상(氣血必傷)할 것이니 병환은 장위혈증(腸胃血症)으로 사망하였다.

金水傷官。寒則冷嗽。熱則痰火。
금 수 상 관 。 한 즉 냉 수 。 열 즉 담 화 。

火土印綬。熱則風痰。燥則皮癢。
화 토 인 수 。 열 즉 풍 담 。 조 즉 피 양 。

論痰多木火。生毒鬱火金。
논 담 다 목 화 。 생 독 울 화 금 。

金水枯傷而腎經虛。水木相勝而脾胃泄。
금 수 고 상 이 신 경 허 。 수 목 상 승 이 비 위 설 。

【해설】 金水 상관이 寒한 즉 마른기침이고 熱한 즉 담화이며, 火土 인수는 열한 즉 풍담이요 조한 즉 피부 가려움증이다.

담(가래)을 논할 때 木火로 많이 하고, 독이 생하는 것은 火金이 답답한 데서 오고, 金水가 마르고 상하면 신경이 허하고, 水木이 부추기면 비장과 위장을 설한다.

【原注】

凡此皆五行不和之病。而知其病。知其人。則可以斷其吉凶。如木之病何
如。又看木是日主之何神。若木是財而能發土病。則斷其財之衰旺。妻之
美惡。父之興衰。亦不必顯驗。然有可應而六親與事體又不相符者。殆以
病而免其咎者也。

무릇 이는 모두 오행이 불화하여 오는 병들이니 그 병을 알 수 있
는 것들이다. 그 사람을 아는 것은 그 길흉으로 단정하는 것이 가하
다.

가령 木의 병이 어떤 것인지와 木이 일주에 대해서는 어떤 신인지
를 보는 것인데, 만약 목이 財星이라면 능히 土에 관한 병이 발생할
것이니 그 재성의 쇠왕으로 판단하는 것이다. 이 때 처의 미악과 부모
의 흥쇠를 보는 것은 반드시 맞추려고 할 필요가 없다.

그러나 응(應)이 육친(六親)과 사체(事體)350)와 일치할 때도 있지
만 상부하지 않는 경우도 있으니, 이 경우 병이 위태하더라도 그 허물
은 면할 수 있다.

【任注】

金水傷官,過於寒者,其氣辛涼,眞氣有虧,必主冷嗽,過於熱者,
水不勝火,火必尅金,水不勝火者,心腎不交也,火能克金者,肺家
受傷也,冬令虛火上炎,故主痰火,

火土印綬,過於熱者,木從火旺也,火旺焚木,木屬風,故主風痰,
過於燥者,火炎土焦也,土潤則血脈流行,而營衛調和,皮屬土,土
喜煖,煖即潤也,所以過燥則皮癢,過溼則生瘡,夏土宜溼,冬土宜
燥,在人則無病,在物則發生,總之火多主痰,水多主嗽,

木火多痰者,火旺逢木,木從火勢,則金不能尅木,水不能勝火,火
必尅金而傷肺,不能下生腎水,木又洩水氣,腎水必燥,陰虛火炎,

---

350) 일

痰則生矣,

生毒鬱火金者,火烈水涸,火必焚木,木被火焚,土必焦燥,燥土能脆金,金鬱於內,脆金逢火,肺氣上逆,肺氣逆則肝腎兩虧,肝腎虧則血脈不行,加以七情憂鬱而生毒矣,

土燥不能生金,火烈自能嘆水,腎經必虛,

土虛不能制水,木旺自能剋土,脾胃必傷,凡此五行不和之病,細究之必驗也,然與人事可相通也,不可專執而論,如病不相符,可究其六親之吉凶,事體之否泰,必有應驗者,

如日主是金,木是財星,局中火旺,日主不能任其財,必生火而助殺,反爲日主之忌神,卽或有水,水仍生木,則金氣愈虛,金爲大腸肺,肺傷而大腸不暢,不能下生腎水,木洩水而生火,必主腎肺兩傷之病,

然亦有無此病者,必財多破耗,衣食不敷,是其咎也,

然亦有無病而財源旺者,其妻必陋惡,子必不肖也,斷斷必有一驗,其中亦有妻賢子肖而無病,且財源旺者,歲運一路土金之妙也,

然亦有局中金水,與木火停勻,而得肺腎之病者,或財多破耗,或妻陋子劣者,亦因歲運一路木火,而金水受傷之故也,宜仔細推詳,不可執一而論也,

【해설】 金水 상관이 지나치게 찬 자는 그 기가 신량(辛凉)[351] 하고 진기는 이지러진 곳이 있어서 主는 반드시 냉수(冷嗽)[352] 가 있을 것이다.

　지나치게 열(熱)한 자는 水가 火를 이길 수 없으니 火는 반드시 克金할 것이다. 水가 火를 이기지 못하는 것은 심신(心腎)이

---

351) 매우 차가움
352) 마른 기침, 해수병

교통하지 못하고, 火가 剋金하는 것은 폐가(肺家)에서 손상을 받을 것이다.

겨울철에는 허화상염(虛火上炎)하므로 主는 담화(痰火)가 된다.

「화토인수과어열(火土印綬過於熱)」의 해석은 木이 火旺에 종할 때 火旺하여 木을 불사를 때는 木은 風에 속하므로 主는 풍담(風痰)이 된다.

지나치게 조(燥)353)할 때는 화염토초(火炎土焦)가 되는데, 土가 윤택하면 혈맥이 유행하여 조화(調和)를 영위한다.

피부는 土에 속하고 土는 따뜻한 것을 기뻐하는데 온난하면 윤택하기 때문이다. 그러므로 지나치게 燥하면 피양(皮癢)354)이 되고 과습하면 창(瘡)355)병이 발생한다.

하토(夏土)는 마땅히 습하고 동토(冬土)는 燥한 것이 마땅하니 사람에 있어서는 무병하고 物에 있어서는 발생할 것이니 총론컨대 화다주담(火多主痰)이요 수다주수(水多主嗽)이다.

「목화다담자(木火多痰者)」는 火가 왕한데 木을 만난 것은 木이 火세를 좇을 것이니 金이 木을 극하지 못하고, 水가 火를 이기지 못할 것이니 火는 반드시 克金하니 폐(肺)를 상하게 되고, 또 아래로 신수(腎水)를 생하지 못하며, 木은 또 水氣를 설할 것이니 신수(腎水)가 마르게 되고, 음허화염(陰虛火炎)한 것으로는 담(痰)이 발생하게 된다.

「생독울화금(生毒鬱火金)」의 해석은 火가 치열하면 水가 잦아들어 버릴 것이다. 이 때 火는 土를 태워버릴 것이고, 木이 火

---

353) 말라 볶임
354) 피부 가려움증
355) 종기, 부스럼

를 불사르면 土도 말라 볶일 것이며, 볶인 燥土에서는 金도 위태하게 되고 金은 안으로 답답하게 된다. 金이 火를 만나 위태하게 되면 폐기(肺氣)가 상역(上逆)할 것이고, 폐기가 상역하면 간신(肝腎)이 함께 이지러질 것이고, 간신이 이지러지면 혈맥이 운행하지 못하여 칠정(七情)356)의 우울함이 증가되어 독을 생하게 된다.

土가 말라 金을 생하지 못하고 火가 치열하면 스스로 水는 말라 신경필허(腎經必虛)할 것이다.

土가 허하여 水를 제압하지 못하고 木이 왕하면 저절로 土를 극하니 비위필상(脾胃必傷)이다.

무릇 「차오행불화지병(此五行不和之病)」이라 한 것은 곰곰이 생각해 보면 반드시 그러하다. 그러나 인사와 함께 상통하는 것이니 이것만 잡고 논하는 것은 불가하다.

가령 病에만 상부(相符)하지 말고 그 육친의 길흉과 사체지비태(事體之否泰)를 궁구하면 반드시 응험이 있을 것이다.

가령 일주가 金이라면 木이 재성인데 국 중에 火가 왕하면 일주는 그 재성을 감당할 수 없을 것이니 반드시 火를 생하고 殺을 도와야 한다.

반대로 일주의 기신이므로 水가 있어서 木을 생하여야 한다면 金氣는 더욱 허하게 될 것이다.

金은 대장(大腸)과 폐(肺)이니 폐가 상하거나 대장이 창달하지 못할 것이고 아래로 신수(腎水)를 생하지 못하고 木이 水를 설하여 火를 생하니 반드시 主는 신폐(腎肺) 양쪽이 손상되는 병이 될 것이다.

---

356) 일곱 가지 감정이니 곧, 희(喜)·노(怒)·애(哀)·락(樂)·애(愛)·오(惡)·욕(欲)을 말함

668

　그러나 역시 이러한 병이 없을 수도 있는 것은 반드시 재다파모(財多破耗)하여 의식마저 해결치 못할 것이니 이것이 그에서 오는 허물이다.

　그러나 또 病도 없는데 재원도 왕한 자가 있다면 그의 처가 반드시 누악(陋惡)357)하고 자식이 반드시 불초(不肖)358)할 것이니 단정코 반드시 한 가지의 결함이 있을 것이다.

　그 중에는 또 처도 현숙하고 자식도 건전하고 병도 없고 재물도 왕성하다면 세운에서 한 길(路)로 土金이 되는 묘함일 것이다.

　그러나 역시 국 중의 金水가 木火와 함께 정균한데도 肺腎에 病이 있는 사람도 있고, 혹 재다파모(財多破耗)하고 혹 처루자열(妻陋子劣)한 사람이 있는 것은 또 세운에 인한 것이니, 木火 한 길로 가면서 金水가 손상을 받는 연고이다. 마땅히 자세하게 추상할 것이지 한 가지 논리만 잡고 말하는 것은 불가하다.

己	辛	壬	壬
丑	酉	子	辰

戊	丁	丙	乙	甲	癸
午	巳	辰	卯	寅	丑

　辛金이 중동에 생하고 金水 상관이 되었다.

　국 중에 火氣가 전무하므로 金은 차고 水는 냉하며 土는 습하여 얼어 있다.

　초환으로 냉수병이 있었으나 상관이라도 인수를 잡았고 격국이 순청하다. 글공부를 하는데 한 번만 보면 외웠으며, 조년에 반궁에 들었고, 甲寅 乙卯 운은

---

357) 결함(缺陷)이니 허물이 많음
358) 못난 아들

水를 설기하니 가업이 크게 더해 갔다. 丙辰 운은 水火 상극하므로 병을 얻었고, 丙寅년에는 <u>火金</u>이 왕하여 水를 격동하니 이 때에 약증이 세를 이루어 사망하였다.

☞ 翠山註 : 밑줄 친 곳은 火木의 오기인 듯함.

壬	辛	丙	己
辰	酉	子	丑

庚	辛	壬	癸	甲	乙
午	未	申	酉	戌	亥

金水 상관인데 丙火가 투출하였으니 얼어 한냉함이 제거되었다. 냉에서 오는 해수병은 없을 것이다.

癸酉 운에 넉넉한 가운데 입학(入學)하였고 한 고을을 들썩였다.

묻기를 「『金水 상관은 관성이 기쁘다』하였는데 어찌하여 金水 운인 癸酉에 공명을 얻었는가?」하니 내가 답하기를 「金水 상관이 火가 기쁘다 하는 것은 그 국세를 따뜻하게 하는 데 불과하고 용신으로 취하라는 말은 아니다」

火를 용신으로 취하는 경우는 10 중 1, 2개 정도이고, 水를 용신으로 하는 경우가 10 중 8, 9이다. 火를 취용하는 경우는 반드시 木火가 함께 와야 하고 또 일주가 왕상함이 중요하다. 그러나 이 사주에서는 일주가 비록 왕하지만 국 중에 木이 희소하고 虛火가 무근하니 반드시 水를 취용하여야 하는 것이다.

壬申 운에는 교습(敎習)[359]을 경유하여 지현(知縣)을 득하였고, 辛未 운은 丁丑년에 火土가 함께 왕성하고 壬水와 합취하니

---

359) 관직명

子水가 상하여 병을 얻고 사망하였다.

丙	庚	丙	甲
戌	子	子	戌

壬	辛	庚	己	戊	丁
午	巳	辰	卯	寅	丑

庚金이 子月에 생하였는데 丙火가 양투하였고 지지에 두 戌 조토가 있으니 丙火의 고장에 내린 뿌리이다. 또 甲木이 있어 丙을 생하니 과열한 정도이다.

운로가 戊寅 己卯에 火에 관계되는 환담(患痰)이 생겼고 庚辰운은 비견이 방신하고 지지에 습토를 만났으니 그 病은 약을 쓰지 않아도 나을 것이다.

재물로 벼슬길로 나갔고 辛巳년에는 장생지이니 명리 양전하였는데 이에 火를 不用한 것은 身衰였기 때문이다. 무릇 金水 상관에서 用火는 반드시 身旺 봉재(逢財)함이 중요하고 中和 用水하고 衰弱 用土함이 중요하다.

丙	己	庚	己
寅	亥	午	巳

甲	乙	丙	丁	戊	己
子	丑	寅	卯	辰	巳

己土가 중하에 생하였으니 火土 인수격이다.

己는 본시 습토로서 좌하에 亥水까지 만났다. 丙火가 투출하여 생을 만났고, 연월에 또 녹왕함을 만났지만 이 사주는 열(熱)하나 조(燥)는 아니다.

寅亥 化木하여 火를 생하는 것은 여름철에서는 꺼리는 것이고, 겸하여 운로가 동남 木地로 주행하니 木은 風에 속하는 고로 병환은 풍질(風疾)일 것이다. 또

巳亥 陰體가 用陽인데 午를 만나 생조하니 心과 소장(小腸)은 왕성할 것이다.

亥가 寅의 설기를 만난 것은 庚金이 下生이 불가능하여 腎氣는 오히려 이지러질 것이므로 병환은 유설증(遺泄症)일 것이다. 다행한 것은 조양(調養)360)을 잘했으므로 병세가 악화되지 않았다.

己丑 운은 북방지로 운전되어 앞의 病이 모두 낳았고, 甲子 癸亥 水地는 늙었어도 노익장을 과시하여 첩을 들여 자식까지 두었고 발재도 수만을 하였다.

丁 戊 戊 辛
巳 戌 戌 未

壬 癸 甲 乙 丙 丁
辰 巳 午 未 申 酉

戊土가 戌月에 생하였는데 未戌은 모두 火를 대동한 조토이고 時에 丁巳를 만나니 火土 인수격이 되었다.

戊은 본시 조토이고 또 인수가 생조하지만 때가 가을도 늦어 가는 季秋이다. 이는 조(燥)라 하나 열(熱)은 아니다.

연간의 辛金은 丁火에게 겁탈되니 辛은 肺에 속하고 조토는 生金을 못하므로 처음에 생긴 병은 담증(痰症)이었는데 폐가(肺家)가 손상을 받은 연고이다. 그것이 대해(大害)까지 가지 않았던 것은 운로가 丙申 丁酉 서방 金地로 운행하기 때문이고, 乙未 甲午 운은 木火 상생으로 土가 더욱 燥하여져서 이 무렵에 사피풍(蛇皮風)을 득하였으니 이른바 피양(皮瘍) 종류이다.

癸巳 운은 水가 무근하여 火를 극하고 그 불꽃을 깨뜨리지 못

하니 그 병으로 사망하였다. 이는 火土에 癸水를 바짝 말리므로 腎家에 절(絶)이 온 예이다.

乙	己	丁	己
丑	亥	丑	丑

辛	壬	癸	甲	乙	丙
未	申	酉	戌	亥	子

己土가 계동에 생하고 지에 3 丑이 모이니 일주가 본시 왕하나 한습이 과하다. 丁火는 무근이니 그 한습지기를 제거할 수 없고, 乙木은 조고(凋枯)하여 있어도 쓸 수 없다. 그리하여 글공부를 할 수 없었다.

己土는 비(脾)에 속하는데 차고 또 습하다. 그러므로 어려서부터 창독(瘡毒)361)이 많았다.

癸酉 壬申 운은 財가 비록 태왕하나 양다리에 한습창(寒濕瘡)이 생겨 수십 년을 낫지 못하였다. 또 중기가 크게 어긋났던 것은 乙木이 조고(凋枯)하였기 때문이다.

庚	甲	己	丙
午	戌	亥	戌

乙	甲	癸	壬	辛	庚
巳	辰	卯	寅	丑	子

甲木이 亥月에 생하여 인수가 비록 당령하였으나 사주에 土가 많아 극수한다. 천간의 庚金은 무근하고 또 亥水와는 원격되었으며 戌 중 辛金은 갇혀서 극만 받는다. 또 午와 丙은 戌 중 丁火를 이끌어내니 亥水가 戌土로부터 제극받아 火를 극할 수 없

---

361) 종기, 부스럼

다. 이른바「울화금(鬱火金)」인 것이다. 庚은 대장(大腸)인데 丙火가 극하고, 辛은 폐(肺)인데 午火가 공략하고, 壬은 방광(膀胱)인데 戌土가 손상시키니 이른바 화독(火毒)이 속을 공격한다. 甲辰 운은 木이 또 生火하고 沖하여 戌 중 辛金을 내놓으니 午火의 극상함을 입으므로 폐옹(肺癰)이 생겨서 사망하였다.

甲	甲	癸	庚
戌	午	未	寅

己	戊	丁	丙	乙	甲
丑	子	亥	戌	酉	申

木火 상관이 인수가 용신인데 庚金이 바짝 붙은 癸水 인수를 생하니 순수하다는 것을 알 수 있다. 글공부를 한번 하면 잊지를 않았다. 아까운 것은 庚癸 양간(干)이 지지에 싣지 못한 것이고, 다시 혐의가 되는 것은 戌時이니 會局하여 火를 끌어내니 金水만 손상을 받는 것이 아니고 木까지 과열케 하여 命主인 元神이 진설(盡洩)되니 어려서부터 병약한 증이 있었다. 폐와 신장이 결손되었는데 丙戌 운에 水를 핍박하고 金을 극하므로 요절했다.

戊	庚	乙	癸
寅	戌	卯	酉

己	庚	辛	壬	癸	甲
酉	戌	亥	子	丑	寅

春木이 당권하였으니 비록 卯酉 沖이라도 木이 왕하여 金이 이지러진다. 土 역시 손상을 받았는데 다시 혐의가 되는 것은 卯戌 寅戌이 합하여 殺로 化한다.

主는 본시 비허폐상(脾虛肺傷)의 질병이 있을 것이나 일생 무병하였다. 다만 酉는 약하고 卯

는 강하므로 처는 비록 극하지 않았어도 음비 외설로 말하기 어
려울 정도였고, 두 아들을 생하였으나 모두 불초하여 비적(匪
賊)362) 류였으므로 그는 病을 면할 수 있었고, 재물 역시 왕성하
였다.

---

362) 도둑

제9장 **出身論** 출신론

출신(出身) / 676
지위(地位) / 699

676

出身 출신

巍巍科第邁等倫。一個元機暗裏存。
외 외 과 제 매 등 윤 。 일 개 원 기 암 리 존 。

높고 큰 과제에서 남이 돌아보지 못할 정도로 뛰어난 것은
하나의 원기가 속으로 감추어져 있기 때문이다.

【原注】
凡看命看人之出身最難。如狀元出身。格局淸奇逈異。若隱若露。奇而難
決者。必有元機。須搜尋之。

　무릇 사주를 보고 사람을 보는데 출신을 아는 것이 가장 어렵다.
　가령 장원 출신의 格局은 청기형이(淸奇逈異)363)하여 숨기도 하고
노출하기도 하여 기이하므로 결단하기가 어려운 것은 반드시 원기(元
機)364)가 있기 때문이니 모름지기 찾고 수색할 것이다.

【任注】
命論人之出身最難,故有元機存焉,元機者,不特格局淸奇逈異,
用神眞假之分,須究支中藏神司命,包羅用神喜神,使閑神忌神
不能爭戰,反有生拱之情,又有格局本無出色處,而名冠羣英者,
必先究其世德之美惡,次論山川之靈秀,所以鐘靈毓秀,從世德
而來者,不論命也,故世德心田居一,山川居二,命格居三,然看命
之要,非殺印相生爲貴,官印雙淸爲美也,如顯然殺印財官,動人
心目者,必非佳造,若用神經微,喜神暗伏,秀氣深藏者,初看並無
好處,越看越有精神,其中必有元機,宜仔細搜尋,

───────────
363) 맑고 기이한 기운이 특이하게 비추어 줌
364) 본래부터 짜여져 있는 판, 기틀

【해설】 명리학에서 사람의 출신을 논하는 것이 가장 어렵다. 그러므로 元機가 존재하고 있나를 보는 것이다.

원기란 격국의 청기형이만으로 보는 것은 아니고 용신의 진가(眞假)를 구분하고 支 中의 장신(藏神)은 어느 것이 司令하고 있나를 반드시 궁구하여야 한다. 널리는 용신 희신이 한신이나 기신에게 쟁전이 불가능하다면 반대로 생공(生拱)365)의 정이 있는지까지도 포함하여 보아야 한다.

또 격국에서는 본시 내세울 만한 色이 없는데 이름 있는 관리나 영웅 무리들이 나오는 것은 반드시 먼저 세덕(世德)366)의 미악을 궁구하여 보아야 하고 다음으로 山川이 수려하고 영이한지를367) 논해야 하는 것이니 이른바 영기(靈氣)를 특이하게 길러 모은 곳인지를 보아 世德을 좇아서 온 것이라면 명리를 논하지 않는다. 그러므로 世德 心田이 첫째이고 山川이 둘째이고 命理 格局이 세 번째다.

그러나 명리를 보는 중요한 법은 살인상생(殺印相生)만으로 귀하다 하는 것이 아니고 관인쌍청(官印雙淸)이라야 아름다운 것이다.

가령 나타나 있는 殺印 財官이 사람의 심목(心目)을 움직인다고 해서 반드시 아름다운 사주는 아니다. 만약 용신이 경미하고 희신은 암장되어 수기(秀氣)가 심장된 것은 처음 보기에는 별로 호처가 없는 것 같아도 월간(越看)하면 숨어 있는 정신이 있을

---

365) 생부하고 삼합 반합함

366) 세대(世代)로 전해오는 가문의 전통(싸이클)은 문관 집인지 무관 집인지 등 어떤 집안인지를 보아야 한다는 것이다.

367) 산천지영수(山川之靈秀) : ① 태어난 곳의 山川 형세가 아름다운 곳인지 아닌지를 본다 ② 선영의 묘지(墓地)로 이름있는 명당집 자손인지 아닌지를 본다.

것이고 그 중에 반드시 원기(元機)가 있을 것이니 마땅히 자세히 추심할 것이다.

戊	己	壬	壬
辰	未	寅	辰

戊	丁	丙	乙	甲	癸
申	未	午	巳	辰	卯

己土가 맹춘에 생하였으니 관성이 당령하였는데 천간에는 재성이 덮어주니 生官 유정하다. 그러나 초봄이므로 己土는 습하고 또한 냉한데 연월의 壬水는 자기 고장에 통근하였다. 기쁜 것은 寅 중에 丙火가 사령하여 용신이 되니 암장되었어도 생을 만나고 있음이다. 이른바 「원기암리존(元機暗裏存)」[368]인 것이다.

丙 운에 원신이 발로하니 戊辰년에 時干의 비겁을 도와 壬水를 剋去하니 丙火가 극을 받지 않아 천하 대괴(大魁)에 올랐다.

속론으로는 관성이 투출하지 못하였고 재성은 경하고 겁재는 중하니 평상의 命이라고 한다.

丙	甲	甲	壬
寅	戌	辰	戌

庚	己	戊	丁	丙	乙
戌	酉	申	未	午	巳

甲木이 계춘에 생하니 木의 여기이다. 또 비견과 祿이 방조하는데 時에 丙火가 혼자 투출하여 통휘(通輝) 순수(純粹)하다.

연간 壬水는 좌하의 燥土에게 제거되었고, 또 비견이 설기하여 전전 상생하니 丙火는 다시 그 세를 득하였다.

---

368) 원기가 속으로 암장되어 있음

戊 운에 戊의 원신이 투출하여 壬水를 제거 양관(兩冠)의 군영(群英)이 모인 곳에서 삼원(三元)으로 급제하였다. 그의 벼슬길은 현격한 품수를 받지 못했으니 운로가 서방 金地이기 때문에 土를 설하여 水를 생하기 때문이다.

庚	丁	丁	甲
戌	卯	丑	寅

癸	壬	辛	庚	己	戊
未	午	巳	辰	卯	寅

丁火가 계동에 출생하였는데 국 중에 인수가 중첩하니 弱 중 變 旺하여 족히 재성을 용신으로 쓸 수 있다.

庚金이 허로하였으니 본시 자기 색깔을 내놓을 게 없다. 기쁜 것은 丑 중에 암장되어 있는 辛金을 용신으로 함이니 역시 「원기암리존(元機暗裏存)」이다.

丑은 일주의 수기이니 능히 비견이 생할 수 있고 또 卯戌 合하니 丑土는 상하지 아니한다.

그러므로 신거정우(身居鼎右)하고 탐화(探花) 급제하였다.

辛	庚	壬	丁
巳	子	子	亥

丙	丁	戊	己	庚	辛
午	未	申	酉	戌	亥

庚金이 중동에 생하였는데 상관이 태왕하여 설기가 지나치므로 용신은 土로 해야겠는데 丁火에 있지 아니하고 柱 중의 火는 국을 따뜻하게 하는 데 불과하다.

사주에 土가 없으니 巳 중에 소장되어 있는 戊土를 취하여야

한다. 水가 왕하여 火를 극하나 火는 능히 生土할 수 있는 것은
역시 「元機暗裏存」이기 때문이다.

戊 운 丙辰년에 火土가 상생하니 巳 중의 원신이 함께 발하여
역시 정우(鼎右)에 거하였다.

淸得盡時黃榜客。雖存濁氣亦中式。
청 득 진 시 황 방 객 。 수 존 탁 기 역 중 식 。

비록 탁기가 모여 있더라도 역시 중시에는 급제한다.

【原注】
天下之命。未有不淸而發科甲者。淸得盡者。非必一一成象。雖五行盡出
而能安放得所。生化有情。不混閑神忌客。決發科甲。卽有一二濁氣。而
淸氣或成一個體段。亦可發達。

천하의 命造들에 淸하지 아니한데 과갑에 발하는 자는 있지 않으니
청을 모두 득하였다 함은 반드시 하나 하나가 모여 상을 이룬 것은 아
니다.

비록 五行이 모두 나와서 능히 필요한 장소에 득소하였더라도 生化
유정하여 한신 기신과 혼잡되지 아니하면 쉽게 과갑에 발할 수 있으니
곧 한두 개의 탁기가 있더라도 청기가 혹 일개의 체단을 이루면 역시
발달이 가하다.

【任注】
淸得盡者,非一行成象,兩氣雙淸也,雖五行盡出,而靑氣獨逢生
旺,或眞神得用,或淸氣深藏者,黃榜標名也,若淸氣當權,閑神
忌客,不司令,不深藏,得歲運制化者,亦發科甲也,淸氣當權,雖
有濁氣,安放得所,不犯喜用者,雖不能發甲,亦發科也,淸氣雖
不當令,得閑神忌客不黨濁氣,匡扶淸氣,或歲運安頓者,亦可中

式也.

【해설】「청득진(淸得盡)」이란 한 가지 오행만으로 象을 이룬 것을 말하는 것이 아니고 양기(兩氣)가 쌍청한 것을 말한다.

비록 五行이 모두 나왔어도 청기 하나가 혼자서 생왕함을 만났다거나 혹 진신(眞身)이 득용하였거나 혹 청기가 심장한 것들은 황방(黃榜)에 이름표를 붙일 수 있다.

만약 청기가 당권하고 한신 기신 객신이 사령하지 아니하고 심장하지도 아니하고 세운에서 제화시키는 것은 역시 과갑을 발할 수 있다.

청기가 당권하면 비록 탁기가 적당한 자리를 잡고 앉았어도 희신 용신을 침범하지 않으면 비록 갑과는 아니더라도 과거에는 급제할 수 있다.

청기가 비록 당령하지 아니하였어도 한신이 기신이나 객신과 결당하여 탁기가 되지 아니하면 청기로 바로잡을 수 있으니 혹 세운에서 안돈(安頓)하면 역시 중과 시험에는 합격할 수 있는 것이다.

丙	己	乙	戊
寅	卯	卯	辰

辛	庚	己	戊	丁	丙
酉	申	未	午	巳	辰

평전려(平傳臚)의 사주이다.

己土가 卯月에 생하니 殺이 제강되어 왕성한데 乙木 원신이 투출하였고 지지는 모두 동방 木편에 있다. 時干의 丙火도 생왕한데 국 중에 金水가 혼잡되지 않았으므로「청득진(淸得盡)」이라 할 수 있다. 만약 金이 하나만 보였더라도 木을 극할 수 없고 金이 스스로 손상될 것이면서 그 왕신을 화나게 하였으니 한 무리와 불화하여 부진이 되었을 것이다.

☞ 翠山註 : 위 사주의 명조가 원문에는 辰時로 잘못 되어 있음

甲	庚	己	癸
申	子	未	未

癸甲乙丙丁戊
丑寅卯辰巳午

庚金이 未月에 생하였으니 燥土라 生金이 어렵다. 그러나 기쁜 것은 그 좌하에 子水가 원신을 연간에 투출시켰으며 삼복(三伏)에는 한기를 생할 때이니 土가 윤택하게 되어 金을 생할 수 있다.

비록 그러하나 土는 왕하고 水는 쇠약한데, 다시 묘한 것은 申時에서 회국하니 土를 설기하여 생부하는 데 있다.

또 묘한 것은 火가 천간에 노출하지 아니한 것이니 「淸得盡」이 된 것이다.

초운 戊午 丁巳 丙 운까지는 土를 생하고 水를 핍박하니 공명이 어정쩡하고 가업은 파모하였으나, 辰 운에는 水局을 모두 모으니 향시에 들었다.

乙卯 운은 己未 土를 제거하니 황갑에 올라 사림(詞林)369)에 들었으며, 또 문병(文柄)370)을 장악하여 벼슬길이 현혁(顯赫)하였다.

---

369) 한림원
370) 학문권

丁 甲 癸 癸
卯 午 亥 未

丁 戊 己 庚 辛 壬
巳 午 未 申 酉 戌

甲木이 亥月에 생하였는데 癸水가 양투하니 그 세력이 범람하다.

겨울의 木이 火가 기쁜데 더욱 기쁜 일은 卯時이다. 丁火의 통근 말고도 일주가 왕에 임하게 하고 또 木局을 모으니 水를 설기하여 生火하고 신을 돕는 것이다.

다시 묘한 것은 金이 없는 것이니 「淸得辰」이 되었다.

己未 운에 이르러 그 癸水를 제압하고 丙辰 유년에 남궁(南宮)에 들더니 한림원에까지 들었고 청요(淸要)한 관직에 거하였다.

乙 癸 己 壬
卯 卯 酉 辰

乙 甲 癸 壬 辛 庚
卯 寅 丑 子 亥 戌

癸卯 일주가 식신(食神)이 태중하다. 설기뿐만 아니라 또 제살도 태과한데 기쁜 것은 秋水가 뿌리를 통원한 것이니 유독히도 인수를 용신으로 쓰는 것이다.

더욱 묘한 것은 辰酉가 합하여 金이 金氣가 더욱 견고하게 되었으며, 국 중에 火氣가 전무하니 「淸得辰(청득진)」이 되었다.

그러므로 벼슬길에 올라 한림원에서 이름을 날렸다. 아까운 것은 중간에 木 운을 만나므로 출세길이 시원하지 못할까 두려운 것이다.

丙	庚	甲	己
子	子	戌	亥

戊 己 庚 辛 壬 癸
辰 巳 午 未 申 酉

庚金이 戌月에 생하였는데 지지에 양 子와 亥가 있는데 丙火도 출로하였으니 剋과 洩을 함께 한다.

기쁜 것은 인수가 왕한 월에서 제강하였으니 비록 甲木이 生火 극土하는 것이 혐오스럽긴 하지만 甲己가 합하여 化土하니

「淸得辰」이 된 것이다.

己巳 유년에 인수가 생조하고 甲木의 장생지이기도 한 亥水를 충거하니 이름이 안탑(鴈塔)에 올랐다.

辛	庚	丙	己
巳	子	子	亥

庚 辛 壬 癸 甲 乙
午 未 申 酉 戌 亥

庚金이 중동에 생하였는데 지지에 두 子와 한 亥가 있고 丙火가 투출하여 극과 설을 함께 한다.

기쁜 것은 己土가 투출하여 化를 설하고 金을 생하며 오행의 木이 없으니 「淸得盡」이 되었다.

己巳년에 인성이 생부하니 한림원에서 이름을 높였으나 부족한 것은 인수가 당령(當令)하지 못하였고 己土는 멀리 있으며 허하므로 지현(知縣)으로 강등되었다.

壬　丙　壬　丙
辰　子　辰　申

戊　丁　丙　乙　甲　癸
戌　酉　申　未　午　巳

丙火가 계춘에 생하고 양 殺이 투출하였는데 지지에는 殺局을 지었다.

기쁜 것은 辰土가 당령하여 제살하고 辰 中의 木이 여기에 있으면서 생신함이니 病은 申金이 되었다.

이 사주에는「진미(盡美)」가 없다. 그러므로 천부적인 자질이 보통 사람을 넘었다.

丁卯년은 合殺하고 인성이 득지하니 중과 향방에 급제하였고 辛未년은 子水를 제거하고 木火가 모두 여기를 득하니 춘위(春闈)에 올랐으나 申金이 혐의가 되었으므로 귀반(貴班)에서 크게 쓰이지는 못했고, 다시 혐오스런 것은 운로가 서방으로 운행하니 주색으로 일을 삼았다.

☞ 原書의 註 : 위는 왕연매(王衍梅)의 사주와 거의 같다.

乙　壬　壬　戊
巳　子　戌　午

戊　丁　丙　乙　甲　癸
辰　卯　寅　丑　子　亥

壬水가 戌月에 생하고 水가 진기인데 좌하에서 양인까지 방신한다.

연간의 殺은 비견이 감당하고 막으니 이른바 身과 殺이 함께 적당하다.

이 사주의 病은 午에 있으니 子水를 沖하기 때문이며 또 혐의가 되는 것은 巳이니 子水가 막고 있어서 殺을 생하지도 못하므로 戌 중의 辛金을 용신으로 쓰는 것이다. 이들은 쌍둥이인데 함께 중과 진사에 올랐다.

戊	乙	辛	庚
寅	卯	巳	戌

丁丙乙甲癸壬
亥戌酉申未午

乙木이 巳月에 생하니 상관이 당령하였으므로 족히 관성을 제압시키고 殺을 항복시킨다.

앉은자리의 녹지는 방조하는데 寅時까지 되었으니 등라계갑이 되었다.

庚辰년은 지지가 모두 동방류가 되니 중과 향방에 올랐으나 발갑은 못했으니 이는 단지 사주에 인수가 없고 戌土는 火를 설하여 金을 생하는 연고이다.

이는 쌍둥이 태생인데 그 동생은 卯時에 생하였으므로 비록 득록(得祿)은 되었으나 寅 중 甲木의 유력함에는 미치지 못하니 암장한 것이 아름답기 때문이다. 그러므로 늦어져서 己亥년에 인성이 생공(生拱)하므로 비로소 중과 향방에 올랐다.

甲	戊	乙	癸
寅	午	卯	亥

己庚辛壬癸甲
酉戌亥子丑寅

戊土가 중춘에 생하였는데 祿에 임한 官殺이 왕성한데 또 재성이 득지하고 생부한다. 비록 좌하의 午火 인수라도 허토는 그 생을 받아들이지 못한다. 따라서 格局이 자기 命을 버리고 從殺하여야 한다. 관과 살이 이미 동류로 합쳤으니 혼잡이라 하지는 않는다.

子 운에 午火를 충격하였으므로 庚子년에 金生水旺하여 午火
를 모두 제거하니 중과 향방에 올랐다.

癸	庚	壬	戊
未	寅	戌	子

戊	丁	丙	乙	甲	癸
辰	卯	寅	丑	子	亥

庚金이 戌月에 생하여 인성이
당령하였으니 金 역시 유기하다.
용신을 水로 하고 火로 하지 못
한다.

庚申 유년에 壬水가 생을 만나
고 또 土기를 설하니 북위(北闈)
에 발탁되었다.

혐의가 되는 것은 戊土 원신이
투출하니 춘위(春闈)에는 불리하였으며, 겸하여 중년 운 木火는
재성이 많으므로 파모하였다.

戊	辛	己	戊
子	亥	未	子

乙	甲	癸	壬	辛	庚
丑	子	亥	戌	酉	申

辛金이 계하에 출생하였는데
국 중에는 비록 조토가 많으나
묘한 것은 좌하의 亥水에 있으
니 年과 時의 子도 윤토 양금하
는 것이다. 능히 木局을 짓는
未土를 맞아 木으로 용신을 삼
는다.

丁卯년에는 木局을 모두 모으
니 病이 있는 곳에 藥을 만난 것이 되어 극위(棘闈)에 발탁되
었다.

秀才不是塵凡子。清氣還嫌官不起。
수 재 불 시 진 범 자 。 청 기 환 혐 관 불 기 。

수재는 속세의 보통 아이와는 다르니
청기가 도리어 혐의가 되면 관은 일어나지 못한다.

【原注】

秀才之命。與異路人貧人富人之命。無甚大別。然終有一種清氣處。但官
星不起。故無爵祿。

수재의 사주는 이로인(異路人), 빈인(貧人), 부인(富人)과 더불어
크게 다를 것이 없다. 그러나 마침내는 한 종류의 청기처는 있다. 다
만 관성이 불기하므로 작록만 없는 것이다.

【任注】

秀才之命,與異路貧富人無甚分別,細究之,必有清氣存焉,官星
不起者,非官星不透之謂也,如官星太旺,日主不能用其官,如官
星太弱,官星不能剋日主,如官旺用印見財者,如官衰用財遇劫
者,如印多洩官星之氣者,如官多無印者,如官透無根,地支不載,
如官坐傷位,傷坐官位,如忌官逢財,喜官遇傷者,皆謂之官星不
起也,縱有清氣,不過一衿終身,有富而秀者,身旺財旺,與官星不
通也,或傷官顧財不顧官也,有貧而秀者,身旺官輕,財星受劫也,
或財官太旺,印星不現,或傷官用印,見財不見官也,有學問過人,
竟不能得一衿,老于儒童者,此亦有清氣存焉,格局原可發秀,只
因運途不齋,破其清氣,以致終身不能稍舒眉曲也,亦有格局本
可登科發甲者,亦因運途不齋,屢困場屋,終身一衿,不能得路于
清雲也,有格局本無出色,竟能科甲連登,此因一路運途合宜,助
其清氣官星,去其濁氣忌客之故也,

【해설】 수재의 명도 이로인(異路人), 빈인(貧人), 부인(富人)과는 심히 분별될 게 없으나 세밀하게 연구하여 보면 반드시 청기가 있다.

「官星不起」란 말은 관성이 투출하지 않았음을 말하는 것은 아니다.

가령 관성이 태왕하여 일주가 그 관을 용하지 못하거나 관성이 태약하여 관성이 일주를 극할 수 없거나,

가령 관성이 왕하여 인수를 용할 때 재성이 보이거나,

가령 관쇠 용재에 겁재를 만난 것과,

가령 인수가 많아서 관성을 설기하는 것과,

가령 관은 많은데 인수가 없는 것과,

가령 관성이 투출하였는데 무근하여 지지에 싣지 못한 것과,

가령 관성이 상관 위에 앉아 있거나 상관이 관성 위에 앉아 있는 것과,

가령 관성을 꺼리는데 재성을 만나고, 관성이 기쁜데 상관을 만난 것 등은 모두 관성 불기라 할 수 있다.

이들은 비록 청기가 있으나 한 자락만 잡고 종신하는 데 불과하다.

富하면서도 수재인 것은 신왕 재왕한 것이지 관성과는 상통되지 아니한다. 혹 상관이 재는 돕는데 관은 돕지 않을 수도 있다.

가난한데도 수재인 것은 신왕 관경한데 재성이 겁탈을 당할 때이며 혹 재관이 태왕한데 인성이 나타나지 않은 것이며,

혹 상관 용인인데 재는 있으나 관성이 없는 것이다.

학문이 다른 사람보다 앞선 것은 한 자락도 득할 것이 없고, 늙도록 유동(儒童)으로 있는 것에도 역시 청기(淸氣)는 있다.

격국은 발수(發秀)할 것 같으나 단지 운로가 부제(不齊)하여 그 청기를 파괴하는 것이니 이로써 종신토록 점점 더 양 눈 사이의 주름살을 펼 수가 없다.

또 격국에 본시부터 등과 발갑할 자가 있지만 역시 운로가 부제한 것으로 인하여 누곤장옥(屢困場屋)하게 되어 종신토록 한 끄트머리도 청운의 길을 잡지 못한다.

격국에는 본시 색(色)을 낼 수 없는데 능히 과갑 연등하는 경우는 이는 한 운로가 합당한 데 인한 것이니 그 청기 관성을 돕고 그 탁기인 기신 객신을 제거하기 때문이다.

戊	乙	壬	癸
寅	卯	戌	巳

丙	丁	戊	己	庚	辛
辰	巳	午	未	申	酉

乙卯 일주가 계추에 생하였어도 寅時까지 도우니 약하지 아니하여 족히 巳火 秀氣를 용하여 戊土 火庫로 거둔다.

壬癸가 당두하여 극하니 격국에 본시 내놓을 만한 색깔이 없다.

辛金이 사령하였으니 壬水는 진기에 근원이 통하였다. 다행한 것은 時에서 戊土가 투출하여 탁기를 제거하고 청기는 머무르게 하는 것이다. 그러므로 문망(文望)이 고산북두와 같았고 품행이 양옥정금(良玉精金)[371]과 같았다.

중년 운에서 火를 만나니 丙子년에 우공(優貢)[372]에 뽑혔으

---

371) 인물이 준수하고 온화함을 비유한 말
372) 청나라의 제도인데 3년마다 국자감의 재학생 중에서 우수한 사람을 선출하여 입관시키던 일

나 아깝게도 子水가 득지하여 청운(靑雲)의 꿈을 이룰 수는 없었다.

乙	甲	庚	癸
亥	申	申	未

甲	乙	丙	丁	戊	己
寅	卯	辰	巳	午	未

甲申 일주가 맹추에 생하였는데 庚金이 두 곳의 녹왕함을 만났다. 기쁜 것은 亥時에서 절처봉생이 되니 化殺 유정하다. 癸水 원신이 투출하니 청함도 가히 알 수 있다. 다만 혐의가 되는 것은 殺의 세력이 태왕하여 일주가 허약하니 가살(假殺)로 권(權)을 삼지 못한다.

그러므로 일어나려 하다가도 일어나지 못하였고 종신토록 늠공(廩貢)만 하였다.

己	丁	甲	壬
酉	巳	辰	午

庚	己	戊	丁	丙	乙
戌	酉	申	未	午	巳

丁火가 계춘에 생하였는데 관성이 비록 일어났으나 좌하에 무근이니 그 기운이 木으로 돌아간다. 일주가 왕지에 임하고 時에서 재성이 회국 유정하나 관성과는 불통한다.

또 중년 운로가 土金으로 운행하니 재성은 넘쳤으나 관성은 손해만 있었다.

공명이라고 일금(一衿)에 불과하였으나 가업은 수십만이었다. 만약 年支가 酉가 되고 時支가 午로 바뀌었더라면 명리가 쌍휘

692

하였을 것이다.

丁	丙	乙	癸
酉	午	卯	未

己	庚	辛	壬	癸	甲
酉	戌	亥	子	丑	寅

丙午 일주가 卯月에 생하여 국중에 木火가 양왕하다. 官이 상관 위에 있고 한 점의 재성은 겁탈되어 이른바 財는 겁탈당하고 官은 상하였으나 壬 운에 비록 일금(一衿)은 득하였으나 가난을 감당키 어려웠다.

子 운에 회충되고, 또 未가 파를 만나니 극처하고, 辛 운은 丁火에 회겁되어 극자하였고, 亥 운에는 회합 木局하니 火를 생하여 사망하였다.

甲	壬	庚	戊
辰	申	申	申

丙	乙	甲	癸	壬	辛
寅	丑	子	亥	戌	酉

이 사주의 대상을 보건대 殺은 印을 생하고 인수는 身을 생하는데 청한 식신이 투출하여 연주처럼 접속 상생하니 청하면서도 순수하다.

학문이 과인하였고 품행이 단정하였다. 아까운 것은 火가 없으니 청하지만 소신(少神)[373]이 되었다.

土를 용하면 金이 많아 설기되어 버리고, 木을 용하면 金이 예리하여 목조(木凋)하고, 겸하여 운로가 金水地를 운행하니 독서

---

373) 그릇이 작아짐

만 60여 년 동안 하였지 아무 것이든 이룬 것이 없으며, 집이 가난하여 40여 년간을 외지로 나가 수업을 시키는 동안 갑과에 등과한 자가 나왔으나 자기는 한 자락도 획책한 것이 없으니 命이 아닌 게 없다.

戊	壬	癸	己
申	申	酉	亥

丁	戊	己	庚	辛	壬
卯	辰	巳	午	未	申

이 사주는 관살이 함께 투출하였으나 무근하고 金水가 대왕하다. 앞 사주의 순수함에 비유하면 크게 못 미친다.

기쁜 것은 그 운로가 남방 火土로 운행함이니 정(精)도 족하고 신(神)도 왕하다. 未 운에 이르러 일찍부터 반궁 반수에서 놀았고, 午 운에 과갑 연등하였으며, 己巳 戊辰 운은 벼슬길이 광형하였으므로 앞 사주와는 천연의 격차이니 사주의 命이 아니고 실로 運이 좋아야 한다.

異路功名莫說輕。日干得氣遇財星。
이 로 공 명 막 설 경 。 일 간 득 기 우 재 성 。

딴 길로 공명함을 경솔히 설하지 말라. 일간이 득기하고 재성을 만남이다.

【原注】
刀筆得成名者。與不成名者自異。必是財星得個門戶。通得官星。中有一種淸皦之氣。所以得出身。其老于刀筆而不能出身者。終是財星與官不相通也。

도필(刀筆)374)로 명예를 득하는 자는 명예를 이루지 못하는 자와는 다르니 반드시 재성이 한 개의 문호를 득하고 관성을 득하여 통해야 한다.

그 중에는 한 종류의 청옥과 같은 기가 있어서 이른바 출신을 득하는 것이고, 늙도록 도필(刀筆)인데도 출신하지 못하는 자는 끝끝내 재성과 관성이 相通하지 못하기 때문이다.

【任注】

異路功名,有刀筆成名者,有捐納出身者,雖有分別,總不外日干有氣,財官相通也,或財星得用,暗成官局,或官伏財鄉,兩意情通,或官衰逢財,兩神和協,或印旺官衰,財星破印,或身旺無官,食傷生財,或身衰官旺,食神制官,必有一種淸純之氣,方可出身,其仕路之高卑,須究格局之氣勢,運途之損益可知矣,不能出身者,日干太旺,財輕無食傷,喜官而官星不通,或無官也,如日干太弱,財星官星並旺者,有財官雖通,傷官刦占者,有財星得用,暗成刦局者,有喜印逢財,忌印逢官者,皆不能出身也,

【해설】 이로 공명에는 도필로 명예를 이루는 자도 있고 연납 (捐納)375)으로 출신하는 자도 있어서 비록 분별은 있으나 총체적으로는 일간이 有氣함과 재관이 상통함을 벗어나지 않는 것이다.

혹 재성이 용신인데 암성관국(暗成官局)376)하거나,

혹 관성이 재향(財鄕)에 은복하고 두 성진이 정통하거나,

혹 官衰에 재성을 만났는데 양 신이 화협하거나,

---

374) 붓과 칼로 글씨 쓰는 천한 관리인데, 기능공 등 이로(異路) 공명자 (功名者)
375) 재물을 상납하고 벼슬을 얻음
376) 세운(歲運)과 합국(合局), 회국(會局)하여 관국이 됨

혹 인수가 왕하고 관성은 쇠약한데 재성이 파인하거나,

혹 신왕 무관인데 식상이 생재하거나,

혹 身衰 관왕한데 식신이 관성을 제압하는 것들이니 반드시 한 종류의 청순한 기운이 있어서 가히 출산시킬 수 있다.

그의 벼슬길에 높고 낮음이 있는 것은 모름지기 격국의 기세와 운로의 손익을 연구하면 알 수 있다.

출신을 못하는 자는

일간이 태왕할 때 재성이 경한데 식상이 없고 관성이 희신인데 관성이 불통하거나 관성이 없는 것이며,

일간이 태약할 때 재성 관성이 함께 왕하거나, 재관이 있어서 비록 상통하고 있으나 상관이 겁점하거나, 재성이 있어서 득용하였는데 암성겁국(暗成劫局)하였거나, 인수가 희신인데 재성을 만났거나, 인수가 기신인데 관성을 만난 것 등은 모두 출신을 못하는 것들이다.

戊	甲	壬	己
辰	寅	申	巳

丙	丁	戊	己	庚	辛
寅	卯	辰	巳	午	未

甲木이 맹추에 생하였으니 七殺이 당권하였다. 巳火 식신이 己土를 탐생하므로 申金 극하는 것을 잊는다. 겸하여 戊己가 함께 투출하니 인수를 파하고 생살한다. 그러므로 조업을 받기 어렵고 글공부도 잇지 못했다.

기쁜 것은 秋水가 근원에 통하였고 일좌에 녹왕함이다. 비록 명충으로 극하나 암합 암회하여서는 상생하니 출신은 부서(部書)를 경유하여 丁卯 丙寅 운에 身을 돕고 殺을 제하니 관찰사에 올랐다.

丁	乙	丙	庚
丑	卯	戌	午

壬	辛	庚	己	戊	丁
辰	卯	寅	丑	子	亥

乙卯 일주가 계추에 생하고 丙丁을 함께 투출시켜 통근하였다. 五行으로 水가 없으니 庚金은 있어도 논할 필요가 없다.

가장 기쁜 것은 재신을 고장에 가둔 것이고 木火가 통명된 것이다. 그러므로 성정이 효도와 우애가 있었으며 더욱 행실이 두터웠다.

출신이 부서(部書)를 경유하여 벼슬이 주목(州牧)에 이르렀다. 이 사람이 글공부를 할 수 없었던 것은 庚金이 丑에 통근하였기 때문이다.

癸	戊	庚	己
亥	申	午	丑

甲	乙	丙	丁	戊	己
子	丑	寅	卯	辰	巳

戊土가 午月에 생하니 인성이 월령을 잡았다. 時에 癸亥를 만났으니 일주는 득기하였고 재성을 만난 것이다. 다만 金氣가 태왕하고 또 年支에 습토이니 火를 가리우고 生金하므로 일주가 반대로 약해졌다. 그러니 인수가 암상하였으므로 글공부를 할 수 없었다.

재물을 바치고 출신하였는데 丁卯 丙寅 운은 木이 火勢를 좇으니 생화 불패하여 벼슬이 황당에 올랐다. 기쁜 것은 午火 眞神을 득용하였으니 위인이 충후 화평하였다.

乙丑 운은 회화(晦火) 生金하므로 사망하였다.

丙	戊	甲	壬
辰	戌	辰	子

庚	己	戊	丁	丙	乙
戌	酉	申	未	午	巳

戊戌 일주가 계춘에 생하고 時에 火土를 만났으니 일주가 득기하였다. 비록 봄의 허土인데 살기까지 투출하여 통근하였고 겸하여 壬水가 득지하였고 곁에서 상생한다. 이는 이른바 身과 殺이 함께 균정하니 身만 강하고 殺이 약한 것이 아니다. 천간의 壬水는 丙을 극하므로 글공부는 불리하다.

기쁜 것은 초운이 남방이므로 재물을 바치고 출신하여 벼슬을 명구(名區)에서 대읍(大邑)까지 하였다. 다만 재성이 노출되어 生殺하는 것이 病인데 장래 운로가 서방으로 운행하여 水를 생하고 火가 절지가 될까 두려운 것이다. 이로 인하여 그 사람은 호사하기를 좋아하고 검소할 줄을 몰랐다.

만약 급히 흐름을 알고 용퇴하지 아니하였더라면 불칙한 풍파를 면할 수 없었을 것이다.

庚	丙	甲	癸
寅	戌	寅	巳

戊	己	庚	辛	壬	癸
申	酉	戌	亥	子	丑

丙火가 맹춘에 생하였다. 투출한 관성으로 용신을 삼는데 청하고 순수하다.

아까운 것은 金水가 멀리 요격되어 상생을 못하는 것이고 또 木火가 함께 왕하여 金水가 무근한 것이다. 그러므로 글공부를 계승하지 못하고 재물을 바쳐서 현령을 하였다.

재관이 문호(門戶)를 통하지 못하였으나 戌 대운 丁丑년에 火 土가 당권하므로 질병을 얻어 사망하였다.

丁	辛	甲	壬
酉	酉	辰	辰

庚	己	戊	丁	丙	乙
戌	酉	申	未	午	巳

辛金이 계춘에 생하였으나 지지에 모두 辰酉가 되었고 천간에 壬丁이 투출하였으니 보기에는 아름다운 사주 같다. 그러나 지지에 습토가 金을 만났으므로 丁火가 허탈 무근한 것을 모른다. 甲木이 비록 능히 生火하지만 지지가 辰酉 化金하니 한가하게 火를 도울 수 없다.

재물을 바치고 부(部)에 소속되었으나 재물을 많이 파모하였을 뿐 아니라 또 결원이 있지도 않았다. 壬水는 甲을 생하므로 유업이 수십만이었는데 단지 운로가 土金으로 주행하기 때문에 가업이 퇴보함을 면치 못했고 자식 두는 것도 어려웠다.

地位 지위

臺閣勳勞百世傳。天然淸氣發機權。
대 각 훈 로 백 세 전 。 천 연 청 기 발 기 권 。

대각에 훈로377)가 백 세를 전하는 것은
천연의 청기가 기권을 발하기 때문이다.

【原注】
能知人之出身。至于地位之大小。亦不易推。若夫爲公爲卿。淸中又有一
種權勢出入矣。不專在一端而論。

　능히 사람의 출신을 아는 것과 지위의 대소를 아는 것은 역시 쉽게
추리할 수는 없는 것이다. 대개 공(公)이나 경(卿)과 같은 높은 벼슬
사주는 淸 中에서도 한 종류의 기운이 있어서 권세로 출입케 하는 것
이다.
　오로지 한 가닥 한쪽만을 보고서 논하는 것은 안 된다.

【任注】
臺閣宰輔,以及封疆之任,淸氣發乎天然,秀氣出乎純粹,四柱之
內,皆與喜神有情,格局之中,並無可嫌之物,所用者皆眞神,所喜
者皆眞氣,此謂淸氣顯機權也,度量寬宏能容物,施爲純正不貪
私,有潤澤生民之德,懷任重致遠之才也,

　【해설】　대각재보(臺閣宰輔)378)와 봉강(封疆)379)을 받은 신하
는 천연적으로 발하는 청기가 있고 순수함에서 나오는 秀氣가

---

377) 공로(功勞)
378) 고위직이 모여 정사를 살핌
379) 제후에게 내려진 땅

있다.

사주 내에서는 희신과 더불어 유정하고 격국 중에서는 혐의가
될 만한 것이 없고 용신으로 선택된 자는 모두 眞神이며 희신된
자는 모두 眞氣이면 이를 이른바 淸氣가 「기권(機權)」을 나타
낸 것이다.

이들은 도량이 넓고 능히 물(物)을 포용하고, 베풀 때에는 순
정하고 사사로운 탐욕이 없고, 生民의 덕에 윤택함이 있고, 중임
을 맡아 먼 안목으로 볼 줄 아는 재목이다.

己	壬	甲	庚
亥	申	子	申

동중당(董中堂)의 사주인데 천연
(天然)의 청기(淸氣)는 庚金이다.

丁	壬	丙	庚
卯	寅	寅	辰

유중당(劉中堂)의 사주인데 천연의
청기는 丙火이다.

庚	丙	乙	戊
申	子	丑	辰

철상서(鐵尙書)의 사주인데 천연의
청기는 乙木이다.

☞ 翠山註 : 원문에는 월간이 己丑이나

乙丑이 되어야 함.

庚	乙	甲	戊
辰	未	子	午

진시랑(秦侍郞)의 사주인데 천연의 청기는 丁火이다.

兵權獬豸弁冠客。刃煞神清氣勢特。

병 권 해 치 변 관 객 。 인 살 신 청 기 세 특 。

병권을 쥐고 해치변관을[380] 쓴 사람은 양인과 살신이 청하고 기세가 특이하다.

【原注】

掌生殺之權。其風紀氣勢。必然超特。清中精神自異。又或刃殺兩顯也。

손에 생살권을 쥐었으면 그 풍기기세(風紀氣勢)가 반드시 뛰어나 특별한 것이고, 청한 가운데서도 精神이 특이하여 다를 것이고, 또 혹 양인과 칠살이 함께 있을 수도 있다.

【任注】

掌生殺大權,兵刑重任者,其精神清氣,自然超特,必以刃旺敵殺,氣勢出入也,局中殺旺無財,印綬用刃者,或無印而有羊刃者,此謂殺刃神清也,氣勢轉者,刃旺當權也,必文官而掌生殺之任,刃旺者,如春之甲用卯刃,乙用寅刃,夏之丙用午刃,丁用巳刃,秋之庚用酉刃,辛用申刃,冬之壬用子刃,癸用亥刃是也,若刃旺敵殺,

---

380) ① 해치(獬豸) : 소와 비슷하게 생긴 신수(神獸)인데 큰 외뿔이 있다고 함
　　② 해치관(獬豸冠) : 집법자가 곡직(曲直)을 가릴 때 썼다 함. 해치복, 초의 문왕이 썼음
　　※ 출처 : 《후한서여복지(後漢書輿服志)》

局中無食神印綬,而有財官者,氣勢雖特,神氣不清,乃武將之命
也,如刃不當權,雖能敵殺,不但不能掌兵權,亦不能貴顯也,其人
疾惡太嚴,如刃旺殺弱亦然,必傲物而驕慢也,

【해설】 손안에 생살 대권을 쥐고 병권과 형권의 중임을 맡은
자는 그 精神의 청기가 자연히 초특(超特)³⁸¹⁾할 것이며 반드시
양인이 왕하여 적살기세(敵殺氣勢)로 출입하게 될 것이다.

국 중에 살왕 무재에 인수가 있고 양인이 용신인 것과

혹 인수가 없는데 양인만 있는 것도 있으니 이 때를 이른바
살인신청(殺刃神淸)이라 한다.

기세를 좇아 운전되는 경우 양인이 왕하여 당권할 것이니 반
드시 문관일지라도 생살권을 쥐는 중임을 맡게 된다.

양인이 왕하다 함은

가령 봄에서 甲木이 卯 刃을 用하거나 乙木이 寅 刃을 用하고,

여름에 丙火가 午 刃을 용하거나 丁火가 巳 刃을 용하고,

가을에 庚金이 酉 刃을 용하거나 辛金이 申 刃을 용하고,

겨울에 壬水가 子 刃을 용하거나 癸水가 亥 刃을 용하는 것이
이것이다.

만약 양인이 왕하여 적살(敵殺)하고 국 중에 식신이나 인수가
없는데 재관만 있다면 기세가 비록 특별하기는 하나 神氣가 청
하지 못한 것이니 이는 무장의 명조일 뿐이다.

가령 양인이 당권하지 못하면 비록 적살은 할 수 있다 하더라
도 병권(兵權)을 잡을 수가 없을 뿐 아니라 귀현도 불가능하다.
그 사람은 악한 질병이 심각할 것이다.

가령 양인이 왕한데 살이 약한 것도 역시 그러하니 반드시 방

---

381) 특별히 뛰어남

자하면서도 교만한 사람일 것이다.

丙	庚	己	壬
戌	午	酉	寅

乙	甲	癸	壬	辛	庚
卯	寅	丑	子	亥	戌

庚 일주가 丙時인데 지지에 생왕함을 만났다. 寅木이 壬水를 납수하니 제살이 불가능하다. 오로지 酉金 양인에만 의지하는데 당권(當權)하였으니 용신이 된다. 떨어져 있는 寅木이 會國을 못하도록 하였다.

이는 정확하게 양인과 살신(殺神)이 청하고 기세가 특별하다. 일찍이 갑과에 등과하여 여러 곳의 병형(兵刑)382)의 임무를 장악하였고 벼슬은 형부상서였다.

壬	丙	壬	庚
辰	子	午	戌

戊	丁	丙	乙	甲	癸
子	亥	戌	酉	申	未

丙子 일주가 月과 時에 壬水를 투출시키니 3면에 적을 두고 있다. 사주 중에 木이 없어 水를 설기하여 火를 생하지 못하고 도리어 庚金이 있어 土를 설하여 水를 생한다. 그러니 오로지 午火 양인에만 의지해야 하는데 당권하여 용신이 되었다.

다시 기쁜 것은 戌 조토가 水를 제압하고 火와 會局하는 것이다. 지방의 향방 출신으로 丙戌 丁亥 운에 벼슬이 안찰(按察)이

---

382) 병권(兵權)과 형권(刑權)

되었다.

<table>
<tr><td>戊</td><td>壬</td><td>戊</td><td>乙</td></tr>
<tr><td>申</td><td>辰</td><td>子</td><td>卯</td></tr>
<tr><td colspan="4"></td></tr>
<tr><td>壬</td><td>癸 甲 乙 丙 丁</td></tr>
<tr><td>午</td><td>未 申 酉 戌 亥</td></tr>
</table>

壬辰 일주인데 천간의 양 殺이 辰에 통근하였다. 연간의 乙木은 조고(凋枯)[383]하므로 水는 설하나 土는 제압하지 못한다. 그러니 극과 설을 함께 받는다. 가장 기쁜 것은 子水가 당권하였고 회국하므로 살인신청(殺刃神淸)한 것이다.

酉 운에 水를 생하고 木을 극하며 또 辰을 합하여 화살하므로 갑과에 등과하였고, 甲申 癸 운에는 벼슬길이 광형하였고 안찰사까지 하였다. 未 운은 양인이 제극을 받으니 사망하였다.

<table>
<tr><td>庚</td><td>甲</td><td>辛</td><td>丙</td></tr>
<tr><td>午</td><td>申</td><td>卯</td><td>辰</td></tr>
<tr><td colspan="4"></td></tr>
<tr><td>丁 丙 乙 甲 癸 壬</td></tr>
<tr><td>酉 申 未 午 巳 辰</td></tr>
</table>

甲申 일주가 중춘에 생하여 관과 살이 함께 투출하여 통근하였다. 日과 時에서는 死絶地이니 반드시 卯 양인을 용신으로 쓸 수밖에 없다. 기쁜 것은 丙火가 辛을 합하여 관살 혼잡의 걱정이 없어졌고 또 卯木이 辛金의 극을 받지 않게 된 것이니 인살신청 (刃殺神淸)이 된 것이다. 또 운로가 남방 火地로 행하니 과갑 출신으로 벼슬이 얼헌(臬憲)이었다.

---

383) 추위로 야윔

分藩司牧財官和。清純格局神氣多。
분 번 사 목 재 관 화 。 청 순 격 국 신 기 다 。

번(藩)384)을 분배받아 사목(司牧)385)이 되는 것은 재관이 화평하고 격국이 청순하며 신기가 많다.

【原注】
方面之官。財官爲重。必淸奇純粹。格正局全。又有一段精神。

어느 방면(方面)의 관은 재관이 중요하니 반드시 청기(淸氣) 순수(純粹)하고 격이 바르고 국이 온전하다. 또 일단의 정신(精神)이 있다.

【任注】
方面之任以及州縣之官, 雖以財官爲重, 必須格局淸純, 更須日元生旺, 神貫氣足, 然後財官情協, 則精氣神三者足矣, 又加官旺有印, 官衰有財, 財旺無官, 印旺有財, 左右相通上下不悖, 根通年月, 氣貫日時, 身殺兩停, 殺重逢印, 殺輕遇財者, 皆是也, 必有利民濟物之心, 反此者, 非所宜也,

【해설】 어느 지방의 관찰사 같은 소임에서 주현을 맡은 官386)은 비록 재관을 중요시하나 필수적으로 격국이 청순하고 일주가 생왕하여 신관기족(神貫氣足)한 연후에 재관이 정협하면 精·氣·神 삼자가 족할 수 있다.

또 관성이 왕하면 재성이 있어서 좌우가 상통하고 상하가 어지럽지 아니하며, 연월에 통근하여 일시에 氣가 관족하고, 身과

---

384) 번왕(藩王), 번국(藩國) 등을 말하는데, 중앙 정부에 조공하는 멀리 떨어진 주변국
385) 번(藩)을 맡은 임금
386) 벼슬

殺이 함께 적당하고, 살이 중하면 인수를 만나고, 살이 경하면 재성을 만나는 것이 모두 이것이다.

이는 반드시 이민제물(利民濟物)[387] 할 줄 아는 마음일 것이나 이와 반대가 된 것은 마땅한 바가 아니다.

壬	癸	乙	丁
子	酉	巳	丑

己	庚	辛	壬	癸	甲
亥	子	丑	寅	卯	辰

癸水가 巳月에 생하였으니 火土가 비록 왕하나 묘한 것은 지지에 金局을 갖추었으니 財, 官, 印 세 가지가 모두 생조되며, 다시 기쁜 것은 子時에서 겁재와 비견이 방조하니 「정신왕족(精神旺足)」하며, 더욱 기쁜 것은 중년의 운로가 북방으로 운행하니 「이로출신(異路出身)」할 사주이다. 벼슬은 군수로서 명리가 양전하였고 일곱 아들이 모두 벼슬을 하였다.

乙	丁	戊	丙
巳	酉	戌	寅

甲	癸	壬	辛	庚	己
辰	卯	寅	丑	子	亥

丁火가 戌月에 생하여 국 중에 木火가 중중하다. 상관격에 財를 용신으로 쓰는데 격국이 아름답다. 부서 출신으로 벼슬이 현령이었다.

아까운 것은 柱 中에 水가 없는 것이며 戌은 조토이므로 金을 생할 수 없고 火만 어둡게 한다.

---

387) 백성에 이롭도록 재물을 다스림

木이 생화하여 火가 왕하니 巳酉의 會局하는 공로가 헛것이 되었다. 그러므로 처첩에서 열 아들을 두었으나 모두 극해 버렸다.

戊	辛	庚	丙
子	巳	寅	子

丙	乙	甲	癸	壬	辛
申	未	午	巳	辰	卯

辛金이 寅月에 출생하였으니 재성은 왕한데 식신을 만났고 또 겁재와 인수는 身을 도와 중화 순수하니 精神이 함께 만족하다.

처음 보기에는 신약한 것 같으나 자세히 살펴보면 木은 약하고 火는 허한데 인수가 투출하여 통근하였으므로 관성을 용신으로 삼기에 충분하다.

중년 남방 火 운에는 이로출신(異路出身)하여 벼슬이 황당(黃堂)에 이르렀다.

甲	戊	丙	丁
寅	寅	午	亥

庚	辛	壬	癸	甲	乙
子	丑	寅	卯	辰	巳

戊土가 午月에 생하여 국 중에 편관이 비록 왕하나 인성이 태중하다. 木은 火의 세를 좇으나 火는 木을 연소시키는데 한 점 亥水는 木을 생하고 火를 극할 수 없다.

癸 운에서 丁을 극하고 甲을 생하니 북쪽의 호적이므로 연등 과갑하여 명구로 벼슬을 나갔다. 辛 운은 丙을 합하니 벼슬길이 순조로웠고, 丑 운에는 水를 극하므로 病이 들어 벼슬에서 고별하였다.

辛	甲	戊	己
未	子	辰	巳

壬	癸	甲	乙	丙	丁
戌	亥	子	丑	寅	卯

甲子 일주가 계춘에 출생하니 木의 여기이며 좌하의 인수에 앉았다. 관성이 투출하여 청하고 또 子辰 회국하니 유정하다. 다시 묘한 것은 운로가 동북 水木地로 행하니 공명이 갑방에 등과하였다.

단지 혐의가 되는 것은 子 인수를 未土가 파하므로 벼슬길이 지체되는 것을 면할 수 없었다. 늙어서는 교직에 몸담았다.

便是諸司幷首領。也從淸濁分形影。
편 시 제 사 병 수 령 。 야 종 청 탁 분 형 영 。

이에서 관직을 맡은 사람들은 수령을 아울러 소유할 수 있으나, 청탁을 좇아 봐야 하고 형체와 그림자를 나누어 봐야 한다.

【原注】

至貴者莫如天也。得一以淸。而位乎上。故膺一命之榮。莫不得淸氣。所以雜職，或佐貳首領等官。豈無一段淸氣。而與濁氣者自別。然淸濁之形影難解。不專是財官印綬內有淸濁。凡格局，氣象，用神，合神，日主化氣，從氣，神氣，精氣，以序收藏。發生意向。節度性情。理勢源流。主從之間皆有之。先于皮面。尋其形影。得其形而遂可以尋其精髓。乃論大小尊卑。

지극히 귀한 것으로는 天만한 것이 없으니 하나만 득하여도 청할 수 있고 윗자리가 될 수 있다. 고로 一命의 영화에도 속에 간직한 것이 있어 청기를 득하지 않으면 안된다. 이른바 잡직이나 혹 좌이, 수령 등의 관직이라고 어찌 일단의 청기가 없을 것인가?

탁기와는 스스로 분별되기는 하나 청탁의 형영(形影)을 풀기가 어려우니 재, 관, 인에서만 청탁이 전논되는 것은 아니기 때문이다.

무릇 격국, 기상, 용신, 합신과 일주의 化氣와 從氣, 神氣, 淸氣를 수장(收藏)시킨 대로 펼쳐보면 발생의 향과 절도(節度), 성정(性情)과 이세원류(理勢源流)가 주종(主從)간에 모두 담겨져 있다.

먼저 피면(皮面)에서부터 시작하여 그 형체와 그림자를 찾아보면 그 형을 알 수 있고 그 정수(精髓)를 찾을 수 있으며 대소와 존비(尊卑)를 논할 수 있을 것이다.

【任注】

命者, 天地陰陽五行之所鍾也, 淸者貴也, 濁者賤也, 所以雜職佐貳等官, 亦屬一命之榮, 雖非格正局淸眞神得用, 而氣象格局之中, 沖合理氣之內, 必有一點淸氣, 雖淸氣濁氣之形影難辨, 總不外乎天淸地濁之理, 天干象天, 地支象地, 地支上升于天干者, 輕淸之氣也, 天干下降于地支者, 重濁之氣也, 天干之氣本淸, 不忌濁也, 地支之氣本濁, 必要淸也, 此命理之貴乎變通也, 天干濁, 地支淸者貴, 地支濁, 天干淸者, 賤也, 地支之氣上升者影也, 天干之氣下降者形也, 於升降形影, 沖合制化中, 分其淸濁, 究其輕重, 論其尊卑可也.

【해설】

命 內에는 천지의 음양과 오행을 모아 놓았다.

청한 것은 귀를 하고 탁한 것은 천하게 되니 이른바 잡직인 좌이(佐貳) 등의 관직도 역시 一命의 영화를 간직하고 있는 것이다.

비록 格正 局淸은 아닐지라도 眞神이 득용되고 기상 격국 가운데에서도 충합이기(沖合理氣) 안에는 반드시 한 점의 청기가 있을 것이다.

비록 청기 탁기의 형영(形影)을 분변하기는 어려우나 모두 천청지탁(天清地濁)의 이치를 벗어나지 않는다.

天干의 象은 天이요 地支의 象은 地이니 지지가 천간으로 상승하고자 하는 것은 경청(輕淸)한 기운이기 때문이다. 천간이 지지로 하강하고자 하는 것은 중탁(重濁)한 기운이기 때문이다.

천간의 氣는 본시 청하여 탁을 두려워하지 아니하나 지지의 氣는 본시 탁하기 때문에 반드시 청하여야 한다. 이것이 命理의 귀한 변통법이다.

그러므로 천간이 탁하더라도 지지가 청하면 貴命이 되고, 지지가 탁하고 천간이 청한 사주는 천(賤)한 命이다.

지지의 기운이 상승하는 것을 영(影)이라 하고 천간의 기가 하강하는 것을 형(形)이라 하니 形影이 승강(升降)하고 沖合 制化하는 중에 그 淸濁이 갈라지니 그 경중을 연구하여 그 존비를 논함이 가할 것이다.

丙	戊	壬	壬
辰	戌	寅	辰

戊	丁	丙	乙	甲	癸
申	未	午	巳	辰	卯

戊土가 寅月에 출생하니 木은 왕하고 土는 허약하다. 천간의 두 壬이 丙을 극하고 寅은 생한다. 이는 천간의 기는 탁하여 재성이 인수를 파괴하므로 글공부를 이어 나가지 못했다.

기쁜 것은 寅木이니 능히 납수하고 生火함이다. 일좌의 戌은 조토이니 壬水가 충분하지 못하게 한다. 이 사주의 청한 곳은 寅에 있으며 이로(異路) 출신(出身)하였고, 丙 운에 현령으로 승진하였다.

丁	甲	癸	壬
卯	寅	丑	午

己	戊	丁	丙	乙	甲
未	午	巳	辰	卯	寅

甲木이 丑月에 생하니 水土가 추위에 얼었다. 본시 火로써 적한하는 것이 기쁘다.

다시 묘한 것이 日과 時에 寅卯의 氣가 왕하고 丁火가 수기를 토설하는 것이다. 그러니 청함은 火에 있는 것이다. 혐의가 되는 것은 壬癸水가 투출하였으니 丁火는 반드시 상하게 된다.

그러므로 글공부의 뜻을 이어가지 못하였다. 그러나 지지에 水가 없으니 천간이 비록 탁하더라도 지지의 午火를 좇아서 청함을 유지하였다.

이로(異路) 출신으로 戊午 운에 癸를 합하고 壬을 제극하니 病이 있어도 藥을 만나 지현으로 승진하였다.

己	丙	乙	壬
丑	子	巳	辰

辛	庚	己	戊	丁	丙
亥	戌	酉	申	未	午

丙火가 巳月에 생하니 천지에 살인이 청함을 갖고 있다. 혐의가 되는 바는 丑時인데 子水를 합거하면 壬水가 실세하고 합한 후 상관을 도와서 일주를 설기하니 한 점의 乙木이 소토시키지 못한다.

異路 出身하였는데 비록 도적을 잡은 공로는 있으나 상의(上意)[388]와 합하지 못하였으므로

---

388) 윗사람의 뜻

승진은 하지 못했다.

丁	癸	丙	乙
巳	酉	戌	酉

庚辛壬癸甲乙
辰巳午未申酉

癸酉 일주가 戌月에 생하여 지지에 관인이 상생하니 청하다는 것을 알 수 있다.

혐의가 되는 것은 천간의 丙財가 득지한 것이고 겸하여 乙木이 火를 도와 金을 극하는 것이다. 그러므로 글공부를 이어가지 못하였으나 기쁜 것은 秋金이어서 유기하므로 異路 出身하였다.

巳 운에 財를 만나 인수를 파괴하니 젊은 장정에게 어려움이 있었고 본인도 사망하였다.

戊	戊	戊	甲
午	子	辰	申

甲癸壬辛庚己
戌酉申未午巳

戊子 일주가 辰月 午時에 생하고 천간에 3戊가 모였으니 왕하다는 것을 알 수 있다. 甲木은 퇴기인 데다 절지에 앉았으므로 용신이 되지 못할 뿐만 아니라 도리어 혼잡으로 논해야 한다.

이의 精氣는 지지의 申에 있으니 설기하여 정영(精英)한다.

아까운 것은 春金이니 왕하지 못한 것인데 다행히 子水가 午를 충파하여 윤토 양금하는 것이다

비록 재물을 납부하고 좌이(佐貳)에 올랐으나 벼슬길은 순조로웠다.

庚　壬　甲　癸
戌　子　子　巳

戊　己　庚　辛　壬　癸
午　未　申　酉　戌　亥

壬子 일주가 중동에 생하였는데 천간에 庚癸가 투출하였으니 그 세가 범람에 이른다.

甲木은 무근이니 납수가 불능이고 巳火는 중수(衆水)가 함께 극하니 역시 작용이 어렵다. 그러므로 누차 재물을 더해가며 벼슬을 사려고 하였으나 빈 자리를 찾지 못했다.

비록 時支에 戌土가 왕양함을 막아선다 해도 庚金에게 설기당하고 겸하여 중 운의 辛酉 庚申이 土를 설기하여 生水하니 겁재와 양인이 방자하여 뜻만 가지고 있었지 이룰 수는 없었다.

제10장 歲運 세운

세운(歲運) / 716
정원(貞元) / 731

歲運 _{세운}

休囚係乎運。尤係乎歲。戰沖視其孰降。和好視其孰切。
휴 수 계 호 운 。 우 계 호 세 。 전 충 시 기 숙 항 。 화 호 시 기 숙 절 。

휴수는 운로에 매여 있으나 더욱 관계가 되는 곳이 태세이다.
전충이 되면 그 누가 항복하여 깨지는지를 볼 것이고
화평하여 좋을 때는 그 누가 절지에 드는지를 볼 것이다.

【原注】
日主譬如吾身。局中之神。譬之舟馬引從之人。大運譬所蒞之地。故重
地支。未嘗無天干。太歲譬所遇之人。故重天干。未嘗無地支。必先明
一日主。配合七字。權其輕重。看喜行何運。忌行何運。如甲日以氣機
看春。以人心看仁。以物理看木。大率看氣機而餘在其中。遇庚辛申酉
字面。如春而行之於秋。斲伐其生生之機。又看喜與不喜。而行運生甲
伐甲之地。可斷其休咎也。太歲一至。休咎節顯。於是詳論戰沖和好之
勢。而得勝負敵從之機。則休咎了然在目。

　일주는 비유컨대 내 몸이고 국 중의 神은 비유하면 주마(舟馬)[389]
를 이끄는 사람이고 大運은 비유하면 그 곳에 임한 곳의 지역이다.
　그러므로 지지가 중요한 것이나 천간이 중요치 않다는 것은 아니다.
　태세를 비유하면 만나고 있는 사람이라 할 수 있으므로 천간이 먼
저 중요하나 지지도 중요치 않다는 것은 아니니 반드시 먼저 日主를
밝혀 놓고 나머지 7字의 배합을 보고, 권력의 경중을 알아야 하고, 어
느 운으로 운행하여야 기쁘고 어느 운으로 행하니 꺼리는지를 보는 것
이다.
　가령 甲日의 기기(氣機)는 春으로 보고, 人心으로는 仁으로 보고,

---

389) 배와 말

物理로는 木으로 보는 것이니 대강의 기기만 보고도 나머지도 그 중에 있는 것을 알 수 있다. 庚辛 申酉를 얼굴로 만났다면 봄이지만 가을로 운행하여 그 生生의 機는 작벌될 수 있음을 알고, 또 기쁜 것과 기쁘지 못한 것을 볼 수 있고, 행운이 甲을 생하는지 甲을 작벌하는 곳인지를 보고 가히 그 휴구(休咎)390)를 판단할 수 있을 것이다.

태세에서는 한 가지만 이르러도 휴구(休咎)는 즉시 나타나니 이에서 전충화호(戰沖和好)의 세력으로 승부와 적종(適從)391)의 機를 알아냈다면 그 휴구(休咎)도 요연하게 눈에 들어올 것이다.

【任注】

富貴雖定乎格局,窮通實係乎運途,所謂命好不如運好也,日主如我之身,局中喜神用神是我所用之人,運途乃我所臨之地,故以地支爲重,要天干不背,相生相扶爲美,故一運看十年,切勿上下截看,不可使蓋頭截脚,如上下截看,不論蓋頭截脚,則吉凶不驗矣,

如喜行木運,必要甲寅乙卯,次則甲辰乙亥壬寅癸卯,喜行火運,必要丙午丁未,次則丙寅丁卯丙戌丁巳,喜行土運,必要戊午己未戊戌己巳,次則戊辰己丑,喜行金運,必要庚申辛酉,次則戊申己酉庚辰辛巳,喜行水運,必要壬子癸亥,次則壬申癸酉辛亥庚子,甯使天干生地支,弗使地支生天干,天干生地支而蔭厚,地支生天干而氣洩,

何謂蓋頭,如喜木運而遇庚寅辛卯,喜火運而遇壬午癸巳,喜土運而遇甲戌甲辰乙丑乙未,喜金運而遇丙申丁酉,喜水運而遇戊子己亥,何謂截脚,如喜木運而遇甲申乙酉乙丑乙巳,喜火運而遇丙子丁丑丙申丁酉丁亥,喜土運而遇戊寅己卯戊子己酉戊申,

---

390) 허물이 되는 곳과 아름다운 곳
391) 적자(適者)인지 종자(從者)인지

喜金運而遇庚午辛亥庚寅辛卯庚子,喜水運而遇壬寅癸卯壬午
癸未壬戌癸巳是也,

蓋干頭喜支,運以重支,則吉凶減半,截脚喜干,支不載干,則十年
皆否,假如喜行木運,而遇庚寅辛卯,庚辛本爲凶運,而金絶寅卯,
謂之無根,雖有十分之凶,而減其半,如原局天干有丙丁透露,得
回制之能,又減其半,或再遇太歲逢丙丁,制其庚辛,則無凶矣,寅
卯本爲吉運,因蓋頭有庚辛之剋,雖有十分之吉,亦減其半,如原
局地支有申酉之沖,不但無吉,而反凶矣,

又如喜木運,遇甲申乙酉,木絶于申酉,謂之不載,故甲乙之運不
吉,如原局天干又透庚辛,或太歲干頭遇庚辛,必凶無疑,所以十
年皆凶,如原局天干透壬癸,或太歲干頭逢壬癸,能洩金生木,則
和平無凶矣,

故運逢吉不見其吉,運逢凶不見其凶者,緣蓋頭截脚之故也,

太歲管一年否泰,如所遇之人,故以天干爲重,然地支不可不究,
雖有與神之生剋,不可與日主運途之沖戰,最凶者天剋地沖,歲
運沖剋,日主旺相,雖凶無礙,日主休囚,必罹凶咎,日犯歲君,日
主旺相旡咎,日主休囚必凶,歲君犯日,亦同此論,故太歲宜和,不
可與大運一端論也,如運逢木吉,歲逢木反凶者,皆戰沖不和之
故也,依此而推,則吉凶無不驗矣,

【해설】 부귀는 비록 격국에서 정하여지나 궁통하여 보면 실로
운로에 매어 있는 것이니 이른바 「명호불여운호(命好不如運好)」
라 하였다.

　일주는 나의 몸이니 국 중의 희신 용신도 다 나의 소용되는
사람들이며 운로는 내가 임하고 있는 자리이다. 그러므로 地支가
중요하다고 한다. 그러나 天干도 등지지 않는 것이 중요하니 상

생 상부하면 아름답다.

그리고 한 대운(大運)을 10년으로 하고 보는 것이니 上下를 끊어서 5년씩 따로 보는 것은 일체 안 된다. 그렇다고 개두와 절각을 사용하지 않는 것도 불가하다.

가령 上下를 끊어서 따로 보면서 개두와 절각을 논하지 않는 것은 길흉이 맞지 않기 때문이다.

가령 木 운으로 운행하는 것이 기쁘다면 반드시 甲寅 乙卯로 행하는 것이 중요하고 다음으로 甲辰 乙亥 壬寅 癸卯로 행하는 것이다.

火 운으로 운행하는 것이 기쁘다면 반드시 丙午 丁未로 행하는 것이 중요하고 다음으로 丙寅 丁卯 丙戌 丁巳이다.

土 운으로 운행함이 기쁘다면 반드시 戊午 己未 戊戌 己巳로 행하는 것이 중요하고 다음으로 戊辰 己丑이다.

金 운으로 운행함이 기쁘다면 반드시 庚申 辛酉로 행함이 중요하고 다음으로 戊申 己酉 庚辰 辛巳이다.

水 운으로 운행함이 기쁘다면 반드시 壬子 癸亥로 행함이 중요하고 다음으로 壬申 癸酉 辛亥 庚子이다.

차라리 天干에서 地支를 생할지언정 地支에서 天干을 생하지 말 것이다. 天干이 地支를 생하는 것은 음후(蔭厚)[392]하나 지지가 천간을 생하는 것은 氣를 누설하기 때문이다.

어떤 것을 개두(蓋頭)라 하는가? 가령

木 운이 기쁜데 庚寅 辛卯를 만났다거나,

火 운이 기쁜데 壬午 癸巳를 만났다거나,

土 운이 기쁜데 甲戌 甲辰 乙丑 乙未를 만났다거나,

---

392) 조상의 덕이 두터움

金 운이 기쁜데 丙申 丁酉를 만났다거나,

水 운이 기쁜데 戊子 己亥를 만난 것 등이다.

어떤 것을 절각(截脚)이라 하는가? 가령

木 운이 기쁜데 甲申 乙酉 乙丑 乙巳를 만난 것이며,

火 운이 기쁜데 丙子 丁丑 丙申 丁酉 丁亥 등을 만난 것이며,

土 운이 기쁜데 戊寅 己卯 戊子 己酉 戊申을 만난 것이며,

金 운이 기쁜데 庚午 辛亥 庚寅 辛卯 庚子를 만난 것이며

水 운이 기쁜데 壬寅 癸卯 壬午 癸未 壬戌 癸巳 등을 만난 것들이다.

대개 천간에 개두하였는데 지지가 희신이면 운로에서 지지가 중요할 것이니 길흉이 반감되고 절각되었을 때 천간이 희신이면 지지에 천간을 싣지 못하였으면 10년이 모두 비색하다.

가령 木 운으로 행함이 기쁜데 庚寅 辛卯를 만났으면 庚辛은 본시 흉운이라도 金은 寅卯에서 絶地가 되므로 이른바 무근이니 비록 10분의 凶이 있을 때 그 반을 감하게 된다. 가령 원국의 천간에 丙丁이 투출하여 제극이 가능하면 또 그에서 반으로 감소되고 혹 다시 태세에서 丙丁을 만나 庚辛을 제극하여 주면 흉이 전혀 없게 된다.

寅卯는 본시 길운이나 庚辛이 개두하고 극하면 비록 10분의 吉이었으나 역시 그 반을 감하게 되고, 가령 원국의 지지에 申酉가 있어서 沖하면 吉이 없을 뿐만 아니고 도리어 凶할 수 있다.

또 가령 木 운이 길할 때 甲申 乙酉 운을 만나면 木은 申酉에서 절지가 되므로 이른바 지지에 싣지를 못하였으므로 甲乙 운이라도 불길하다.

가령 원국의 천간에 또 庚辛이 투출하고 혹 태세의 간두에 庚

辛을 만나면 반드시 흉할 것이니 의심하지 말라. 이래서 10년이 모두 흉하다고 하는 것이다.

가령 원국의 천간에 壬癸가 투출하고 혹 태세의 간두에서 壬癸를 만나면 능히 金을 설하여 木을 생하니 화평하고 흉이 없다.

그러므로 운에서는 길함을 만났는데도 그 길함이 나타나지 아니하고, 운에서 흉함을 만나더라도 그에 흉이 나타나지 않는 것이니 개두와 절각에 인연된 연고이다.

태세는 1년의 비태(否泰)393)를 관리하니 만나는 사람이라 했으므로 천간이 중요하다. 그러나 지지도 보지 않으면 안 된다. 비록 神의 생극으로 보지만 日主와 운로가 沖戰하는지를 함께 보지 않으면 안 된다.

가장 흉한 것은 천간은 극하고 지지는 충하는 것이며 세운 충극이다. 그러나 일주가 왕상하면 비록 흉이라도 가볍지만 일주가 휴수되었으면 반드시 흉함이 클까 근심된다.

日이 세군(歲君)을 범하는데 일주가 왕상하면 허물이 되지 않으나 일주가 휴수되었으면 반드시 흉하다.

세군이 日을 범하는 것도 역시 이와 같다. 그러므로 「태세의 화(太歲宜和)」394)이니 대운과 함께 한가지로 논하는 것은 불가하다.

가령 운에서 木을 만나는 것이 길한데 태세에서 木을 만났는데도 도리어 흉한 것은 모두 戰沖으로 不和를 일으킨 연고이다.

이에 의지하여 추리하면 길흉이 맞지 않는 법이 없다.

---

393) 불운과 행운
394) 태세(太歲)는 화(和)가 마땅하다

```
丁  庚  丁  庚
丑  辰  亥  辰

癸 壬 辛 庚 己 戊
巳 辰 卯 寅 丑 子
```

庚辰 일주가 亥月에 생하고 천간에 丁火가 함께 출로하였다. 辰亥에는 甲乙을 암장하고 있으니 족히 火가 용신이 된다.

초운 戊子 己丑은 회화 生金하니 소원을 이룰 수 없었고, 庚운 중 丙午년에는 庚이 寅支 위에 앉아 있으니 절각되었고, 천간의 두 丁은 족히 한 개의 庚을 대적할 수 있으며, 또 丙午년이니 庚金을 확실하게 극하므로 이 해에 진출한 것이 적중하였으며, 丁未년에는 또 연첩하여 지현(知縣)으로 방을 붙였으며, 寅운은 관의 재물로 자못 풍부하였으며, 辛卯 운은 절각되니 국 중 丁火가 극하여 벼슬이 군수에 올랐고, 壬辰 운은 고장에 뿌리를 둔 水가 강력하니 壬申년에 양 丁火를 모두 상하여 사망하였다.

```
丁  庚  戊  乙
丑  辰  子  未

壬 癸 甲 乙 丙 丁
午 未 申 酉 戌 亥
```

庚辰 일주가 子月에 생하였는데 未土가 子水를 천파(穿破)한다. 천간의 木火는 다 辰과 未의 여기이니 족히 木을 용신으로 하고 火를 생한다.

丙 운에 반궁에 들어가고 乙 운 중 癸酉년에 癸가 戊를 합하여 火로 변하고, 酉는 丁火의 장생지이니 모두가 이 해에는 반드시 적중할 것이라고 한다.

그러나 달리 乙酉는 절각지의 木이니 木이라 할 수 없고 실한 金이며, 또 癸酉년은 水가 金의 생을 만났고 또 겨울철이니 어찌 능히 火로 변할 것이며, 丁火는 반드시 극상될 것이 의심이 없으며, 酉 중에는 모두 金뿐이며 火의 사지라는 것 등을 모르고 하는 말이다. 酉가 陰火의 장생지라는 속설을 전함도 잘못하는 것이다.

　더욱 두려운 것은 금년 8월은 월건이 辛酉인데 국 중의 木火가 모두 상하므로 예측하지 못하였던 재앙을 방지해야 하는 것이다. 이 때에 성안에서 사망하였다.

丁	丙	乙	戊
酉	寅	卯	子

辛	庚	己	戊	丁	丙
酉	申	未	午	巳	辰

丙寅 일주가 卯月에 출생하여 木火가 함께 왕하니 土金이 모두 상하였고 水 역시 휴수되었다. 유년시절 丙辰 丁巳는 유업을 모두 소진시켰고 戊午 氣未는 조토가 생금(生金) 설화(洩火)를 못하니 경영하는 일에서 만금을 다 탕진시키고 외지로 도망갔다. 庚申 辛酉 20년은 기이하게도 이익을 획책하여 10여만의 재물을 발하였다.

甲	丙	癸	丙
午	午	巳	申

己	戊	丁	丙	乙	甲
亥	戌	酉	申	未	午

丙午 일주가 巳月 午時에 생하니 「군비쟁재(群比爭財)」가 되었고 癸水는 말라붙었다.

　초운 甲午는 양인과 겁재가 미쳐 날뛰니 부모가 일찍 사망하였고 乙未 운은 양인을 도우니 가업이 패진하였다.

　丙申 丁酉 운은 火가 개두하였

고 또 국 중의 巳午火가 돌아가며 剋金하니 가난이 더욱 극심하
였고 戊戌 운에는 점점 근거를 세울 수 있었다.

何爲戰。
하 위 전 。

어떤 경우를 싸움이라 하는가?

【原注】

如丙運庚年。謂之運伐歲。日主喜庚。要丙降。得戊得丙者吉。日主喜
丙。則歲不降運。得戊巳以和爲妙。如庚坐寅午。丙之力量大。則歲運
亦不得不降。降之亦保無禍。庚運丙年。謂之歲伐運。日主喜庚。得戊
巳以和丙者吉。日主喜丙。則運不降歲。又不可用戊己洩丙助庚。若庚
坐寅午。丙之力量大。則運自降歲,亦保無患。

　　가령 丙 대운에서 庚년이라면 이른바 운이 태세를 극벌하는 것이니
일주의 희신이 庚이라면 丙을 항복시키는 것이 중요하다. 戊를 득하고
丙을 득하는 것은 吉하다. 일주의 희신이 丙이면 태세는 운을 항복시
키지 못하니 戊巳를 득하여 화해하는 것이 묘하다. 가령 庚이 寅午에
앉아서 丙의 역량이 가장 클 때는 세운까지 득하지 않으면 역시 항복
시킬 수 없다. 항복시켰을 때는 보호되어 화패가 없다.

　　庚 운에 丙년은 이른바 태세가 운을 극벌하는 것이니 일주의 희신이
庚이면 戊己를 득하여 丙과 화해시켜야 한다. 일주의 희신이 丙이면 운
을 태세가 항복시키지 못한다. 또 戊己를 용신으로 하여 丙을 설기하여
庚을 돕는 것도 불가하다. 만약 庚이 寅午에 앉아 있을 때 丙의 역량이
크면 운은 스스로 태세를 항복시키니 역시 보호되어 환란이 없다.

【任注】

戰者剋也,如丙運庚年,謂之運剋歲,日主喜庚,要丙坐子辰,庚坐

申辰, 又局中得戊己洩丙, 得壬癸剋丙則吉, 如丙坐午寅, 局中又
無水土制化, 必凶, 如庚運丙年, 謂之歲剋運, 日主喜庚則凶, 喜丙
則吉, 喜庚者要庚坐申辰, 丙坐子辰, 又局中逢水土制化者吉, 反
此必凶, 喜丙者依此而推,

【해설】 싸움이란 극함을 말한다. 가령 丙 대운에서 庚년이라면
이른바 운이 태세를 극한다.

일주의 희신이 庚이면 丙이 子辰 위에 앉고 庚도 子辰 위에
앉는 것이 중요하다. 또 국 중에 戊己를 득하여 丙을 설기하거
나 壬癸를 득하여 丙을 극하면 길하다. 그러나 가령 丙이 寅午
위에 앉고 국 중에도 水土가 없어 제화하지 못하면 반드시 흉
하다.

가령 庚 대운 丙년이라면 이른바 태세가 대운을 극하는데 일
주의 희신이 庚이라면 흉하고 丙이라면 길하다. 庚이 희신일 때
에는 申辰 위에 앉아야 하고 丙도 子辰 위에 앉아야 한다. 또 국
중에서 水土를 만나 제화하면 길하고 이와 반대면 반드시 흉하
다. 丙이 희신일 때도 이에 의하여 추리한다.

庚	丙	甲	辛
寅	辰	午	卯

戊	己	庚	辛	壬	癸
子	丑	寅	卯	辰	巳

丙火가 午月에 생하고 양인이
당권하니 왕하다. 지지에 寅卯
辰 동방이 모두 있으니 土는 木
류로 종하게 된다. 庚辛은 둘
다 통근되지 못하였다. 처음의
癸巳 壬辰은 金이 생조를 만나
니 가업이 유여하였고 즐거움이
여일하였다.

辛卯 운은 金이 절각되었으니 형상과 파모를 겪었고 가업은 10 중 8, 9가 패절하였다.

庚 대운 丙寅년은 극처하였고, 庚이 寅에 앉아 절각되었으니 丙寅 태세가 대운 庚을 극하였기 때문이다.

또 庚이 절지면 丙은 생지인데 국 중에도 제화하는 神이 없으며 甲午월에 木이 火세를 좇으니 흉화가 연속되었고 病까지 생겨 사망하였다.

乙	乙	甲	辛
酉	卯	午	卯

戊	己	庚	辛	壬	癸
子	丑	寅	卯	辰	巳

乙木이 午月에 생하였는데 일주의 祿인 卯를 酉가 옆에서 충한다.

월간의 甲木은 절지에 임하였고 五行의 水가 없으니 하절의 火가 당권하고 설기한다. 상관격에 겁재를 용신하는데 꺼리는 바는 金이다.

초 운 壬辰 癸巳는 인수가 투출하여 생부하니 평순하였고, 辛卯 운에 辛酉년에는 연지의 卯木을 충거하니 형상 극파하였다.

庚 대운 丙寅년에는 金이어서 꺼리는데 丙火가 극거하고 국 중에 土水가 없어서 丙火를 설하거나 제하지 못하였고, 또 火가 생지를 만났고 金은 절지에 있으니 반궁에 들어갔고 이마에 주름살을 펼 수 있었다.

何爲沖。

하 위 충 。

어떤 것을 충이라 하는가?

【原注】

如子運午年。謂之運沖歲。日主喜子。則要助子。又得年之干頭。遇制午之神。或午之黨多。干頭遇戊甲字者必凶。如午運子年。謂之歲沖運。日主喜午。而子之黨多。干頭助子者必凶。日主喜子。而午之黨少。干頭助子者必吉。若午重子輕。則歲不降。亦無咎。

가령 子 대운 午년이라면 이른바 운이 태세를 沖한다. 일주의 희신이 子라면 子를 돕는 것이 중요하다. 또 年의 간두에 午를 제압할 수 있는 神을 만나야 하는데 혹 午의 무리가 많고 간두에 戊나 甲 字를 만나면 반드시 흉하다.

가령 午 대운 子년이라면 태세가 운을 충한다. 일주의 희신이 午인데 子의 무리가 많고 간두에서도 子를 돕는다면 반드시 흉이다.

일주의 희신이 子인데 午의 무리는 적고 간두에서도 子를 돕는다면 꼭 길하다. 만약 午는 重하고 子는 輕하다면 태세가 항복시키지 못하여도 역시 허물은 없다.

【任注】

沖者破也,如子運午年,謂之運沖歲,日主喜子,要干頭逢庚壬,午之干頭逢甲丙,亦尤咎,如子之干頭遇丙戊,午之干頭遇庚壬,亦有咎,日主喜午,子之干頭逢甲戊,午之干頭遇甲丙,則吉,如子之干頭遇庚壬,午之干頭遇甲丙,則凶,如午運子年,謂之歲沖運,日主喜午,要午之干頭逢丙戊,子之干頭遇甲丙,則吉,如午之干頭遇丙戊,子之干頭遇庚壬,必凶,餘可類推,

728

【해설】 沖이란 파괴이다.

가령 子 대운에서 午년은 이른바 대운이 태세를 충하는 것인데 일주의 희신이 子이면 간두에 庚이나 壬을 만나는 것이 중요하니 午의 간두에는 甲丙을 만나더라도 역시 겁날 것이 없다. 그러나 子의 간두에 丙戊를 만났으면 午의 간두에 庚壬을 만났더라도 역시 허물이 된다.

일주의 희신이 午이면 子의 간두에 戊甲이고 午의 간두는 甲丙을 만나면 길하나 子의 간두에 庚壬이면 午의 간두는 甲丙이라도 역시 흉하다.

가령 午 대운 子년은 이른바 태세가 운을 충하는 것이니 일주의 희신이 午이면 午의 간두에 丙戊를 만나는 것이 요구되고 子의 간두는 甲丙을 만났다면 길하다. 그러나 午의 간두에 丙戊이고 子의 간두에 庚壬을 만나는 것은 반드시 흉하다. 나머지도 이와 같이 유추할 것이다

何爲和。
하 위 화 。

어떤 경우를 화라 하는가?

【原注】

如乙運庚年。庚運乙年。則和。日主喜金則吉。日主喜木則不吉。子運丑年。丑運子年。日主喜土則吉。喜水則不吉。

가령 乙 대운 庚년과 庚 대운 乙년이라면 和이니 일주의 희신이 金이면 길하고 일주의 희신이 木이면 불길하다.

子 대운 丑년과 丑 대운 子년에서 일주의 희신이 土이면 길하고 水이면 불길하다.

【任注】

和者合也,如乙運庚年,庚運乙年合而能化,喜金則吉,合而不化,
反爲羈絆,不顧日主之喜我,則不吉矣,喜庚亦然,所以喜庚者必
要木金得地,乙木無根,則合化爲美矣,若子丑之合,不化亦是剋
水,喜水者必不吉也,

【해설】 화(和)라 함은 합을 말한다.

가령 乙 운에 庚년과 庚 대운 乙년이면 합하고 金으로 化하는
데 희신이 金이면 길하고 합하였어도 불화(不化)395)하면 도리어
기반(羈絆)396)이니 일주의 희신이 나를 돌보지 못하므로 불길하
다. 희신이 庚일 때도 역시 그러하니 庚이 희신일 때는 반드시
木金이 득지함이 필요하고 乙木이 무근이면 합하여 化하는 것이
아름답다.

만약 子丑 합에서도 不化면 역시 水를 극하게 되므로 水가 희
신이면 절대로 길할 수가 없다.

何爲好。

하 위 호 。

어떤 경우를 호라 하는가?

【原注】

如庚運辛年。辛運庚年。申運酉年。酉運申年。則好。日主喜陽。則庚與
申爲好。喜陰,則辛與酉爲好。凡此皆宜例推。

가령 庚 운 辛년과, 辛 운 庚년과, 申 운 酉년과, 酉 운 申년일 때

---

395) 변하지 아니함
396) 붙잡힘

를 호(好)[397]라 한다.

　일주의 희신이 陽이면 庚과 申이 만날 때 好라 하고 희신이 陰이면 辛과 酉가 만날 때를 好라 한다. 다른 것도 다 이와 같이 유추하는 것이 마땅하다.

【任注】

好者, 類相同也, 如庚運申年, 辛運酉年, 是爲眞好, 乃支之祿旺, 自我本氣貴垣, 如家室之可住, 如庚運辛年, 辛運庚年, 乃天干之助, 如朋友之幫扶, 究竟不甚關切, 必先要旺運通根, 自然依附爲好, 如運無根氣, 其見勢衰而無依附之情, 非爲好也,

【해설】　好라 함은 같은 類끼리 만나는 것이다.

　가령 庚 운에 申년과 辛 운에 酉년이면 진호(眞好)라 하니 지지가 녹왕이 스스로 되어 자신의 본기로 귀원하기 때문인데 가령 자기 집에 머무는 것과 같다.

　가령 庚 운에 辛년과 辛 운에 庚년 같은 것은 천간끼리의 협조이니, 가령 친구의 도움과 같은 것으로 관계가 깊을 수 없기 때문인데, 반드시 먼저 왕한 운에 통근하는 것이 중요하니 자연히 의지가 되어 가까이 할 수 있어서 好라 할 수 있고, 가령 대운이 근기가 없으면 그 보이는 세력도 쇠약하여 가까이 의지하고자 하는 정이 없을 것이니 好라 할 수 없다.

---

397) 길(吉)함

貞元 정원

造化起於元。亦止於貞。再肇貞元之會。胚胎嗣續之機。
조 화 기 어 원 。 역 지 어 정 。 재 조 정 원 지 회 。 배 태 사 속 지 기 。

조화는 원에서 기하여 정에서 그치고 다시 정원의 회합을 시작하면 대를 이어나갈 배태의 기틀이 된다.

【原注】

三元皆有貞元。如以八字看。以年爲元。月爲亨。日爲利。時爲貞。年月吉者。前半世吉。日時吉者。後半世吉。以大運看。以初十五年爲元。次十五年爲亨。中十五年爲利。後十五年爲貞。元亨運吉者。前半世吉。利貞運吉者。後半世吉。皆貞元之道。然有貞元之妙存焉。非特絶處逢生。北盡東來之意也。至於人之壽終矣。而旣終之後。運之所行。果所喜者歟。則其家必興。果所忌者歟。則其家必替。蓋以父爲貞。子爲元也。貞下起元之妙。生生不息之機。予著此論。非欲人知考之年。而示天下萬世。實所以驗奕世之兆。而知數之不可逃也。學者勗之。

삼원(三元)은 모두 정원이 있는 것이니 가령 팔자에서 본다면 年을 원(元)으로 하고 月은 형(亨)이며 日은 이(利)이며 時는 정(貞)이 된다.

年月이 길한 것은 전반세가 길하고, 日時가 길한 것은 후반세가 길한 것이다.

대운(大運)으로 보면 처음 15년을 元으로 하고, 다음 15년은 亨이며, 중년 15년을 利로 하고, 그 후 15년을 貞이라 하여 元亨 운이 길한 자는 전반세가 길하고 利貞 운이 길한 자는 후반세가 길하다.

이 모두 貞元之道라 한다.

그러나 貞元에도 묘함이 존재하고 있는데 절처봉생(絶處逢生)398) 같은 것은 특별한 것이 아니고 北이 다 가니 東이 오는 등의 뜻을 말한다.

사람에서는 수종(壽終)이 그것이다. 이미 임종한 후에 대운의 행하는 곳이 희신이 되는 곳이면 그 집안은 반드시 흥(興)하고, 기신이 되는 곳이면 그 집안은 반드시 체(替)하는 것이니 대개 父를 貞으로 하고 자식을 元으로 하기 때문에 貞 아래에서 元의 묘함이 일어난다는 것은 생생불식의 짜여 있는 기틀인 것이다.

내가 이 논리를 말하는 것은 사람의 종명하는 해를 알고자 함이 아니고 천하 만세에 실제로 징험한 것으로 세상의 근심과 조짐을 계시하여 수(數)399)를 알 수는 있으나 피할 수는 없다는 것을 알리기 위함이니 학자는 힘써 공부해야 할 것이다.

【任注】

貞元之理,河洛圖書之旨也,河洛圖書之旨,卽先後天卦位之易也,先天之卦,乾南坤北,故西北多山,崑崙爲山之祖,東南多水,大海爲水之歸,是以水從山出,山見水止,夫九河瀉地,極汪洋澎湃之勢,溯其源,皆星宿也,夫五岳插天,極崇降峻險之形,窮其本,皆崑崙也,惟人有祖父亦然,雖支分派衍,莫不皆出于一脈,故一陰生于坤之初,一陽生于乾之始,所以離爲日體,坎爲月體,而貞元之理,原于納甲,納甲之象,出于八卦,故父乾而母坤,震爲長男,繼乾父之體,因坤母之兆,故太陰自每月廿八至初二,盡魄純黑而爲坤象,坤者,猶貞之意也,初三光明三分,一陽初生,震之象也,震者,元之兆也,初八上絃,光明六分,兌之象也,兌者,猶亨之理也,十八日,月盈

---

398) 극도로 궁박한 끝에 살 길을 만남
399) 수명(壽命)

而虧缺三分,巽之象也,猶利之義也,是以貞元之道,循環之理,盛
極而衰,否極而泰,亦此意也,觀此章之旨,不特人生在世,運吉者
昌,運凶者敗,至於壽終之後,而行運仍在,觀其運之吉凶,而可知
其子孫之興替,故其人旣終之後,而其家興旺者,身後運必吉也,其
家衰敗者,身後運必凶也,此論雖造化有定,而數之不可逃,爲人子
者不可不知考之年,而善繼述之,若考之身後運吉,自可承先啓後,
如考之身後運凶,亦可安分經營,挽回造化,若祖宗富貴,自詩書中
來,子孫享富貴,卽棄詩書者,若祖宗家業,自勤儉中來,子孫享家
業,卽忘勤儉者,是割扶桑之幹,而接于文梓,未有不槁者,決渭河
之水,而入于涇川,鮮有不濁者,何也,其本源各自不相附耳,學者
當深思之,

【해설】 정원(貞元)의 이치는 하도(河圖)와 낙서(洛書)의 가르
침이다.

하락도서(河洛圖書)의 가르침이란 곧 선천(先天)과 후천(後天)
의 괘위(卦位)가 바뀐 것을 말한다.

선천괘는 건(乾)은 南에, 곤(坤)은 北에 거하게 한 것은, 西北
은 山이 많고 곤륜산(崑崙山)이 山의 조종(祖宗)이며 東南은 水
가 많고 큰 바다는 水의 귀숙지이기 때문이다.

이를 보면 水는 山을 좇아서 나오고 山이 水를 만나면 그치는
것이다.

대저 구하(九夏)가 땅을 씻어 내려 극히 왕양한 물이 팽배한
세력을 이루었으나 그 근원을 거슬러 보면 모두 성숙(星宿)에
있다.

대개 오악(五岳)[400]이 하늘에 꽂혀 극히 높고 두텁고 준험한

---

400) 서울의 주위를 호위하는 五聖山을 말하는 것으로, 중국의 경우 중

형세를 만들었으나, 그 근본을 궁구하여 보면 모두 곤륜산인 것이다.

오직 사람의 조부모 등의 체계도 그러하여 비록 가지가 널리 분파되었으나 모두 한 맥에서 나오지 않는 것이 없다. 그러므로 一陰이 곤(坤)의 처음 자리에서 생하였고 一陽이 건(乾)에서 시작하게 하였다.

그러니 이(離)가 日의 體가 되고 감(坎)이 月의 체(體)가 되었으니 정원(貞元)의 이치는 본래 납갑(納甲)에서 근원하였고 납갑의 상(象)은 팔괘(八卦)에서 나왔다.

그러므로 父가 건(乾), 곤(坤)이 母가 되었고 진(震)을 장남으로 한 것은 乾父의 體를 이어받게 하였으나 인하여 그 안에는 坤母의 징조도 함께 있기 때문이다.

그러므로 태음(太陰)은 매월 28일로부터 다음달 초 2일까지이니 진백순흑(盡魄純黑)이며 坤象이 되고 坤에게는 貞의 뜻을 갖고 있는 것과 같다.

초 3일에 광명이 三分 들어와 一陽을 초생시키니 진(震)의 象이 되고 震에는 元의 징조가 있는 것이다.

초 8일 상현(上絃)에는 광명이 六分이 들어오니 兌의 象이 되고 兌에는 亨의 이치가 있는 것이다.

18일은 달이 차면 기우는 법이니 三分이 이지러져서 손(巽)의 象이 되고 巽에는 利의 뜻이 담겨 있다.

이로써 貞元의 도리와 순환의 이치는 왕성함이 極에 달하면

___

앙의 숭산(嵩山), 북의 항산(恒山), 동의 태산(泰山), 남의 형산(衡山), 서의 화산(華山)이고, 우리나라는 이중환의 택리지(擇里志)를 보면 중앙의 삼각산(白岳山), 동의 천마산(南行山), 서의 북악산, 남의 관악산, 북의 감악산을 일컬음

衰하게 되고 부(否)가 극에 달하면 태(泰)가 되는 것도 역시 이와 같은 뜻이다.

이 글에서 보건대 특별히 인간 세상에서뿐이 아니고 모든 것이 운이 길하면 창성하고 운이 흉하면 패한다.

수명이 끝난 후에도 행운이 있는 것이어서 그 운의 길흉을 보고 그 자손이 흥(興)하는지 체(滯)하는지를 알 수 있다.

그러므로 그 사람이 이미 수명을 마친 후에도 그 집이 흥왕하면 종명 후의 운이 반드시 길할 것이고, 그 집이 쇠패하면 운명한 후에 운이 반드시 흉할 것이다.

이 논리는 비록 조화에는 정하여진 운명이 있어서 운수를 도피할 수 없다는 것을 말한 것이나 사람의 자식으로 태어난 자들은 선고(先考)401)의 운명하는 해를 알지 않으면 안 되는 것은 좋은 계승을 도모하기 위함이다. 만약 선고께서 운명한 후에도 운이 길하면 저절로 후에까지 계승될 것이며, 선고의 後運이 흉한 경우는 역시 분수에 맞는 경영을 하여 조화를 만회할 수 있을 것이다.

만약 조종의 부귀가 시서(詩書)402)로부터 와서 자손의 부귀에까지 이어졌는데 시서(詩書)를 버린다거나 만약 조종의 가업이 근검 노력으로 오고 지켜져서 자손의 가업에까지 이어졌는데 곧 근검을 망각한 자들이 있다면 이는 뽕나무 줄기를 깎아서 노나무 뿌리에다 접붙이는 것과 같으니 말라죽지 않는 법이 없을 것이다.

위하(渭河)403)의 물길을 돌려 경천(涇川)으로 들어가게 하

---

401) 부모(父母) 중의 父
402) 사서삼경 중에서 《시전》과 《서전》
403) 위수(渭水)와 하수(河水)

였는데도 신선(新鮮)을 유지하며 쉽게 탁(濁)으로 물들지 않는다.

왜 그렇겠는가?

그 본원부터가 각자 상부(相附)하지 않기 때문이다.

학자들은 마땅히 깊이 생각해 볼 일이다.

翠山 金東奎

【별첨 부록】

본서 《적천수 천미》를 읽기 전에……

「유능한 장인(匠人)일수록 먹줄을 준수한다(準繩墨)」

먹줄은 잘못 인도하는 일이 없기(繩不撓曲) 때문이다.

이 장의 기본이론은 동양철학에서 모법(母法 ; 헌법)과 같기 때문에 어떠한 명목으로도 모법을 변질시키거나 훼손시켜서도 안 된다.

가령 巳亥와 子午를 음양을 바꿔 사용한다거나, 모계육친(母系六親)을 사용하는 것, 지지 속의 장간(地支藏干)을 아무것이나 빼 쓰는 것 등은 잘못된 것임을 말하는 것이다.

반드시 바르게 익힌 다음에 《적천수천미(滴天髓闡微)》 본문을 읽기 바란다.

항 목

제1장 명리기초(命理基礎)

제2장 신살론(神煞論)

제3장 조명법(造命法)

제4장 십신론(十神論)의 활용

제5장 건강과 성격론

제1장 명리기초(命理基礎)

1. 天干地支의 발생

옛날 황제(黃帝) 때 치우(蚩尤)라는 신하가 있었는데 성질이 맹호처럼 난폭하고 병정을 일으켜 싸우기를 좋아하여 소란을 피우매 탁록지방의 들에는 백리까지 피가 흘렀다 한다.

황 제

이에 황제는 백성들의 고통을 덜어주기 위하여 재계하고 축단을 쌓아 하늘과 땅에 제사지내니 하늘에서 十干인 甲乙丙丁戊己庚辛壬癸와 十二支인 子丑寅卯辰巳午未申酉戌亥를 내렸다 한다.

十干은 둥글게 포진하였으니 하늘의 형상을 하였고, 十二支는 모가 났으므로 땅을 형상하였다고 한다. 후에 대요(大撓)씨가 후세 사람들이 근심되어 탄식하기를, "황제는 성인이기는 하나 능히 악살(惡煞)을 처리하지 못하였으므로 후인이 만약 재앙을 만났을 때 그 슬픔을 어찌하리오?"하여 十干 十二支로써 六十甲子를 만들었다고 한다. ─《연해자평》

2. 십간(十干)과 십이지(十二支)

2. 十干

십간 구분	甲 乙	丙 丁	戊 己	庚 辛	壬 癸
음양	양 음	양 음	양 음	양 음	양 음
오행	木	火	土	金	水
방위	동방	남방	중앙	서방	북방
육수	청룡	주작	구진, 등사	백호	현무
색깔	청색	적색	황색	백색	흑색

3. 十二支

십이지 구분	子	丑	寅	卯	辰	巳	午	未	申	酉	戌	亥
음양	陽	陰	陽	陰	陽	陰	陽	陰	陽	陰	陽	陰
오행	水	土	木	木	土	火	火	土	金	金	土	水
월	11	12	1	2	3	4	5	6	7	8	9	10
띠	쥐	소	범	토끼	용	뱀	말	양	원숭이	닭	개	돼지
계절	生智		春木　生仁			夏火　生禮			秋金　生義			冬水

3. 천간 생왕묘절(天干 生旺墓絶 일명 十二運星 또는 胞胎法)

일명 포태법이라고도 하는데 이는 각 오행의 왕상휴수(旺相休囚)를 알아보는 방법이다. 동양 철학계에서 五行의 강약을 알기 위해 가장 널리 쓰이므로 반드시 기억해 두어야 명리공부를 쉽게 할 수 있다.

※ 욕(浴)을 패(敗) 또는 도화(桃花), 관(官)을 녹(祿) 또는 임관(臨官), 장(葬)을 고(庫) 또는 묘(墓), 절(絶)을 포(胞)라고도 한다.

十二運星 조견표

十二運 五行	生	浴	帶	官	旺	衰	病	死	葬	絶	胎	養
甲 木	亥	子	丑	寅	卯	辰	巳	午	未	申	酉	戌
乙 木	午	巳	辰	卯	寅	丑	子	亥	戌	酉	申	未
丙 火	寅	卯	辰	巳	午	未	申	酉	戌	亥	子	丑
丁 火	酉	申	未	午	巳	辰	卯	寅	丑	子	亥	戌
庚 金	巳	午	未	申	酉	戌	亥	子	丑	寅	卯	辰
辛 金	子	亥	戌	酉	申	未	午	巳	辰	卯	寅	丑
壬 水	申	酉	戌	亥	子	丑	寅	卯	辰	巳	午	未
癸 水	卯	寅	丑	子	亥	戌	酉	申	未	午	巳	辰

■ 음간(陰干) 포태(胞胎)는 五行 生剋 制化 상 문제가 있으므로 명리에서는 사용하지 않는다.

■ 戊, 己 土는 丙, 丁 火를 따라간다.

十二運 \ 五行	生	旺	葬	絶
木	亥	卯	未	申
火	寅	午	戌	亥
金	巳	酉	丑	寅
水	申	子	辰	巳

■ 生, 旺, 墓는 三合을 결성하고 絶地는 五行의 기운이 가장 약한 곳이다.

■ 십이운성의 해설 (사람의 경우를 예로 하여 설명함)

⑴ 생(生)은 모체에서 분리되어 생출함이니, 비로소 새 생명이 탄생하는 경사스러운 곳이 된다. 부모는 물론이고 많은 사람들로부터 축복과 보호 속에서 출생하였으므로 비록 자신의 힘은 미약하지만 주위의 강력한 보호에 힘입어 크게 영향력을 발휘할 수 있는 길위(吉位)인 것이다.

⑵ 욕(浴)은 앞에서 이미 출생한 어린아이를 목욕시킨다는 뜻
이므로 바르게 키우기 위해서 씻기고 가르치며 어린아이
마음대로 먹거나 놀지 못하도록 행동에 많은 제약을 가하
게 된다. 그러므로 어린아이 입장에서 볼 때는 대단한 불만
이 따르는 곳이니 언제나 어디서나 오거나 가거나에 상관
없이 흉위가 된다. 이곳을 도화지(桃花地)라고도 하며 망신
살(亡身殺)로도 친다.

⑶ 대(帶)는 띠를 두른다는 뜻이니, 5~6세 정도의 나이부터라
고 본다면 이제는 총명하며 판단력도 생기고 성장도 빠르
므로 글도 배우고 예의범절도 익혀서 하나의 인격체로서의
교양을 갖추게 되는 곳이다. 이곳은 왕기(旺氣)를 향한 진
기(進氣)의 곳이라 하여 길위가 된다.

⑷ 관(官)은 임관이라고도 하며 벼슬에 임하여 관을 쓴다는 뜻
이니 지금까지 공부하고 쌓아온 실력을 마음껏 발휘하여
시험에 합격하고 벼슬길에 오르는 곳이니, 20세 전후부터
라고 볼 수 있는 이곳은 대단히 왕성한 길지가 된다. 그래
서 이곳은 녹위(祿位)가 되기도 한다.

⑸ 왕(旺)은 일생 가운데서 가장 왕성한 곳이라는 뜻이니, 약
30세 후부터 40세까지로 최고의 영광스러운 곳이기도 하다.
예를 들어 자기의 영광이 모두 100이라고 가정한다면 90 정

도 되는 곳이라고 보면 이해에 도움이 될 것이다. 그러나
이곳은 많은 지혜를 요구하는 곳이기도 하니 덕이 있는 자
는 뒤에 늙고 병들어서의 일을 걱정하는 곳이기도 하고 덕
을 갖추지 못하고 수양이 되지 않은 자는 이곳에서 난폭하
여 적악(積惡)하기 쉬운 곳이라 하여 양인살(羊刃殺)이 되
는 곳이기도 하다. 그러나 이곳을 오행에서는 가장 왕성한
길지로 치는 것만은 사실이다.

⑹ 쇠(衰)는 왕성함이 극에 도달한 곳이나 앞으로 퇴보밖에 길
　이 없는 곳이다. 앞에서 말한 100에 해당되는 곳이라고 하면
　틀림없겠다. 연령으로는 40부터로서 이제 자기의 본분을 알
　고 겸양하며 남과도 많이 사귀고 모난 행동을 안 하며 둥글
　고 편하게 정당하게 행동하나 확실한 길이 보일 땐 괴력을
　발휘하는 곳이니 쇠방(衰方)이 되면 언제 어디를 가든지 오
　든지를 막론하고 현재는 길지가 되며 미래는 나쁘다.

⑺ 병(病)은 전성기를 지나 50∼60세까지 해당한다. 이제 노쇠
　의 현상으로 병들어 유약함을 의미하니 앞으로 계속 퇴기
　(退氣)로 진행하여 생활력이 약해지는 곳이므로 대단히 흉
　지가 된다. 풍수지리에서도 이곳을 만나면 龍에서건 좌향
　(坐向)에서건 水에서건 흉하다.

⑻ 사(死)는 사망함으로써 한 세대를 끝마친다는 뜻이 되므로

역시 흉지가 된다.

(9) 장(葬)은 사망하였으니 땅으로 다시 돌아간다는 뜻이 된다. 전혀 능력이 없는 곳이므로 역시 흉지이다.

(10) 절(絶)은 생명체로서의 인정을 받지 못하는 상태이다. 즉 과년한 처녀의 몸에 있는 씨앗인 난자와 남자의 몸에 가지고 있는 씨앗인 정자의 상태를 말하는 것이니 분리된 두 씨앗이 아직 만나지 못했으므로 절처(絶處)라 한다. 이 역시 생기만 가지고 있을 뿐 아무런 능력이 없으므로 대흉지가 되며 두 씨앗이 만나는 과정이 고통스럽다 하여 겁살(劫殺)이라 하기도 한다.

(11) 태(胎)는 위의 두 씨앗이 극적으로 만나서 수태가 되는 상태를 말한다. 이때부터 하나의 생명체로서 활동은 시작하지만 아직은 인정이 안 되므로 역시 흉지가 된다.

(12) 양(養)은 앞으로 출산을 앞두고 어머니의 뱃속에서 강력하게 활동하는 상태를 말한다. 아직은 출생 전이기 때문에 힘은 없지만 머지않아 한 생명의 독립체로서 당당하게 출세할 진기(進氣)를 가지고 있다 하여 길지로 친다. 그러나 이곳은 현재로 미약하기 때문에 선흉후길(先凶後吉)이 되는 곳이다. 이와 같이 유행하고 윤회하여 생생불식(生生不

息)하는 것이니 다른 오행도 모두 이와 같이 추리하기 바란다.

4. 지지 장간(地支 藏干)

지지(地支) 장간(藏干)이란 1년 "365일 5시간 48분"을 12달 지지 중에 천간(天干)으로 바꿔 소장(所藏)하고 있다. 이는 金木水火土를 분야대로 찾아 분배하여 놓은 것이다. 이것을 인출하여 쓰도록 되어 있다. 그러므로 지장간(地藏干)은 하나의 지지(地支) 내에는 각기 전 달에서 밀려 넘어온 천간(天干) 날짜가 있는데 그것을 여기(餘氣)라 하고, 그 달의 중기(中期) 날짜에 해당하는 것이 있는데, 그것을 중기(中氣)라 하며, 그 달의 본기 날짜가 가장 많이 들어 있는데 그것을 정기(正氣)라 하며 사용한다.

중요한 것은 여기(餘氣)·중기(中氣)·정기(正氣)를 이것저것 마음 내키는 대로 쓰는 것이 아니라 반드시 생년월일시(生年月日時)로 정확히 확인하여 내 것이 어느 기운의 날짜에 해당하는지를 계산으로 찾아서 사용하여야 한다.

만약 조명하고자 하는 사람의 생일이 여기(餘氣)에 해당하면 여기(餘氣)만이 자기의 것이 되고 중기(中氣)와 정기(正氣)는 아직 이르지 아니하였으니 내 것이 되지 않는다. 또 조명하고자 하는 사람의 생년월일시까지 정확히 계산하였는데 정기에 해당한다면 정기(正氣)만이 쓸 수 있고, 앞에 있는 여기와 중기는 이미 지나간 날짜이니 통근으로도 사용할 수 없다. 이것이 우리나라 명리학자들이 가장 많이 범하는 오류 가운데 하나이다.

뒤에 나오는 조명법에 사상히 나와 있으니 참고하기 바란다.

지장간표(地藏干表)

支氣\支藏干	子	午	卯	酉	寅	申	巳	亥	辰	戌	丑	未
餘氣	壬 10일 3시 30분	丙 10일 3시 30분	甲 10일 3시 30분	庚 10일 3시 30분	戊 7일 2시 18분	己 7일 2시	戊 7일 2시 18분	戊 7일 2시 18분	乙 9일 3시 29분	辛 9일 3시 29분	癸 9일 3시 29분	丁 9일 3시 29분
中氣		己 9일 3시			丙 7일 2시 18분	戊 3일 1시 / 壬 3일 2시 18분	庚 7일 2시 18분	甲 7일 2시 18분	癸 3일 1시 29분	丁 3일 1시 29분	辛 3일 1시 29분	乙 3일 1시 29분
正氣	癸 20일 6시 30분	丁 11일 3시 30분	乙 20일 6시 30분	辛 20일 6시 30분	甲 16일 5시 24분	庚 17일 6시	丙 16일 5시 24분	壬 16일 5시 24분	戊 18일 6시 29분	戊 18일 6시 29분	己 18일 6시 29분	己 18일 6시 29분

5. 육친법(六親法)

(1) 생아자(生我者) 부모(父母)이니 정인(正印)이거나 편인(偏印)
이라 한다. 나를 낳아 주었으니 부모가 되는데 양 대 음이
거나 음 대 양일 때는 음양이 정배(正配)되었으니 정인(正
印)이라 하고, 음대 음이거나 양대 양일 때는 음양이 불배
합이니 편인(偏印)이라 한다.

木으로 예하면 甲陽木 對 癸陰水 ⎤
　　　　　　　乙陰木 對 壬陽水 ⎦ 正印(陰陽正配)

　　　　　　　甲陽木 對 壬陽水 ⎤
　　　　　　　乙陰木 對 癸陰水 ⎦ 偏印(陰陽正配)

가 되는 예이니 다른 것도 이에 준하기 바란다.

(2) 아생자(我生者) 자손(子孫)이니 식신(食神)이거나 상관(傷官)
이라 한다.

木으로 예하면 甲陽木 對 丁陰火 ⎤
　　　　　　　乙陰木 對 丙陽火 ⎦ 傷官(陰陽正配)

　　　　　　　甲陽木 對 丙陽火 ⎤
　　　　　　　乙陰木 對 丁陰火 ⎦ 食神(陰陽正配)

(3) 극아자(剋我者) 관청(官廳)이니 정관(正官)이거나 편관(偏官)
이라 한다. (편관을 七殺이라고도 함)

木으로 예하면　甲陽木 對 辛陰金 ⎤
　　　　　　　　乙陰木 對 庚陽金 ⎦　正官(陰陽正配)

　　　　　　　　甲陽木 對 庚陽金 ⎤
　　　　　　　　乙陰木 對 辛陰金 ⎦　偏官(陰陽正配)

⑷ 아극자(我剋者) 처재(妻財)이니 정재(正財)나 편재(偏財)라
한다.

木으로 예하면　甲陽木 對 己陰土 ⎤
　　　　　　　　乙陰木 對 戊陽土 ⎦　正財(陰陽正配)

　　　　　　　　甲陽木 對 戊陽土 ⎤
　　　　　　　　乙陰木 對 己陰土 ⎦　偏財(陰陽正配)

⑸ 비화자(比和者) 형제(兄弟)이니 비견(比肩)과 겁재(劫財)라
한다.

木으로 예하면　甲陽木 對 乙陰木 ⎤
　　　　　　　　乙陰木 對 甲陽木 ⎦　劫財(陰陽正配)

　　　　　　　　甲陽木 對 甲陽木 ⎤
　　　　　　　　乙陰木 對 乙陰木 ⎦　比肩(陰陽正配)

■ 위와 같이 육친(六親)은 정편(正偏) 십신(十神)으로 되어 있
다. 십신은 다시 또 길신(吉神)과 흉신(凶神), 한신(閒神)으로 나뉘
는데 정인(正印) ,정관(正官), 식신(食神)을 3대 길신(吉神)으로 하

고, 편인(偏印), 편관(偏官), 상관(傷官)을 삼대 흉신으로 하며, 정재(正財) 편재(偏財) 비견(比肩) 겁재(刼財)를 4대 한신(閒神)으로 분류하여 활용한다.

그런데 십신 가운데 삼대흉신만은 각기 다른 이름으로 쓰일 때가 있는데,

편인(偏印)은 길신으로 쓰일 때 하는 말이고, 편인을 제극(制剋)하는 편재(偏財) 세력이 없으면 효신(梟神)으로 불리며 지극한 흉신(極凶神)으로 분류된다,

편관(偏官)은 길신으로 남아 있을 때 하는 말이고 편관(偏官)을 제극(制剋)하는 식신(食神)이 없으면 칠살(七殺 : 傷身殺)이라 하며 극흉신(極凶神)으로 분류된다,

상관(傷官)은 대체로 흉신작용을 하기 때문에 반드시 상관을 제극(制剋)하는 정인(正印)이 없으면 남자는 한직성(閒職星)이요 여성은 극부성(剋夫星)으로 분류한다.

또 한신은 정재(正財), 편재(偏財), 비견(比肩), 겁재(刼財) 등 네 가지인데 사주팔자가 어떻게 구성되었는지에 따라 길신작용을 할 때는 길신이 되고 흉신작용을 할 때는 흉신으로 다르게 분류된다.

그 이유와 활용하는 방법은 도표 뒤에 나온다.

육친법 조견표

天干 \ 日干	甲	乙	丙	丁	戊	己	庚	辛	壬	癸
甲	비견	겁재	편인	정인	편관	정관	편재	정재	식신	상관
乙	겁재	비견	정인	편인	정관	편관	정재	편재	상관	식신
丙	식신	상관	비견	겁재	편인	정인	편관	정관	편재	정재
丁	산관	식신	겁재	비견	정인	편인	정관	편관	정재	편재
戊	편재	정재	식신	상관	비견	겁재	편인	정인	편관	정관
己	정재	편재	상관	식신	겁재	비견	정인	편인	정관	편과
庚	편관	정관	편재	정재	식신	상관	비견	겁재	편인	정인
辛	정관	편관	정재	편재	상관	식신	겁재	비견	정인	편인
壬	편인	정인	편관	정관	편재	정재	식신	상관	비견	겁재
癸	정인	편인	정관	편관	정재	편재	상관	식신	겁재	비견

■ 3대 흉신(凶神)의 활용을 위한 해설

① 편인(偏印)

편인은 나를 생(生)하여 주는 오행(五行)으로 음대 음 양대 양
처럼 음양배합이 안 된 것을 말한다.

시(詩)

有制偏印 爲吉神 = 제압함이 있으면 길신이니 곧 편인이라 하고

無制梟神 爲凶神 = 제압이 없으면 흉신이 되니 곧 효신이라 한다

　조명시(造命詩)

偏印號爲 剋子星 = 편인을 일컬어 자성을 극한다고 하니

多生小養 遭傷悲 = 많이 낳아도 키우기 어려워 슬픔을 만나리라

格中若得 財和比 = 격중에 만약 편재성과 비견의 조화를 얻으면

何愁兒女 不相宜 = 어찌 아녀에게 근심이 있어서 마땅치 않다 하

　　　　　　　　리오.

　※ 필자 주(註) : 효신(梟神) 자료 조사연구

　효신(梟神)이란 뜻은 효경(梟獍 ; 鴟鵂)이란 단어에서 비롯된
것인데 효신(梟神)이 흉신이 되는 이유는 아래에 인용한 것 외에
도 더 많은 곳에서 찾아볼 수 있다.

- ●《한서(漢書)》에 "효명식모파경수명식부(梟名食母 破鏡(獍)
  獸名食父) ; 효란 이름은 어미를 잡아먹고 크며, 경이란 말
  은 아비를 잡아먹고 크는 짐승이라"하는 데서 연유하였다.

- ●《한의(漢儀)》에 "하지사백관효갱(夏至賜百官梟羹) ; 하지가
  되면 백관에게 올빼미로 국을 끓여 나눠 먹였다" 하였다.
  이는 불효조(不孝鳥)이니 잡아 없애야 한다는 교육적인 판
  단에서 온 것이다.

- ●《한서(漢書)》에 여순(如淳)이 이르기를, "漢使東郡送梟 五

月五日作梟羹 以賜百官 以其惡鳥 故食之也 ; 한나라에서는 동군에서 보낸 부엉이(올빼미)로 5월 5일 국을 끓여 백관에게 먹이는데 ,악조이기 때문에 먹어 없애야 한다는 것이라” 하였으며,

● 《시경(詩經)》 대아(大雅) 첨인편(瞻印篇)에도, “哲夫成城 哲婦傾城 ; 지혜로운 장부는 성을 쌓는데, 유능한 부인은 성을 기울어뜨리는구나.

懿厥哲婦 爲梟爲鴟 ; 아! 지혜로운 여인으로서 어찌 부엉이 올빼미와 같은 짓을 하는가?

婦有長舌 維厲之階 ; 부인들에게는 긴 혀가 있어 오직 근심만을 만들고 환난을 일으키는가.

亂匪降自天 生自婦人 ; 환난은 본시 하늘에서 내리는 것이 아니라 부인의 입으로부터 생겨나는 것이네.

匪教匪誨 時維婦寺 ; 가르쳐도 안 되고 깨우쳐도 안 되는 것은 그들을 총애하는 비호자(庇護者)들이 있기 때문이네” 하였고,

● 《설문해자(說文解字)》에, “梟不孝鳥也 故曰 至捕梟磔之 ; 부엉이는 불효조이다. 그러므로 잡아서 사지를 찢어 죽여야 한다” 하였고,

● 《구전설화(旧傳說話)》에 “梟爲惡鳥生而食母 獍爲惡獸生而食父 ; 부엉이는 악조이므로 태어나면 어미를 잡아먹고 경

수(獍獸)는 아비를 잡아먹는다" 하였고, 그 註에 "比喩忘恩
負義之徒 或狼毒的人 ; 몹시 불효하는 자와 의로움을 배반
하는 무리 등 배은망덕한 사람에게 비유할 때 쓰는 말"이라
하였다.

● 최근에는 중국 국민당 제2차 전국대표자대회 선언문에도
"蓋小軍閥之末路 倒行逆施 久已梟獍之不若矣 ; 대개 소군
벌의 말로는 시대의 흐름에 역행하므로 결국은 효경의 꼴
이 될 뿐이라" 하며 효경(梟獍)을 인용한 일도 있었다.

● 주(註)
獍 ; 맹수(神獸), 사나울 경. 鵂鶹 ; 부엉이 휴, 올빼미 유.
懿 ; 아름다울 의(아! 하고 아플 때 내는 비명소리). 鴟 ; 부엉
이 치. 厲之階 ; 갈 여, 재앙 여. 재앙의 근원이 된다. 誨 ; 가
르칠 회, 깨우쳐줄 회. 婦寺=婦侍 ; 시녀(侍女)와 환관(宦官)
이나, 이곳은 "부인을 총애하다"로 하였다.

이상은 모두 효신(梟神)이 흉신(凶神)이 되는 이유와 함께 성격
을 짐작케 하는 글이기도 하지만, 효신격(梟神格)이 되었을 때는
반드시 편재(偏在)가 있어 제화(制化)시켜야 귀명(貴命)이 됨을
강조한 말들이다. 본시 편재(偏財)는 한신(閒神)이나, 이러한 경우
는 편재가 자신을 출세시키는 일등공신이 되어 길신(吉辰)이 됨
을 알 수 있다.

② 편관(偏官)

편관(偏官)의 활용

나를 극(剋)하는 五行 중에서 양대 양, 음대 음으로 음양이 같은 것이다.

古詩

偏官者 有制則偏官, 無制則七殺 ; 편관(偏官)은 제압이 되면 偏官이라 하고, 제압이 안 되면 칠살(七殺)이라 한다.

偏官有制化爲權, 一仁解厄意氣全 ; 편관(偏官)은 제화되면 권세로 변화하니 하나의 인(仁)으로도 액을 풀 수 있어 의기(意氣)가 온전하게 된다.

食神兼透玄中妙, 劫而逢傷合化完 ; 식신(食神)이 함께 투출(投出)하면 현묘(玄妙)한 중에 묘(妙)함이 되고, 겁재(劫財)와 상관(傷官)을 만나 합화(合化)하면 완전(婉轉)으로 바뀌네.

이상은 편관(偏官)이 되었을 때는 큰 권력을 갖게 되는 귀격(貴格)이 되지만, 식신(食神)이 없어 견제를 하지 못하면 도리어 상신살(傷身煞)로 변하여 배꼽이 터지도록 울분이 가시지 않는 슬픔을 주고 자신을 망치게 한다는 것이니 반드시 바르게 활용하기 바란다.

③ 상관(傷官)의 활용과 해설

내가 저쪽을 생(生)하는 것 중에 음양이 다른 것을 말한다.

詩

有制則傷官 無制則 男命 閒職星 女命剋夫星 ; 제압되면 상관이라
　　　하고, 제압하지 못하면 남명은 한직성(閒職星)이라 하
　　　고 여명은 남편을 극하는 별(剋夫星)이라고 해야 한다.
傷官不可例言凶 有制還須衣綠豊 ; 상관을 흉신으로만 규정하는
　　　것은 불가하니 제압함이 있을 때는 도리어 의록이 풍
　　　족하기 때문이다,
課若逢財多稱羨 正印遇者壽如松 ; 과(課)에 만약 재를 만났다면
　　　부(富)가 넘치고 남아돌며 정인을 만나 제압되는 것도
　　　수명(壽命)이 소나무와 같다.

　조사 연구 :《예기(禮記)》월령편 尹知章注 "傷謂喪祭也"하니
"亦指吊喪主"라 하였다, 《漢語大詞典》에 傷官 "年辰八字推算
命運所用的術語"인데 "謂八字中犯此將不利本主"라 하였으니 남
자에게는 한직성(閒職星)이요 여자에게는 극부성(剋夫星)이라 하
는 흉성(凶星)이다.

　이상 상관(傷官)은 본시 남녀(男女) 간에 흉신(凶神)이 되는 경
우가 많으므로 반드시 정인(正印)이 있어서 살성작용(煞性作用)
을 못하도록 지킴이가 되어 주었을 때 귀명(貴命)이 되어서 예체

능계(藝體能系)에서 탁월한 성공으로 역사에 기록되는 세계적인 인물이 될 수 있음을 말한 것이다.

※ 필자 註

(1) 명리학(命理學)에서 귀명조(貴命造)란 이상처럼 흉신이 있어서 그 흉신을 견제하는 구원(救援) 성신(星辰)의 활동이 있을 때 귀격(貴格)이 된다. 만약 흉신(凶神)이 없고 삼대길신(三大吉辰)이나 다른 방법의 길신(吉辰)으로만 이루어졌다면 병이 없으므로 약도 필요치 않으니 평범한 일생으로 끝내는 경우가 많다는 것을 말해둔다. 이를테면 칠살(七殺 ; 偏官)이 없는 사주에서는 식신(食神)이 할 일이 없으므로 못된 짓을 하게 되어 자신을 도리어 망치게 될 수 있다. 그러나 칠살(七殺)이 있는 명조에서는 식신에게 중요한 임무를 주었으므로 식신(食神)의 분발로 크게 성공할 수 있는 것이다.

(2) 우리나라 명리학자 가운데는 아직도 모계(母系) 육친법(六親法)을 사용하는 사람이 있는데 이는 매우 잘못된 것이다. 명리학에서는 1단계 계보만으로 육친을 논하는 것으로 되어 있는데 재성이 처성(妻星)이라는 이유로 재성으로 건너가 육친을 따지는데 이것은 재성으로 건너갈 때 이미 또 다른 사주가 되었기 때문이다.

⑶ 음양을 논함에서도 해자(亥子)와 사오(巳午)의 장간(藏干)에
서 정기(正氣)를 내세우며, "체(體)는 양(陽)이나 용(用)은 음
(陰)"이라 하고, 또는 "체는 음이나 용은 양"이라 하며 해괴
한 이론을 내세우고 있는데, 이 또한 매우 잘못된 것임을 알
아야 한다. 지지(地支)에 있는 두세 개의 장간(藏干)은 그 사
람의 생년월일시로 이미 사용하여야 할 장간이 선택되어 있
기 때문이다.

※ 뒤쪽 육친총론의 「십신(十神)해설」을 참고하기 바란다.

제2장 신살론(神煞論)

1. 천간 상합(天干 相合)

甲己合土, 乙庚合金, 丙辛合水, 丁壬合木, 戊癸合火 등이니 天干이 여섯 번째로 만나는 글자는 財가 되므로 相合이라 한다. 이는 연주(年柱)에서 월건(月建)을 찾아 세우고 일주(日柱)에서 시주(時柱)를 찾아 세우는 공식(公式)으로 쓰이니 암기해 두는 것이 좋다.

2. 지지 육합(地支 六合)

子丑合土, 寅亥合木, 卯戌合火, 辰酉合金, 巳申合水, 午未合太陽太陰

3. 지지 삼합(地支 三合)

지지에서 생왕묘(生旺墓)인 3자가 모이면 강력한 집단의 국세(局勢)를 이룬다. 3자 중 한 자가 빠지면 반합국이라 한다.

亥卯未 木국, 申子辰 水국, 巳酉丑 金국, 寅午戌 火국

4. 녹(祿 : 十二運星의 官地이다)

甲＝寅　乙＝卯　丙＝巳　丁＝午　戊＝巳　己＝午
庚＝申　辛＝酉　壬＝亥　癸＝子

5. 역마(驛馬 : 十二運星의 病地이다)

申子辰＝寅　寅午戌＝申　巳酉丑＝亥　亥卯未＝巳

6. 옥당(玉堂) 천을귀인(天乙貴人)

詩＝甲戊庚 牛羊, 乙己 鼠猴鄕, 丙丁 猪鷄位, 壬癸 蛇兎藏, 六辛逢馬虎

귀인이 사주 중에 있으면 자미궁의 귀랑(貴郞)을 만든다는 것이다. 12支 가운데 辰戌만은 귀인에 들지 않으니 辰戌은 북두칠성에 소속된 괴강(魁罡)이라는 악살이 되기 때문이다. 귀인은 3大吉神가운데 하나이다.

7. 삼기귀인(三奇貴人)

詩＝天上三奇 甲戊庚, 地下三奇 乙丙丁, 人中三奇 壬癸辛.
甲은 해요 戊는 달이며 庚을 별로 한 것인데 반드시 지지(地支)

에 술해(戌亥) 천문이 있을 때만이 해당된다. 지하삼기(地下三奇)
도 乙은 음목(陰木)의 괴(魁)요, 丙은 양화(陽火)의 君이요, 丁은
음화(陰火)의 相이므로 지지에서 乙丙丁을 인출하여 쓸 때만 해
당된다.

8. 월덕귀인(月德貴人)과 천덕귀인(天德貴人)

歲支 月德合	子	丑	寅	卯	辰	巳	午	未	申	酉	戌	亥
歲支天德	巽	庚	丁	坤	壬	申	乾	甲	癸	艮	丙	乙
歲支天德合	申	乙	壬	巳	丁	丙	寅	己	戊	亥	辛	庚
歲支月德	壬	庚	丙	甲	壬	庚	丙	甲	壬	庚	丙	甲
歲支月德合	丁	乙	辛	己	丁	乙	辛	己	丁	乙	辛	己

9. 십이지 상충(十二支 相沖 ; 大凶神)

지지가 7번째 만나는 글자끼리는 상충되는데 어느 한 세력이
깨진다. 이는 子 中 癸水가 午 中 丁火를 능히 제극하는 연고이다.
다른 것도 이와 같이 참고할 것이다.

子午 相沖, 寅申 相沖, 卯酉 相沖, 辰戌 相沖, 巳亥 相沖, 丑未

相沖

10. 십이지 상천(十二支 相穿)

일명 원진이라고도 하는데, 내가 합하는 자를 충하니 서로 미워하여 친할 수 없는 관계이다.

子未 相穿, 丑午 相穿, 寅巳 相穿, 卯辰 相穿, 申亥 相穿, 酉戌 相穿

11. 십이지 상형(十二支 相刑)

寅刑巳	巳刑申	申刑寅	———	득세지형
丑刑戌	戌刑未	未刑丑	———	무은지형
子刑卯	卯刑子		———	무례지형
辰·午·酉·亥			———	자형의형

12. 괴강(魁罡)

괴강은 4개가 있는데 壬辰·庚戌·戊戌·庚辰이 그것이다.

身旺(身旺)할 때는 발복이 백단으로 나타나지만, 재관(財官)을 만나는 것은 화환이 나타난다. 성격이 총명하고 문장에도 특출하며 일에 임하여서는 용단이 있다. 오직 승부내기를 좋아하고 호

살형(好殺型)이다. 사주에 형살(刑殺)을 대동하면 예측하기 어려운 재앙이 있다. 일주에 홀로 있는데 沖하면 소인이 되지만 형책(刑責)에까지 이르지는 아니한다. 운이 재관(財官)이 旺한 곳으로 행할 때 그 화를 방지하여야 한다.

13. 양인살(羊刃煞)

양인은 天上의 흉성(凶星)이므로 인간에게 악살(惡殺)을 작한다고 한다.

녹전일위(祿前一位)가 양인인데 甲·丙·戊·庚·壬의 양간(陽干)에만 있고 음간의 양인은 사용하지 않는다. 양인은 살이 없으면 맹위가 없으므로 칠살 편재(七殺偏財)가 길하고 인수(印綬)운도 길하나 반음, 복음, 괴강운, 三合운 등은 꺼린다. 가장 중요한 것은 신왕(身旺)함을 요하고 행운도 그러하다. 또한 양인은 合하거나 沖함을 꺼린다.

甲＝卯, 丙＝午, 戊＝午, 庚＝酉, 壬＝子

14. 육갑과 공망(六甲空亡)

공망이란 도모하는 일이 허사가 된다는 말이니 대단히 흉한 살이다. 이는 육십갑자의 순중(旬中)에서 보는 것인데, 가령 甲子로부터 癸酉까지 10일간은 갑자순(甲子旬)이 되며 이 10일 속에는 戌亥가 들어가지 않으므로 戌亥는 공망이 되는 것이다.

또 공망은 다음 旬의 시작이 되기도 하므로 공망 天干은 모두 甲乙이 붙게 된다. 나머지 旬도 모두 이와 같이 추리하는 것이다. 또 공망은 일주(日柱)의 甲乙과 함께 연주(年柱)의 甲乙로도 보는 것이다.

甲子旬	甲子	乙丑	丙寅	丁卯	戊辰	己巳	庚午	辛未	壬申	癸酉	戌亥
甲戌旬	甲戌	乙亥	丙子	丁丑	戊寅	己卯	庚辰	辛巳	壬午	癸未	申酉
甲申旬	甲申	乙酉	丙戌	丁亥	戊子	己丑	庚寅	辛卯	壬辰	癸巳	午未
甲午旬	甲午	乙未	丙申	丁酉	戊戌	己亥	庚子	辛丑	壬寅	癸卯	辰巳
甲辰旬	甲辰	乙巳	丙午	丁未	戊申	己酉	庚戌	辛亥	壬子	癸丑	寅卯
甲寅旬	甲寅	乙卯	丙辰	丁巳	戊午	己未	庚申	辛酉	壬戌	癸亥	子丑

제3장 조명법(造命法)

1. 역법(曆法)

역법은 천체운행의 일정한 주기성을 수학적으로 처리하여 얻어진 법칙을 말한다. 동양철학의 모든 자료는 이 천도운행(天道運行)의 원리에서 나온다. 태양 주기를 선택한 일 년이란 일회귀년(一回歸年)이라고도 하는데 태양이 지구를 일주하는 데 걸리는 시간을 말한다.

이를 계산할 때는 대개 춘분점을 기준으로 하는데 춘분점으로 계산한 정확한 일 회귀년은 365.242194일(365일 5시간 48분 45초 3)이 된다. 한 달은 일삭망월(一朔望月)이라고 정확히 표현하는데 달이 천구(天球)를 일주하는 데 걸리는 시간을 말한다. 태양을 기준으로 한 정확한 삭망월은 29.530589일(29일 12시간 44분 2초 9)이 된다. 여기서 유의해야 할 것은 1개월을 30일로 한다면 약 0.5일이 부족하고 3개월 후에는 하루의 차가 나온다. 그러므로 두 달에 한 번씩 29일이 되는 달이 있어야 했으므로 大月과 小月이 생긴 것이다. 윤년은 중국과 같이 태음태양력을 사용하는 곳에서 나타나는 현상인데, 태양 일 회귀년의 현재 치와 일삭망월의 함수관계로 찾을 수 있다.

$$즉 \quad 365.242194 \times 19 = 6939.6016$$
$$29.530589 \times 235 = 6939.6884$$

위와 같은 배수관계가 성립하는데 19년의 일수와 235개월의 답이 거의 일치함을 알 수 있다. 이는 235개월을 19년으로 만들면 되는 것이니 일 년을 12개월씩 친다면 7개월이 남는다. 그러니까 19년마다 7번의 윤달을 만들면 되는 것이다. 그런데 걱정이 생긴다. 19년을 언제부터 기준으로 삼아 시작할 것인가 하는 문제이다. 이것을 해결하기 위해서 중국에서는 11월 삭(朔) 야반(夜半) 자정동지(子正冬至)를 기준으로 삼았다. 즉 11월 초하루 아침 0時에 동지가 되는 것을 기준으로 하여 19년 7윤을 두기로 한 것이다. (三統曆에서는 이렇게 계산한 것이 143.127년 전을 태초 원년으로 하였음) 윤월은 19년 중에서 3년 5년 8년 11년 13년 16년 19년째 되는 해에 두었는데 전절(前節)만 있고 후기(候氣)인 중기(中氣)가 들어가지 않는 달을 찾아 윤월로 하였다.

① 24절기(節侯法)

月 節侯	1월	2월	3월	4월	5월	6월	7월	8월	9월	10월	11월	12월
節	立春	驚蟄	淸明	立夏	芒種	小暑	立秋	白露	寒露	立冬	大雪	小寒
中氣 (侯氣)	雨水	春分	穀雨	小滿	夏至	大暑	處暑	秋分	霜降	小雪	冬至	大寒

② 표준시

표준시는 세계 천문학자회(本初子午線 學會)에서 약속한 것이 있다. 이는 영국의 그리니치 천문대를 0으로 하여 태양이 한 시간 (60분) 동안 진행하는 거리마다 잘라서 지구를 24등분하였는데 이것이 경위선(經緯線)이다.

이것은 한 칸이 15도씩 끊어지므로 동경 120도 되는 지점이 중국이고 135도 되는 지점이 도쿄이다. 그러니까 서울은 동경 127도에 있으므로 중국의 120도 선보다 약 28분이 빠르고 동경 135도 선보다 약 32분이 늦은 한가운데에 위치하고 있다.

그러므로 어느 쪽인가를 따라서 표준시로 삼아야 한다. 조선시대에는 중국의 120도를 기준으로 한 적도 있었으나, 1961년 8월 7일부터 동경 135도를 기준으로 하여 현재까지 사용하고 있다.

한국표준과학연구소에서 발표한 것을 정확하게 표시하면 서울은 도쿄보다 31분 52초 8이 늦는다. 따라서 현재 동경 135도를 쓰고 있으니 자시(子時)는 23시 31분 53초부터 01시 31분 53초까지이다. 나머지 12시도 이를 기준으로 하여 사용한 것이다.

:
:
:
:
:
:

③ 지방별 표준시와 오차표

지 방	경 도	127도 30분 기준	135도 00분 기준
서울	126도 58분 46초	+ 02분 05초	+ 32분 05초
부산	129도 02분 53초	- 06분 12초	+ 32분 48초
대구	128도 37분 05초	- 04분 28초	+ 25분 32초
인천	126도 37분 07초	+ 03분 32초	+ 33분 32초
대전	127도 25분 23초	+ 00분 19초	+ 32분 19초
광주	126도 55분 39초	+ 02분 17초	+ 32분 17초
전주	127도 08분 55초	+ 01분 24초	+ 31분 24초
춘천	127도 44분 02초	- 00분 56초	+ 29분 04초
제주	126도 31분 56초	+ 03분 52초	+ 33분 52초
목포	126도 23분 27초	+ 04분 26초	+ 34분 26초
강릉	128도 54분 11초	- 05분 37초	+ 24분 23초
포항	129도 21분 42초	- 07분 27초	+ 22분 33초
경주	129도 13분 18초	- 06분 53초	+ 23분 07초

2. 태세(太歲)에서 월건(月建) 일으키는 법

詩 = 甲己之年 丙作首, 乙庚之歲 戊爲頭, 丙辛之歲 尋庚上,
丁壬之歲 壬位流, 戊癸之歲 甲寅發

태세	정월	2월	3월	4월	5월	6월	7월	8월	9월	10월	11월	12월
甲己之年	丙寅頭	정묘	무진	기사	경오	신미	임신	계유	갑술	을해	병자	정축
乙庚之年	戊寅頭	기묘	경진	신사	임오	계미	갑신	을유	병술	정해	무자	기축
丙辛之年	庚寅頭	신묘	임진	계사	갑진	을미	병신	정유	무술	기해	경자	신축
丁壬之年	壬寅頭	계묘	갑진	을사	병진	정미	무신	기유	경술	신해	임자	계축
戊癸之年	甲寅頭	을묘	병진	정사	무진	기미	경신	신유	임술	계해	갑자	을축

3. 일상(日上)에서 시(時) 일으키는 법

詩 = 甲己還加甲, 乙庚丙作初, 丙辛從戊起, 丁壬庚子居, 戊癸壬子發

일진	子時	축시	인시	묘시	진시	사시	오시	미시	신시	유시	술시	해시
甲己之日	甲子頭	을축	병인	정묘	무진	기사	경오	신미	임신	계유	갑술	을해
乙庚之日	丙子頭	정축	무인	기묘	경진	신사	임오	계미	갑신	을유	병술	정해
丙辛之日	戊子頭	기축	경인	신묘	임진	계사	갑오	을미	병신	정유	무술	기해
丁壬之日	庚子頭	신축	임인	계묘	갑진	을사	병오	정미	무신	기유	경술	신해
戊癸之日	壬子頭	계축	갑인	을묘	병진	정사	무오	기미	경신	신유	임술	계해

■ 12 時 중 子時만은 야(夜) 자시와 주(晝) 자시를 구분하여 사용하여야 한다.

처음 1시간은 야 자시이니 전일(지는 날)의 일진(日辰)을 사용하고 시건(時建)은 다음날(새는 날)의 첫 시를 사용한다. 주 자시(明 자시)는 자시 중의 후 1시간일 때이니 다음날(새는 날)의 일진과 첫 시건을 함께 사용한다.

4. 四柱 기둥세우는 법

※ 조명(造命) 전에 반드시 알아두어야 할 사항,

(1) 출생일의 표준시는 동경 몇 도를 사용할 때인지를 확인한다.

(2) 어느 절기(節氣)에 해당하며 몇 시 몇 분에 입절(入節)하였는지를 확인하고, 절기와 출생 월일시까지 몇 날 몇 분인지를 정확히 헤아려야 한다. 이는 내 사주의 지지장간을 찾기 위함이다.

(3) 서머타임을 확인하여야 하니, 만약 서머타임 기간 중이라면 가감 공제하여야 하기 때문이다.

(4) 그 밖에 윤달(閏月) 여부와 야자시(夜子時) 주자시(晝子時) 등을 미리 알아보고 가감할 것인지를 결정해야 하기 때문이다.

사주팔자라 함은 年·月·日·時의 네 기둥 여덟 글자를 말한다.

연주(年柱)는 당년(當年)의 태세(太歲)를 말하는 것이니, 금년의 간지(干支)로부터 생년에 이르기까지 육십갑자를 거꾸로 짚어 가면 알 수 있다. 여기서 주의할 것은 한 해의 시작을 입춘(立春)을 기점으로 한다는 점이다.

월주(月柱)는 年上에서 月을 일으키는 법에 따라 태어난 달에 맞는 천간을 찾는다.

일주(日柱)는 태어난 날의 간지를 말하는데, 이는 온전히 만세력에 의해서만이 찾을 수 있다.

시주(時柱)는 日上에서 時를 일으키는 법에 따라 태어난 시에 맞는 천간을 찾는다.

① 건명(乾命)

1971년 양 6월 27일 01시 생(음력 윤 5월 5일 01시 생)의 사주를 조명(造命)하여 보자.

※ 필자 주(註)

■ 연월일시(年月日時)는 반드시 양력(陽曆)으로 기록해 두어야 정확하여 오류가 생기지 않는다. 만약 음력으로 기록해 둔다면 동경 135도를 앞당겨 쓰는 표준시 관계로 음력 날짜가 정확하지 못하여 영원히 자기 생일을 잃을 수도 있고, 오류도 생길 수 있으니 이는 천문대(天文臺)에서 음력을 보정(補正)하여 주지 않았기 때문이다. 이에서 나타나는 오류를 전화로 질문하였더니 위법이 아니라고 대답하였는데 참으로 공

직자들의 태도에 아쉬움이 남는다.

■ 1995년 7월 20일자로 기억하고 있는데, 《세계일보》 사회면에 실린 기사에 **"음력 달력 오류투성이, 吉日 凶日이 뒤죽박죽"**이라고 대서특필하였다. 중간 제목에도 "정부공인 천문硏 만세력 日표준시 적용 윤달 등 잘못 배치 曆法 지킨 사람들 낭패"라고 하며, "기준이 되어온 정부공인기관의 역법이 오류투성이인 것으로 드러나 서민생활에 큰 혼란이 예상되고 있다", "자칫 개인의 사주까지도 바꿔야 하는 상황이다"라 하였고, 기사 내용 중에는 "―2012년과 2017년의 윤달이 실제보다 한 달이나 앞당겨진 3월과 5월로 각각 잘못 배치되고 19년에 한 번씩 돌아오는 11월 동지도 불규칙적으로 정해지고 있다는 것. 특히 2033년에는 동짓달(11월)이 아닌 10월에 동지를 배치하는 어이없는 경우도 발견됐다"고 지적했다.

예를 들면 1995년 음력 7월 1일은 기미일이지만 경신일로 잘못 표기됐고, 이로 인해 29일까지 있어야 할 그 해 6월 30일이 (하루가) 늘어나 연쇄적으로 한 달의 오차가 발생한 것으로 드러났다.

같은 이유로 29일까지인 1996년 12월이 30일까지 연장되면서 경신(庚申)일인 1997년 설날이 신사(辛巳)일로 정해졌다" 고 지적했다.―이후 생략―

그러면 앞에서 말한 사주를 조명해 보자

年柱 : 1971년의 太歲인 辛亥이다.

月柱 : 태어난 날이 망종(芒種) 후 小暑 전이므로 午월이고 태

세가 辛年이므로 그 해는 庚寅월로부터 정월(正月)이 시
작한다. 따라서 午월은 甲午월이 된다.

日柱 : 출생 6월27일 01시이니 癸未일이다.

時柱 : 태어난 해는 동경 135도를 표준시로 사용하였으므로 23
시 31분 53초부터 00(24시)시 31분 53초까지가 夜子時이며
날짜변경시이다. 따라서 이 사람의 生時는 새 날의 明子
時이다. 生日이 癸未日이므로 日上에서 時 일으키는 법에
따라 壬子時가 된다.

따라서 이 사람의 四柱를 右에서부터 左로 年·月·日·時의
순으로 쓰면 아래와 같이 된다.

壬 癸 甲 辛
子 未 午 亥
時 日 月 年

☞ 四柱는 년·월·일·시의 순
으로 우에서 좌로 작성하는 것이
통례이다. 이하 모두 같다.

② 대운(大運) 정하는 법

대운(大運)이라 함은 세월이 흘러 나이가 변함에 따라 10년 단
위로 변화하는 운세를 말한다. 이에 따라 사주와 운세와의 조화
에서 오는 길흉화복을 잘 살펴야 한다.

대운은 월령(月令)을 표준으로 하여 정하는데, 연주(年柱)가 양

인 남자와 음인 여자는 월주(月柱)로부터 순행(順行)하고, 연주가 음인 남자와 양인 여자는 월주로부터 역행하여 산출한다. 그런 후 몇 살, 몇 월에 대운(大運)이 시작하고 변하는지를 알아야 하는데, 그것을 변운(變運)이라 한다. 변운을 계산하는 공식은,

(1) 양남음녀는 미래절이니 순행(陽男陰女未來節順行)한다 : 자기가 태어난 해가 양년(陽年)인 남자와 음년(陰年)에 태어난 여성은 생일로부터 다음 절기까지의 일수를 계산하여 3으로 나누어 나온 답을 구한다.

(2) 음남양녀는 과거절이니 역행(陰男陽女過去節逆行)한다 : 자기가 태어난 태세가 음년(陰年)인 남자와 양년(陽年)에 태어난 여성은 생일로부터 지나간 절기까지의 일수를 계산하여 3으로 나누고 나온 답을 구한다.

중요한 것은 대부분의 명리서가 이와 같이 나온 답에 나머지가 1이면 버리고 2가 남으면 사사오입하여 1을 올리는 식으로 설명하고 있으나 이는 정확한 방법이 아니다. 대운이 들어오는 정확한 나이와 월·일을 알기 위해서는 기준이 되는 생일(生日) 달의 절기(節氣)가 들어오는 시각부터 자기의 생일 생시까지의 일수와 시간을 정확히 계산하여야 한다.

(3) 위에 예로 든 1971년 양력 6월 27일 01시(음윤 5월 5일 01시 生) 생인으로 알아보자.

우선 위의 사람은 연주(年柱)가 신해(辛亥)이고 음남(陰男)이니

대운(大運)은 월주(月柱)를 기준하여 역행하므로 아래와 같이 된다. (右에서부터 左로 가며 읽음)

丙	丁	戊	己	庚	辛	壬	癸
戌	亥	子	丑	寅	卯	辰	巳

대운이 바뀌는 나이와 月·日을 알기 위해서는 陰男이므로 과거절(過去節)인 망종(芒種)의 절입(節入) 시각부터 生日·時까지의 일수와 시간을 계산하여 3으로 나눈다. 이의 예를 보면 그 해의 망종절입(芒種 節入) 시각은 陰 5월 14일 酉時 初 1刻 14分이므로 우리나라의 표준시를 적용하면 5월 14일 18시 01분이 된다.

— 서울의 酉時까지는 17시간 32분이고 1刻은 15분이며 14분까지 모두 합하면 18시간 01분이 된다. —

그리고 生日·時는 陰 閏 5월 5일 01시이므로 과거절(過去節)까지의 일수(日數)와 시간은 **20일 6시간 59분**이 된다.

이를 3일로 나누면 몫 6과 나머지 2일 6시간 59분이 된다.

여기서의 나머지를 年으로 환산하면 9개월 4일 22시간이 된다.

— 환산하면(3일=1년, 1일=4개월, 1시간=5일, 1분=2시간)으로 계산하면 된다. —

(4) 이 사람의 변운(變運)은 언제인가?

3으로 나눈 몫 6은 6세이다. 여기에 이 사람의 생월·일·시에 나머지 9개월 4일 22시간을 더하면 14개월 9일 23시간 28분이 된다. 14개월은 1년 2개월이므로 이 사람의 변운(變運) 시기(時期)는 **7세 2월 9일 23시 28분에 대운이 시작하기도 하고 10년 단위로 변하게 된다.**

③ 장간(藏干) 찾기

장간(藏干) 찾기란 지지(地支) 속에 들어 있는 장간(藏干)의 여기(餘氣)·중기(中氣)·정기(正氣) 가운데 어느 것을 써야 하는지를 찾는 작업이다,

방법은 연주(年柱)의 음양이나 남녀에 관계없이 자기가 태어난 달의 절기가 들어온 시각부터 출생일의 시분(時分)까지가 몇 시간 몇 분인지를 헤아리는 것을 말한다. 위의 예를 든 남자의 태양분도를 헤아렸더니 **20일 6시간 59분**이었다.

※ 필자 註

본시 사주학의 중요한 요소는 5개의 오행(五行)이다. 음양으로는 10개의 오행인데, 그것을 1년 사계절에다 나누어 나타낸 것이 십천간(十天干)이다. 십천간이 양이라면 12지지(地支)는 음으로 분류한다. 1년의 12달에는 십이지지(十二地支)를 부여하였지만, 이는 음력 권역의 열두 달만을 오행의 왕상휴수(旺相休囚) 별로 각각 지칭하는 것에 불과하다.

양력에서는 12달을 지칭하는 진태양월(眞太陽月)이 없기 때문에 월건(月建)의 구분이 안 되므로 월건만은 음력월을 사용할 수밖에 없기 때문이다.

그러므로 음력 월건(月建)의 지지 속에다 계절별로 분류하여 2~3개의 천간을 그 월령에서 필요한 양만큼을 분류하여 소장하여 두었다. 그 암장된 천간 중에서 자기가 사용하여야 할 천간(天干)이 어떤 것인지를 「장간찾기」로 가려서 추명(推命)에 사용하는 것이다.

이는 결국 천간만을 가지고 사주를 본다는 것이고, 지지(地支)는 어느 천간을 얼마만큼 소장하고 있는지를 보게 된다는 뜻이 된다. 따라서 지지 속에 있는 천간이라고 이것저것 마음 내키는 대로 다 뽑아 쓰는 것이 아니라는 것이다.

그러므로 명리학계의 정종(正宗)이라 할 수 있는 《적천수 천미(滴天髓闡微)》의 첫머리에 "욕식삼원만법종 선관제재여신공(欲識三元萬法宗 先觀帝載與神功)하라" 하였고 삼원(三元)의 설명에 천원(天元)·지원(地元)·인원(人元)의 쓰임을 강조한 것은 이상이 태양분도를 결정하여야 하는 이유이다.

위의 예를 든 남자의 태양분도로 지지(地支) 장간(藏干) 속의 인원(人元)을 구해 보면 年에서 時의 순서로 壬·丁·己·癸의 천간을 써야 한다. 예로 든 남자의 사주(四柱)를 작성하면 아래와 같다.

壬	癸	甲	辛
子	未	午	亥
癸	己	丁	壬

67	57	47	37	27	17	7.2
丁	戊	己	庚	辛	壬	癸
亥	子	丑	寅	卯	辰	巳

☞ 대운을 7세로 표기하였으나 정확한 것은 7세 2월 9일에 대운이 시작되고 변한다. 회색은 지장간 중의 자기 것에 해당하는 것이다.

④ 두 번째 예명(例命)

■ 1987년 양력 **7월 8일 01시 30분, 서울출생** 건명(乾命), 본 사주는 수십 년 동안, 또는 평생을 명리학에 종사한 사람도 많이 틀리게 조명(造命)하므로 주의해야 한다.

연주(年柱) : 정묘(丁卯)년이니 그대로 정묘(丁卯)가 연주이다.

월주(月柱) : 절기(節氣)를 먼저 확인하여야 하는데, 소서(小暑)가 당일(當日) 00시 39분이고, 표준시(標準時)는 동경 135도를 사용할 때이다, 생일은 01시 30분이며 서울시에서 출생한 것이다. 서울은 127.5도 선 가평보다 -2분 늦고 균시차(均時差) -5분이며 서머타임 기간 중이므로 1시간 37분을 생일에서 공제하여야 한다. 이 사람은 우리나라의 바른 표준시간으로 전날 23시 53분에 출생한 것이 되므로 아직 날짜변경선에 이르지 못하였다.

일주(日柱) : 만세력(萬歲曆)에 의존하여야 하는데, 만약 날짜변경 시간인 24시와 00시를 기준으로 이전(以前)이면 야자시(夜子時)이니 전날의 일진(日辰)을 사용하고 시주(時柱)는 다음날 일진(日辰)의 첫 자시(子時)를 사용한다. 날짜변경선 이후면 명 자시(明子時)이니 새는 날의 일진(日辰)을 사용하고 그 일진의 첫 자시(子時)를 사용하게 된다.

시주(時柱) : 일진(日辰)에 의하여 시두법(時頭法)으로 결정되지만, 만약 앞 일주(日柱)의 설명에서처럼 날짜변경선 근처일 경우는 야자시(夜子時)인지 명자시(明子時; 朝子時)인지를 따져야 하므로 매우 복잡하다. 만약 야자시(夜子時)에 해당할 경우 전날의 일진(日辰)을 사용하고 다음날의 첫 자시(子時)를 사용하게 되니 정확하게 익혀 두어야 한다.

지장간(地藏干) : 이 사주의 지지(地支) 묘(卯) 오(午) 사(巳) 자(子) 중에 암장(暗藏)되어 있는 천간을 사용하기 위하여 생일(生日) 시분(時分)부터 5월의 망종(芒種)이 들어온 시각까지 날짜를 헤아려야 여기(餘氣) 중기(中氣) 정기(正氣) 가운데서 어느 장간(藏干)을 사용하여야 하는지를 알 수 있다. 헤아려보았더니 31일 10시간 11분이었다. 그러므로 연월일까지는 모두 정기(正氣)를 사용하고 시주(時柱)에서도 정기(正氣)에 해당하였다.

● 균시차(均時差＝E.T)＝진태양시(眞太陽時)와 평균태양시(平均太陽時)와의 차인데, 이심차(離心差)와 적도환산차(赤道換算差)를 합친 것이다. 사실 개인이 지역의 균시차까지 환산하여 사주를 조명할 수는 없다. 그러나 나는 명리보감 프로그램을 만드는 것을 지도하였으므로 세계 어느 곳에서 출생하였거나 정확한 조명(造命)이 요구되므로 균시차까지 처리하였다.

```
年柱, 丁卯年, (甲    乙),
月柱, 丙午月, (丙己 丁),
日柱, 丁巳日, (戊庚 丙),
時柱, 壬子時, (壬    癸),
```

　연월일주의 장간(藏干)은 모두 정기(正氣)인 회색 천간이 자기것에 해당하므로 감명(監命)에 이상의 천간(天干) 8자가 쓰이고 나머지는 이미 지나갔으므로 오행의 뿌리로서는 참고하되 육친(六親) 감명(監命)에서는 사용할 수 없다. 다만 원래의 지지(地支)인 卯 午 巳 子는 乙 丁 丙 癸가 대신하기 때문이다.

　이상 두 번째의 사주는 매우 복잡하므로 반복해서 연습을 충분히 하여야 한다. 사주 설정이 잘못되어서는 적중할 수 없기 때문이다. 이렇게 사용하였을 때의 적중률은 여러분들이 놀랄 정도이다.

제4장 십신론(十神論)의 활용

1. 제요(提要)

명리학(命理學)을 바르게 공부하려면 통신론(通神論)과 육친론(六親論)을 분류하여 함께 공부하여야 한다. 명리학(命理學)은 본시 세 가지의 큰 기능이 있는데 통신론(通神論)과 육친론(六親論)과 신살론(神煞論)이 그것이다. 통신론으로는 격국(格局)과 용신을 잡고 일주의 강약 용신의 진가(眞假)와 격국의 청탁(淸濁)으로 명주(命主)의 직업의 방향과 사람 됨됨이와 그릇의 크기를 판단하고, 육친론으로는 명주(命主)의 주위 환경과 운로의 길흉을 살피며, 신살론으로는 일생의 여정(旅情)이 순탄한지를 살피는 것이다. 명리학에서 반드시 이 세 기능을 바르게 익혀서 함께 사용할 때 적중률이 매우 높기도 하거니와 공부가 빠르고 정확하다.

2. 통신(通神) 기능

① 격국(格局)

먼저 출생 연월일(年月日)과 정확한 시분(時分)으로 사주팔자의 기둥을 바르게 세워 놓는 것이 가장 중요하다. 사실 이름만 대면 알 수 있는 유명한 명리가로 사회에서 수십 년을 영업하는 사람과 대학원에서 명리학을 전공하는 전문 학자들도 조명팔자(造命八字)를 틀리게 뽑아놓고 감명하는 경우가 의외로 많기 때문에 먼저 강조하지 않을 수 없는 것이다. 이의 원인은 우리나라의 위치가 표준시변경선의 중간에 있으므로 만세력을 보기가 어렵다는 데 가장 큰 원인이 있다.

다음으로 네 기둥 팔자를 이루고 있는 글자들의 힘이 어디로 실려 있는 지로 격국(格局)을 잡고 그 격국의 청탁(淸濁)과 일주(日主)의 강약(强弱)으로 귀천(貴賤)을 알아낸다. 만약 사주의 힘이 비슷비슷하게 분산되었다거나 혼잡되어 확실한 격국(格局) 처리를 할 수 없을 때는 무격(無格)으로 용신(用神)만을 잡고 처리하기도 한다. 사실 격국(格局)을 자평 서에서는 수십 격으로 분류하여 복잡하게 벌려놓았고, 적천수(滴天髓) 천미(闡微 ; 徵義)에서는 크게 정편(正偏) 팔격(八格)과 별격(別格)으로 분류하여 설명하고 있다. 그러나 격(格)을 잡을 수가 없어서 무격(無格)인 경우도 많기 때문에 그리 쉽게 잡을 수도 없거니와 명리학의 감정(鑑定)에서 반드시 필요하고 절대적이어서 꼭 격국을 결정지어야 하는 것은 아니다.

② 용신(用神) 기능

용신(用神)이란 일주가 평생 의지하고 도움 받아야 하는(日主

所喜神 始終依賴之神也) 길신을 말한다. 사주팔자(四柱八字)가 작성되었으면 그 중에서 용신을 찾아야 하는데 가장 합리적이고도 효과적으로 살아가는 데 꼭 필요하여 없어서는 안 될 글자이다. 그러므로 용신이 튼튼하고 진실 되어야 귀명이 될 수 있으며, 만약 팔자 가운데 용신이 없거나, 있더라도 허약하거나 무기력하면 큰일을 할 수도 없거니와 대개는 빈천할 수밖에 없다.

③ 용신의 종류

정격용신과 별격용신이 다르나, 정격에서는 대략 억부용신(抑扶用神), 조후용신(調候用神), 통관용신(通關用神)이 그 대표적인 것이다. 별격용신은 전왕(獨象)격, 종격(從格), 합화(合化)격, 양기성상(兩氣成象)격 정도로 분류할 수 있다.

억부용신(抑扶用神) : 일주(日柱)의 통근(通根)과 육신(六神)의 배치를 보고 일주(日柱)가 강하여 힘이 있을 때는 관성(官星)으로 억제하는 것이 유리할지 또는 식신(食神)으로 설기(洩氣)시키는 것이 유리한지를 결정하면 된다.

일주(日柱)가 힘이 없어 약할 때는 인수(印綬)로 생조(生助)하여 보약을 먹이듯이 힘이 나도록 도울 것인가, 비견(比肩) 겁재(劫財)로 숫자를 늘려 일거리를 덜어주듯이 도울 것인지를 결정하여야 하는데 이것이 억부(抑扶) 용신이다.

조후용신(調候用神) : 주로 월령(月令)의 한난(寒暖) 조습(燥濕)

으로 추운 달에 출생하였는지 더운 달에 태어났는지를 살펴보아야 하고 아울러 사주팔자 내에 더운 글자가 많이 배치되었는지 추운 글자가 많은지를 보는 것이다. 팔자(八字)가 대부분 추운 사주라면 추위를 녹여주는 더운 글자를 찾아 용신을 삼는 것이고, 춘하(春夏)에 출생하여 더운 사주로 구성되었다면 춥고 시원한 글자가 있어서 더위를 식혀서 중화(中和)시키는 것이 필요하니 그러한 글자를 찾아 용신을 삼는 법이다.

통관 용신법(通關用神法) : 상충(相沖) 상극(相剋)이 많아 유통이 안 되고 있는 경우인데 이에서는 두 가지의 방법으로 처리하면 간편하다. 하나는 단순 상극이니 두 글자의 싸움을 말려서 상생하게 하므로 유통이 잘 되도록 하여주는 글자가 용신(用神)이 되는 것이며, 또 하나는 지지(地支)의 상충(相沖)인데 충파(衝破)하는 글자를 합(合)하여 길신(吉神)으로 변하게 하여 준다거나 또는 멀리 있는 길신을 합하여 가까이로 끌어주는 경우가 그것이다.

그 밖에도 별격(別格) 용신 잡는 법과 전왕격(專旺格) 합화격(合化格) 용신 잡는 법이 다시 있으나 대부분은 통신(通神) 기능에서 이상 논한 정편 팔격(正偏八格)과 용신법으로 통한다.

3. 육친(六親) 기능

① 육친(六親) 기능

육친은 정편(正偏)으로 십신(十神)이다. 정(正) 편(偏)의 길흉이 다름을 분석하는 것을 말한다. 대개 십신 가운데서 정인(正印)·정관(正官)·식신(食神)은 3대 길신이라 하고, 편인(偏印)·편관(偏官)·상관(傷官)은 3대 흉신이라 하는데, 이들 흉신을 다시 효신(梟神)·칠살(七殺)·상관(傷官)으로 흉(凶)으로 비유하여 말하기도 한다. 나머지 정재(正財)·편재(偏財)·비견(比肩)·겁재(劫財)까지 네 종류는 한신(閒神)이라 할 수 있다. 이상에서는 단순히 정(正)을 길신으로 하고 편(偏)을 흉신으로 삼고 말한 것에 불과하다.

그러나 대부분의 명리학자들은 편인을 효신이라 하기도 하고, 편관을 칠살이라 하기도 하며, 상관은 대부분 그대로 상관이라 말한다. 이처럼 생각 없이 마음 내키는 대로 혼용하여 부르는 경우가 많은데, 이에 문제가 있음을 지적하는 것이다.

효신·칠살·상관의 이름을 공연히 그렇게 두 가지로 말하는 것이 아니고, 이렇게 부르는 데는 상당한 학문적 근거와 이치가 있다. 그러므로 효신과 편인의 쓰임은 어떤 때 편인이라 하고, 어떤 때 효신이라 하는지와, 편관과 칠살의 취용(取用)도 다르므로 어떤 때 편관이고 어떤 때 칠살인지와, 상관도 쓰임에 따라 남성은 무직성(無職星), 여성의 명조(命造)에서는 극부성(尅夫星)이라 할 때도 있는데, 어떤 때 상관이고 극부성이 되는지를 확실하게 구분하여 말하려는 것이다.

② 효신(梟神)

효신이란 말도 편인(偏印)과 같은 것으로 착각하기 쉬우나 흉신으로 남아 있을 때 쓰는 말이다. 효신국(梟神局) 중에 편재(偏財)가 있어서 불효조(不梟鳥)의 배은망덕한 나쁜 버릇을 제압하는 견제세력을 만들었을 때는 "정인(正印) 다음으로 길한 길신이니 편인"이라 말하는 것이다. 만약 국중(局中)에 편재(偏財)가 없어서 견제할 수 있는 세력이 없을 때는 흉신의 작용이 그대로 남아 있으므로 이때 효신이라고 사용하여야 맞는 것이다. 다시 말하면 길신작용을 할 때는 편인이라 하고 흉신작용을 할 때는 효신이라 한다는 것이다.

③ 칠살(七殺)

칠살도 편관(偏官)이라 했다가 칠살이라 했다가 제멋대로 쓰는 말이 아니고, 국(局) 중에 편관이 있을 때 일주(日主)가 강하여 편관의 피해를 감내할 수 있을 때는 크게 문제될 것이 없으니 편관이라 해도 되겠으나, 일주(日主)가 중화(中和)되었을 때와 약(弱)하여 칠살을 감당하지 못할 때는 반드시 식신이 있어서 상신(傷

身)의 피해를 주지 못하도록 제압시켜 줄 때만 편관(이라 해야 한다. 이때는 "정관 다음으로 길한 권력성(權力星)"이 될 수 있으나 식신의 견제가 없이 그대로 흉물로 남아 있을 때는 칠살이라 부르도록 명리학에서 명명하고 있다.

④ 상관(傷官)

상관은 적당한 말을 대용하지 아니하고 그대로 상관이라 하는데, 필자는 남성의 경우 상관이라 하고 달리는 무직성(無職星)이라 해야 하며, 여성은 상관 또는 극부성(剋夫星)이라 말해야 할 때도 있다고 생각한다. 그 이유는 사람의 직업과 벼슬길은 관성(官星)인데 관성이 극제(剋制)를 받았다면 곧 직장(직업) 길을 방해받아 어정쩡하게 되었기 때문이다. 이 경우 대개는 자유직업이거나 상업 등으로 경제활동을 하여 성공하기 때문이며, 여성은 관성이 남편성인데 상관이 있어서 이를 극(剋)하게 되면 남편 운이 순조롭지 못할 수 있기 때문이다.

만약 상관사주가 신왕(身旺)할 때는 자기의 꿈을 자신이 이루어 놓고 결혼하는 것이 순서가 될 수 있으며 예체능계로 진출하여 크게 이름을 내거나 돈을 벌어 성공하기도 한다.

이는 유능한 전배(前輩) 명리학자들이 많았으나 상설(詳說)해놓지 않았으니 유학가(儒學家)에서는 외도(外道)라고 터부시하였기 때문에 제도권 밖에서 음적(陰的)으로 전해오면서 통신론(通

神論)과 격국(格局) 용신은 중요시하고 취용하는 요령은 비교적 세밀하게 설(說)하여 놓았으나 육친(六親)의 기능은 비교적 소홀히 하였기 때문으로 생각된다.

생각해 보면 자평서 이후로 한 차례도 변화하거나 발전시키지 못하고 전해지는 명리학문이니 우리 후학들은 시대에 맞도록 적중률을 높이고 인류문명에 이로움을 주는 인술학(仁術學)으로서 감당하고 연구 개발시켜야 할 몫이 된 것이다.

⑤ 육친(六親)

육친의 역할로는 명주(命主)의 주위 환경을 주로 알아내고 진로와 직업의 방향과 운로의 길흉에 대한 대처방안까지 검사할 수 있으니 오행의 종류와 십신의 정편이 그것이다. 그러나 직업의 종류는 수만 종이나 되는데 그 가운데에서 하나를 꼭 집어낼 수는 없고, 방향만은 적절하게 제시할 수 있음에 불과하다. 그러면 진로의 방향을 알아보자.

첫째. 격국의 청탁(淸濁)으로 그릇이 큰 사주인지 작은 사주인지를 분별할 수 있으니 청(淸)하면 정규직이요, 탁하면 비정규직이거나 기술 잡직이 될 것이다.

둘째. 일주의 강약(强弱)으로 분별하기도 하니 일주가 강하여야 큰일을 감당할 수 있음이요, 약하면 머뭇거리게 되므로 우두머리가 되어 남을 지배할 수 없을 것이다.

셋째. 용신의 진가(眞假)로 정편을 가릴 수 있으니 용신이 진실하고 뿌리가 깊어 손상됨이 없어야 원하는 꿈을 이룰 수 있음은 물론이려니와 다른 사람을 지배할 수 있을 것이요, 만약 가신(假神)의 용신을 써야 한다면 약하여 기회를 잡지 못할 뿐만 아니라 좋은 직장일지라도 남의 지배를 받는 기술직이거나 잡직이 어울릴 것이다.

넷째. 십신(十神)의 정편(正偏)으로 보는 것인데, 격국(格局)이 앞에서 말한 3대 길신으로 이루어졌거나 3대 흉신이 제압되어 길신으로 전환되었을 때는 좋은 직장에 다니면서 행복을 만끽하겠으나, 흉신이 한두 개라도 있는데 제압하는 견제세력이 없으면 운로에서라도 제압시켜 줄 때까지는 형통하지 못할 것이니 기술직이거나 잡직이므로 이과(理科)로 진출해서 고급기술이든 하급기술이든 배워야 출세가 빠를 것이다.

이상과 같이 사주가 청(淸)·강(强)·진(眞)·정(正)에 해당하면 정격(正格)의 직(職)이므로 문과(文科)로 진출하여서 귀(貴) 쪽의 직업을 갖게 되니 정규직 문관 직이거나 행정직이거나 경영의 주체 쪽으로 직업을 갖게 될 것이고, 탁(濁)·약(弱)·가(假)·편(偏)에 해당하면 편(偏)이니 대개 기술직이거나 잡직 또는 예체능으로 나아가게 되므로 아이들은 어려서부터 이과 쪽으로 선택하여야 성공이 빠르다.

3. 십신 각론(十神各論)

① 정인(正印)

종합 : 정인은 나를 생하여 주는 오행으로서 나와 음양이 다른 것인데 육친궁(六親宮)에서 으뜸가는 길신이다. 그러므로 정인이 손상되면 부모와 인연이 없고 공부도 중단한다.

분류 : 정인을 물리적인 것으로 분류하면 태양 물 공기 불 산천 대지 등과 같은 자연 속에서 생물을 돕는 것들로 분류할 수 있으며, 또한 근원적인 것이니 뿌리, 출발점, 시작, 종자, 젖줄, 귀인, 스승, 후원자, 책과 문서, 인장, 서류, 지혜, 지식, 진리 등에 해당한다.

육친관계로 분류는 아무런 대가 없이 도와주고 길러주는 어머니가 되며, 또 덕망을 갖춘 손위어른, 직장의 상사 가문이나 조업의 계승, 조상숭배, 족보사업, 자선사업, 육영사업 등이 이에 속한다. 또한 정부에서 발행하는 인허가증 각종 자격증 등이며 남녀 모두 어머니 아버지가 된다.

성격 : 정인의 성격은 원형이정(元亨利貞)을 추구하기 때문에 원리원칙만을 사랑하는 학자 선비 등이 많고 지혜와 진리를 내포하고 있으므로 두뇌가 명석하고 연구열이 높으므로 꾸준히 노력하는 형이 많다.

　정인의 심성(心性)은 선량하지만 일할 때는 까다로운 면도 있다. 또 보수적인 성격이므로 예절과 덕망을 선호한다. 정통성을 지키고 외곬적인 특징도 갖고 있다. 인정을 많이 베풀다가도 한 번 틀어지면 다시 상대를 하지 않으려는 것도 정인의 특성이다.

　남자의 정인은 가문과 전통을 지키고 명예와 체통을 중요시하며 조상과 성현을 숭배하고 역사를 숭배하며 인물을 자랑하고 효행을 자랑하며 훈계 격언 등 유교적인 가르침을 자랑으로 한다. 그러나 적극성이 부족하여 기회를 놓치기도 하며 부모가 물려주지 않은 사업은 쳐다보지도 아니한다.

　연구 : "대관(大官)은 무(無), 봉살(逢煞)이면 불발(不發)"이라 하니 명리에서는 길신(吉辰)만 있고 흉신(凶神)이 없으면 길신이 할 일이 없기 때문에 발복이 안 된다. 그러므로 흉살(凶殺)도 함께 있으면서 제압되어야 한다. 특히 겁재를 지지(地支)에 갖고 정관(正官)이 함께 있으면 가장 바람직한 배치로 평생 어려움을 모르고 산다. 그러나 만약 정인이 정재와 상관을 국(局) 중에 대동하였을 경우는 겁재가 없거나, 있어도 무력하여 이를(정재) 깨뜨리지 못하면 평생 곤고(困苦)하다.

　여자의 정인 격은 가정교육이 잘되어 가문의 명예를 중요시하고 예절을 미덕으로 삼으며 전통적인 부도(婦道)를 지키는 현모양처의 형이다. 윗사람을 섬기고 효성스러워 가정을 화목하게 한다. 그러나 사주 내에서 정인(正印)이 손상되면 편인의 성격을 띠므로 부모와 인연이 없어서 남의 손에 자라기 쉽다.

② 편인(偏印)

※ 필자 註 : 앞의 육친론과 연구 자료에서 중복되는 사항이 있는데, 이곳은 「십신론(十神論)」의 순서상 빠뜨릴 수 없고 자상하므로 독자들의 이해를 돕기 위함이다.

편인은 나를 생(生)하여 주는 오행으로 음대 음 양대 양처럼 음양이 같은 것을 말한다.

● 시(詩)
有制偏印 爲吉神=제압이 있으면 길신이니 곧 편인이라 하고,
無制梟神 爲凶神=제압이 없으면 흉신이 되니 곧 효신이라 한다.

● 조명시(造命詩)
偏印號爲 剋子星=편인을 일컬어 자성을 극한다고 하니
多生小養 遭傷悲=많이 낳아도 키우기 어려워 슬픔을 만나리라.
格中若得 財和比=격중에서 만약 재성과 비견의 조화를 얻으면
何愁兒女 不相宜=어찌 아녀에게 근심이 있어서 마땅치 않다
하리요.

※ 필자 註 : 효신(梟神) 자료연구
● 효신(梟神)이란 뜻은 효경(梟獍 ; 鵂鶹)이란 단어에서 비롯

된 것인데 효신이 흉신이 되는 이유는 아래에 인용한 것 외
에도 더 많은 곳에서 찾아볼 수 있다.

- 《한서(漢書)》에 "효명식모파경수명식부(梟名食母 破鏡(獍)
  獸名食父) : 효란 이름은 어미를 잡아먹고 경이란 말은 아비
  를 잡아먹는 짐승이라" 하였고, 《한의(漢儀)》에 "하지사
  백관효갱(夏至賜百官梟羹) : 하지가 되면 백관에게 올빼미
  로 국을 끓여준다" 하였고,

- 《한서》에 여순(如淳)이 이르기를, "漢使東郡送梟 五月五日
  作梟羹 以賜百官 以其惡鳥 故食之也 ; 한나라에서는 동군에
  서 보낸 부엉이로 5월 5일 국을 끓여 백관에게 먹이는데 악
  조이기 때문에 먹어 없애야 한다는 것이다" 하였으며,

- 《시경(詩經)》 대아(大雅) 첨인편(瞻印篇)에도,

"哲夫成城 哲婦傾城 : 지혜로운 장부는 성을 쌓는데, 유능한 부
　　　　　인은 성을 기울어뜨리는구나.

懿厥哲婦 爲梟爲鴟 : 아! 지혜로운 여인으로서 어찌 부엉이 올
　　　　　빼미와 같은 짓을 하는가?

婦有長舌 維厲之階 : 부인들에게는 긴 혀가 있어 오직 근심만
　　　　　을 만들고 환난을 일으키는가.

亂匪降自天 生自婦人 : 환난은 하늘에서 내리는 것이 아니라
　　　　　부인의 입으로부터 생겨나는 것이네.

匪敎匪誨 時維婦寺 : 가르쳐도 안 되고 깨우쳐도 안 되는 것은

그들을 총애하는 자들이 있기 때문이네……"

하였고,

- 《설문해자(說文解字)》에, "梟不孝鳥也 故曰 至捕梟磔之 ; 부엉이는 불효조이다. 그러므로 잡아서 사지를 찢어 죽인다" 하였고,

- 《구전설서(旧傳說書)》에 "梟爲惡鳥生而食母 獍爲惡獸生而食父 ; 부엉이는 악조이므로 태어나면 어미를 잡아먹고 경수(獍獸)는 아비를 잡아먹는다" 하였고, 그 註에 "比喩忘恩負義之徒 或狼毒的人 : 몹시 불효하는 자와 의로움을 배반하는 무리 등 배은망덕한 사람에게 비유할 때 쓰는 말"이라 하였고,

- 최근에는 중국 국민당 제2차 전국대표자대회 선언문에도 "蓋小軍閥之末路 倒行逆施 久已梟獍之不若矣 : 대개 소 군벌의 말로는 시대의 흐름에 역행하므로 결국은 효경의 꼴이 될 뿐이라"라 하며 효경(梟獍)을 인용한 일도 있었다.

※ 註 : 獍 ; 맹수, 사나울 경, 鵂鶹 ; 부엉이 휴(올빼미류), 懿 ; 아름다울 의, 아! 하고 아플 때 내는 비명소리. 鴟 ; 부엉이 치. 厲之階 ; 갈 여, 재앙 여. 재앙의 근원이 된다. 誨 ; 가르칠 회, 깨우쳐줄 회. 婦寺=婦侍 ; 侍女와 宦官이나 이곳은 "부인을 총애하다"로 하였다.

　　이상은 모두 효신(梟神)의 성격을 짐작케 하는 글이기도 하지만 효신이 있으면 반드시 편재가 있어 제화(制化)시켜야 함을 말한 것들이다.

　　효신(梟神) : 육친 궁에서 세 가지 흉신(3大凶神) 가운데 하나이다. 그러므로 편인이라 하는 경우와 효신이라 할 때는 그 길흉이 정반대가 된다. 즉 편재(偏財)가 있어서 극제(剋制)하면 순화되어 정인(正印)의 성격을 띠게 되어 吉로 변하므로 편인(偏人)이라 칭하고, 편재가 없어서 제압을 시키지 못할 때 효신이라 칭하는 흉신이니 확연하게 다르다. 이때 만약 칠살(七煞)이 있어서 편재가 효신을 극하지 못하도록 통관하면 식신이 함께 있어서 칠살을 극하면서 편재를 생하여야 귀명(貴命)이 된다. 그러나 또 효신이 2개가 있어서 식신이 편재를 돕지 못하도록 방해하면 비견이나 식신이 하나씩 더 있어서 보호해야 완전한 귀명이라 할 수 있다.

　　정인과 비교 : 정인(正印)은 자기의 꿈을 이루는데, 효신(梟神)은 남의 꿈을 이루어준다. 원국(原局)의 효신을 포함하여 다른 3대 흉신들도 원국에서 제압을 하지 못하면 대운(大運) 중에서 반드시 제압시켜야 하는데, 이때 크게 發하므로 이때에 승부를 내면 승리할 수 있다. 그러나 원국에서나 대운에서 제압시키는 편재신(偏財神)이 없어서 효신(梟神)·칠살(七殺)·상관(傷官)이란 나쁜 칭호를 바꾸지 못하면 평생 그에 해당하는 해를 받고 살게 된다.

효신격(梟神格) : 효신격이 사주 중에서 극제(剋制) 되어 청격 (淸格)이 되었을 때는 영웅, 호걸, 위대한 사상가, 정치가, 기억에 남는 큰 인물 등 역사에 기록되어 있는 세계적인 많은 사람이 대개는 이에 속한다.

분류 : 육친관계로는 효신(梟神)은 계모, 서모, 이모로 판단한 다. 사회적으로는 기술자, 역술인, 연예인, 도둑, 사기꾼, 언론인, 의사, 기능공, 체육인, 예술인 등이 가장 많다.

질병으로는 소화기계통이나 식중독, 약물중독, 불면증, 공포증, 우울증 등 정신신경성 질환이 포함된다.

효신(梟神)의 성격은 임기응변에 능하고 재치가 있으며 권모술 수와 모사에 소질이 있으므로 때로는 천의 얼굴로 변할 줄 아는 가면을 갖는다. 또 감언이설로 남을 잘 설득시키고 잘 속이고 중 상모략과 선동하는 일에 천부적인 소질을 갖고 있다.

효신은 끈질기지를 못하여, 일이거나 사람이거나 오래 지속되 는 경우가 드물어 자주 바꿔야 직성이 풀린다. 그러므로 이혼하 는 부부의 80% 이상이 효신에서 나오며, 직업도 자주 바꿔서 실 패도 많이 한다. 또 어렵게 벌고 크게 모았다가 한 번의 실수로 모두 털어 바치고 맨손 맨몸만 남으니 고무풍선을 터뜨리는 것과 같이 비유된다. 그래서 풍선인생이라 농담을 하기도 한다.

효신은 의심이 많아 남을 믿지 못하고 늘 경계를 하면서도 선 수를 먼저 쳐서 상대를 제압해야 자기가 당하지 않는다는 생각으로 먼저 배신하고 거짓말을 떡먹듯이 하게 된다.

효신은 매사가 변칙적이고 괴이한 행동으로 사람들의 눈에 잘 띠려고 노력하며 상상을 초월하는 돌출행동이나 엉뚱한 짓으로 세상의 이목을 끌기도 하여 때로는 귀재(鬼才) 소리를 듣기도 한다.

그러나 효신으로 남아 있으면 잔재주가 많고 집념이 강하며 큰 일이 없어도 새벽 3, 4시까지 잠을 안 자고 궁리하고 아침에 늦게 일어나는 경우가 보통이다. 효신은 올빼미처럼 밤에 강하고 낮에 약하므로 올빼미 사주라고도 하며 밤에 일하는 직업이 어울린다.

효신은 뻐꾸기처럼 남의 둥지에서 자라야 크게 성공하고 빠른데, 부모 밑에서 간섭을 많이 받으면 반항하며 성공하지 못하고 불효만 하며 헤어져 따로 살면 성공도 하고 효도도 한다.

다시 강조하면 효신 사주로 태어난 사람은 부모와 인연이 없다는 것을 깨우쳐주고 되도록 빨리 독립시켜야 부모와 자식 모두가 잘 풀린다.

효신은 단색을 좋아하므로 옷이나 벽지 같은 것도 단색을 많이 사용한다.

여성의 효신격(梟神格)은 임신할 경우 입덧을 심하게 하는 경우가 보통이나 반대로 입덧이 없어서 가족도 모르는 경우도 있다.

여성이 효신 격으로 제화가 안 되었을 땐 연하의 남자나 재혼 자리나 외국인과 혼인하면 잘 산다.

남자의 효신도 연상의 여자와 결혼하는 경우가 많고 외국 여인과 혼인하여도 좋은데, 사주가 탁할 때는 실기한 여성이거나 두 번 세 번째로 만나는 사람이면 잘 산다.

효신의 특성은 끈질기지를 못하다 했으니 자기의 잘못은 생각하지 아니하고 남 탓하기를 좋아한다. 그러므로 자기 이익은 착실히 추구하면서도 남을 배려할 줄 모르는 몰염치한 행동을 하기도 한다.

효신은 학교공부나 경쟁에서도 일등을 못하면 아예 공부를 포기해 버리므로 꼴찌를 하기 쉽다. 그러므로 인생살이에서도 크게 성공하여 1등이 안되면 자포자기하는 경우가 많아 천박하거나 실패하여 비참하게 되므로 효신 격이 탁하거나 제화가 안 되면 어려서부터 교육을 잘 시켜 작은 기술이라도 확실하게 익혀줘야 한다.

효신은 본시 전문직이나 기술직에 어울리므로 학생 때부터 이과(理科)로 진출하여 전문인이 되어야 성공이 빠르다. 사주가 탁하면 천한 기술직이 대부분을 차지한다. 만약 기술을 갖지 않으면 범죄 쪽으로 빠지기 쉬우니 반드시 기술교육이 필요하다.

3. 정관(正官)

정관은 나를 이기는 오행 중에서 음양이 다른 것이다.

● 古詩 1
造命要露 一官星同出偏官是混雜 ;
명조 내에서는 하나의 관성만 드러나는 것이 필요한데, 만약 편관이 함께 있으면 이것이 혼잡이다.
一個制化便貴命非然爲災禍百出 ;
이때 하나가 제화된다면 귀명(貴命)이 되나, 그렇지 못하면 재앙이 백 가지로 나타나리라.

● 古詩 2
獨現正官 性情純 如雜七殺課便混 ;
정관이 홀로 나타나면 성정이 순미(純美)하지만 칠살이 섞여 있으면 곧 혼잡이 된다.
法取制殺 當留官 官如重露去一群 ;
법은 칠살을 제거하고 정관만 남겨야 하는데 정관이라도 거듭 있으면 한 쪽을 제거해야 한다.

분류 : 정관은 분명히 길신(吉辰)이며 귀기(貴氣)이다. 남명에는 벼슬이며 명예요 직업이며 직장이고, 여명에는 남편이 되므로 청

하고 순수해야 한다. 그러나 시(詩)에서도 말하였듯이 결코 수(數)가 많거나 태왕(太旺)하여서는 귀라 할 수 없다.

사회적으로는 공직자, 법, 질서, 책임, 제도, 규범, 명예, 권위, 정치가, 관공서, 관료, 의사 등이 해당된다.

문서로는 자격증, 허가증, 시험 합격, 취직, 진급 등이 이에 속한다.

정관(正官)의 성격은 원리원칙을 고수하는 모범생이니 공부도 잘한다. 예의도 바르고 법을 준수하며 책임감이 있다. 명예를 존중하며 정의감과 의협심이 강하며 공명심 또한 강하다.

업무를 수행함에 있어서도 권위의식과 우월감을 가지고 강직하게 처리한다.

가정에서도 화목을 위주로 하고 위로는 효도하고 아래로는 엄격하고 부부간에는 자상하다.

연구 : 정관(正官)이 편재와 함께 있으면 길신이 뭉쳤으니 힘을 크게 얻고, 상관이나 겁재와 함께 있으면 흉신이 작당한 것이니 파격(破格)이 되어 고생할 수밖에 없으며, 칠살과 함께 있어서 관살(官殺)이 혼잡이 되면 더더욱 천격이 된 것이니 여명은 남편을 바꿔야 하고 남명은 천한 기술자가 된다.

4. 편관(偏官)

나를 극(剋)하는 五行 중에서 양대 양, 음대 음으로 음양이 같은 것이다.

● 古詩

偏官者 有制則偏官 無制則七殺 ;

편관은 제압이 되면 편관이라 하고 제압이 안 되면 칠살(七殺)이라 한다.

偏官有制化爲權 一仁解厄意氣全 ;

편관은 제화되면 권세로 변화하니 하나의 인(仁)으로도 액을 풀 수 있어 의기(意氣)가 온전하다.

食神兼透玄中妙 劫而逢傷合化完 ;

식신이 함께 투출(投出)하면 현묘(玄妙)한 중에 묘(妙)함이 되고, 겁재와 상관을 만나 합화(合化)하면 완전(婉轉)으로 바뀌네.

● 칠살(七殺)이 양 일주(陽日主)일 때는 겁재와 합(合)하고, 음 일주 때는 상관과 합한다.

칠살(七殺)이 되는 이유를 보면 "天干은 나로부터 7번째로 만나는 글자가 나를 剋하는 가장 무서운 살(煞)이라 해서 붙여진 이름이다" 지지(地支)에서도 나로부터 7번째로 만나는 글자를 가장 두려워하는 절지(絶地)면서 나를 충극(沖剋)하는 곳이다.

분류 : 육친관계로는 남명에는 벼슬이나 직업으로 보고 여명(女命)에서는 애인이나 남자친구인데, 때로는 남편으로 보기도 한다.

사회적으로는 무관(武官) 같은 직종이므로 법관, 군인, 경찰, 의사, 권력있는 공직자, 세무공무원, 세관원, 수사관 등이 되고, 탁격(濁格)에서는 깡패, 흉악범, 죄수, 자객, 환자, 시체 등이 이에 속하고, 자연 속에서는 우레, 태풍, 폭우, 폭설 등이 이에 속한다.

칠살은 본래 흉신이므로 비견(比肩)과 식신을 함께 대동하는 경우에 큰 인물이 되는데, 비견은 식신을 생하며 칠살을 생하는 편재를 극제하고, 식신은 칠살을 직접 치고 나서기 때문이다. 그러나 반대로 편재와 효신이 함께 있으면 제화시킬 방법이 없으므로 천격(賤格)으로 남게 된다.

연구 1 : 시(詩)에서처럼 편관일 때는 제화가 되어서 길신이 되었을 때를 말하고, 제화가 안 되어 왕성한 관성으로 나를 극할 때는 칠살(七煞)이라고 하니 단명(短命) 불구(不具)살의 흉신이 된다. 물론 천간에서 일곱 번째로 만나는 것끼리는 상충한다고 하여 칠살이라고 한다는 말도 틀린 것은 아니나, 그 뜻은 위와 같은 것이다.

따라서 편관이 되어서는 그 권세와 세도가 비길 데 없이 크고

통쾌하다. 그러나 칠살일 때는 나를 극상(剋傷)하는 성신(星辰)이므로 질병과 재난은 물론 형액(形厄)을 주장하는데, 사주의 격국이 탁할 때는 이들이 번갈아 괴롭히므로 그 고통은 말로 다할 수가 없다.

본시 칠살(七煞=殺)의 특징이란 항상 파산(破産)과 형모(刑耗) 질병을 다단(多端)하게 달고 따라다니는 흉상들이며, 혹 단명살(短命殺)이라 하기도 한다.

그러나 편관이 되었더라도 일주가 힘을 잃었다거나 칠살이 제화가 안 되었을 때는 흉상은 나타나지 않더라도 천한 장사꾼이나 천한 기술자가 되는 것이 보통이다.

편관이나 칠살의 성격은 무관(武官)의 기질이니 가장 먼저 의리(義理)를 꼽을 수 있다. 영웅적인 강개(慷慨)심이 있어 강한 자를 두려워하지 아니하고 약자에게는 도리어 인정을 베푼다. 그러므로 강직하고 의협심이 많아 불의를 용서하지 아니하고 양단간에 결판을 내는데, 일주가 탁할 때는 투쟁심이 강하므로 별것도 아닌 일에 승부를 걸고 목숨까지도 내놓고 나선다.

또한 통솔력이 있어 두목이 될 경우 자기 가족보다도 먼저 아랫사람을 챙겨주며 조직관리를 잘한다.

칠살은 두뇌가 총명하고 수완이 있어서 사업이나 일 등에서 상황판단이 빠르고 정확하다.

연구 2 : 칠살을 제화하는 법칙을 조금 더 보충하면, 식신(食神)이 멀리서 간접적으로 극(剋)하는 것이 권력이 손상되지 않아 가장 좋고. 일주와 칠살의 사이를 인수가 있어서 통관(通關)시키는 것은 살기(殺氣)의 뿌리는 늘 살아있으므로 다음이며, 합화(合和)하는 것은 그 셋째인데 합(合)으로 제화시키는 것은 그리 좋은 것이 아니니 합하면 붙잡혔으니 예리한 판단력이 무디어져서 일을 못할 뿐 아니라 다른 성신으로 변화하여야 하기 때문이다.

그러나 가장 좋은 합(合)이 되는 경우가 있는데, 일주가 지지(地支)에서 양인(陽刃)을 갖고 있으면 칠살을 간접적으로 합하여 주니 칠살이 편관으로 화하여 더욱 맹렬하게 출세를 가져다준다. 이를 양인(陽刃)에 칠살격(七煞格)이라고도 하는 유명한 격국이다.

여명(女命)이 칠살격이 될 때는 직업을 갖는 것이 좋다. 가정에서 살림만 하기에는 넘치는 활력과 정열을 감당하기가 힘들기 때문이다.

5. 식신(食神)

분류 : 내가 저쪽을 생하여 주는 경우로서 나와 음양(陰陽)이 같으면 식신(食神)이라 한다.

육친(六親)관계로는 내가 낳았으니 자녀가 된다.

사회적으로는 음식물, 의식주, 물질자원 등이 된다.

정신적으로는 창조적인 생산수단, 교육사업, 예술문화, 복지사업 등이 이에 속한다.

인체에서는 입과 식도 위장 등이며,

여명(女命)에서는 유방과 자궁 생식기능 등으로 말할 수 있다.

성격 : 식신의 성격은 마음이 순수하고 스케일은 넓고 크며 풍요로움을 주재하니 식복이 많고 화를 잘 내지 않는다. 그러므로 낙천적인 성격을 가진 자가 많다. 이에 비하여 상관(傷官)은 잘고 세밀하며 쩨쩨하다.

연구 : 식신(食神)은 삼대 길신(吉辰) 가운데 하나로, 청하면 복록이 많다 하여 복덕신(福德辰)이라 하기도 하며 칠살을 제압하고 나를 지켜주니 장수한다 하여 수성(壽星)이라고도 한다.

또한 식신격을 가리켜 "악형(惡刑)이 불범(不犯)"이라 하니 평생 흉험한 꼴을 보지도 않지만, 나쁜 일로 경찰서 출입도 하지 않는다.

식신은 국중(局中)에서 칠살을 만났을 때 할 일이 생겼으니 더욱 분발하여 아름다우니 힘으로 능히 제압하여 별안간 큰 재물을 이루어주기 때문이다. 그러나 식신이 칠살을 만나지 아니하면 능력을 발휘할 곳이 없어 게으름을 피우게 되어 평범한 사람으로 지내게 된다.

그러나 식신은 편인(偏印)을 만나면 도식(倒食)되어 파괴되니 천한 격국으로 변하기 때문이다. 이때 비견이 있어서 식신을 생하며 지켜주면 무난하고, 혹 편재를 만나더라도 보호가 된다.

그러므로 "식신(食神)격에서는 반드시 비견(比肩)과 편재(偏財)가 힘을 합하여 보호하여야 귀명(貴命)이 되어 평생 악형(惡刑)을 모르고 산다. 특히 여명에서는 식신과 편재가 함께 있을 때 더욱 빛을 발한다"

이와 같이 식신은 분명히 길신(吉辰)이나, 식신도 과다하면 흉신으로 변하니 전체 격국의 청탁(淸濁)과 짜임새와 쓰임새(用神)까지를 보고 판단하여야 한다.

6. 상관(傷官)

내가 저쪽을 생(生)하는 것 중에 음양이 다른 것을 말한다.

● 古詩

有制則爲傷官 無制則 男命 爲無職星 女命剋夫星 ;
제압되면 상관이라 하고 제압하지 못하면 남명은 무직성이라 하고 여명은 남편을 극하는 별이라고 해야 한다.
傷官不可例言凶 有制還須衣綠豊 ;
상관을 흉신으로만 규정하는 것은 불가하니 제압함이 있을 때는 도리어 의록이 풍족하기 때문이다.

課若逢財多稱羨 正印遇者壽如松 ;

과(課)에는 재를 만났을 때는 칭선(稱羨 : 넘치도록 넉넉함)함
이 있고 정인을 만나 제압되는 것도 수명이 소나무와 같으리
라.

연구 1 : 《예기(禮記)》 월령편 윤지장 주(尹知章注) "傷謂喪祭
也"하니 "亦指吊喪主"하였다. 《한어대사전(漢語大詞典)》에 傷
官 "年辰八字推算 命運所用的術語"인데 "謂八字中犯此將不利本
主"라 하였으니, 남자에게는 실직성(失職星)이요 여자에게는 극
부성(尅夫星)이 되는 흉성(凶星)이라 함이 이해가 간다.

특징 : 이상과 같으니 상관은 애정관계 이성관계가 복잡할 수
있으며, 특히 여명에서는 상관을 구제하지 않으면 남편을 극하고,
심하면 자식까지도 둘 수 없으며, 천박함으로 빠져들기 쉬우니
상관은 3대 흉격 중의 하나이기 때문이다.

또한 상관 격은 시(詩)에서처럼 제화되지 아니하면 오성(五星)
가운데 가장 단명한 것이 특징이다. 또 "남편 복 없는 사람 자식
복도 없다"는 속담이 이 격의 특징을 잘 말해준다.

성격 : 상관의 성격은 소심하고 말이 많으며 상상력도 풍부하
여 잔재주를 많이 부린다.

또 자기하고는 관계가 없는데도 아무데서나 나서기를 좋아하

고 비판을 잘하므로 남에게 환영을 받지 못하고 무시당하는 경우가 많다.

또 성격이 예민하고 언행이 무례하며 반발, 반론, 구설, 시비, 송사 등을 좋아하는 것도 상관(傷官)격의 특징으로 들 수 있다.

또 남과의 경쟁에서도 수단과 방법을 가리지 아니하고 무작정 저돌적으로 돌진하는 경향이 있다.

연구 2 : 상관(傷官)격에서는 대체로 큰 인물이 나오지 않으니 이는 관(官)은 벼슬이고 직업이며 여명에서는 남편인데, 벼슬이나 남편을 상하게 한다는 이름에서와 무관하지 않다고 할 수 있다.

그러나 상관이라도 정인(正印)이 있어서 제극(制剋)시키고 편재가 함께 있어서 효신과 작당하지 못하도록 보호하면 제화(制化)시킬 수 있으므로 귀한 명조(命造)로 변하는데, 만약 겁재(劫財)가 있어서 생하여 주고 효신이 함께 작당하여 보호하면 말로 다 할 수 없을 정도로 흉악무도하여 구제할 수 없게 된다.

여성의 명조가 상관 격인데 구제함이 없으면 일단 멋 내기를 좋아하는데, 멋이 나지 아니하고 도리어 촌스럽게 보이고 옷 색깔도 혼잡스러워 천박 내지는 산란하게 보인다.

상관 격이 탁하면 호색(好色) 다음(多淫)하고 자기만 못한 사람에게는 모질고 거만하게 행동하며 똑똑한 사람에게는 간사하며,

잔재주를 많이 부리고 이중성격을 갖게 되며 허영심이 많고 손재주도 많아서 천한 기술직이거나 자기장사에 어울린다.

목화 상관(木火 傷官) = 명랑하고 지혜가 많으며 문장력도 좋아 학자, 연구가 등의 직업이 많다.

금수 상관(金水 傷官) = 암기력이 좋고 문장력이 뛰어나며 인품이 온순하나 약간은 음탕하다.

화토 상관(火土 傷官) = 자존심이 강하고 학문을 하였으면 덕(德)도 갖추게 되고 청수하다.

토금 상관(土金 傷官) = 예능과 기술에 재주가 많고 인기직업에 소질을 갖고 있다.

수목 상관(水木 傷官) = 문장력이 좋고 재주가 많고 예능에도 남다른 소질이 있다.

7. 비견(比肩)

비견(比肩)은 나와 오행이 같고 음양도 같은 것을 말한다.

가령 甲이 甲을 만났다거나 乙이 乙을 만난 것처럼 천간은 같은 글자를 만나고 지지(地支)로는 같은 오행(五行)으로 음양이 같은 것이 비견(比肩)이다.

분류 : 비견의 종류를 현실적으로 열거해 보면 형제, 자매, 친구, 동업자, 거래인, 동창생, 이웃사촌 등이 되는 관계이고, 목적

이 같은 친목회의 회원 등을 말할 수 있다.

　비견(比肩)의 성정(性情)을 보면 대단한 활동가이면서 독립심이 강하다. 또한 경쟁력이 있어서 남보다 앞서야 직성이 풀리고 일을 만나면 용단을 내릴 줄도 안다. 또한 비견 격은 재물보다는 명예를 중요시하므로 사업가로서는 적합지 않다.

　비견이 격(格)이 되었다면 대개 신왕할 것이니 식신(食神)이 잘 되어 있는 경우에서는 어느 방면으로든 복(福)을 발할 수 있으며 특히 재물 쪽으로 큰 부귀가 나올 수 있다. 그러나 일주가 왕성하지 않은 명조(命造)에서는 본시 인정이 많아 동정심을 많이 발휘하며 어느 곳에서나 잘 적응한다. 만약 정신적인 모임이나 조직이라면 무임(無賃) 직일 것이니 총무 직을 맡을 정도로 자상하고 협조적이다.

　전공과목은 비견으로 격국(格局)이 짜여 있으면 학문을 좋아하는데, 특히 문과 계통의 역사학, 환경, 지리, 일반사회, 신문방송, 인류학, 도서관학, 심리학 계통으로 진출하여야 성공이 빠르다.

　연구 : 실제로 응용할 수 있는 방법을 살펴보면 비견(比肩)이 길신(吉辰)이 되어야 주위의 협조가 많아서 일생을 편하게 살지만, 만약 비견이 흉신이 될 때에는 평생을 곤고하게 살고 주위로부터 배신을 당하기도 한다.

　비견은 본시 한신(閑神)이므로 융통성이 있다. 그러니 자신은 선악(善惡)을 주재하지 아니하고 길신(吉辰)을 도우면 길신이 되고, 흉신을 도우면 흉신이 된다. 가령 일주가 왕(旺)하여 편인(偏印 : 梟神)이 기신(忌神)이 되었다면 한신(閑神)인 편재가 길신이 되어 편인을 제압하여야 하는데, 이때 비견이 있어서 편재를 극(剋)하게 되면 비견이 흉신이 되었으므로 살아가기가 평생 고달프다.

그러나 만약 칠살이 강하여 식신이 용신이 되었을 때는 비견은 식신을 돕고 구신(仇神)인 편재를 제압해 줄 것이니 이때의 비견은 길신이 되었으니 형제간의 우애가 돈독한 것은 물론 형의 조력으로 크게 성공하고 사회적인 명성까지도 얻게 되는데 이때 행운이 역행으로 가지 않아야 한다.

8. 겁재(劫財) 地支 劫財=羊刃)

분류 : 겁재는 나와 오행은 같으나 음양만 다른 것이다. 그러므로 육친관계로는 친동생이며 이복형제와 남녀의 성(性)이 다른 형제 등도 된다. 그러나 사회적인 분류는 동업자, 거래인, 경쟁상대, 동창생 등을 들 수 있다.

성격 : 겁재는 글자에 나타나 있듯이 재물을 겁탈한다는 뜻이니 비견(比肩)에 비하여 욕심이 더 많고 독점력이 강하기 때문에 흉함도 많이 따른다. 그러므로 사기사건에 휘말리기도 하고, 소

송, 절도, 강도, 교통사고, 질병 등의 고통도 따른다. 겁재는 또 사교성이 있어서 누구와도 잘 합하여 어울린다.

연구 : 겁재는 본래 비견과 함께 육친궁(六親宮)에서 유동성(流動性)이 있는 한신(閑神)에 해당하는데, 비견과의 비교에서는 흉신이다. 그러므로 음(陰) 일주에서는 오양(五陽)이 겁재가 되니 정재(正財)를 극(剋)하고 편재와 합(合)하여 재물을 모두 탈식(脫食)시키고 상관 흉신을 생(生)하므로 흉신 작용을 한다. 양(陽) 일주에서 오음(五陰)이 겁재가 될 것이니 칠살 흉신(七煞凶神)을 끌어내어 합하므로 그에게 능력을 주고 정재(正財)를 극파(剋破)하니 흉신작용을 크게 한다. 이때의 겁재는 호시탐탐 흉신과 작당하여 나를 해치려 하니 비윤리적인 일을 자행하면서도 양심의 가책을 받지 않는다.

그러나 겁재(劫災) 한신이 길신작용을 할 경우는 형제의 우애가 두텁고 형을 크게 도와준다. 가령 戊일주에 丙火는 효신이며 흉신이니 경금(庚金) 식신을 손상시키기 때문에 자식도 두지 못하고 가난하게 된다. 이때 경금을 보호하려면 壬水가 효신 丙火를 극제하거나, 습토(濕土)인 기토(己土) 겁재가 있어서 병화(丙火)의 열(熱)을 설기하여 약하게 하고 경금을 생하여 주어야 경금이 살아난다. 이때의 겁재 기토(己土)는 길신이 되었으므로 자식도 둘 수 있고 가난도 해결하여 주는데, 특히 동생이 먼저 성공하여 형을 돕는다.

겁재는 한신이라 하지만 본시 흉신의 성격이 많으므로 남(男)명에서 겁재가 많아 방자하면 극처(尅妻)하고 상자(傷子)하며, 여(女)명에서는 극부(尅夫) 하기도 한다.

9. 정재(正財)

오행의 분류 : 내가 저쪽을 극(尅)할 수 있으면 재성(財星)인데, 나와 음양이 다르면 정재(正財)라 한다.

특징 : 정재는 작은 것을 하나하나 모아서 큰 재물이 되게 하는 상이니 정직하게 열심히 노력하여 꾸준히 저축하며 근면정직하고 검소한 것을 자랑으로 하는 적소성대(積少成大)함이 이 격의 특징이다.

성격 : 신용과 책임감이 강하여 법이 없어도 문제가 없으며 안정감이 있고 너무나도 성실하여 약속을 어기는 일이 없고, 만약 부득이한 경우에는 반드시 사전에 연락하여 양해를 구하는 빈틈없는 사람이다. 그렇게 섬세하고 자상한 만큼 남의 잘못도 인정하거나 용서하지 않으므로 상대에게서 빈축을 사기도 하며 거래가 끊겨 손해를 보기도 한다.

정재 격이니 낭비나 허례나 허식이 없고 공사(公私)가 분명하여 부정한 재물이나 노력 없이 얻을 수 있는 재물은 거들떠보지도 아니한다. 또 직장도 한번 취업되면 평생의 천직으로 알고 변동하려 하지 않는다.

연구 : 정재(正財)는 십신(十神) 가운데서 편재와 함께 한신(閑神)이나 상관(傷官)을 도와 정인(正印)을 극하는 경우는 흉신(凶神)으로 변하여 예상치 못하였던 재앙을 불러온다.

남(男)명에서 이러하면 변칙적인 부정(不正)이나 교제가 나와 가정을 파탄으로 몰고 가기도 하고, 여(女)명에서 이러하면 색정(色情)문제와 이성문제로 자신을 망치고 가정까지 버리게 되며 열광적인 쾌락주의에 빠지기도 한다.

10. **편재**(偏財)

오행의 분류 : 편재는 내가 저쪽을 극하는 오행(五行) 중에서 나와 음양이 같은 것을 말한다.

사회적 분류 : 편재의 육친관계로는 부도덕한 애인, 첩 등이다.

성격 : 편재의 성격은 본시 욕심이 많고 인정도 많다. 사회에서 활동을 하는 중에도 언제나 재물과 연관시켜 생각하게 되며 더 많이 벌기 위하여 많이 뿌리고 많이 쓴다. 특히 사교성이 좋고 활동 범위가 넓어 많은 정보를 입수할 줄 알기 때문에 항상 남보다

한 발 앞서 나간다. 또한 의협심과 동정심이 많으며 풍류와 낭비벽도 많으며 남과도 잘 어울리며 술값도 남보다 먼저 내는 경우가 많다.

이와 같이 편재는 매사에 수완과 요령이 좋아서 거래나 외교에 뛰어나며 조직과 모사에도 탁월한 소질이 있다. 또한 목적을 달성시키기 위해서는 거짓말도 잘하고 비굴한 행동까지도 서슴없이 해치운다.

정재(正財)는 적소성대하는 정상적인 재물이지만 편재(偏財)는 일확천금(一攫千金)을 노리는 편법적인 재물을 말한다. 그러므로 재물을 취하는 과정이 편법적이며 투기적인 것이니, 합법적인 것을 포함하여 한탕주의의 불법적인 방법도 모두 포함되는 재물이다.

편재 격이 되면 설령 합법이라도 분수 이외의 경제활동으로 벌어들이므로 자칫 타인으로부터 오해를 받을 수 있으며, 때로는 비난까지도 있을 수 있으니 원성(怨聲), 질투, 사기, 경쟁, 공갈, 협박 등 강제성을 띠기도 한다.

또 한편으로 사주가 탁하고 일주가 약하면 범법행위를 하지 아니하더라도 투기업을 좋아하기 때문에 증권이나 부동산 투기 광물(鑛物) 등에 투자하였다가 모두 털어 바치고 다시 회복할 수 없게 되기도 한다.

　연구 : 본래 편재는 한신(閑神)인데 효신의 방자무도(放恣無道)함을 제압시킬 수 있는 유일한 성신(星辰)이므로 결코 사주(四柱) 중에서는 빠질 수 없는 별이다. 그러나 편재가 칠살을 도울 때는 흉신으로 변하므로 그 흉포함을 말로써 다 할 수 없다. 따라서 편인을 극하고 일주를 돕는다면 그 길함 또한 몇 배가 될 수 있으므로 사주 중에서 칠살이나 편인이 보이거든 편재의 동태를 먼저 살피는 것이 요령이다.

　편재 격이 신왕(身旺)한 사주라면 편재가 길신이 될 것이니 식신(食神)과 함께 있으면 어김없이 큰 부자가 될 수 있다. 반대로 신약(身弱)한 사주라면 편재가 기신(忌神)이 될 것이므로 투기와 도박을 좋아하고 뇌물, 횡령, 밀수 등에 관여하다 자신을 망치고 가정까지 곤고하게 만든다.

제5장 건강과 성격론

1. 제요(提要)

오운(五運) 육기(六氣)라 하니 명리학자들에게는 다소 생소한 감이 드는 것은 사실이다. 그러나 필자가 평생을 동양철학계에 몸담아온 경험으로는 명리(命理)학자라고 해서 《연해자평》이나 《적천수》 공부만으로는 한계가 있었으니 태양계 내에서의 천지인(天地人)을 포함한 모든 물체와 지식은 하나로 고리처럼 연결되어 묶여져 있기 때문이다.

하도(河圖)의 이기상수(理氣象數)의 지식과 상생질서(相生秩序), 낙서(洛書)의 방위와 4계절의 변화 등으로 나타낸 후천(後天) 역극(逆剋)의 도리를 포함하여 천도(天道)가 운행하고 변화하는 동안에 나타나는 모든 지식정보를 하도라는 그림과 낙서라는 글에다 담아놓은 것이니 하도와 낙서는 성인이 인간에게 전하여 준 최고의 선물이다.

그러므로 인간을 포함하여 지구상의 모든 생물은 천기(天氣)와 지기(地氣)의 교합(交合)으로 합성(된 선물이라는 것을 알 수 있다. 따라서 인간의 건강 성격 등은 계절의 변화로 천기(天氣 ; 運

氣)를 살피고 거주지의 한난조습(寒暖燥濕 ; 地理)으로 지기를 살피지 않을 수 없는 것이다.

오운(五運)과 육기(六氣)는 이기(理氣)의 본체인 천지인(天地人) 삼원(三元 ; 天氣·地氣·人間)이 어떻게 상응하고 관계하는지를 규명하여 구체적으로 설명한 글을 말하니 이기(理氣)의 첨단이라 할 수 있다. 가장 중요한 것은 인간의 건강(과 실생활에 가장 크게 공헌하고 있는 것 중의 하나가 오운육기학(五運六氣學)이라는 것이다. 그러므로 이 또한 천하의 모든 사람에게 도움을 주는 활인삼서(人術三書) 중에서도 으뜸이 되는 학문이다.

동양철학에서는 특히 명리학(命理學)을 전공하는 학자들에게는 명리학문을 공부해야 하는 목적이 담겨 있는 "현재를 지혜롭게 살아갈 수 있도록" 대상인을 올바로 인도할 수 있게 하여주는 것은 물론, 성격 건강(健康 ; 疾病) 궁합(宮合)과 그들 사이에서 태어날 2세의 건강과 성격까지도 적중률을 크게 높여 주니 참으로 통쾌한 것이다. 뒤에 나오는 김성전(金性銓) 박사의 운기 25체질의 특성을 보면 독자 여러분도 공감하고 놀라게 될 것이라고 본다.

또한 풍수지리(風水地理)학자에게는 학문의 목적이 담겨있는 "현재의 안녕과 발복(發福)을 지켜주는 것은 물론 자손의 영원한 유지와 번식"까지도 책임져 줄 수 있는 지식을 준다. 필자도 오운육기 학문의 이해로 풍수지리 학문의 지식을 한 단계 더 높일 수 있었음을 말해둔다.

　그러므로 책의 제목과는 다소 어울리지 않을 수도 있겠다고
생각하여 부록으로 제작하여 후학들에게 전하여 도움을 주고자
함이다.

※장곤(張琨)의 《인술삼학(仁術三學)》 "庖羲氏之卜筮　岐山黃氏
　之醫藥 郭景純之葬法 誠可以利天下者皆得謂之仁術學宜乎 此
　三術衍於萬歲者不廢也"에서 인용.

2. 오운육기(五運六氣)의 의학적 공헌

　의술(醫術)에서도 물론 천도운행(天道運行)에서 나타나는 기
(氣)의 변화를 벗어나 존재할 수는 없으므로 「기의학(氣醫學), 기
체질(氣體質), 기철학(氣哲學)」이라 해서 연구하는 것이다. 그러
나 본인은 의술에 대해 공부한 전문가는 아니기 때문에 전문성을
띤 대목은 원 저자의 승인을 받아 인용하였음을 밝혀둔다.

　「기의학(氣醫學)」, 「기철학(氣哲學)」이라는 말은 《황제내
경(黃帝內徑)》을 중심으로 공부한 한의학자들이 즐겨 쓰는 다소
넓은 의미로 사용하는 말들이다. 그러므로 「기체질(氣體質)」이
란 말로 이 단어의 핵심을 더 쉽게 이해시킬 수 있다.

　기의학은 근래 한의학자들의 논문에도 이제마(李濟馬)의 사상
체질(四象體質)이나 권도원(權度沅)의 팔체질(八體質)로 분류한다

든가 오태인(五態人 ; 靈樞通天篇) 등으로도 소개되고 있는데, 태음인(太陰人)·소음인(少陰人)·태양인(太陽人)·소양인(少陽人)·음양 화평인(陰陽和平人)이 그것이다. 그러나 그 학설의 해설에서 비슷비슷한 대목이 많아 선명하게 경계를 지어주지 못하였으므로 혼동하여 헤맬 수밖에 없는 것이 사실이다. 그러므로 학문의 설명에서 신뢰할 수 있는 명료한 경계를 제시함이 요구된다 하겠다.

그러나 김성전 박사의 기체질(氣體質)은 25체질로 분류하여 설명하고 있으므로 8체질이나 5체질로 구분한 것보다 외관적인 자료만으로 보기에도 몇 배 더 많으며 수태(受胎)일과 출생일의 기후(氣候) 계산이 과학적이어서 명료하기도 하지만 병의 근원을 제시한 진단 또한 자세하게 설명하고 있어서 우리 같은 비전문가들도 공감이 가는 것이다.

이 분야의 지식은 한의학계의 큰 학자 김성전(金性銓) 박사의 논문이 독보적으로 많은 자료를 보유하고 있다고 볼 수 있는데, 논문 《동양의학 별책》(1989년 발행 季刊)에 의하면 사람의 체질을 25가지 체질로 분류하였고, 근거는 황제(黃帝)와 기백(岐伯)의 대화에서 기인한 「음양(陰陽) 이십오인(二十五人)」이 그것이다.

3. 오운육기의 근원.

《황제내경(皇帝內徑)》천원기대론(天元紀大論)에 "天以六爲節 地以五爲制 周天氣者六朞爲一備 終地紀者五歲爲一周…, 五六相合 而七百二十氣爲一紀凡三十歲 千四百四十氣凡六十歲而爲一周(天은 6으로 節을 삼고 地는 5로 制를 삼는다. 天紀는 두루 6期를 유행하는 것으로 一備를 삼고 地紀는 5歲 순환을 마치는 것으로 一周라 한다. …그리하여 5,6(5운6기)이 상합하여 720氣가 되는데 이것이 삼십 세(30년)이며, 1440氣는 육십 세(60년)이니 이것이 一周이다."

■ 註, 60년=1440氣 30년= 720氣 1년=24氣 15日=1氣

① 오운표(五運表) ; (主運主氣 萬世不易)

	初運	二運	三運	四運	五運
甲己年	土	金	水	木	火
乙庚年	金	水	木	火	土
丙辛年	水	木	火	土	金
丁壬年	木	火	土	金	水
戊癸年	火	土	金	水	木

② 육기표(六氣表) (客運客氣 每歲變遷)

	六氣	初氣	二氣	三氣	四氣	五氣	六氣
子午年	少陰 君火	水	木	君火	土	相火	金
丑未年	太陰 土	木	君火	土	相火	金	水
寅申年	少陽 相火	君火	土	相火	金	水	木
卯酉年	陽明 金	土	相火	金	水	木	君火
辰戌年	太陽 水	相火	金	水	木	君火	土
巳亥年	厥陰 木	金	水	木	君火	土	相火

③ 활용(活用)

■ 입태절후표(入胎節侯表 : 출생일로부터 280日을 역산으로 입태일을 결정한다).

初氣 ; 木	大寒부터 立春 雨水 驚蟄 春分 전일까지
二氣 ; 君火	春分부터 淸明 穀雨 立夏 小滿 전일까지
三氣 ; 相火	小滿부터 芒種 夏至 小暑 大暑 전일까지
四氣 ; 土	大暑부터 立秋 處暑 白露 秋分전일까지
五氣 ; 金	秋分부터 寒露 霜降 立冬 小雪 전일까지
六氣 ; 水	小雪부터 大雪 冬至 小寒 大寒 전일까지

■ 선천주기(先天主氣)와 후천객기표(後天客氣表)

일단 280일을 역산(逆算)해서 태어난 날이 주기(主氣)의 몇 기에 해당하는지를 보면 목화토금수(木火土金水) 가운데서 어떤 기인지가 판명되고, 다시 입태(入胎)된 해의 객기표(客氣表)에서 몇번째 객기에 해당하는지를 가려 합치면 체질이 나온다. 이 두 가지를 합쳐서 만든 조견표는 다음과 같다.

	子午年	丑未年	寅申年	卯酉年	辰戌年	巳亥年
初 氣	木 水	木 木	木 火	木 土	木 火	木 金
二 氣	火 木	火 火	火 土	火 火	火 金	火 水
三 氣	火 火	火 土	火 火	火 金	火 水	火 木
四 氣	土 土	土 火	土 金	土 水	土 木	土 火
五 氣	金 火	金 金	金 水	金 木	金 火	金 土
六 氣	水 金	水 水	水 木	水 火	水 土	水 火

④ 운기(運氣) 25인 체질의 특성

김성전(金性銓) 한의학 박사의 논문을 인용한 것으로, 오히려 한의학자보다도 명리학자(命理學者)가 감명(鑑命)함에서 함※이는 께 사용하면 한층 더 유용하게 도움이 되리라고 생각해서 소개한 것이다.

1. 목기(木氣)의 체질

■ 총론(總論) : 만약 부모 가운데(특히 어머니) 水氣의 체질을 가진 사람이 있으면 상생관계가 되어 정상적이고 가장 이상 적인 체질을 가지고 태어난다. 반면 금기의 체질을 가진 부모한테서 태어나면 선천적으로 기가 부족한 체질을 가지고 태어난다.

(1) 목목(木木) 체질

• 수기(受氣) : 선천기의 특성과 그 강약은 목기에 목기가 더해져서 쌍목(雙木) 체질이 되므로 강한 목기(木氣)를 가진 체질이다.

• 작배(作配 ; 宮合) : 건강한 후천(後天)의 기(氣)를 위한 남녀 작배는 목(木)은 수생목(水生木)하여야 하므로 항상 수기(水氣 ; 水生木)가 필요하다. 木木 체질은 특히 강한 체질이므로 수기(水氣)가 강한 수수(水水) 체질이 가장 좋아 최선의 선택이 된다.

• 질병(의학적 특성) : 목기(木氣)가 너무 강하므로 목극토(木剋土)함에 따라 위장(胃腸)이 억눌려서 신경성위염 체증 담석증이 많고 수기(水氣)가 부족하면 목(木)이 생(生)을 받지 못하므로 신장염 빈혈 두통이 오기 쉽다.

• 성격 : 통솔력이 있고 추진력도 있으나 성질이 급하고 참을
성이 없다.

(2) 목화(木火) 체질

• 수기(受氣) : 주기(主氣)가 객기(客氣)를 생(生)해주므로 약한
목기(木氣)를 가진 체질(體質)이다.

• 작배(作配 ; 宮合) : 선천(先天)의 기(氣)가 부족하면 수목(水
木) 체질과 작배(作配)하여야 주기(主氣)와 객기(客氣)가 모
두 상생되어 최선이다. 그러나 선천(先天)의 기(氣)를 충실
하게 받고 태어난 경우는 화토(火土) 체질이 더 이상적이다.
목화(木火) 체질은 목기(木氣)가 약한 상태인데 화(火)가 화
극금(火克金)하여 금(金)으로부터의 공격을 미연에 막아준
다.

• 질병(의학적 특성) : 목생화(木生火)하려면 수(水)가 꼭 필요
한데 수기(水氣)가 부족하면 결핵(結核)이 오거나 폐(肺)가
약해지기 쉽다.

• 성격 : 성질이 원만하고 공명정대하여 정치를 하면 잘 베푼
다.

(3) 목토(木土) 체질

• 수기(受氣) : 나무가 땅에 뿌리를 내리고 있어서 중간 정도의

강도를 가진 목기(木氣) 체질이다.

- 작배(作配 ; 宮合) : 이기적이고 독선적인 목토(木土) 체질에는 원만한 성격인 화수(火水) 체질과 작배하면 화극금(火克金)해서 금(金)으로부터 목(木)을 지켜준다.
- 질병(의학적 특성) : 목극토(木剋土) 토극수(土克水)하여 수(水)가 부족하면 간과 폐가 약해지고 수기(水氣)가 보충 되지 않으면 어지럼증이 생긴다,
- 성격 : 이기적이고 독선적이며 남의체면을 생각하지 않을 때도 있다.

(4) 목금 체질(木金體質)

- 수기(受氣) : 목기(木氣)는 객기(客氣)가 금(金)일 때 가장 왕성하다. 때문에 목금(木金)은 목기(木氣)가 강한 체질이다.
- 작배(作配 ; 宮合) : 목금(木金) 체질은 목기(木氣)에 항상 부족한 수기(水氣)를 보충해 주어야 하므로 강한 수기(水氣)인 수수(水水) 체질이 가장 이상적이다.
- 질병(의학적 특성) : 수기(水氣)가 몹시 부족하면 폐(肺)가 약해지고 편도선염, 인후염, 결핵 등이 오기 쉽다. 두통을 동반한 빈혈도 자주 온다.
- 성격 : 개성이 뚜렷하고 주체성이 강하다.

⑸ 목수(木水) 체질

- 수기(受氣) : 물에 뜬 나무와 같아 약한 목기(木氣)이다.
- 작배(作配 ; 宮合) : 독립심이 약하기 때문에 정중하고 독립심이 강한 수화(水火) 체질과 작배하면 수생목(水生木)하므로 수(水)를 보충해 준다.
- 질병(의학적 특성) : 목기(木氣)가 약하기 때문에 수(水)가 부족해지기 쉬워 빈혈이 오거나 폐(肺)가 약해져서 결핵이 오기 쉽다.
- 성격 : 자주적인 독립심이 부족하여 남에게 의존하는 의타심이 강하다.

2. 화기(火氣)의 체질

■ 총론(總論) : 부모 가운데 목기(木氣)의 체질이 있어서 목기(木氣)를 받으면 목생화(木生火)를 통해 정상적이고 충실한 체질이 탄생한다. 그러나 부모 가운데 수기(水氣)의 체질이 있으면 수극화(水剋火)하여 선천기가 부족하므로 약한 체질로 태어난다.

⑹ 화화(火火) 체질

- 수기(受氣) : 화기(火氣)에 화기가가 겹쳐 쌍화(雙火) 체질이

므로 강한 화기를 가지고 태어났다.

- 작배(作配 ; 宮合) : 강한 화기(火氣)이므로 강한 목기(木氣)가 이상적이다. 또한 화화(火火) 체질은 추진력이 부족하므로 추진력이 풍부하면서 목기(木氣)가 강한 목금(木金) 체질이 적당하다.
- 질병(의학적 특성) : 자체에 화기(火氣)가 많기 때문에 화극 금(火克金)해서 기관지, 폐(肺), 대장(大腸)이 약하고 피부병 이 많다.
- 성격 : 정직하고 유순하나 추진력이 부족하다.

(7) 화토(火土) 체질

- 수기(受氣) : 토(土) 속에 감추어진 불이라서 화롯불처럼 은 근한 불이다. 그러나 화기(火氣)는 약한 편이다.
- 작배(作配 ; 宮合) : 목화(木火) 체질이 목생화(木生火) 화생토 (火生土)해서 최적이다. 화토(火土) 체질은 화기(火氣)가 약하 기 때문에 목기(木氣)가 약한 목화(木火) 체질이 이상적이다.
- 질병(의학적 특성) : 화극금(火克金) 토극수(土克水)하여 음 (陰)이 부족하게 되므로 척추(脊椎)가 약하다.
- 성격(性格) : 본성이 맑고 빼어났으나 욕심이 많다. 재주가 월등하여 자기중심 자기위주이다.

(8) 화금(火金) 체질

- 수기(受氣) : 화기(火氣) 가운데서도 강한 화기를 가진 체질이다.

- 작배(作配 ; 宮合) : 화금(火金) 체질이 강한 화기(火氣)이므로 강한 목기(木氣)를 가진 목목(木木)으로 목생화(木生火) 시켜 주어야 한다.

- 질병(의학적 특성) : 화(火)가 강해 목생화(木生火)를 계속 받아야 하기 때문에 폐(肺)가 약하다.

- 성격 : 성품은 강하지만 뒤가 흐지부지하여 종결을 짓지 못하는 경우가 많다.

(9) 화수(火水) 체질

- 수기(受氣) : 수극화(水剋火)로 객기(客氣)가 주기(主氣)를 깎아내리므로 화기(火氣)가 약한 체질이다.

- 작배(作配 ; 宮合) : 화수체질(火水體質)이 화기(火氣)가 약한 체질이므로 수생목(水生木)하고 목생화(木生火)하기 위하여 약한 목기(木氣)를 가진 목화(木火) 체질이 이상적이다.

- 질병(의학적 특성) : 화기(火氣)가 약하기 때문에 심장이 약하다.

- 성격 : 성품이 내성적이고 자중(自重)한 호인(好人)이다.

⑩ 화목(火木) 체질

- 수기(受氣) : 객기(客氣)의 도움을 받으므로 화기(火氣) 가운데서 중간 정도 크기의 화기이다.

- 작배(作配 ; 宮合) : 화생토(火生土) 수생목(水生木)하게 되면 화목(火木)의 허황(虛荒)된 부분을 토수(土水) 체질의 알찬 기운으로 도와주게 되므로 이상적이다.

- 질병(의학적 특성) : 주기(主氣)인 화기가 줄어들면 폐가 약해지고 피부병 소화불량이 온다. 객기(客氣) 운으로 가면 목극토(木剋土)하여 위장장애가 생기기 쉽다.

- 성격 : 본성이 정직하고 유능하지만 객기로 흐르면 마음이 허황되기 쉽다.

3. 토기(土氣)의 체질

■ 총론(總論) : 토기(土氣)의 체질은 부모 가운데 화기(火氣)의 체질이 있으면 화생토(火生土)하여 정상적이고 충실한 체질이 탄생한다. 그러나 부모 가운데 목기(木氣)의 체질이 있으면 선천기가 부족한 토기(土氣) 체질로 탄생한다.

⑪ 토토(土土) 체질(體質)

- 수기(受氣) : 주기(主氣)와 객기(客氣)가 모두 토(土)이므로 토

극수(土克水)하여 수기(水氣)는 부족하고 토기(土氣)만 강한 체질이다.

- 작배(作配 ; 宮合) : 물이 절대 부족한 체질이므로 강한 화기(火氣)를 가진 화화(火火) 체질과 작배하면 화생토(火生土)하여 주므로 언 땅을 녹여주고 물을 풍부하게 하여 이상적인 부부가 된다.

- 질병(의학적 특성) : 수기(水氣)가 절대 부족하므로 마른기침과 변비가 많다. 대신 기(氣)는 강하므로 식체(食滯)가 자주 온다.

- 성격 : 욕심이 많고 고집이 세다.

(12) 토금(土金) 체질

- 수기(受氣) : 주기(主氣)인 토(土)가 객기(客氣)를 생(生)하여 주므로 토기(土氣)가 약하다.

- 작배(作配 ; 宮合) : 화생토(火生土) 토생금(土生金) 해줄 수 있는 화토(火土) 체질이 이상적이다.

- 질병(의학적 특성) : 기(氣)가 약해지면 토극수(土克水)하므로 신장(腎臟)이 약하고 금극목(金克木)하기 때문에 간의 기능도 약해진다.

- 성격 : 겉으로 보기는 변함없는 성질같이 느긋해 보이지만 속으로는 조급하다. 대인관계가 원만한 것 같지만 심중의 본

뜻은 헤아리기 어렵다. 담력도 부족한 편이다.

⒀ 토화(土火) 체질

- 수기(受氣) : 객기(客氣)가 주기(主氣)를 생(生)하므로 중간정도의 토기(土氣) 체질이다.
- 작배(作配 ; 宮合) : 화목(火木) 체질과 작배하면 화생토(火生土) 목생화(木生火)하여 이상적이다.
- 질병(의학적 특성) : 기(氣)가 약해지면 토극수(土克水) 화극금(火克金)하여 수(水)가 부족하기 때문에 하초(下焦)가 약하고 간신(肝腎)이 허하여 간염(肝炎), 당뇨(糖尿), 단백뇨(蛋白尿)가 많은 편이다.
- 성격 : 성품이 좋아 정중하고 신의(信義)가 있다.

⒁ 토목(土木) 체질

- 수기(受氣) : 객기(客氣)가 주기(主氣)를 극(剋)하므로 토기(土氣)가 약한 체질이다.
- 작배(作配 ; 宮合) : 화목(火木) 체질과 작배하면 화생토(火生土)하여 화목(火木)의 정직하고 유능한 성품이 토목의 단점을 보완해 준다.
- 질병(의학적 특성) : 토극수(土克水)하여 물이 절대 부족하므로 후두통, 요통, 대장염 등이 쉽게 온다.

- 성격 : 심지가 굳지 못하므로 지위가 높아지거나 부자가 되면 남을 업신여긴다.

(15) 토수(土水) 체질

- 수기(受氣) : 토기(土氣)가 강한 체질이다.
- 작배(作配 ; 宮合) : 화금(火金) 체질과 작배하면 화생토(火生土) 금생수(金生水)하여 가장 이상적이다.
- 질병(의학적 특성) : 기(氣)가 너무 많으므로 특히 여자의 경우는 자궁염증, 대하증, 방광염, 요통, 소화불량, 두통이 오기 쉽다.
- 성격 : 고집불통이고 시야도 좁다.

4. 금기(金氣)의 체질(體質)

■ 총론(總論) : 부모 가운데 토기 체질을 가진 분이 있으면 토생금(土生金)하므로 건강하고 충실하다. 그러나 화기(火氣) 체질을 가진 부모가 있으면 화극금(火克金)하여 선천적으로 기(氣)가 부족한 체질로 태어난다.

(16) 금금(金金) 체질

- 수기(受氣) : 주기 객기가 모두 금(金)이므로 쌍금(雙金) 체질

이 되어 금기(金氣)가 강하다.

- 작배(作配 ; 宮合) : 토토(土土) 체질과 작배하면 강한 토기(土氣)가 토생금(土生金)하기 때문에 가장 이상적이다.

- 질병(의학적 특성) : 금극목(金克木)을 겹쳐하므로 간(肝)의 기능이 약하다. 금기가 너무 강하므로 두통, 어지럼증, 체증, 비만증이 있다.

- 성격 : 겉으로는 쾌활한 듯하지만 속으로는 옹색(壅塞)한 성질을 가지고 있다.

⒄ 금수(金水) 체질

- 수기(受氣) : 주기(主氣)가 객기(客氣)를 생하니 약한 금기(金氣)이다.

- 작배(作配 ; 宮合) : 토금(土金) 체질과 작배하면 토생금(土生金) 금생수(金生水)하여 가장 이상적이다.

- 질병(의학적 특성) : 금극목(金克木)하면 간(肝)이 약하고 수극화(水剋火)되면 심장이 약해지기 쉽다.

- 성격 : 본성이 유순하고 정숙하여 연구열이 아주 높다.

⒅ 금목(金木) 체질

- 수기(受氣) : 금목(金木) 체질은 강한 금기(金氣)의 체질이다.

- 작배(作配 ; 宮合) : 강한 금기(金氣)의 체질이므로 강한 토토

(土土) 체질로 토생금(土生金)하여 주어야 한다.

- 질병(의학적 특성) : 금기(金氣)가 너무 강해 고혈압, 두통, 위 경련, 가슴앓이, 긴장성 변비, 담석증이 급격히 올 수 있다.
- 성격 : 성질이 강하여 추진력은 있지만 자만심이 너무 강하 다.

⒆ 금화(金火) 체질

- 수기(受氣) : 금(金)이 화(火)를 만났으므로 중간쯤 되는 금기 (金氣)이다.
- 작배(作配 ; 宮合) : 토화(土火) 체질로 토생금(土生金)하도록 하되 토기(土氣)도 중간쯤 되는 토기(土氣)여야 이상적이다.
- 질병(의학적 특성) : 금극목(金克木)하면 간(肝)이 약하니 여 자는 신경성 질환이나 두통이 자주 온다.
- 성격 : 본성은 쾌활하나 남의 꾐에 잘 넘어간다.

⒇ 금토(金土) 체질

- 수기(受氣) : 객기(客氣)가 주기(主氣)를 생하여주므로 금기 (金氣)가 보통 강한 체질이다.
- 작배(作配 ; 宮合) : 금토(金土) 체질은 화기(火氣)에 약하므로 금토(金土)보다 약간 높은 수기(水氣)를 가진 수금(水金) 체 질과 작배하면 최상이다.

- 질병(의학적 특성) : 금극목(金克木) 토극수(土克水)하여 간(肝)이 약하다.
- 성격 : 마음이 좁고 자립심도 약하다.

5. 수기(水氣)의 체질(體質)

■ 총론(總論) : 상생상극의 원리에 따라 부모 가운데 어느 한 쪽이 금기(金氣)의 체질이면 정상적이고 튼튼한 체질이 되지만, 토기(土氣)의 체질을 가졌으면 토극수(土克水)하여 선천적으로 수기(水氣)가 부족한 체질이 된다.

(21) 수수(水水) 체질

- 수기(受氣) : 주기(主氣) 객기(客氣)가 모두 수(水)이므로 쌍수(雙水) 체질이 된다. 그러므로 대단히 강한 수기(水氣)체질이다.
- 작배(作配 ; 宮合) : 강한 수기(水氣)이므로 강한 금기(金氣)인 금금(金金) 체질과 작배하면 금생수(金生水) 원리에 따라 가장 이상적이다.
- 질병(의학적 특성) : 수극화(水剋火)가 중복되므로 심장이 약하다. 또 불면증, 두통 증세가 많고 비만형이다.
- 성격 : 물은 한결같이 아래로만 흐르듯이 비교적 고집이 세

다.

(22) 수목(水木) 체질

- 수기(受氣) : 주기가 객기를 생하여 주니 수기(水氣)가 약한 체질이다.
- 작배(作配 ; 宮合) : 금수(金水) 체질이 금생수(金生水)하고 수생목(水生木)하여 가장 이상적이다.
- 질병(의학적 특성) : 수극화(水剋火)하므로 심장이 약하고 복통이나 체증(滯症)이 있다.
- 성격 : 혼자서 열심히 일하는데 남이 그 공을 알아주지 않는다.

(23) 수화(水火) 체질(體質)

- 수기(受氣) : 주기(主氣)가 객기(客氣)를 극(剋)하므로 수기(水氣)가 약한 체질이다.
- 작배(作配 ; 宮合) : 금토(金土) 체질과 작배하면 금생수(金生水)로 유익하며, 화(火)도 토(土)를 만나면 활성(活性)하게 된다.
- 질병(의학적 특성) : 수극화(水剋火)가 되어 약한 수기(水氣)이므로 속이 차고 소화력도 떨어지고 피곤이 쉽게 오며 회복의 속도도 더디다.

- 성격 : 내성적이며 속으로는 밝아도 겉으로는 어두운 듯한 참사람이다.

(24) 수토(水土) 체질

- 수기(受氣) : 수토(守土)는 동기(同氣)로 구행(俱行)하므로 수기(水氣)가 강하다.
- 작배(作配 ; 宮合) : 금화(金火) 체질과 작배하면 금생수(金生水) 화생토(火生土)하여 이상적이다.
- 질병(의학적 특성) : 기(氣)는 강하나 융통성이 없어 기(氣)의 순환이 자주 막히고 잘 안되어 신경성위염, 두통, 불면증이 많다.
- 성격 : 본성이 편벽(偏僻)하여 융통성이 모자란다. 그러므로 한번 집착하면 빠져나오지를 못한다.

(25) 수금(水金) 체질

- 수기(受氣) : 객기(客氣)가 주기(主氣)를 생하여 주므로 중간 정도 세기의 수(水)이다.
- 작배(作配 ; 宮合) : 목토(木土) 체질과 작배하면 목(木)이 수(水)를 보호하고 토생금(土生金)하여 이상적이다.
- 질병(의학적 특성) : 수극화(水剋火) 금극목(金克木)은 모두 음(陰)이 양(陽)을 제압하므로 몸이 차서 혈액순환이 잘 안되

고 골절통이나 복통이 많다.

● 성격 : 본성이 유순하다.

— 翠山 金東奎

滴天髓闡微 적천수천미

☆

초판 발행일 / 2002년 12월 10일

수정판 4쇄 발행일 / 2021년 4월 15일

☆

增注 / 任鐵樵

撰集 / 袁樹珊

譯 / 金東奎

펴낸이 / 김동구

펴낸데 / **明文堂**(창립 1923. 10. 1.)

서울특별시 종로구 윤보선길 61(안국동)

우체국 010579-01-000682

☎ (영업) 733-3039, 734-4798 (편집) 733-4748

FAX. 734-9209

e-mail : mmdbook1@hanmail.net

등록 1977. 11. 19. 제 1-148호

☆

ISBN 978-89-7270-708-0 93140

☆

☆

값 40,000 원